中央编译局文库编辑委员会

主　　任：贾高建

副 主 任：魏海生　柴方国　季正聚　崔友平

委　　员（按姓氏笔画排序）：

冯　雷　牟建君　杨雪冬　沈红文　张凤宝

陈家刚　胡长栓　郗卫东　葛海彦

国家"十二五"重点图书

国际共产主义运动历史文献
第28卷

主　编　王学东
副主编　戴隆斌（常务）童建挺

社会党国际局文献（1909—1913）

本卷主编　晏　荣

《国际共产主义运动历史文献》顾问委员会

贾高建　顾锦屏　高　放　张中云　胡文建
宋洪训　沈志华　洪肇龙

《国际共产主义运动历史文献》编辑委员会

主　　编：王学东
副 主 编：戴隆斌（常务）　童建挺
编　　委：（以姓氏笔画为序）
　　　　　王　瑾　吕瑞林　邢艳琦　许宝友　张文成　张文红
　　　　　陈新明　林德山　胡振良　姚　颖　晏　荣　崔海智
　　　　　彭萍萍　薛晓源

参加本卷译校工作的有

张文成

参加本卷编辑出版工作的有

何　蕾　景淑娥　苗永姝　贾宇琰

总 序

国际共产主义运动，是由以马克思主义为指导的无产阶级政党领导的国际性的无产阶级革命运动，其宗旨是推翻资产阶级统治和一切剥削制度，建立和发展社会主义制度，进而最终实现人的彻底解放，建立共产主义社会。

国际共产主义运动迄今已有一百六十多年的历史。19 世纪 40 年代，马克思、恩格斯在创立科学社会主义理论的同时，努力把它与当时西欧无产阶级的革命实践相结合，于 1847 年 6 月创建了第一个国际性的无产阶级政党——共产主义者同盟，亲自拟定并于 1848 年 2 月公开发表了同盟纲领《共产党宣言》。这标志着国际共产主义运动的兴起。

自从共产主义者同盟建立以来，历经第一国际（国际工人协会）、第二国际、第三国际（共产国际），国际共产主义运动由小到大、由弱到强，从西方推进到东方、从欧洲扩展到全球，终于突破资本主义链条上一个又一个薄弱环节，取得了社会主义由一国到多国的胜利。二战后社会主义阵营的建立、民族解放运动的胜利进军、社会主义国家革命与建设的重大成就，为国际共产主义运动史书写了辉煌的篇章。20 世纪末，由于东欧剧变、苏联解体，国际共产主义运动遭遇了严重挫折。但是，历史并没有因此而终结。由《共产党宣言》奠基的国际共产主义运动仍在曲折中前进。各资本主义国家中的共产党、工人党仍在不断探索无产阶级取得解放的道路；中国等社会主义国家仍继续高举社会主义伟大旗帜，为完善社会主义、最终实现共产主义而不懈奋斗。

国际共产主义运动一百六十多年跌宕起伏的发展历程，积累了卷帙浩繁的文献档案，留下了丰富的历史遗产。深入发掘和充分利用这些文献档案，对于我们准确地了解和把握国际共产主义运动的发展进程及各个时期的特点，科学地研究和总结国际共产主义运动丰富且宝贵的经验教训，具有极其重要的意义。特别是无产阶级国际组织，作为国际共产主义运动的重要载体，其文献档案对国际共产主义运动史研究更是具有特殊的重要意义。

早在1984年春，中国国际共产主义运动史学会就发起编辑出版《国际共产主义运动史文献》。当时由中共中央编译局、中国社会科学院马列主义毛泽东思想研究所和近代史研究所、中共中央党校和中国人民大学等单位共同组建了编辑委员会。编委会商定：这套文献主要收编共产主义者同盟、第一国际、第二国际、第三国际、共产党和工人党情报局这五个国际组织已发表的全部文献档案，包括历次代表大会、代表会议和其他重要会议的记录、决议和有关文件；收编材料力求齐全；凡外国有选编完整的版本者，根据外国版本翻译；凡文件散见于外国不同出版物者，尽力搜集完整，组织力量统一编译；文件完全按照原件翻译，译文力求准确，不作修改删节，以便读者根据完整、准确的第一手材料了解这些国际组织的历史。在当时代管全国哲学社会科学基金的中国社会科学院科研局的资助下，经过编辑委员会、编译工作者和中国人民大学出版社的共同努力，这套文献于1986年开始陆续出版，截至1997年共出版了21卷。

到上世纪末，文献的编辑出版工作遇到了巨大困难。首先是编委会发生了重大变故，主编林基洲、副主编王颖和校纪英相继谢世；其次是出版经费难以为继。为继续出版这套文集，中国国际共产主义运动史学会多方努力，组成以会长顾锦屏为主编的新编委会，从全国哲学社会科学规划办公室争取到一笔资助，于1999—2001年又出版了两卷。此后，因缺乏经费，编辑出版工作完全陷于停顿。

2010年，在中共中央编译局和中国国际共产主义运动史学会的鼎力支持下，中央编译出版社以这套文献申报国家出版基金项目，获得立项资助。中共中央编译局对此项目高度重视，在国家出版基金资助的基础上，给予了相应的资金支持，组建了新编委会，成立了专门机构负责文献整理和编辑工作，并将这套文献纳入"中央编译局文库"出版规划。

经新编委会研究决定，这套文献定名为《国际共产主义运动历史文献》，在其前身《国际共产主义运动史文献》的基础上重新编辑出版。通过进一步广泛搜集资料和适当改变编辑方式，新《文献》的资料更详尽、收文更齐全。例如，在原《文献》的某些卷次中，对已出版的马克思主义经典著作中译本只列目录，不收正文，而新《文献》则全部依据最新的中译本收录，以方便读者查阅。此外，《国际共产主义运动历史文献》扩大了文献资料的搜集和选材范围，采用开放式结构，规模暂定60卷，约2500万字。

中共中央编译局和中国国际共产主义运动史学会对这套文献的编辑出版工作给予了强有力的支持，中央编译出版社为这套文献的立项和出版做了大量艰苦细致的工作，文献的前两任编委会和编译工作者在十分困难的条件下为这套文献奠定了良好的基础，中国人民大学出版社为这套文献的重新编辑出版提供了帮助，在此一并表示衷心感谢。

《国际共产主义运动历史文献》

编辑委员会

2011年12月20日

编辑说明

社会党国际局是第二国际的常设机构，于1900年12月15日根据当年9月在巴黎召开的第二国际第五次代表大会决议正式成立，至1914年第一次世界大战爆发后基本结束活动，在这段时期第二国际活动以及国际工人运动和社会主义政党活动中发挥了重要的作用。

社会党国际局设于比利时首都布鲁塞尔"人民之家"大厦，由参加国际的各国支部各派2人组成，基本上每年举行1次全会，由比利时代表团行使执行委员会的职能，负责日常工作。其主要任务是筹备国际代表大会，确定议程，编辑出版代表大会会议记录和决议汇编；了解和交流关于各国工人运动、社会主义运动和社会主义政党的情况，征集和收藏有关材料、文件和书刊；用法、德、英三种文字出版《社会党国际局定期公报》（1909—1913年），发表国际局的通知、消息和各国运动的通讯报道；根据1904年阿姆斯特丹代表大会关于"党的统一"的决议精神，调解一些国家社会党内部的分歧并促成其统一；对重大国际事件特别是军国主义和战争问题进行讨论，发表通告或宣言，表达反对侵略战争和帝国主义战争的意志。

本卷收录的内容包括社会党国际局定期公报第1—11期，以及第9期的两个增刊。本卷内容根据1979年日内瓦明科夫出版社出版的、由乔治·豪普特重印的《社会党国际局定期公报》（1909—1913年）(Géorge Haupt, Bulletin Périodque du Bureau Socialiste International, Minkoff Reprint, Genève, 1979) 所收录的有关英文、法文、德文文献进行翻译编辑。本卷翻译时以英文文献为主，参考法文和德文文献。

  本卷依据中共中央编译局编译马克思主义经典著作的标准重新统一了人名、地名、组织机构名、报刊杂志名等专用名，增加了对原书中一些名词和引语的注释。书中文献的脚注，凡未加说明的都是原文本编者所注；中文本译者或编者所加的注，均注明"——译者注"或"——编者注"。本卷对社会党国际局代表、成员党书记、非成员党书记等名单中的地址一般只译到城市，具体街道、门牌号等信息略去；送给国际局的出版物目录、出版商名称、定期分析索引等略去。

目 录

社会党国际局定期公报第1期 ········· 1
年会 ········· 3
社会主义记者第三次代表会议的报告 ········· 4
重要社会主义报刊名录 ········· 4
可以担任外国社会主义报纸通讯记者的社会主义同志名单 ········· 21
申请 ········· 27
社会党国际局书记工作报告 ········· 28
全国代表大会 ········· 62

社会党国际局定期公报第2期 ········· 67
哥本哈根国际代表大会邀请信　1910年3月于布鲁塞尔 ········· 69
第三次社会主义记者代表会议　1909年11月6日
　　星期六（下午）········· 76
社会党国际局1909年11月7日星期日上午的会议 ········· 85
哥本哈根代表大会 ········· 86
下午的会议 ········· 93
国际议会委员会　1909年11月8日星期一（10点）········· 104
关于阿根廷事件的通告 ········· 135

关于西班牙事件的通告 ………………………………………… 141
巴尔干社会民主党第一次代表大会 …………………………… 143
关于芬兰事务的宣言 …………………………………………… 153

社会党国际局定期公报第3期 …………………………………… 159
哥本哈根国际代表大会关于国际局议程上所列问题的决议案
　　和评论 …………………………………………………… 161
第二次国际妇女代表会议 ……………………………………… 181
社会主义青年组织联合会第二次代表会议
　　1910年8月28日—9月3日，哥本哈根 ………………… 183

社会党国际局定期公报第4期 …………………………………… 185
国际社会党第八次代表大会 …………………………………… 187
哥本哈根之旅 …………………………………………………… 188
哥本哈根国际代表大会关于社会党国际局议程所列问题的
　　决议案与评论 …………………………………………… 188

社会党国际局定期公报第5期 …………………………………… 253
国际社会党第八次代表大会日程 ……………………………… 255
国际代表大会程序 ……………………………………………… 256
国际局1907年以来所通过的政治决议 ………………………… 258
哥本哈根国际代表大会关于列入社会党国际局议程上的问题的
　　决议和评论 ……………………………………………… 261
社会党国际局代表 ……………………………………………… 270
成员党的书记 …………………………………………………… 274
非成员党的书记 ………………………………………………… 278

社会党国际局书记处和国际议会委员会的报告 …………… 279
社会主义报刊分类目录 ………………………………………… 289

社会党国际局定期公报第 6 期 ……………………………… 291
国际社会党第八次代表大会 1910 年哥本哈根 …………… 293
工人养老金 ……………………………………………………… 293
殖民地问题 ……………………………………………………… 303

社会党国际局定期公报第 7 期 ……………………………… 329
从哥本哈根代表大会至 1911 年 7 月 1 日大事记 ………… 331
比利时和荷兰社会党代表关于弗拉辛要塞的会谈 ………… 355
反对军国主义沃尔绍夫斯基以俄国社会革命党的名义提交的
 关于军国主义、军备和仲裁问题的报告 ………………… 356
奥地利捷克和德意志工会的冲突 …………………………… 362
关于美国社会党的统一 ……………………………………… 378
社会主义青年组织 …………………………………………… 391
加入国际的问题 ……………………………………………… 392
美国匈牙利同志致社会党国际局的信 ……………………… 394
议会说明 ……………………………………………………… 395
各成员党的书记 ……………………………………………… 426
非成员党的书记 ……………………………………………… 431
社会党国际局代表 …………………………………………… 432
致社会主义出版物编辑的第一个通知 ……………………… 439
社会党书店经理和出版人 …………………………………… 440
各党书店经理和出版人之间的协议计划 …………………… 440

社会党国际局定期公报第 8 期 447
国际社会党代表大会和社会党国际局章程 449
国际议会委员会章程 452
1911 年 7 月 1 日至 1912 年 1 月 1 日大事记 454
俄国社会革命党关于合作社问题的报告 535
美国的合作 548
"崩得"立陶宛、波兰和俄罗斯犹太工人总联盟外国委员会的报告 550
日本 553
澳大拉西亚社会主义同盟 1907—1910 年 556
巴尔干国家社会民主党人预备会议 560
君士坦丁堡社会研究小组的报告 563
希腊 565
关于社会主义运动的报告 566
塞尔维亚 571
保加利亚 572
英格兰 574
国际议会委员会通知 576
议会说明 576
反战国际示威宣言（1911 年 11 月） 624
第 11 号通报 627
致各成员党的通报 627
第 12 号通报 629
决议 632
第 21 号通报 633

社会党国际局代表……………………………………………… 642
　　各成员党的书记……………………………………………… 647
　　非成员党的书记……………………………………………… 652
　　苏黎世会议…………………………………………………… 654
　　社会党国际局的出版物……………………………………… 659

社会党国际局定期公报第9期 …………………………………… 661
　巴塞尔国际社会党非常代表大会（1912年11月24—26日）
　　邀请信………………………………………………………… 663
　　国际的反战宣言（1912年10月29日）……………………… 663
　　社会党国际局对战争所作的抗议…………………………… 664
　　土耳其和巴尔干国家社会党人宣言………………………… 667
　　德国社会民主党宣言（1912年10月12日）………………… 672
　　奥地利社会民主党宣言（1912年10月18日）……………… 673
　　法国社会党宣言（1912年10月18日）……………………… 677
　　克罗地亚社会主义者宣言（1912年10月18日）…………… 678
　　拉普切维奇关于塞尔维亚形势的报告（1912年9月30日）… 681
　　保加利亚统一社会民主党中央委员会关于巴尔干政治形势
　　　特别是马其顿问题的报告（1912年9月1—14日于索非亚）… 682
　　波兰社会党宣言……………………………………………… 688
　　波兰社会党通告……………………………………………… 691
　　奥地利议会波兰社会党议员俱乐部决议（1912年10月）… 694
　　俄国社会民主工党中央委员会的呼吁书…………………… 694
　　罗马尼亚社会民主党宣言…………………………………… 699
　　社会党议员拉普切维奇在塞尔维亚斯库普契纳举行的讨论会上
　　　的讲话暨对1912年9月24日（10月7日）国王讲话的答复 … 704

匈牙利社会民主党宣言（1912年10月5日）……………………… 708
　　1912年10月6日布达佩斯3个集会以及24个匈牙利城市的
　　　　集会所通过的决议 ……………………………………………… 710
　　布达佩斯10月30日举行的14个集会所通过的决议 …………… 710

社会党国际局定期公报第9期增刊第1期 …………………… 713
　　工人国际反战决议（1867—1910年）………………………… 715

社会党国际局定期公报第9期增刊第2期 …………………… 727
　　塞尔维亚党的道歉信 ……………………………………………… 729
　　保加利亚的报告（紧密派）……………………………………… 731
　　萨卡索夫同志1912年10月8日在国会的发言 ………………… 737

社会党国际局定期公报第10期 ………………………………… 747
　　巴塞尔国际社会党非常代表大会报告 …………………………… 749
　　1912年1月1日至1915年1月1日大事记 …………………… 749
　　国际议会委员会 …………………………………………………… 808
　　社会主义青年组织章程草案 ……………………………………… 835
　　社会党国际局第1号通报 ………………………………………… 836
　　致社会党国际局执行委员会 ……………………………………… 837
　　塞尔维亚社会民主党致布鲁塞尔社会党国际局 ………………… 838
　　社会党国际局代表 ………………………………………………… 840
　　各成员党的书记 …………………………………………………… 846
　　非成员党的书记 …………………………………………………… 851

社会党国际局定期公报第 11 期 ·············· 853
1913 年 1 月 1 日至 1913 年 7 月 1 日大事记 ············· 855
政府危机期间的丹麦社会民主党 ················ 975
赠送给国际局的出版物目录社会党国际局代表 ········ 978
成员党的书记 ······························ 985
非成员党的书记 ···························· 991

社会党国际局定期公报第 1 期

年会

在布鲁塞尔约瑟夫·斯蒂文斯路17号人民之家举行。

1. 1909年11月6日，星期六，下午3点，社会主义记者第三次会议。

议程

改进社会主义报刊之间的通信联系。

2. 1909年11月7日，星期日，上午10点，社会党国际局第五次会议。

议程

（1）执委会报告（加入①、国际局的代表等问题）；

（2）1910年哥本哈根国际社会党代表大会的组织、日期和议程（丹麦代表团的报告）；

3. 1909年11月8日，星期一，上午10点，国际议会委员会委员第四次会议。

议程

养老金法案的成果（瑞典的建议）。

---

① 指加入国际局。——译者注

社会主义记者第三次代表会议的报告

在斯图加特代表大会期间召开的社会主义记者代表会议第一次会议上,有人提出希望能看到一份报纸名录,它可以(1)进行交换,(2)聘请领取薪水的通讯员和合作者。

我们在下面提供了这样一份名录。名录上面有我们的各成员党的主要政治报刊以及几份周报的名称,因为它们是我们组织的机关刊物。

重要社会主义报刊名录

注:…………线尾的粗体数字是报纸每周出版次数。

德国

《阿尔滕堡人民报》…………**6**
　　阿尔滕堡
《工人报》…………**6**
　　多特蒙德
《工人报》…………**6**
　　埃森(鲁尔)
《贝吉施工人之声报》…………**6**
　　索林根
《勃兰登堡报》…………**6**
　　勃兰登堡
《不伦瑞克人民之友报》…………**6**

不伦瑞克

《不来梅市民报》…………6

　　不来梅

《德累斯顿人民报》…………6

　　德累斯顿

《弗兰克施每日邮报》…………6

　　纽伦堡

《弗兰克施人民论坛报》…………6

　　拜罗伊特

《弗兰克施人民之友报》…………6

　　维尔茨堡

《自由报》…………6

　　埃尔伯费尔德-巴门

《自由报》…………6

　　斯特拉斯堡

《菲尔特市民报》…………6

　　菲尔特

《格尔利茨人民报》…………6

　　格尔利茨

《汉堡回声报》…………6

　　汉堡一区

《黑森人民之友报》…………6

　　达姆施塔特

《柯尼斯堡人民报》…………6

　　柯尼斯堡（普鲁士）

《莱比锡人民报》…………6

莱比锡
《吕贝克人民信使报》…………6
  吕贝克
《吕讷堡人民报》…………6
  吕讷堡
《梅尔基什人民之声报》…………6
  科特布斯
《梅克伦堡人民报》…………6
  罗斯托克
《米尔豪森人民报》…………6
  米尔豪森
《慕尼黑邮报》…………6
  慕尼黑
《内卡河回声报》…………6
  海尔布隆
《下莱茵工人报》…………6
  杜伊斯堡
《下莱茵人民论坛报》…………6
  克雷费尔德
《北德意志人民之声报》…………6
  不来梅港
《北德意志人民报》…………6
  班特
《北豪森人民报》…………6
  北豪森
《上黑森人民报》…………6

吉森

《上弗兰肯人民报》…………6

　　霍夫

《奥芬巴赫晚报》…………6

　　奥芬巴赫

《普法尔茨邮报》…………6

　　路德维希港

《普福尔茨海姆自由报》…………6

　　普福尔茨海姆

《雷姆沙伊德工人报》…………6

　　雷姆沙伊德

《罗伊斯论坛报》…………6

　　罗伊斯

《罗伊斯人民报》…………6

　　格赖茨

《莱茵报》…………6

　　科隆

《萨克森人民报》…………6

　　茨维考

《石勒苏益格-荷尔施泰因人民报》…………6

　　基尔

《施瓦本山卫报》…………6

　　斯图加特

《施瓦本山人民报》…………6

　　奥格斯堡

《图林根人民之友报》…………6

松讷贝格

《论坛报》……………6

　　爱尔福特

《人民报》…………6

　　波鸿

《人民报》…………6

　　卡塞勒

《人民报》…………6

　　哥达

《人民报》…………6

　　哈尔堡

《人民报》…………6

　　萨尔费尔德

《安哈尔特人民报》…………6

　　德绍

《哈雷人民报》…………6

　　哈雷

《人民信使》…………6

　　斯德丁

《人民之友报》…………6

　　卡尔斯鲁厄

《人民之声》…………6

　　开姆尼茨

《人民之声》…………6

　　美因河畔法兰克福

《人民之声》…………6

吕登沙伊德

《人民之声》…………6

马格德堡

《人民之声》…………6

曼海姆

《人民卫报》…………6

比勒费尔德

《人民卫报》…………6

布雷斯劳

《人民意志报》…………6

汉诺威

《人民报》…………6

杜塞尔多夫

《人民报》…………6

伊瑟隆

《人民报》…………6

美因茨

《人民报》…………6

迈森

《人民报》…………6

奇陶

《前进报》…………6

柏林

《魏玛人民报》…………6

耶拿

英国

《号角报》…………1
　　伦敦
《正义报》…………1
　　伦敦
《工人领袖》…………1
　　伦敦
《新时代》（月刊）
　　伦敦

阿根廷

《先锋报》…………6
　　布宜诺斯艾利斯

亚美尼亚

《旗帜报》
　　日内瓦（瑞士）

澳大利亚

《社会主义者》…………1
　　墨尔本

奥地利

《工人意志报》…………6
　　格拉茨
《工人报》…………6
　　维也纳
《拉瓦托尔报》…………2
　　的里雅斯特

比利时

《博里纳日未来报》…………7
　　奎姆
《沙勒罗瓦日报》…………7
　　沙勒罗瓦
《人民报》…………7
　　布鲁塞尔
《前进报》（工人）…………7
　　根特

波希米亚

《共享报》…………6
　　维也纳

《人民权利报》…………6
　　布拉格
《正义报》（波希米亚语）…………1
　　芝加哥
《斯特拉德尼克斯》（列托语）…………1
　　马萨诸塞州
《泰莫斯》（芬兰语）…………1
　　密歇根
《劳动者联盟》…………1
　　宾夕法尼亚州沙勒罗瓦
《人民之友和工人报》…………1
　　俄亥俄州克利夫兰
《真相》…………1
　　密尔沃基

保加利亚

《工人报》…………3
　　索非亚
《工作报》…………3
　　索非亚

加拿大

《西部号角报》…………1
　　温哥华

丹麦

《社会民主党人报》············**7**
　　哥本哈根

西班牙

《国际》············**1**
　　巴塞罗那
《社会主义者》············**1**
　　马德里

美国

《诉诸理性报》············**1**
　　堪萨斯州吉拉德
《工人报》············**1**
　　纽约
《呼声报》············**6**
　　纽约
《芝加哥每日社会主义者报》············**6**
　　芝加哥
《克利夫兰公民报》············**1**
　　克利夫兰
《常识》············**1**

洛杉矶

《棉花周刊》…………1

　　业务经理

《每日人民报》…………7

　　纽约

《前进报》（意第绪语）…………7

　　纽约

《自由之声报》（斯拉夫语）…………1

　　芝加哥

《新生活》…………1

　　芝加哥

《无产者》（日语）（月刊）

　　芝加哥

《工人》（波兰语）…………1

　　芝加哥

《社会民主先驱报》…………1

　　密尔沃基

法国

《社会战斗报》…………1

　　尼姆

《瓦尔报》…………1

　　德拉吉尼昂

《人民权利报》…………7

　　格勒诺布尔

《社会战争》…………1
　　巴黎
《人道报》…………7
　　巴黎
《进步报》…………1
　　勒阿弗尔
《社会主义报》…………1
　　巴黎
《社会主义者》…………1
　　巴黎
《社会主义者》…………1
　　佩皮尼昂
《阿登社会主义者》…………2
　　沙勒维尔
《工人》…………1
　　瓦兹省布里德耶
《工人》…………1
　　里尔
《人民之声》…………1
　　巴黎

希腊

《未来》…………1
　　雅典

荷兰

《人民报》…………6
　阿姆斯特丹

匈牙利

《人民之声》…………6
　布达佩斯
《市民之声》…………1
　布达佩斯

意大利

《前进报》…………7
　罗马
《正义报》…………6
　雷焦艾米利亚
《劳动报》…………6
　罗马
《曼图瓦省》…………6
　曼图瓦

卢森堡

《新周刊》…………1
　卢森堡

挪威

《社会民主党人报》…………**6**
　　克里斯蒂尼亚

波兰

《前进》…………**7**
　　克拉科夫

罗马尼亚

《罗马尼亚工人报》…………**2**
　　布加勒斯特

俄国

《劳动旗帜》，社会革命党中央机关刊物
　　巴黎
《红旗》波兰和拉脱维亚社会民主党中央机关刊物
　　（秘密刊物）
　　（月刊）
《德罗沙克》，亚美尼亚社会革命党机关刊物
　　日内瓦

《崩得①回声》

　　日内瓦

《俄国社会革命党人国外组织信息》

　　巴黎

《斗争》，拉脱维亚社会民主党中央机关刊物

　　（秘密刊物）

　　（月刊）

《社会民主信使》，拉脱维亚社会民主党国外委员会机关刊物

　　（月刊）

　　布鲁塞尔

《乌克兰新闻》，乌克兰社会民主党机关刊物

《过去》，刊载革命党人回忆录的杂志

　　巴黎

《为了人民》，社会革命党人机关刊物，社会革命党中央委员会印刷

《真理报》

　　奥地利伦贝格

《无产者报》，俄国社会民主工党多数派机关报

　　（月刊）

　　巴黎

《社会民主评论》，波兰和拉脱维亚社会民主党理论刊物

　　（月刊）

　　奥地利克拉科夫　亚历山大·里珀印刷

---

① "崩得"是立陶宛、波兰和俄罗斯犹太工人总联盟的简称。——译者注

《社会民主党》，社会民主党中央机关刊物
（月刊）
巴黎

《新时代》，俄国社会民主党高加索部机关刊物
（秘密刊物）

《土地与自由》，为农民而办的报纸

《劳动》，温达（库兰德）委员会机关刊物
（秘密刊物）

《工人》，波兰社会民主党中央机关刊物
（秘密刊物）

《工人》，拉脱维亚社会民主党美国组织中央委员会机关报…………2
美国马萨诸塞州牙买加平原

《崩得之声》
（秘密刊物）

《社会民主之声》，俄国社会民主工党少数派机关报
（月刊）
巴黎

塞尔维亚

《工人报》…………1
贝尔格莱德

瑞士

《巴塞尔前进报》…………6
巴塞尔

《伯尔尼卫报》…………1
　伯尔尼
《如特利报》…………1
　洛桑
《如特利人报》…………5
　苏黎世
《瑞士人民报》…………1
　日内瓦
《人民权利报》…………1
　苏黎世

瑞典

《社会民主党报》…………6
　斯德哥尔摩

　　另一方面，1908年在布鲁塞尔召开的社会主义记者第二次代表会议接受了另一个建议，即请各国党的书记提供所有通讯员的名单，最后由社会党国际局汇总成一份供各家报纸使用的名单，以便他们能迅速获得不带偏见的信息。

　　下面是我们提供的一份名单，其中包括作者的姓名、职业、地址、专长、语言和合作条件，他们都作为通讯记者给我们提供过服务。

可以担任外国社会主义报纸通讯记者的社会主义同志名单①

姓名、职业和地址；通讯员写作偏重的问题；通讯员的写作语言和最终稿酬（按行数或按字数计算）（fr 代表法语、adg 代表德语，ae 代表英语。）

姓名、职业和地址	通讯记者写作偏重的问题	语言和最终稿酬（按行或字）
英国		
N. -G. 培根小姐，记者。伦敦。	经济学、人文学科、社会主义。	英语。
埃米尔·戴维斯，金融专家、作家和记者。萨里郡惠灵顿。	铁路管理、经济学、贸易与金融、外交事务。	法语、德语、英语、丹麦语，还粗通西班牙语和葡萄牙语。每行2便士。
R. P. 法利。伦敦。	综合性问题。	法语、德语。
J. 布鲁斯·格莱西尔，记者。德比郡。	市政问题、反社会主义运动。	英语。
G. H. 格林伍德，教师和记者。哈德斯菲尔德。	综合性问题，初等教育，市政问题，文学和体育。	英语。每行1便士1/2先令。

---

① 名单原为三栏排列，表格是译者后加的。——译者注

(续表)

姓名、职业和地址	通讯记者写作偏重的问题	语言和最终稿酬（按行或字）
英国		
B. 拉斯克尔，政论作家。 约克郡附近的新伊尔斯维克。	公共卫生、住房和社会学问题。	德语、英语。 稿酬议定。
弗兰西斯·纳恩，律师。 威尔士。	综合性问题。	英语。
P.（A. I. B.）皮戈特，银行职员。 赫尔。	金融、银行、税收。	英语。 每行1便士。
詹·拉姆齐·麦克唐纳，议员、英国工党书记。 伦敦。	英国政治形势、社会主义宣传。	英语。
尤利乌斯·威斯特，费边社办公室助理。 伦敦。	当前英国政治、社会主义。	法语、英语。 每行2便士。
阿根廷		
马里奥·布拉沃。 布宜诺斯艾利斯。	综合性问题。	稿酬议定。
比利时		
艾梅·博盖尔特，记者。 根特。	综合性问题、教育。	法语、荷兰语。
朱尔·布尔金，土木工程师。 伊克塞尔（布鲁塞尔）。	综合性问题。	法语。
路易·德·布鲁凯尔，记者。 布鲁塞尔。	同上。	法语。
乔治·德塞萨尔，记者。 沙勒罗瓦。	同上。	法语。

（续表）

姓名、职业和地址	通讯记者写作偏重的问题	语言和最终稿酬（按行或字）
比利时		
奥古斯特·杜文，记者。 布鲁塞尔。	同上。	法语。
弗兰茨·弗斯，记者。 布鲁塞尔。	同上。	法语、德语、荷兰语。
斐迪南·哈丹，记者。 根特。	同上。	荷兰语。
欧仁·尹，记者。 伊克塞尔（布鲁塞尔）。	综合性问题、自由思想家运动。	法语、俄语。
埃米尔·乌西奥，记者。 布鲁塞尔。	综合性问题。	法语。
朱尔·勒克，记者。 布鲁塞尔。	综合性问题、文学。	法语。
米哈伊洛维奇－爱泼斯坦。 布鲁塞尔。	政治、文学。	德语、俄语。
路易·皮埃拉德，记者。 屈埃斯木。	同上。	法语、英语。
范斯韦登，记者。 根特。	综合性问题。	荷兰语。
埃米尔·万科，律师。 伊克塞尔（布鲁塞尔）。	综合性问题、地方自治。	法语、德语、英语。
约瑟夫·沃特斯，科学博士。 瓦雷姆。	农业。	法语。

(续表)

姓名、职业和地址	通讯记者写作偏重的问题	语言和最终稿酬（按行或字）
保加利亚		
科拉罗夫·瓦西尔，律师。 菲利波波利。		法语。
扬科·萨卡索夫，记者。 索非亚。		法语、德语。
格奥尔基·巴卡洛夫，记者。 索非亚。		法语。
阿森·赞科夫，律师和记者。 索非亚。		德语。
加拿大		
罗伊克·蒂尔莫，工人。 艾伯特。	综合性问题。	英语。
P. C. 扬，工人。 多伦多。	同上。	英语。
H. 詹姆斯，工人。 温尼伯。	同上。	英语。
J. 布朗宁，工人。 艾伯塔省卡尔加里。	同上。	英语。
D. G. 麦肯齐，工人。 温哥华。	同上。	英语。
美国		
亚历山大·施莱辛格，政论作家。 纽约。	时事新闻。	德语、英语。稿酬议定。
蒂莫西·沃尔什，记者。 美国牙买加。	财政金融问题。	大部分欧洲语言。

（续表）

姓名、职业和地址	通讯记者写作偏重的问题	语言和最终稿酬（按行或字）
美国		
于贝尔·朗热罗克，政论作家。俄勒冈州波特兰市。		法语、德语、英语、荷兰语。
匈牙利		
西格蒙德·昆菲博士，记者。布达佩斯。	匈牙利政治和政党。	稿酬议定。
塞尔维亚		
图措维奇博士，记者。贝尔格莱德。《工人报》	巴尔干事务。	德语。
波波维奇博士，记者。贝尔格莱德。《工人报》	同上。	法语。

有些国家的语言在其境外几乎无人能懂，对于这些国家，第二次代表大会研究了按照柏林《俄国简报》的风格创办一份简报的问题，并要求我们对实施这一想法的可行性进行调研。在此，我们将我们所收到的答复汇总如下：

塞尔维亚。（科沙宁1908年11月18日来信）——虽然我们对社会主义报刊在巴尔干国家冲突的问题上五花八门的观点感到遗憾，——这个问题与它们有直接的利害关系，但是我们塞尔维亚同志宣布，他们愿意为出版一份简报作出牺牲，这一刊物将使国际无产阶级充分了解本国的社会主义运动。他们已经决定用德文出版它。他们估计每期印刷600份，大约需要花50法郎。这一刊物每期两栏四页，开本为32×34厘米。

备注。（弥勒1908年12月18日来信）在被问到是否愿意为塞尔维亚公报的出版提供资金支持时，我们德国同志的回答是否定的。他们表示，他们国家愿意订报的人不多，而"党的委员会"也不能承担这笔新的开支。

罗马尼亚。（科恰 1908 年 12 月 15 日来信）——我们罗马尼亚同志完全认识到，这个新的刊物对他们国家的党的好处同对其他国家的党的好处一样大，我们估计用法文出版他们的公报的费用（没有提到出版的份数）为每期 170 法郎或每年 2040 法郎。

美国对建立一个"综合通讯社"的问题进行了充分研究，——美国环境独特，幅员辽阔，黄色报刊拥有决定性的影响，由此看来，应该建立一个社会主义通讯机构。这种建议是 H. 朗热罗克同志提出的，也在《社会党官方公报》上重提过，社会党全国执行委员会还在一次会议上讨论过。

朗热罗克同志在来信中指出，纽约是外国通讯社的天然传播中心，他建议建立一个由党的报刊组成的"自治合作社"，以便按以下方针经营一家通讯社：

（1）欧洲社会主义报刊的美国通讯；
（2）美国和加拿大国际新闻传播机构；
（3）组织全国、州和当地的报刊；
（4）华盛顿特别通讯记者；
（5）物资采购机构和广告招商机构；
（6）建立一个特殊的基金，帮助现有报刊度过财政困难期。

朗热罗克估计，欧洲通讯工作的商业和新闻业务不止能做到自给自足。国际或美国通讯工作的费用可能会减少，办法是，首先通过向工会和非社会主义报刊出售信息，然后通过把地区性报刊当做中央通讯机构的通讯记者，而且他们的报酬不变。

此外，还有一个重要问题，创办我们党的报刊已经成为一件必须做的事情，朗热罗克建议召开一次有社会主义报刊编辑、在美国的党的报刊外国通讯记者和对政治行动公开表示同情的工会定期出版物的编辑参加的大会。

朗热罗克的建议已被批准（《社会党全国执行委员会会议记录》，1909年4月9日和10日），全国执行委员会已经通知他，如同社会党国际局所建议的那样，建立"一个有力的国际通讯社"对国际工人阶级运动大有裨益，要鼓励为朝着这一目标迈进而采取的各种有效方法。

在此要求党的报刊编辑们就这个问题和朗热罗克提交给执委会的报告提出意见，全国书记马伦·巴恩斯已将这些报告送给他们。

备注：为了比较和了解有关党的情况，我们对《俄国简报》的成本价格情况作了调查（1909年2月10日来信），下面是我们在这个问题上得到的信息：

印刷：12期，每期200份，共需要支出180马克；各项装订工序支出140马克，编辑薪水230马克，每年合计550马克或687法郎50生丁（687 fr. 50），每月57法郎29生丁（29 fr. 50）。然而，一些特殊情况的出现已经导致价格有所上涨。

申请

自从这个问题在布鲁塞尔会议上提出以来，社会党国际局已收到通讯记者的以下申请：

1. 萨克森的开姆尼茨的《人民之声》想在比利时找一位政治通讯记者。
2. 纽约的《呼声报》想找一位比利时通讯记者，要求每月提供两篇稿件，字数至少在1000至2000字。
3. 社会主义的出版公司查尔斯·H. 克尔和C（芝加哥）为其《国际社会主义评论》征求有关欧洲各国社会主义和工人运动的稿件。这些稿件将按每千字

25法郎的标准支付稿酬,但每篇稿件不得超过4000字。如果不会英文,用法文写也可以。

社会党国际局委员会认为不必立即对这些询问给予答复,因为从整体上解决这个问题似乎更可取。

社会党国际局书记工作报告

自从国际局于1908年10月11日在布鲁塞尔召开上次会议以来,这次会议通过的决议中所提到的政治事件接连不断发生,迅速发展。有的问题至少暂时得到了解决,但有的问题还悬而未决,而且变得越来越严重。一方面,资本家在扩充军备,没收其他人的财产,践踏工人的基本权利,竖起对付革命者的绞刑架,不仅使生活成本上升,而且让无产阶级为他们的愚蠢行为背上沉重的财政包袱;另一方面,各成员党一直在尽最大努力维持各国之间的和平,强调对自主存在权利的尊重,改善各国工人阶级的福利。

在我们的报告所涉及的这段时间里,执委会发表了三个宣言。

首先,他们想利用5月1日来提醒我们的各成员党注意,这一天不仅要举行一次要求限制劳动时间的游行示威,还应当把它变成一次反对军国主义的宣示。最近发生的事件真切地表明,帝国主义资本主义每年都要求有新的牺牲,而这种牺牲大部分是无产阶级承担的。丹麦不是刚刚决定建立新的防御工事吗?在德国,政府对外政策的前后不一一度引发了危机,而这场危机说明,社会民主党所代表的国家之间要和平的思想正在得到越来越多的人的支持。

德国帝国政府拒不接受英国关于限制军备的观点,拒不接受社会民主党人关于与英国缔结一项协议的建议,这就使为扩充军备而开辟新的财源成为必然。冯·毕洛夫先生的财政计划的被拒绝，已经造成自由保守集团的混乱及其怂恿者的倒台。国会已经投票支持征收新的间接税！

此外，德国社会民主党通过游行示威，特别是基尔国际大游行（8月15日）宣示了坚持其政策的坚定决心，而这一政策充满了斯图加特代表大会反对军事主义决议的精神——哥本哈根的迈耶尔、马尔默的尼尔森、伦敦的议员拉姆齐·麦克唐纳同志（心胸狭窄的警察一直禁止他用英语讲话）参加了这次游行。

在英国，以对土地资产的非劳动增值部分征税为基础的预算案，已经激起保守党人的愤怒，并有可能导致宪法性冲突，而冲突的焦点或者是对贵族院进行根本改革，或者是统一派①重新上台，个人服务的问题干脆被搁置起来了。尤其在这个问题上，我们的同志不屈不挠，坚持不懈，坚持支持民族自治。不幸的是，尽管英国议会已经通过了一个议案，支持南非联邦建立一个对白人有利的政治自治单位，但是它似乎并不准备在埃及和印度进行类似的改革。

巴尔干国家的冲突是各成员党和国际局之间各种意见与通信交流的重点，问题集中在是否进行更为积极的社会主义干预，而这一冲突已经按照资本主义精神的"权宜之计"得到解决了。

奥匈已经通过支付5400万克朗的赔偿——这笔钱会像通常一样转嫁到无产阶级身上——争取到土耳其对一个协议的支持，该协议使塞尔维亚的希望破灭进而陷入孤立状态，明确地将波斯尼亚和黑塞哥维那并入奥匈帝国，将新帕扎尔地区归还给奥斯曼帝国，并允许土耳其政府提

---

① 1886年自由党分裂出一派人成立自由统一党，该党与保守党组成反对爱尔兰自治的政治联盟并在1895年大选中上台，组成统一派政府，历时十年两届（1895—1902、1902—1905），联盟期间政治资金和组织各自独立，直到1912年两党完全合并，称保守统一党，简称保守党。——译者注

高对奥地利商品的关税。而且所有这一切仅仅是为了改变一个所有权标签！在这场危机中，我们的朋友没有无所事事地袖手旁观。就在国际局开会前一天，即1908年10月10日，皮托尼议员向各代表团宣读了一份要求人民民族自治权的声明。1908年12月16日和17日，涅梅茨、伦纳、达申斯基和阿德勒同志在帝国国会提出质询，要求政府对国际形势和波黑人民民主宪法作出解释。1909年3月11日，伦纳在议会发言捍卫波斯尼亚农民的事业。1909年3月15日，塞茨、达申斯基和绍库普对军国主义分子偷偷摸摸的勾当再次提出抗议。最后，在危机的最高潮，即3月26日，也是帝国议会解散那天，阿德勒在帝国议会提出对一个动议进行票决：

"奥地利政府须对奥地利和匈牙利联合政府施加其全部宪法性影响，以便积极地持续地竭尽全力地维持和平。"

请允许我们为他们补充几句话，一方面，我们在杜马的社会民主党同志已经对沙皇的泛斯拉夫主义阴谋进行了指责，另一方面，在塞尔维亚议会，有一个人，而且只有一个人，即议会中唯一的社会党人卡斯莱罗维奇，对沙文主义煽动表示了抗议，撕下了战争党的伪装。此外，为了向资本家显示工人阶级的一致，尽管存在民族差异，尽管政府之间存在暴力冲突，年轻的波斯尼亚社会民主党在7月举行了一次会议，塞尔维亚、奥地利、匈牙利、捷克、斯拉夫以及波斯尼亚无产阶级的代表在会上发表了讲话。

国际在波斯事件中坚持了和这一样的民族自治政策，波斯是革命已经取得几个月胜利的第二个国家。众所周知，民族主义政党在迫使沙阿①退位之后和夺取政权之前必须经过什么样的斗争。此外，它得到了

---

① "沙阿"旧时伊朗国王的称呼。——译者注

青年知识分子组织的支持，他们为自己而追求社会主义（关于这个问题，见欧仁·奥宾在《今日波斯》1908 年第 40 页上发表的一份奇特的声明），并且强烈要求国际局向各大国的同志们发出指示，以便阻止俄国玩弄其惯用的两面派伎俩。第一次质询于 1908 年 11 月 15 日在杜马进行；内容如下：

"部长会议主席知道以下情况吗？

1. 国防部长已经授权俄军参谋部的利亚伊科夫上校（刑法典第 325 条）到波斯政府中任职，并参加镇压波斯人民中出现的自由运动，而他们对我们持友好态度；

2. 国防部长还向俄军其他军官给予了类似的授权，例如受利亚伊科夫上校指挥的乌沙科夫上尉；

3. 国防部长允许利亚伊科夫上校以波斯哥萨克旅旅长的名义发布一个命令，他在命令中以俄国政府的名义向那些即将参加摧毁帖冗力思城①，进行掠夺与破坏活动的人许诺，要用荣誉、金钱和王室的恩宠回报他们；

4. 国防部长的做法超越了职权范围，严重威胁到俄国的国家利益，挑起俄国与波斯人民的仇恨。这些事实部长会议主席知道吗？他打算采取什么措施来阻止利亚伊科夫上校、国防部长和其他人违法法律、对俄国有害的上述行为呢？他将采取什么措施让这些人为他们的行为负法律责任呢？我们强烈地敦促您考虑我们提出的问题。"

另一方面，英国议会里的工党议员在 1908 年 11 月 25 日、1909 年 7 月 8 日和 13 日，向外交大臣提出了类似质询。

这种干预的适宜性今天尤其被英国政府最近发表的两个蓝皮书所证

---

① 国内有文章说，这个城市是大不里士（Tabriz）。见陈立樵《英国—伊朗关系与瑞典宪兵队（1910—1914）》，载《中东问题研究》2015 年第 2 期第 206 页。——译者注

明。1909年1月9日（二级急件第44号），英国驻圣彼得堡大使尼科尔森先生给爱德华·格雷爵士写信说：伊兹沃尔斯基①对帖兀力思城和伊斯法罕的自治管理持敌视态度。1月8日（二级急件第59号），伊兹沃尔斯基宣布，他认为批准一部宪法不会改变局势。2月13日（二级急件第95号），伊兹沃尔斯基敦促给沙阿提供资金，将宪法问题搁置起来。1909年3月17日，爱德华·格雷爵士（二级急件第115号）显然从上述情况中得出结论，他在给尼科尔森先生的信中写道："我担心沙阿仍然期望看到俄国干预，而这种干预被认为对他是有利的。"真实的情况是，革命行动发展太快，不允许俄国立刻利用形势从中获利。

另一方面，如果爱德华·格雷爵士给我们朋友的答复看上去足够了，俄国哥萨克目前仍驻扎在波斯领土上，因此不能说来自这方面的危险已经消失了。俄国政府企图保持它在波斯北部的影响，而那里对英国政府极其重要，它可以通过不再进行抵抗的阿富汗和俾路支斯坦②，经阿拉伯南部（那里的君士坦丁堡苏丹政权完全是名义上），把它的非洲属地与它的亚洲殖民地连接在一起。

沙皇打算周游欧洲各国的消息在文明圈里引起了愤慨，并完全证明了我们的第二个宣言的正当性。这次旅行的目的是明摆着的：筹措新的贷款。像德国、英国和法国中间阶级一样，莫斯科目前赤字负担沉重，而且财政问题在俄国比在其他国家更迫切。国际局的声明被所有社会主义报刊转载，瑞典、英国、法国和意大利的党也发表了声明，这对启发公众觉悟起到了积极作用。

在瑞典，斯德哥尔摩、基律纳、利德雪平、瓦根、克里斯蒂娜港、

---

① 时任俄国外交大臣。——译者注
② 俾路支斯坦是一个横跨巴基斯坦俾路支省、伊朗俾路支地区（锡斯坦-俾路支斯坦省）和阿富汗南部的俾路支地区。——译者注

延雪平等，几乎每个地方都举行了集会。

在德国，基尔举行了集会。

在英国，独立工党全国行政管理委员会要求党的882个支部运用他们所掌握的一切手段反对接待沙皇到访。工党和社会民主党发表了一个宣言，并在特拉法加广场举行了一次大规模集会。费边社在纪念堂通过了一项决议。国际社会党代表大会英国全国委员会通过一项决议，对国王和政府向对镇压俄国革命政党的暴行负有个人责任的俄国沙皇提供友好款待表示强烈的抗议。7月8日、13日和30日，下院提出了有关问题。

在法国，也举行了一些抗议活动。7月9日，党的常设行政委员会和议会社会党党团发表了一份声明，党的报刊连续发表了来自各地的抗议书，它们来自埃克德维尔和吉斯市议会、多姆山省联合会、芒什省和塞纳省、勒阿弗尔工会联合会、罗克莫尔集团、罗瓦苏布瓦、安东尼、维勒弗朗什/索恩、圣康坦、维耶尔宗、大卡里耶尔、圣莫里斯、圣阿芒、布吕埃尔、阿利坎汉普斯、圣博代勒、圣乔治新城、维勒讷沃-特阿热、普雷圣塞尔韦、索特维尔-莱鲁昂、瑟堡、维特里-舒瓦西、蒂艾、伊夫里、奥利、维勒瑞夫、克朗兰-比塞特尔、让蒂伊、阿尔克伊-卡尚、拉鲁凯特、玛格丽特、皮埃尔菲特、贝莱尔、勒瓦卢瓦-佩雷、圣日耳曼-莱昂、沙蒂永/巴涅、旺沃、阿尔福特维尔、于宰-勒沃农、埃斯帕尼亚克岛、土伦、旺沃第九支部、塞纳妇女社会主义者联合会委员会等。

在意大利，鼓动活动的声势也相当大。莫尔加利在议会发表了反对沙皇的讲话。接着，抗议书像雪片一样飞来，例如，来自沃尔泰拉各组织的，来自罗马涅社会主义联盟、青年近卫军中央委员会的，来自威尼斯、佛罗伦萨、米兰、福贾、穆拉诺、锡耶纳、阿斯蒂、斯波莱托、普拉托、托雷-德安农齐亚塔、都灵、卡尔皮、罗马、切尔维亚、诺道夫、布雷诺、夸尔托-阿尔-马尔、奇维塔韦基亚、拉斯佩齐亚、里瓦尔塔-博尔米达、特尔尼、皮耶伟城、马萨马里蒂那、比萨、圣基里科、波马兰切、奥西诺、里奥萨利切托、耶斯、卢戈、恩波利、曼恰诺、亚历山德里亚、蒙蒂、卡夫里亚戈、多洛、博斯科-梅索拉、佩格莱、奥尔维耶托、帕维亚、科斯特尔菲奥伦迪诺、瓜尔多-塔迪诺、基耶蒂、奇维塔诺瓦-马尔凯、圣斯特凡诺、马切拉塔、布斯托-阿西齐奥、博吉邦西、卡萨莱-蒙费拉托、圣巴多罗买、维拉达索拉、基耶里、切里尼奥拉、弗拉西诺内、阿尔达河畔的新村、斯皮内塔、格罗塞托、比比纳、博尔扎内托、卢岛和列蒂、福利尼奥、巴里、布林迪西、塔兰托、瓦雷泽、皮翁比诺、马尔西格利亚、里窝那、罗卡西库拉、博尔迪加托等。我们可以把这个名单扩展到好几页。在罗马，甚至成立了一个鼓动中央委员会。最后，党的管理委员会决定发表一份全国抗议宣言。

这一运动的结果是，在瑞典，沙皇只是在重重护卫下访问了斯德哥尔摩皇宫。在英国，尽管军校学员的态度令人遗憾，他们在英国公众面前扮演了宪法对立面的角色，尽管专制统治者根本不放弃其在俄国的特权并让杜马扮演一种象征的角色，尼古拉二世也不敢离船登岸，而是一直呆在船上。

在法国，取代克列孟梭先生的白里安先生派外交部长、国防部长和海军部长去陪同法利埃先生，但他本人却呆在巴黎。在这里，沙皇也没有敢踏上法国海岸。他甚至接受哈廷先生的明智建议，推迟了去意大利的旅行，而哈廷先生是一个为国王陛下效力的"密探"和特务，是**荣誉军团骑士勋章获得者**。

国际局发表的第三个声明是与西班牙有关的。我们不能在此再次刊发这个声明或发表一份它的摘要，但是我们想回忆我们的同志在冒着生命危险反对以保护资本家红利为目的的不幸的战争时所表现出的勇气。

巴塞罗那的总罢工是一场抗议，它不会很快被忘记。在长达几个星期的时间里,反动派动手了,其矛头不仅指向非教会教育机构,而且指向工人组织。毛拉先生的政府所组织的镇压活动已经激起整个文明世界的抗议。我们已经采取措施,让西班牙人民知晓民众大会上所通过的决议。在我们看来,情况十分清楚:在起义爆发之前,支持我们的西班牙同志们的时刻已经到来了,他们渴望出版一份日报,声讨共和派中间阶级的主张,抨击军国主义寡头统治。为了这一目的,我们的比利时同志募集了1000法郎,德国同志拿出了5000法郎订阅该报,另外再拿出5000法郎给受害者。如果不是因为罢工和同盟歇业消耗了我们组织的资金,这笔捐赠的数额还会更多一些。

我们的瑞典同志提供的无产阶级帮助同样是巨大的,他们举行了一次总罢工,其持续时间和规模,超过了以前的所有同类运动。不幸的是,它似乎没有像应有的那样得到资助。要是斯堪的纳维亚国家,要是中欧大国,要是一些小国尽到他们的义务,那该多好啊!然而,统计数据告诉我们,其他国家有数百万工会会员,但他们所提供的显示团结的帮助却微不足道。这个弱点值得我们国际局注意。

我们的各党还一直关注着其他问题。我们特别请您注意我们在日本的同志的处境,尽管我们进行了抗议,但是他们继续成为东京政府寡头政治的受害者。后者没收了他们的著述,彻底解散了他们的组织,而且对于日本无产阶级来说,他们国家的资本家的压迫似乎还不是最重的,美国有几个州已经制定了反对日本移民的特别法律,不过华盛顿并不赞成这些法律。

但是在土耳其,最近我们看到了一场年轻的中间阶级革命是如何在土耳其军事独裁政权的刺激下实现其社会职能的。土耳其议会完全模仿法国革命,一开始就因抓紧时间禁止工人运用结社权而显得与众不同。在君士坦丁堡议会谈到工会问题时,内务部长费里德帕沙公然在绝大多数人的喝彩声中宣称,"我们国家不需要这种东西!"而我们的佐拉布和瓦克斯同志的抗议根本没有人听。接着，政府及其支持者求助于资本与劳动和谐相处的必要性的陈词滥调，他们还欣然无知地宣布，"新政权必须竭尽全力把工人阶级提升到资本家的行列。"我们的朋友阐述了我们的理论，揭露了土耳其资本主义的剥削状况，后者使50万无产阶级背上了沉重的负担。而且，他们声明，如果工会遭到禁止，工人会成立秘密组织。所有这些社会制度的创新与大多数人不可改变的反对相冲突，而这些人不过是操纵在几个政治家手中的唯唯诺诺的工具，他们在法国或其他国家流亡期间毫不费力、亦步亦趋地跟在欧洲无产阶级运动的后面，并生活在旧的自由主义意识形态的影响之下。

还有一个抗议来自萨洛尼卡的23个工会，他们在"萨洛尼卡工人协会"的名义下集合起来，在土耳其组织了第一次集会，这次集会有来自不同职业、不同民族的6000名工人参加。当时已经通过了一个非常积极的议程，并转交给了议会主席，不幸的是，他从来没有把经济要求纳入梅切维特纲领中。

同样是这些革命已经废除了所有民族政治组织，甚至包括那些没有社会主义倾向的组织，比如加入国际的亚美尼亚革命联合会，保加利亚、希腊人、阿尔巴尼亚人民族组织以及其他组织等。青年土耳其党人在他们的力量方面自欺欺人。他们不能用已经被废黜的苏丹的办法来成功地赢得工人阶级的同情，而各国现在都感受到后者的政治影响。巴尔干各国的事件和克里特最近的事件应当令青年土耳其党人反思。

各国政府态度矛盾，一方面，他们声称坚持现代理念，另一方面，他们亟不可待地压制对手，而且这不是欧洲特有的现象。它也是阿根廷政府的特色之一，它还看不惯工人在5月的第一天举行示威游行。在1909年示威游行时，由大约2万名工人组成的社会主义游行队伍没有受到干扰。而自由的游行示威不是这样的。警察无缘无故地屠杀工人，有将近150名工人被左轮手枪打伤。党的执行委员会要求警察局长辞职,释放被捕的工人,鼓励工人用宣布举行为期一周的总罢工来回击政府的卑鄙行径。这一建议被付诸实施。有 25 万名工人在六天时间里停止了工作。但是警察继续制造多起事端,又发生了 15 次新的暗杀事件,有 250 名同志严重受伤,有将近 400 名工人被打伤。政府把 1000 名工人投入监狱,查封各支部的活动场所,事实上取消了集会的权利。这次示威活动在共和国各地产生了相当大的反响。这是第一次发生这样的联合行动,资本家阶级从此以后知道了阿根廷工人阶级不是一盘散沙。

国际局的组成

目前国际局由以下代表组成:

德国

奥·倍倍尔,柏林。
保尔·辛格尔,柏林。
*赫·莫尔肯布尔①,柏林。

英国

亨·海德门,伦敦。
詹·基尔·哈第,伦敦。
*拉姆齐·麦克唐纳,伦敦。

---

① *星号表示该代表或是议会党团代表或者是一人身兼党的代表和议会党团的代表两个职责。

阿根廷

阿·康比埃，巴黎。
曼努埃尔·乌加特，巴黎。

澳大利亚

司各脱·贝内特，悉尼。

奥地利

维克多·阿德勒博士，维也纳。
斯卡雷特，维也纳。
*恩·佩尔讷斯托弗，维也纳。

比利时

爱德华·安塞尔，根特。
埃米尔·王德威尔得，布鲁塞尔。
*莱昂·弗尔内蒙，于克勒。

波希米亚

安东·涅梅茨，布拉格。
弗朗茨·绍库普，布拉格。

保加利亚

扬科·萨卡索夫，索非亚。

格奥尔吉·基尔科夫,索非亚。

智利

贝尔纳多·雷卡巴伦,圣地亚哥。
路易斯·B. 迪亚兹,智利民主党主席,圣地亚哥。

丹麦

彼·克努森,哥本哈根。
B. M. 奥尔森,哥本哈根。
＊斯陶宁格,哥本哈根。

西班牙

帕布洛·伊格列西亚斯,马德里。
弗朗西斯科·莫拉,马德里。

美国

莫里斯·希尔奎特,纽约。
丹尼尔·德莱昂,纽约。

芬兰

爱·瓦尔帕斯,赫尔辛福斯①。
尤里约·西罗拉,芬兰社会民主党,党的委员会,赫尔辛福斯。

---

① 今赫尔辛基。——译者注

*W. 佩尔蒂莱,赫尔辛福斯。

法国

爱德华·瓦扬,巴黎。
让·饶勒斯,巴黎。
茹尔·盖得,巴黎。
*桑巴,巴黎。
候补:
龙格,巴黎。
安热勒·鲁塞尔,巴黎。

荷兰

彼得·特鲁尔斯特拉,斯海弗宁恩。
亨·范科尔,福尔斯霍滕。
*特尔·拉恩,海牙。

匈牙利—克罗地亚

雅科布·韦尔特纳,布达佩斯。
威廉·布克塞格,萨格勒布-阿格拉姆。
候补:
德西代勒·博卡尼,布达佩斯。
*维托米尔·科拉奇,萨格勒布-阿格拉姆。

意大利

卡布里尼,米兰。

比索拉蒂,罗马。
*莫尔加利,罗马。

卢森堡

*韦尔特博士,卢森堡。
让-皮·普罗布斯特,卢森堡。

挪威

埃纳尔·利,克里斯蒂安尼亚①。
*马格努斯·尼尔森,克里斯蒂安尼亚。

波兰

迪阿曼德,伦贝格。
罗莎·卢森堡,柏林。
候补:
卡尔·考茨基,柏林。

罗马尼亚

拉柯夫斯基,巴黎。
弗里穆,布加勒斯特。

俄国

伊·鲁巴诺维奇,巴黎。

---

① 今奥斯陆,下同。——译者注

弗拉基米尔·乌里扬诺夫①,巴黎。

塞尔维亚

内杰里科·科沙宁博士,贝尔格莱德。
*卡斯莱罗维奇,贝尔格莱德。

瑞典

*亚尔马·布兰亭,斯德哥尔摩。
G. T. 维克曼,斯德哥尔摩。

瑞士

卡尔·莫尔,伯尔尼。
G. 赖曼,比尔。
*布吕斯特兰博士,伯尔尼。

土耳其

米·瓦兰蒂安,日内瓦。

年会

从交换信件的情况来看,绝大多数党不同意在1909年夏召开一次特别会议;英国支部建议召开一次会议,他们坚持他们的建议,要求把

---

① 即列宁。下同。——编者注

国际局年会的时间定在每年11月初。

加入问题

英国

英国社会主义工人党于1909年4月14日申请加入国际局。在答复中已告知他们这类加入问题只能通过英国支部从中介绍方可做到。

荷兰

执行委员会已经通过谈判，与荷兰社会党（社会民主工党）和新党（社会民主党）达成了一项协议。他们已就这个问题发表了一份长篇报告，我们也阅读了这份报告。他们决定拒绝社会民主党的加入申请，并宣布他们同意荷兰社会民主工党中央委员会1909年9月4日通过的决议。1909年6月4日，国际局收到挪威工党关于这个问题的一封信，他们在信中表示赞同我们执行委员会的决定。

保加利亚

执行委员会收到所谓的保加利亚社会党"宽广派"要求与所谓的社会党"紧密派"实现合并的报告。他们把"宽广派"提出的报告的副本送给了后者，并且收到了答复，对方在这份很长的备忘录中拒绝了合并提议。在这种情况下，执行委员会认为没有必要进行谈判了。

匈牙利—克罗地亚

克罗地亚社会民主党目前有5000名党员，在国会有一名议员，即科拉奇同志。该党已经接受国际局的建议——匈牙利也已同意，他们将与匈牙利组成一个匈牙利—克罗地亚支部，该支部有8张投票权，其中6张代表匈牙利，2张代表克罗地亚。匈牙利已提名韦尔特纳作为首席代表（代替博卡尼），克罗地亚已提名布克塞格作为首席代表（代替科拉奇）。克罗地亚分支部要缴纳100法郎的会费。

土耳其

我们已经收到萨洛尼卡工人的加入申请（1909年6月20日），他们在抗议土耳其政府剥夺工人结社权的阴谋活动中发挥了重要作用。这个组织希望和保加利亚社会主义团体组成土耳其政治工人党〔国际奥斯曼支部〕。按照惯例，我们就这个问题咨询了亚美尼亚革命联合会，他们的答复如下：

"萨洛尼卡的社会主义团体值得你们鼓励。但是，关于以政治工人党，或'国际奥斯曼支部'的名字加入的问题，可能造成严重的误解。如同各地的情况一样，不幸的是，萨洛尼卡社会主义协会缺乏或者说几乎没有土耳其因素。萨洛尼卡是一个城市，其居民90%是非伊斯兰教徒，在这个重要的中心，社会主义运动基本上是我们的同志创建的。就我们所知，没有一家土耳其文报纸持社会主义思想，但有一家保加利亚文社会主义机关报（它本身就在萨洛尼卡）和五家亚美尼亚文社会主义报纸（全都是我们创办的）。其中一份在君士坦丁堡——《解放斗争》，一份在埃尔祖鲁姆——《前进报》，一份在特拉布宗——《卡里斯克特》，还有一份在凡城。

议会的情况也一样：有6名亚美尼亚人议员（其中5人是我们组织的成员），1名保加利亚人议员，而且不幸的是，后者还不是伊斯兰教徒。

因此，在我们看来，只要土耳其的社会主义组织还缺乏伊斯兰成分，那里就不存在建立一个奥斯曼总支的问题。建立一个'连土耳其人自己都没有加入的'土耳其工人党，今后可能会在土耳其人中造成严重的不满。而且，萨洛尼卡工人协会尚未用连续的行动证明其存在。因此，萨洛尼卡的社会主义如果有办法，他们最好是发展无产者和伊斯兰知识分子，在马其顿、君士坦丁堡和其他地方的土耳其人中间扩大他们的组织。无论如何，以他们的组织目前的状况，他们还没有资格冠以'国际奥斯曼支部'的名字。

以上便是我们对社会党国际局答复的理解。"

关于加拿大社会主义者的加入问题

根据我们以前的报道，几年前，我们曾试图争取加拿大社会主义者加入社会党国际局。与加拿大社会主义同盟的谈判分别于 1900 年和 1901 年进行；与英属哥伦比亚社会党的谈判分别于 1903 年（9 月 21 日）、1904 年（2 月 12 日）和 1905 年（3 月 9 日、4 月 7 日、6 月 25 日）进行。不幸的是，该党声称他们什么费也不缴纳。此后，我们拜访了几位加拿大社会主义者，他们表示，他们对他们的党不加入国际的事实感到惊讶。他们向我们索要与以前谈判有关的来往信函的复件，我们已经把这些文件寄给他们。呼吁该党加入社会党国际局的要求，已经在几次群众集会上、特别是 1909 年 7 月 15 日在多伦多召开的群众大会上提出来了，有几个地方团体，即温尼伯的德国和犹太人同志，也提出了这个建议。

社会党执行委员会已经通过一项决议，对这一要求作出了答复，决议声明：由于英国工党加入了社会党国际局，而后者对于资本主义妥协的政策采取辩解和鼓励态度，在这种情况下，这些党所缴纳的会费可以用于更好的活动（1909 年 8 月 2 日）。

因此，有几个支部已经通过决议称：党的执行委员会违反了党章——党章规定党要和其他社会主义政党保持友好关系；这个问题还没有提交全党投票；执行委员会的态度与社会主义运动的国际性质是对立的。

直到目前，支部所要求的全党投票还没有进行，但是对加拿大社会党执行委员会极为特殊的态度表示悲叹是不对的，因为他们为了不援引一个与预算有关的简单理由而利用了一个原则论据。

美国的代表

社会党要求国际局给他们两张美国代表委托书，并撤回社会主义工人党的委托书。他们提出的理由如下：社会党有44791名党员，而社会主义工人党的党员还不到1000人。在全国性选举中，社会党获得了424483张选票，而社会主义工人党只获得了1400张选票。因此社会党代表了97%的工人阶级；社会主义工人党仅代表了3%的工人阶级。所以，就像让柏林的一个地方团体作为代表是不合逻辑的一样，站在社会民主党的角度看，让一个只是名义上存在的组织保留委托书也是不合逻辑的。

书记处的出版物

书记处已经出版了一个关于国际局上次会议详细情况的法文版正式报告（关于社会主义记者第二次会议、社会党国际局第十次会议和I. K. 第三次大会的《正式报告》）（140页，根特，人民印刷厂，1909年），"在亚美尼亚、保加利亚和波兰"出版了一个德文版的小册子（55页），里面有斯图加特代表大会之后仍然有效的一些报告，还有一个德文版的小册子《崩得》，描述了这个组织在过去几年里的工作。目前，它即将完成对一个文件集的修改，这个文件集有500多页，里面有各成员党的所有纲领和章程的法文译本。

关于第一国际文件的出版，根据我们在前一个报告中已经发布的通知，我们已经着手研究这个问题。维也纳的鲍威尔同志已经承担了德文版的准备工作；但是直到目前，他也没有对有关出版方法或资金来源的问题给予明确答复。

另一方面，我们收到了莫里斯·希尔奎特同志的一封信，信中总结了我们的同志为寻回第一国际文件所开展的调查活动的结果。我们从这封信中得知，前一个国际解散之后，这些文件被交给佐尔格和施派尔保管。施派尔授权佐尔格保管的多一些，而且尽管费城大会作过决定，一旦新的国际成立，应当把这些文件移交给新国际的书记处，但是佐尔格把他的私人图书馆的部分藏书交给了纽约阿斯特图书馆，并把前一个国际的文件交出去，同德国社会民主党的档案一起保存。

我们将把这个问题提交国际局下次会议讨论。

最后，我们已经推迟了对第一国际五次大会的一个批评版的出版，因为尽管我们作了大量研究，但是我们还不能收齐1867年《国际信使报》，它包括1866年日内瓦大会的正式报告。也许这个令人感兴趣的文件在卡尔·马克思的文件中可以找到，这些文件保存在倍倍尔和伯恩施坦手里，不幸的是，直到目前还没有对它们开展研究。

最后，我们已经着手按照十进分类法编制一个图书馆目录。正如大家所认为的那样，书记处一直保持同世界各地组织和同志们的通信，以帮助社会主义者开展政治活动，指导议会代表进行讨论，提供有关工资条件的信息等。

工人运动的档案

我们收到来自挪威的一个关于建立挪威工人运动档案的通知和规定（劳动档案馆，克里斯蒂安尼亚人民之家）。这个组织受到了博尔格同志所阐述的瑞典模式的启发，其委员会由奥姆斯塔德、克·H. 克努森、奥勒·O. 利安、马格努斯·尼尔森等公民组成，其目的是搜集挪威经济政治运动文件，比如小册子、文章、报告、活页、评论等，实际上，包括与运动一词的每一个意义有关的所有文件。

各国都建立一个类似的组织是有好处的。

财务

我们委员会又给国际社会主义青年联合会拨付了200法郎补助，目的是让这个组织发展。

西班牙社会主义工人党宣布，他们缴纳的会费不能超过200法郎，但是他们同意减少代表人数。

塞尔维亚社会党发表了同样的声明。

工作方式

国际代表大会英国全国委员会、工党、社会主义工人党和费边社发布了如下通知：今后，国际局与英国之间对所有英国组织有意义的通信，必须绝对通过上面提到的委员会之手；这一规定适用于社会党国际局以及各组织全国书记处所发出的信函。执委会接受了这一建议。

抗议

我们收到了社会民主党利物浦区委员会的来信，反对工党在下院对瓦尔特·格雷森的态度，要求把工党从国际开除出去。

阿根廷社会党的控告

阿根廷社会党对恩里科·费里同志在阿根廷旅行期间所表现出的态度表示强烈不满。费里以和旅行社签署了合同为借口,拒绝在社会主义集会上发表讲话,但是他每到一处都向当地的意大利政府代表和阿根廷政府当局致敬,而所有这些人都是迫害社会主义者的。更有甚者,当他代表阿根廷社会主义日报《先锋报》在一次公众集会上讲话时,他为了给自己辩护,竟然宣称阿根廷社会党没有存在的理由,因为在他看来,缺少证明政治组织存在合理性的经济条件。胡安·B. 胡斯特同志针锋相对地进行了反驳,他展示了资本主义在阿根廷的发展,引用了工人的统计数据,阿根廷全国有 200 万工人,仅首都一地就有 30 万人。恩里科·费里就这样怂恿争辩和反对社会主义,他的态度对运动造成了相当大的伤害。

社会党已经决定将这一态度告知意大利社会党和社会党国际局。

反对战争

我们已经收到厄普顿·辛克莱和 L. 戈阿奇乌同志签署的一份报告,报告表达了国际局作为"一个宣传和国际团结机构应当大规模增加其工作"的意见;各国社会主义运动应当提出一些代表,他们应当在两个国家出现极其微小冲突迹象的时候团结起来,迫使两个国家达成协议,从而避免冲突。

我们冒昧地在这里指出,章程①中已经提供了这样的机制。

---

① 指国际章程。——译者注

移民

我们已经收到美国社会党的一封信,他们在信中说,在檀香山岛工作的同志警告欧洲工人,不要通过一个叫 A.-J. 坎伯尔的代理人介绍,和这个国家的种植园主签订协议。由于食品价格昂贵,每个月不超过 20—24 美元的名义工资根本就不够用。该国全面实施实物工资制以及计件工资,而且工作时间很长。

1910 年哥本哈根国际代表大会

我们已经就国际代表大会的实际组织情况与丹麦社会党进行了沟通,根据我们所收到的建议,丹麦代表将就这个问题在下次国际局会议上作报告。

至于议程问题,我们建议各成员党增加以下方面问题:

1. 土地问题。
2. 党与合作社的关系问题。

除了德国党,其他各党都同意这个建议。

美国社会党提议增加以下内容:

3. 劳工立法的国际成果。

瑞典社会党希望用一个目前更加紧迫的问题代替土地问题,例如"组织对正在与资本家阶级冲突的党的援助问题"。

意大利社会党在 1909 年 8 月 26 日来信中要求,在国际局会议议程里加入"削减各国军费支出的问题"。执行委员会的意见是:这个问题实际上涉及国际代表大会的议程。

最后,按照斯图加特代表大会所通过的决议,秘书处将向大会提交一份关于"党和工会的关系"的详细报告和一份关于"移民在欧洲各港口登船状况"的报告。

这些报告将在征得工会国际秘书处和运输国际秘书处的同意后发表。

我们再次收到讲世界语的英国社会主义者同盟两次会议的决议文本，一次会议是1909年4月26日在林肯召开的，一次是1909年5月29日在利兹召开的，决议要求国际局在1910年哥本哈根国际代表大会上将这个问题提交讨论。他们还表示了一个意见，即在国际大会上使用这一语言会节省很多时间。

对一些问题的答复

在1908年11月13日发出的一个通告中，我们提醒各国党书记处注意我们在以前的报告中所提出的迫切要求提供信息的问题。这些问题涉及以下几点：

1. 工人移民应当建立组织，加入接受他们的国家的党，还是应当加入他们本国的党呢？
2. 各成员党对克林根提出建立一座卡尔·马克思纪念碑的建议是什么意见？
3. 如何组织社会主义著作的销售活动？
4. 哪些立法涉及养老金？
5. 有没有一个关于建筑技工工资的规定或专门法规？

虽然这样提醒，但是如下面的总结所证明的那样，我们收到的答复寥寥无几，而且分歧太大：

一、移民工人的组织问题

1. 我们的塞尔维亚同志认为，在那些法律允许的国家，属于一个政治或行业组织的人应当始终加入接受他的国家的这类组织。全国性社会主义组织、读书会等，一直是受欢迎的，从各个角度看，它们对社会主义的发展都是非常有意义的。

由捷克工人组成的这种俱乐部在贝尔格莱德已经存在多年，所有会员同时也是塞尔维亚政治和行业组织的成员。

南部的斯拉夫人在维亚纳、柏林、慕尼黑、巴黎等地也有类似的组织，而且通过党的机关刊物和其他社会主义出版物的中介，他们和这些国家的同志保持了经常性的联系。

不过，我们的塞尔维亚同志承认，这些组织对国际工人运动没有特别的影响。

2. 我们的俄国社会民主党的同志说，由于反动势力的迫害，在他们国家，组织必须是秘密的，因此移民工人的组织只能是实验性的。现在不可能获得有关这个问题的详细信息。在外国（尤其是在巴黎、伦敦等地）的俄国工人组织成了不同的党。俄国社会民主党中央委员会已经成立了一个特别局——俄国社会民主党中央委员会国外局，其办公室设在日内瓦迪泽朗大街1号俄罗斯图书馆，其职责是促进俄国工人在外国的组织的发展。

3. 在德国，根据党的委员会的说法，移民工人中间没有以社会主义为基础的稳固组织。俄国、波兰和立陶宛工人可以自由立约受雇。我们德国党的中央委员会认为，在德国建立移民工人组织通常很快会遭到警察的阻止。德国工人组织在其他国家的工会似乎也不受他们的欢迎。这些组织不仅以它们能在国外生活的同志之间发挥联系作用为由保留他们的存在依据，还因为他们在道义上、实际上和他们掌控的范围内帮助新来者。同其他国家兄弟党之间的关系或者是直接发生的，或者是通过社会党国际局中介的，因此不一定要求助于德国组织在国外的办公室。

4. 捷克社会民主党的党员是他们工作所在国家政治和职业组织的

成员。相互报道和宣传工作已经结出了创办一份《捷克移民报》的硕果，该报在娱乐和教育也之间发挥了联系作用。这些组织还建立了一个丧葬互助基金。唯有在其他国家的捷克人组织召开代表大会，才可能稍许改变目前的状况，以完全满足这些组织的需要。

二、关于第二个问题，即建造卡尔·马克思纪念碑的建议

1. 我们的塞尔维亚同志称，他们从一开始就不反对。但是，他们反对用墓碑或青铜半身像的形式体现这个想法。他们的意见是，按照马克思主义的精神行动，建立一个国际马克思著作翻译和出版基金，让所有那些其社会主义运动已经加入国际、但还不能看到用本国文字翻译的马克思著作的国家也能看到马克思著作，这能够更好地促进社会主义运动。过一段时间后，如果基金的钱多了，还可以翻译和出版其他社会主义著作，从而以马克思主义精神更好地开展国际宣传。这样一来，可以解决社会主义运动领域的一些特殊问题。

2. 俄国社会民主党同意克林根的建议，希望社会党国际局邀请所有工会和政党筹集资金建造马克思纪念碑。

3. 而德国的同志反对这个建议。他们认为，无论在哪里，在已经觉悟的无产阶级中间，马克思都已经用他的著作给他自己树立了一座不朽的纪念碑。

4. 我们在波希米亚的朋友称，他们支持克林根的建议。

三、第三个问题是提给我们的芬兰同志的，与社会党售书办事处有关

1. 塞尔维亚社会民主党提不出什么意见，因为他们不经营图书，也没有出版机构。

2. 我们的俄国同志告诉我们，他们的出版部门1905—1906年才开始发展，而且由于匿名和经常遭到反动派的迫害，所以他们不能提供所需要的信息。

3. 在德国，私人编辑不受党的控制，既没有钱也与党没有关系，党从它自己的出版企业所实现的盈利中获得好处。

4. 波希米亚社会民主党所有出版物的费用由他们自己负担。

5. 在比利时，图书销售部门属于党的合作社。

四、关于工人养老金

1. 在塞尔维亚，既没有关于工人养老金的法律，也没有关于工人养老金的法案。

2. 在美国，只存在对资本主义官员即法官、陆海军军官等有利的这种法律。

3. 俄国、捷克和德国的书记处已经要求议会党团给我们寄送关于这个问题的法律和法案。

五、关于建筑技工工资的规定

1. 在施蒂贝同志所理解的意义上讲，塞尔维亚没有关于保证建筑技工工资支付的法律或规定。

2. 俄国社会民主党表示他们不能提供关于这个问题的信息。

3. 在波希米亚，情况极为奇特，因为技工的工资是按周支付的。

议会委员会

下面是我们在各国议会中的议员的数字，这些数字是根据最新的信息编制的。

国　　家	代表数字	社会党得票数	选举年份
德　国	44	3258968	1907 年
英　国	31	342196	1908 年
阿根廷	0	5000	1908 年

（续表）

国　家	代表数字	社会党得票数	选举年份
奥地利	88	1041948	1907年
比利时	35＋7参议员	492210	1906/1908年
保加利亚	0	3000	1908年
英属哥伦比亚	3	?	?
丹　麦	24＋4参议员	92648	1909年
西班牙	0	29000	1909年
美　国	0	600000	1908年
芬　兰	84	336896	1909年
法　国	55	1120000	1906年
荷　兰	7	82494	1909年
意大利	44	338885	1909年
卢森堡	10	?	1909年
挪　威	11	45000	1906年
塞尔维亚	1	30000	1905年
瑞　典	34	75000	1909年
瑞　士	7	100000	1908年

法国

党团书记已经转交给我们一份有趣的文件，是关于葡萄栽培的法案，它已经过德意志帝国国会转给格克同志。

意大利

在 8 月 1 日（奥斯蒂利亚和诺瓦拉）补选中，社会党议员的人数增加了 2 位。现在有 44 名议员。我们已经将关于水手投票权的法律文件（挪威法律）和关于移民投票权的法律文件（英国的主张）转交给卡布里尼。我们已收到他转来的于 1900 年 1 月 7 日在帕多瓦召开的移民大会上就暂时或是其他形式的移民行使投票权问题所通过决议的文本。

荷兰

工人养老金的问题尚未解决。

党已经开始着手解决普选权问题。

范科尔所提出的让议会二院决定采矿特许权的法案已被否决。

俄国

社会民主党党团尚未提名参加国际局的代表，但我们在继续与他们沟通，特别是在有关波斯事务和转交各种文件的问题上。此外，他们给我们送来了以下文件：

1. 一份关于罢工问题的初步方案的提纲；
2. 一份关于以普选权为基础建立地方政府的法案。

奥地利

国会里的波兰派交给我们一份关于杜马社会民主党党团的控告信。

这个文件的文本，连同杜马议员的答复一起，被转交给所有成员党。

国会社会党党团书记已经把他所提出的关于限制工时的法案，连同关于烟草行业工作条件和工资的提案的文本提交给我们。

英国

该党已经转交给我们以下文件：

1. 塞登及其同事提出了取消店员合同中所添加的某些规定的提案的文本；
2. 党关于失业问题的提案的文本；
3. 邓恩及其同事要求医生应判断学童是否营养充足的提案的文本；
4. 威尔森及其同事所提出的关于设立校餐的法案的文本；
5. 关于养老金的政府法规的文本。

在讨论最后一个方案时，该党试图将养老金发放年龄从 70 岁降低到 65 岁。他们还试图删去将拥有某些收入的人排除在外的规定，使养老金普遍化，但是党的议员未能成功地使议会接受这个主张。于是，他们试图让这个法律适用于那些由互助会和工会发放养老金的人。这个提议也被否决了。党还试图取消接受慈善团体帮助的人没有资格领取养老金的规定，而且几乎成功了。不过，政府已经承诺在 1910 年 1 月 1 日废除这一规定。这一方案最初设计的目的，是在夫妻共同生活的情况下，减少养老金的数额，但是党成功地把这一限制取消了。

党给我们寄来了反映英国自由和保守的中产阶级当选者的议会活动的几个报告模本，并请我们向其他国家推荐类似的做法。仅需支付 2.5 先令，工党书记处就会寄来这样一份含有每个议员投票情况的报告；支付 5 先令，就会得到包含了整个议会活动的报告。这些报告非常简洁明了，它们说明了每次会议的开会时间、所讨论的问题，以及有关议员的投票情况。

丹麦

如同在我们以前的报告中所看到的那样，议会党团定期把他们在议会中的政治活动告诉我们，并且把他们提出的法案随函寄给我们；他们不厌其烦地对这些文本进行解释，以便其他国家的同志们能够理解它们。

丹麦社会党人所提出的法案，通常只有几名党团成员的签字，因为每个问题都有一个特别委员会审查研究，并在以整个党的名义起草的文本上签字。

下面列举几个议案：

1. 关于限制工时（3×8）的法案。

这个 1890 年就提出的议案在 1908 年 10 月 29 日再次提出，它以法文和弗拉芒语刊发在比利时《通讯杂志》上。

2. 关于学校食堂的法案（见 1908 年 9 月 28 日《平等报》）。

3. 关于病人免费护理的法案。

这个议案的目标是让所有本地人获得免费医疗咨询，此前已经提出过，而且以游行示威的形式再次提出。不过，它不久有望通过，因为该议案附带有一封请愿书，上面有 749 个医疗保险机构的 52631 位人士的签名，并于 1888 年提交给政府和议会。

4. 关于保护在丹麦的外籍工人的法案。

有一个调查委员会揭露了在大型农业企业中工作的外籍人特别是瑞典工人的痛苦状况，党已经着手解决这些工人的问题，并受到来自他们的压力。政府机构已经制定了一个法律文件，我们的朋友希望它能有所扩展（见德国《通讯》1908 年 11 月 21 日）。

5. 关于老年人赡养的法案。

6. 关于废除贵族册封、等级、头衔和爵位的法案。

7. 关于设立税收和土地估值委员会的法案。

8. 关于成立研究抵押与信托取缔问题的议会委员会的法案。

9. 关于已故司法大臣 P. A. 阿尔贝蒂的职责调查委员会的法案。

10. 关于反常失业的法案(以前已经提出过)。

以这一提案为基础通过的法律,使哥本哈根市追加了 12 万克朗用于失业者,这笔追加款使得全年用于失业者的资金总额达到 29 万克朗。

(关于丹麦中央工会办公室工作的最新报告,第 12—15 页列出了失业的详细数字、给予的帮助以及与工人运动有关的其他支出。)

11. 关于哥本哈根市和各省城人口稠密和卫生状况不好地区重建资金的借贷的法案。

以这个公民立法提案为基础通过的法律,将所要求的信贷规模从 1000 万克朗减少到 400 万克朗,不过,它还是成功地在 1909 年内完成了对哥本哈根老城区的拆除和重建。

12. 关于政府机构(国家和社区资金)对贫困孤儿抚养给予帮助的法案。

这个议案的特别目的,是使自己能够养活自己但不能充分养活孩子的贫困寡妇能够得到国家的一些经济帮助。

议案中所使用的"正常分担额"一词,应当理解为亲生父亲被判决支付的"分担额",或在亲生父亲不履行的情况下,社区所支付的"分担额"。

13. 关于裁军议案,我们收到的报告如下:

丹麦议会就社会民主党议会党团在斯图加特代表大会决议的基础上所提出的关于军队、防御工事的政府议案和关于裁军的提案进行了辩论,辩论气氛异常激烈，从 2 月 18 日至 3 月 1 日共持续了 8 天。在此期间，国会召开了 10 次会议，因为有时一天召开了两次会议。

在辩论临近结束时，社会民主党党团提出动议，试图中断对整个问题的讨论，直到颁布关于国会选区新划分的法律，人民能够在新的更加公平的选区分布的基础上，通过一次新的国会选举对正在讨论的问题应当采取的态度表达意见为止，但是这个议案没有被接受。两个法案提交给一个委员会，该委员会现在正在对它们进行审查。（国会委员会对这些提案的意见以及少数派的意见在官方小册子第 11 页至 15 页上可以查到。）

社会民主党已经将这个问题提交国民，因为在 1909 年 2 月 28 日星期日那天，全国各地举行了群众集会，部分是为了抗议政府的法案，部分是为了支持社会民主党的裁军议案。在哥本哈根举行了 7 次大会，其他大会在各省城和乡下举行。各地会场人头攒动，约有 4 万人参加了集会。各地大会都支持我们党，所有的集会都通过了如下决议：

"1909 年 2 月 28 日的群众大会……的与会者宣布：

在进行了持续不止一代人的反对军备的斗争之后，我们正处于终结所谓的国防问题的前夕。以前的左翼领导人已经抛弃了纲领和思想，他们实际上已经赞成与军国主义分子达成无耻的妥协。

左翼在政治斗争中胜利了，但它现在拒绝遵循左翼源远流长的要求，尽管执政党正在要求征收新的庞大的军备税，后者将落在人民身上，并阻碍任何有效重大的劳动改革的实现，如果这个计划成功，那对这个国家将是一场灾难，是对丹麦作为一个自主国家存在的威胁。

这个国家正在经受经济危机的折磨，数以千计愿意工作的男女工人正在成为没有工作和经济萧条的受害者，而且匮乏状况不断加重；但是在经济萧条不断加剧的情况下，政府和执政党无所作为，同时他们对军国主义者构筑工事、建造军舰和为陆海军征收新的庞大税收的要求百依百顺。

我们最强烈地反对军备议案，我们对背叛民主事业的人的态度表示最强烈的厌恶。

因此，会议宣布，他们将支持社会民主党人关于军备问题的非常清晰的受欢迎的议案。

丹麦必须宣布它在原则上赞成持久中立,必须宣布国际冲突应当通过仲裁来解决,彻底废除军国主义是维护我们的中立地位的最好手段。

最后,会议要求开展反对军备的斗争,并向社会民主党保证将用古老的和现代的方式支持它的反对军国主义的斗争。

我们的裁军议案让政府进行一些奇异的计算:(1)关于出售战争物质(占5/6以上)所带来的损失;(2)关于如果取消军事操练,建立让青年人健全体魄的体育场馆所需要花费的巨额支出;(3)关于由于让驻军搬迁,社区所遭受的损失。

鉴于我们的裁军议案和政府的议案意见相左,(1)他们要在哥本哈根扩大和增加他们的陆地和海上防御工事,并在其他地方建造各种各样的防御工事,支出为2935万克朗;(2)他们要扩大舰队和海军设施,支出为870万克朗;(3)他们要增加本土部队,每年需要追加支出270万克朗。显然,1909年立法选举必须以军事问题为基础。

这场极其激烈的斗争发生在5月25日,社会民主党成功地维护了它的立场,因为它和以前一样推出了24个人竞选。严格地说,4名退休议员没有再次当选,但是党赢得了4个新的席位,而且,我们的朋友的得票从1906年的76556票增加到92641票。如果我们考虑到军国主义支持者采用各国家反动党派的惯用手段对付社会民主党人的事实,这确实是一个巨大的胜利。马丁·奥尔森同志在哥本哈根8个区中仅以16票之差被淘汰,而且还是在反动党派让已经去世、患病或离开这个国家的25个人登记选票的情况下。

丹麦议会的社会民主党党团承认实际结果,它在议会里的人数和过去一样,28名议员中有4人在上院,24人在下院。

5月8日,国会召开了一次特别会议,我们的朋友利用这个机会对非法选票提出了控告,由于政府打算让这次会议只讨论军事问题,社会民主党人立即在他们的裁军议案之外又提出了以下议案:

1. 关于改善病人护理的法案;

2. 关于为寡妇和孤儿提供资助的法案;

3. 关于建立一个委员会承担提出修改宪法议案的任务的法案,议案内容包括：
（1）废除（选举意义上的）投票特权；
（2）完全实施平等的普选权；
（3）扩大妇女和仆人的投票权和选举资格；
（4）把投票年龄从 30 岁降低到 21 岁；
4. 关于更加公平地划分国会选区的法案。

国际议会委员会书记处收到该党送来的丹麦雇主与工人之间在以下国家达成的一系列协议：丹麦、瑞典、芬兰、比利时、荷兰、瑞士、法国、德国、意大利、英国、加拿大。他们已经向该党提交了一份秘书处关于工人组织为防止法绍达及其他冲突恶化为军事冲突所做的努力的备忘录。

全国代表大会

1908 年 10 月以来所举行并且告知社会党国际局的：

自从我们上次报告公布以来,各成员党组织召开的全国代表大会如下：

德国

德国社会民主党
1909 年 9 月 13—17 日,莱比锡。

英国

英国社会主义工人党

1909年1月27—29日，朴次茅斯。

1909年9月6—11日，伊普斯威奇。

社会民主党

1909年4月9日，布里斯托尔。

独立工党

1909年4月11日，爱丁堡。

澳大拉西亚[①]

澳大拉西亚社会党

1909年6月12—17日，布罗肯希尔。

奥地利

奥地利社会民主工党

1909年9月19日，赖兴贝格。

比利时

比利时工人党

---

① "澳大拉西亚"一词是法国学者布罗塞在1756年提出的，一般指大洋洲地区，如澳大利亚、新西兰和邻近的太平洋岛屿，拉丁文的意思是"亚洲南部"，用于区别自波利尼西亚（至东面）和东南太平洋地区，也不包括密克罗尼西亚群岛（至东北面）。——译者注

1909年4月11—12日,布鲁塞尔。

波希米亚

捷克斯洛伐克社会民主党
　　1909年9月4—7日,布拉格斯米措夫。

波斯尼亚

社会民主党
　　1909年12月,萨拉热窝。
　　1909年6月29日,萨拉热窝。

保加利亚

保加利亚社会民主工党(宽广派)
　　1909年7月12日,索非亚。

芬兰

芬兰社会民主党
　　1909年9月8—13日,科特卡。

法国

法国社会党(工人国际法国支部)

1909 年 4 月 11—14 日，圣艾蒂安。
1909 年 10 月 15—18 日，图卢兹。

荷兰

荷兰社会民主工党
1909 年 2 月 13—14 日，代芬特尔。
1909 年 4 月 11—12 日，鹿特丹。

匈牙利

匈牙利社会民主党
1909 年 12 月 8 日，布达佩斯。
1909 年 4 月 11—12 日，布达佩斯。

挪威

挪威工党
1909 年 4 月 8—12 日，哈默尔。

波兰

波兰社会党
1909 年 9 月（秘密召开）。
波兰和立陶宛社会民主党
1908 年 12 月第六次代表大会（秘密召开）。

俄国

社会革命党
　　两次代表大会（日期不确定）。
拉脱维亚社会党
　　1908年11月，赫尔辛福斯，第三次代表大会，秘密召开。
社会民主工党
　　1908年12月，巴黎，大会。

瑞士

瑞士社会民主党
　　1908年11月28日，奥尔滕。

注：下一期包含两个来自波兰的报告。

social党国际局定期公报第 2 期

哥本哈根国际代表大会邀请信

1910 年 3 月于布鲁塞尔

致一切社会主义政党和团体
致一切工人阶级组织

一、**参加大会的条件**。为继续历次国际代表大会的工作和执行历次国际代表大会的决议,1900 年成立的社会党国际局决定于 1910 年 8 月 28 日至 9 月 3 日在哥本哈根(丹麦)举行第八次国际社会党代表大会。根据伦敦(1896)及巴黎(1900)代表大会的决议,兹邀请:

1. 一切拥护如下社会主义基本原则的协会:生产手段和交换手段的社会化,工人的国际联合与国际斗争,由组织成为阶级政党的无产阶级夺取社会权力;

2. 一切虽不以直接的方式参加政治运动,但置身于阶级斗争舞台上并声明承认政治斗争、立法斗争和议会斗争的必要性的工会组织。(1900 年巴黎代表大会)

如果贵组织拥护上述原则,社会党国际局请求你们把贵组织参加哥本哈根代表大会事宜列入你们下次会议的议程,并根据下面的说明,提交一份你们自 1907 年以来(含 1907 年)工作的简短报告以及贵组织对国际所属各党提出的列入大会议程的问题的意见——以报告和决议的形式。

二、**议程**。国际局在 1909 年 11 月 7 日召开的最近一次会议上确定了如下议程:

1. 合作社与政党的关系；
2. 失业问题；
3. 仲裁与裁军；
4. 劳工立法的国际成果；
5. 组织反对死刑的国际抗议；
6. 迅速贯彻历次国际代表大会决议的办法；
7. 国际团结的组织。

议程第一项是因斯图加特代表大会关于工会与政党之间关系的争论而提出的建议。一些国家的合作运动在不断发展，我们的同志希望了解有关情况，以便用最好的方法去指导他们的那些年轻的合作社组织。合作社应该保持中立而独立于政治组织，还是应该通过个人纽带与之联系，抑或加入政党呢？以上所述就是对这个问题的不同看法。

议程第二项是一个眼前的问题。我们刚刚渡过了一场经济危机，工人阶级仍感受到危机的影响。这项议程的提出者意在调查工人的痛苦，指明可以使用何种解决良策，有多少工人失业，工会、市政或其他机构如何工作，以及社会当局对这一周期性灾难持何种态度。

议程第三项提出仲裁和裁军的问题，其实它包括了军国主义的整个问题，特别是关于社会主义政党和工人阶级组织怎样以及能在多大程度上希望促成资产阶级接受仲裁而不诉诸武力、裁减军备而不致力于血腥战争的问题。所属各党应报告他们在这方面的取得的成绩，并表达他们对未来的愿望。

议程第四项包括了一系列复杂的问题，特别是关于社会保险的种种立法问题，建议者要求参加大会的各方说明本国工人状况因各种劳工法而获得的改善，以判定其他立法制度的优劣之处，而不忘记为取得这些成果而作出的种种努力。

讨论第五项议题的必要性，一方面是由于沙皇专制统治的态度，这种统治过去和现在每天都在用判处死刑来消灭它的政治对手；另一方面是由于法国小资产阶级的态度，这些小资产阶级认为通过处死罪犯可以消除犯罪，同时维护现存的经济条件这个犯罪文化的温床。

第六项和第七项议题是议程的重要问题。（1）例如，在面临战争威胁的情况下，应该采取什么做法以迅速执行斯图加特代表大会的决议？各国书记推荐怎样的步骤？（2）在劳资之间出现重大斗争（如瑞典的大规模同盟歇业）的情况下，获得帮助的最佳方式是什么？如何向工人报纸提供消息以及防止报刊和官方机构通过造谣中伤来破坏运动？

三、**建议**。为保证本次大会圆满成功，执行委员会请求你们严格遵守大会规则如下条款的规定，即所有建议和决议案必须在大会——即哥本哈根代表大会——确定召开的日期的四个月前，即**最迟于1910年5月**寄到布鲁塞尔人民之家国际书记处。所有文件都必须挂号邮寄，并且必须用大会使用的三种文字——法文、德文和英文——起草。一个月后，即**1910年6月**，所有这些文件将分发给各国书记，他们将上述文件转交各国的组织。显然，大家必须明白，除了按照这一程序提交的决议案，书记处将不接受、分发或讨论任何新的决议案。当出现紧急情况而书记处有权自行决定接受提案时，自然另当别论。

四、**报告**。国际书记处通常出版两种与代表大会有关的报告：（1）各党关于议程各个议题的附有决议案的报告；（2）所属各党自上次大会以来所完成的工作的报告。经验告诉我们，关于第二种报告集，阿姆斯特丹和斯图加特代表大会所采用的方法并没有取得预期的效果。首先，有相当多的党很迟才寄来报告，因此报告集并不完整。其次，要用三种文字印刷这些报告也缺乏时间，我们不得不仅出版了一份正式的法文报告集。为了克服这种不利条件，执行委员会作出下列决定：

1. 各组织及所属各党应于1910年5月底之前将有关议程各议题的报告及其决议案文本寄到国际书记处，文件必须用三种文字起草。国际书记处将把它们付印成册，其中一部分寄送给各国书记，剩下的部分在大会上在支付大会正式入场券费用时分发。

2. 所属各党应于1910年6月1日以前给国际书记处寄来法、德、英三种文字各一百份（各种文字单独成册）自1907年（含1907年）以来所完成工作的报告。为了使我们能够用一种封面把这些一册册的报告装订成卷，我们要求采用统一的长度和宽度规格（18，12×12厘米），并将那些有社会主义组织的国家编号如下（按十进分类法排列）：

Ⅰ. 英国；Ⅱ. 德国；Ⅲ. 卢森堡；Ⅳ. 奥地利①；Ⅴ. 匈牙利—克罗地亚；Ⅵ. 法国；Ⅶ. 意大利；Ⅷ. 西班牙；Ⅸ. 葡萄牙；Ⅹ. 俄国；Ⅺ. 波兰②；③ Ⅻ. 挪威；XIII. 瑞典；XIV. 丹麦；XV. 荷兰；XVI. 比利时；XVII. 瑞士；XVIII. 希腊；XIX. 土耳其；XX. 塞尔维亚；XXI. 保加利亚；XXII. 罗马尼亚；XXIII. 日本；XXIV. 南非；XXV. 加拿大；XXVI. 墨西哥；XXVII. 古巴；XXVIII. 美国；XXIX. 巴西；XXX. 阿根廷；XXXI. 智利；XXXII. 玻利维亚；XXXIII. 澳大利亚。

最后，根据德国社会民主党在上次代表大会上所表达的愿望，我们要求在可行的情况下，报告的陈述采用一种统一的顺序。在对总体情况

---

① 公报第2期原文第57页"勘误"处更正为"奥地利—波希米亚"。下略。——译者注
② 公报第2期原文第57页"勘误"处更正为"XIa. 波兰"。下略。——译者注
③ 公报第2期原文第57页"勘误"处在此处加入"XIb. 芬兰"。下略。——译者注

作出介绍之后，可按顺序说明如下各项：

1. **政治运动**。事件，政治组织（所属团体数目、总收入和总支出、议会活动、选票和议会席位的对比数据以及对选举制度的说明、提案以及对其他提案的态度），各省的活动（同上），各市的活动（同上），报刊（报纸、刊物及其印数的数量），成员的教育（青年、妇女、儿童、学校、图书馆、音乐会、戏剧、宣传），与其他社会主义政党以及国际活动的关系。

2. **工会组织**。（概要，因为国际工会书记处书记卡·列金每年都出版详细的报告。）

3. **合作运动**（在可能的情况下）。立法，合作社数量，社员人数，收入与支出，合作社财产，合作社的教育工作，与政党和工会的关系。

4. **其他类型的组织**（基金会等）。

5. **统计总表**。

国际书记处将根据各国的报告起草一份简要的报告作为国际的工作报告同时提交给哥本哈根代表大会。

五、**在哥本哈根**。代表大会将在音乐会宫——哥本哈根布雷德街28号奥德·费洛宫（音乐会宫）召开。音乐会宫非常宽敞，足够我们举行全体大会和支部①会议。如斯图加特代表大会所做的那样，地方委员会（**通讯处：哥本哈根罗默街 22 号斯陶宁格**）将负责住宿、给外国同志提供向导，并设置特别房间供记者们使用。为了便于进行准备工作，我们请求代表们尽可能早地通告是否出席。他们随后将收到临时入场券。临时入场券在委托书审查完毕之后将在哥本哈根换成正式入场券，其价格定为10法朗，8马克，8先令，7斯堪的纳维亚克朗。

---

① 即各国代表团。——译者注

最后，我们提请你们注意下面的规定：

1. 各国家或民族的组织在哥本哈根代表大会上必须组成一个支部，该支部将就是否允许该国或该民族的一切政党及组织出席代表大会给出自己的意见；

2. 各正式成员支部的表决票数分配如下，这种分配方法经国际局通过，但允许可能的变动：

20 票：德国、奥地利—波希米亚、法国、英国、俄国。

15 票：意大利。

14 票：美国。

12 票：比利时、瑞典。

10 票：丹麦、波兰、瑞士。

8 票：芬兰、荷兰、匈牙利—克罗地亚。

6 票：西班牙。

4 票：阿根廷、保加利亚、罗马尼亚、塞尔维亚。

3 票：土耳其。

2 票：卢森堡。

3. 按照规定，本邀请信必须由各支部的全国委员会转交给各社会主义组织和工人组织；如果没有全国委员会，则由**所属各党书记转交**。

我们殷切希望所有社会党和工人的报章杂志刊登本通知书，并尽一切可能广为宣传。我们也希望哥本哈根代表大会将无愧于国际社会民主党日益增长的力量。请亲爱的同志们接受我们最诚挚的兄弟般的问候。

社会党国际局

英国：亨·海德门，詹·基尔·哈第，

拉·麦克唐纳；

德国：奥·倍倍尔，保·辛格尔，

赫·莫尔肯布尔；

阿根廷：阿·康比埃，曼·乌加特；

奥地利：维·阿德勒博士，斐·斯卡雷特，

恩·佩尔讷斯托弗；

波希米亚：安·涅梅茨，弗·绍库普；

保加利亚：扬·萨卡索夫，格·基尔科夫；

丹麦：托·奥·斯陶宁格，阿·吉·汉森；

美国：丹·德莱昂，莫·希尔奎特；

西班牙：帕·伊格列西亚斯，F. 莫拉；

芬兰：尤·西罗拉，爱·瓦尔帕斯，

W. 佩尔蒂莱；

法国：让·饶勒斯，爱·瓦扬，

茹·盖得，马·桑巴；

荷兰：彼·特鲁尔斯特拉，亨·范科尔，

K. 特尔·拉恩；

匈牙利-克罗地亚：雅·韦尔特纳，

V. 布克塞格

意大利：A. 卡布里尼，莱·比索拉蒂，

奥·莫尔加利；

卢森堡：韦尔特博士，让-皮·普罗布斯特；

挪威：马·尼尔森，埃纳尔·利；

波兰：迪阿曼德博士，罗·卢森堡；

俄国：弗·乌里扬诺夫，伊·鲁巴诺维奇；

瑞士：卡·穆尔，G. 赖曼，

布吕斯特兰博士；

塞尔维亚：海·科沙宁，卡斯莱罗维奇；

瑞典：亚·布兰亭，G.T. 维克曼；

罗马尼亚：克·拉柯夫斯基，伊·C. 弗里穆；

土耳其：M. 瓦兰蒂安

社会党国际局执行委员会（比利时）

爱德华·安塞尔

莱昂·弗尔内蒙

埃米尔·王德威尔得

卡米耶·胡斯曼（书记）

第三次社会主义记者代表会议

1909 年 11 月 6 日星期六

（下午）

会议由"人民之家"经理路易·德·布鲁凯尔主持，社会党国际局书记出席，会议于 3 时 15 分开始。

会议主席对代表们的到来表示欢迎，并请大家传递一份出席者名单，在名单上签名的有：

P. 米哈伊洛维奇－爱泼斯坦，《人民之声》（布鲁塞尔）；

A. 德布鲁韦，《建筑工人》（布鲁塞尔）；

J. 贝格曼斯，《通讯杂志》（布鲁塞尔）；

B. 德塞萨尔，《沙勒罗瓦杂志》（沙勒罗瓦）；

德·布鲁凯尔，《人民报》，（布鲁塞尔）；

朱尔·勒克，《人民报》（布鲁塞尔）；

H. 德·曼，《莱比锡人民报》（根特）；

哈瑙尔，《戒酒工人》（柏林），《图书管理员》（莱比锡、布鲁塞尔）；

弗·乌里扬诺夫，《无产者报》（巴黎）；

伊·鲁巴诺维奇，《俄国论坛报》（巴黎）；

H. 波尔，《前进报》（柏林）；

维·阿德勒，《工人报》（维也纳）；

洛特·波尔，《工人报》（布鲁塞尔）；

瓦扬，《社会主义者报》（巴黎）；

列诺德尔，《人道报》（巴黎）；

莫里泽，《人道报》（巴黎）；

普瓦松，《人道报》（巴黎）；

法布拉·里瓦斯，《国际报》（巴塞罗那）；

海尔曼·迪阿曼德，《利沃夫之声》（伦贝格）（波兰社会党，俄属波兰）；

亚历山大·弗龙斯基，《黎明》、《工人》；

爱德华，《前进》（克拉科夫）；

亨利，《波兰社会党评论》（波兰）；

瓦尔斯基，《红旗》、《前进》（波兰）；

埃内斯特·高劳米，《人民之声报》（布达佩斯）；

亚马尔·布兰亭，《社会民主党报》（斯德哥尔摩）；

彼·克努森，丹麦社会主义报刊（哥本哈根）；

阿·吉·汉森，同上；

维克多·路·伯杰，《社会民主先驱报》（美国密尔沃基）；

哈利·奎尔奇，《正义报》（伦敦）。

主席：去年提出了社会主义报刊之间加强联系的三个办法。

1. 编制一份各国可能担任记者的人员的名单，他们可供社会主义报刊使用，提供国际各支部所发生的各种情况的信息；

2. 我们各党，特别是没有日报的小国的党，创办并发行特别公报，这些公报可以送给各种社会主义报纸；

3. 创办一个国际社会主义通讯社，其目的是像资本家的通讯社那样向社会主义报纸提供信息；

有人想发言给今天的议程补充问题吗？没有？那么让我们开始讨论第一项议程。

社会党国际局发表的公报上已经提供了一份可以利用记者的政治报刊名录和第二份通讯员名单。

第一份名单的第二页上有一处错误，7家美国报刊被错误地放到捷克那部分名单里了。

为了能利用这份名录，我们要求国际的所有支部把这份名录搞得完整一些。

H. 波尔：德国新闻界在巴黎的代理很多。有一家或几家报纸的记者可以立即把他们的稿子投给其他报纸。困难在于党的机关报不能充分地报道他们组织的内部活动。因此，光看这些机关报还不够，有时必须从资产阶级报纸那里获得信息，而且主要靠自己努力观察和留意。

奎尔奇认为应该当改进大陆社会主义报纸的英国通讯工作。

阿德勒和波尔的看法一致。德国机关报的记者来稿数量充分，但是他认为，提供一份可能担任记者的人员名单，这个主意非常好。在瑞典爆发大罢工期间，我们在奥地利通过一家德国报纸的报道获得了足够的消息，它派了一名记者到现场作报道。如果没有发生特别的情况，雇一名常驻记者是没有意义的。

伯杰：如果从总体上看，我们的信息比较灵通，那么就美国而言，我们的信息太少。由于缺少准确的信息，龚帕斯①在欧洲深受欢迎。（笑声）在美国，我们有50家社会主义报纸；所以说已经公布的名录遗漏了很多东西。我希望，报纸之间的通讯交换变得很重要，我们的报刊顺利发展。

奎尔奇：我刚才忘了告诉大家，我们在英格兰只有周刊性的机关报。拟一份通讯员名单的事情值得考虑，因为大陆报纸对我们最近的选举情况了解很不够。缺少信息也是英国人不大参与支持瑞典罢工的一个原因。

主席：德国新闻界情况非常独特。比利时、法国和意大利报纸几乎没有外国通讯员，因为这些机关报太穷，不能给各国通讯员报酬。我们一般从德国报刊那里获得我们的社会主义信息；但是如果发生像西班牙的局势动荡和瑞典的大罢工这种严重情况怎么办？派一个编辑到现场去？那样花的钱更多。请在现场的通讯员帮忙行吗？要迅速而准确地获得消息要遇到多少困难！出于这个原因，搞一份供社会主义报纸使用的通讯员名单是必要的。为了搞这样一份名单，我们需要得到所有成员党的帮助。这不是一份有限名单的问题。这是为了让记者能就报酬问题达成一致；为了使这份名单具有国际用途，它必须是齐全的，必须由每位记者自愿登记来完成，并且必须由各国的全国性组织公布。如果记者愿意响应这一呼吁，我确信，我们应当能出色地做好这个工作，而不必承受伯杰的尖锐指责。

如果我们在欧洲不能充分了解美国正在发生的情况，我们的美国朋

---

① 赛米尔·龚帕斯（1850—1924），美国工会领导人之一。生于英国伦敦，1863年移居美国纽约，除了1895年之外，自1886年起担任美国劳工联合会主席，直至去世。——译者注

友也会像我们一样不了解欧洲的情况。如果不是因为泰尔瓦涅议员对合格产品质量提出的质疑,最近会报道比利时造反了吗?因此我坚持认为,除了德语新闻界,我们最好还是搞一份通讯员名录。

迪阿曼德:来自波兰的消息混乱,因为消息是由不同的党提供的。连在那个国家的通讯员也不能获得客观的消息。通讯员会用这一派或那一派的眼光看事实。

列宁(俄国):由于社会党国际局发出的通知,俄国社会民主工党已经建立了一个俄国记者组织。我们不久将把有关这个问题的全部文件转交给社会党国际局。

鲁巴诺维奇:我们不能提供生活在俄国的记者的名字。我们所能做的,就是写信给该组织。我们的组织已经着手处理这个问题,物色记者,但是我们不能公布他们的名字。

布兰亭:在瑞典,我们正在尽可能地向我们的中央机关报提供信息。我们在柏林、巴黎和伦敦有特派记者。在大罢工期间,我们从德国报刊上获得了大量信息,而且我个人还给《人道报》发去了电报。遗憾的是,我们和英格兰没有保持持续的联系;不幸的是,那里不存在社会中心化,几乎看不到各种各样的工人和社会主义政党发行的小周刊。在发生特殊事件的情况下,报刊之间交换通讯稿件当然是件好事,但是大新闻机构的阴谋诡计不总是能轻而易举被挫败的。他们难道不是为了阻止工人的广泛团结而宣布瑞典罢工结束了吗?我们能够否定这一点,但这并不总是能轻易做到的。不过,我认为,搞一份报纸名录和通讯员名单是有意义的开始,但是最好是把这些名单弄全了。已经公布的报刊名录只提到《社会民主党报》,而我们有7份日报,其中至少有3份影响很大。

插曲

主席：国际局刚刚收到一份电报，内容如下：

"如果国际能够采取行动阻止墨西哥和美国政府处决社会主义教师古铁雷斯·德·拉腊，请回复，我将立即赶到。——拉布拉达"

从这封电报的意思看，我认为，我们应当请拉布拉达到布鲁塞尔向我们全面报告情况，并准备通过报界发起一场运动。

伯杰：墨西哥的矿业和农业无产阶级的处境非常糟糕。我宁愿在比利时当一条狗，也不愿到墨西哥去做苦力。莫·迪亚兹的独裁统治受到美国资本主义力量的扶持，它在扼杀自由方面比西班牙反动力量还残酷，后者还顾忌邻国的抗议和干涉。自由主义者和社会主义者已经建立了一个专门和迪亚兹对着干的公民联盟。但是他们不得不躲在美国。有几次，在迪亚兹的请求下，宣传鼓动者被引渡给墨西哥政府绞死了。我不了解这位古铁雷斯·德·拉腊教授的情况，我也不知道这封电报的作者的名字，但是，由于墨西哥革命者不得不用另一个名字，也许最好还是请拉布拉达来解释一下。

主席：这事就这么定了。我们当记者的没有资格作决定，但可以提建议。

会议继续

主席：哪位还想就通讯员名单问题再说点什么？

阿德勒：正在做奥地利记者的名单。

伯杰：美国的名单还没有完成。

主席：这份名单是应贵党书记处的请求送给我们的。我们恳请所有党的全国委员会给我们一份完整的名单。

下面我们转入讨论为没有一份日报的国家创办一份特别公报的问题。

你们已经收到的报告说明了各国为了实现这一目标所采取的措施。塞尔维亚同志准备出版一份公报，条件是能解决每期50法郎的支出；罗马尼亚同志估算每期支出为170法郎；但考虑到我们连弥补出版国际公报的沉重支出的钱都弄不到的事实，这一计划告吹了。

阿德勒：如果我们的塞尔维亚同志希望出版一份公报，他们要确保有一批订户，要写信给各国的社会主义者，问一问他们是否想订阅，同时讲明价格，我们可以在奥地利订阅。

书记：我同意阿德勒的意见，我们巴尔干的同志只能利用我们的报纸名录并给它们投稿。

主席：我们转到第三个议题，关于"建立一个社会主义通讯社"的问题。关于这个问题，我们的美国同志给我们提交了一份报告。美国已经研究了这个问题，而且，朗热罗克提出的方案已经得到美国社会党全国委员会的批准（见定期公报第1期所刊登的方案文本[①]）。

伯杰：我们只实现了朗热罗克方案里的一点，与"华盛顿特别通讯员"有关的D段。其他部分需要支出10万美元。

格伦巴赫认为不用花几百万美元也可以改善目前的状况。我是德国社会主义报纸在巴黎的通讯员，同时可以给其他报纸发送消息。柏林报界会把它收到的消息直接发给我，所以我们已经形成了一个核心。

万科：也有必要研究一下以较低的费用发送电报的价格问题。

[①] 见本卷第26—27页。——编者注

哈瑙尔：还可以通过集中化少花钱。

主席：我认为，我们这是想模仿资产阶级的电报机构，这是错误的，他们目前正在衰落。大的新闻机构，如路透社和哈瓦斯通讯社以前拥有新闻通讯的垄断地位。现在，由于电话的出现，大报纸把他们的新闻发给其他国家的大报纸，后者反过来再把他们卖给外国报纸。因此，《泰晤士报》把它的电报转发给巴黎的《马丁报》。

我们不是要通过建立一个局来寻找解决办法，而是可以让我们的社会主义报纸进行交流，这样一来，他们就能够通过电话交换他们的新闻。这样一来，我们就可以大大降低成本，例如在《人民报》和《人道报》之间建立固定业务，直到想出更好的办法为止。

巴黎和布鲁塞尔之间每天打两次电话，每月只要花180法郎，也就是说，每家报纸每天花3法郎。法国和意大利之间的新闻传递花费不会更多，相当于每家报纸每天交流两次花6法郎。而德国和奥地利之间交换新闻可能每天花10至12法郎左右。

列诺德尔：我不能支持主持人的观点。什么原因让我们想要建立一个社会主义通讯社呢？因为资产阶级通讯社不向我们提供关于社会主义活动的足够信息。至于一般信息，这些新闻机构够了。因此，不必把它们增加一倍了。把议会首府，例如：法国的巴黎、比利时的布鲁塞尔，将这些地方的新闻业务集中化倒是必要的；在这些城市指定一名编辑，他们要进行信息交换。我相信，这是最明智、最务实，也是最经济的办法。

瓦扬：这是目前可以做到的最好办法。我认为，一开始，我们不要搞得太大，以后再扩展。因此我只支持德·布鲁凯尔、阿德勒和列诺德尔的建议。

书记：最后，我请求我们的德国同志接受我们的观点。如果德国不支持我们的工作，我们不可能成功。我请求将这个问题提交给党的领导。

哈瑙尔：我想在下次会议的议程上加进一个广告问题。

主席：就我来说，我认为这个问题最好让报纸经理去讨论。从物质上讲，不可能取消广告。如果你不接受所有的广告，那你就给贴着固定的社会主义商标的东西做广告。第四版是一堵墙，谁都想在上面贴自己的海报，编辑有权与客户讨价还价。影响最大的社会主义报纸也是广告最多的报纸。

布兰亭：我们的报刊拒绝做甜酒、葡萄酒和烈酒等酒类广告。我不会取消所有广告，但显而易见的是，什么广告都登，那是不明智的，那会使自己处于不利的境地。

列诺德尔：我不同意德·布鲁凯尔的看法。

广告问题不是没有意义的，应当加以研究。我不主张规定一个范围，但是有些限制几乎是强制性的。还有，恕我直言，有些问题是民族问题，有些问题会因组织不同而不同。因此在《人道报》上，我们不再发表财务公报。其他社会党机构刊物可以借鉴这一做法。从一个事实看，不再发表财务公报是一个相当大的问题，这个事实就是，每年可能会造成18000到20000法郎的损失。

主席：我觉得我们的讨论有点离题了。建议将这个问题列入下次大会的议程。

龙格：在讨论这个问题时应当邀请行政管理人员出席。

主席：我坚持认为不应该把这个问题列入会议议程。争论的焦点是把广告与编辑工作分开，而且每个广告都应当编号。另一方面，为了促进运动发展，应当让合作社垄断与它们有关的商品。商业工作要支持智识工作，并对它们所作出的牺牲给予补偿。但是，让编辑不承担财务责任地接受字面上看起来很好，但报纸经理和行政管理人员不可能付诸实施的决议是危险的。在我看来，比起没有广告、没有影响的报纸，我更喜欢广告很多、影响很大、物美价廉的报纸。

瓦扬：我的意见和德·布鲁凯尔同志的意见一致，恕我说一句，这个问题占的分量太大了。为了使社会党国际局的行动更加有力有效，它绝不要擅自进入民族领域或超出其确定的范围。提出这个问题只是为了交换可能有益的意见，不存在作出必须接受或遵守的强硬决定的问题。

哈瑙：我不想请大家通过一项决议，但我请大家交换意见。现在讨论的不是取消广告的问题，而是管理广告的问题。

主席：我提议，如果把广告问题列入下次大会的议程，就不要通过什么决议。

（对是否将这个问题列入议程进行投票，表决结果是否定的。）

会议于6时30分结束。

社会党国际局
1909年11月7日星期日上午的会议

会议于10点准时开始，埃米尔·王德威尔得主持，爱·安塞尔、弗尔内蒙、卡米耶·胡斯曼书记出席。

出席：

德国：莫尔肯布尔、辛格尔。

阿根廷：康比埃。

奥地利：阿德勒博士。

比利时：王德威尔得、安塞尔、弗尔内蒙。

保加利亚：布莱特科·卢科夫（社会民主工党）。

丹麦：彼·克努森、斯陶宁格。

西班牙：法布拉·里瓦斯。

美国：维·路·伯杰（美国社会党）、克雷特罗（社会主义工人党)。

法国：盖得、瓦扬、龙格。

英国：奎尔奇、基尔·哈第、罗伯茨。

荷兰：范科尔、特鲁尔斯特拉。

匈牙利：高劳米。

波兰：A. 瓦尔斯基（俄属波兰和立陶宛社会民主党）、弗龙斯基（波兰社会民主党）、迪阿曼德。

俄国：列宁（社会民主工党）、伊·鲁巴诺维奇（社会革命党）；卡尔·苏特（拉脱维亚社会民主党）。

瑞典：亚·布兰亭。

书记宣读致歉信和犹太工人联盟（锡安工人党）给执行委员会的一封通告信。

会议决定先研究哥本哈根代表大会议程上的组织问题。

哥本哈根代表大会

书记：我收到了克努森关于这个问题的一封信，信中概括了以下措施：

我们选择了一个名叫"音乐厅"的地方作为大会会场。这个地方的房间情况是这样的：

1. 一层大厅有 1085 个座位，没有桌子；边包厢有 328 个座位；顶层楼座有 97 个座位；如果在大厅摆放桌子，则可以坐 800 至 900 个与会者。丹麦代表团只要求占用大厅很小一个地方，可以用边包厢。其他地方可以留给公众。

2. 一层的小厅有 513 个座位，没有桌子；顶层楼座有 40 个座位。

3. 还有 2 个房间有 300 个座位。

4. 有 6 个更小一点的房间有 50 到 150 个座位，还有几间办公室等。

如果大厅和房间还不够用,我们可以使用音乐厅附近的另一处建筑,它有几个大厅和房间。我们认为,这足以保证大会的成功,也足以保证各支部代表团会议的成功。

我们还想向大家提出关于大会日期方面的问题:尽管哥本哈根有100来家旅馆,其中有几家非常大,但是夏天还是不够旅游者用的。事实上,哥本哈根是游客夏天经常光顾的地方,尤其是外国游客。从7月初到8月末,游客如潮。最好的办法是把大会时间定在旅游季节之前或之后,要么6月初,要么9月初。

辛格尔:我想以德国的名义建议把大会时间推迟到1911年,因为迄今为止所谈的问题只有理论意义。但是,我们同意我们的丹麦同志所作的安排;至于会议日期,我们建议由国际局和我们的丹麦同志确定。无论如何,我们希望大会不要在9月召开,因为我们要在那个时候召开全国代表大会。如果在4号之前召开①,事情能安排得开。

基尔·哈第:英国代表团不太能接受在9月的前两周开会,因为英国的社会主义者那时要忙于他们的国内事务。

辛格尔:9月的第二周对德国人不合适,因为那时议会要开会,接着还要召开全国代表大会。

瓦扬:7月或9月对我们合适。

克努森:我建议时间定在8月28日到9月4日,或9月4日到10日,一周时间。

盖得:我们还是接受这些建议中的第一个建议吧。(一致通过)

主席:哥本哈根国际代表大会将于8月28日周日至9月3日周六举行。

---

① 即9月4日。——译者注

大会议程

主席：书记处已经收到如下提议：
1. 土地问题（执委会）；
2. 党与合作社的关系（执委会）；
3. 劳动立法的国际成果（美国社会党）；
4. 组织对同资本家阶级作斗争的那些党的支持（瑞典）；
5. 减少军备开支（意大利）。

最后，我们还收到了我们意大利同志的一封信，他们要求社会党国际局就建立一座西班牙事件烈士纪念碑的问题发起倡议。

瓦扬：我首先想对国际局的通信发表一点评论。通信最好用封口信封寄送给我们。我们也希望把土地问题的讨论推后进行，因为大部分国家还没有通过关于这个问题的正式决议。在这个问题列入国际代表大会议程之前，所有成员党都应当对它进行研究。其他议程，我们都同意。我们希望国际局尽可能地以它的名义展现和报告社会党之间，以及他们与社会党国际局之间的关系的组织问题，以便更容易更准确地实施历次代表大会决议，并对国际社会主义生活作出某种协调。事实上，我们希望制定某种快速程序。

莫尔肯布尔：德国建议不要把土地问题和党与合作社的关系问题列入议程。而且第二个问题实际上属于一个国家层面的问题。第一个问题在国际苏黎世代表大会和伦敦代表大会上讨论过，不过没有结果。第一国际历次代表大会讨论了很长时间，也没有在具体决议的实施上取得结果，从国际的角度来看，这个问题还不成熟。这些问题可以用以下问题取而代之：

（1）国际仲裁；

（2）工人住房问题；

（3）失业问题。

鲁巴诺维奇：土地问题在我们的纲领中占有重要地位。它在俄国革命中具有重要作用。一定要记住社会革命党在农民中的宣传和社会革命党党团在第二届杜马里提出的土地法案。而且，如果国际局决定把这个问题列入哥本哈根代表大会的议程，那么社会革命党准备积极参加讨论。但是我必须说，我同意瓦扬的意见，赞成推迟讨论的考虑和愿望，以及几个特殊的理由。

首先，俄国社会主义的两派之间在土地问题上还存在着激烈争论，我怀疑这个问题是否做好了开展国际争论的准备。此外，还有俄国政府对俄国米尔的镇压问题（1906年11月9/22号法律），这一镇压活动当然得到第三届杜马的支持。诚然，社会革命党的纲领并不取决于传统村社的命运，但是关于这一破坏行动的结果的事实是非常重要的，因此，最好有充分的时间得出多少确切的结论；在三年时间里，我们能讨论一些公认的事实。最后，第二个特殊考虑是：我们的理论家、土地问题专家可以在三年时间里作充分的准备，用大会所承认的语言中的一种语言捍卫他们的观点。

这些是我为什么赞同瓦扬的建议的原因。

瓦扬：我再说一遍，在我看来，必须让各国的全国委员会研究土地问题，那样就能在充分了解的基础上、在适当的时间对它进行讨论。那时谁也不会反对开展一场国际辩论。

至于合作社问题，我们坚持我们的立场。法国正在组织一些合作社。我们的组织还比较年轻，我们需要指点。我们想知道如何组建我们的合作社，它们应当在什么条件下与社会主义国际建立关系。

基尔·哈第：我的意见是可以在国际代表大会上讨论土地问题。在英国有两派主张，一派捍卫农民的所有权，另一派捍卫集体所有权理论，主张把土地租赁给小耕作者去种，以便改良土地。因此，这个问题对我们极其重要，我要求保持议程不变。

布兰亭：瑞典社会党在土地问题上支持莫尔肯布尔和瓦扬的意见。我们认为，不能在国家不同、情况不同的条件下，在下次代表大会上讨论大文化或小文化的问题。我们绝对赞成瓦扬提出的让各国委员会先讨论这个问题的建议。

关于党与合作社的关系问题，那些已经开展合作运动的国家必须说明一下社会民主党与合作社之间已经建立的关系。合作社最好从一开始就避免某些偏差。最后，我们希望通过一个关于在反对资本家阶级的斗争中所采取的措施，也就是组织国际团结的决议。像我们在瑞典那样的大冲突有可能在这个或那个国家发生。对于发生这种情况的国家来说，立即得到支持至关重要。

在社会主义记者会议上，我们说过某些国家因为缺乏信息而缺少团结的原因。比如，虽然德国和斯堪的纳维亚在很大程度上参加我们的斗争，但像英国和法国这些大国几乎没有出力。

阿德勒：我想我们都同意讨论土地问题的时机还不成熟。1869年在巴勒[①]时还比较容易达成一致，因为对达成一致的那些特殊观点都考虑到了。但是现在，一场辩论会扯出许多我们不能达成一致的观点。因此，在我看来，在原则上通过决议是没有用的，但是我还是建议研究这个问题。

在我看来，不能推掉的是合作社问题，各国都提出来了，应当在代表大会上进行讨论。我认为，仅仅呼吁各种组织帮助冲突中的同志是不够的。有的国家只有一个党，在这样的国家，比较容易迅速集合支持力量。组织越强大，越积极主动。瑞典罢工时，德国表现得最棒，奥地利也尽了力。当时，我们也举行了一次森林工人大罢工，此举让我们损失

---

① 即巴塞尔。——译者注

了一百万克朗。

亚·弗龙斯基：我希望把另一个问题列入议程：开展针对在政治问题上实施死刑的国际抗议活动，我们的许多同志因此而失去了生命。

过去几年，在波兰，在俄国，在西班牙，死刑的比例达到前所未有的程度。我认为，举行这样一种抗议活动会产生实际性影响。经验告诉我们，干预是可能产生作用的。比如，我们的法国和奥地利同志的抗议活动，就阻止了我们的施维斯基和扎切斯基同志被处死。因此，我认为，组织这类运动的时间来到了。

辛格尔：我同意弗龙斯基的建议。讨论这个问题是紧迫的。事实上，德意志帝国国会很快将讨论死刑问题。

关于土地问题，我同意瓦扬的建议，把这个问题推后到1913年。

我们撤回我们提出的将合作社问题列入议程的建议。最后，我同意布兰亭的建议。

伯杰：我支持布兰亭的建议，我也赞成德国人在土地问题的意见，我坚持把美国的建议列入议程。

奎尔奇：我们坚持把土地问题列入议程。合作社问题实质上是一个国家性问题。我也支持我们的波兰同志提出的问题。

主席：讨论结束。我们将对不同意见进行投票，但是首先是瓦扬提出的问题，与土地问题有关。

瓦扬建议说，国际局应当要求每个国家的支部把土地问题列入他们的全国代表大会议程，这样就可以在充分了解情况的基础上，在哥本哈根代表大会之后召开的国际代表大会上讨论这个问题。（通过）

接下来是其他建议：

1. 合作社与党的关系。（执委会）
2. 失业问题。

（通过）

3. 仲裁与裁军。

（通过）

4. 劳工立法的国际成果。

（通过）

5. 组织反对死刑的国际抗议。

（通过）

6. 迅速贯彻国际历次代表大会决议的办法。

（通过）

7. 国际团结的组织。

（通过）

主席：我收到基尔·哈第和奎尔奇签名的英国人的如下建议："关于常规工作日和缔结一项规定工作日最长为8小时和5月1日为法定节日的国际法律协议的必要性"。

阿德勒：这个问题与美国的提案有关。（附议同意）

主席：关于波兰的反对死刑的建议，我们都同意对死刑表示谴责。我认为，国际局可以立即在这意义上通过一项决议。国际局通过的动议可以要求各组织研究这个问题，并强调必须通过一个明确的决议。因此，我请我们的波兰同志陈述一下意见。

应几位代表的请求，我想请我们的丹麦同志宣布国际代表大会将在哥本哈根举行，丹麦社会党将负责会议场所，并保证代表能不受干扰地到达哥本哈根。

克努森：我们认为，最可取的办法是要求丹麦政府发表一个声明，因为我们认为所有代表应当没有顾虑地出席大会。

主席于1点宣布会议结束。

下午的会议

主席：国际局刚刚收到新的荷兰社会党党员怀恩科普和霍尔特的一封信。这两位同志请求允许他们的代表和《论坛报》编辑出席关于这个组织申请加入国际问题的讨论。我提议不与荷兰其他同志商议就接受他们的请求。

摩洛哥远征

瓦扬：法国代表团提议投票通过如下决议：

"社会党国际局向为阻止摩洛哥远征和贯彻斯图加特国际代表大会所通过的决议而进行英勇斗争的西班牙社会党、西班牙和卡泰罗尼亚工人致以热烈的祝贺，表示深深的敬意，并向他们保证坚持兄弟般的团结。"

（一致通过）

给瑞典社会党人的证明

法国和比利时代表团提出以下动议：

"社会党国际局，
对抵制雇主同盟歇业长达数月的令人敬佩的瑞典工人表示深深的同情；
对出手帮助瑞典无产阶级的众多国家的工人和社会主义组织表示衷心的感谢；
强烈要求工联主义力量强大的其他国家用同样的方式履行他们的团结义务。"

（一致通过）

反对罗马尼亚的迫害活动

比利时代表团提交了如下决议案:

"社会党国际局于1909年11月7日在布鲁塞尔举行会议,对罗马尼亚政府在克里斯蒂安·拉柯夫斯基同志服完兵役,并作为议员在选举委员会任职之后,将他驱逐的武断恶劣的行径表示抗议;

对迫害支持拉柯夫斯基、抗议政府行径的罗马尼亚社会主义战士的犯罪暴行表示谴责;

对战斗的罗马尼亚无产阶级表示兄弟般的同情。"

(一致通过)

反对在所有问题特别是政治问题上实行死刑

波兰代表团提出如下决议案:

"社会党国际局决定代表所有社会党将发表一个禁止在所有问题特别是与政治有关的问题上实施死刑的宣言的问题列入下次哥本哈根代表大会议程。

它还对俄国政府在利沃尼亚①、波兰、俄国中部以及帝国其他省份每天执行死刑表示强烈的抗议。

对西班牙政府针对其罪犯和政治犯所进行的持续不断的报复行动表示同样强烈的抗议。"

(在短暂地交流意见之后,一致通过。)

法布拉·里瓦斯:我以西班牙社会党的名义,对国际局刚刚通过的

---

① 利沃尼亚是中世纪后期波罗的海东岸地区即现爱沙尼亚以及拉脱维亚大部分领土的旧称。——译者注

动议表示感谢。我们只是尽了我们的义务。我想向国际局提出一个特殊问题。下次竞选运动相当重要,这是我们忙着筹集资金,以便创办一份西班牙日报的原因。另一方面,我们已经同意批准卡泰罗尼亚工会和社会党之间的明确联合。不幸的是,我们最勇敢的战士或者身陷囹圄,或者流亡国外,如果我们不能继续已经开始的工作,我们就不可能得到其他国家的支持,我们的努力就会付诸东流。我们的同志为西班牙无产阶级艰难地组织起来付出的生命和金钱就会白费,付出的努力就会白费。因此,我们的处境非常艰难。我们不仅需要在马德里办一份报纸,我们也需要在巴塞罗那办一份报纸。我们知道,国际局没有行政权力,但是我们需要 7000 到 8000 法郎来挽救我们的同志们的工作,我认为,我们能在你们的帮助下克服困难。

阿德勒:这个愿望是合理的。德国、比利时和法国已经介入了。

由于几个月内将宣布大赦,国际局发出一个通告可能会产生预期的效果。

国际局的会议

基尔·哈第:我们今年参加了两个重要运动:一个在瑞典,一个在西班牙,所有可能做到的都没有做到。为了纠正这个问题,国际局应当经常开会,或者在不经常开会的情况下,赋予执委会更多的权力,授权它召开特别会议。

主席:这个问题在斯图加特已经解决了。

书记:每次建议召开特别会议时,我都征求了各党的意见,他们几乎一致反对召开这些会议。

辛格尔:每年召开一次代表大会的决定必须遵守,除非发生特殊事件,那时执委会必须在它的职权范围内行事。如果国际局不得不因为瑞典或西班牙的事件召开会议，那也必须一个月内召开两次。把国际局的人召集到一起也不容易。我们在各自的国家都有职责要履行，即使我们到了这里，有些感兴趣的事情，我们也不能管。

瓦扬：请允许我提醒大家注意国际局会议过去在这个问题上所通过的决议。我们不能支持英国人的提议，尽管我们也希望尽可能地多开会。如果两国之间真的发生了冲突，我们不反对召开特别会议。在这种情况下，社会党国际局应当开会。

加入的问题

主席：英国社会主义工人党于1909年4月14日申请加入国际局。我们答复说，这种加入只有通过英国支部介绍方可做到。

书记：我想说明的是，这个程序符合斯图加特代表大会所通过的、各成员也接受了的决议，这个决议规定，若无现有全国支部的同意，任何团体不得加入。

奎尔奇：英国社会主义工人党只是在名义上存在，它是一个青年人的党，它的活动就表现为出版一份双周刊。上次选举时，他们总共才得了4票。（笑声）

执委会的决议被通过。

主席：执委会与荷兰社会党（荷兰社会民主工党）和新党（社会民主党）经过谈判达成一个协议。他们就这个问题发表了一份长篇报告，这份报告我们将提交给大家。协议决定拒绝社会民主党的加入申请，并宣布赞成荷兰社会民主工党中央委员会1909年9月4日通过的决议。1909年6月4日，国际局收到挪威工党关于这个问题的一封信，信中表示支持我们执委会的结论。

辛格尔：我赞成执委会的看法，建议通过议程。但是我希望坚持这个简单的方案而不要讨论了。我们不要卷入两个社会党之间的冲突。我们不要讨论基本原则了,我们要坚持程序!这个决议没有排除以后研究荷兰新党的加入问题,也没有排除这个党在符合我们章程的条件下出席国际代表大会。

阿德勒:我想首先要宣布国际局不是一个上诉法院。执委会已经走到极限了。与辛格尔所说的正好相反,这不是把一个党排除在外的问题,而是考虑我们是否能接纳一个新党的问题。我对荷兰的分裂感到遗憾,但是我反对像辛格尔所建议的那样把它列入议程。这不是应不应该接纳一个党参加国际代表大会的问题,而是让它作为成员组织,正式吸收到社会党国际局中的问题。至于我自己,我想举一个例子,但是我不建议接受,因为分裂不会结束。

特鲁尔斯特拉:你提出了问题,你也应该事先拿出一个决议案;要先征求一下各国支部的意见。他们可能会给予答复并宣布没有理由加入国际局。我们的中央委员会了解马克主义和修正主义倾向,一致宣布反对接纳。不可能有其他做法。

主席:请允许我说一句,提交给我们的问题纯粹是一个程序问题。国际局不是一个上诉法院。因此,让我们通过议程吧。如果荷兰新党希望参加哥本哈根代表大会,他们可以向荷兰支部提出请求并由后者决定。如果该支部拒绝,新党可以向国际代表大会上诉,大会拥有唯一的上诉管辖权。

瓦扬:主席对程序的解释非常好。我同意我们德国同志的意见,并提出一个解决这个问题的办法。可以把新党看成是老党的一部分,看成是荷兰支部的一个成员,然后看一下可以给他们多少票;但是如果老的荷兰社会党不同意,这个安排也不行,因为它是一个正式成员党。在存在特殊倾向的情况下,往往会有支持统一的党。为什么荷兰不存在这种情况?如果我们的荷兰朋友希望实现这种联合,那么很可能没有分裂。

两派可以自己向国际局或执委会通报，要求它们居间调解，以便实现联合。

安塞尔：我们已经尽力了。

瓦扬：我认为你们尽职了。但是现在我们正面对一场分裂。如果我们的荷兰同志希望如此，他们可以承认另一个派别作为他们支部的一部分，以便两个党参加哥本哈根代表大会；他们意见不一致，但是他们不是不想联合的怀有敌意的兄弟。新党没有离开国际。它已经退出了荷兰支部。

盖得：新党的组成人员什么时候离开国际了？

主席：在他们退出荷兰支部的时候。

我刚收到阿德勒提出的如下提议：

"将社会民主党的申请提交荷兰支部。如果不能达成协议，新党有权向国际局上诉。"

列宁：阿德勒的提议似乎承认分裂是一个既成事实，把新党看成荷兰支部的一个派别，并且承认它有权出席国际代表大会。至于它在国际代表大会上可以有多少投票权，这个问题必须由荷兰全国支部来决定，如果他们不能达成一致，新党有权到国际局上诉。此外，罗兰-霍尔斯特同志已经致信给国际局，支持新党的加入申请。

主席：下面就是那封信的内容。

致社会党国际局成员

亲爱的同志们：

你们将在你们11月7日的会议上讨论社会民主党（新的荷兰社会民主党）的加入申请。我本人是老党（社会民主工党）的成员，但是我写信恳请你们同意这个申请。我提出这个请求的理由很简单,即社会民主党毫无疑问是赞成国际社会主义的基本原则的,把它排除在国际之外显然是非常不公正的。

我确信无产阶级团结的意义,而且指导我行动的就是在荷兰实现这种团结的愿望,请允许我表达我的信念:接纳社会民主党加入国际社会主义大家庭,你们不会阻碍,反而会促进和加速这个国家两个社会民主党的融合。

谨表达我兄弟般的社会主义的祝愿。

罕丽达·罗兰-霍尔斯特
1909年11月2日于拉伦

范科尔:我想就这个问题作一个全面的报告。首先,必须了解我们是不是在和一个严肃的党打交道。他们必须接受荷兰全国支部的审查,他们要先作一个决定。

主席:程序问题是起步问题。我们在这里只能讨论国际代表大会分内的问题。

辛格尔:这件事完全是一个程序问题。我赞成主席的意见。但是它也是一个很大的问题。这是了解一个按照社会主义原则组建的党是不是可以被排除在国际之外的问题。只有国际代表大会才可以明确地作出决定,但是社会党国际局必须作为一个上诉法院在这期间介入。考虑到对新党加入持反对态度的老党的决定,我们可以作一个决定,提出如下建议:

"社会党国际局决定允许以社会民主党的名字在荷兰组建的党参加国际社会党代表大会,因为它支持参加这些大会的条件。假如我们的荷兰同志不能达成协议,哥本哈根代表大会将就该团体参加国际局会议及其所拥有的投票权问题作出决定,这些投票权数将从整个荷兰支部所拥有的投票权数中扣除。"

阿德勒:我认为我的意思被误解了。我说的是,这不是一个排除的问题。我们面对的是一个申请加入的全新组织。我不否认我们的这个新党的同志们是社会主义者，但是他们必须求助老的成员党，我回答盖得同志的问题，他问新的成员什么时候离开国际的，而他们的团体那时并不存在。现在不是人员的问题！唯一可以接受的决议案是我提出的决议案。

安塞尔：他们想鼓励分裂。

特鲁尔斯特拉：我同意阿德勒的决议案，并且要求拒绝辛格尔的提议。新党要求加入国际局。辛格尔的决议案安排了哥本哈根代表大会的程序，可大会还没有召开呢！辛格尔的决议案把目的弄错了，因此是没有用的。

奎尔奇：如果全国支部和国际局拒绝新党加入，那么，社会民主党是否还有权向国际大会提出申诉呢？

盖得：对于荷兰新党，我们决不能把它当成国际之外建立的什么党来对待。我们是在同一个分裂的党打交道，而这两派人都是我们的同志。国际局怎么能擅自决定把国际的一部分排除在外呢？关于人数的看法并不重要。没有人请你承认一个新党。我不知道我们是不是走错方向，在用一种辅助性方式批准辛格尔的决议案。

安塞尔：我赞成阿德勒的提议，它符合章程，符合程序。执委会为阻止分裂，让退出的人们重回老党，做到了仁至义尽。他们不想要它了。因此，他们不是被排除在外了，而是他们离开它了。他们是自己把自己排除在外了。

盖得：是从国际排除出去了吗？从来没有。

安塞尔：他们只能回去。大门对他们是敞开着的。因为老党忽视了达成协议的所有要求，而他们正好是与国际相对的。因此，我认为阿德勒的提议最好，而且在哥本哈根代表大会召开之前，执委会不会拒绝为荷兰社会主义实现团结再次努力。

霍尔特：新的荷兰社会民主党申请加入国际局，目标就是为了参加国际，而不是为了参加国际局，因为他们没有借口，它只有 500 人，和老党的人数一样多。安塞尔说，对我们的大门是敞开着的。但是这个大门过去没有打开过，而且在我们拥有创办一个特别机关报的权利之前，这个大门绝不会打开。

主席：讨论到此结束。让我们进行投票表决。我想我们都同意按国籍表决。

（通过）

16 票支持阿德勒的提议，11 票支持辛格尔的提案。阿德勒的提议被通过。

支持阿德勒决议案的投票：英国（1 票），奥地利（2 票），比利时（2 票），丹麦（2 票），美国（1 票），荷兰（2 票），匈牙利（2 票），波兰（1 票），俄国（1 票），瑞典（2 票）＝16 票。

支持辛格尔决议案的投票：德国（2 票），英国（1 票），阿根廷（2 票），保加利亚（1 票），美国（1 票），法国（2 票），波兰（1 票），俄国（1 票）＝11 票。

保加利亚的协议

书记：我想保加利亚问题还没有成熟到国际局出手干预的程度。

卢科夫：我们不能看一下往来通信吗？

书记：当然可以，但是如果我们印出来，公布出来，会引起无休止的争辩。

阿根廷社会党的投诉

书记：阿根廷社会党对恩里科·费里最近在阿根廷旅行期间的态度

表示严重抗议。我已将这些抗议书转交给意大利社会党。我们不能做更多的事情了。(同意)

匈牙利—克罗地亚问题

书记：克罗地亚社会民主党拥有 5000 名党员，而且已经在议会有一位议员，即科拉奇同志。该党接受国际局的提议——匈牙利也同意——与匈牙利党建立一个匈牙利—克罗地亚支部，拥有 8 票（其中 6 票代表匈牙利，2 票代表克罗地亚）。匈牙利已指定韦尔特博士为代表（取代博卡尼），克罗地亚指定布克塞格为代表（取代科拉奇）。

克罗地亚支部将交纳 100 法郎会费。(同意)

斯洛文尼亚工人的加入问题

书记：我们收到斯洛文尼亚工人协会的加入申请，此事我们在定期公报（第 1 期第 3 页）上报告过。

我们在 1907 年就接纳了一个土耳其—亚美尼亚小组，而且已决定吸收一个"奥斯曼支部"，条件是该支部要吸纳在土耳其生活的所有民族。因此，我们必须找到一个办法接纳斯洛文尼亚工人。

瓦扬：如果他们不能以"奥斯曼支部"的名字加入，借鉴亚美尼亚小组的做法，他们可以作为奥斯曼支部的一个小组成立并加入。

书记：你们同意叫它"斯洛文尼亚工人小组"吗？(同意)

斯洛文尼亚工人小组加入社会党国际局，其代表有 1 票投票权。

美国的代表问题

书记：社会党请求国际局给他们两个美国代表名额，并撤回社会主义工人党的代表。

伯杰：我们党的书记已经在一封信中阐述了他的理由，我同意他的解释。社会党拥有44791名党员，而社会主义工人党还不到1000人。在全国选举中，美国社会党获得了424483票，而社会主义工人党仅获得了1400票；因此，美国社会党代表了97%的工人阶级，社会主义工人党代表的还不到3%。

《人民周报》在其1909年1月9日那一期公布了1908年7月至12月6个月所完成工作的决算表，该表说明，收入达到1877.74美元，支出达到1737.18美元，差额140.56美元。同期社会党的收入为70757.37美元。我说社会主义工人党正在日益衰弱，这话一点也不夸张。

同样的道理，让一个柏林团体代表社会民主党是不合逻辑的，这就像让一个只是在名义上存在的组织持有委托书是不合逻辑的一样。毕竟这不是一个排斥问题，而是一个公平代表权的问题。

主席：我认为，这个问题只能在哥本哈根代表大会上解决。（同意）

克雷特罗：我同意，但是我还是想对伯杰说几句。美国的社会主义环境性质很独特。最重要的问题不是引用统计数据，而是要看一下工人组织是否有牢固的基础。世界上没有一个国家的资本主义像美国这样强大的，一旦社会主义组织成为一种危险，统治阶级就会摧毁革命党。如果他们不建立有力的抵抗基础，选举得票数没有多大意义。它就像是海市蜃楼一样的幻境。社会党的很多党员对这个党的策略已经感到腻烦而无法容忍了。最近丹佛小组退出了。在有些中心，社会党与民主党人和共和党人合作，违反了国际历次代表大会的决议。

伯杰：情况不是这样的！

克雷特罗：别忘了圣路易斯！我不想分裂工人阶级。我的党渴望在阿姆斯特丹大会决议的基础上实现团结。但是对这种团结要求，我们收到的答复是否定的。研究一下社会主义工人党活动的出版物，研究社会党活动的出版物，你们会发现我们是真诚的、忠诚的社会主义者。

伯杰：我请求允许我答复。

主席：我要和大家商量一下。这种辩论是没有意义的。我建议把这个问题提交哥本哈根代表大会。（同意）

我们的议程已经完成。请允许我对在座的代表表示感谢。会议结束。我们哥本哈根见！

会议于6点15分结束。

国际议会委员会

1909年11月8日星期一（10点）

莱·弗尔内蒙主持，执委会其他成员出席。书记传递出席会议人员名单，下列成员在名单上签字（议员的名字用星号标出）：

德国：*辛格尔、*莫尔肯布尔；

奥地利：*迪阿曼德、*阿德勒；

丹麦：*汉森、*克努森；

美国：伯杰；

法国：*杜布瓦、贝杜斯、*瓦扬、*盖得、龙格（候补）；

英国：*基尔·哈第、*罗伯茨；

荷兰：范科尔；

瑞典：*布兰亭；

比利时：*埃·王德威尔得、*爱·安塞尔、*德尔波、*莱·弗尔内蒙、卡米耶·胡斯曼；

匈牙利：高劳米；

美国：克雷特罗、伯杰；

俄国：乌里扬诺夫、鲁巴诺维奇。

墨西哥局势

书记：在星期六的记者会议上，我们收到一封来自伦敦的电报，署名是拉布拉达。电报内容如下：

"如果国际能够采取行动阻止墨西哥和美国政府处决社会主义教师古铁雷斯·德·拉腊，请回复，我将立即赶到。——拉布拉达。"

我们当时立即给予了肯定性的答复。不幸的是，拉布拉达同志直到星期日晚6点才到达这里。我提议请他讲话。（通过）

拉布拉达：几乎没有人了解墨西哥的局势。如果欧洲人知道那里发生的情况，可能会掀起一场大规模的抗议活动。我本人就受过迫害，被囚禁过一年时间。35年来，专制政府在墨西哥当权。自由主义报纸的出版遭到禁止，而且正在要求美国禁止出版墨西哥报纸。数以千计的订户反对这个决定。我们的运动得到了穷人的支持，从这个角度来看，它是无产阶级的运动。目前，社会主义律师①古铁雷斯·德·拉腊同志被指控犯下了他没有犯下的罪行，并在美国领土上被逮捕。墨西哥要求引

---

① 前面说他是教师，请见第81页。——译者注

渡他，如果他被交出去，就会像弗郎西斯科·费雷尔①一样被枪毙。

伯杰：我不了解拉腊的案子，但是墨西哥的形势确实很糟糕。美国有一个保护我们墨西哥同志的特殊团体，德·拉腊的朋友可以向这个团体求助（美国政治避难者同盟；主席：约翰·C. 蔡斯；秘书：约翰·默里；地址：芝加哥华盛顿东街180号）。

墨西哥政府比西班牙政府还坏，因为他们在墨西哥敢做他们在西班牙不敢做的事情。

瓦扬：我提议，通过一个决议将这个问题提交给美国团体。（通过）

伯杰：别忘了把决议送给各家报纸！

国际议会委员会消息

书记：我再次要求把反映各国到目前为止的议会活动情况的特别报告定期发给我，这样大家就都能了解情况了。（通过）

殖民政策

范科尔要求各国提交一份关于殖民政策后果的报告。这样，国际议会委员会就可以在哥本哈根研究这个问题。

工人养老金

书记：我收到受阻不能参加这次会议的我们意大利同志的来信，这

---

① 弗朗西斯科·费雷尔（1859—1909），西班牙政论家和教育家、启蒙主义者，1909年7月被捕，后被当局以参加解放运动和巴塞罗那起义的罪名判处死刑。——编者注

封信是由卡布里尼签名的，我从中摘了几段：

"1. 考虑到工人养老金问题的极端重要性，议会中的社会党党团最好任命一位成员和其他国家党团的代表沟通，以便交换关于这个问题的信息和看法。这样一来，可以不必去找这些党团的书记，能节省很多时间。

2. 意大利社会党党团想知道德国同志是否认为提出身份证明问题可以而且合适。

3. 该党团还想知道，我们的奥地利同志是否认为奥地利事故法很快将扩大到波斯尼亚和黑塞哥维那，许多意大利工人正在前往那里找工作。

4. 强烈建议匈牙利社会主义者让他们的议员敦促匈牙利议会迅速批准意大利和匈牙利两国关于劳动事故的条约。"

莫尔肯布尔：德国人一直反对身份证，这是一种伪装的奴役形式。

阿德勒：当波斯尼亚-黑塞哥维那被并入奥地利的时候，我们就要求有利于奥地利社会立法。但是，现在还不知道波斯尼亚是加入了奥地利还是加入了匈牙利。无论发生了什么情况，我们都要注意按照国家和国际劳动法的要求保护工人利益。

罗伯茨：英国工人养老金的方法不能适于所有地方，但是它会提供有用的信息。

布兰亭：我们提出了工人养老金问题，因为这个问题在我们国家提出来了，因为它对国际社会主义很重要。我还被任命为研究这个问题的委员会的成员。最初，这个问题是德国提出来的，但只适用于产业工人。奥地利的体制覆盖得大一些，涵盖了手工业者和农民。在英国，大部分工人有养老金，尽管数额很少。在丹麦，所有工人在年满 60 岁时都可以领取养老金。因此，我们面对着至少 5 个不同的体制。瑞典不可能采用德国的体制，因为瑞典农民阶级人数众多，力量强大，而且它也要求有养老金。

在英国，如果工党的修正案被接受，工人养老金的成本可能超过10%，而且会再增加一半。另一方面，英国的立法还没有接受残疾保险。在丹麦，有一个调查委员会，但没有让社会主义者担任这个机构的成员。

克努森：丹麦同志要求建立不用工人缴费的工人养老金，这个提案将提交给这个委员会。

布兰亭：怎么办？是采用英国体制，还是采用奥地利或丹麦体制？在法国，这个问题也具有一定的意义。

在英国，他们正在研究残疾保险问题。这是议会各派都关心的一个问题，开展一场讨论是有意义的，有助于解决这个问题。

王德威尔得：因此，我们的瑞典同志建议各国社会主义代表团之间在工人养老金的最佳立法方案上达成一致。我不知道是否能达成这样的一致意见，因为布兰亭已经指出，这个方案应根据不同国家情况而有所改变。

因此，我认为，最好让每个国家出一个代表解释一下本国在这件事上的立法或拟议立法，以及社会党人对已经做了什么或将要做什么的意见。这样一来，我们就能讨论如何达成基本一致，为另一次会议，为今后采取的措施做准备。

莫尔肯布尔：为了判断工人保险对德国人民的重要性，有必要引用一些数字。根据1907年6月12日的人口调查，德意志帝国的61720529名居民分为：30232345名工人，1264755名家仆，30232345名在雇主家工作的人。①

---

① 原文如此，这个数字与工人的数字完全一样，疑有误。——译者注

劳动者分为以下几类：

	独立	雇员	工人
农业、林业、园艺、养牛和渔业	2500974	98812	7283471
工业、矿业和建筑业	1729467	686007	8840770
商业、旅馆和有执照的饮食商贩	1012192	505909	1959525
各种各样的临时工	—	—	471695
总计	5242633	1290728	18555461

除了以上群组以外，还有：

1. 从事军队、法院和文官及教会服务，又称自由职业的人，有1738530名挣工资的工人；

2. 无职业或声称无职业的人，例如靠剪息票过活者、养老金领取者、济贫院和监狱收容者等，有3404983名挣工资的工人；

在军队、法院、文官和教会服务这一组中，也就是所谓自由职业中，还包括搬运工、送信者、办公室服务员、博物馆服务员、护士、学校服务员、剧场工人等，还包括245563名挣工资的工人。

为了将保险限制在拿薪水或挣工资的被雇人员的范围内，必须把政府、各州和市镇官员这几种人包括在内：

（1）雇员……………………………………1290728
（2）农业、工业或商业中的挣工资的工人……18555461
（3）自由职业中挣工资的工人………………245563
（4）家仆……………………………………<u>1264755</u>
            21356755

没有一个保险分行有投保工人的数字，因为在各种保险中不包含工人的数字，在事故保险中不包含雇主的数字。

疾病保险覆盖在工业和手工业部门工作的所有工人，在商业部门工作的工人和雇员，在律师、公证、司法、疾病基金、工会和保险机构中工作的人。

因此，强制保险并不涉及家庭工人、农业劳动者、仆人、海员等。在有些市镇，依据一项地方法规，疾病保险不适用于那些家庭工人，而在有的联邦州，法律包含了农业劳动者。

1907年，有12138966名工人在23232个健康基金投保。制定法律后，该保险并入现存基金，造成了一种对该保险不利的划分。在强制保险下，雇主要缴纳三分之一的保险费，而工人要缴纳三分之二的保险费。

在强制保险下，最粗糙的形式是市镇基金。在这种保险中，投保人对经营管理没有发言权；管理权掌握在市政当局手里。这些基金所提供的服务，不能超出最低的法定帮助，例如看医生，拿免费药品，以及领取一名普通劳动者的普通工资的一半的补助——这一数字由官员确定。在前三天，他们不发任何病假补助，而且补助只发26周的时间。生育时，他们不发生育补助；死亡时，他们不发抚恤金。这种基金有8290个，覆盖1564756人。

最大的一组是地方基金，有4757个，覆盖6194108人。这些基金是自治的。管理权按照缴费进行分配。雇主派三分之一的代表，工人派三分之二的代表。

我们发现，在所有有组织的基金里，也就是在地方性工业建筑行业和合作社的基金里，法律所允许的最低水平帮助最高。它们不是按官员规定的工资，而是按实际支付的工资来计算病假补助，尽管每天只能计算4马克。此外，这些基金要在生育后发为期6周的产妇津贴；如果工人去世，它们要发给相当于工资20倍的抚恤金。

它们可以提供超出法律所允许的补助，例如发超过26周的病假补助，允许投保人的亲属免费看医生和拿药，在孩子出生之前发给母亲补助,还支付康复费,把抚恤金提高到工资的 40 倍等。通常,大部分地方社团提供的帮助都比法律所允许的要多。

这一情况也适用于企业基金。凡是至少雇用 50 个人的企业都可以设立这种基金。1907 年,有 3156221 名工人在 7914 个企业基金投保。41 个企业健康基金拥有 19697 名会员,有 264604 名工人在 761 个公司基金投保,有 939580 名工人在 1469 个救济会投保。救济基金纯粹是工人组织,只有投保人在其中缴费。不过,他们必须像市政基金所要求的那样,提供同样的疾病补助。

此外,有 806276 名矿工在矿工保险公司投保。1907 年,雇主缴纳的疾病保险费为 106262300 马克,投保人缴纳的保险费为 225273100 马克。看病支出 5406076 马克,病假 104883006 天,看医生 67551782 马克,药费 43346249 马克等。生病和家庭补助为 135465015 马克,怀孕与生育补助为 5493301 马克,抚恤金为 7122348 马克,住院护理费为 36167635 马克,康复费为 204576 马克。管理支出达 17732600 马克。疾病保险总支出达到 320387400 马克,而缴费和入会费为 331535400 马克。

从一开始,我们就把建立统一的保险组织作为目标,因为保险机构大,联合基金多,能做更多的事。即使在建立疾病保险时,我们的同志也规定,应当发放相当于全额工资的病假补贴,在患病期间至少每天 2 马克。

事故保险的方法则截然不同。在发生事故情况下,采用以下规则:

(1) 行业事故保险法;

(2) 农业和林业事故保险法;

(3) 建筑业事故保险法;

(4) 海事事故保险法;

(5) 官员和士兵事故资助法;

(6)囚犯事故资助法。

对于(1)、(2)、(3)、(4)所覆盖的人员，还有一部特别法，由一个仲裁法庭和帝国保险办公室依据该法进行管理。

行业事故法的保险对象是所有在以蒸气机、风、水或电等为动力的产业工作的工人或在至少雇用10个人的工厂工作的工人。但是这个限制并不适用于矿山、盐矿、采石场、码头、建筑工地、酿造厂、铸造厂、建筑业石匠、木匠、石板瓦工等，以及锁匠、铁匠、掘进人、烟囱清扫工、窗户清洁工、屠夫。此外，涵盖了整个运输业、邮政业、铁路、电报、搬运公司和内河航运业、窖藏行业等。在专门提到的行业里，即使在不使用动力和雇员不到10人的企业工作的人，也实行保险。

所以，家仆（这些人绝大部分都受雇于商业和旅馆、饭店）不在保险之列的，在没有专门提到的那些行业以及没有使用动力的行业或雇员不到10人的企业工作的人，也不在保险之列。

农业和林业事故保险法，覆盖了受雇于农业和林业的所有人，包括大多数投保的小雇主；海事事故法覆盖了所有受雇于航运业的人，包括船长，还有从事海洋渔业、领航工作的人。

对于按照行业、建筑业和海洋事故保险法投保的企业，德国组成了66个所谓的专业公司，1907年，有673118个企业的9018367名工人投保。在这些人之外，还要加上政府、国家和市镇官员，以及在陆海军车间、邮局、铁路、疏浚、井下工程工作的964589名工人。

以农业和林业事故保险法为基础，有4710401个企业的11189071名工人投保。在这种情况下，投保人数比受雇工人人数多，因为小企业的雇主也投保了。

在所有情况下，雇主都要缴纳保险费。在工业领域的专业公司，保险费按工资额计算，尽管对于工资超过1500马克的工人，只按超出部分的三分之一计算。1907年，对9018367名工人计算保费的工资额为

8410136300 马克，这些工资缴纳的保险费为 129448900 马克。也就是每 1000 马克工资须缴纳 158 马克 39 芬尼作为保险费。

至于事故补贴，投保人从第 14 周开始领取其损失工资的三分之二。不过，只按年工资 1500 马克计算。超过的部分只计算其三分之一。不过，如果事故补贴额低于以疾病保险法裁定为基础的该地区普通工资，则补贴额增加到实际工资的三分之一。在计算这种补贴时，需要考虑的不是损失的实际工资，而是受伤程度。如果受伤的人因失去右手而丧失了 60% 的工作能力，那么他可以领取相当于全额工资 60% 的补贴。如果他每年挣 1500 马克工资，他就可以领取 600 马克，不论他在事故后挣的比过去多了还是什么也不挣了。

虽然在 65 个"专业公司"实际工作工资被当做发放补贴的基础，但是海员的工资在整个沿海地区统一确定为每 5 年为一期。在这种情况下，低工资港口的海员受益了，而高工资港口的海员就吃亏了。

一旦投保人去世，遗属，即他的妻子、孩子或父母、祖父母——投保人用工资赡养的人，每个人领取相当于他工资 20% 的补助。但是这个数额不得超过他全部工资的 60%。如果死者留下一个妻子和 5 个孩子，那么他们一起可以领取相当于其工资 60% 的补助，也就是每位遗属领取 10%。给孩子的钱一直要发放到他们年满 15 岁为止。

在这种情况下，只要有 3 个遗属享有同样的权利，就发给 60%。只有当 5 个孩子中有 4 个孩子超过 15 岁时，这笔收入才减少到 40%；当他们都达到 15 岁时，则减到 20%。如果他的妻子再嫁，她可以领取相当于年收入 3 倍或年工资 60% 的补助，从此了结所有的要求。

农业和林业事故保险的基础则截然不同。有 48 个专业公司，但它们按省份和联邦州划分，其活动局限于一定地区。通常，缴费作为对财产税的某种附加征收。1907 年征收了 38635300 马克。发放则按照实际工资计算，只发给工业雇员或从事农业工作的专业工人，例如园丁、酿酒者、机工、汽车司机、碾磨工、砌砖工、车轮修造工、铁匠等。普通农业工人的发放按下级行政机关所确定的年平均薪水计算。

1907年，所有事故保险公司向980044个被保险人、受伤者以及受害者遗属支付了151090500马克年金。

官方文件对发放的大笔年金数额大肆吹嘘。但是在这个国家以外，几乎没有人知道有多少受害者在劳动场所倒下。每年的事故总数说明，工人失去的是生命、健康和幸福。1907年发生了662901起事故；在13周的时间里有518198人接受治疗；这些事故作为病案列入疾病基金的统计数字；有144703起事故适用了事故保险；有9815名受害者死亡；受害者留下6631个寡妇、13520个孩子和371个老辈人；有1356名受伤者伤势严重，终身完全残疾；有60093名受伤者失去一个肢体，从而陷入永久残疾。在73439起事故中，受害者有望得到治疗，可以完全恢复健康。

类似情况每年公布。而且不可否认的是，事故保险对阻止事故发生发挥了很大的作用。然而，这些数字并没有列出所有受害者的情况，例如，它们没有给出事故发生时进出工作场所的人中没有投保的工人的数字。

有一个保险分支，人们目前议论很多，因为奥地利、瑞典、法国、英国以及其他国家正在筹备建立这种保险组织，这就是残疾和老年保险。德国的经验在这里很有用，它可以向其他国家表明如何避免德国所犯的错误。

至于范围，这个保险涵盖大部分没有保险的人，包括：所有为了挣工资而工作的超过16岁的人，例如工人、帮工、侍伴、学徒或仆人，还包括薪水不超过2000马克的工头、技师、职员、教授和教师。而且，这个保险还扩大到内河航运和海军的水手。它还覆盖了烟草和纺织业的家庭工人。此外，收入不超过3000马克的人可以自愿参保。退出官方保险的人也可以为自己投保。基金由雇主的缴费（占一半）和工人与帝国的缴费（占一半）组成，帝国每年必须为每个工人的年金支付50马克补贴。缴费额按下面的工资等级逐渐增加；5个工资等级每周缴费情况如下：

等级	年工资	每周缴费
Ⅰ	350马克（含）	14芬尼
Ⅱ	350马克以上至550马克（含）	20芬尼
Ⅲ	550马克至850马克（含）	24芬尼
Ⅳ	850马克至1150马克（含）	30芬尼
Ⅴ	1150马克以上	36芬尼

这个表清楚地说明，缴费率与年薪不成比例。在第一类里，3个投保人的年收入不到1050马克，却要缴纳42芬尼，而一个每年挣1050马克的投保人只要缴30芬尼。挣的少缴费多，如果计算基础不是芬尼的话，这本身就是不公平的。对于第一类而言，基础是平均薪水250马克。假定每周缴纳14芬尼，对应年工资250马克，则每35马克73$\frac{3}{7}$芬尼的年工资对应的年金的缴费率是每周2芬尼，这样承保工资如下：第一类为250马克；第二类为357马克14$\frac{2}{7}$芬尼；第三类428马克57$\frac{1}{7}$芬尼；第四类为535马克71$\frac{3}{7}$芬尼；第五类为642马克85$\frac{5}{7}$芬尼。

残疾年金的构成如下：第一，帝国发放的50马克补助；第二，按照等级分为60、70、80、90和100马克的本金，还有分为3、6、8、10和12芬尼的递增部分，每个部分都要按等级每周缴费。本金的计算基础一直以每个投保人缴纳500周保险费为最高限。接下来的部分也加入每周缴费的本金：第一等12芬尼；第二等14芬尼；第三等16芬尼；第四等18芬尼；第五等20芬尼。如果投保人在加入残疾基金时没有缴纳500周保险费，就要以第一等为基础计算不足的周数，以便补足500

周。对于在缴纳350周保险后致残的人来说，其中按第Ⅰ类给50周，按第Ⅱ类给50周，按第Ⅲ类给50周，按第Ⅳ类和第Ⅴ类分别给100周。年金数额计算如下：

500以下的周数：
第一等150×12芬尼的本金 ………………………………… 18马克
第一等50×12芬尼的本金和50×3芬尼的递增部分 … 7马克50芬尼
第二等50×14芬尼的本金和50×5芬尼的递增部分 ……… 10马克
第三等50×16芬尼的本金和50×8芬尼的递增部分 ……… 12马克
第四等100×18芬尼的本金和100×10芬尼的递增部分 …… 28马克
第五等100×18芬尼的本金和100×12芬尼的递增部分 …… 32马克
帝国政府补助 ……………………………………………………… 50马克
总额： 150马克50芬尼

一个投保人在350周时间里支付了95马克，可以领取150马克50芬尼的年金，这一事实还是有某种诱惑力的。不过，年金仍然是中等水平的。可以想象的、而且几乎没有发放过的最高补助为450马克。一个投保人只有在一开始就进入第五等，并在2500周里每周缴纳36芬尼的情况下，才能领取这一数额。

从财政的角度看，这一保险是建立在牢固的基础之上的。它的基金已经积累到15亿马克，这笔丰裕的资金足以支付目前仍在发放的百万马克年金。为了达到令人满意的局面，缴费额和年金都应当提高到所有等级的第一等。每周缴费达到年薪的0.056%。这一比例在大多数情况下还不到52周年薪的3%。由于雇主缴纳其中一半，工人则每个马克缴纳1.5芬尼。因此，如果不算政府补贴，在支付200周缴费之后，可以发给固定薪水的26.4%；这个比例在支付了2500周缴费之后，可以提高到54.16%，这个数额还会因政府补贴而增加。现在是36芬尼的第五等的缴费将提高到76芬尼，但是按照所支付的缴费，现在从132马克增加到450马克的补助，将平均为406马克，最多为781马克。

现在出现了一个重要问题，那就是基本点是什么？是残疾保险还是养老保险？1889年制定法律的时候，几乎所有立法者都认为，养老保险是基本点，这似乎也是其他国家的普遍看法。

人们谈了很多养老金对工人的意义。在德国，一个人如果已经缴费至少200周，就可以把**患病周**视为**缴费周**，当他不再能通过与他的体力和能力相称的活动来养家糊口时，他就可以领取相当于同一国家身心健康、挣的和他一样多的工人通常所得工资的三分之一作为残疾年金。

那些病假超过26周、不能挣钱糊口的人，也可以领取残疾年金。残疾保险公司可以组织医疗，让病人住进医院和温泉浴场等机构，因为这些饱受结核病、风湿病等疾病折磨的人可能会残疾。1907年为治疗病人花掉了15186300马克。

养老年金数额分110、144、170、200和230马克五等，在年满70岁时发给那些在门上贴着必要数量标志的人。

如果投保的女性想退出保险公司结婚并要求退还已经支付的缴费，可以退还她的缴费。而且，一个男人如果在世期间还没有领取年金，他去世后，他的缴费可以退还给他的妻子和孩子。

如果在制定法律的时候，大多数人认为，基本点是养老金，那么，事实已经证明这个假设是错误的。

从1891年1月1日到1907年12月31日，总共向2053942人发放了年金。

这些人可分为以下几类：

516021人残疾年金；

78527人疾病年金；

459394人养老年金。

养老年金的数字比通常的数字还多，因为所有70岁以上的工人在该法实施的时候领取了养老金，而第一个疾病年金则是在该法颁布的第二年才发的。从目前正在支付的年金可以看到，养老金变化很大。1908年1月1日发了978960人，这些人可以分为以下几种：

841992人残疾年金；

20081人疾病年金；

116889人养老年金。

然而，最合理的基本思路是，工人应当在他不再能谋生的时候领取年金。长寿是一件好事，而残疾则是一种不幸。给残疾人发补助证明残疾，在一个人一生的任何时候都可能发生。1907年领取残疾年金的112184人可以按照年龄分为：

25岁以下	………3241人
25岁以上至30岁	………5068人
30岁至35岁	………5430人
35岁至40岁	………5289人
40岁至45岁	………6378人
45岁至50岁	………7784人
50岁至55岁	………10523人
55岁至60岁	………15531人
60岁至65岁	………21099人
65岁至70岁	………19980人
70岁以上	………11861人

此外，1907年，有11537人领取了疾病年金，有10769人领取了养老年金。

根据1895年的职业人口统计，德国有48.3‰工人的年龄在60岁以上。1907年的数字尚未公布，但差别不会大。

如果在制定法律的时候，按照经常表达的意见来办，给年满60岁的人发养老金，并取消残疾年金，那么我们在1907年应当给923800人发年金，而目前给978960人发了年金。

如果养老金必须承担主要责任的负担，它就会变成一种税，一种有利于农业工人，或更确切地说，有利于农业而影响产业工人的税。因为如果我们按照主要产业群组划分老年等级，我们可获得下表：

在100名工人中，60岁以上的工人：

（1）在农业中……………………73.3人
（2）在工业和公共工程中……29.6人
（3）在贸易和运输业中………27.8人

某些产业的工人年龄远没有达到平均岁数。例如，在每1000名工人中，烟草业工人60岁以上的工人占10.7人，磨工占5.8人。这些工人要终生支付缴费，而他们领取年金的希望只是罕见的例外。但是农业工人也所获不多，因为领取年金的老工人的薪水会减少。这在国家工场中已经做到了，在这些地方，从发给他的时间起，年金数额就从老工人的工资中扣除了。

从年金率来看，把保险划分为3个分支是非常落后的，而且年金等级绝对是太低了。不同保险分支的框架是不同的。有些工人加入了疾病保险，但没有加入事故保险和残疾保险；还有些工人加入了事故保险和残疾保险，但是没有加入疾病保险。但是事故保险在事故发生后的头13周不管受伤的人，疾病保险在生病的头26周不适用于病人。许多伤者和病人如果没有注意或在适当的时间提出申请，根本就不能得到保险的任何好处。

但是分成几类，却使得行政管理变得非常困难了。

1907年行政管理支出：

(1) 疾病保险 17732600 马克

(2) 事故保险 24159800 马克

(3) 残疾保险 17358700 马克

这里面有很多钱是可以省下来的。如果建立了其他分支，诸如帮助孤儿寡母的保险、失业保险、生育保险等，把几个分支联合起来是非常必要的。毫无疑问，可以用一种保险把其他分支都囊括进来，尽管现在的缴费看上去很高了。1907 年，3 个保险分支收到的缴费是：

(1) 雇主缴费 367145300 马克

(2) 工人缴费 314594700 马克

  合计 681740000 马克

雇主已经在对这个负担大放厥词了，但是实际上，如果按工作日来划分，这点税额算什么呢？

根据专业公司的报告，1907 年，有 900 万产业工人加入了事故保险，在 489600 个工作日缴纳了 2559000000 马克。若按每天缴 12 芬尼计算，我们得到的总数是 307038752 马克。如果我们计算的是 11819071 名农业工人加入保险，每个工人一年工作 200 天，每天缴纳 5 芬尼保险，我们得到的总数是 111890710 马克。再者，有的工人参加疾病和残疾保险而没有参加事故保险，因此不能考虑在内。如果雇主总共为此支付了 12000000 马克，那么，我们得到的总数是 430929462 马克或 63784162 马克，比雇主实际缴纳的要多。要得到这笔钱，产业工人每天要缴纳 12 芬尼，农业工人每天要缴纳 5 芬尼。

无论如何，必须找到一个办法扩大保险。如果以 1895 年的失业人数作为官方缴费的平均数，如果每个失业者每天发给 2 马克，失业保险要耗资 2.32 亿至 2.4 亿马克。如果我们现在把可以限制失业的因素考虑进来，例如帝国、国家和雇主等，帝国、国家可以通过实行正常工作日和严厉禁止周日工作来轻而易举地减少失业；雇主可以通过定期分工和周期性停工等做到这一点。这样一来，就可以轻而易举地向不可避免失业的受害者提供帮助。

帮助寡妇孤儿和育儿保险的花费可能比它目前的花费和失业保险的花费要多。目前每 1000 名居民中有 41.9 名寡妇。若每个寡妇有 1.3 个孤儿，那么，每 1000 名居民中就有 42 个寡妇和 55 个孩子要赡养；每 1000 名居民中，每年有 34 个人生孩子。由于每 1000 名居民中有 455 个人能自己挣钱谋生，这些人要承担赡养 42 个寡妇和 55 个孤儿的费用，还要承担帮助 34 个人生孩子的费用。

工人保险对于国际是非常重要的，因为在德国，外籍工人像德国工人一样受保险法管辖。然而，当一个人在事故中受伤后，如果他回国，就可能得到总数相当于年缴费额 3 倍的赔偿。如果事故受害者是外籍工人，而他的遗属在事故发生时不是生活在德国，那么，他们连一个子也得不到。外籍工人可以通过国家间条约享受和德国工人同样的待遇，而这些国家也要保证德籍工人享受同样的待遇。德国和荷兰就有这样的条约。以残疾保险法为基础将很容易地签订类似的合同。

在德国企业工作的外籍工人必须缴纳保险费，并因此而享受和德国工人一样的权利。唯一的例外是针对在公海上航行的德国船舶锅炉仓工作的有色人和夏季到德国工作的俄国农业劳动者而制定的。俄国政府已经宣布，他们不会给俄国劳动者发放到德国的夏季护照，如果他们必须缴纳残疾保险费的话。这些工人只是免缴他们要缴的部分，但是如果工人要交保险费，雇主也只是缴纳他们要缴的那部分。在其他情况下，连续几年到德国工作的工人，如果已经缴纳了 200 周保险费，他们有权领取年金。在发生残疾的情况下，如果他们在领取了赔偿后回国，则可以领取 3 倍的年金。

其他所有工人，在权利与责任方面，与德国人一样，唯一的限制是他们没有资格从事机要岗位的工作。

可以肯定，工人保险将随着普及而经常成为国际条约的对象。

正在制定新法律的国家最好在讲科学的工人刊物上公布这些提议，就像德国人在《新时代》杂志上和奥地利人在《战斗》上所做的那样。这些国家的共同经验有助于避免重蹈德国的覆辙。

国际局可以为交流对这个问题的看法作出贡献。

瓦扬：我们主张保险和社会团结制度，反对政府提出的个人主义的节俭互惠制度，前者会扩大劳动保护。我们认为，良好的劳动条件，到位的实施，由公共权力机构和雇主负担费用、以同样方式实施的保险，将会确保工人的生存。正如我们在我们的计划中所提出的那样，这种保险应覆盖工人阶级的所有风险和危险，所有由疾病、事故、失业、残疾或年老所造成的工作能力的丧失，必须被一个公共制度的补偿所覆盖。

我们要求这种保险应当以雇主和被保险工人的缴费为基础。而且，这种保险和保险机构必须由工人自己来管理。政府建议的体制，即个人主义的保险互惠制度——它已经被一个反保险计划所修改——只提供老年赡养，甚至提前时间，并规定了一个过渡期，在这个过渡期里，可以向已经交费30年的人发放一小笔保险金。

我们已经指出，由于莫尔肯布尔同志所说明的原因，像法国所提出的那样，以年龄界限为基础的养老金的实施，对无产阶级只会有害无益，因为在工业行业中，大多数工人是45—50岁的老人，而农业工人则年龄更大一些。

因此，养老金必须以失去工作能力为基础而不能以年龄界限为基础，因为限定领取养老金的年龄，意味着从需要养老金的人那里夺走它。在讨论后来被否决的反对建议的时候，因为这个建议要求所有领取养老金的人不能工作，我们利用讨论把保险观念灌输到法国居民和大多数政府官员心中，还把其中少许注入到法律之中。我们没有达到我们的目的，但是我们成功地将保险观念注入到法律之中，所以领取养老金的年龄被定为65岁而不是70岁，而且过渡期几乎减少到零。

参议院的个人主义氛围比下院更浓厚，这解释了我们的提议遭到反对和保险法在法国目前遭到破坏的原因。

年老只是失去能力的一个特殊原因，必须让同样的社会保障覆盖所有类别，涵盖导致工作能力丧失的所有风险、疾病、失业，等等。

我们还要研究在什么条件下可以提出询问，从德国的经验中受益，像莫尔肯布尔对我们解释的那样。我们还有很多事情要做。

阿德勒：在奥地利，现行的保险制度和莫尔肯布尔所说的一样。目前已经提出了一部保险法案，它不仅包括事故保险，也包括老年和残疾保险。残疾保险当然是最重要的，它不仅覆盖手艺人，也包括农民。这项法案有一个巨大的危险，就是当一个人想做的太多的时候，什么也不做了，或者做得太晚了。

我想补充一句，养老金的数额太少了。现在的制度完全是官僚主义的，没有把孤儿寡母保险包括进去。但是我们要努力让我们目前正在准备的修正案被接受，以便形成一个新的议案。谁对这个问题有兴趣，可以向我们这一派的党团书记索取关于这个问题的所有方案和信息。

安塞尔：一些年来，比利时政府向年龄至少65岁生活困难的男女工人每人每年发给65法郎补助。65岁年收入300法郎的工人和收入575法郎的老龄夫妇都被认为是生活困难的。但是这个做法的结果是，真正生活困难的老人拿不到养老金，而神职人员，有收房产收入的人，却大批大批地领取65法郎养老金。这种滥用现象已经多次被曝光，而且证据不可辩驳。自从1909年1月1日起，这种每年发给65法郎补助的做法将被取消。那些正在领取这种养老金的人将继续领取，直到去世。政府现在向所有每年缴费以便领取养老金的人发一笔津贴。

这一法律的成果是：

1. 取消国家发放但养老金领取者以前不缴费的一笔数额很小的养

老金；

2. 确定了一个原则，即养老金缴费不是强制的；

3. 不强迫雇主为工人养老金交一分钱；

4. 从低工资考虑，只设立一个数额很小的养老金，工人的缴费很少，政府提供补贴，与工人的缴费相比也非常低。

由此得出的结论是：工人养老金是绝对不够用的，为自己的养老金缴费的许多中等阶级得到了政府的补助，因为他们缴得比工人多，他们得到的补助也多。

在比利时，还没有残疾养老金。政府对疾病和失业什么也不做。

基尔·哈第：英国最近通过的养老金法为60万人提供了生计，政府每周给他们发5先令，而一个养老金领取者每周可以领取的总额达到13先令。

政府已取消了从私营保险公司领取养老金的人的资格，但是这种取消资格的做法很快将被废除。

1909年，国家补助为900万英镑，地方委员会行政管理当局的成员，当选委员占80%，指派委员占20%。明年我们将研究一部失业法案，而且我们已经就提出一个社会保险议案达成一致意见。

克努森：丹麦社会民主党已经建立了一个制度，它以工人不缴费为基础，已经向工人发放了总额为900万克朗的养老金。我们必须把我们的任务限制在防止养老金委员会搞破坏上；我们将努力把保险扩大到孤儿寡母，还要在公共权力机构和雇主负担费用的基础上扩大到失业方面。现在丹麦每个居民缴纳4克朗。

范科尔：在荷兰，我们对养老金和失能保险作了清晰的区分，前者是集体缴费。由于英国的例子，荷兰有一股强大的倾向，主张取消工人的养老金缴费。荷兰自由党人似乎支持这个运动，我们一定能成功地建立与德国制度不同的不用缴费的养老金制。

主席提醒说，各国支部务必起草一份全面的报告拿到哥本哈根去讨论。（通过）。

现在我们就剩下一件事了，这就是对下面三个决议案进行投票表决。

一、墨西哥形势

国际议会委员会对墨西哥对宣传现代思想的积极分子，主要是社会党人的迫害活动表示强烈的抗议，并提醒各国议会党团注意这个国家的形势，这个国家的独裁统治超过了欧洲其他任何国家。

（通过）

二、罗马尼亚形势

议会委员会请所有当选的社会党人在介绍外国事务预算时，像奥地利社会党人已经证明的那样，将罗马尼亚政府对他们的臣民尤其是（被剥夺公民权并被驱逐到其他国家的）犹太人的违反法律和公民权的违法行径告诉他们各自国家的议会。

（通过）

三、关于殖民地问题的提案

在哥本哈根代表大会召开之前，所有有殖民地的国家的党团应当向议会委员会提出一份关于他们在殖民政策上的议会行动的全面报告。

（范科尔签字的这一提案也被通过）

主席向代表们表示感谢并于1点宣布会议结束。

国际议会委员会

我们提请各成员党议会党团书记注意,他们必须向哥本哈根下次代表大会(8月29日—9月3日)提交两份关于下面两个问题的报告:

1. 关于贵党在殖民政策方面的行动的报告;
2. 关于贵国工人养老金的法律或议案的报告。

我们请你们在今年7月15日之前向国际书记处提交用三种语言写成的上述报告,这样,它们就能在适当的时间交流给其他国家的代表。

德意志帝国国会的组成

地方	议员总数	社会党议员
萨克森	91	25
巴伐利亚	133	21
汉堡	160	21
不来梅	150	16
符腾堡	92	15
巴登	73	20
哥达	—	8
吕贝克	120	12
迈宁根	24	9
普鲁士	443	7
施瓦茨堡—鲁道尔施塔特	—	7
黑森	—	5
奥尔登堡	—	4
魏玛	—	3

（续表）

地方	议员总数	社会党议员
阿尔滕堡	—	3
罗伊斯	—	3
利珀河	—	1
安哈尔特	—	1
绍姆堡-利珀	—	1
不伦瑞克	—	1

第二批可以成为外国社会主义报纸通讯员的社会党同志名单①

姓名、职业和地址	通讯员写作偏爱的问题	通讯员写作采用的语言和最终稿酬（按照行数或按字数）
比利时		
J. 哈瑙尔，布鲁塞尔。	戒酒运动；工人图书馆；工人问题；工艺学。	德语、世界语。稿酬议定。
洛特·波尔，布鲁塞尔。		德语。
美国		
约瑟夫·贝蒂利，记者、编辑，芝加哥。	与社会主义、政治和经济运动有关的任何问题。	意大利语。稿费议定。
C. 布里格斯，出版商，艾奥瓦（衣阿华）。	社会主义和工会事件。	英语、德语、世界语。按惯例付酬。
古铁雷斯·德·拉腊，作家，加利福尼亚州洛杉矶。	墨西哥的社会状况及其与该国条件的关系。——一般社会学。	英语、西班牙语。中等水平。

① 原文不是表格，表格是译者为了排版方便后加的。——译者注

（续表）

姓名、职业和地址	通讯员写作偏爱的问题	通讯员写作采用的语言和最终稿酬（按照行数或按字数）
美国		
阿道夫·德赖福斯，记者、编辑，芝加哥。	政治事件。	德语。每栏3美元。
A. H. 弗洛滕，社会主义鼓动家，科罗拉多州丹佛。	无偏好。	丹麦—挪威语。不定价格。
哈罗德·汉森，水管工，明尼苏达州明尼阿波利斯。	工人运动——统计与政治。	丹麦—挪威语。每行3美分。
伊曼纽尔·朱利叶斯，纽约。	报道工作。可派驻波士顿、纽约或费城工作。	英语。每百行一栏5美元。
欧仁·凯登，科罗拉多州科罗拉多大学。	经济学和社会学问题。	英语、俄语。稿费不定。
尼古拉斯·克莱因，律师，俄亥俄州辛辛那提。		匈牙利语。每栏3美元。
于贝尔·朗热罗克，土木工程师和农场主，俄勒冈州波特兰。	社会主义政党的一般政治组织及其发展。	英语、法语、德语、荷兰语、意大利语、西班牙语。无。
利奥·劳基，记者、编辑，马萨诸塞州菲奇堡。	美国芬兰人社会主义运动。文献。	德语、英语、芬兰语、瑞典语、俄语。每行1.5美分。

（续表）

姓名、职业和地址	通讯员写作偏爱的问题	通讯员写作采用的语言和最终稿酬（按照行数或按字数）
美国		
若斯·莫斯勒，作家和编辑，纽约。	政治、社会和经济运动。	德语。
詹姆斯·奥尼尔，演说家和作家，印第安纳州特雷霍特。	工人阶级斗争的当前情况，资本主义产业与政治变化，经济和社会问题最新著作。	英语。每月一封信，每封信1500字左右，5美元。
E.C. 胡本达，水泥整理工，犹他湖。	劳动条件。	英语。每行1美分。
亚历山大·施莱辛格，记者，纽约。	每日新闻，用电报和信件服务。	英语、德语、法语。不定稿费；望按一级付酬。
贝尔塔·威尔金斯·斯塔克韦瑟，印刷工，加利福尼亚圣玛丽亚。	农场劳动条件；有组织的慈善事业；工厂。	英语、德语。按照国际局制定标准付费或免费。
E.A. 托马斯，威斯康星州州务卿，威斯康星州密尔沃基。	美国社会主义运动一般情况，特别是密尔沃基社会主义运动的情况。	英语。无。
梅塔·L. 斯特恩（赫伯），《纽约人民报》记者、助理编辑，纽约。	美国公共生活的社会或政治事件，最好是妇女问题。	英语、德语。稿费依惯例。
埃内斯特·翁特曼，爱达荷州克利尔沃特。	社会主义哲学及其对美国历史和哲学的运用。	法语、德语、英语、西班牙语、意大利语。现行标准。

（续表）

姓名、职业和地址	通讯员写作偏爱的问题	通讯员写作采用的语言和最终稿酬（按照行数或按字数）
意大利		
厄登·波尔，记者，佛罗伦萨。		英语、德语、匈牙利语。常规标准；目前最少1个单词1美分。
波兰		
罗莎·卢森堡，弗里德瑙（柏林）。		
圣·奥萨兹，编辑，克拉科夫（奥地利）。		
尼古拉·斯兰基耶维茨，伦贝（奥地利）。		
瑞典		
布洛姆，哥德堡。	综合性问题与经济问题。	德语、瑞典语。
瑞士		
贝尔托尔德·胡德纳，机械制造商、助理记者；目前是社会民主协会书记，苏黎世。	老欧洲尤其是瑞士和奥地利工会运动。欧洲的完全戒酒运动。	德语。接受任何报酬。

俄国

下面是俄国社会民主党中央委员会在国外的地址：**巴黎 14 区奥尔良大街 110 号柯特利亚仁科先生转中央委员会办事处**。

这个地址仅供所有社会党和地方团体管理委员会在了解事关整个俄

国社会民主党的问题或特别重要的机密问题的时候使用，另外，我们请他们把为俄国运动或流亡人士和被囚禁社会民主党人所募集的所有资金汇到这个地址。我们还请他们把关于俄国社会民主党官方通信和信息，即中央委员会或党的中央机关报编辑检查过的信息寄给这个地址。

巴黎办事处已经将生活在巴黎的社会民主党人组织成一个小组，它可以定期提供关于俄国生活和社会民主党运动的消息。这些报告可以用法语或者德语发表，必要时，也可用英文发表。

第二份社会主义报纸名录

注意：…………线末端的黑体数字说明该报每周发行量。

英国

《社会主义评论》，月刊，伦敦。

波希米亚

《人民权利报》，波西米亚布拉格…………**7**
《工人报》，维也纳…………**7**
《平等报》，摩拉维亚布吕恩…………**7**
《时间的精神报》，摩拉维亚奥斯特劳…………**2**
《人民之声报》，摩拉维亚普罗斯尼茨…………**2**
《西里西亚人民之声》，摩拉维亚波兰奥斯塔瓦…………**1**
《耶斯特德地平线报》，波西米亚赖兴贝格…………**1**
《卫报》，波西米亚普日布拉姆…………**1**
《新时代》，波西米亚比尔森…………**3**

《新捷克南部工人报》，波西米亚布德韦斯…………1

《克尔科诺谢山下展望报》，波西米亚纳霍德…………1

《火炬报》，波西米亚霍日采…………1

《布拉迪地地平线报》，波西米亚宁布尔克…………1

《直法报》，波西米亚布拉格…………1

《红流报》，波西米亚罗乌德尼采…………1

《北捷克州报》，波西米亚特普利采…………1

《斯洛伐克报》，摩拉维亚戈丁霍多宁…………1

《斯米克夫地平线报》，波西米亚斯米克夫…………1

《保障卫士报》，波西米亚永本茨劳…………1

《自由》，波西米亚克拉德诺…………1

《捷克东部地平线报》，波西米亚帕尔杜比采…………1

《辉煌报》，波西米亚布拉格…………1

《启蒙者》，摩拉维亚布吕恩…………1

《青年汇编》，波西米亚布拉格…………1

《妇女报》，波西米亚布拉格…………1

《学院》，社会主义评论，月刊，波西米亚布拉格

《黎明报》，反宗教刊物，摩拉维亚布吕恩…………1

《工人教育》，教育刊物，波西米亚布拉格…………1

《春天》，儿童杂志，双月刊，波西米亚布拉格

《荨麻报》，讽刺刊物，双月刊，波西米亚布拉格

《火焰》，反宗教刊物，双月刊，波西米亚布拉格

《皮疹报》，讽刺刊物，摩拉维亚布吕恩…………1

《红花》，小说，月刊，波西米亚布拉格

《体育活动报》，双月刊，波西米亚布拉格

《捷克移民报》，月刊（为移民创办的），波西米亚布拉格

美国出版的捷克语报纸

《工人报》,纽约…………**1**
《人民报》,芝加哥…………**7**
《正义报》,芝加哥…………**7**

丹麦

有一个编辑工作人员和一个专门印刷所的报纸:
《社会民主党人》,哥本哈根
《北日德兰社会民主党人》,奥尔堡
《兰讷斯和四邻社会民主党人》,兰讷斯
《民主党人》,奥胡斯
《锡尔克堡社会民主党人》,锡尔克堡
《霍森斯社会民主党人》,霍森斯
《科灵社会民主党人》,科灵
《西日德兰社会民主党人》,埃斯比约
《菲英岛社会民主党人》,欧登塞
《维斯特斯乔兰德社会民主党人》,斯劳厄尔瑟
《南日德兰社会民主党人》,奈斯特韦兹
《伯恩霍尔姆社会民主党人》,奈斯特韦兹
《乌鸦》("讽刺性报纸")

有专门名称但没有专门编辑人员的报纸:
《布伦讷斯莱乌社会民主党人》
《约灵社会民主党人》

《腓特烈港社会民主党人》

《维堡郡社会民主党人》

《斯基沃社会民主党人》

《摩尔索（尼克平）社会民主党人》

《齐斯泰兹社会民主党人》

《斯坎讷堡社会民主党人》

《海宁社会民主党人》

《瓦埃勒社会民主党人》

《腓特烈西亚社会民主党人》

《灵克平社会民主党人》

《阿森斯社会民主党人》

《福堡社会民主党人》

《米泽尔法特社会民主党人》

《尼堡社会民主党人》

《南菲英岛社会民主党人》，斯文堡

《朗厄兰社会民主党人》，鲁兹克宾

《中日德兰社会民主党人》，灵斯泰兹

《西北日德兰》，卡伦堡

《东日德兰社会民主党人》，科厄

《默恩岛社会民主党人》，斯泰厄

《洛兰-弗尔斯特斯社会民主党人》，纳克斯考

《尼克平社会民主党人》，尼克平

匈牙利

《工人周报》，斯洛伐克，波若尼-普雷斯堡

波兰

《格罗斯》，奥地利伦贝格…………7
《工人报》，德国卡托维兹…………3
《黎明》，克拉科夫　　　月刊

瑞典

《社会民主党》，斯德哥尔摩
《劳动》，马尔默
《新时代》，哥德堡

关于阿根廷事件的通告

国际局

1910年1月15日于布鲁塞尔人民之家

2份附件

机密

致社会党国际各成员党书记处和代表，
致驻柏林的工会国际办公室，

亲爱的同志们：

我们收到阿根廷社会党执行委员会的一封信，随函附上复件。这封信引起了所有加入社会党国际局或加入国际工会办公室的政党和工会对我们南美同志状况的注意，他们的政治和工会组织实际上受到阿根廷共和国政府的镇压。这个政府追捕并监禁富有战斗精神的人，而不让无产阶级享有文明社会的基本权利。

阿根廷共和国社会党和工会准备诉诸"总罢工"，以便保护他们自己，但是他们问我们，我们的组织是否准备在金钱上帮助他们。对于这个明确的要求，我们给予了明确的答复，并且我们不仅致函加入社会党国际局的团体，而且还通过工会国际办公室致函各国工会中心。

由于答复不容拖延，如若可能，我们请你们用电报告知我们。

最后，我们请你们把阿根廷来信中的所有信息传递给你们的报纸。

你们的兄弟般的

书记　卡·胡斯曼

附件一

社会党总书记
非机密

1909年11月19日于布宜诺斯艾利斯后卫街888号

致各国社会党执行委员会，

亲爱的同志们：

阿根廷共和国政府正在以警察局长罗蒙·法尔科先生在上周日被一枚炸弹炸死为由，宣布在全国实行军事管制。

警察局长法尔科是今年5月1日造成工人被屠杀，从而激起了一场规模巨大的总罢工的官员，在这场罢工中，社会党发挥了非常重要的作用。

军事管制对社会党和工人组织造成了严重伤害，社会党刊物被禁止出版。我们的日报《先锋报》刚刚被查封了。自由主义报纸《抗议报》遭到袭击，印刷机被砸毁了。社会党的活动场所被关闭并且处于警察的监控之下。我们的许多积极分子被监禁，我们报纸的编辑昨天才从狱中被放出来。

上述消息足以说明这个国家的政治状况。没有宪法保障，我们的自由和我们的权利任凭政府和秘密警察摆布。

我们通过我们的报纸，请求你们对阿根廷这些沙俄式的野蛮行径表示抗议，后者表现为毫无理由的逮捕和流放。

我们要团结起来采取行动，但是我们只能在军事管制实施60天后才能报仇雪恨。

我们请求你们向我们的被囚禁人员——近600名工人——及其家属，对我们的报纸《先锋报》提供道义上和物质上的帮助；政府在惩罚"恐怖主义"的幌子下对社会党和工人组织的这次打击使我们的报纸受到致命的重创。

我们期待着你们的帮助和你们的团结表示。

你们的兄弟般的

社会党书记

马里奥·布拉沃

附件二

社会党总书记

1909年12月11日于布宜诺斯艾利斯

一、（非机密）。**关于阿根廷政治形势的报告**。11月，我们给你们发去一封通告信，告诉你们阿根廷政府因为警察局长的死亡而宣布在全国实施军事管制60天。

采取这一野蛮措施完全是出于政治原因。事实上，议会要到明年3月才能再次开会，而且人民要重选共和国总统和副总统。社会党孤军奋战反对这一措施。因此，军事管制完全是针对我们党及其积极分子的，它使正常的宣传活动不能展开，而且已经开始的竞选鼓动活动也被中止。

政府命令警察关闭了我们的日报《先锋报》，还关闭了我们在联邦首都及各省的支部活动场所。因此，对于工人阶级特别是社会党组织和工会组织来说，目前形势极为艰难。

资产阶级政党尽管反对政府，但却没有受到打扰，他们的竞选宣传没有受到阻挠。一旦内务部长宣布军事管制状态不是一种政治措施，并允许政党开展竞选宣传，我们就要求继续开展我们的政治运动的权利。我们要求集会权，但是政府已经拒绝了我们的要求，因为"他们要检查11月10日到12月4日即警察局长死亡之日出版的《先锋报》"。

因此，我们不能发表任何政治性宣言，由于禁止我们使用邮政和电报，我们不得不用秘密通信的方式把我们的时间用在维持我们的组织方面。

政府所采取的措施已经收到成效。官方的党已经宣布了总统和副总统候选人，前者是罗克·萨恩斯·佩尼亚博士，是一个极端反动的家伙；后者是维多利奥·德拉·普拉塔，是外交部长。

总统候选人萨恩斯·佩尼亚几周前宣布，无产阶级的状况令人满意，社会党人没有存在的理由（恩里科·费里不是说过这话吗？），土地劳动者即农民很平静，他将组成一个政府，其目标是增加军队，解决与社会党纲领所指出的问题不同的其他问题。

我们党组织了一场反对政府政策的国际宣传活动，而且我们的运动得到了众所周知的结果："迫害"。

我们不能详细地讲述警察的行径。有几个位于大街上的工人图书馆被焚毁；几个工会的办公室遭到特务蓄意破坏；图书、报纸、表格、座椅、门，所有一切都被这些野蛮的家伙洗劫一空。

无政府主义报纸《抗议报》已被查封，印刷机被捣毁。我们的报纸两次受到袭击威胁。

这些行为在国外很难得到证实。

被监禁的人成倍增加。我们的编辑，我们的行政管理雇员，署名人以及各省的许多积极分子，已被监禁多日。

无数的人因居留法的实施而流亡。

政府可以用这些办法保证选举和平进行，而且随心所欲。反对党刚刚宣布他们要举行起义。这是非常可能的，但是我们可以向你们保证，社会党不会参加不满的资产阶级的这一运动。

我们从某些信息获知军事管制状态将延长 30 天。

我们无法获得被监禁者和流亡者消息，但是我们在蒙特维的亚的通讯员刚刚给我们送来了一些同志的名字。

二、（非机密）。**流亡的同志**。下面是一些流亡同志的名字：

马采维奇，俄国人；祖布林斯基，俄国人；豪尔赫·圣克莱门特，西班牙人，巴塞罗那；曼努埃尔·P. 蒙塞拉特，乌拉圭；佩德罗·费南德斯，西班牙人，巴塞罗那；萨尔瓦托·拉托雷，西班牙人，巴塞罗那；萨卢斯蒂亚诺斯·谢拉，西班牙人，马德里；塞费里诺·焦尔焦蒂，意大利人，瑞士，斯塔巴克；马丁·马里尼，意大利人，特伦托；费南多·辛迪科，法国人，穆兰；曼努埃尔·冈萨雷斯，西班牙人，科鲁尼亚；李嘉图·埃斯特韦，西班牙人，奥伦塞；圣地亚哥·贝尔纳斯科尼，乌拉圭；何塞·阿沃斯，西班牙人，巴塞罗那；何塞·吉罗，西班牙人，巴塞罗那；何塞·M. 穆尼斯，西班牙人，巴塞罗那；曼努埃尔·波雷亚，西班牙人，巴塞罗那；安东尼奥·瓜兰德里，意大利人，热那亚；拉斐尔·R. 阿卡依，西班牙人，巴塞罗那；多明戈·阿略科，意大利人，都灵；菲力浦·安特洛，西班牙人，科鲁尼亚；何塞·巴洛利奥，意大利人，都灵；何塞·加尔韦斯，西班牙人，马拉加；胡安·福尔蒂斯，意大利人，日内瓦；安东尼奥·多尔米多，西班牙人，巴塞罗那；马克西米利亚诺·米凯利，意大利人，热那亚；路易斯·博诺，意大利人，热那亚；弗朗西斯科·德尔里奥，西班牙人，巴塞罗那；罗梅罗·塞雷西内，意大利人，热那亚；何塞·马蒂奥斯，西班牙人，巴塞罗那；卡西米罗·苏亚雷斯，西班牙人，巴塞罗那；安东尼奥·迪杰诺瓦，意大利人，热那亚；阿尔贝托·莱布雷罗，意大利人，热那亚；弗朗西斯科·普雷索特，意大利人，热亚那；弗洛伦蒂尼·金特罗，西班牙人，巴塞罗那。

我们请你们在欧洲和全世界的社会党报纸上公布这些同志的名字，他们几乎全都加入了我们党。

下周，我们将努力把帮助这些一贫如洗的同志、弥补其支出所需要的钱送给你们。由于对他们的家庭情况完全一无所知，因此，我们请求你们特别在意大利和西班牙报纸上公布他们的名字。

如果我们给你们送钱，最好也能公布是送给社会党国际局，这样有关人士可以通过他们的组织介绍要求也这样做。

你们的兄弟般的

社会党总书记　　**马里奥·布拉沃**
于布宜诺斯艾利斯梅奥大街 676 号

关于西班牙事件的通告

社会党国际局

致各成员党中央委员会,

在前几封信中，我们请你们向毛拉先生镇压行动的受害者提供金钱方面的帮助，并在马德里合作创办一份社会主义日报。不过，在上次会议上，社会党国际局决定也支持我们的渴望恢复其在巴塞罗那的报纸的卡泰罗尼亚同志。有许多理由支持这个决定。

自国际在西班牙建立以来，卡泰罗尼亚还没有真正的社会主义运动，尤其是巴塞罗那。巴枯宁主义者从一开始就在工人运动中处于领导地位，而且参与了对社会党人的暴力袭击。起初，他们在巴塞罗那出版了一份日报《生产者》和科学杂志《二分音符》。后来，他们几乎没有中断地在巴塞罗那出版一份大型周刊，在卡泰罗尼亚其他城镇出版几家报纸。这种活动严重阻碍了社会党人的工作，后者满足于不定期地出版一些周刊，召开群众集会，而无政府主义者系统地干扰这些集会，有时甚至举起左轮枪放上几枪，破坏集会。

工人阶级在这种不正常的形势下受到严重的挫折，但是由于无政府主义者遭到各种挫折，尤其是在1902年大罢工之后，这种形势发生了明显的变化。

无政府主义者在这些罢工期间的态度实际上导致了卡泰罗尼亚工会的消失，使社会党人有可能在更加稳定、更加强大的基础上重建这些组织的斗争中东山再起。

在这些方面所采取的第一个努力是，1904年建立名为"工人团结"的地方工会联合会。这一尝试非常成功，1907年这些地方工会联合会已成为地区性组织。

第二个更大的尝试是，社会主义者第一次建立了卡泰罗尼亚社会主义联合会，并创办了一家名字叫《国际》的重要的机关刊物。

正是这个联合会和这家报纸，最近首先在卡泰罗尼亚发出了反对战争的呼声。也正是他们面对毛拉部长所造成的不可容忍的局面，提出举行一次大罢工，这次罢工在巴塞罗那的悲惨之周达到高潮。

卡泰罗尼亚社会党人的这种态度，一方面产生了使我们党的理论在卡泰罗尼亚工人中受到广泛欢迎和同情的影响，但是，另一方面，它也阻碍了我们的朋友所开启的把工会同党联合起来的美好而艰苦的组织与理解的尝试。它已经使这一尝试陷于瘫痪，不是因为社会主义正在波动不定，而是因为我们的同志没有了坚持斗争的工具，尤其是因为他们失去了他们的报纸《国际》，这是我们党的成员迄今在西班牙所出版的最大的周刊形式的机关报。

因此，如果要实现所有已经达到的成果，绝对需要恢复这份报纸。更加需要的是，让我们的卡泰罗尼亚朋友去完成他们的工作，也就是说，为了建立一个伟大的、强大的、社会主义的政党——因为这是西班牙最重要的东西，为了在合理的基础上组织工会，从而促进西班牙工党拥有对付这个国家的资产阶级大党所需要的发展和力量。

但是，我们最忠诚的同志们要么身陷囹圄，要么刚刚获释。他们不可能提供出版《国际》所需要的资金。他们本该自力更生。而且，那里被称作激进分子（在这种情况下是真正的煽动者）的老巴枯宁主义者、共和党人，已经准备好重新开战，再次掌握现在非常不稳定的工人运动和工会。

鉴于这一特殊形势，我们的同志致函社会党国际局请求援助。为了成功地恢复他们的报纸，他们要求获得 8000 到 9000 法郎资助。他们不能为此请求西班牙党全国委员会多给他们一点钱，因为后者马上就要在马德里出版一份日报。对于卡泰罗尼亚社会主义者来说，在马德里拥有一份日报具有至关重要的意义，而且除了希望为这份报纸争取到资金，他们想努力为它争取更多的东西。

正如你们所看到的，我们的西班牙同志正处在他们的西班牙社会党生命的转折时刻。为了支持卡泰罗尼亚社会党人，你们要为扑灭欧洲最古老的无政府主义火焰而奋斗。你们要用整个西班牙工人阶级目前所能作的艰难而勇敢的努力，有效地帮助巩固和增强力量。

社会党国际局执委会
埃米尔·王德威尔得
爱德华·安塞尔
莱·弗尔内蒙
书记　卡米耶·胡斯曼
1910 年 1 月于布鲁塞尔

巴尔干社会民主党第一次代表大会

巴尔干各国社会民主党代表大会于 1 月 7、8、9 日在贝尔格莱德召开。塞尔维亚、保加利亚和罗马尼亚的社会民主党，马其顿和土耳其的社会民主团体，以及奥匈帝国南部斯拉夫①的社会民主党：乌克兰、克罗地亚、斯洛文尼、波斯尼亚和黑塞哥维那、蒙特内格罗的社会民主党人的代表出席会议。希腊社会民主党人发来电报表示祝贺。

经过三天辩论，一致通过如下决议：

I

在外部强加的保护制度下，在外交这个欧洲资本主义政治扩张工具的强大影响下，东南欧尤其是巴尔干半岛在过去历史中所形成的领土和民族局面，阻碍现代经济和民族文化发展，并且与各民族利益和各民族需要严重对立。所有的危机、混乱和事件，都是从这些矛盾中产生的，而它们则为欧洲外交及其反动君主代理人坚持其干涉政策、保护制度、征服与反动提供借口。

第一次巴尔干各国社会民主党会议坚决反对这种政策，它宣布东南欧和巴尔干各国的民族拥有自主发展的所有文化条件，他们的运动和斗争是追求经济和政治解放的必然表现。

国家受外国统治越少，资本主义就越能毫无顾忌地在工业欠发达国家全力以赴地发展，而且没有政治抵抗地把剥削本国工人所获得的剩余投放到本国。欧洲资本主义已经用为国家贷款支付的利息，用对不受限制的特许事业所获得的超额利润，以及最后用商务条约和出口税收，把

---

① 斯拉夫人分为三大支系。"东部斯拉夫人"主要是俄罗斯人、乌克兰人、白俄罗斯人。"西部斯拉夫人"主要是波兰人、捷克人、斯洛伐克人、索布人。"南部斯拉夫人"主要是塞尔维亚人、克罗地亚人、斯洛文尼亚人、马其顿人、保加利亚人。——译者注

巴尔干各国和东南欧各国拖入它无情剥削的领域。通过这些活动,巴尔干各国的经济力量已经被耗尽,它们的发展和进步受到抑制,它们的生存受到威胁。

领土和国家的细分与资本主义胜利进军在经济生活中带来的变革并不一致。人民的所有进步力量必须努力把自己从特殊主义和孤立状态中、从只对家长制生活、宗族和村庄限制感到满意的状态中解放出来;而且他们必须要求废除许多边界,后者一方面把拥有同样语言、族籍和文化的人民分开,另一方面把经济和政治命运连为一体的国家分开;最后,他们必须摆脱剥夺人民支配自己命运权利的直接或间接外国统治枷锁。

然而,在工人阶级通过阶级斗争争取实现这一抱负的时候,资本家在君主制的支持下,利用东南欧存在的经济、政治和民族条件,制造了新的民族对立,这种对立阻碍了通过民族融合来解决巴尔干问题。

II

巴尔干代表大会虽然承认东南欧人民追求的必然性和正当性,但它认为,除非实现经济的联合,取消人为设立的边界,实现完全对等互惠,建立不受共同体危险侵害的生存共同体,否则,这种追求是不可能实现的。由于这个理由,社会民主党代表大会认为,可取的办法是,反对东南欧人民之间所存在的一切对立,实现他们之间的理解,全力支持实现人民完全民主自主和民族独立的一切追求,这些是使这些人民生活摆脱反动的外国和本国统治者,从而开辟现代经济和政治自主所要求的统一之路的首要条件。社会民主党绝不能首先表达这些愿望,因为这种解决问题的办法最符合社会统一发展的利益,还因为社会民主党的活动永远是由它所影响的人民的发展决定的,而且因为阶级斗争的力量在独立国家中发展得最完全。

III

巴尔干国家社会民主党第一次代表大会特别指出,这种不可避免的转变,从人民利益的意义上讲,是不可能通过巴尔干各国君主的军国主义政策和反动的资产阶级统治来实现的,因为他们挑起民族对立,煽动仇恨与不信任,破坏人民的经济和政治力量。求助于欧洲资本主义国家的政策对人民也没有意义;统治阶级,无论他们是主张君主制的还是共和制的,无论他们是通过国家还是通过民族联合在一起的,他们都不能、也不会放弃他们的特权地位。但是能让统治阶级分裂的对立并不能让社会民主党人分裂,社会民主党人作为工人阶级的代表,已经承担起一个重要的使命,这就是通过无产阶级斗争,通过加强人民反对欧洲资本主义征服政策的力量,最自觉地、最坚决地、最持久地支持东南欧各民族团结起来的主张。它尤其要反对奥匈的帝国主义倾向,反对沙俄的影响,后者热衷于在巴尔干各国推行其牟取暴利的血腥政策,它在远东地区遭到拒绝,在本国遭到人民的唾弃。

IV

巴尔干和东南欧各国社会民主党书记的职责是,通过贝尔格莱德社会民主党书记的中介,保持彼此之间的密切联系,从而使同时进行的、一致贯彻本决议的统一行动成为可能。下次大会将于1911年在索非亚召开,为此,必须起草一个关于我们的政治和民族要求的详细纲领和一个关于巴尔干各国和东南欧社会民主党关系的组织规则。

通信

2月,社会党国际局收到保加利亚社会民主工党(宽广派)的来信如下:

"致社会党国际局,

巴尔干社会党代表大会于1909年12月25、26、和27日在贝尔格莱德召开,这一倡议是塞尔维亚社会民主党和保加利亚社会党保守派(紧密派社会党人)提出来的,后者已经向塞尔维亚党宣布,如果邀请我们党出席这次大会,社会党保守派将不参加大会。

我们对召开这次大会的非常偏袒的方式表示抗议,并指出这种做法不是把巴尔干各国无产阶级团结起来的做法;相反,它造成了冲突与不和。我们也对你们,同志们,对大会组织者的做法表示抗议,它与构成国际基础的兄弟般的社会主义关系是不一致的。

我们的党加入了国际,我们的工会是国际工会组织的一部分,这是我们认为不邀请我们的党和我们的工会(自由工会)参加大会,就不能召开巴尔干社会主义大会的原因。因此,考虑中的大会不可能是一次"巴尔干全体大会",而只是一个个人倡议并召开的、只有部分人参加的大会。

我们请求你们,亲爱的同志们,在你们的下一期公报上刊登我们的抗议信,这样,它就能被国际各成员党所知晓。"

* * *

在发表这封信之际,我们收到关于这个问题的第二个决议的一封来信,我们将在我们的第三期公报上刊载这封信。

罗马尼亚

1910 年 2 月 13、14 和 15 日在布加勒斯特召开的一次大会决定,将罗马尼亚社会主义联盟改变成一个政党,并命名为"罗马尼亚社会民主党"。

芬兰形势

我们收到我们的芬兰同志去年 11 月关于选举前形势的报告,这份文件非常清楚地提出了斗争状况,我们从中摘引了下面几段(其他事件,见芬兰事件的宣言):

芬兰社会民主党的报告
1909 年 11 月

我们党 1908 年的统计数字显示,与 1906 年和 1907 年相比,我们党的党员人数从 1907 年的 82328 减少到 1908 年的 71266,但是这并不证明我们的党退步了。首先,人们要考虑的是,有 274 个社会民主联盟没有提供他们 1908 年的党员人数。1905 年革命事件使各种非无产阶级分子进入我们的队伍,他们后来在无产阶级阶级斗争爆发和阶级大分化发生的时候加入了小资产阶级政党。再者,我们的这些联盟也在他们的 1906 年和 1907 年报告中提到承认自己是党员、但没有定期交纳党费的人。不过,现在只有坚持定期交纳党费的人才被允许列入党员名单,计入党员人数。

芬兰社会民主党正确地指出,社会主义已经在芬兰工人群众中扎根，社会民主党组织的力量和影响在持续增长。地方社会民主联盟的网络遍布芬兰全国各地。无论城镇还是乡村，各地都有社会民主党的图书馆和阅览室。新建联盟活动场所的数字每年都在增长；组织的年收入在持续增加。我们的报纸在 1906 年已经增加到 12 家，拥有了一个庞大的读者群，而它们的物质状况使它们可以拥有自己的印刷机。芬兰的社会民主党文献在这个过程中不断增加。根据我们的建议，马克思《资本论》的翻译已经获得芬兰国家基金资助，并由议会授权一个文学社来承担。

我们的人民代表机构芬兰国会于 1908 年和 1909 年两次被俄国官僚专制政府解散。俄国政府企图用这些粗暴并且绝对没有道理的手段来贬低芬兰人民代表机构的声誉和尊严。然而，所发生的情况恰恰相反；无产阶级群众在革命的社会民主党旗帜下团结起来，并委托他们管理经济和社会斗争。在 1909 年 5 月的选举中，全国各地有 337630 名选民（占整个选民的 40%）投票支持社会民主党候选人，我们党获得了国会 200 个议席中的 84 个议席。

议会斗争也取得了重大成果。这不仅是因为我们坚定地反对俄国政府的要求，揭露了资产阶级政党模棱两可的骗人把戏以及反动利益政策，坚持不懈地为扩大我们的议会权利而斗争，还因为我们这一派已经证明了它的斗争性和首创性，以及已经实现了的广泛的社会和政治改革。以《租赁法》为例，该法保护了农业工人和小农场主的利益，使我们"取消了强迫劳动地租"。这一法令于 1909 年 3 月 12 日被沙皇批准。此外，"城市选举普选权"虽然还有一些限制，但已经实现了不分性别的普遍、平等、直接和秘密投票原则。不幸的是，城市选举法的最终批准还掌握在沙皇政府手里。

在本届议会，我们正在争取建立"劳动保护法"，它的出台遭到我国资产阶级的顽固抵抗。上届议会所通过的"面包店法"于 1909 年 7 月 1 日实施：它完全禁止夜班，并将一周工作时间限制在 48 个小时。

还有许多有利于提高无产阶级群众民主、经济、政治和思想水平的改革有待芬兰社会民主党去实现；但是目前我们国家正在进入一个更加严峻的斗争时期，这场斗争不仅会阻碍广泛的发展，而且会破坏业已取得的成果。沙皇政府暂时用最残酷的报复行为阻止了俄国普选运动的发展，现在，正在采取措施摧毁芬兰的立法自主权、宪法和所取得的公民自由权。通过把俄国海军上将安插在芬兰参议会（他在芬兰掌握了军队权力），以及颁布沙皇关于军事税的宣言，芬兰基本法受到了侵犯，而且我们可能还要遭受更多的暴力行为。很有可能出现国会被解散，通过一纸国家政策实行军事独裁，事实上，有几个哥萨克团最近已经被派到芬兰，这是一个危险的征兆。

具有阶级觉悟的芬兰无产阶级可能正在进入黑暗时期，但是芬兰社会民主党已经决定决不退缩让步，而要坚决地为它的正当权利、为它的现在和未来而斗争。我们首先要依靠自己的力量，依靠芬兰工人阶级的勇气和能量；我们还要在反对共同敌人的斗争中依靠俄国社会民主党的团结；我们看一看未来俄国民主①的历史进程，因此，对未来斗争的结果毫不怀疑。但是，我们认为，社会主义的国际无产阶级必须了解芬兰的情况，社会党国际局应当相应地施加道义和政治影响，"支持"芬兰无产阶级所捍卫的民主自由宪法，"反对"俄国政府，反对沙皇专制制度，反对丑恶的暴力政策！

国际局毫无疑问了解这些事实，而我们只是简要地介绍其中最重要的情况。军事税为俄国攻击提供了最冠冕堂皇的借口，而这一攻击被芬兰民众代表机构击退了。

这个问题的来龙去脉是这样的：1878年芬兰建立了普遍兵役制；这个军事法经过国会辩论并获得通过。该法最重要的规定是：芬兰人只

---

① 德文和法文里都有"俄国民主"，英文只有"民主"。——译者注

在本国国内服兵役。1901年，在博勃里科夫独裁统治下，沙皇尼古拉用一纸国家政策，擅自做主取消了这个军事法，并想用一个新的军事制度取而代之。这一侵犯芬兰立法自主权的可耻行为以可悲的失败而告终，因为俄国的军事统治被应征士兵的一场大罢工化为乌有。在独裁统治期间，俄国政府在1902年至1904年从芬兰国库掠走了1400万马克，并且向1904—1905年国会提议，如果他们每年向俄国缴纳1000万马克的税，就不实施不合法的军事法。这笔赔偿被资产阶级政党接受了，并在1905年、1906年和1907年做到了（我们反对俄国的这一要求，但是我们在1907年国会中是少数派）。然而，资产阶级政党宣布，这只是一个临时性交易，芬兰的军事问题"要用法律的形式明确地解决"，也就是说，必须首先由芬兰国会通过一个新的军事法，而且只有通过芬兰代表机构的直接同意，它才能成为法律。

然而，沙皇政府现在正在侵犯芬兰国家体制的基本法，正在企图通过运用俄国帝国最高统治权原则来证明这一粗暴的暴力政策的合理性。因此，最终尼古拉沙皇于10月7日签署了一份宣言，特别建议解决军事问题，并下令立即支付1908年和1909年的2000万马克，——不必经过芬兰国会同意！宣言还透露了为了满足俄国陆海军需要而征收其他税的可能性。由于连一向卑躬屈膝、妥协退让的资产阶级参议院对芬兰基本权力的这种践踏也不能容忍了，于是，沙皇政府派俄国军人到芬兰参议院宣布，他们准备颁布沙皇反对宪法的宣言。

军事议案现在已经提交国会。俄国政府对芬兰人民代表机构的所有抗议非常藐视；他们置所有法律形式于不顾，宣布在军事法的问题上，谈论与控制权掌握在沙皇而不是芬兰国会手里。芬兰国会只能满足圣彼得堡提出的所有财政要求，这个要求相当于次年缴纳1100万马克（这个数额以后每年增加100万马克，直至达到2000万马克）。

芬兰社会民主党对这个问题的态度从一开始就表达得非常清楚。但是资产阶级政党（除了老芬兰党人和几个"宪政主义者"）也被迫拒绝缴纳所要求的这些军事税。践踏宪法的暴行太赤裸裸了，俄国政府的暴行威胁到这个国家的根本利益，以至于他们虽然屈膝顺从，但也不能接受用这种方式提出的军事税。

俄国政府知道，芬兰国会会拒绝接受这个反宪法要求，所以现在他们希望利用这个借口，"以便彻底摧毁芬兰的自主政府"。出于形式的原因，他们希望激起一场冲突，以便能在芬兰宣布军事法，从而在欧洲的眼里证明他们的哥萨克政策是合理的。芬兰现在到处都是俄国士兵，他们正威胁要兼并维堡省（见"芬兰宣言"），或者说，至少他们希望把芬兰置于俄国行政警察的控制之下。为激起人民的公开起义，芬兰的权利受到各种各样的行政命令的侵犯。

国会还没有在军事问题上作出决定。当然，我们还不知道斯托雷平的暴力政策会诉诸什么手段：是用一纸国家政策取消芬兰自主权及其各种宪法保证，还是出于形式的原因，保留宪法，解散国会，然后让俄国上将组成的上院通过"行政命令！"来统治这个国家。今后几天这件事就会见分晓。但是无论侵犯宪法的行为是公开进行的，还是偷偷摸摸干的，总是可以清楚地得出这样的结论，即俄国政府希望压制芬兰的行政自主权，践踏它的公民自由权，扼杀芬兰的社会民主运动。

现在，每天在对芬兰发出挑衅的俄国反动报刊将对俄国政府的这一做法表示喝彩：第三届杜马的大多数人会站在政府一边，他们也会努力通过小资产阶级报刊影响欧洲舆论。更有必要的是，国际局会揭露事情的真相，并要求社会主义无产阶级以及欧洲自由民主分子对沙皇专制制度及其在芬兰的暴行表示抗议。

首先，在这个问题上，有两点对于我们芬兰社会民主党人来说极其重要：(1)"为我们的行政自主权、为芬兰无产阶级所获得的各种宪法保障即普选权，出版、集会、结社和罢工自由，以及人身不可侵犯权等而斗争"；（2）"无论这场斗争要我们作出什么牺牲，我们作为社会民主党人，不能抛弃我们的原则，而且在这场斗争中，我们知道我们要和具有阶级觉悟的俄国无产阶级交流思想，要和在令人憎恨的沙皇专制制度下呻吟的全体俄国人民交流"。一旦出现法律上对其有利的情况，芬兰资产阶级政党会在诱惑下与俄国专制制度和解，投票支持军事提案，但是我们在各个方面都是军国主义和沙皇专制制度不共戴天的敌人。

关于芬兰事务的宣言

致各国工人！

1910 年 4 月

今年 3 月 27 日，俄国沙皇和芬兰大公尼古拉二世发表了一个宣言，尽管他信誓旦旦，但他还是用这一纸宣言废除了芬兰宪法。

这是俄国政府对芬兰公共权力的第二次可耻侵犯，引起了整个文明世界的普遍谴责。社会主义无产阶级已经对芬兰国民特别表示过、并且通过这一声明再次对他们表示真挚的同情，因为它认识到他们必须加入到反对俄国专制制度的顽强斗争中；它要尽可能地介入，保护芬兰不受敌人的侵害，因为正义在被压迫民族一边，而不在发出虚假的誓言的君主一边。组织起来的工人一刻也不怀疑这场冲突将以圆满的结局而告终。芬兰人民已经万众一心地站起来了！在经过了 5 个小时的辩论之后，国会一致决定把尼古拉二世的宣言提交宪法委员会，按照各国最杰出的法学家的看法，它会不费吹灰之力地揭露这个粗暴乖戾的行为的非法性。

如果还要证明正义在芬兰一边,那么,回顾一下芬兰并入俄罗斯帝国、但一刻也没有停止维护其自主权的情况就足矣。

在整个18世纪,芬兰一直是瑞典和俄国之间血腥冲突的战场。但是1809年3月27日,它接受亚历山大一世为大公,后者在此前一天签署了基本法保障令,而且3月29日,这位新的最高统治者在国会见证下,重复了他的庄严誓言:芬兰宪法不可侵犯。这一誓言于4月4日在一份致居民的宣言中再次发表,并且得到亚历山大一世所有继任者的认可,尤其是亚历山大二世在1863年的确认。等级国会再次开会,并且不间断地运行,作为一个自主国家的象征,它拥有特别的立法和货币组织,可以不受任何干预地用立法规范内部事务,作出决定,并经大公批准成为法律。1878年,等级国会起草了一个关于兵役制度的法律,规定芬兰居民只能在他们自己国家的军队里服役,而且通过这种法律的权利决不能受到丝毫的质疑。

在上世纪80年代和90年代,这个自主权是莫斯科反动势力不断攻击的目标,这些攻击的顶点是尼古拉斯二世1899年2月3日(公历2月15日)[1] 宣言。沙皇大公在宣言中表示了把俄罗斯帝国立法扩大到芬兰的希望。为了粉碎所有的抵抗,他任命令人产生悲伤记忆的博勃里科夫[2]任独裁者。1901年,他又擅自做主,想废除现行军事立法,并企图用行政手段把其扼杀自由的主张强加给这个国家。芬兰人民进行了顽强的抵抗。被征入伍的人举行了罢工,骚乱蔓延。沙皇被迫见风使舵,并最终作出让步。在1905年10月的日子里,芬兰工人阶级与俄国产业工人联手宣布举行总罢工。独裁制度瓦解了,沙皇的敕令被撤销了,俄

---

[1] 括号外的日期是俄历,括号内的日期是公历,下同。——译者注
[2] 博勃里科夫于1898—1904年任芬兰总督,在他统治期间采取高压政策激起芬兰人民的普遍不满,1904年6月17日被刺杀。——译者注

国军官消失了，1905年10月22日（公历11月4日）宣言宣布"恢复法律秩序"。等级国会也停止了抵抗，而这场斗争的成果是男女普选权、比例代表制、一院民主制、集会结社和出版自由！所有这些法律和宪法保障权利，都通过庄严的1906年7月法令，被沙皇尼古拉二世所确认。

社会民主党对这些改革并不像资产阶级那样满意。它试图切实地改善土地和工业劳动者的状况，但是与统治阶级的狭隘观念和自我中心思想发生了冲突。不过，在它的推动下，1907—1909年国会通过了将面包房劳动时间限制在一周最多48个小时并禁止夜班的法律，以及改善学校条件的法律，前一法律不但保护了工人，也保护了小农场主。国会还通过了其他一系列法律，特别值得注意的是以男女普选权为基础的市镇选举法（虽然该法还保留了个别限制）；还有一部劳动保护法，该法规定每周最多工作时间为60个小时，禁止使用童工劳动，限制夜班和妇女工作；但是这些法律还有待大公的批准。

国会中的社会党党团一刻也没有停止反对中间阶级的软弱政策，后者以为他们能够以几次让步作为代价换来和平。圣彼得堡的反动势力渴望消灭芬兰国家，而芬兰全体国民都团结起来反对这个阴谋。沙皇三次解散芬兰国会，目的是取消议会的资格，削弱国民的反对力量，击退社会主义。他不希望社会主义在圣彼得堡的大门口发展。作为大公，他不想像做沙皇时那样对打算镇压的事务保持容忍。但是社会主义力量在每次选举中都有所增加。1906年，它赢得了80个议席，1908年83个议席，1909年84个议席。而且在1909年2月1日最近一次选举中，社会党候选人获得了全国314931张选票，也就是说，占全部投票的40%，社会民主党在200个议席中获得了86席。俄国政府认为，他们接二连三地解散议会却一无所获，于是便企图采用卑鄙伎俩、强迫手段，甚至威胁，引诱芬兰人民盲目行动，但是人民保持理智，不给俄国统治者提供武装干涉的借口。反动势力的计划就这样遭到了可耻的失败。

对于沙皇政府来说，只剩下采取粗暴的非法手段这一条路了。第一次侵犯是1909年9月24日（公历10月7日）宣言，它宣称在原则上决定芬兰的军事问题，并下令用芬兰预算每年缴纳1000万到2000万芬兰马克军事税。

芬兰参议院资产阶级一般情况下都是惟命是从、心甘情愿地作出让步的，但是这次他们也不敢同意这个明目张胆的非法行为。沙皇—大公随后求助于政府要员、俄国军官，他们接到命令后颁布了尼古拉二世的非法敕令。国会否决了所要求的军事税，并宣布芬兰的军事问题应当依法解决，这就是说，新的军事体制只有得到芬兰国会同意才能合法地实施。国会第三次被解散，俄属芬兰参议院擅自主张用芬兰国家资金筹集俄国所要求的数百万马克。

沙皇政府的这一新的暴行在整个文明世界引起极大的震动。欧洲舆论，首先是社会主义国际站在芬兰一边，欧洲最杰出的法官宣布支持芬兰观点的判决。但是正是芬兰人民的这种坚定一致的意志和其他国家的明显同情态度，让俄国反动势力气急败坏。芬兰人民的仇人，受到蔑视的博勃里科夫、多伊特利希、克列沃、米亚索耶杰夫之流，以及其他无赖恶棍，他们起草了一个"与俄罗斯帝国立法有关"的法律，斯托雷平和沙皇尼古拉签署了这个反宪法的契约。

1910年3月14日（公历3月27日）沙皇宣言所显示的正是对芬兰宪法的彻底破坏。它声称，从此以后，与芬兰有关的所有问题都属于俄罗斯帝国机构的职权范围，它将（芬兰）国会变成了无足轻重的地方行政组织。芬兰的自主权成了一句空话。他们甚至厚颜无耻到要求芬兰国会在一个月内起草一份关于俄国政府这一立场的"公告"。他们只要求表态而不要求通过什么法律决定，尽管沙皇尼古拉1906年所确认的国会条例里有两个重要条款（第60款和第80款）规定，君主只有在芬兰国会同意的情况下才能建议修改基本法。但是沙皇政府无视这一规定,而且现在企图用第三届杜马的权威来掩盖这一行径。这届杜马的多数人已经同意斯托雷平的压制政策以及剥夺俄国民众权利的做法。它愿意借用它的名义来破坏芬兰。俄国贵族大会已经抓住了"在芬兰搞一次军队列队行进"的可能性,而且在目前形势下,这些粗暴的挑衅行为可能成为一个严重危险,因为芬兰的自主权及其民主自由在俄国反动派眼里是丑八怪,他们在让芬兰人民屈服于皮鞭和大炮的恐惧之前是不会善罢甘休的。

芬兰①国会将一致拒绝俄国政府的建议,并号召人民捍卫他们的权利。芬兰将经历一个骚动不安的时期,在此期间,觉悟的无产阶级将经历痛苦磨难。在芬兰,谁都知道他们命中注定要付出牺牲,但是社会民主党必须接受这场战斗,因为这是事关芬兰人民生命与自由的问题。芬兰的自主权在我们同志们眼里不是一个简单的法律名词,对于芬兰人民来说,它意味着支配自己的自由,意味着民主自由,意味着文明与社会主义的进步。在芬兰称王称霸的帝国立法意味着政治奴役和思想奴役。在全体芬兰人民看来,这是一个充满血腥报复和无数苦难的时代。出于这个原因,芬兰人民毫不动摇地接受了这一战斗,他们不仅对自己的力量充满信心,对芬兰无产阶级的勇气和力量充满信心,而且他们也知道,他们与觉悟的俄国无产阶级、与渴望自由的俄国人民是心心相通的,他们的运动就能以胜利的革命而告终。

在这个危险的时刻,我们芬兰同志们向社会主义国际,向全世界热爱自由的民主人士发出呼吁,请求他们发挥他们的政治与道义影响,支持芬兰民主宪法,反对俄国政府,反对沙皇及其残暴政策。各国社会党议员有道义和义务在他们各自的议会中谴责俄国对芬兰所犯下的违反宪法的暴行,谴责圣彼得堡反动势力的犯罪政策。各国社会党已经并将进

---

① 原文无"芬兰"两字。——译者注

一步通过他们的报刊和集会,对他们已经投入战斗的兄弟表示支持。一场反对沙皇的抗议风暴必将爆发!

  芬兰社会民主党处在同一个强大的敌人斗争的最前沿,它是我们的旗帜的卫士、人民的解放者,请允许我们向国际社会主义无产阶级致以兄弟般的敬意。

社会党国际局执行委员会(比利时)

爱德华·安塞尔

埃米尔·王德威尔得

莱昂·弗尔内蒙

书记 卡米耶·胡斯曼

社会党国际局定期公报第 3 期

哥本哈根国际代表大会
关于国际局议程上所列问题的决议案和评论

一、合作组织与政党之间的关系。

1. 德国社会民主党（中央委员会）的报告。

二、失业问题

1. 德国社会民主党的报告。
2. 荷兰社会民主工党的报告。

三、仲裁与裁军

1. 德国社会民主党的报告。
2. 英国独立工党的决议案与评论。
3. 英国社会民主党的报告。

四、劳动立法的国际成果

1. 德国社会民主党的报告。

五、组织反对死刑的国际抗议

1. 德国社会民主党的报告。
2. 荷兰社会民主工党的报告。
3. 波兰的波兰社会党的决议案。

六、确保迅速贯彻历次国际代表大会决议的办法

1. 德国社会民主党的报告。

七、国际团结的组织

1. 德国社会民主党的报告。
2. 瑞典社会民主工党的决议案。

八、关于其他问题的决议案

1. 英国关于移民问题的决议案。

一、合作组织与政党之间的关系

1. 德国社会民主党（中央委员会）的报告

德国的合作社因某些立法限制，没有加入政党的可能性。它们根本不允许参与任何政治活动。但是具有阶级觉悟的工人照样对工人合作社有浓厚的兴趣，尽管后者在政治上是中立的。生活和所有日用品支出的大幅度上涨——这是我们的保护政策和新的间接税造成的——确实迫使工人阶级争取并获得合作的好处。因此，在大约10年前，工人开展了一场大规模的、广泛的、有针对性的宣传活动，以便劝说他们的同伴集体加入合作社。于是，"德国合作社协会联合总会"的中产阶级自由主义领导人，在他们的克罗伊茨纳赫大会（1902年）上发动了一场名副其实的政变：他们把99个合作社从联合会开除出去。这些被开除的合作社开展了一场新的运动，并于1903年5月17、18日，在他们的德累斯顿大会上成立了"德国合作社中央联合会"。我们党的成员与后面这个中央联合会建立了友好关系。

有关这些工人合作社业务发展和扩大的统计数据，可以在我们给哥本哈根代表大会的报告中看到。工人合作社报告说他们的生产迅速增长。烟草工人合作社在成立19年后，并入合作社中央联合会的批发店合作社。这一合并发生在1910年1月1日。批发店合作社还建立了他们自己的一个肥皂厂，该厂于去年5月在格勒巴—里萨开工。

合作社与工会之间的价格协议问题于1908年在爱森纳赫召开的合作社代表大会上，以及在汉堡召开的全国工会代表大会上已经讨论过。面包师傅联合会与运输工人联合会之间已经缔结了价格协议。而且，为了解决可能出现的分歧，已经建立了一个常设价格理事会，成员来自工会和合作社代表。

我们在工人合作社里的同志一直要求这些合作社必须提供的雇佣工资和条件应当使他们可以被视为私营行业的模范。

二、失业问题

1. 德国社会民主党的报告

德意志帝国至今对于缓解失业者中普遍流行的困苦无所作为。1906年，在我们的同志的要求下，帝国政府发表了一份关于这个问题的备忘录，但是后来没有产生任何实际结果。1909年11月13日，德意志帝国国会讨论了国会社会民主党党团的质询。我们的动议要求首相亲自解释政府为缓解很多在工业萧条期间被迫失业的工人的巨大贫穷与苦难所提出的措施。社会民主党党团发言人认为，建立一个5年花费2.2亿马克的失业保险制度是可行的。我们的发言人继续指出，如果与陆海军的每年支出相比，这笔钱是一个小得微不足道的数字。当时的内政大臣冯·贝特曼-霍尔韦格先生、我们现在的首相对我们的质询给予了答复。他提到一些即将兴办的公共工程，但其余的都是应付失业者的花言巧语。我们的内政大臣宣布，他无法让自己相信帝国建立一个失业保险制度的可能性。

社会民主党在联邦各州的代表也努力施加压力，试图在这个问题上影响他们各自的政府。普鲁士议会分别于1908年12月10日和1909年1月12日和13日进一步讨论了失业问题。我们的党团发言人要求，公共工程大臣应当立即兴办进步与文明所必须的一些最紧迫的工程。

有人建议对地方评议会发放建立学校的无息贷款；确实亟需建立新的学校及改善现有学校，在这个国家的东部各省尤其如此。所需要资金可以通过征收济困税或对所有每年1000马克以上的收入补征收入和财产税来筹集。但是，这些建议没有得到资产阶级政党或商业大臣或公共工程大臣的任何回应。

巴伐利亚议会的社会民主党党团提议，1910—1911年预算应当为那些用公共资金向失业者提供财政支持的城镇提供15万马克的补助。这种补助通常不得超过用于这一具体项目公共资金总额的50%。该州还应当按工会的条件提供工作，向失业者提供进一步的帮助。由于支持教权主义的"中央党"的反对，社会党人的这个动议于1910年4月5日被否决了。内政大臣宣布，通过立法管理失业救济的时机尚未成熟，主要是因为我们还没有建立一个全国职业介绍系统。但是，在他看来，如果市镇或地方当局按政府所建议的办法建立失业保险，那就没有理由反对。巴伐利亚政府在这个问题上采取期待的态度，但是，在原则上同意建立失业保险。各州政府在其模范法规中对自愿保险基金以及按根特系统模式建立的二级基金确立了各种原则，但是这些原则遭到有组织的劳工的严厉批评。

巴伐利亚政府至少还建议地方当局注意失业保险问题，而萨克森内政大臣在1910年1月12日关于社会民主党动议的辩论期间宣布，他的政府还不可能向萨克森各地方当局提出类似的建议，即用公共资金来建立失业保险。

符腾堡政府同样拒绝以官方身份介入这个问题。

巴登政府在1909年发布的一份备忘录中，建议地方当局以根特制为基础建立失业保险基金。然而，巴登政府认为，当帝国在这个方面没有采取措施之前，加入联邦的各邦不能各自为政管理这种失业基金。

德国只有少数城市建立了根特制的城市失业保险，它们的实验取得了非常好的结果,例如科隆、斯特拉斯堡、阿尔萨斯的米尔豪森、埃朗根和慕尼黑。其他许多城市在大萧条期间临时向一些男子提供工作,还投票决定向不能找到适当工作的失业者提供资金帮助。市镇代表大会的社会民主党成员在上次工业萧条期间坚持把失业保险问题摆到最重要的位置。为了让各地失业者找到工作,我们的朋友在他们参加的每个地方代表大会中都作出了特殊努力。这些建议在很多情况下也确实取得了成果,有一些市镇立即开始实施一些老的计划,他们投票决定为建立新的公共建筑和工程拨出必要的资金。然而,这些努力只是缓解了很小一部分失业者的巨大困苦。

1909年,我们社会民主党成员在300个市镇和1779个乡镇代表大会当选。因此,我们党有大量的机会要求统治阶级注意在上次工业萧条期间被迫失业的那些工人中普遍存在的困苦状况。

自从1895年以来还没有进行过一次全国性失业状况普查。目前,帝国统计局在所有支付失业津贴的工会帮助下,每个季度确定一次失业人数,即这样的中央联合会有42个,总共有1300995名会员。还有19个联合会,总共有562511名会员,但其失业会员没有福利基金,它们的情况不在统计局失业调查所覆盖的范围之内。后一个群体主要是建筑业工人、旅馆和饭店工人、码头工人、油漆工人、裁缝、陶瓷工人等。因此,帝国统计局官方报告所给的失业数字只包含了失业工人实际人数的一部分。

在社会民主党评议员成功地通过决议进行失业调查的市镇,失业调查也是以各种各样的调查方法为基础的。有组织劳工的代表一直坚决反对某些调查局通过失业者自愿登记来确定失业状况,认为这种做法根本不切实际;他们要求进行挨家挨户的全面调查。工会在各种情况下都要提供必要数量的帮手。

无论是对于城市失业状况调查,还是对于城市劳动介绍所的发展,都没有更多好说的，有几个城市劳动介绍所实际上是臭名昭著的工贼机构。

德国工会在下面的决议中阐述了他们对失业问题的看法，该决议在斯图加特召开的工会大会（1902年）上获得通过：

"大会认为，帝国、各邦和各乡镇有责任帮助不是因为罢工或自己的粗心过失而失业的人们。这种失业救济不应带有慈善性质，或以任何方式剥夺工人的公民权。

大会要求，作为建立全国失业保险的第一步，在每个行业，在家庭工业、航海、农业，在国家工厂的所有工人和家庭仆人，不分性别，都拥有不受限制的结社权；承认雇主和雇员所签订的价格协议；工会在经济领域行动自由不受限制的法定权利；以及定期开展失业状况调查，制定建立与管理全国劳动介绍所系统的法律，这些职业介绍所应当由加入联邦的各邦和各市镇代表大会建立和维持。

大会对不能给予工人完全管理自主权，不能用帝国国库向支付失业津贴的所有中央或地方工会提供补助的各种失业保险制度，均不予赞同。

这个保险系统的国家补贴一半应由国库承担，另一半应当雇主公司承担。每个行业的定额应当由帝国保险局确定，按照行业要求向雇主同业团体征收。

大会强烈要求，作为建立这种全国系统的第一个条件，所属工会要建立一个失业保险制度或发展同样的制度，以便从管理或组织的角度，为国家将来给失业救济基金提供帮助创建唯一可接受的基础。"

从此，自由工会或中央工会大幅度地扩大了它们的失业会员的救济计划。1908年，42个中央联合会在失业救济上共支出了8134388马克。在1891年到1908年的18年里，中央联合会为同样目的总共花掉了25518957马克。

这些数字证明，有组织的劳工为失业者作出了巨大的牺牲，而我们的有些城市对它们的失业公民无所作为，无论联邦各邦还是帝国都没有为同样的目的采取任何措施。

2. 荷兰社会民主工党的报告

严重的经济危机也在荷兰劳动者中间肆虐，它不仅引起劳工对失业劳工问题的注意，也引起资本家阶级对这个问题的注意。

在此之前，人们对这个问题的兴趣很低。据官方数据，1906年，只有13个工会在章程中规定在失业的情况下提供救济，而它们拥有的会员还不到11000人。实际上，这些工会大多也没有为它们的失业会员做什么大事，所以几乎各地的失业者都只能听天由命，或者向教区或教堂的济贫基金，或者向临时的救助委员会寻求帮助。

这种状况由于无政府主义工会的帮助而保持了很长时间，这些工会主要反对建立基金，而且直到1906年，它们也没有遇到一个能够传播更好的主张的、完全组织起来的工会中央机构。

自从荷兰工会联合会成立以来，现代工会中央联合会的情况已经好转，尤其是由于1908年危机带来的大量的素材，使工人阶级认识到更多地注意资本主义的这些残酷结果的必要性。

有一个证据，也许可以说明当时向失业者提供的帮助微不足道，这就是，1907年荷兰工会联合会仅有4个工会加盟，它们拥有37000名会员，而它们为这个问题花的钱还不到5000盾，尽管危机已经让人感到了它的致命性影响。

在这种情况下，工人组织内部自然就产生了一种看法，认为市政当局在这个问题上爱莫能助，不会发挥任何积极作用。只有极少数城市按照根特制设立了鼓励自救的市政基金。因此，全国各地弥漫着对失业工人人数不断增加的焦虑情绪。私营委员会大量出现，但都不能令人满意地缓解严峻的贫困状况。工会向公共当局递交了大量请愿书，要求他们在普遍贫困的情况下，或者通过直接帮助，或者通过兴办公共工程来提供帮助。这也是1909年大选时，执政的自由党政府提出议案，向保险提供6000盾补充信贷，以预防就业不足带来的资金问题的部分原因。这笔钱将作为补贴拨给那些在工会为其会员提供救济时出资的市镇。关于这个议案，由于其间政府更迭而不见下文了。

然而，各个城市几乎没有为应对难以抵抗的失业贫困做什么事情。在严峻的1908年，7个工会和加入城市失业基金的其他机构向它们的会员提供了大约18000盾，而这其中有大约15610盾是它们从市政府那里领取的补助。除此之外，荷兰工会联合会的4个工会为此目的支付了10665盾。排字工人工会为它的会员花了5236盾，而有的基督教组织给它们的失业成员花的钱少一点。只有拥有9000名会员，其中60%—80%的会员失业时间较长的钻石研磨工工会，在1908年用它自己的钱为其会员支出了376834盾。

剩下的大部分失业工人，或者没有得到任何帮助，或者被迫求助于各种慈善委员会。尤其是建筑行业的技工，因为组织性很差，在整个危机期间，只能在大城市里承受危机的沉重压力。

预计议会在这种情况下会讨论劳动贫困及其令人痛苦的后果。社会民主派领导人、我们党的特鲁尔斯特拉同志用生动的色彩描绘了全国形势，并指责基督教党人政府在这方面的冷漠态度。结果是政府作出承诺，将对这个问题进行调查，随后在1909年成立了一个国家委员会，它要研究：

（1）为迅速而充分地了解在全国找到工作的机会以及各行各业缺乏就业的程度和性质，政府拥有何种手段，这些手段需要作何种加强。

（2）对于帮助个人或公司或者让个人或公司自己主动防止失业、与失业作斗争或者缓解失业的影响，政府能够做些什么。

这个官方委员会有4名社会民主党代表，特鲁尔斯特拉是其中之一，另外还有28名资本家代表；该委员会已经开始工作，但他们可能需要几年时间才能完成其工作。

各城市和工会从危机中汲取了严酷的教训。比较大的工会已经把这个问题列入它们年会议程，而且很多取得了成功。因此，1909年，也就是形势好转的一年，荷兰工会联合会所属的一些工会可以向它们的失业会员提供13173盾救济。

这些工会是：钻石研磨工工会，工商业职员工会，农业技工、奶油和奶酪制作工工会，排字工工会，铅锌部门技工和钢铁工人工会，矿工工会以及烟草和卷烟工业技工工会。不过，住房建筑工人工会的力量还很薄弱，它只能向每个会员提供8盾的支持。

在有组织工人的推动下，城市就业缺乏援助基金的数量大幅度增加。从1906年到1910年，由4个增加到18个，在下列城市里扩展：阿默斯福特、阿姆斯特丹、阿纳姆、比瑟姆、代尔夫特、代芬特尔、多德雷赫特、海牙、格罗宁根、哈勒姆、希尔弗瑟姆、莱顿、米德尔斯堡、奈梅亨、乌德勒支、弗拉尔丁恩、赞丹和宰斯特，而在其他一些城市，这个问题被列上议程。

加入这些市政基金的大多数工会属于建筑业。例如，10个地方的木工组织、6个地方的砌砖工和抹灰工组织、5个地方的钢铁工人组织、4个地方的房屋油漆工组织、4个地方的建筑业其他工人。此外，还有制烟工人、拼接工、铁匠、拉毛粉饰工、石工、码头搬运工、屠宰工、箍桶匠、排字工和细木工，等等。

这种进步虽然相当可观，但它本身并不能直接导致令人满意的结果。大多数市政基金的补助只拨给用自己的资金为失业会员发救济的地方组织。因此，在许多情况下，如果能得到一个工会中央基金的帮助，就失去了得到教会堂区帮助的权利。这一情况在很大程度上促进了工会财务体制的权力下放。荷兰工会联合会在一份书面请愿书中反对这一限制，以便结束这种错误状况，使工会按照现代观念顺利发展。出于同样的原因，大部分工会反对破坏它们的独立性的挪威体制。

在我们的成员没有参加的情况下，荷兰工人总工会讨论了这个问题，它任命了一个研究这个问题的委员会。基督教工人联合会决心搞一个报告，但是因为国家委员会的建立，它把这件事搁置起来了。

我们党毫无疑问在这个问题上做了很多开创性的工作，我们除了在许多会议上进行宣传之外，还在报刊上发表文章，编辑出版宣传册。工人阶级能够不被"全国反失业联盟"转移对失业真正原因的注意力，而是从我们充满生机的活动中获得营养，这是首要原因，该联盟是中间阶级民主党人为了与失业作斗争而在实际社会结构的基础上建立的。

与我们关系良好的有觉悟的工会确信，工人失业问题不可能通过任何"保险"来解决，尽管他们在目前的情况下有义务在他们的会员最需要的时候伸出援助之手，尽管他们充分认识到从另一方面讲，这是扩大他们的组织，加强他们的稳定性和战斗力的一个有力手段。除此之外，他们还要求国家和市政府在他们的生存斗争中支持他们，他们认为，与资本家和中间阶级从劳动人民那里夺去的一切相比，这种支持不过是一笔小小的补偿。①

三、仲裁与裁军

1. 德国社会民主党的报告

德意志帝国国会在1908—1909年冬季会议期间讨论过裁军问题。

---

① 这句话的翻译参考了法文和德文原文。——译者注

英国首相阿斯奎斯 1909 年 3 月 16 日在下院就达成以限制海军经费支出为目标的共同协议发表了明确的宣言；然而，德国外交大臣的代表在这个问题上只是对国会预算委员会发表了含糊其辞的声明；而国会社会民主党党团抓住这个机会提出了一个决议案，"要求帝国首相就 1899 年和 1907 年两次海牙大会的决定——当时也得到德国政府的批准——立即采取必要的措施，为大国之间达成一项旨在限制海军军备以及规定他们放弃现存私掠权的国际协议做准备"。

德意志帝国国会在 1909 年 3 月 29 日讨论了这个决议案。社会民主党党团发言人特别谈到了英国工人的议员所组织的各种各样的要求和平的游行示威活动；他还强调一个事实，即国会社会民主党党团和英国下院工党议员在国际裁军问题上的意见绝对一致。

只要德国同意限制军备，只要英国放弃私掠权①，为此达成一项国际协议将是完全有可能的。已故首相毕洛夫侯爵回答道：迄今还未能为这样一个国际协议找到一个切实可行的形式。尽管毕洛夫侯爵的话毫无意义，但仍然受到所有资产阶级政党的热烈喝彩，包括作为国际和平同盟成员的自由党人。只有一个自由党议员支持社会民主党的动议，这个动议提出启动限制海军军备问题的谈判。

有一个事实非常重要，这就是，左翼自由党人过去几年来一反其老传统，开始支持政府提出的每一个陆军或海军的提案。在德国，只有社会民主党在进行反对军国主义和海军主义的斗争。我们党不断增加的党员，党的出版物不断增加的读者，还有 325 万社会党选民，他们共同组成了德国维护和平的最大保障。这个国家的统治阶级害怕社会民主党从战争中获益。连毕洛夫侯爵也承认这一点，1904 年 12 月 5 日他在国会

---

① 指在战争期间由国家授权私人驾驶武装民船攻击、俘获和抢劫敌国商船。在 16—19 世纪，这在西方是一种常见的做法。——编者注

表示：

倍倍尔议员先生还表达了一个意思，即一场欧洲大战主要或多半会使社会民主党获益。我确信这话是对的。因此，如我所希望的那样，各国政府还有一个理由要求继续他们目前的谨慎而周全的和平政策。

2. 英国独立工党的决议案与评论

本次国际大会重申其以前的决定，即"各国工人之间对导致战争的问题没有争论或分歧，现代战争的进行完全是为了统治阶级的利益，只对他们有好处；并且进而认为，欧洲国家之间正在进行的备战是对国内和国际资源的惊人浪费，他们明确宣布，各国工人采取统一的国际行动的时机现在已经成熟，这种行动由大会决定，实施这一决议的最佳办法由各国自己选择。"

独立工党建议大会考虑授权国际局组织一场声势浩大的反战运动，目的是促进工人阶级在战争来临或欧洲各国作出决定时采取统一行动；再就是促进欧洲和其他立宪国家国际联盟的合作，以及强调不把陆海军作为国家力量而作为世界和平保卫者加以保留的必要性。

* * *

独立工党任何时候都主张和平，确信战争和备战都不符合工人的真正利益。因此，它坚定地反对有产阶级蓄意煽动的战争恐怖，也总体上反对不断增加战争物资和军备支出。在其上次年会上，大多数代表满腔热情地通过了如下决议：

"大会对日益猖獗的军国主义和侵略宣传感到担忧，它们导致国内外军备支出不断增长。大会责成全国行政管理委员会立即采取措施，召开一次由英国所有劳工、社会主义者、合作社和互助会参加的大会，以制定遏制这种军备支出，特别是预先挫败战争贩子阴谋设计的最佳办法。进而，大会呼吁哥本哈根国际代表大会把这一问题作为头等大事，代表工人拟定一个维护和平的切实有力的国际行动方案，保证各国工党和社会党在战争宣布之后采取一致的预防政策。"

自从这个决议通过以来，众所周知，工党已经决定就这个问题召开一次大会。因此，独立工党将参加并竭尽全力使这样一次大会取得成功。

我们希望，这次全国大会能采取措施，在我国开展一场揭露战争愚蠢性的全国鼓动和凝聚反对进一步扩大军备支出的舆论的运动，并进一步将工人组织在各种各样的工会和工人组织中，使他们能在灭绝性战争爆发之前采取行动，让支撑战争的机构及其他机构陷入瘫痪。

独立工党认为，国际劳工和社会党立即采取一致行动，遏制军备增长，并使战争变得不可能的时刻已经到来。它确信，在战争爆发之前保持沉默是一种致命政策，因为到那时，有关国家人们的情绪已经被煽动起来，再采取行动几乎是不可能的。

独立工党承认，要是只有英国一个国家采取这种行动，会导致误解，因此，它建议，负责哥本哈根会议安排的国际局应拿出一天时间讨论这个问题，并制定一个国际性计划。

独立工党坚定地认为，一旦统治阶级认识到工人的态度是严肃认真的，他们就会找到解决国际纠纷的其他办法而不是战争的办法；而且，独立工党请同志们记住一个简单的道理：在一个国家的范围内，资产阶级和被剥削阶级之间的和平是靠国家警察和法庭来维护的。

所有社会党人一致承认抵制军备增长的必要性，但是，像所有不言而喻的道理一样，行动的重要性很容易被忽视。因此，我们恳求你们，同志们，所有传递友好信息的人们，认真地考虑这个问题，并且决不分开,直到我们表明采取共同行动、迫使我们的政府倾听我们的呼声的决心。

3. 英国社会民主党的决议案①

大会认为,战争是资本主义竞争制度所固有的对抗的必然结果,对资本主义各国军备的大规模迅速增长和战争准备,以及这些军备和其他形势给世界和平带来的威胁日益增大感到担忧。

因此,大会在重申国际社会党历次代表大会关于社会民主党反对军国主义、战争和军国主义的决议的同时,呼吁各国社会党人和工人阶级更加激烈地开展反对侵略性的帝国主义、军国主义和军备增长的运动。

在反对帝国主义、捍卫各民族自主权的时候,各国工人应当努力鼓动限制一切职业军队,建立一支国家公民力量;反对国防绝对不必要的军备开支;要求禁止秘密外交,公布一切现有的和打算签订的条约、协议,并将它们交付人民公决;要运用一切可能的手段,促进各国人民之间的国际团结,迫使政府在发生纠纷时诉诸和平仲裁而不是战争。

大会进一步指示国际局采取必要措施,安排受到战争威胁的两个国家的工人运动代表召开一次大会,以便作出安排,共同采取最佳办法防止战争,或挫败可能被拿来作为开战理由或借口的挑衅行为。

四、劳动立法的国际成果

1. 德国社会民主党的报告

我们党派到社会党国际局的代表,赫·莫尔肯布尔同志,在国际局

---

① 前面目录用的是"报告"而不是"决议案"。——译者注

1909年11月7日会议上提交了一份关于德国工人保险立法状况的完整报告。这一报告已在《社会党国际局定期公报》第2期第46至53栏上以国际代表大会三种官方语言发表。国会目前正在讨论一个拥有1754段文字的法案，题目叫《国家保险法案》。我们党的总报告中对我们政府的这个新计划作了简短评论，报告也将提交给哥本哈根代表大会。报告还在"国会行动"的标题下，谈到了工人保护立法实际状况的一些细节。德国还没有一个立法时段与上届国会一样在社会改良和进步上如此无所作为。

五、组织反对死刑的国际示威

1. 德国社会民主党的报告

德国社会民主党在其正式纲领中提出了"废除死刑"的要求——它是我们向现行社会制度提出的要求之一。我们纲领的这一部分内容在德国社会民主党队伍中绝对没有争议。我们党当然要参与反对屠杀政治对手——这是沙皇政府的武器之一——的运动；我们党早已经常加入到国会和群众大会抗议"和平"沙皇政府的犯罪方法的活动中。

2. 荷兰社会民主工党的报告

19世纪开始时，荷兰刑罚规定对几种犯罪实施死刑。1854年修正法使死刑刑种大幅度减少。行刑变得更加少见，而且在1860—1870年这一段很长的时间里没有执行过死刑。19世纪中叶开始的废除死刑国际运动，终于在1870年达到了从法律上废除死刑的目标。

在1880年讨论新刑法时，主张死刑的人试图再次引入死刑。在司法大臣莫德曼发表了一篇极具说服力的讲话后，拟议的修正案被绝大多数票否决。

在军事刑法中，战时实施死刑的规定被保留下来。在1902年修改时，社会民主党议员试图将它从这一法典中取消，但劳而无功。殖民地刑法在规定的各种惩罚中还保留了死刑。

拥护死刑的人担心，废除死刑会使谋杀案（1854年以来唯一被处死刑的犯罪）增加，但在荷兰与在其他国家和地方一样，这种担心被证明是没有根据的。

在1860—1869年期间，也就是说在废除死刑前几年，发生了53起谋杀案和未遂谋杀案；而在1871—1880年期间，即在废除死刑后的几年里，只发生了33起谋杀案；1881—1890年，也是53起。

荷兰是第一批从许多惩罚中取消死刑惩罚的国家之一；此后半个世纪没有执行过一次死刑，然而，它也是谋杀案数字最少的国家之一。

再次引入死刑的可能性微乎其微。刑事律师和犯罪学家中间拥护死刑的人寥寥无几，也就是说，公立大学的刑法学教授是坚定的反对派，而享有国际声誉的犯罪学家范阿默尔就是其中的代表人物。这位教授是所谓开明的（即教条的加尔文教的）大学里最著名的拥护死刑的人之一；他在1906年出版了一部书名叫《死刑》的著作，论述详尽并捍卫自己的观点。他的论证完全限于神学领域。

从政党的角度来说，社会民主党、激进党人和自由党人是反对派；相反，教权主义人士则主张重新采用。

在教权主义政党中，反革命的党尤其把死刑问题放在纲领的首位，那个叫费边的教授就是这样一个党的成员。

即便她是这个问题的权威，她是否敢把这个要求变为现实，也非常令人怀疑。

其他教权主义政党，也就是信奉罗马天主教的政党，有许多坚定的反对派，所以教权主义政府——我们在荷兰过去有、现在依然有这样的政府——拒绝满足狂热的主张恢复死刑的人们的要求。

他们可能会坚持拒绝的立场，因为他们太清楚了，在恢复死刑的问题上，舆论会强烈地反对他们，以致这将会成为未来政治失败的一个重要因素。

3. 来自波兰的波兰社会党决议案

鉴于：

现代国家由阶级组成，它们过去和现在不得不与威胁其基本原则的一切行为进行斗争；

在当今的组织中，这种斗争表现在运用所谓的"惩罚"手段上，也就是，以恐吓而不是预防或改良秉性、转变自由意志为目的所采取的措施上，因为当今的社会利益与统治阶级的利益是一致的，这个利益是激进的预防措施和改良绝对反对的。

然而，今天，普遍文明的发展允许统治阶级甚至在捍卫他们的优越地位的时候也按照最新的科学成果运用"惩罚"制度；

直到目前为止，许多过时的刑法规定依然存在，这是统治阶级停滞不前的突出表现之一。因此，在刑法领域同在其他社会领域一样，社会主义的无产阶级的使命是倡导进步。

在最过时的"惩罚"形式中，最粗暴的最违反现代道德情感的是死刑；

非常显而易见的是，这种惩罚不能达到其目的，因为它要么被用来对付所谓的政治犯罪，要么打击那些只是偶尔地突出表现了群众抗议情绪的个人；或者被用来对付一时不负责任的个人犯罪行为，或者最后，被用来对付独特的犯罪，这类犯罪是犯罪分子的身体或精神退化的结果。

在现代民主国家，死刑的应用在一定程度上使每个公民成为血淋淋残忍执行合法谋杀的帮凶，而且它知道它的目的没有达到。

在这些日子里，死刑已经开始野蛮地付诸实施，它标志着统治阶级经过返祖现象，恢复了最遥远时代的嗜血成性的本能，但是从公众的角度来看，它并没有正当的理由。

近些年来，在俄国、波兰和沙皇统治下的所有国家，以及西班牙，死刑被大量使用。值得注意的是，它被用于被征服人民的保卫者，在西班牙被用于和平地宣传自由思想的人士。

国际社会党代表大会决定：

组织一场反对死刑的国际抗议活动，这一抗议活动包括提出要求废除死刑的意见书，并将它们同时递交给仍在施行死刑的所有国家的议会，此外，在全世界社会党报刊上以及为这一目的召开的会议上认真地讨论这个问题。

六、确保迅速贯彻国际代表大会决议的办法

1. 德国社会民主党的报告

在关于议事日程问题的评论中，社会党国际局谈到贯彻斯图加特代表大会所通过的一个关于战争问题的决议。这个决议的历史（见王德威尔得代表斯图加特代表大会就这一问题所任命的特别委员会所作的报告）证明，不可能制定贯彻代表大会决议的标准规定。决议的贯彻部分取决于战争威胁迫近的时候各国社会党可能采取行动的大环境。运动在这些国家的发展和实际状况对选择采取什么措施立即战斗并取得胜利，

比如反对战争恐怖，具有很大的影响。我们知道没有推进国际代表大会决议贯彻的可能性。决议是关于某个问题或事件的意见的陈述。在对意见作出这样的陈述时进行干预是根本不可能的，因为它是不必要的。如果这些决议提出了某些要求，它还取决于该做什么的实际情况。在这方面，国际代表大会的决议和某个地区或国家代表大会所通过的决议遇到的情况是一样的。

七、国际团结的组织

1. 德国社会民主党的报告

我们认为，国际团结的组织是一个乌托邦式的建议。实际的国际团结的表现取决于各国组织内所存在的团结精神。这是一个如何倡导和培育这种团结精神的教育问题。如果存在完全的必要性，国际团结的组织应当由各成员组织执行机关以最大的谨慎态度来进行。否则，这些呼吁决不能证明是有力的和成功的。为此目的而规定国际规则是不可能的。

就财政援助而言，德国社会民主党的实际做法如下：

（1）只有在发生重大事件，当广大人民群众被呼唤起来的时候，才能建议向公众募集资金，如果过于频繁地提出，公众诉求就不会得到回应；公众诉求只能由党的执委会或工会执委会发出，或由两个机构共同发出。

（2）目前德国社会民主党掌握了74家日报。其中一些比较重要的报纸在其他国家的主要城市都有通讯员，因此，在大城市中，我们的杂志能够提供优质的外国新闻，也能充分驳斥半官方的资产阶级报刊的无稽之谈。

2. 瑞典社会民主工党决议案

哥本哈根国际社会主义工人代表大会，

强调无产阶级运动绝对必要的国际精神，牢记来自第一国际的积极团结传统，

向各国工人发出呼吁，每当这样的时候他们都应履行他们的团结义务，即资本与劳工之间的斗争具有这样的特点：正在战斗的国家的工人不可能孤立无援地顶住敌人，因此各国工人应当用经济援助等方式支持他们正在战斗的同志们，这些援助来自四面八方，因每个国家无产阶级力量的不同而不同。

当对立力量因工人阶级通过联合行动压制资本主义而加速组织起来时，这种行动就更为必要了。一方面，资本家的力量正在对立的庞大托拉斯和全国性及国际性的雇主联盟中集中；另一方面，工人则把他们的力量首先集中于全国性的劳工联合会里。在这种力量集中于两个对立阵营的影响下，阶级斗争改变了它的面貌，具有了新的更大的范围。因此必须为大规模的雇主同盟歇业，如丹麦1899年、瑞典1909年和德国1910年的雇主同盟歇业所带来的工会大斗争做准备。阶级斗争正在扩大，而且越来越有组织，今后将更加需要及时而有效地把全世界工人阶级的力量集中起来，以便在某个国家或某个行业的工人受到联合起来的资本家毁灭性打击的威胁时做好准备。

大会授权国际工会组织研究加强国际劳工团结行动的最有利的安排并提出详细的报告。

大会提出以下建议：

各国工人组织实现超越国界的紧密而持久的团结；

修订社团和联合会章程，取消一切阻碍迅速采取有力的国际行动的

规定;

改善和扩大社会主义者和劳工刊物之间的国际关系;应当特别要求大冲突即将来临或已经开始的国家,其社会主义刊物向其外国同事提交关于形势的快速而准确的报告,后者要立即利用这些报告,在各地唤起工人阶级的同情性关注,并在适当的时候纠正或否决受资本雇用的报刊和机构为了把舆论引向歧途而发表的荒诞不羁的且常常是虚假的言论。

从这一点来看,这对整个世界工人运动也是非常重要的,各国应当有一个社会主义刊物,它有足够的力量把群众从资产阶级刊物的影响和建议下解放出来。

瑞典社会民主工党全国理事会

八、关于其他问题的决议案

1. 英国社会民主党关于移民问题的决议案

鉴于对亚洲移民和其他种族——他们与美国、英属殖民地及其他国家相比生活水平较低、文明程度不发达——的排斥日益严重,如果大会根据斯图加特代表大会所作决定的方针再次把移民问题纳入考虑,这将是一种非常可取的做法。

第二次国际妇女代表会议

不同国家有组织的社会主义妇女代表同意并签字,按她们的指示于

8月26日和27日在哥本哈根召开国际社会主义妇女第二次代表大会。

会议将于8月26日（周五）上午9点在杰格特维耶街69号工人议会大厦开幕。

大会暂定议程是：

1. 开幕式。
2. 确保各国有组织的社会主义妇女之间建立固定关系的措施。
3. 支持妇女普选权与成人普选权的实际工作。
4. 对母婴的社会保护与供养。

真诚地邀请所有有组织的社会主义妇女——无论她们属于什么团体或政党——以及承认阶级斗争事实的女工社团和工会参加这次大会。

每个国家的组织可以自主决定派代表参加大会的规则，任何组织的代表人数都不限制。

请各国社会主义妇女不迟于7月25日前将对议程的建议发给签字者，以便这些建议能及时翻译并交给各国通讯员。

代表姓名和关于社会主义妇女所在组织状况与工作的报告，提交时间不得晚于8月1日。报告将用3种文字——德文、英文和法文——发表。如果报告能及时收到，将在大会开幕前分发。

衷心邀请各国妇女同志们竭尽全力，以便许多代表能出席会议。这样社会主义妇女的第二次国际聚会将成功地继续第一国际社会主义妇女大会（斯图加特）所成功地开始的理论和实践工作，保持社会主义理想的连续性。

你们的兄弟，

社会主义妇女国际书记

克拉拉·蔡特金

德国斯图加特

社会主义青年组织联合会第二次代表会议

1910 年 8 月 28 日—9 月 3 日，哥本哈根

临时议程

1. 各国和国际书记的报告；
2. 青年人的教育；
3. 青年人的保护；
4. 军国主义；
5. 青年组织、政党和工会之间的关系；
6. 国际组织与新的选举；
7. 其他可能的问题。

所有信息可以向罗伯特·丹内贝格书记索取，地址是维也纳第一区沃尔蔡勒街 19 号。

социал党国际局定期公报第 4 期

国际社会党第八次代表大会
日　程

8月26日星期五上午10点，社会党国际局大会在哥本哈根布拉盖得街28号音乐会宫骑士厅举行。

大会的组织。
8月27日，星期六，同上。
8月28日，星期日，上午10点：大会开幕。
下午：露天会议和联欢活动。
8月29日，星期一：
1. 上午9点：社会党国际局大会。
2. 上午10点：
（1）各国支部大会确认委托书，批准各委员会组成。
（2）社会主义记者代表会议。
（3）国际议会委员会大会；
3. 下午：各委员会会议。
8月30日，星期二：
1. 上午10点：社会党国际局。
2. 上午10点：各委员会会议。
3. 下午[①]3点：国际议会委员会。
星期三以及以后几天：日程稍后说明。

---

① "下午"两字为译者所加。——译者注

哥本哈根之旅

有许多代表想访问科隆或汉堡,请我们提供火车站附近的一些旅馆的地址。下面是我们收到的各地方组织书记提供的旅馆名字。

一、科隆①

二、汉堡②

汉堡的第一家旅馆是工会之家,代表们可以在那里找到物美价廉的住房。

这两个城市的旅馆 b. c. d.③ 也有比较贵的房间。

哥本哈根国际代表大会
关于社会党国际局议程所列问题的决议案与评论

一、合作组织与政党的关系

2. 比利时工人党的报告(路易·贝尔特朗)。
3. 荷兰社会民主工党的报告。
4. 社会党(法国)的决议案。

二、失业问题

3. 比利时工人党的报告。

---

① 由于篇幅所限,此处从略。——编者注
② 由于篇幅所限,此处从略。——编者注
③ b、c、d是两地旅馆名单上的后三个。——译者注

4. 美国的报告（罗伯特·汉特）。
5. 社会党（法国）的决议案。

三、仲裁与裁军

4. 社会党（法国）的决议案。

四、劳工立法的国际成果

2. 荷兰社会民主党的报告。
3. 社会党（法国）的决议案。
4. 英国支部的提案。

五、反对死刑的国际示威活动的组织

1. 比利时工人党的报告。

六、确保迅速执行国际代表大会决议的办法

2. 社会党（法国）的决议案。

七、国际团结的组织

3. 比利时工人党的报告。

八、关于其他问题的决议案

2. 奥地利帝国工会委员会关于产业组织的团结问题的决议案。
3. 社会党（法国）关于统一问题的决议案。

4. 社会党（法国）关于芬兰形势的决议案。
5. 亚美尼亚支部关于波斯形势的决议案。

一、合作组织与政党的关系

2. 比利时工人党的报告（路易·贝尔特朗）

合作运动在一些国家越来越为人们所接受，发展速度很快，这自然就提出了这个运动与党的关系问题。

国际社会党书记处曾经将这个问题概括如下："合作社究竟应当是中立的，独立于政治组织的，通过私人关系与党联系起来的呢？还是应当加入党组织的呢？"

在全面研究这个问题之前，以我之见，回顾一下社会党过去对合作社所持的态度，是一件有益的事情。

I

上世纪上半叶，社会主义理论家，主要是布歇兹、贝魁尔、路易·勃朗、蒲鲁东等推荐了生产合作社。

从1831年起，菲力浦·布歇兹就想通过发展生产合作社来解决社会问题，这种合作社将每年所实现利润的五分之一用于增加资本，这些资本是不可转让的，属于宣布不能解散的合作社。

路易·勃朗在其《劳动的组织》一书中也支持把劳动生产合作社作为解决贫困问题的一个手段，但是他认为，除非得到了国家资助，否则，这种合作社不可能持久。

拉萨尔和马克思尽管思想有所不同，但也持这种看法。

在1866年第一国际日内瓦代表大会上，通过了以下决议："我们建议工人阶级加入生产合作社而不是消费合作社,后者只触及了现存经济制度的表面,而前者则打击了它的基础。"

因此,长期以来,形成了这样一种情况:

生产合作社被视为解决工资问题的一个手段;而消费合作社则被大部分最有学问有远见的社会主义者认为是没有什么价值的东西。

造成这个看法是因为方法错误,而不是因为生产合作社概念虚假。如今,我们接受了生产合作社,我们承认,从社会主义的角度看,它具有某种价值,但是,只有在它依靠消费合作,并且是由联合起来的消费者组织建立并为普遍利益而活动的情况下,它才具有这样的价值。

后来,社会主义者对消费合作的敌意变得更加明显。

在德国,我们的一位朋友毫无偏见地在1870年宣布"没有一个地方的社会主义者急于组织消费合作社"。后来,1893年,他在帝国议会用下面的话重申了他的谴责:"我们认为,消费合作社给它们的社员带来的好处根本没有什么意义。"

爱德华·伯恩施坦在他的著作《理论的社会主义和实际的社会民主主义》中也表达了同样的观点:

"我依然记得我1881年在国际库尔大会上听到我们的朋友、布鲁塞尔的路易·贝尔特朗讲话时的那种理论家的遗憾感,当时他开始谈到合作社。一个明理的人怎么能期望从那样一个方法中获得任何结果呢?"

伯恩施坦补充说:确实,"当我在1883年看到根特的'前进社'的时候,它的面包坊打开了我对这个问题的思路"。①

---

① 伯恩施坦《社会主义的前提和社会民主党的任务》中译本中的这段话是这样的:"后来在1883年,当我知道'根特前进社'的时候,其中的面包坊我总还能够理解,顺便还买了一些内衣、鞋子,等等,毕竟也没有什么坏处。"见殷叙彝编《伯恩施坦文选》,人民出版社2008年版第251页。——译者注

在法国，在巴黎公社之后召开的最早的一些劳工大会上，占主导的看法是合作者的看法。当时，我们的有些朋友反对合作社，借口是如果消费合作社成功地供应廉价商品，那么，不可避免的结果是工资的同样减少。因此，他们竭力主张他们的观点，即拉萨尔的"工资铁律"。

在很长的时间里，人们认为社会主义思想家们反对消费合作社。

这一次在比利时，有几个年轻的社会党工人将消费合作社付诸实践。他们曾试图把工人在政治工会的团体中团结起来，但是没有成功。他们希望消费合作社能取得更好的结果，他们认为这是一个实实在在的联系，能为工人带来直接的好处。

不用说，比利时社会主义合作社社员从不认为合作社是一个"目的"，而认为它们是一个"手段"。

社会主义对合作社采取敌对态度有道理吗？

有道理，如果合作运动干扰或延误社会主义的解决办法的话。

没有道理，如果合作主义的目标与国际社会党的目标是一致的话。

关于有些社会主义合作社社员，还要补充一点，即现在有一种倾向认为，合作运动不过是无产阶级一个简单的组织手段，一个获得宣传收入的手段。

II

社会主义的最终目标是什么？

就是在阶级斗争的基础上，通过劳动者的一致行动，实现生产手段和交换手段的社会化。

为了达到这个目的，必须消灭现在的资本主义制度。

但是，有人正确地说："除非被取代，否则不可能消灭。"

如果他是一个劳动者，挣工资的工人要求"他劳动的整个产品"。

如果他是一个消费者，他希望"生活尽可能地少花费一点"。

难道广大居民不想实现这个目标吗？

抛开没有用的中间人，通过组织消费者，生活就可以少花费点，这一点已经得到证明。

在这里，众所周知的反对意见出现了。

他们说，由于工资铁律，合作所带来的生活价格下降，最终必然导致工资的减少，因此，工人不会比过去过得更好。

尽可能减少工资的倾向肯定存在。但是这只是一种倾向，事实上，工人通过联合可以抵制这种减少工资的倾向。而且他可以通过工会、通过罢工来抵制。他可以更加有力地抵抗，因为保护劳工的立法正在变得越来越完善，尤其是在"工作日的最长限制"方面。

难道在欧洲，没有证明英国的工资是最高的，而这个国家的消费合作社也是最有名的吗？

因此，这种反对意见是站不住脚的。

我们认为，形式最简单的合作运动，即消费合作社不会阻碍社会主义运动，反而更有可能推动社会主义运动。

如果我们不断地缩小资本主义的剥削领域，难道我们真的不会接近社会主义理想吗？

难道我们减少资本主义的权力，不会相应地增加劳工的权力吗？

因此，我们认为，在买卖方面组织消费者，然后，为了大众使用而组织某些产品的制造，构成了走向社会主义生产的一个阶段。

此外，像社会主义一样，现在的合作具有一种国际特点，因此，它也在为人民的团结、和平以及国家的和谐而努力。

现在的批量购买是国家进行的。明天，通过国家批发机构，我们可以组织国际交换。

没有人认为，社会主义能一下子整体实现它的目标。相反，它的目标是在各个方面同时破坏资本主义。

"在政治方面",它将通过剥夺国家,实现大工业,如运输、矿业,然后是银行和保险公司的社会化。

"在城市方面",它将通过城市自治,消除资本家对组织公共服务的垄断权。

"在工会方面",它将通过组织各个行业的雇佣工人,减少资本主义的力量,实现更好的劳动和生活条件。

最后,"在合作社方面",它将通过取消中间人,削弱私营贸易的力量。

看来,显而易见的是,如果在各个方面同时遭到进攻,资本主义的力量就会逐渐减少,它的活动范围就会缩小,而有组织的工作的力量就会在实现其理想的斗争中得到加强。

因此,可以说,社会运动与合作运动之间有密切关系。

因此,最早的那些社会主义合作社员,实质上把合作社看成达到目的的一个简单的手段的那些人,他们所建立的框架已经发展了。

现在,合作已经不再被看成反对当今劳动与所有权组织的一个简单的斗争手段。它的活动意义更加深远了。它是对一种新社会制度的计划,最终将导致一种新的社会制度,那时,所有剥削,所有未经个人劳动而占有所有利润的行为将被消除。

Ⅲ

从实际方面讲,可以把合作组织看成工人阶级的一个宝贵的组织工具。它也对工人们的妻子们有利,因为它带来了直接的物质好处。

它一定能使工人们或至少无产阶级中一部分非常有才华的人完成他们在经济和商业方面的教育,我们的合作社是这个方面的突出样板。

它通过组织，建立在疾病、失业、残疾或年老等情况下提供帮助的团结机构和互助会，提高了工人的道德感。

　　它也有助于人民思想进步。例如，在比利时，社会党的日报完全是靠合作社的经济援助才得以创办和存在的。看到穷工人拿他们的生活必需品去资助一个捍卫他们利益的报刊，不是一个美好而愉快的情景吗？在同雇主斗争的时候，在罢工的时候，合作社经常被求助，而且常常成为资金支持的来源，而且有的时候，他们的帮助对工人的胜利起了决定性作用。

　　此外，合作社在雇员工作条件方面也起到了示范作用。比利时社会主义合作社付给他们的工人和雇员的工资比私营企业高。

　　他们的工作时间比私营企业短。他们中间有很多人每天只工作8个小时。

　　如果生病了，患者可以领取50%的工资。

　　职员有权每年有一天全薪假。他们分享利润。如果老了，他们还可以领取养老金。

　　这些是著作者、演说者和组织者在说服工人阶级时所列举的理由。

　　还值得我们注意的是，众所周知，在乡下，当一个人遇到困难的时候，他很容易被社会主义思想所打动，在小所有制和农耕生产还占主导地位的省份，尤其如此。

　　合作组织是把农民和农场主组织起来的一个极好的办法。

　　这些人在理解新观念方面比较落后。他们通常不喜欢城里人。组织乡下人共同购买他们自己所需要的和他们的牲口所需要的食物；共同销售他们所生产的产品；制作黄油；获得经营生产所需要的贷款，这是一件大好事。通过合作组织，以上都可以办到了。

　　因此，这些组织一旦建立，城里的和乡下的消费合作社之间就能建立商业关系。

在萨克森农业合作社 1906 年度的报告中，提到了农业合作社与劳动合作社建立关系的事情：

报告说："这些（城里的）合作社目前已购买了价值 7500 万的农产品。"

你们看，劳动合作社是培养社会主义思想的地方，诋毁它们是没有用的，真实的情况是，报告意味深长地承认，从经营角度来看，它们被视为非常有价值的"样板"，以致于连"我们的农业合作社"也可以从中学到一些东西。

莱比锡-普拉格维茨合作社的大蒸汽面粉厂几乎所有小麦都是从农业合作社买来的。

曼彻斯特和格拉斯哥的批发合作社有自己的轮船从丹麦购买农业合作社社员的产品。

在法国，社会主义的批发合作社从南方葡萄种植与酿酒合作社社员那里购买葡萄酒。

简而言之，合作社现在所取得的成就还只是个开始。然而，从这个意义上讲，已经实现的成就充分证明，社会主义运动和合作运动密切关系，能够产生有益的结果，并加速城市无产阶级和农村无产阶级之间必须的联盟。

是否有必要补充说：消费合作社必须像我们所认为的、并且正如比利时社会党人所付诸实践的那样对所有人开放，尤其是对穷人开放吗？

为了这个目的，必须促进吸收新社员，既不能要求大笔入社费，也不能要求认购很多的资本金。对于一个合作社的兴旺发达来讲，社员人数多比他们认捐的社会资本更重要。

大部分合作社只要求认购一股 10 法郎。即使这样，这份钱也不必在入社时缴纳。常见的情况是，从利润或半年或一个月的盈余中扣除。

因此，连最卑微的工人也不用慷慨解囊，就能成为属于合作社价值数百万大企业和设施的所有人。这些构成了实实在在的集体财产。

IV

现在，让我们研究一下合作组织与政党之间应当建立的关系。

合作社应当是中立的、独立于政治的吗？它们是应当通过个人关系与政治组织联系在一起，还是应当加入政党呢？

从理论上讲，我们可以承认，与一个有政治纲领或称赞一个特定的党的合作组织相比，一个中立的、吸收任何人参加的合作组织有更多的成功可能。

我们还认为，一个中立的合作社不用承担宣传费用、资助报纸、支持罢工、支付竞选费用，它更有条件给社员带来好处，因此，更容易吸引广大居民。

但是现实是这样的吗？

而且，首先中立的含义是什么？

是什么样的中立？

是宗教的、哲学的或政治的中立吗？

从宗教中立的角度来讲，我们不仅赞成我们的合作社这样，而且赞成我们党的政治组织也这样。

保持政治中立。德国、奥地利和丹麦的合作社人士和社会党人在这一点上存在分歧。在我们看来，这种分歧是由一个事实产生的，即有些人是从追随一个特定的党这个意义上来理解"政治的"一词的。他们不认为这个词意味着为了实现经济、政治和社会改良而影响公共权力的行动。如果不是忙于政治活动，消费合作社有多少次不是在抗议其目的旨在提高食品及其他必需品价格的财政方案呢？

因此，政治中立必须从未追随一个特定的党这个意义上来理解。

就比利时而言，现有的合作运动大约是在 1880 年前后才兴起的。它的倡导者瞄准了一个明确界定的目标。他们希望利用这种组合形式，创建和发展一个社会党。尤其是，指导他们的不是为了自己、为了他们的阶级获得廉价面包的事实，而是对一种理想，一种希望通过无产阶级组织、通过消费和其他合作社来实现的政治与社会理想的追求。如果没有这个理想，这些人就不会埋头烤面包，卖杂货，开设买啤酒的场所，为组建中立的工人组织提供栖身之地。而且，这个运动已经变得强大了。

在比利时，中立的合作社为数极少。总的来讲，它们没有实现稳定的发展。我们现在谈一下公共行政机构雇员和工人组织的合作社，它们必须保持中立，而且它们的代理人不能有外国因素。

我们也决不能忽视一个事实，即正是比利时以社会主义为基础的合作组织，是吸引法国、德国和荷兰在社会主义无产阶级中间创建同样的机构的样板。

在法国，也有一些所谓的中立合作组织。它们有力量吗？它们的力量比只有 12 岁的社会主义合作社强大吗？谁也不敢这么说，而且可以肯定，如果说大国的合作组织六年来取得了发展，那么，主要是归功于那些被称为社会主义的组织。我们可以断言，如果指导创始人的唯一目标，不是为了给他们的同志或自己弄到廉价食品，那么，这个运动既不能创立，也不会发展。比利时的样板使他们决心接受合作社，而通过这个方法加强社会主义组织，也是他们的坚定意图。

我们不需要德国的榜样，因为这个国家的法律禁止合作社参加政治活动，并把他们的资源转向其他目标，不论规模多小。

然而，我们可以说，最棒的人，德国合作社的大多数组织者，都是社会民主党人。合作运动在这里也是新生事物，尤其在阿德勒·格尔哈德太太的小册子出版之后才开始崭露头角，她在小册子里谈到自己在比利时时对合作运动的所见所闻。①

在英国，作为中立组织的合作运动过去了。事实上，他们不需要任何政党。从这个角度讲，他们是相当折中主义的。例如，在每年举行一次的大会上，有一个谈合作的开幕词，今年是教会显要讲话，明年就是一个自由主义演说家或一个工党人士讲话。

然而，即使英国的合作组织没有政治偏好，它也是受一种社会理想指导的。他们求助于"罗奇代尔先驱者合作社"。② 而他们的目标毫无疑问是社会改造。

> "一旦它完成，1843 年这个著名的合作社的创建者，即'罗奇代尔公平先驱者合作社社员'说，该社将向在财富生产与分配、公民教育与政治影响之间建立和谐关系的组织迈进，它们将在母国建立一个联合体，一个'建立在利益共同体的基础之上'的合作社。"

事实上，我们可以说，即使英国的合作组织对纯政治问题是中立的，那么它对社会问题也肯定不是这样的。

在过去几年里，它已经向工会运动靠拢了，而且在最近发生的政治危机中——英国是这次危机的发生地，许多国家的合作运动领导人支持工党的追求。

再者，英国合作社所实现的利润，有一部分贡献给了教育、合作运动宣传等事业，这也必须从非常广泛的意义上去理解。

还有，如果英国合作运动的显著变化继续下去，——而且一切都指

---

① 《消费合作社与社会民主》，纽伦堡 1895 年。
② 1844 年在英国的罗奇代尔镇由 28 个失业纺织工人自发成立，当时每人出资 1 英镑作为一股，共 28 英镑，后来逐渐发展壮大，社员增加到近 3 万人，股金增加到 40 万英镑。它所建立的罗奇代尔原则后来成为指导国际合作社发展的基本原则。——编者注

向这一点，我们可以期待，有一天，这个有数百万社员的巨大群体会渴望在那个伟大国家的政治和社会中发挥有力的作用。

再回过头来说比利时，我们也必须补充说，这个国家的农村居民中出现的合作运动是党的政治人物和天主教神职人员共同努力的结果，他们没有掩藏他们致力于一个政治目标的事实。

还要承认的是，比利时合作运动的政治和社会主义特点，最初是导致其他政党也建立合作社的原因，如果合作运动具有简单的中立性特点，它们是肯定不会这么做的。

从理论上讲，诸如社会主义的、天主教的、中立的等对立的合作社的创立，肯定会表现出某些不足之处。

实际上，直到现在，至少在比利时，这种对立产生了相当有利的后果。它表现为合作社有关工作的创办与改进，例如，疾病保险基金、老年社员养老金等，对这些事情决不能小看。

因此，在权衡支持与反对合作社中立这两种观点之后，可以得出结论：如果从理论上讲，从中立可以使持各种意见的人们联合起来这个意义上讲，中立看上去是合作的最好形式，而实际上它并非如此。

V

由于中立理论已经被抛弃，应当用什么关系把合作运动与社会主义组织联合起来，这个问题还要等等看。

人们一般会被曾经帮助他们实现自我，而且是自己国家所存在的东西所吸引。确实，人们可以说，这个地方能行的东西，其他地方不需要。

然而，也可能是这样：合作运动与社会主义组织之间的关系可能就是比利时这个样子的。

社会主义的合作社直接隶属于社会主义的党①。它们的章程规定它们要拥护工党的原则和章程。

而且，工会运动也是这样的情况。各工会加入了社会主义的党，他们中间有一些组成了全国性联合会，例如，五金工人、一般工人、木匠、矿工、图书行业，等等。

这些工会联合会也有权派代表参加工党的总委员会，从而形成一个整体，在这个框架内把所有政治的、工会的、互助会的组织联合起来，把工人阶级积极而富有斗争精神的部分团结一起，为更美好的未来、为社会的胜利而斗争。

把所有无产阶级的力量集中在单——一个组织里的做法，在我们看来，无论在哪里，都是有利而可取的。

如果这些大的政治工会、合作组织等相互独立，恐怕会造成特殊主义和彼此不服的局面，而这种局面可能在某个时候破坏无产阶级运动所必需的团结。

比利时的某些工会中心有过一些让工会运动拥有中立的自主特征的尝试。比利时工人党反对这种倾向，他们不赞成，并且成功地让鼓动这样做的人放弃了这种打算。

毫无疑问，在我国，除了加入工党的社会主义工会运动，还有天主教的中立合作社；但是，从工人阶级的总数上讲，他们是少数。然而，在罢工和雇主同盟歇业的情况下，这些平时独立存在的各种各样的组织之间会达成临时协议。

也许，不同合作群体做同样事情的时间已经到来，或者为了组织生产资料，或者为了购买和批发他们社员消费的产品，而每个群体以后将保留他们的理想或他们的独特看法。

---

① 这个党是大写，指的是后面提到的"工党"。——译者注

因此，我们认为，鉴于前面的考虑，大会如果能通过下面的决议案，那将是做了一件好事。

"大会，

建议社会主义工人在坚持他们的合作为自己提供生计的同时，对那样一些还把这种联合视为解决社会自治的工具的理论保持警惕；

宣布利用合作社这个武器符合工人阶级的最大利益，有利于他们的斗争，通过组织工人购买力，合作社使他们能够：

（1）与商业企业进行斗争；

（2）促进劳动生产尝试；

（3）对供应商方面普遍存在的劳动条件施加影响；

（4）为合作社雇员提供特殊条件；

（5）普遍加强无产阶级反对资产阶级的力量。"

关于合作社与政党的关系问题：

"大会，

认为社会主义政党与合作社之间建立有机联系，并使这种关系变得更加紧密是可取的，在立法允许的国家，合作社应有力地支持党，把它们的部分利润投入宣传、教育工作和解放工人阶级的斗争中；

表达这样的愿望，即合作社应当以共同购买或制造他们的社员所用的产品为目标建立一个特殊的联盟。

他们应当追随以实现社会主义原则为目标的国际合作社联盟，以便使合作运动具有同现存资本主义制度进行斗争的特征。"

报告人　路易·贝尔特朗

3. 荷兰社会民主工党的报告

1910年国际社会党代表大会议程的第一项议题是：合作组织与政

党的关系。

下面的内容可以被认为是对合作运动发展与扩大及其与政党和劳动运动关系的概述，请注意不能把这个合作运动与资产阶级合作运动弄混淆了。

到1909年底，我们国家有31个工人合作社，即消费合作社，它们将部分利润贡献给工人运动，包括工会运动和政党（社会民主工党）。

它们为此目的所贡献的利润为纯利润的10%—33%；首先，它们支持工会方面的地方同盟、社会民主党支部，以及供工人使用的场所。我们这里掌握了31个合作社中的27个合作社的详细情况。还有两个合作社的详细情况没有公布，它们刚刚建立，所以没有提交详细情况。

前面说的那27个合作社大约有17500名社员和消费者，总营业额190万盾。

1909年，合作社利润约为113000盾，其中17000盾被用于运动。社员的共同资本约51000盾。开办了25个面包店，12个杂货店，4个燃料部，其他商店14个，以及6栋供工人使用的建筑物。为了开展地方宣传，我们出版了14份报纸，其中有5份为月刊，而荷兰工人合作社联合会为合作社管理和部门经理出版了一份技术性的月刊。

荷兰合作社联合会有24个工人合作社加盟，有15700名社员和消费者。

1899年社会民主党代表大会通过决议，表达了通过把部分利润用于资助工人运动，把消费合作社变为一个武器的愿望。

这个决议促进了合作行动的发展，上面所展示的合作社，就是决议通过十年后所取得的成果。

工会本身在荷兰工会联合会上次代表大会上通过了关于合作社的决议，确定了自己的立场。

这个决议的内容如下：

"5月9—10日在阿姆斯特丹召开的荷兰工会联合会第十五次代表大会,认为工人消费合作组织在以下方面是一个强大的工具:

1. 教育工人独立管理他们的社会事务;
2. 改善工人阶级的生活条件;
3. 支持积极的斗争。"

结论说明,工人运动和工人合作组织尽可能地相互帮助很有必要,工人合作社按照其章程,准备将其部分利润用于工人阶级的斗争,即社会民主工党和荷兰工会联合会所理解的斗争。

现声明其观点如下:

1. 工会会员有道义上的义务加入他们所在地的一般工人合作社或成其为社员,并说服他们的妻子关心工人合作社的发展。
2. 工会领导要反对为特殊的工人群体建立单独的合作社。

合作社要尽可能地通过以下方式促进工会活动:

(1) 与在合作社工作的人员缔结规定其劳动条件和法律地位的工资协议;
(2) 在开展工作时要考虑开展工作的劳动条件;
(3) 以其作为消费者的力量尽可能支持工会的斗争;
(4) 注意始终与组织起来的人们合作;
(5) 把一部分利润用于支持地方性的和全国性的工人运动。

大会认为,罢工或雇主同盟歇业行为是否恰当应当完全由工会判断,因此,合作社的直接支持要求把用于这一目的的利润交荷兰工会联合会支配。

这个决议规定了工会会员的道义,即他们应当成为这些合作社的成员,因此,毫无疑问对工人合作社的发展产生了有利影响。

合作运动将繁荣发展，利润将会增加，工会和政党从中得到的部分也会增加。

所以，工人合作社是加强工人运动两个部分的手段，三位一体，即工会运动、合作运动和政治运动，将使资本主义不复存在和社会主义建立起来。

4. 社会党（法国）的决议案

忠于自己以前的宣言的社会党记得：它承认创建和发展劳动战斗组织和集体组织的极端重要性。为此，它把合作放在"社会变革必要因素"的首位。因此，它赋予合作在无产阶级教育与组织的一般活动中以特有的价值。

它保护他们的生存资料不受苛刻中间人无耻贪欲的盘剥。它给他们提供了改善他们生存、劳动和反抗条件的有力行动手段，并且使他们能平等地承担艰巨而复杂的集体管理任务。

它的有益成果更加丰富，它的原则的实现形式更加多样，它将不断拓展其领域，并且逐渐从个人组合上升为合作力量的总联盟。

工人阶级通过积极工作，用消费合作社的力量打击商业寄生行为，为它所组织的生产创建一个与资本主义竞争对立的、宽阔而可靠的出口，并为预计将面临的经济危机储备大量资金。

对于农业生产者来说，它也是对付投机的一个宝贵工具，是通过共同购买和使用劳动工具实现技术进步的一个工具。

社会党人是工人阶级的党，是社会革命的党，它承担着促进合作自由发展的任务。通过宣传指出它不容置疑的优点是它的责任。但是，在要求雇员参加合作行动，向他们指出资本主义竞争本身所规定的限制的同时，它希望劳动机构唤起他们的阶级利益意识，让他们认识社会主义解放思想，从而使他们注意社会斗争的复杂困难，不要忽视工会和政治行动要求他们付出的努力。

社会党的建立是为了服务于工人阶级而不是利用工人阶级，它努力向无产阶级团体提供有力的兄弟般的帮助，而不认为必须为它的服务付钱。期待这些团体对党承担义务，意味着在合作行动中造成不和，而这种不和会对党的核心造成致命的影响。它还意味着疏远可能的加入者。如果党因为它们的自主行动而拒绝这些自愿提供的资源，它的预算平衡在一定程度上就只能依靠自己的发展，它就要减少自己的活动。

因此，它要求社会党积极分子不加限制地向合作运动提供帮助，因为它肯定能从中获得宝贵的好处，还因为它的成员，即那些受到合作运动保护而不受投机敲诈勒索，从而减轻了部分生存威胁负担的成员，将大大增加无产阶级反对资本家阶级的普遍战斗力量。

二、失业问题

3. 比利时工人党的报告（莱昂·特罗克莱）

1907年7月12日，亨利·贝里以社会党党团的名义提议，把列日省预算的第一笔1500法郎拨付到工会失业基金名下。该议案于当月27日通过，次年付诸实施。

自此，该省每年向失业基金提供补助，从未停止过。1909年，除了通常的12000法郎，他们又给工会失业基金拨付了第二笔15000法郎，后者正因工业危机而受到困扰。

在该省议会社会党和激进派多数的建议下，各市镇纷纷效仿。1909年列日省46个市镇议会在预算中拿出钱来，以便鼓励建立失业基金的工会。

* * *

当这一运动在这个国家的瓦隆地区形成之际,受列日省榜样的启发,另一个对付失业有害影响的模式正在根特实施。在这里,工会从市议会获得直接资助不是一个梦想问题,而该市议会现在有三分之二是强硬的保守人士。在很大程度上,由于瓦尔莱先生的努力,提出了一个最巧妙的结合。1901年,根特市出资设立了一个自主基金,该基金要承担通过专业或其他失业保险机构的中介,增加对失业者的补偿的任务。在失业的情况下,个人储蓄也给予补助。

* * *

自此,根据其状况和政治形势,或按根特制,或按列日制,或按两者兼而有之的体制,几个大城市中心设立了基金。1909年工业和劳动部被告知有21个不同类型的失业基金。目前,不算省级补贴,拥有全国五分之二人口的100个市镇,每年投票决定资助非自愿失业保险金。

比利时现有的21个基金从市政当局那里拿到138972.10法郎的补助,其中116286.96法郎发给有组织的失业者。就这些基金而言,隶属于这些基金的失业机构仅用它们自己的资金,就支付了19000名失业工人大约182000个失业天数的补偿,总计233040.85法郎,平均每天1.27法郎。

各城市基金所支付的116286.96法郎,使工会能够把失业补偿每天增加63生丁。

总起来讲,那些其工会加入城市失业保险机构的有组织的工人,每失业一天，平均可以领到1.90法郎，其中1.27法郎直接来自工会基金，63生丁来自市政补助。两者结合的一个重要事实在于让工会分配来自公共机构的补助。因此，根据上面的数字，可以说，1909年工会给他们的失业会员每发1法郎，基金就会增加49生丁。

* * *

比利时失业保险基金的成功要求我们对它给予一定的关注，因为它们不是在同样的基础上组织起来的。列日市——请不要把它同列日省弄混淆了，而且它是后来才介入的——已经建立了一个体制，从某些角度看，它可以被视为列日省体制与根特市体制之间相互作用的产物。不过，列日省所采用的体制的指导原则，即直接补助职业保险失业基金的做法，是以列日市的体制为基础的。

根特制在国外名声很大，列日制虽然建立得早一些，但没有引起人们的兴趣。它在很长时间里没有引起注意，直到现在才开始为人所知。

列日市首先采用了根特制，而且它也不是由列日省基金建立的，除了这些细节之外，列日市的特点是设立了一个行政管理委员会，这个委员会实际上是自治的，由公共权力机构的代表、工人组织的代表和对社会经济感兴趣的知名人士组成，而他们是从市议会中选出来的。

然而，在根特市，劳工成员完全是由议会挑选的；而在列日市，市议会只能从失业保险基金所属组织所提供的两个候选人中挑选。

因此，在列日和在根特一样，基金委员会的组织使它能在给它资助的市政府和领取补贴的团体或失业工人之间发挥中介和联系作用。

在根特和在列日一样，除了控制问题之外，基金的使命是最引人注意的。它要收集对所属组织有用的一切信息。它要汇总统计资料，收集与失业有关的各种文件，并交给公共管理机构和工会。

＊　＊　＊

在说明了比利时的两个实际运行的体制之后，我们现在提出几个重要观点。

在根特制度下，补助是以失业者的名义支付的，而列日省和列日市则把补贴交给工会，后者建立了一个非自愿失业职业保险基金。

在根特的慈善体制下，个体经济有权获得失业补偿；而在列日的团结模式下，他们完全被排除在外，因为个体经营者显示的是自私，而有远见的工会会员成就了一种利他行动，是团结的更好表现。

在列日，劳工和职业保险基金只被允许参加对失业基金的补助；而在根特，把各种各样极为不同的职业联系起来的储蓄团体可以收到补助。

根特制的干预只是为了增加失业者的个人补偿；但是在列日市，失业基金是按两个界定清晰的基础计算出给工会的补助的：（1）每名失业者每日获得第一笔赔偿金的50%；（2）失业保险机构拿走缴费总额的25%。

根特制不承认由雇主同盟歇业所造成的非志愿性失业。而在列日，情况则不同。

列日也给职业组织补助，后者给为找工作而不得不搬到全国工会联合会知道工作机会很多的地方的会员发放旅费。通过鼓励，"旅费"用我们所指出的方式，迈向有组织工人阶级工作的正规化。

在根特，"旅费"是没有补助的。

在根特制下，失业者必须接受失业基金委员会给他介绍的工作；在列日，工会承担了控制并为失业者找工作的职责。这很好理解，工会马上为失业者找工作，符合工会的利益。它会非常认真地办事并确保它所确定的薪金标准受到重视。

从我们所比较的两种分配模式和两种体制引出的结论是：列日制更尊重工人的独立和尊严；而且，它同样有利于招募会员：它在一定程度上保持了工会的魅力。

自从1898年列日省实施这个体制以来，它在12年时间里已经主持了88个工会的建立。1897年，只有356名工人为非自愿失业缴费；1908年，参加省级补助的工会工人达17000人。

从工会的角度来看，我们可以得出结论，列日制和根特制一样，也产生了良好的效果。1908年召开的工党工会代表大会虽然表示支持列日市和列日省的体制，但没有在体制上抨击根特制。1909年召开的社会党市镇议员全国代表大会也作出了同样的决定。

* * *

1901年10月15日，议会党团在下院提出并阐述了第一个问题：部长用臭名昭著的供求规律回答说：他的职责既不是管理工作日，也不是管理生产。在他看来，一切都完美无缺，他对失业统计不关心。

在工业危机开始时，1908年4月28日，一项新的社会党党团议案告诫政府危险，同时，首先要求向工人提供一般和特殊补助。党团还要求立即签订法定建设工程，并且支持政府按工会的要价安置失业工人。部长认为做事的机会还没到，否认危机。其他情况大家都知道了。

* * *

社会党议员和工人组织的同时共同行动，最终迫使政府和其他公共机构干预，而且比较慷慨。例如，部长被迫先投入了10000法郎，然后又投入了 20000 法郎，为鼓励为其成员非自愿失业活动提供补助而设立的保险机构，今年的预算额为 30000 法郎。这笔钱部分进入城市失业基金，其余进入政府承认的工会（所有黄色工会）。73 个被承认的工会在 1908 年向 1334 名失业者发放了补助，总额为 20960 法郎。数额并不多。

自 1898 年以来，社会党党团每年都提议增加给失业基金的补助。所有审议机构的情况实际上都一样。

在 9 个省中，只有 4 个省介入，而且数额少的可笑；只有列日省和埃诺省（社会党人和激进派）给失业基金提供了实质性的帮助。

* * *

在比利时，还有一些私营机构，例如"工作援助"、"分配帮助"和"就业办公室"（免费），它们的目标是缓解失业影响。因为它们是慈善性和宗教性的，这些私营机构的活动领域非常有限，工作成果也没有什么意义。

然而，有些就业办公室，他们有相当数量的雇主和工人代表，得到公共权力机构的补助，成功地提供了一些服务。比如，1900 年 4 月，在全国最重要的市镇中，有 12 个就业办公室组织和资助，使提出申请的 3227 名男女工人中的 1557 人找到了工作。

与需要相比，这个数字很小，而且首先必须考虑到有四分之三找工作的人是家仆、搬运工、没有手艺的不幸的人、什么也干不了的人。

补充一句，下院社会党议员 H. 德尼同志提出一个工人安置方案已经有一段时间了。

* * *

一些年来，失业问题引起的工会和公共权力机构的讨论很多，报刊也时常发表关于这个问题的文章。

1908年，工党工会委员会和独立工会召开了职业工会代表大会，承认阶级斗争原则，并充分讨论了非自愿失业问题。

我们提出的决议被通过了：

"1. 我们的理想是符合工党纲领第二章第四条的，即国家在其他公共权力机构的帮助下建立应对非自愿失业风险的普遍强制保险。

2. 工人要始终努力运用他们所掌握的一切手段干预生产和工作时间的管理。

3. 在工业危机期间，公共权力机构要向受危机影响的劳动失业基金提供特殊补贴。

4. 公共权力机构每年向工会、地方或全国职业工会联盟联合会自主设立和管理的应对非自愿失业的劳动保险机构提供的补助。（城市、省和政府的补助应在组织起来的工人中分配而不能发给个人）。

5. 还应向为组织会员找工作而发放"旅费"的工会和工会联合会提供补助。

6. 法律应当强制雇主每年按已支付工资的比例或他们的利润的比例，向工会和职业工会联合会所建立的应对非自愿失业的劳动保险机构缴钱。

7. 政府要在全国进行调查，出版年度失业统计。"

* * *

在这次讨论之后，比利时工人党加倍努力解决失业问题。

比利时工人党在清晰地指出失业的经济原因，并阐明只有社会主义社会才能解决这个问题的同时，尽可能帮助建立失业保险机构的工会。

他们已经成功地使他们代表的所有审议机构批准增加补助。

在大城镇的失业基金委员会中，他们捍卫参加补助的工会的独立性和自主权。他们的代表常常按照工会大会的决议出手干预，改变有关失业基金的条文规定。这是有利于工人、工会和工党的。

4. 美国的报告（罗伯特·汉特）

美国关于就业问题的任何报告，即使从最乐观的考虑来讲，也是不太令人满意的。尽管失业也许是这个国家痛苦的最大原因，但它并没有受到注意。因此，要准确地说明整个美国某个时期或某个职业的失业程度是不可能的。尽管全国政府和各州政府在收集这个问题的数据方面花了很多钱，结果似乎是掩盖而不是暴露问题的程度。收集的数据要么没有价值，要么表述混乱，以至于很难保证从所提供的事实中得出任何结论。因此，面对这个国家比世界上其他任何国家都无可争议的更为严重的问题时，我们感到左右不是，不知道、也不想做出任何明智的尝试去寻找答案。

关于美国失业情况的一些数据

失业数字，尽管我们说过非常不完全，但它们说明即使在繁荣时期，这种不幸现象也非常普遍。1890年人口普查表明，有3523730名工人，或者说占10岁以上从事有收入工作的全部工人的15.1%，在那年有过一段时间的失业。（《1900年人口普查。职业卷》第228页及以下页）不过，1900年人口普查的这些数字被认为不全面而受到批评。那次普查发现，有过一段时间失业的人数是6468964人，占10岁以上从事有收入工作的全部工人的22.3%。（同上，第226页）失业的男性工人中有39%，或者说有2069546人当年有4到6个月闲着没事干。（同上，第235页)。这个数字是全国性的，所有行业的，包括农业。仅制造业，失业人数上升，占整个工人的27.2%。在东部和北部工业州，失业的百分比高于全国平均数字。

马萨诸塞州1895年人口普查说明，有8339名工人在那年持续失业，有252456人就业不固定。(《马萨诸塞州人口普查》，1895年第105页)这意味着，在所有被调查的人中，有27%的人在当年某个时段闲着没事干。马萨诸塞州1885年人口普查说明，这个情况并不异常。1885年，有29%的工人就业不固定。换句话说，每4名工人中就有一名以上的工人，其年工资因一个时段被迫闲着无事干而大幅度减少。在有些情况下，这个时段持续几个月的时间。在工业城镇，例如黑弗里尔、新贝德福德和福尔里弗，就业不固定的人更多。在这些城镇，有39%到62%的工人一年有一段时间闲着没事干。(同上)还有一个调查是1897年在马萨诸塞进行的，该调查说明，在该州的有些工厂，有10万工人在工厂经营状况好的时候找到了工作，但是在工厂经营状况不那么好的时候失业。(里士满·梅奥－史密斯《统计与经济学》第97页)就业人数的这种波动，意味着在最繁忙的季节的最高就业人数大约有30%在淡季要失业。

这种就业不确定性并不是马萨诸塞州特有的现象。在每个工业社区都存在由于就业不固定而生活缺乏保障的情况。据说，在1902年无烟煤矿矿工罢工期间，整个煤炭供应枯竭，但是该区工人数量如此过剩，以致于在罢工平息后的短时间内，以可靠的权威为基础提出的一份报告称，"间歇性劳动再次成为无烟煤矿就业的命运"。(彼得·罗伯特博士《无烟煤矿社区》)

受雇于大湖航行工作的人，其劳动受到季节性需求的影响特别大。在1、2、3月这三个月里，在所有工人中，有三分之一处于失业状态。(《纽约劳动部公报》1903年9月第260页)纽约市服装行业的情况非常类似。在1903年头7个月里,有五分之一的工人失业,在所有工人中,有三分之一到四分之一间或没有工作。(同上,第261页)换句话说,在这一段时间里,有20%到30%的工人被迫处于闲着没事干的状态。在这些季节性很强的行业里,工作的工人被迫定期反复经历贫困时期。在很多情况下,很长的季节里闲着没事干,对于大多数工人及其家庭来说是严重的折磨。

除了1885年和1895年之外,还有一些被认为是工业萧条的年份没有数字。在这些工业危机年份里,处于贫困状态的失业工人及其家庭的人数达到了整个国家为之震动的程度。在这些年份里,我们城市的寄宿房里充斥着没有工作的人。流浪人群大幅度增加,没有工作的人的烦恼与绝望造成了数以千计的人的毁灭。

关于非熟练工人失业状况的数字寥寥无几;但是,一项关于芝加哥意大利人状况的调查,使人们认识到非熟练工人中间的失业状况比熟练工人更广泛。上面所给的数据涉及各种类型的工人。关于意大利人状况的联邦调查报告说明,"在受雇于有报酬的岗位的2663人中,有1517人,占56.97%,在一年的某个时段工作,因此,这1517人的平均失业时间为7个月"。在一年时间里有232人有8个月的时间没有工作;310人9个月的时间没有工作;161人10个月的时间没有工作;68人11个月的时间没有工作。(《联邦劳工局特别报告第9号》第29页)当人们知道意大利人所从事的各种工作平均收入每周不到6美元以后,就不难认识到贫困和痛苦是失业造成的恶果。(同上,第28页)意大利人一度努力尝试吃和在意大利时一样糟糕的饮食,干这里要求他们干的沉重而紧张的工作,而且,迷信地给他们孩子的脖子上挂上一个小盐包,以驱赶营养不良和饥饿的魔鬼。没有什么比这个国家的意大利人的身体状况更清晰地反映失业和饥饿造成的悲惨情况了。

其他国家移民中非熟练劳动者的情况和上面的情况是否一样,还不能肯定。然而,可能和我们所能想象的同类劳动者的平均情况很接近。上次联邦人口调查的数据说明的确如此。那次调查说明,有44.3%的非熟练工人在一年的一定时段里失业。(《1900年人口普查。职业卷》第232页)日常观察也支持这个结论。各地无烟煤生产区,比如南芝加哥,还有伊利诺斯、宾夕法尼亚、纽约和马萨诸塞州,在非熟练劳动者中存在极端贫困的迹象。"拱形大道"的爱尔兰人、牧场区的波兰人和匈牙利人、纽约和芝加哥的意大利人、纽约东区的犹太人,他们之间的能力相差很大;但是从表面看,这些非熟练且就业不稳定的工人,无论什么民族,他们的贫困状况几乎完全相同。

犹太人的节制和智力,使他们避免了最悲惨的状态。无组织的爱尔兰非熟练工人,由于政治影响而不能在城里找工作,他们像其他移民阶级一样极其贫穷。当然,这种对各国民族非熟练工人状况的比较,做得太过分是不明智的。它必须主要以观察为基础。而且,它多多少少是有限的,是不完全的。但是可以有把握地得出结论:各种非熟练工人的就业比有组织的熟练工人的就业更不稳定。由于非熟练工人的工资一般只能让他们在工作的时候维持高于贫困线的生活,对于这些工人来说,失业意味着缺衣少食,居无定所。认为在较大的工业州,正常年景下,有30%的非熟练工人每年有部分时间因为失业而处于贫困状态,这个说法一点也不过分。(上述说法主要引自罗伯特·汉特著《贫困》;又见《新世界的苦难》德译本)

1907年秋天,整个国家陷入灾难性的金融恐慌,立刻引起工厂、商店关张,建筑停工,大批大批的人失去工作,失业人数以百万计,全国各地到处出现群众集会、哄抢面包、失业者游行等事件。据《芝加哥每日社会主义者报》在调查后估计,当时至少有500万雇佣工人失去了工作。不过,除了有一些工会报告了他们会员的失业情况之外,没有准确的工具确定失业程度。向纽约劳工局报告失业情况的工会,1908年7

月时的会员人数为 96792 人。他们报告说,那个月有 35329 人失业。该州工会的失业百分比从 1907 年 1 月的 8.5% 上升到 8 月的 12.1%;从 9 月的 12.3% 上升到 10 月的 18.5%;又增加到 11 月的 22%,12 月的 32.7%,直至 1908 年 1 月的 36.9%。1908 年 2 月份,失业幅度达到了 37.5%,这一数字保持到 4 月份,然后随着夏季工作的开始,失业率开始下降。下表反映了整个情况:

有代表性的工会失业雇佣工人的数字和比例

时间	报告数字		每个月底没有工作的情况	
	工会	会员	人数	百分比
1 月	192	88604	25964	29.3%
2 月	192	89396	23727	26.5%
3 月	192	90619	20836	23%
4 月	192	89309	18042	20.3%
5 月	192	89241	15228	17.1%
6 月	192	89227	15503	17.4%
7 月	190	89551	12459	13.9%
8 月	190	90429	10799	11.9
9 月	190	90783	13171	14.5%
10 月	190	91247	12468	13.7%
11 月	190	91977	12206	13.3%
12 月	190	91162	18791	20.6%

平均比例为 18.5%

失业百分比

1908 年	1907 年	1906 年	1905 年	1904 年	1902 年
36.9	21.5	15.0	22.5	25.8	21.0
37.5	20.1	15.3	19.4	21.6	18.8

(续表)

1908 年	1907 年	1906 年	1905 年	1904 年	1902 年
37.5	18.3	11.6	19.2	27.1	18.5
33.9	10.1	7.3	11.8	17.0	13.1
32.2	10.5	7.0	8.3	15.9	12.7
30.2	8.1	6.3	9.1	13.7	12.5
26.8	8.5	7.6	8.0	14.8	12.1
24.6	12.1	5.8	7.2	13.7	10.2
24.6	12.3	6.3	5.9	12.0	8.7
23.1	18.5	6.9	5.6	10.8	10.8
21.5	22.0	7.6	6.1	11.1	12.9
28.0	32.7	15.4	11.1	10.6	20.7
29.7	16.2	9.3	11.2	16.9	14.3

失业程度的变化

上表摘自1910年3月发表的纽约州劳动署公报，它说明了在1904年、1905年、1906年、1907年、1908年、1909年这些年里工会会员中失业工人的百分比。一项对这个表的研究结果表明了失业程度的波动是多么快，美国熟练工人经常从工作时的比较富裕状态被抛入失业和贫困状态。它也说明，即使在景气的时期，该州大约有10%的工人因某种原因失业，而在工业崩溃时期，失业人数可以从上表最低数字上升到大约占该州工人的大约三分之一。确实，这些数字只适用于组织较好的行业，而且，这些数字涵盖了这个国家的建筑行业，后者在全国各地都饱受季节性之苦。这个数字还包括制衣业，这个行业也特别容易受就业不稳定的影响。但是，我们可以把这一考虑与一个事实对照一下，即熟练工人中的失业状况从来不如非熟练工人那么严重，而且，当建筑业停顿下来之后，其他所有行业都受到影响，在建筑业萧条时期，所有其他室外工作也会出现类似的不景气现象。然而，即使在金属制品和机器制造业，在印刷、装订和运输业，失业在1908年也影响了大约30%的雇佣工人。没有理由相信，这些状况是纽约州所特有的。所有大的工业中心都存在大约同样的失业百分比，因此，有理由假定，如果上述百分比适用于美国全国各地所有类型的工人，那么，在最近一次萧条期间，就有不下500万雇佣工人失业。在那次萧条期间，进入美国的移民的数字减少，成千上万的外籍非熟练工人重返故国。

不幸的是，还不能向国际社会党代表大会提供令人满意的数字。上述数字看来似乎不会让其他国家的人满意。这些国家为了确定这个社会大祸害的作孽程度，作出了认真而艰巨的努力。然而，至少可以有某种把握说，世界上其他国家的就业都没有这么大的不确定性，失业波动幅度都没有这么大。美国的资本主义比其他地方的资本主义更残酷，而且如果考虑到，即使在失业这种祸害经常影响我们三分之一居民的福利的情况下，资本家几乎不知道、不作为、不关心，这一点似乎是大家没有怀疑的。

失业救济机构

无论上述数字多么令人不满意，我们都有理由确定，美国的失业状况是其他任何国家都不能与之匹敌的。然而，当我们考虑对付失业问题的救济机构时，我们却不能声称这些机构也是无可匹敌的。

美国在不同时期任命了一些公共委员会研究救济措施。这是工业萧条期间的惯用做法。委员会开始工作了，但在它们提出报告之前，所谓的繁荣期又恢复了，于是对这个问题的兴趣又消失了。因此，从未按这些委员会的建议行动过。结果是，我们既没有农场殖民地或劳工殖民地，也没有政府失业保险或城市失业保险。确实，没有一个州做过明智的对付任何类型失业的成功努力。

流浪乞讨者被留给私人救济慈善机构，连那些既不适于就业、也不是无能没用的工人，也不得不在失业期间自甘羞辱地求助私人慈善或济贫法。在工业危机期间，有一些城市挪用资金雇人修路或从事其他形式的市政就业。其他地方则求助于自愿捐助，为失业者建立木柴场、施汤屋和临时棚屋。这些临时性的权宜之计不过是对于失业者的一种贬低和侮辱，但是除了这些措施，没有做过任何有影响的事情。不过，简单地回顾一下工会保险工作——尽管很不够——和各州所建立的公共就业机构，也许会让欧洲同志感兴趣。

工会保险

美国在失业保险方面几乎没有经验。有6个全国性工会支付失业津贴。然而，其中只有一个是美国的大工会，这就是雪茄烟工人国际联合会。其他都是有几个地方组织的小工会，或者是英国人的工会，比如细木工联合会，它在美国各地有分支机构。有几个工会允许会员在失业期间免交会费。有几个工会还发旅行津贴。

全国性工会的失业基金要求会员在具有领取津贴资格之前失业一定的天数。时间从3天到1周不等。受益者必须每天向工会的一名官员报告，后者有失业会员档案。如不报告，就会失去那天的津贴。会员如因酗酒而失去工作或逃避工作，则失去领取津贴的资格。3个全国工会报告1908年的情况显示，它们总共向2897名会员发放了50668.48美元。

美国只有10个地方工会有失业津贴。其中，有8个工会的会员在

1908 年期间有领取津贴资格。每个人每天发给的津贴数额从每周 3 美元到 10 美元不等。有 7 个地方工会 1908 年报告有 9735 名会员，其中有 424 名会员领取了失业津贴，总额为 29417.60 美元。除了一个工会之外，这些工会要求在发给失业津贴之前，失业者要有 6 到 35 天不等的失业期。有个工会不限制发放失业津贴的时间长度。大部分工会把发放时间限制在 6 个月以内，并要求申请人入会达到一定时间才具有领取资格。不过，有一个工会规定一入会就有领取津贴资格。

在大多数情况下，确定失业的方法要求工人每周亲自向工会或某个官员报告一至两次，有的情况下每周报告 6 次。其他要求是，他必须做出适当的努力找工作，而且，如果给他提供工作，他不得拒绝。有的工会规定，如果在一周里找到临时工作，也不再发津贴。其他工会，失业几天，就发几天津贴。

除了工会发给的失业津贴之外，美国没有其他失业保险；由于这个方面的经验有限，还不能阐明这个问题。

见美国劳工局公报 1907 年 1 月第 67 期。

公共就业机构

在美国，与欧洲的职业介绍所大致对应的机构，是免费公共就业办公室。公共就业机构的出现主要原因是私营就业机构乱来。人们认为，建立免费办事机构能消除乱来。这一预期被证明是没有道理的，而且大部分州都不得不通过特别立法来规范私营机构。这些公共办事机构并没有证明自己是成功的，主要原因是他们的资金有限，工作人员能力差，效率低，管理不善。它们主要与非熟练的、没有组织起来的工人打交道。工会努力关心它们的会员，而在给非熟练工人找工作方面，比较高级的私人机构证明比公共机构更有效率。没有全国性的劳动介绍所，除非人们把移民局信息处当做这种机构。

公共机构按州法或城市令设立。每个机构都有一个主管；在有的情况下，有一位女职员协助和处理女性申请人的问题，通常设接待女申请人的单独办公室。第一个设立这种负责公共劳动介绍机构的法律是俄亥俄州在1890年实施的。很快有几个州效仿而行。下面是这一活动的大事年表：

1890年。俄亥俄州，5个机构，分别设在克利夫兰、哥伦布、辛辛那提、代顿、托莱多。

1893年。加利福尼亚州的洛杉矶，市办事处，由工会建立和维持，后由市政府接管。

1894年。华盛顿州的西雅图市，通过修改城市宪章设立市办事处。

1895年。蒙大拿州，试图通过邮件为全州工作，1897年修改法律，允许各城市设立办事处，比尤特在1902年、大瀑布城在1905年都依据该法采取了行动。

1896年。纽约州，纽约市办事处，1906年法律撤销。

1897年。内布拉斯加州，1个办事处，与劳工统计局联系，通过邮寄开展业务。

1899年。伊利诺伊州，4个办事处，3个在芝加哥，1个在皮奥里亚。

1899年。密苏里州，3个办事处，分别设在圣路易、堪萨斯城和圣约瑟夫。

1901年。康涅狄格州，5个办事处，分别设在布里奇波特、哈特福德、纽黑文、诺维奇和沃特伯里。

1901年。堪萨斯州，1个办事处，设在州政府所在地托皮卡，用邮寄开展业务。

1901年。西弗吉尼亚州，1个设在惠灵，与劳工局联系。

1901 年。威斯康星州，4 个办事处，分别设立在拉克罗斯、密尔沃基、奥什科什、苏比利尔；密尔沃基办事处有州工厂视察员。其他 3 个办事处是市政府设立的。

1901 年。明尼苏达州的德卢斯，市办事处，依城市条例设立。后成为州办事处。

1902 年。马里兰州，工业统计局局长指挥的办事处。

1902 年。加利福尼亚州的萨克拉门托，依据城市命令设立的城市办事处。

1905 年。明尼苏达州，有 3 个办事处，分别设立在明尼阿波利斯，圣保罗和德卢斯。

1905 年。密歇根州，有 2 个办事处，分别设在底特律和大急流城。1907 年，法律增设了 3 个办事处。1909 年修改法律，总共设立 8 个办事处。

1905 年。华盛顿州的斯波坎，按城市命令设立了市办事处。

1906 年。马萨诸塞州，3 个城市设立了办事处，即波士顿、斯普林菲尔德和福尔里弗。

1907 年。科罗拉多州，在人口 25000—200000 的城市设立 1 个办事处，在人口 200000 及以上的城市设立 2 个办事处。

1908 年。俄克拉荷马州，州政府设立了 1 个办公室，1909 年修改法律，在该州东部设立了 1 个分支机构。

1909 年。印第安纳州，有 1 个办事处，与统计局联系。

1909 年。新泽西州，纽瓦克设立了市立职业介绍所。

今年，1910 年，有几个州议会提出议案，提议建立新的免费的公共职业介绍所。

实质上，在所有情况下，职业介绍所的工作都因经费不足而受到阻碍。由于缺乏经费支持，加上经常通过邮寄开展业务，成功大受限制。

除了交换报告，不同介绍所之间几乎没有联络，很少开展把人们从一个地方送到另一代地方的尝试。在这方面，一个值得注意的例外是，密苏里、俄克拉荷马、堪萨斯和内布拉斯加的职业介绍机构在满足这些州在收获季节对劳动人手的巨大需求方面开展合作。他们和铁路公司合作，用固定半价把人们从密苏里州堪萨斯市介绍所送到这4个州。总的来说，公立职业介绍所既没有能力、也没有资金支付贫困工人交通费，把他们安置到可以找到工作的地方。

5. 社会党（法国）的决议案

大会宣布，失业是与资本主义生产方式，尤其是资本主义的发展，与妇女和儿童工业化以及工人移民的波动，不可分离地联系在一起的，只有资本主义消失，失业才会消失。

然而，大会认为，为了加强自己的抵抗力和战斗力，工人阶级的任务是努力削弱和减少这个祸害的影响，而这必须通过工人阶级的国际行动来实现。

为了这一目标，党过去要求、并将继续要求建立由工会组织领导的调查机构，或像德国所做的那样，由工会组织和公共行政机构共同采集确定这个祸害的程度、特点及其原因的统计数据。同样，为了这一目标，党必须迫使当局对国家、省和市镇的公共工程和依靠这些公共工程的私人工程作出较好的安排，以避免某个地区工人劳动力突然减少所带来的危机。

另外，为了这一目标，党必须进行不断地开展宣传鼓动，支持缩短工作时间，反对讨价还价，反对计件工作，反对雇主的超产奖。

最后，为了这一目标，党必须开展一场建立广泛的社会保险的运动，使社会保险不仅覆盖老龄，而且覆盖所有社会风险，其中失业是最有害、最有破坏性的风险。

三、仲裁与裁军

4. 社会党（法国）的决议案

在再次声明战争只有随着资本主义的终结而终结之后，工人国际宣布，它将组成最大的维护和平同盟。

为了这一目标，它已经进行并将继续开展一个更有力更有效的行动，因为它必须依靠自己增强力量和凝聚力，并且以更加持续的、更加严格的方式，把它的代表大会决议、尤其是斯图加特代表大会的决议转变成事实，特别是在面对国家之间武装冲突的情况下。

但是，正是因为工人国际是维护和平的最好同盟，它也不可能对保障这种和平的外部努力袖手旁观。

国际并不幻想这样会取得多大的成就，相反，它相信进步总体而言是由一天天的进步构成的，是连续不断地实现的。它要努力迫使各国政府认真地考虑，越来越多地尝试用友善的办法来解决国家之间的纠纷，并确保仲裁法院正常运转，这个法庭在很大程度上是资本主义资产阶级在社会党的舆论不断施压下被迫设立的。

同样地，国际要努力促进各国在热爱和平的基础上发展教育，向青少年提供指导，从而让未来的人们在思想上做好准备，一旦所有的军国主义和沙文主义偏见被铲除，他们能以同样的同情心拥抱人类大家庭的所有成员。

国际还将本着这种精神,坚持不懈地追求各国同时裁军,用民兵①、简单的防御力量取代侵略和征服的工具——常备军。

四、劳工立法的国际成果

2. 荷兰社会民主党的报告

在这方面,与国际局的希望一致,我们首先注意到:

Ⅰ. 社会立法

在这方面,荷兰没有什么进展,只有一部工人补偿法,而且,它只适用于约60个行业,不包括农业、畜牧业、海洋渔业、航海业以及家政服务等。

补偿法是怎么来的呢?——1901年1月21日通过补偿法的于1903年2月1日生效。

如果议会下院没有提出关于这个问题的前一个议案,一个主张建立由国家来组织和操办保险的过于集中化的议案,这个法案是不会通过的。按照前一个议案,所有雇员都由国家保险局投保,而二院的基督教保守党人则提出了一个主张组织"行业协会"的议案,这样一来,如同德国雇主都乐于接受的做法那样,联合起来的雇主可以用对他们的雇员有利的方式相互保险。

这个努力由于遭到社会民主党人以及自由党政府的强烈反对,在第二院没有成功,而且该议案也被一院否决了,于是,政府提出了一个新

---

① 指只有在紧急情况下才能召集的国民武装。——译者注

议案，后者对反对者的愿望作出了让步。

法令的系统。依照现行法令，除非雇主反对，国家保险局可以给他们投保。但是他们也可以自己投保：首先，可以到一个特定的保险公司投保；其次，他们可以自己投保；再次，允许他们到共同风险银行投保。在这种情况下，他们只支付国家保险局所做的行政管理的成本，而且还要预付，并承诺支付补偿。补偿的支付和每周的发放完全由国家保险局来做。

现行制度的糟糕后果。这个保险制度造成了很多问题。首先，自我保险或特殊保险造成雇主常常强迫工人对事故守口如瓶，因为雇主只对国家保险局支付给伤者的补偿数额有直接兴趣。因此，关心安全的刺激几乎消失了。还有一个结果是，老工人和家庭成员较多的工人开始不工作了。因为他们要承担很高的事故保险费。此外，这个制度因为保险与政策而造成了各种欺诈骗局和阴谋诡计。国家保险局的保险费明显较高。这就给雇主求助于保险费较低的某个保险公司提供了理由。最大的风险是采取这种方法退出国家保险局。与此同时，代表雇主利益的政客则公开嘲笑国家保险局花费太大，而一些承保商也同样大发牢骚，抱怨他们的公司不能完全竞争！

正是一些退出的风险使保险费较高，而这一结果又成为新的退出的理由，以及国家保险局遭到政治攻击的理由。

疾病保险的缺乏。有个情况令人失望，这就是补偿法是在没有疾病保险的情况实施的。从事故发生之日起，工人有资格领取一笔补偿，免费看病、做手术——这样他有 3 天时间可以不用去工作。所有不到 10 周的事故——大部分事故是这么长时间，都由国家保险局处理。结果导致行政管理成本很高，估计每个事故的成本为 16 盾（12 盾为 1 英镑），官方工作混乱，投保人领取补偿常常要等很长时间。此外，屡屡发生医生和药剂师向国家保险局滥报账单的情况。

社会党人立即要求制定一套完整的保险法令；但是，现在疾病保险的缺失成了资本家反对国家保险局掌管保险制度的另一个原因。

该法令让工人有权干什么。当然，工人是雇主出钱投保的，所以工人的日工资不超过4盾——他才有权领取补偿金。任何人如因工作而受伤，他在不能工作期间都可以领取相当于他日工资70%的补助，即他平均年薪的三百分之一。此外，他有权免费看医生、做手术。直到通过一部疾病保险法之前，最初6周期间的支付是在社会党人的请求下实施的，但议案毕竟是一名基督教党议员提出的。

如果伤病造成死亡，丧葬费由国家保险局支付；遗孀有权领取相当于日工资30%的补助，直到她去世或再嫁；每个孩子在年满15岁之前，可以领取相当于日工资15%的补助，孩子领取的补助最多合计可以达到每日工资的60%；孤儿和孙子可领取20%；非婚生子女也可以享有同样的权利。如果妻子挣钱养家，在她受伤的情况下，丈夫也有权领取补偿。同样的，如果伤者的父母或祖父母是由他供养的，他们也享有同样的权利。已经学徒的青年，不能在同样的条件下领取补助。（有一个正式通过的法律条文规定，他们一直有权每天领取1盾，但是由于这个规定被滥用，在各党一致同意下，规定被修改了。而提高学徒补助的努力则因为政府的反对失败了。）

故意与酗酒。如果事故是故意造成的，没有补助或任何补偿。如果事故是工人在醉酒状态下发生的，他领取的补偿最多为正常支付标准的一半。这被看做是社会党人坚定努力的结果，他们坚决反对连惯常的补助也不给。这部荷兰法律没有"严重过错"这样的说法

民事结果。雇主承担伤害给工人造成的后果的民事责任，这一条很大程度上因为社会党人虽坚决反对、却不能阻止而被取消了。假如这一条成为法律了，国家保险局现在就要负责伤害补偿工作。

国家的责任。国家有义务实现法令与工人有关的条件，国家保险局

自成立以来，已经背负了大约400万盾（=1/3百万英镑）的赤字，他们建议这笔赤字也由国家负担。

法令几经修改，已经变得面目全非。与疾病保险有关的一次大的修改，承诺要保持长期不变。保守党人促成了特殊与相互保险的扩大，国家保险局只能被当做一个重要性弱一点的补充制度。社会党人要求实行国家保险局垄断，通过一个公平的疾病保险实现非集中化，在事故发生的最初6周时间里也支付事故补助。自由党人政府提出了一个相同的建议，但没有提国家保险局垄断。

上诉。受伤者可以从国家保险局转而求助上诉法院——尽管在事故发生的头6周，每周不发补助。这些上诉法院的组成一半是雇主，另一半是工人，有一名官员任主席。高一级的上诉法院完全由律师组成，名字叫"中央上诉法院"。

怨言。雇主抱怨该法令花费太大，工人滥用权利，以及造成了精神上的痛苦等。工人除了抱怨国家保险局和官医通过强制他们来规避该法律，还抱怨他们很少适用法令，尤其是抱怨中央法院思想狭隘的法律判决。

统计证明，这个法院不仅对工人不利，对普通法官也不利。因此，雇主不把后者看成法官，而他们的作为确实不像他们应有的样子。国家保险局开始试图改变工人曾经获得的权利，工人要得到年金，必须接受意想不到的、有时甚至是令人痛苦的医疗检查。

国际关系。该法令并不适用于其工厂建在国外、工人不住在荷兰的雇主，除非那个国家的强制事故保险也适用于荷兰工人。同理适用于为外国雇主工作、在荷兰受伤的外籍工人，除非他的国家也让荷兰同样地位的工人享受同样的权利。

他们正在努力通过条约在这个问题上达成一致。

依据1907年11月19日法令（法律全书第310号），德国和荷兰已经在1907年8月27日缔结了一个条约。条约规定，如果事故发生在这两个国家，可以适用事故发生地国家的补偿法，除非这一行业被排除在该国法令的适用范围之外。这一条约不适用于运输业事故，而且在某些情况下，必须是开始工作6个月后所发生的事故。

荷兰的有关工人因为这一条约受到一些损失，我们的法令比德国法令对工人更有利。

补偿法的扩大。自从政府施行该法以来，又提出了农业伤害补偿法案，以及渔业和航海伤害补偿法案。

虽然遭到社会民主党的抗议，但是，因为要等到1901年才重新制定补偿法，所有这些法案并未与政府达成一致。

Ⅱ. 劳动者的法律保护

除了从1874年起，荷兰依据那年的9月19日法令，禁止使用12岁以下的童工这一事实之外，还在1889年5月5日制定了禁止年轻人从事过度与危险劳动的劳动法。此外，1905年7月20日，还制定了一个工厂和车间劳动保护令。

劳动法。这个法律限制妇女和16岁以下的人从事农业及相关职业之外的各种工厂劳动，航运和渔船上的劳动时间一天为11个小时；禁止星期日和夜间劳动。某些职业，主要是受季节性影响的职业，设立安全特许制度，某个时段连续工作时间最长14天。在这种情况下，在自然空间里工作时，时间可以延长2个小时。

鲱鱼包装。对于串炙鲱鱼的工作，1902年10月21日法令对16岁以上女子夜间劳动作出一个例外规定，这样一来，她们在某些条件下可以工作到凌晨2点。社会民主党对这一措施表示强烈抗议。

危险和有害职业。依据这一法律，还禁止妇女和年轻人从事危险和有害职业，除非满足一些特殊条件。所以，例如，依据 1909 年 8 月 16 日枢密院令，16 岁以下的人不能从事搬运、推拉东西的工作。他们不能帮助做有危险的实验，或接触爆炸物质的工作，或肮脏的晒亚麻的工作。他们也不能在发电站或一定电压的电缆上工作。

跑腿。14 岁以下的人不得在晚上 9 点以后做跑腿工作，不得在井边、水池边工作，除非采用湿法作业，否则也不得做切石头的工作。他们不得在船上或建筑物上从事攀爬工作，不得操作发动机、电动机或蒸汽机锅炉，也不得使用驴子或操作起重机。只有在特殊条件下，16 岁（或 14 岁）以下的人才能在露天电厂、风车房或狭小密闭空间（例如箱罐、锅炉等）的脚手架上工作。他们在进入印刷所工作之前，必须进行体检。

排字与陶瓷业。同样的，也限制妇女从事所使用材料中含有铅白的陶瓷生产等劳动。

家庭佣人。家庭佣人适用于这个法律。已经从事这一工作的人，无论身在何处，都受到这个法律规定的管辖。然而，高等法院在 1908 年就决定，在任何情况下（例如劳动清单保管），提供工作的人决不能把家庭佣人的房间看成他的工厂或车间。

间接保护。间接地讲，这部劳动法也是一部劳动者保护法，因为它规定，在妇女和年轻人工作的工厂和磨坊必须采取安全措施，这些措施也涉及空气、照明和防火等问题。

劳动法的修改方案。1910 年 4 月 30 日提出的一个议案，第一次包涵了完全禁止女子在工厂和车间从事夜间劳动的规定，但鲱鱼包装除外。这一成果与 1906 年 9 月在柏林达成的一项禁止在工业生产中使用女子夜间劳动的国籍公约有关，1908 年 7 月 11 日法律批准了这一公约（第 225 号法令）。

与此同时，议案提出将某些人一天 24 小时内的劳动时间减少到 10

小时,而已婚女子不许在周六下午 4 点以后出去工作。按照这一方案,禁止童工的年龄限制从 12 岁提高到 13 岁,而且也适用于接受义务教育年龄的儿童。

社会民主党人提出了一个修改方案,按照这个方案,成年男子实行 10 小时工作日(逐步过渡到 8 个小时),昼夜轮班的职业一天工作 8 个小时,尽可能地禁止所有劳动者夜间工作。

这是 1909 年 3 月 11 日议会以 53 人反对、25 人赞成,通过的一项支持 10 小时工作日动议的结果。这个动议由社会民主党人提出,但被强大的少数派否决。此后,通过了罗马天主教议员阿尔贝斯先生提出的一个议案,该议案措施有些软,只涉及夜间工作和儿童劳动。这个议案的通过也有社会党人的功劳。

安全法。安全法适用于使用发动机或干燥炉或通常有 10 人或更多人工作的工厂和车间。业主必须遵守有关空间、通风、照明、防火与火灾事故、卫生间、餐厅和衣橱柜等方面的一些规定。除此之外,还要采取一些措施,保持清洁卫生,甚至注意湿度、有害气体或灰尘,防止事故,提供饮水等。

虽然在很长时间里没有取得任何成果,但是社会民主党坚持把这个法律扩展到所有工厂和车间。

特殊的劳动保护法律。火柴法。除了这些法律,荷兰还有一些特殊的劳动保护法律。

例如,1901 年 5 月 28 日硫磺火柴法,包涵了完全禁止制造白磷火柴的规定。它首先禁止进口白磷火柴或为了销售而贮存 100 克以上的白磷火柴。

浮筒法。1905 年 5 月 22 日浮筒法,是一部保护在桥梁和高架路建设过程中、在超过大气压力的水下建筑物里工作的工人的法律。该法对于所有情况都作了规定,涉及工作间的设备、环境与高度,工作单元的坚固度与舒适度，以及这些地方的门锁、湿度、照明，等等。此外，按照医疗援助的要求，还规定了开锁进出时间、饮水（不是酒精饮料）的提供、空气压缩，等等。

然而，最重要的是，还规定了在一段时间里和24小时内在一个沉箱里可以工作的时间。1905年7月27日枢密院令规定，这个时间为8小时，包括开锁进出时间，以及歇息时间，劳动者还必须达到一定的年龄并通过医疗检查。

矿山法。有一部矿山法（1810年制定，但被1904年4月27日法律修改）对矿山劳动作出规定。以这部法律为基础，1906年9月22日枢密院令作出规定，涉及安全、轮班、湿度、照明、通风、温度、蒸汽、气体与灰尘、冲洗与洗澡设施、衣橱、饮水、火险、事故预防措施、爆炸物质等，还涉及女子和年轻人劳动歇息时间的长度、每周假日，等等。女子和14岁以下青少年不得在矿山工作等。16岁以下年轻人不等从事井下工作。60岁以上的人如果从未从事过井下工作，也不能做这种工作。

20岁以下年轻人，必须以前接受过医疗检查。每个工人24小时内在井下持续劳动时间不得超过8个小时，这包括下井时间，但不包括上井时间。

议会里的社会民主党人在1903年和1905年进行过争取8小时工作日的斗争。这一努力虽然失败了，但它使议会倾向于支持实行8个半小时工作日。

劳动者委员会。每个矿山必须成立劳动者委员会，以便了解与劳动安全和卫生有关的期望、意见和投诉。这些委员会的成员由劳动者通过秘密投票，从劳动者中挑选和选举产生。然而，它们并不完全是一个好制度，因为它们的存在可能成为拒绝与矿工工会商讨的借口。

拟议和承诺的法案。已经提出一个取消面包工人夜间和星期天工作而不限制工作时间的议案;还提出了一个保护凿石工人工作的议案,按照这个议案,每个工作日最长工作时间为9个小时,而且必须经医疗报告允许,才能从事这一行当,14岁以下的人不能做这一工作。

还有一个关于港口工作的议案已获得承诺,似乎政府已经考虑接受禁止不加限制地使用铅白的规定,保护建筑业劳动者。

Ⅲ. 法律的检查与遵守

直到最近,劳动法检查和遵守方面还有许多有待改进之处。现在,设了一个包含视察员、助理视察员、女视察员和督查员的没有领导机关的机构,但是,其中有的人没有一点工作热情;职业法官的判决充满偏见;许多违法的人被无罪释放;即使不释放,处罚也很轻;而且,警察部门常常完全无法驾驭。遵守劳动保护法的情况就是这样。

劳动检查的管理。1909年以来建立了一个中央检查机构。这个机构的长官是劳工管理总监,所以目前,劳动检查的管理非常有力。

劳动督查员。而且,早就建立了劳动督查办公室,掌管这个办公室的人由工会、独立人士和基督教人士任命,所以现在,有些社会党工人也担任了督查员。他们在与工会或政治领袖商议后任命。他们比那些满脑子理论说教的官员更乐于与工人接触。

现在,大约有40个男女雇员受托进行劳动检查,他们分散在9个区。

Ⅳ. 劳动与民法的关系

1907年7月13日法律对所谓的劳动合同作了详尽规定,还有一个法律旨在修改和完善与家庭佣工和工人雇用有关的民法典,其他法典的一些条款也与同一问题有关。所有资产阶级政党都为这一工作贡献了力量。

悬而未定的好处。按照古代法典，与劳动者和雇主之间的工资有关的程序是：相信主人的话；如果必要，相信他们的誓言。这一规定后来被取消了，与此同时，采用了一个新的规定系统来规范主人与工人的关系。

这里把它们全部例举出来毫无意义，即使把主要内容例举出来也毫无意义。从某种角度讲，如果说该法表面上改善了一些问题，例如，上面提到的有关补偿或者患病、出事故时生计的规定，尤其是关于住在主人家的工人和佣人的规定，和有关管家失业以及"实物工资制"的规定——那么，实际上，改善大部分是表面上的。寄住在主人家里的那些工人，也许因有关疾病的强制规定而受益（在一段时间里得到帮助和照顾），但是对于其他人来讲，只要有可能，主人们都企图对合同里对工人有利的规定置之不理。更有甚者，工人即使没有滥用权利，当他们遭受不公对待的时候，他们也不得不用辞职应对，因为他们不敢采取行动反对主人。此类例子不胜枚举。工人依照法典要求他们的权利而被解雇的例子比比皆是。管家以及由此而来的一切都没有受到这个法律的压制，至少没有达到值得一提的程度。

有一个事实说明，程序本身在一定程度上得到改进，工人必须至少履行某种手续，以便提出免费诉讼，而省级法官可以听取劳动厅的意见。但是，工人不可能得到免费判决，因为如果他败诉，他很可能被判支付费用。劳动厅的意见对法官根本没有约束力。

实实在在的坏处。然而，与这种悬而未决的好处相对的，则是一种实实在在的坏处。依照法律，在合同到期前，违反合同停止工作的行为是要受到民事处罚的。所以，自从这一法律实施以来，罢工变得很困难了。该法律使劳动状况更坏了。尤其是考虑到这样一个事实，即工人违反合同必须支付保证金，保证金数额虽然受到法律限制，但是与辞职条款有关规定挂钩，因此给雇主带来了好处。

这些规定遭到劳动厅社会党人的强烈反对，而且，整个法律在议会外遭到现代工人组织的反对。由于这一运动，社会党人提出禁止工人支付违反合同罢工保证金，删除罢工违反合同的规定。在这一建议因资产阶级政党反对而被否决之后，社会党人在投票中反对该法。

如果该法在司法上有一点点好处，可以肯定，荷兰资产阶级会通过接受这个文本来推进反动。

集体合同。最明显的优点是立法者接受集体合同纳入该法。但是，这不过是一个承认，在法学家会议的影响下，它的重要性已大打折扣，因为集体合同只约束那些签署合同的人。

V. 总的结论

社会保险。荷兰劳动立法的总的成果眼下看还是微不足道的。

大约有9万个机构的大约60万工人（1904年为581916人）投了事故险；30万到40万农业劳动者，将近20万佣人和数以千计的从事其他职业的男女工人，并没有从该法律中获得好处。

从1903年到1908年，大约支付了1350万盾，情况如下：1903年，929798盾；1904年，1660560盾；1905年，2085899盾；1906年，2607975盾；1907年，3069797盾；1908年，3663869盾；财政或其他形式的补助总额，13417898盾。

对于因事故受伤的人及其家庭来说，和以往的情况相比，这部事故法当然是个好东西。因为在荷兰补助占工资的百分比其他国家高得多。

尽管这里引的数字是相当大的，但是，有数以千计的男女工人即使投了保，一旦发生事故，他们仍然常常会失去一切。事实上，除非发生事故时，工人是在他雇主车间的某个地方工作，而这些地方，保险是适用的，否则，这些工业行业、建筑业和其他行业里的工人是不被保险的；很多工人因为偶然在他雇主的厂区或厂区的某个地方工作，而这些地方在事故发生的时候不被保险所覆盖，于是工人失去了所有补偿权利。（这种情况直到每个领工资的人都投保了才会改变，不论他们是在厂区还是在车间里工作。）一个工人在工作中受伤，如果他报告事故，可能会受到解雇威胁；另一个工人可能会不断受到银行管理部门或医生的折磨，他们老是问他能不能恢复工作，或者能不能减少补偿。事故保险的运行常常令工人很失望，而我们也必须承认，有人利用该法律，或试图利用它。

在荷兰，工人常常在残疾或老龄的时候陷入悲惨或贫困状态。大约有20万工人没有健康保险——后者常常组织和管理不善。成千上万的人没有保险，因为还没有强制健康保险。在过去十年里，社会立法停滞了，与保险有关的立法尤其如此。

工人的保护。在劳动保护方面，没有发生一点变化。被保护的人依然平均每天工作11个小时，儿童13岁时已经被允许开始工作。而且，还在上学的孩子做工的现象比比皆是，尤其是在家庭用工中。1909年举办的一个家庭工业展览暴露了这种家务工作的大量滥用和普遍伤害。

因此，可以说，成年人没有受到超长工作时间保护。根据劳动检察院1908年发表的一份报告，在劳动检查员视察过的工厂和车间，16岁以上的人平均每天工作时间如下：

9小时或更短时间，9225人；

9个半小时，14469人；

10个小时，36306人；

10个半小时，30531人；

11个小时，41293人；

11个半小时，9087人；

12个小时，12371人；

12个半小时，2369人；

13个小时，2195人；

13个半小时，417人；

14个小时或更长时间，979人。

因此，在成年人中（也包括从16岁至20岁工人），有6万人每天工作10个小时或不到10个小时；93282人每天工作10个半小时至12个小时；5778人每天工作12个半小时到14小时，甚至更长时间。或者说，6万人每天工作10个小时或者不到10个小时，99060人每天工作超过10个小时。保护法还不能适用于所有工人。

反应。所有这一切遭到1903年反动措施的反对，用刑事法典禁止铁路雇员和市政劳动者在事先未告知的情况下罢工。而且，从1907年起，通过民法典中关于违法合同的规定对罢工设置了种种障碍。

在目前，荷兰的选举制度比美国还差得很远，在这种情况下，我们不指望形势有多大改观。由于这一原因，荷兰工人正在为这一基本权利进行有力的斗争。

3. 社会党（法国）的决议案

I

大会要求议会党团秘书处在目前的决议里增加一个对法国劳动立法现状的简单描述。它必须解释党的议会党团做过的事情和所提出的方案。它还必须描绘在我国应用这些法律的糟糕状况，这个状况是阶级法律、劳动检查不足以及太多损害造成的。

II

考虑到国际立法及其结果的目前状况，大会宣布，社会党承认国家和国际立法的必要性。

另一方面，它声明，不管这一立法的结果如何，只有在政治上和经济上剥夺资产阶级、实现社会主义后，工人和农民的贫困才能完全消除，工人才能获得完全自由。

在资本主义社会目前状态下，社会党在为改良而斗争中，把武装和平制度看做是其主要障碍之一，后者不断要求新的军备，并占用了各国大部分预算。

因此，在所有真诚支持劳动立法的人看来，所有国家同时拒绝军事预算，反对阶级政府提出的增加破坏和死亡的预算的每个要求，以及损害改良与生命的预算的每个要求，是绝对必要的。

劳动立法只有在成为国际的立法之后，才能达到最大效能。这样，人们将尤其使从国际竞争的角度提出的论点丧失任何意义。

以此为目标，党将努力增加与劳动保护有关的国际协议。

另一方面，社会党不能赞同容易在外国和本国工人之间造成不平等的措施。它要求议会通过一项禁止雇主让外籍工人工作条件变得更加糟糕的法律。

社会党最后声明，工业的、商业的和农业的工人只有从劳动保护中获得效能最大化，从政治和经济领域的组织中获得最大化。

III

大会表达了一个希望，即除了公报之外，国际局还应当每年出版一本小册子，刊载各国议会所通过的劳动法和当年提出的各种法律草案。

这一出版活动应印制足够的份数，使党的书记处至少能给每个国家的联合会送一本。

国际书记处要求各组织书记寄送这类文件，从而尽可能地促进劳动立法的统一。

大会还表达一个希望，即在国际代表大会，如果可能的话，还有其他会议期间，国际局应当召开议员、法官和劳动组织代表大会，以便他们能坐在一起研究最重要最紧迫的劳动立法问题，劳动立法的适用性对每个国家的工人和农民阶级极有意义。

4. 英国支部的提案

常规工作日和确定最长工作时间为8小时并规定5月1日为法定节日的国际法律协议的必要性。

五、反对死刑的国际示威活动的组织

1. 比利时工人党的报告（埃米尔·鲁瓦耶）

当我们谈到死刑的时候，我们怎么能不马上想到对费雷尔的执行呢？我们将会把这件事作为当代最大的政治犯罪事件来铭记。它在全世界多多少少自由的人民中间所唤起的激动和愤怒，依然十分强烈，因为它是令人厌恶地恢复现代思想已经抽象了的政治习惯的可悲表现。今天，至少在东欧，用死亡来惩罚思想犯罪已经是不可能想象的事情。

对费雷尔的判决和执行，是在装模作样的审判之后做出的，但是审判连对自由与辩护最基本的保障的外表也取消了，这使我们想到教条是不会改变的，现在的天主教精神与几个世纪以前一样没有变化。

马塞尔·阿贝尔数年前没有任何特殊理由和不安地使自己摆脱了传教士的习惯，而且就其思想的真诚而言，他确实是一个令人敬佩的人，他有时在《人民》上发表论天主教理论的文章。

最近，6月15日，他写道：

"啊！如果只有教会掌权那该多好啊！最近，《现代国际评论》谈到罗马传信部莱皮西耶神父今年发表的一本书，书名是《论教条的不变性与进步》。这是一本经过教会当局批准出版的著作。慈父（尽管他是一名圣方济各派信徒）教导说：不仅绝不能宽容异教徒，把他们革出教门了事，而且必须'用死刑把他们从这个世界上清除出去'，还要'立即'，也就是尽可能快地。他的观点是：'如果假冒者被世俗君主立即依法判处死刑（僧侣无知妄想多么可怕的例证！），那么，更有理由不要宽恕伪造教义的异教徒了。如果说让野兽吃掉一个危险分子是一种善举，那么，剥夺一个对其他人可能有害的异教徒的生命同样也是一种善举。'"

罗马天主教过去一直渴望、现在依然渴望消灭它的敌人，这个片面的野蛮的观念是宗教裁判所存在的原因，并且至今仍在推动天主教徒；他们鄙视并且毫不犹豫地饿死和他们的信仰不同的人或不能假装和他们信仰一样的人。正是这一观念使现代学校的创建者成了靶子。正是这一观念杀害了这个现代学校的创建者。

而在社会主义者中，这是一个甚至不容讨论的观念。

尊重人的生命，是作为社会主义道德基础的那种团结的第一个结果。只有在起义的时候或起义期间，正当自卫才可以成为伤害这个原则的理由。

这是为了表达俄国沙皇暴行让我们产生的憎恶，这个邪恶的暴君也梦想消灭所有的人，所有在他的帝国里竟敢思考而不是让自己适应皮鞭和"小费"制度的人。

* * *

但是，难道不应当保留或重新使用死刑来惩罚行刺者吗？难道当代刑法学家没有宣布单独监禁制度的失败吗？难道他们没有对那些人，那些因身体缺陷和教育原因似乎不可改变地注定要作恶，并成为一种反社会存在的个人的精神与社会改造表示绝对失望吗？因此，难道希望他们消失不符合逻辑吗？难道用绞刑或电刑处理他们，让社会彻底摆脱他们，不是最安全的办法吗？

让我们首先注意，普通法犯罪与政治犯罪之间的区别是最脆弱的。反动的或简单的资产阶级政府力图把每一个违反普通法的犯罪或过失都看成是革命行为。而且在这方面，执法官常常成为这种政府的共犯。

1892年，我曾经徒劳地要求列日省巡回法院把无政府主义者朱尔·穆瓦诺看成政治犯，他曾经在该法院前院长住所的门口安放了一枚炸弹，不过炸弹并没有爆炸。事实证明，朱尔·穆瓦诺的动机绝对是政治性的或社会性的。他想对现在的社会秩序表示抗议，特别是对早先在巡回法院法官的主持下对一个工人的判决表示抗议。人们不可能怀疑有一点个人动机。该院判决认定必须把他看成一个普通法犯罪分子。

于伊法庭和列日省上诉法院也把乔治·于班议员看成一个刑事犯罪分子，有人看见他在1902年争取普选权的大罢工期间作为一群罢工者的头头。他被指控要为这群人的革命行为负责，并以破坏劳动自由罪判处他5个月监禁。

一般常识认为，一个人不可能设想比于班议员的有罪行为更有特点的政治行为了。他所做的一切就是混入聚众闹事者中，而这些人像他一样希望修改政府的宪法基础，用平等的选举权取代一人多票制。最高上诉法院宣布，列日省上诉法院拒绝把这些人视为政治犯是正确的！

从国际的角度来看，对普通法犯罪与政治犯罪加以区别是特别重要的。人们忠于保障政治避难者的避难权的传统。这是法律为何反对引渡他们的原因。因此，承认它们是非常重要的。

＊　＊　＊

然而，假定政府的无赖行为并不能让我们担心政治犯罪被当做普通法犯罪来对待，假定可以对其野蛮反常性已经表露无遗的那些罪犯进行惩罚，我们允许对他们处以死刑吗？

这个问题法国议会在1908年进行过详尽的讨论。1907年10月22日，让·克吕皮先生给议会作了一个要求废除死刑的精彩报告"最后一个刑法迷信"。但是没过不久，索莱扬犯下了令人发指的罪行；法国人民和他们的议员群情激愤，结果是他们的国家没有废除死刑。

所有赞成和反对死刑的理由在这次辩论的过程中都提出来了。

我们这个时代，责任观念在未知迷雾中淡去，宗教信仰的幻想实际上已经消散，以命抵命的必要性几乎没人再要求。最终，怎么能让那些无行为能力的、有身心缺陷的、不正常的人，或癫痫患者，对自己的一位或多位先人的酗酒行为或梅毒病负责呢？换句话说，社会组织的不公正一定要让无知的人、饥饿的人、愤怒的人来承担责任吗？

刑法学家只有坚持社会防卫的立场，才能证明一个刑罚制度的合理性。他们说，应该用清除疯子那样的办法，把顽固不化的违法者、惯犯从社会中清除掉。另一方面，惩罚应当被当成一种示范，对它的畏惧应起到抑制犯罪和反社会倾向的作用。

即使从这种双重角度来看，死刑也是站不住脚的。犯罪统计以及有关犯罪的轶事记录证明，"寡妇"或绞刑架从未让行刺者畏而却步；温和的惩罚若用得恰到好处，比斩首或绞死的威胁更能让他们不去犯罪；

犯罪者总是希望逃过警察的抓捕，而断头台对于现代措辞称为"阿帕奇"①的那些人来说，具有同样的吸引力，就像可能发生事故对于运动员具有吸引力一样。

至于把死刑当做消灭危险对象的一种一劳永逸而相对经济的办法，这也不符合我们的看法和习惯。如果因为担心一个危险的犯罪分子从监狱或流放的殖民地逃跑，从而给社会造成新的伤害，就把处死他的行为合法化，那不等于把处死疯子、傻子、无法治愈的梅毒病人，以及结核病人的行为也合法化吗？——对于他们的邻居而言，这些人是比违法犯罪分子更危险、更令人头疼的麻烦，因为他们总有可能对付犯罪分子，保护自己。

然而，我们并不这样认为，我们对一切都不确定，只知道一件事：我们热爱生命，为了保护生命，我们要彼此相爱，共同与敌视自然的力量进行斗争。如果人们想消灭那些他们认为其存在对许多人有害的人，人们将会以相互毁灭而告终。

最近，当里亚伯被执行斩首时，巴黎爆发了游行示威，这件事说明对死刑的恐惧开始触及民众的本能；它还说明社会现象极其复杂，要把令人发指的、骇人听闻的、以至于使胆小的刺杀行为变成合理的犯罪——比如对一个被判处死刑的人执行死刑——区分开来是非常难的。

* * *

出于下列原因：

------

① 阿帕奇（Apache），是北美印第安人的一个部落，以勇敢善战著称。相传，阿帕奇是一个武士，英勇善战，且战无不胜，被印第安人奉为勇敢和胜利的代表。——译者注

鉴于惩罚只有用社会防卫的必要性来证明其合理性；

鉴于死刑没有特别的示范作用，另一方面，可以使危险分子不再作恶而无需为此剥夺他的生命；

最后，鉴于这一措施将使司法错误不可能得到有效的补救，尤其在政治问题方面，因此，比利时工人党决定反对死刑。

埃米尔·鲁瓦耶

六、确保迅速执行国际代表大会决议的办法

2. 社会党（法国）的决议案

总之，在两个或多个国家之间出现冲突危险的时候，如果有关国家的党在决策时有任何犹豫或拖延，社会党国际局书记应当应至少一个有关国家无产阶级的请求，立即召开社会党国际局和社会党议会委员会会议，会议或者在布鲁塞尔召开，或者在认为更适当的其他任何地方召开。

七、国际团结的组织

3. 比利时工人党的报告

国际团结的组织无疑是一个困难的问题，因为冲突要求动员团体或

成员所支配的资源，但对于被求助的不同国家，或自身卷入政治或经济斗争的那些国家，冲突的影响并不总是一样的。

因此，我们认为，必须严肃地考虑这个问题的解决办法，还有一点是必要的，那就是执行局应当能与参加社会党国际局的各国代表商量，并在一定的时间内得到对请求的答复，表明无论国际干预是否是必要的。

为了提供钱财干预，应当授权执行局按照规定，每年向各党征收一次数额为每年缴费10%的额外缴费。这笔额外缴费将使社会党国际局能在发生同盟歇业、大罢工、戒严之类需要帮助的严重事件时预先垫付。

作为对应用我们建议的一个例证，我们还记得瑞典的同盟歇业和俄国或阿根廷共和国所发生的事件。授权社会党国际局向各国征收一笔数额相当于其每年缴费10%的额外缴费，这笔钱肯定太少了，但数额大约有2000法郎，社会党国际局可以把它们当做急救钱送去。

因此，这笔急救钱具有对运动或通告事件表示同情和支持的象征性特点，可以使有关国家能等待，直到各党召开会议，就是否用他们自己的资金给予帮助作出决定。它具有证明有组织的无产阶级的国际团结的直接效果，与此同时，它也是国际社会党认为对于这些政治或经济事件非常重要的舆论标志。

对于帮助去世的社会主义者的问题，观点截然不同。

有些国家承担了数量相当大的旅行者的负担，这些人从一个城镇走到另一个城镇，他们加入工人团体的目的是获得差旅费；这样一来，尤其是这些人光顾的边境城镇，不得不因给他们提供食宿和把他们送回他们自己的国家而承担沉重的费用。

经常还发生这种情况，这些同志承认利用了社会主义团体，假装党员欺骗这些组织；所以提醒各个团体注意这些不讲道德的同志的活动是对的。因此，我们建议旅行的同志携带关系证明，写明旅行者的目的地；路上所提供的一切帮助应当以这个证明为依据，地方组织应偿还所支付的所有费用。

我们认为，这是保护各国组织免受某些社会主义者的不道德行为伤害的唯一办法，这些人在欧洲漫游，向地方基金要钱；用政治资金提供帮助只是一种例外，正如工会向他们的会员提供差旅费一样。

至于工会之间在政治事件发生前夕或之后实现团结的问题，我们认为，各国有义务就本国将要发生的可能产生国际影响的重要事件告知社会党国际局，以便社会党国际局能够通知有关国家的党，向他们提供关于他们应当知道的事实的意义的确切信息。

这是一个措施，它表明国际局不仅是一个接受成员国的建议、然后把它们提交给三年召开一次的代表大会的信箱，还是一个充满活力和警惕性的有机体，它在人民之间进行和平宣传，在经济冲突中组织阶级团结。

决议
（对瑞典建议的补充）

1. 授权社会党国际局在要求立即干预政治冲突、罢工、同盟歇业或其他重要事件的情况下，向各国征收相当于其年缴费十分之一的额外缴费，用于救急；

2. 这笔缴费每年只征收一次；

3. 社会党人在外国旅行时应当带一张证明，说明他们的旅行始发地和目的地；沿途向这些同志提供的帮助，应当由发放证明的党偿还。

八、关于其他问题的决议

2. 奥地利帝国工会委员会关于产业组织团结问题的决议案

国际社会党斯图加特代表大会在其关于政党与工会关系的决议中已经规定:"应当追求工会组织的团结一致";决议还进一步指出:"大会认为,产业组织愈团结,它们就能愈加有成效地进行反对剥削和压迫的斗争。"

现在,奥地利的捷克社会民主党——奥地利社会民主工党内的一个自治组织,它的执行委员会在原则上决定,迄今为止各民族统一组织起来的奥地利工会应当按民族分开,就像捷克社会民主党如下决议所表明的那样:

"1. 捷克-斯拉沃尼亚社会民主工党委员会于1910年3月27日和28日在布拉格人民宫召开会议,就产业组织形式的争论发表了一个声明,其中最主要内容如下:

……捷克-斯拉沃尼亚社会民主党依照国际所主张的各民族与个人在任何地方和所有事情上的各种权利、生存权利和自主权绝对平等的基本原则,坚持其绝对权利,决定其政治、产业和合作组织,与此同时,宣布它将永远牢记同在国际上组织起来的世界各国无产阶级的团结,这是在阶级斗争中采取共同行动所必须的。

捷克组织在政治上是自主的,这自然要求产业组织也应当是自治的。

捷克社会民主党的政治和工会运动实际上组成了一个整体,一个使自己相互圆满的整体,它不能继续分为两个部分,一部分由在布拉格的捷克人中央委员会领导,另一部分由在维也纳的德意志人中央委员会领导。捷克和德意志无产阶级的纲领是统一的,但是他们在发展水平上,以及随之而来的在物质需要上彼此差别太大，因此，他们自然会采取不同的管理方法和组织与活动策略。因为不可能把这些各种各样的利益集团在使用多种语言、实行集中制的组织里统一起来，由此产生的不断的内部纷争会造成一种不信任感，从而破坏无产阶级的战斗准备和斗争精神。

2. 波希米亚捷克-斯拉沃尼亚社会民主工党于1910年5月15日和16日在布拉格召开的全国宣传员代表会议，对党的委员会的决议表示欢迎和完全赞同，并表达了密切工会运动与政党之间关系的目的和原则，如果捷克-斯拉沃尼亚人社会民主工党依靠其自主的产业组织，正像我们其他民族、地方和国家的同志那样，这一目标就更有把握达到了。

这对我们党来讲是一个至关重要的条件，因此，这个原则应当成为我们全党和全体同志的口号，他们应当用行动来实现对有组织的捷克无产阶级的发展和成功最有利的东西。

全国代表大会确信，全世界工人的国际——捷克-斯拉沃尼亚社会民主工党坚定地和它站在一起——的民族成分越强大，它的力量也会越强大，就像如果各国工人阶级都得到其独立的统一的政治和产业组织的支持，奥地利的国际将更加强大一样。

我们希望我们的同志和组织朝着这个方向努力，整个捷克无产阶级必将受到这一精神的鼓舞！"

按照这些决议，一些企业里已经成立了不同民族的工会，由此带来的影响是，工会力量甚至在一个车间里也分裂了，这不仅给组织统一带来了不祥的冲突和严重的伤害，也使奥地利工会的力量受到削弱。

鉴于这种状态，奥地利帝国工会委员会建议：

社会党国际局将下列决议案列入哥本哈根代表大会的议程：

国际社会党哥本哈根代表大会重申关于政党与工会之间的关系的各项决议，尤其是关于各国应当牢记产业组织的团结，它是成功地与剥削压迫作斗争的一个必要条件的观点。

大会进一步宣布，任何将国际上团结的工会分裂为不同民族的工会的企图，都是与国际社会党代表大会这一决议的目的背道而驰的。

3. 社会党（法国）关于统一的决议案

工人国际法国支部鉴于在阿姆斯特丹代表大会之后统一活动所取得的成果，在国际的支持下，请求大会重申 1904 年所作出的指示，并要求仍然处于分裂状态的各国党为了国际无产阶级更大的利益而统一起来。

4. 社会党（法国）关于芬兰形势的决议案

巴黎全国代表大会请求其参加哥本哈根国际代表大会的代表要求全世界无产阶级抗议凶残的沙皇政府对芬兰的大屠杀。

5. 亚美尼亚支部关于波斯形势的决议案

鉴于：

自从波斯革命开始以来，沙皇政府不顾且蔑视英俄协议[①]，利用一切可能的手段搞垮立宪运动；

它甚至一再诉诸武力借口维护边境的秩序和保护它在波斯的臣民，然而，实际上是为了阻止波斯民主派的斗争，在阿塞拜疆（大不里士），这些军队和俄国警察公开地残酷对待达什纳克楚纯[②]的起义者和领导人；

今天俄国政府仍然通过它的大量伪装特务继续在波斯进行种种阴谋

---

① 又称英俄协约，是由英国与俄罗斯于 1907 年 8 月 31 日在圣彼得堡签订的条约。它界定了两国在波斯、阿富汗与中国西藏地区的势力范围。俄罗斯得到波斯北部，而英国则获得南部近波斯湾的地区。——编者注

② 即亚美尼亚革命联盟，1890 年成立，1907 年加入第二国际。——编者注

和挑衅活动；大批部队仍驻留在波斯的土地上，无视来自迈吉斯方面和德黑兰政府方面的屡次抗议；

这个俄国政府在土耳其，尤其在土耳其-亚美尼亚的"活动"十分积极，它不断派遣间谍，以挑动土耳其的极端反动分子、封建的库尔德人反对亚美尼亚人，从而使这个地区骚乱迭起并挑起反对革命的运动；

俄国驻君士坦丁堡的公使察利柯夫与驻埃尔祖鲁姆领事在这方面得到了特别的指令；

简言之，鉴于：

沙皇制度在国内扼杀自由得手之际，不能容忍它这两个邻国所实行的立宪制度，正有计划地、顽固地企图在波斯和土耳其重新复辟专制制度。

鉴于这些令人忧虑的事实对于东方这两个年轻的民主制度是一种经常存在的危险，达什纳克楚纯和三个帝国（土耳其、俄国和波斯）的支部一起，号召欧洲各国社会党采用自己力所能及的各种手段以制止沙皇制度的反动行径。

社会党国际局定期公报第 5 期

国际社会党第八次代表大会日程

8月26日星期五上午10时，社会党国际局大会在哥本哈根布拉盖得街28号音乐会宫骑士厅举行。

大会的组织。

8月27日，星期六，同上。

8月28日，星期日，上午10时：大会开幕。

下午：露天会议和联欢活动。

8月29日，星期一：

1. 上午9时：社会党国际局大会。

2. 上午10时：

（1）各国支部大会确认委托书，批准各委员会组成。

（2）社会主义记者代表会议。

（3）国际议会委员会会议；

3. 下午：各委员会会议。

8月30日，星期二：

1. 上午10时：社会党国际局。

2. 上午10时：各委员会会议。

3. 下午①3时：国际议会委员会。

星期四以及以后几天：日程稍后说明。

---

① "下午"两字为译者所加。——译者注

国际代表大会程序
(社会党国际局在斯图加特及此后作出的安排)

Ⅰ. 开幕式

1. 社会党国际局主席宣布第一次会议开幕。大会召开所在国代表致欢迎辞。

社会党国际局主席以大会的名义给予回应,并请款待大会的该党指定一位或几位大会主席。

2. 社会党国际局书记担任大会书记之职。

Ⅱ. 入场

1. 一个国家或一个民族的党或成员组织的代表组成一个"支部"。
2. 这些代表决定非成员组织能否加入①。
3. 如果非成员组织的入场要求遭到拒绝,他们有权向国际局提出申请。
4. 各国支部书记向社会党国际局书记提交被接受代表的名单,他们将获得临时卡、大会正式入场券。

Ⅲ. 各委员会

1. 各国支部向各委员会派出的代表不超过4人。

---

① 指加入国际。——译者注

2. 只有社会党报纸的代表才能列席各委员会会议。

3. 各委员会主席或书记要向社会党国际局书记提交组成委员会的各支部代表的名单，以及全体会议通过的各种决议案的文本。此外，他们还要向他提交一份关于会议情况的报告，报告用代表大会使用的三种语言之一起草，由主席与书记签字。

IV. 投票权的分配

德国，20 票。

奥地利-波希米亚，20 票（德国人 9 票，捷克人 7 票，意大利人 2 票，鲁塞尼亚人 2 票）。

法国，20 票。

英国，20 票（工党 10 票，社会民主党 4 票，独立工党 4 票，费边社 2 票）。

俄国，20 票（社会民主党 10 票，社会革命党 7 票，工会 3 票）。

意大利，15 票（党 6 票，工会 6 票，工团主义者 3 票）。

美国，14 票（社会党 9 票，社会主义工人党 3 票，I. W. W. Tr. 1 票半，I. W. W. Sh. 半票）。

比利时，12 票。

瑞典，12 票。

丹麦，10 票。

波兰，10 票（社会民主党 4 票，奥属波兰社会党 2 票，普属波兰社会党 1 票，波兰社会党革命派 1 票，波兰社会党工会 1 票）。

瑞士，10 票。

芬兰，8 票。

荷兰，8 票。

（联合澳大利亚，8票）。

挪威，6票。

西班牙，6票。

土耳其，6票（亚美尼亚4票，萨洛尼卡2票）。

（智利，4票）。

（日本，4票）。

（非联合澳大利亚，4票）。

（南非，4票）。

阿根廷，4票。

保加利亚，4票。

罗马尼亚，4票。

塞尔维亚，4票。

卢森堡，2票。

V. 代理人的权力

国际局不允许所属组织让代理人来代表并把其投票权交给其他支部的代表。

――

国际局1907年以来所通过的政治决议

一、1908年10月11日通过的关于政治形势的决议

鉴于：

英国和德国社会党人所表现的和平团结精神；

法国社会党人所开展的反对摩洛哥远征的鼓动；

丹麦社会党人以其裁军倡议和方案贯彻国际指示的做法。

而且鉴于：

危险依然存在；

帝国主义资本主义依然在英国和德国策划阴谋诡计；

摩洛哥远征与投机活动依然在继续；

尤其是想获得新贷款的沙皇政府越来越倾向于使形势复杂化，以便在反对俄国革命的斗争中巩固自己的地位；

在巴尔干各国，外国的干涉和野心正在前所未有地为了鼓动者的利益而煽起民族主义和教权主义政党的情绪；

最近，保加利亚宣布独立，尤其是波斯尼亚被兼并，这两件事都是对和平的严重并且尖锐的威胁。

最后，在世界各地，政府结盟、过度军备和军国主义，以及资本主义竞争和殖民掠夺，都在威胁着和平；

再次确认一个事实，即社会党和有组织的无产阶级是必须有力确保的国际和平的唯一有效力量，

社会党国际局为了确保斯图加特代表大会决议的贯彻，

要求各国社会政党加倍努力、加倍警惕和加倍活动，

要求他们的指导和行政管理委员会、他们的议会党团、他们的代表团，和社会党国际局一起调查研究，根据情况可以在国内和国际上采取避免战争、维护和平的手段和务实措施。

二、关于阿卜杜尔-哈米德垮台的决议

"社会党国际局怀着喜悦的心情对长期以来与欺凌土耳其的大国勾

结的畸形政权的垮台表示欢迎。阿卜杜尔-哈米德的垮台给这个庞大帝国的居民提供了为他们自己采取行动并恢复现代自由的可能性——这种自由使年轻的无产阶级能够与全世界无产阶级紧密团结起来，共同进行阶级斗争。"

三、关于反对罗马尼亚的迫害活动的决议

社会党国际局于1909年11月7日在布鲁塞尔召开会议，对罗马尼亚政府将克里斯蒂安·拉柯夫斯基同志在服过兵役并被当选为议会议员之后驱逐出国的有害而武断的行为表示强烈抗议；

对迫害支持拉柯夫斯基的罗马尼亚社会党战士的暴力犯罪行为表示愤怒地声讨；

对战斗的罗马尼亚无产阶级表示兄弟般的同情。

四、关于摩洛哥远征的决议

社会党国际局对为阻止摩洛哥远征、贯彻斯图加特国际代表大会决议而英勇战斗的西班牙社会党和西班牙与卡泰罗尼亚工人表示祝贺和敬意，并向他们保证兄弟般的团结。

五、关于瑞典社会党人的决议

社会党国际局，

对数月以来抵制雇主同盟歇业的令人敬佩的瑞典工人阶级表示深切的同情；

感谢许多国家的劳工和社会党组织对瑞典无产阶级的帮助；

迫切恳请工团主义力量强大的其他国家用同样的方式履行他们的团结义务。

六、关于反对死刑的决议

社会党国际局对俄国政府每天在利沃尼亚、波兰、俄国中部以及帝国其他省份实施的死刑活动表示强烈的抗议。

它对西班牙政府针对他们的牺牲者、政治犯所采取的持续报复行为表示同样抗议。

社会党国际局还决定，将所有社会党开展在所有问题尤其是与政治有关的问题上禁止死刑的示威运动列入下次哥本哈根代表大会议程。

哥本哈根国际代表大会
关于列入社会党国际局议程上的问题的决议和评论

一、合作组织与政党的关系

1. 德国社会民主党（中央委员会）的报告。
2. 比利时工人党的报告（路易·贝尔特朗）。
3. 荷兰社会民主工党的报告。
4. 社会党（法国）的报告。

二、失业问题

1. 德国社会民主党的报告。
2. 荷兰社会民主工党的报告。
3. 比利时工人党的报告。
4. 美国的报告。
5. 社会党（法国）的决议案。

三、仲裁与裁军

1. 德国社会民主党的报告。
2. 英国独立工党的报告。
3. 英国社会民主党的报告。
4. 社会党（法国）的决议案。
5. 意大利社会党的决议案。

四、劳动立法的国际成果

1. 德国社会民主党的报告。
2. 荷兰社会民主工党的报告。
3. 社会党（法国）的决议案。
4. 英国支部的提案。

五、组织反对死刑的国际抗议

1. 德国社会民主党的报告。

2. 荷兰社会民主工党的报告。
3. 波兰党的决议案。
4. 比利时工人党的报告（埃米尔·鲁瓦耶）。

六、确保迅速贯彻历次国际代表大会决议的办法

1. 德国社会民主党的报告。
2. 社会党（法国）的决议案。

七、国际团结的组织

1. 德国社会民主党的报告。
2. 瑞典社会民主工党的决议案。
3. 比利时工人党的报告（埃米尔·鲁瓦耶）。

八、其他问题的决议案

1. 英国社会民主党关于移民问题的决议案。
2. 奥地利帝国工会委员会关于产业组织统一的决议案。
3. 社会党（法国）关于统一问题的决议案。
4. 社会党（法国）关于芬兰形势问题的决议案。
5. 亚美尼亚支部关于波斯形势的决议案。
6. 萨洛尼卡工人关于土耳其形势的决议案。

一、合作组织与政党之间的关系

1. 德国社会民主党（中央委员会）的报告①
2. 比利时工人党的报告（路易·贝尔特朗）②
3. 荷兰社会民主工党的报告③
4. 社会党（法国）的决议案④

二、失业问题

1. 德国社会民主党的报告⑤
2. 荷兰社会民主工党的报告⑥

---

① 与公报第3期"哥本哈根国际代表大会关于国际局议程上所列问题的决议案和评论""一、合作组织与政党的关系""1. 德国社会民主党（中央委员会）的报告"相同。此处从略。——编者注

② 与公报第4期"哥本哈根国际代表大会关于社会党国际局议程所列问题的决议案与评论""一、合作组织与政党的关系""2. 比利时工党的报告"相同。此处从略。——编者注

③ 与公报第4期"哥本哈根国际代表大会关于社会党国际局议程所列问题的决议案与评论""一、合作组织与政党的关系""3. 荷兰社会民主工党的报告"相同。此处从略。——编者注

④ 与公报第4期"哥本哈根国际代表大会关于社会党国际局议程所列问题的决议案与评论""二、合作社组织与政党的关系""3. 社会党（法国）的决议案"相同。此处从略。——编者注

⑤ 与公报第3期"哥本哈根国际代表大会关于国际局议程上所列问题的决议案和评论""二、失业问题""1. 德国社会民主党（中央委员会）的报告"相同。此处从略。——编者注

⑥ 除极个别改动，内容均与公报第3期"哥本哈根国际代表大会关于国际局议程上所列问题的决议案和评论""二、失业问题""2. 荷兰社会民主工党的报告"相同。此处从略。——编者注

3. 比利时工人党的报告①（莱昂·特罗克莱）

4. 美国的报告②（罗伯特·汉特）

5. 社会党（法国）的决议案③

三、仲裁与裁军

1. 德国社会民主党的报告④
2. 英国独立工党的决议案与评论⑤
3. 英国社会民主党的决议案⑥
4. 社会党（法国）的决议案⑦

---

① 与公报第 4 期"哥本哈根国际代表大会关于社会党国际局议程所列问题的决议案与评论"里"二、失业问题""3. 比利时工党的报告"相同。此处从略。——编者注

② 与公报第 4 期"哥本哈根国际代表大会关于社会党国际局议程所列问题的决议案与评论"里"二、失业问题"的"4. 美国的报告"相同。此处从略。——编者注

③ 与公报第 4 期"哥本哈根国际代表大会关于社会党国际局议程所列问题的决议案与评论"里"二、失业问题"的"5. 社会党（法国）的决议案"相同。此处从略。——编者注

④ 与公报第 3 期"哥本哈根国际代表大会关于国际局议程上所列问题的决议案和评论"里"三、仲裁与裁军""1. 德国社会民主党的报告"相同。此处从略。——编者注

⑤ 与公报第 3 期"哥本哈根国际代表大会关于国际局议程上所列问题的决议案和评论"里"三、仲裁与裁军"的"2. 大不列颠独立工党的决议案与评论"相同。此处从略。——编者注

⑥ 与公报第 3 期"哥本哈根国际代表大会关于国际局议程上所列问题的决议案和评论"里"三、仲裁与裁军"的"3. 大不列颠社会民主党的报告"相同。此处从略。——编者注

⑦ 与公报第 4 期"哥本哈根国际代表大会关于社会党国际局议程所列问题的决议案与评论"里"三、仲裁与裁军"的"4. 社会党（法国）的决议案"相同。此处从略。——编者注

5. 意大利社会党的决议案

"大会认为，如果对党所承认的其他宣传方式不抱偏见的话，在几年时间里能够取得成功的政策是召开一次欧洲国家大会，目的是各国将其所支配的军事力量同时减少50%，并暂时停止军备总额的增加。

为了使这一工作有效力，有一点是必须的，即各国议会社会党党团不要忘记了将他们结成一个同盟军，同时应当要求他们各自的政府积极参加前面提到的大会。这一要求应当在连续几年的时间里尽可能经常地每年重复提出，他们要用同样的措辞重复表达这个要求，尤其是在讨论军事预算、外交预算以及与军队增加有关的预算的时候。他们不要因他们的建议屡遭否决而灰心丧气，如果他们逐渐争取到舆论对他们观点的支持，那么，他们就应认为自己是幸运的。

为了使这一工作能以必要的连续性和频率实现，并与不同的国家完全保持一致，大会认为，必须在柏林建立一个欧洲军国主义问题中心、一个书记处，其唯一职责是邀请社会党团体在上述工作中开展合作，根据不同国家的议会里出现的机会，在每个团体举行游行示威时，通知其他国家的报界。"

四、劳工立法的国际成果

1. **德国社会民主党的报告**[①]
2. **荷兰社会民主党的报告**[②]

---

① 与公报第3期"哥本哈根国际代表大会关于国际局议程上所列问题的决议案和评论"里"四、劳动立法的国际成果"的"1. 德国社会民主党的报告"相同。此处从略。——编者注

② 与公报第4期"哥本哈根国际代表大会关于社会党国际局议程所列问题的决议案与评论"里"四、劳工立法的国际成果"的"2. 荷兰社会民主党的报告"相同。此处从略。——编者注

3. 社会党（法国）的决议案①
4. 英国支部的提案②

五、组织反对死刑的国际抗议

1. 德国社会民主党的报告③
2. 荷兰社会民主工党的报告④
3. 波兰社会党的决议案⑤
4. 比利时工人党的报告⑥（埃米尔·鲁瓦耶）

---

① 与公报第 4 期"哥本哈根国际代表大会关于社会党国际局议程所列问题的决议案与评论"里"四、劳工立法的国际成果"的"3. 社会党（法国）的决议案"相同。此处从略。——编者注

② 与公报第 4 期"哥本哈根国际代表大会关于社会党国际局议程所列问题的决议案与评论"里"四、劳工立法的国际成果"的"4. 英国支部的建议"相同。此处从略。——编者注

③ 与公报第 3 期"哥本哈根国际代表大会关于国际局议程上所列问题的决议案和评论"里"五、组织反对死刑的国际抗议"的"1. 德国社会民主党的报告"相同。此处从略。——编者注

④ 与公报第 3 期"哥本哈根国际代表大会关于国际局议程上所列问题的决议案和评论"里"五、组织反对死刑的国际抗议"的"2. 荷兰社会民主工党的报告"相同。此处从略。——编者注

⑤ 与公报第 3 期"哥本哈根国际代表大会关于国际局议程上所列问题的决议案和评论"里"五、组织反对死刑的国际抗议"的"3. 来自波兰的波兰社会党决议案"相同。此处从略。——编者注

⑥ 与公报第 4 期"哥本哈根国际代表大会关于社会党国际局议程所列问题的决议案与评论"里"五、组织反对死刑的国际抗议"的"1. 比利时工党的报告"相同。此处从略。——编者注

六、确保迅速贯彻历次国际代表大会决议的办法

1. 德国社会民主党的报告①
2. 社会党(法国)的决议案②

七、国际团结的组织

1. 德国社会民主党的报告③
2. 瑞典社会民主工党的决议案④
3. 比利时工人党的报告⑤

八、关于其他问题的决议案

1. 英国社会民主党关于移民问题的决议案⑥

---

① 与公报第 3 期"哥本哈根国际代表大会关于国际局议程上所列问题的决议案和评论"里"六、确保迅速贯彻历次国际代表大会决议的办法"的"1. 德国社会民主党的报告"相同。此处从略。——编者注

② 与公报第 4 期"哥本哈根国际代表大会关于社会党国际局议程所列问题的决议案与评论"里"六、确保迅速贯彻历次国际代表大会决议的办法"的"1. 社会党(法国)的决议案"相同。此处从略。——编者注

③ 与公报第 3 期"哥本哈根国际代表大会关于国际局议程上所列问题的决议案和评论"里"七、国际团结的组织"的"1. 德国社会民主党的报告"相同。此处从略。——编者注

④ 与公报第 3 期"哥本哈根国际代表大会关于国际局议程上所列问题的决议案和评论"里"七、国际团结的组织"的"2. 瑞典社会民主党决议案"相同。此处从略。——编者注

⑤ 与公报第 4 期"哥本哈根国际代表大会关于社会党国际局议程所列问题的决议案与评论"里"七、国际团结的组织"的"3. 比利时工党的报告"相同。此处从略。——编者注

⑥ 与公报第 3 期"哥本哈根国际代表大会关于国际局议程上所列问题的决议案和评论"里"八、关于其他问题的决议案"的"1. 大不列颠社会民主党关于移民问题的决议案"相同。此处从略。——编者注

2. 奥地利帝国工会委员会关于产业组织团结问题的决议案①
3. 社会党（法国）关于统一的决议案②
4. 社会党（法国）关于芬兰形势的决议案③
5. 亚美尼亚支部关于波斯形势的决议案④
6. 萨洛尼卡工人阶级关于土耳其形势的决议案

鉴于：

（1）欧洲资本主义国家对土耳其奉行的政策；

（2）一个保障所有国民的人权和公民权的宪法的颁布；

（3）土耳其政府对行业结社权和罢工权的破坏；

（4）对土耳其工人阶级所实行的专横政策的灾难深重的后果；

哥本哈根国际社会党代表大会声明：

（1）唯有建立在巴尔干国家间谅解基础上的民主制度才能抵制欧洲各国的资本主义殖民政策；

（2）唯有保障广泛的自由才能促进新土耳其的发展；

（3）代表大会欢迎在土耳其兴起的社会主义运动。

---

① 与公报第 4 期 "哥本哈根国际代表大会关于社会党国际局议程所列问题的决议案与评论" 里 "八、关于其他问题的决议案" 的 "2. 奥地利帝国工会委员会关于产业组织团结问题的决议案" 相同。此处从略。——编者注

② 与公报第 4 期 "哥本哈根国际代表大会关于社会党国际局议程所列问题的决议案与评论" 里 "八、关于其他问题的决议案" 的 "3. 社会党（法国）关于统一的决议案" 相同。此处从略。——编者注

③ 与公报第 4 期 "哥本哈根国际代表大会关于社会党国际局议程所列问题的决议案与评论" 里 "八、关于其他问题的决议案" 的 "4. 社会党（法国）关于芬兰形势的决议案" 相同。此处从略。——编者注

④ 与公报第 4 期 "哥本哈根国际代表大会关于社会党国际局议程所列问题的决议案与评论" 里 "八、关于其他问题的决议案" 的 "5. 亚美尼亚支部关于波斯形势的决议案" 相同。此处从略。——编者注

社会党国际局代表

德国

奥·倍倍尔（柏林）、保尔·辛格尔（柏林）、*赫·莫尔肯布尔（柏林）。

英国

基尔·哈第（伦敦）、亨·海德门（伦敦）、*拉姆齐·麦克唐纳（伦敦）。

阿根廷

阿希尔·康比埃（巴黎）、曼努埃尔·乌加特（巴黎）。

奥地利

维克多·阿德勒博士（维也纳）、斯卡雷特（维也纳）、*恩·佩尔讷斯托弗（维也纳）。

比利时

爱德华·安塞尔（根特）、埃米尔·王德威尔得（布鲁塞尔）、*莱昂·弗尔内蒙（布鲁塞尔）。

波希米亚

安东·涅梅茨（布拉格）、弗·绍库普（布拉格）。

保加利亚

克里斯托弗（索非亚）、格奥尔吉·基尔科夫。

丹麦

卡尔·F. 马森（哥本哈根）、*斯陶宁格（哥本哈根）。

西班牙

弗朗西斯科·莫拉（马德里）、*帕布洛·伊格列西亚斯（马德里）。

美国

丹尼尔·德莱昂（纽约）、莫里斯·希尔奎特（纽约）。

芬兰

尤里约·西罗拉（赫尔辛福斯）、爱·瓦尔帕斯（赫尔辛福斯）、*韦伊内·坦纳（赫尔辛福斯）。

法国

让·饶勒斯（巴黎）、爱德华·瓦扬（巴黎）、茹尔·盖得（巴黎）、*马塞尔·桑巴（巴黎）。

候补：让·龙格（巴黎）、安热勒·鲁塞尔（巴黎）。

荷兰

彼得·特鲁尔斯特拉（斯海弗宁恩）、亨·范科尔（海牙）、*特尔·拉恩（海牙）。

匈牙利-克罗地亚

雅科布·韦尔特纳（布达佩斯）、威廉·布克塞格（萨格勒布/阿格拉姆）。

意大利

安焦洛·卡布里尼（米兰）、莱奥尼达·比索拉蒂（罗马）、*O. 莫尔加利（罗马）。

卢森堡

韦尔特博士（卢森堡）、*J-B·普罗布斯特（卢森堡）。

挪威

埃纳尔·利（斯塔万格）、*马格努斯·尼尔森（克里斯蒂安尼亚）。

波兰

海尔曼·迪阿曼德（奥地利伦贝格）、罗莎·卢森堡（柏林）。候补：卡尔·考茨基（柏林）。

罗马尼亚

拉柯夫斯基（索非亚）、弗里穆（布达佩斯）。

俄国

伊·鲁巴诺维奇（法国多姆山省）、乌里扬诺夫（巴黎）。

瑞典

G. G. T. 维克曼（斯德哥尔摩）、亚尔马·布兰亭（斯德哥尔摩）。

瑞士

*布吕斯特兰博士（伯尔尼）、卡尔·莫尔（伯尔尼）、G. 赖曼（伯尔尼）。

塞尔维亚

斯塔加特·图措维奇（贝尔格莱德）、卡斯莱罗维奇·弗里萨（克拉古耶瓦茨）。

土耳其

M. 瓦兰蒂安（日内瓦）。
萨洛尼卡社会主义工人联合会书记（萨洛尼卡）。

成员党的书记

德国

德国社会民主党：威廉·普凡库赫（柏林）。

英国

国际社会党代表大会英国全国委员会：桑德斯（伦敦）。
（1）工党：拉姆齐·麦克唐纳（伦敦）。
（2）社会民主党：亨·威·李（伦敦）。
（3）独立工党：弗朗西斯·约翰逊（伦敦）。
（4）费边社：爱德华·R. 皮斯（伦敦）。

阿根廷

社会党：阿根廷社会党执行委员会（布宜诺斯艾利斯）。

奥地利

奥地利社会民主工党：斐·斯卡雷特（维也纳）。

比利时

比利时工人党：L. 范德斯米森（布鲁塞尔）。

波希米亚

捷克-斯拉夫社会民主党：安东·布鲁哈·科拉尔（布拉格）。

保加利亚

保加利亚社会民主工党：G. 博兹维利耶夫（索非亚）。
保加利亚社会民主工党：格·基尔科夫（索非亚）。

丹麦

社会民主党：斯陶宁格（哥本哈根）。

西班牙

社会主义工人党：马维诺·加西亚·科尔特斯（马德里）。

美国

社会党：J. 马伦·巴恩斯（芝加哥）。
社会主义工人党：保罗·奥古斯丁（纽约）。

法国

社会党（工人国际法国支部）：路易·迪布勒伊（巴黎）。

芬兰

芬兰社会民主党：尤里约·西罗拉（赫尔辛福斯）。

荷兰

荷兰社会民主工党：J. C. 万库伊杰克霍夫（阿姆斯特丹）。

匈牙利-克罗地亚

匈牙利社会民主党：E. N. 布欣格尔（布达佩斯）。
克罗地亚社会党：威廉·布克塞格（萨格勒布）。

意大利

意大利社会党：乔蒂（罗马）。

卢森堡

卢森堡社会党：J. P. 普罗布斯特（卢森堡）。

挪威

挪威工党：马格努斯·尼尔森（克里斯蒂安尼亚）。

波兰

波兰社会党：海·迪阿曼德（奥地利）。
（西格蒙德·马雷克博士）。
波兰和立陶宛社会党：罗莎·卢森堡（柏林）。

罗马尼亚

罗马尼亚社会民主党：J. C. 弗里穆（布加勒斯特）。

俄国

社会革命党：伊·鲁巴诺维奇（巴黎）。

(锡安工人党：M. 拉特纳博士〔转鲍里索夫〕〈维也纳〉)。
社会民主工党：弗拉基米尔·乌里扬诺夫（巴黎）。
(立陶宛、波兰和俄罗斯犹太工人总联盟〔日内瓦〕)

塞尔维亚

社会民主工党：D. 图措维奇（贝尔格莱德）。

瑞典

社会党：G. G. T. 维克曼（斯德哥尔摩）。

瑞士

瑞士社会民主党：M. 芬德里希（伯尔尼）。

土耳其

亚美尼亚支部：M. 瓦兰蒂安（日内瓦）。
萨洛尼卡社会主义工人联合会（萨洛尼卡）。

非成员党的书记

澳大利亚

澳大拉西亚社会主义同盟：H. E. 霍兰（悉尼）。

加拿大

加拿大社会党：D. G. 麦肯齐（渥太华）。

智利

社会民主党：路易斯·B. 迪亚兹（圣地亚哥）。

葡萄牙

葡萄牙社会党：E. C. A. 格内科（里斯本）。

社会党国际局书记处和国际议会委员会的报告

关于它自斯图加特代表大会以来活动的总结，书记处可以满意地请读者阅读已经发表的报告：

1.《关于斯图加特代表大会以来工作的报告》（1907 年 8 月—1908 年 6 月），用德文、法文印制，蒙斯，1908 年。

2.《书记处 1908 年 7 月、8 月和 9 月工作报告》，19—38 页是关于社会党国际局第十次会议的正式报告，根特豪特波特大街 29 号，1909 年。

3.《书记处 1908 年 11 月至 1909 年 11 月工作报告》，定期公报第一期第 7 页以及以后各页（用 3 种文字）。

我们没有修改这些文件，但是我们对指出它们的内容感到满意，并将通过简要地叙述 1909 年 11 月以来所完成的工作完成同样的报告。

* * *

国际局(社会党国际局)和国际议会委员会以及社会主义记者自斯图加特代表大会以来召开了两次会议:

一次是 1908 年 10 月;

另一次是 1909 年 11 月。

1. 国际局于 1908 年 10 月 11 日召开会议,一方面研究加入国际的行政管理问题、交纳会费问题和定期开会问题,另一方面讨论国际所属组织为防止国际冲突而采取共同行动的问题。

国际议会委员会讨论了议会报告以及殖民问题。

记者们决定在国际局开会的同时召开定期会议,让他们自己的党提供供社会党国际局出版的报刊杂志目录,他们建议在还没有一份社会党报纸的国家出版一份特殊的公报,最后,他们承认可以以现有的刊物为基础,建立一个日报电报交换系统,其目的是防止资本家报纸散布骗人的消息,就像他们在瑞典同盟歇业期间所做的那样。

关于这次会议的报道,已经用下面的标题用法文发表:"正式报道":(1)社会主义记者第一次会议(1908 年 10 月 10 日);(2)社会党国际局第十次会议(1909 年 10 月 11 日);(3)国际议会委员会第三次代表会议(1908 年 10 月 12 日);根特,人民印刷厂,根特豪特波特大街 29 号,1909。

2. 国际局于 1909 年 11 月 7 日召开了一次会议;他们安排了哥本哈根代表大会的临时议程,以通常的方式确定了加入国际问题、代表问题。他们投票通过了对西班牙同志在摩洛哥冲突中的行为表示赞赏的决议,向瑞典社会党人表示敬意的决议,对罗马尼亚的迫害活动表示抗议的决议。

国际议会委员会再次讨论了殖民政策，最后，对致使我们的罗马尼亚同志受到伤害的迫害活动表示抗议，他们共同通过决议，对哥萨克程序表示谴责，墨西哥社会党人和民主人士因这个程序而受尽折磨。

　　记者们详细地讨论了前一年所通过的决议的落实情况。

　　关于这次会议的报道，第一次以3种文字在社会党国际局定期公报上发表。

　　正如所看到的那样，国际议会委员会大会的活动和国际局的活动经常被人弄混了。在书记处合并之后，这个机构已经成为一个非常固定的行政机构。根据斯图加特代表大会的决定交换了文件。很多议会书记给我们寄来他们各自党团的议案草案，并回答了其他国家的同志们向他们提出的问题。从各国报告中可以发现我们的议员发挥作用的大量指标。在哥本哈根代表大会召开的会议将足以向国际议会委员会大会提供它所渴望的稳定。

＊　　＊　　＊

　　除了日常工作，国际局通过了7个决议，按照惯例，它们将提交大会批准。

　　1. 1908年10月11日通过的关于政治形势的决议；

　　2. 关于阿卜杜尔-哈米德垮台的决议；

　　3. 关于反对罗马尼亚迫害活动的决议；

　　4. 关于摩洛哥远征的决议；

　　5. 关于瑞典社会党人的决议①；

---

　　① 此后，他们成功地挫败了资产阶级政党希望通过立法来扼杀工人政党的一些企图。

6. 关于死刑的决议。

自斯图加特代表大会以来，国际局执行委员会已经发表了几份通告和宣言，下面是它们的篇名：

1. 关于芬兰国会解散的通告（1908年3月）；
2. 关于危机与就业的通告（希尔奎特的报告）（1908年4月）；
3. 关于丹麦国会党团反军国主义法案的通告（1908年8月）；
4. 关于波斯尼亚—黑塞哥维那形势的备忘录（1908年8月26日）；
5. 关于改进社会党报纸之间关系的通告（1908年10月10日）；
6. 关于英国工党的章程的解释（1908年10月11日）；
7. 关于社会党国际局提出的问题的通告（1908年11月13日）；
8. 关于塞尔维亚问题的通告（1908年11月30日）；
9. 关于塞尔维亚问题的新通告（1909年1月21日）；
10. 关于阿泽夫事件的通告（1909年1月21日）；
11. 关于塞尔维亚形势的备忘录（1909年2月5日）；
12. 关于荷兰的冲突的通告（1909年4月3日）；
13. 五一宣言（1909年5月1日）；
14. 关于德意志帝国国会和俄国杜马社会党议员之间的冲突的通告（1909年5月3日）；
15. 关于沙皇访问的宣言（1909年6月17日）；
16. 关于摩洛哥和西班牙事件的宣言（1909年8月1日）；
17. 关于西班牙事件的通告（1909年8月23日）；
18. 关于西班牙事件的新通告（1910年1月）；
19. 关于阿根廷事件的通告（1910年1月15日）；
20. 关于芬兰事件的通告（1910年4月）。

不言而喻，国际局在哥本哈根代表大会上帮助起草了对墨西哥、阿根廷和日本国内针对我们同志的迫害活动和沙皇在芬兰所犯下的罪行抗议的决议。

  墨西哥的形势，因国际议会委员会会议上有关它的报告、美国社会党书记的通信和美国社会主义工人党对非法监禁三个政治避难者（墨西哥争取自由的烈士）表示抗议的文章而广为人知了。片山潜的一封来信向我们展示了日本天皇政府正在利用俄国的煽动系统反对我们。沙皇侵犯芬兰权利的犯罪行为是我们的一份宣言的抨击对象。而且，最后，我们所获得的有关阿根廷的完整信息，使我们能够宣布，该国政府第二次帮助捣毁了我们的日报《先锋报》的印刷所，而且为了执行这一政策，立法机构利用警察的挑衅行为，以最快的速度通过了一个新法律，甚至允许警察对妇女和年龄在18岁至20岁的未成年人适用死刑。这个法律目的是把政府武装起来，以便镇压工会和社会党组织，防止自由行使罢工权、结社和出版自由。

  国际局和书记处组织了几次集会，向人民揭露这个专断政策，让我们特别提一下抗议沙皇在欧洲旅行的集会、抗议阿根廷迫害活动和芬兰压迫活动的集会，以及抗议俄国监狱暴行的集会。

  执行委员会有几次被迫介入营救我们的同志。俄国政府要求引渡他们。除弗拉西耶夫被瑞士交出去那一次之外，由于致力于自由事业的法律界知名人士的干预，这些行动都取得了成功。最后一个值得注意的例子是盖瓦斯同志。

  为了完成关于巴尔干各国形势的报告中所说的任务，我们应当说明，我们的同志一直特别注意揭露好战的资本主义的一切阴谋诡计，而且不想介入任何国际冲突。我们冒昧地引用1910年1月7、8、9日召开的巴尔干国家社会民主党第一次代表大会（见公报第2期第64页①）。

---

① 见本卷第143—146页。

1910年3月2日在索非亚召开的巴尔干国家会议,以及最后,1910年7月2日还是在索非亚召开的会议,都是专门针对泛斯拉夫主义倾向的。保加利亚社会民主工党(紧密派)第十七次大会及其他会议都坚持了同样的政策。

国际局几次收到要求对社会党之间的分歧进行干预和仲裁的请求。例如,众所周知的荷兰纠纷,与不列颠信件往来,保加利亚、美国的尝试,以及最近发生的波兰事件(波兰社会党)等。

* * *

我们按照国际局的决定,提出了成员党投票权分配办法。请允许我们就这个问题讲几句话,这些投票权是授予没有正式加入国际的国家的,即联合澳大利亚(8票)、非联合澳大利亚(4票)、日本(4票)、南非(4票)。但是这些组织还不能履行他们的义务,因为他们有的解散了,有的削弱了,还有的是受到了政府压力。

有的国家,例如,加拿大已经拒绝加入国际,因为国际不是他们所渴望的那种社会主义组织。还有一点令人遗憾,即葡萄牙的各个社会主义中心(其中一个名字叫"和平与自由",在1910年7月10日刚刚庆祝了它十周年纪念日)还没有被接受为成员。

社会党国际局在1908年10月11日对英国工党的代表问题进行了辩论,并通过如下决议:

"考虑到以前国际代表大会的决议——按照这些决议,所有置身于阶级斗争领域并承认政治斗争必要性的组织可以加入;

社会党国际局宣布,它将接受英国工党参加国际社会党代表大会,因为他们虽然没有明确地承认无产阶级阶级斗争,然而,他们实际上在展开这种斗争,而且他们在组织上独立于资产阶级政党,把国际社会主义基础作为他们的基本原则。"

社会党国际局在斯图加特决定，承认俄国支部有咨询权，社会主义的犹太复国主义者组织锡安工人党有审议权，后者是已经加入国际的社会革命党支部的一个分支。

社会主义的犹太复国主义者称，他们属于社会民主党，但尚未被这个分支部所接纳，国际局对这个问题进行了长时间的讨论，并于1908年10月11日通过对以下议程的表决解决了这个问题：

"国际局声明，确认犹太复国主义者有咨询权，是斯图加特代表大会会议专门批准的，犹太复国主义没有加入国际局——议程通过。"

有几个党要求在现有支部之外拥有代表权。这个请求已提交给管辖支部。我们认为，有必要再次提醒非成员团体注意规定程序。各国只能有一个国际承认的全国支部，这个全国支部首先有权处理加入申请或参加国际局或代表大会的请求。

由于这个原因，国际局已经收到英国社会主义工人党的加入申请和参加请求，以及社会民主党的类似申请，并在1909年11月7日通过如下决议：

"荷兰社会民主党的申请交给荷兰支部处理。如果不能达成协议，新党有权向国际局上诉。"

这个支部也可能分裂，只要引用一个例子，看一看国际社会党代表大会英国全国委员会的情况就够了，该委员会由以下组织的代表组成：工党、独立工党、社会民主党、费边社、煤气设备安装工人工会和码头工人工会。这些组织向社会党国际局缴纳的会费一样多，而且只有缴纳会费的团体才能有代表权。委员会每三个月召开一次会议，听取代表给国际局的报告,在国际局、国际社会党代表大会和英国社会主义工人运动之间发挥中间人的作用。

* * *

书记作为代表出席了以下会议:
1. 斯堪的纳维亚社会党代表大会(克里斯蒂安尼亚,1907年)。
2. 德国社会党代表大会(纽伦堡,1908年)。
3. 匈牙利社会党代表大会(布达佩斯,1908年)。
4. 荷兰社会民主工党代表大会(鹿特丹,1909年)。
5. 法国社会党代表大会(巴黎,1910年)。

* * *

除了上面谈到的文件,我们在斯图加特代表大会后,还出版了关于这次大会的一份法文版报告(1卷440页)。"前进"图书馆也出版了一个篇幅不大的版本。我们应该在出版前看到这个版本的文本,以便纠正一些不可避免的错误;德文编辑还没有拿到大会的所有文件。我们还试图出版一个英文版,但是没有成功。

今后,我们将通过出版"公报"来避免只用一种文字出版国际局的一般文件,我们非常高兴地注意到,我们的普通通讯员对于这个创新表示支持。

最后,几天后,我们将用法文出版一个500多页的大部头的文件集,里面收录了社会党国际局所有成员党的章程和纲领,我们提请各党图书馆注意这一情况。

我们对定期给我们寄送其出版物的各党报纸和编辑表示感谢；尽管他们十分慷慨，我们收集到的社会主义出版物还非常不全，因此，我们再次想到要求国际局收集国际运动档案的巴黎决议，只有所有成员党、各国书记、编辑以及社会党作者，还有所有对我们的运动感兴趣的人共同合作，这个任务才能完成。

为了按照现代科学的要求建立一个图书馆，我们首先必须有一笔预算，使我们能够租用场地、雇用适当的人员。布鲁塞尔人民之家供我们支配的办公室太小，我们的工作场所需要扩大。只要这些条件没有得到满足，我们就不能做任何持久的工作。

我们已经几次提请各国社会党注意出版第一国际文件的必要性。我们非常高兴地宣布有关这个问题的谈判已经结束，这些文件不久将由维也纳门格基金会负责人出版。我们已经委托他保管社会党国际局图书馆的所有令人感兴趣的文件。

＊　＊　＊

斯图加特代表大会搁置了对瑞士的意大利人社会党提出的关于设立国际特别会员证的问题的审议。我们收到该组织于 1910 年 6 月 1 日寄来的另一封信，要求将这一建议重新列入议程。我们未能将它列入议程，因为它没有按时提交给国际局，还因为这个建议不是一个正式加入的组织提出来的。如果瑞士意大利人社会党加入了意大利社会党，后者是不会转交它的这个建议的。

我们非常清楚，这个主意得到了法国同志的热烈支持，出于这个原因，我们再次提到该建议并指出，我们认为，重建第一国际那种特别证制度几乎是不可能的。那时候，成员数量相当多，组织实行集中制；现在，国际局首先是一个协调机构，尽管这种联系相当松散，但各国委员会的关系非常好。与我们的同志所声称的那样相反，我们并不认为，建立一个特别证制度会减少意见不同的组织之间的冲突。

诚然，建立一种国际证对于移民工人可能是有意义的。以此为目标，可以尝试建立一个会费券系统，会费券由国际局每年向各成员党发行，每张5分，各党可以把这些会费券卖给他们各自的团体，后者可以把它们粘在小册子或他们的会员证或会员卡上。买会费券不是强制的，但它是一种尝试，人们可以就这个问题给日后的大会提交报告。

斯图加特代表大会要求书记处在欧洲所有港口进行调查，以研究移民运输问题。书记处与国际运输书记及欧洲各种港口的组织进行了沟通，但遗憾地说，靠通讯这种渠道还不能获得这种信息。

如果要求书记处做额外的工作，明智的办法也许是提供实现这个主意的必要预算。不过，我们已经收集了一些文件，并为警告欧洲工人不要仓促移民做了一些必要的工作。我们提供了关于移民国家劳动形势的准确事实，而且我们一旦得到欧洲工人返回的消息，无论他们是被阿根廷共和国驱逐的，还是他们自愿返回祖国的，我们几乎总是向他们提供服务，并且得到安特卫普、鹿特丹、不来梅、汉堡或其他地方的组织或同志们的大力合作。

施赖尔同志出版了关于移民问题一个方面的两本小册子，我们和他一起注意到，各地建立新的团体是一件好事，它们旨在把移民和他们所在的新国家的工会或政治团体再次联系起来，同时还保持与他们经常回来的祖国的联系。这些移民经常需要法律帮助，而俄国、捷克和丹麦同志的经验证明这个倡议是非常有用的。

斯图加特代表大会向下次大会提交了一份关于党与工会的关系的新报告。为了这份报告能够有用，必须把它列入未来一次大会的议程。就目前而言，只要说，局面总的来说并没有改变就够了。我们认真研究了我们的各国书记的报告和各工会中心的书记的年度报告。我们已将它们结为一辑。除了瑞典——它的某些中心的政治运动有一股分离趋势，唯一的新情况是奥地利-波希米亚，提交大会的第八号决议有一个专门的注释，以及捷克同志提交给书记处的回复小册子都谈到这个情况——这个小册子将提交给大会。

最后，请允许我们声明一下，书记处经常在各团体之间充当财政中介人，斯图加特代表大会所报告的进展更加明显。

此外，读者会看到作为各国报告集前言的关于整个社会主义运动的所有统计数据。这些统计数据是以各国书记的报告为基础汇编的，如果我们能及时得到这一工作所必需的资料，谈到的内容会更全面一些。

我们非常高兴地表示，在数字摘要方面，我们工作的最后完成得到了我们的塞尔尚和哈瑙尔同志的帮助。

社会主义报刊分类目录[①]

---

① 因篇幅所限，此处从略。——编者注

社会党国际局定期公报第 6 期

国际社会党第八次代表大会

1910 年哥本哈根

国际议会委员会

一、工人养老金

1. 芬兰的报告
2. 比利时的报告
3. 丹麦的报告
4. 英国的报告
5. 德国的报告（见定期公报第 2 期第 46 页①）

二、殖民地问题

1. 荷兰的报告
2. 英国的说明
3. 比利时的报告

工人养老金

1. 芬兰的报告

芬兰目前尚未对工人养老金进行过立法，尽管这对芬兰来说不是一

---

① 见本卷第 108—122 页莫尔肯布尔的发言。——编者注

个新问题。过去十年他们一直在为此努力，在社会民主党参加的过去4次选举中，工人养老金问题都是最重要的宣传工具之一。

1888年，四级议会第一次公开讨论了工人养老金问题，它接受了进行这个改革的提案。然而，这个提案没有目标。授权准备这个问题的委员会认为，这个立法既不可取，也不可能，最好是资助私营工人养老金基金。政府本身似乎没有不同意见，因为它只是建议搞一个非常温和的劳动保护法。

1900年，这个问题提交国会二读。这次议员们接受了一个建议，要求政府寻找针对老年和长期不能工作问题的最佳劳动保险制度。1904年，政府任命了一个新的委员会，后者在1908年提出了自己的建议。

委员会的方案实质上是以德国老年保险法的基本原则为基础的，因此，它建议把保险搞成强制性的。所有为挣工资而工作且年满15岁的人都要承担这个义务。保险费每周分期缴纳，其中，工人缴纳一半，雇主缴纳另一半。该法律所覆盖的人，按照他们的工资额，被分成6个级别。没有义务参保但希望参保的人可以选择其中一个级别。国家在这个意义上要承担费用，即它要支付保险官员的工资，这样一来，国家就有责任负担和工人与雇主一样数额的保险费。

按照这个方案，有资格领取保险金的人要至少残疾4周，投保至少4年，而且已经缴纳了150周保险费。而每个年逾65岁的人，只要他已经投保30年并缴纳过至少1200周的保险费，不论是否残疾，都有资格领取养老金。

工人养老金的数额自然要随着等级变化而变化，而且总的来讲，是以德国的制度为基础的。

国家对劳动保险的支出，如委员会所计算的，将在25年后达到其顶点，届时将达到900万马克，占国家目前预算的十分之一。

下面是委员会方案的统计数据：

级别	该级别每月收入（马克）	每周缴费（芬尼）	残疾最少的津贴① （马克）	老年最少的养老金② （马克）	最多的老年和残疾人津贴③ （马克）
Ⅰ	5	14	104.20	133.60	170.00
Ⅱ	5—7.50	22	106.60	152.00	210.00
Ⅲ	7.50—11	30	109.00	172.00	250.00
Ⅳ	11—17	44	113.20	205.60	320.00
Ⅴ	17—25	60	118.00	244.00	400.00
Ⅵ	25以上	80	124.00	292.00	500.00

解决这个问题所需要的措施执行得很缓慢。政府对促进解决这个问题什么也不做，但是征求了很多当局和组织的意见，其中之一是中央劳工工会组织。

这种状况是由政府反对强制劳动保险的态度造成的，而社会民主党从成立起，就在这个问题上积极开展活动。早在1899年，社会党第一次代表大会就通过了支持建立强制工人养老金的决议。这一主张在接下来的大会上得到重申，而且在1907年奥卢全国大会上得到更加积极的表达。按照这次大会通过的纲领，党的要求包括以下内容：建立国家缴费的强制老年和残疾保险，所有工人阶级或在类似条件下生活的年满55岁或在这一年龄之前发生残疾的人，都是其保险对象。养老金数额为350马克，有关基金用累进收入、财产和遗产税建立。作为对这个保险的补充，建立寡妇和孤儿保险。

带着这个纲领，芬兰社会民主党参加了4次国会选举，而且在每届

---

① 须缴费150周方可领取。
② 须缴费1200周方可领取。
③ 须缴费2500周方可领取。

议会开会期间，社会民主党派都提出了明确的建议。直到 1910 年，这个建议因为资产阶级政党拒不讨论而仍然毫无结果。

然而，今年国会开始研究这个问题了。它只不过是一个制定已经提交国会的法案的基本原则的问题。议会中的资产阶级多数派建议议会，让政府尽可能以前面提到的委员会所准备的方案的原则为基础，给国会提交一份老年与残疾保险法案。另一方面，委员会中的社会民主党人建议国会在下一届议会期间，让政府给国会提出一个以国家自己拿钱建立老年与残疾保险的原则为基础的方案。这样一来，所有工人阶级的成员或生活在类似条件下的人，在年满 55 岁和在这个年龄之前发生残疾的人，每年都会得到不少于 350 马克的养老金。与此同时，用同样的方式，建立一个寡妇与儿童基金。这些养老金所需要的基金，用对收入、财产和遗产征收的累进税建立，其中，来自对工作所得征的税应当比来自财产所得征的税少。

在讨论这个问题的时候，资产阶级议员对实际上国家资金建立保险的主张一致持敌视态度，而且，对自己的观点也解释得含糊不清。因此，投票结果是：社会民主党的方案以 101 票对 78 票被否决，委员会多数的方案被通过了。

目前这一问题的状况就是这样。议会已经决定让政府给它提交一份以德国原则为基础的法案。现在还无法预测这个问题如何和何时可以得到解决。目前的政治形势对改革是不利的，由俄国人组成的内阁政府在致力于工人养老金这种琐事之前，一定会把它的精力放到使国家"俄国化"上。

芬兰国会社会民主党党团代表

韦伊内·坦纳

2. 比利时的报告

比利时没有工人养老金立法。

1900 年 5 月 10 日的法律是唯一一部涉及养老金的法律。

正如社会党议员所指出的那样，它不是以强制保险，工人、雇主和国家一样缴费的原则为基础的。

比利时建立了鼓励设立养老金的年度补贴。

它通过政府认可的一个互助会的中介，向在政府担保的普通养老基金投保人提供补助，条件是他们全年缴纳的保费不超过 60 法郎。

同样的好处被扩大到直接在该基金投保的其他任何人，他们因缴纳对国家有利的各种直接税包括执照税（其数额因不同城市居民人数的多寡而不同）而得以享受法律的优待。

该法律的优待还被扩大到在比利时居住 10 年以上外国人，条件是他们的国家也给比利时人一样多的好处。

每年保险费的数额固定在每法郎 60 分，每个账户的上限为 15 法郎。

参保人直到打入其账户的总额足以构成一笔 360 法郎的年金，方可领取保险金。

年金的支付时间确定为年满 55 岁至 65 岁的各规定年龄之后。

1900 年 5 月 10 日法律还规定，对于每个得到承认的、以会员加入普通养老基金为目标的互助会，每年给在过去一年里至少已经收到 3 法郎（不包括公共当局的补助）的每个账户补助 2 法郎，条件是该互助会的管理和账户得到了批准。

作为一种过渡性措施，给住在比利时的、1901 年 1 月 1 日至少年满 65 岁且处于贫困状态的每名工人或比利时老工人，每年拨给 65 法郎。

那些到1901年1月1日至少年满55岁的工人，有资格享受和他们65岁时一样的特别待遇；但是在上面提到的时间时还不满58岁的人，如果在至少3年的时间里没有给普通养老金基金缴费，其数额每年至少达到3个法郎，并且总额达到了18法郎，则不能得到国家的拨款。

随后的一个条款规定，如果投保人要求，开始享受养老金的时间可以推迟到他年满68岁时。

领取保险金的这种延期允许有关人员在3年内支付1900年法律所要求的款项。

社会党人建议废除为领取养老金而预先缴纳款项的做法，并建议，对于申请领取养老金的人士，人们只应要求证明其年龄和需要。

比利时有关养老金的法律的主要缺点完全是一个既成事实，这就是由于不考虑、也不面对强制保险问题，补贴只能发给那些社会形势允许为未来作出某些牺牲的人。它没有发给它应当发给的人：那些最贫穷、最可怜、勉强糊口的人。

一位最保守的自由党议员和工业巨头宣布，1900年5月10日的法律，是与比利时议会不相称的、与比利时广大臣民不相称的仓促辩论通过的，它肯定不能解决问题。

在所有方案中，最好的、最全面的、考虑最周详的方案，是埃克托尔·德尼同志提出来的、以德国法律的原则为基础的方案。

基督教民主党人的议案则竭力称赞自由基金。

最后，拉乌尔·瓦罗凯先生和其他自由党议员的方案建议，向所有男女农业和工业劳动者发放老年或残疾养老金，固定为每年最少360法郎。

这个建议极其重要，不是因为它包含着社会主义方案所没有的有利规定，而是因为它出自一批属于大企业的温和派议员，因此，存在着被下届议会反教权主义的大多数派全盘接受的可能性。

出于这一原因,我们认为我们应当在本报告中对它作一个简短的分析。

首先,它尊崇义务原则,并适用于男女工业和农业劳动者,以及水手和蒸汽船、帆船上的渔民(帆船上的水手不是共同业主)。

国家为养老金缴纳三分之一的保险费,工人和雇主也各缴纳三分之一。

该方案的财政系统分担方法最充分地反映了互利理念。

方案第13条估计国家每年要缴纳2000万法郎。

它建议从以下渠道筹集新的资金:

(1)对最主要设施建在比利时的公司的股息票债券,对在比利时支付的债券,对各省、市与公共机构的息票债券以及比利时贷款债券征收1%的税。

(2)对所有证券交易,每1000征收50分的税。

工人养老金基金是一个法人,由一个五人委员会和一个总经理进行适当管理,他们全由国王任命。

养老金的领取权被扩大到:

(1)年满65岁的农业劳动者、工业劳动者及水手;

(2)年满60岁在矿井下工作的矿工;

(3)在达到规定年龄之前发生残疾的工人。

养老金数额一般每年为360法郎。

* * *

关于矿工养老金(有关特别立法已经一致通过)的两个方案已经提交比利时议会:

1. 阿尔弗雷德·德菲索先生以社会党左派的名义提出的方案。

他的方案提出给所有在矿井下工作的50岁的工人和所有在地上工作的55岁的工人,每年发放600法郎的养老金。

他主张强制保险原则和建立财政分担制度。

养老金将来自几个部分:3%来自工人工资的存留,3%来自雇主的缴费,国家的缴费为工人和雇主缴费的三分之二。

支付将由税收征稽人员进行。

2. 政府在1909年7月27日会议上提出的议案。

这个方案的一个很大缺陷就是它企图实施1909年5月10日法律。它提出的原则是矿工养老金制度只适用于参加政府担保的普通养老金基金的劳动者。

它赋予上述法律提到的互助会与矿工养老基金相同的地位,按照劳动合同,企业一切加入养老基金的工人都必须加入这些互助会。

的确,这个方案从两个角度使这个法律完整了。

1900年5月10日法律将自己局限在鼓励免费公积金,现在的方案超出了免费补助原则。

政府在这个问题上的动机可以概括如下:

它对1900年5月10日的法律体制绝对是一个谴责,因为对矿工雇主的指责,可以更加严重地用于其他雇主。

让我们听一听政府说什么吧:

"鉴于雇主的倡议,正如我们所记得的那样,在一定程度上给采矿业强制保险指明了道路,它通过要求不属于公积金的那些雇主和他们的工人一起加入普通养老金基金,赋予上述事实法律的神圣性,并且在实际上批准了它。因此,对于采矿业而言,它意味着保险的绝对普遍化。"

我们对一部如此复杂的法律的适用条件持绝对保留的态度,与此同时,我们将记住政府承认强制保险必要性的态度。

养老金的正常标准是，年满60岁的矿井工人和年满65岁的其他工人360法郎。

每个账号上的缴费每年不少于30法郎，也就是说，工人支付15法郎，企业主支付15法郎。

国家缴纳的保险费为每年9法郎。

莱昂·弗尔内蒙

3. 丹麦的报告

直到1891年，除了教区救助钱或劳动救济所，丹麦没有给穷人提供其他任何帮助。法律规定，如果一个人过去5年一直在一个市镇生活，那么，当他不能养活自己或家庭，也没有办法获得医生的建议或治疗的时候，自治市议会应帮助他。

但是接受教区救助的结果是：任何人如果接受了这种救助，他将会失去其选举权，他不能去雇人，也不能从事任何经营活动，如果没有特别批准，也不能结婚，等等。

根据1891年4月9日法律（1908年修订），通过了一个关于向穷人提供生计的新的法律，即"养老金"，与旧的济贫法不同，它没有剥夺他们的选举权或其他公民权。

养老金法规定：

"任何年满60岁的人，如果不能养活自己或不能养活他有责任赡养的人，或不能得到必要的医生建议和治疗，则有资格领取养老金。只要有关人员是一个土生土长的丹麦人，即可如此。"

条件是：

他必须未因任何刑事犯罪而受过伤其名誉的审判；

他在过去十年里没有被发现有游手好闲或乞讨行为等；

他在过去五年里没有接受济贫救济（教区救助）。

这种资助随时提供养活一个人和其家庭所需要的帮助。

这种资助可以是发给货币，也可以是安置住处。

对申请人的需要的判断，由济贫法委员（市议会的一部分）决定；在哥本哈根，则由市长大人及其直接领导的官员负责。

费用由申请人所在市议会或自治市济贫委员会提供，他们过后可以从国库得到一半退款。

依照这一法律，大约72000人的生计得到救助。其数额为每年50法郎到500—600法郎不等。在哥本哈根，其平均数额使一个家庭的每个人头得到212法郎，在全国其他地方，一年大约为170法郎。

1907—1908年的养老金支出为880万法郎。

社会党承认这个法律的原则，但是批评该法律为可能作出拙劣判断留下了空间，以及年龄要求太高，没有伤残养老金等。

然而，由于一个议会委员会正在准备对该法律作某些修改，因此，该法存在再次被修改的可能性。

社会民主党当然要求扩展，把伤残法也纳入进来，赋予60岁以下的人以伤残为由领取养老金的权利。

对于受雇于铁路、邮电局和在军队里工作的国家官员来说，有一种特殊的养老金，按照这个制度，他们在服务10年之后可以获得养老金，数额为其工资的1/10，并按同样的比例提高，这样，他们在服务25年后就可以获得其工资的一半作为养老金。

托·斯陶宁格

4. 英国的说明

关于工人养老金，即养老金法，只有一个标准，有关它的报告，是以一般声明而不是英国工党提交给大会的声明为基础的。

殖民地问题

1. 荷兰的报告①

I. 导言

本报告是按照国际议会委员会（1909年11月8日会议）的指示撰写的，必须极其简短。有关荷兰社会民主党人在这个问题上长达十二年的斗争情况，将在不久面世的一本大部头著作中全面描述。关于党的主要原则的概括请看一下1910年7月《社会主义月刊》上发表的一篇文章，标题是"社会党的殖民地政治任务"。

这里简要总结一下主要与所取得的成果有关的重要活动，它们②足以说明我们在多大程度上采取行动，贯彻巴黎、阿姆斯特丹和斯图加特

---

① 此报告中提及的印度指的是当时荷兰的殖民地东印度，即现在的印度尼西亚等国所在的东印度群岛一带。——编者注

② 括号里是提出一项建议或取得有某种改善的年份。这个年份只是在这件事第一次发生时才注明。本报告涉及荷兰在东印度的殖民地，在美洲的殖民地则完全没有涉及，这是为了避免问题不必要地复杂化。

代表大会决议,通过改革来改善土著人的命运,减少对他们权利的侵犯,以及对他们进行自治教育。我们在进行这场斗争时是独立于其他政党的,常常遭到议会绝大多数的激烈对抗。每隔一段时间,我们都要判断并指出统治阶级在言行上存在的巨大差距;他们承诺的越多,改革的越少。隐藏的动机是走出文明的乱局;不断地同资本主义的贪婪、军国主义的暴力、帝国主义的野心进行斗争。

当然,我们还不能废除爪哇人财产权(这是几个世纪治理不当的结果),我们在1908年《新时代》上抨击过这个制度,但是我们采取了各种行动,在力所能及的范围内从各个方面促进土著人的利益,以限制对他们的剥削,减轻对他们的压迫。我们尽一切可能打破统治阶级的特权,改善工人阶级的命运,以便支持他们反对资本家,一再揭露他们的滥用权力和过分行动。我们几乎每年都强烈地反对在陆军和海军上浪费金钱,没有什么残暴或无耻行径被我们所知晓而不受到我们的痛斥。

我们无论如何都不能夸大拥有殖民地对荷兰工人阶级的价值,而仅仅把它们当做一种不可避免的历史必然而加以接受,并竭尽全力教育土著人实现完全自治,从而表达我们所制定的1901年3月纲领的主要原则。

接下来,为了把情况说的更清楚一点,我们分几段总结一下我们的所作所为;这样一来,有许多值得记载的行为就只好略去不谈了。当然,我们的全部要求并没有在我们的殖民地实现。远远没有实现。但是,我们在荷兰的改革要求则不是这样。

被压迫者的解放、穷人的福利、一切阶级与种族的公正与平等,所有这一切只能在未来的社会主义社会才能实现。改变现存社会的实际弊端,为更好的未来扫清道路,是我们对孤弱无助的土著人的义务,他们还没有找到捍卫他们权利的卫士。如果我们不能争取成功,那么努力帮助他们就是我们社会民主党人的一个神圣任务。

下面的简要总结说明一下我们作为社会民主党人是如何在殖民地问题上开展议会斗争来努力完成这个任务的。①

Ⅱ. 为了土著人的利益

(1) 司法管理

因为警力不足，正如许多盗牛案件所反映的那样，在爪哇，人身和物品没有安全感的情况被屡屡曝光（1903 年）；重组警力的建议已经提出。政府已指示一个专家官员调查这个问题（1906 年）；他所推荐的措施正在贯彻之中。

事实证明，欧洲的司法方法在许多方面不适应这些东方国家的要求，因此我们经常要求刑事立法要更多地依据土著人的司法观念。许多罪犯仍然没有受到惩罚；不公正的监禁比比皆是；临时关押的人数很多；刑讯逼供的丑闻不绝于耳；土著人毫无安全感（1889 年）。许多方面的改进也很明显，土著人深受其害的无耻的高利贷盘剥在一定程度上受到农业信贷制度的抑制，这个制度是在我们的压力下建立起来的，仅在爪哇一个地方，就有 7000 个这种机构在运作，我们针对高利贷盘剥的立法要求（1904 年）尚未得到回应。

就劳动而言，已经进行了具有深远影响的监狱制度改革（1906 年）；但还需要很多技术指导。年轻罪犯的待遇很差，国家还没有建立青年罪犯设施（1901 年）。

---

① 可以简单地称之为社会民主党人的殖民地政策。但是自从我们的德国朋友在他们 1907 年埃森代表大会上就这个词进行了激烈辩论以来，无论它的含义如何确定，人们在使用它时都犹豫不决。

已经对使用囚犯提出了强烈抗议，他们被判处在军队远征中服劳役（1898年）；现在只有志愿者才这样做。有时当众处决的令人憎恶的场景已经停止（1895年），但是完全废除死刑的强烈呼声还没有被王室信奉加尔文主义的大臣听进去。

（2）土著人的教育

自从1898年以来，我们每年都要求为更多的儿童提供良好的教育；直到最近才在这方面采取了一些措施；1910年教育投入为360万盾，而1901年只有150万盾；但前一数字也只是陆军和海军所花经费的十分之一。已经建立了很多土著官员培训学校（1908年），但是土著教师培训还严重不足，而针对大多数居民的教授方案学究气太重，演示不够，而且不符合需要（1900年）。土著人的技术教育还处在很糟糕的状态；对女孩子的培训几乎没有开展（1904年）。通过建设1000多所村校，我们提供良好教育的要求总算得到了某种满足。

学校斗争多年来一直在荷兰政治生活占据着重要位置，这场斗争也将在印度展开，因为罗马天主教和新教神职人员继续要求给他们的学校更多的拨款。而我们则支持世俗学校，要求严格坚守中立，并在伊斯兰教方面奉行宽容（1907年），义务教育一般还不能想；但是已经提出了免费食宿的要求（1899年）。

（3）土著官员

学徒制即雇用不发薪水的职员的制度已经被废除（1902年），但是给爪哇近3万名村长老支付适当报酬的要求被拒绝了，他们现在的报酬仅相当于所征税收的8%；但对于其中失去土地的人，已给他们土地供其使用。

自从1898年以来，持续不断施加压力让更多的土著人进入公务员行列。在任命土著人担任检察员、兽医、军官（1907年）、律师（1908年），以及从事森林和水利技术服务工作方面，这一点已经在逐渐地得到承认，他们也可以成为医生。但是，他们仍然被排斥在严格意义上的公务员之外。

而且，土著官员在薪水、养老金、休假和旅行费，以及任命、晋升和解职的条件方面，与他们的欧洲同事相比还有很大的差距。

（4）居民卫生

虽然用了一些时间（1902年），但是医疗服务终于在1910年进行了改组，其军队性质被废除了。

但爪哇医生（土著医务助理人员）的数量还严重不足（1898年）。土著助产妇的人数也非常奇缺（1907年），所以爪哇每年都有数以千计的产妇死亡。护士培训（1908年）几乎还没有想到；较低级别土著官员从1903年起才得到治疗，但是由于缺少合格的从业人员而不能充分实施。

采取更好的措施对付常见的麻风病（1898年）、儿童中的腺样体肥大、矿工中的肠虫病和脚气病（1903年），以及危害极大的疟疾（1901年）的要求已经提出并得到了允诺，但是行动缓慢落后，令人愤慨。通过较好地培训土著眼科医生，众多盲人现在得到了某种程度的较好照顾；水利工程建设（1898年）尽管从数量上讲无论如何还不够，但是，它们在对付有时破坏力令人恐怖的流行病（尤其是霍乱）方面至少起了一点积极作用。

（5）济贫法

尽管我们一再提出抗议（1901年），但是土著人的处境仍然很悲惨。有几个私人建立的殖民地和救世军得到了资助，后者还做了很多好事。政府只有在发生饥荒的情况下才在这个问题上采取比较全面的行动。

对在印度的欧洲人虽然做了一点事，但是还太少太少了（1897年），他们中间有些人的贫困状况已经达到令人难过的程度。

废除（决不是非常压迫性的）奴隶制度的工作在过去一些年取得了很大进展，虽然不用暴力，这也许做不到，但我们一直坚决反对使用暴力，因为抵制一切暴力征服政策一直是我们活动的基石。

（6）农业和养牛业的发展

农业是大多数热带殖民地土著人的主要生存来源。促进殖民地发展，绝不能忽视这一点。各级政府通常首先把太多的注意力放到欧洲人的种植园上，他们通过各种方式得到支持和帮助；因此，我们一直指出他们有义务促进土著农民的利益（1900年）。

原始耕作方法必须通过寻找更好的品种，改善种植，提供良种和肥料，以及建立试验田等，让位于更加集约的农业；所有这一切都应当是政府的关注点（1903年）。同样的道理也适用于从事实际工作的农业技术人员、派出巡回指导员等。1904年成立的农业部直到最近才开始俯身倾听这些要求，而且还是部分的。

黄麻（1905年）、拉梅（1904年）、棉花（1902年）以及其他纤维植物的种植，首先应当通过提供简单加工机械来鼓励。由于在爪哇，稻米是主要食物，因此是土著人培育的主要作物，所以我们坚持不懈地要求灌溉工程建设要优先于铁路、海港和电报电缆建设，后面这些东西主要是为欧洲人的利益服务的（1899年）。在这方面，没有必要考虑地租上涨问题，因为生产的增长将充分地给予土著人补偿，而且间接地有利于财政税收。在1891—1897年期间,在灌溉工程上每年平均投入270万盾,随后一些年达到370万盾。在工程建设地区,对土著人利益的考虑优先于外国人的利益。水库建设和土地保墒,即使在热带地区,也被证明对提供足够的农业用水是非常有效的。

可以采用一些办法推动土著人的养牛活动,比如,任命足够数量的兽医(1898年),采取防治牛瘟的务实措施(1903年),提供纯种牛(1902年),以及阉割劣质公牛等。所有这些要求都部分地得到了满足。

Ⅲ. 遏制统治阶级的特权

这些阶级由欧洲官员和资本家所组成。

(1) 欧洲官员

他们[①]通常享有过高的薪水和养老金;这些做法常受到抨击,并被拿来与土著人所享受的微薄收入进行对比。

我们没有成功地(1898年)减少总督的薪水(从132000盾减少到100000盾),也没有成功地降低其他高级官员的收入,这些高官中,有102人每年享有不少于151800盾,有6500人的年薪总额达到17326000盾。

我们也未能实施4000盾的最高养老金(1899年),尽管在过去20年时间里,养老金支出从890万盾增加到1620万盾,这是薪水总额的13%。

我们批评了用人方面的裙带主义(1905年),以及高官退休后在私营企业(通常是矿业公司)担任高薪水职务的陋习(1905年)。

经过艰苦努力,我们在1907年成功地使收入很差的欧洲职员的薪

---

① 此处原文无"他们",与小标题是连起来的。——译者注

水得到了某种提高（1900年）。

（2）资本家负担很轻，土著人税收沉重

一方面土著人税收负担沉重，另一方面欧洲资本家的利润之大骇人听闻。五个石油公司的总利润为867万盾，而缴税仅占其5%（1903年）。德利烟草种植园场主的利润高达2400万盾，向国库缴税不到10万盾（1906年）。但贫穷的土著人受到各种税收的盘剥，以至于他们的缴税额竟达到他们的收入的18%。

除了缴纳劳动税、人头税，沉重的火柴和石油税，以及各种保护性关税之外，土著人还要缴纳地租，数额至少为他们收获谷物价值的十分之一到六分之一。我们一再强烈要求减轻这种负担，还要求降低食盐价格，后者是政府垄断经营，价格是生产成本的15倍！我们的努力没有成功；但是土著人通过进口盐块，免遭了一些弊端。

对马车，包括用于经营目的的马车重税被取消了（1902年）。土著人应当纳税的最低收入从25盾提高到50盾，通过这一措施，减少了55%的纳税负担（1907年）。

直到最近，许多税收是通过中介人征收的，他们一般是华人，掌握了可怕的敲诈勒索手段；在我们1898年、1900年和1907年的一再强烈抗议下，鲜肉销售税、当铺经营税的征收包出去的做法和鸦片销售被停止了，变成了一种国家垄断活动。

然而，酒精饮料销售税和博彩税收的征收仍然被包出去了，大部分并不掌握在爪哇人手里。

我们要求降低政府当铺的高利率（1908年），大幅度减少鸦片的使用（1902年）。承诺已经作出，但还没有兑现。要防止土著人受烈性酒的毒害（这是可能的，因为酗酒现在已经非常少见了），我们强烈要求建立酒精垄断制度。

在我们的压力下（如后面将显示的那样），对矿业资本家的税收某种程度上加重了，而且自从1908年以来（在1906年对糖和烟草临时征收超常税之后），终于对欧洲资本包括有限责任公司征收了一种综合所得税，仅就后者而言，进步实在太有限了。

所以我们坚持斗争，把税收负担转移到外来资本家身上，他们从殖民地占有中获得的利润最多。

(3) 财政关系的诚实性

对于荷兰工人来说，这一直是一个棘手而微妙的问题。从法律上讲，印度和荷兰国库过去是、现在仍然是一个，尽管各有一本账。一个时期，政府种植咖啡、蔗糖等等，构成印度预算盈余的数以百万计的金钱从爪哇流入荷兰国库。从1831年到1877年，至少有832426000盾以这种方式交给了母国。由于这些金钱中许多被用于修建铁路，支付国债，使那时的荷兰避免了崩溃，因此，不仅资产阶级，而且工人阶级都从中受益了。

然而，近年来，主要由于亚齐战争，当印度预算入不敷出、陷入赤字时，荷兰立法者竟然厚颜无耻地把整个负担转嫁给印度。只要还有盈余，就保持财政统一。当印度被允许自行选择时，它第一次没有出现赤字。1883年，这个殖民地背着4500万盾的贷款利息，1898年是5500万盾，因此，它必须为实际上不存在的债务支付利息。我们坚决反对（1897年和以后）这个极不道德的政策恶果。起初，我们孤军作战；但是1904年我们胜利了，当时印度国库的一笔4000万盾的赤字由荷兰支付的贷款、利息及摊还抵消了。这是三个世纪以来母国第一次为东印度作出牺牲，而它已经被荷兰压榨了几个世纪。

如果说最初我们在要求取消1883年和1898年对印度支出预算的450万盾贷款利息时是孤军作战的话（我们为这一目的所提出的议案于1903年被否决，几乎所有的党都投票反对），那么，后来一些年，支持这一举措的党派持续增加，其中甚至还有一位殖民地事务大臣，他的立场是以第六条戒律即"不可偷盗"为基础的。①

在相互垫付金钱的清偿账目中，我们发现了错误，即"财政滑稽现象"（1898年）。尽管所有用于帝国主义目的（1901年）和维持荷兰国家地位的支出，都是由被统治人民来承担的，但是为了确保我们在俄日战争期间的中立地位，有一半支出则是宗主国承担的（1906年）。

所以说，我们一步一步地推进，越来越多地限制政府的剥削政策，直到它完全消失为止，只有上面提到的"臭名昭著的利息"除外。在我们的要求下，《和睦相处法》第四条关于印度对荷兰的贡献的规定，已经于1903年被取消。而为了这一目的所提出的议案在1898年以60票对4票（社会民主党人）被否决。

我们同样大力地进行了反对资本主义剥削殖民地的斗争。

Ⅳ. 资本主义对殖民地的剥削

（1）矿业

这种剥削在寻找印度土地下埋藏的矿产方面最为明显。在关于1898年印度矿山法案的旷日持久的辩论期间——该法的目的是加强私人开采，我们强烈主张实行国家开采（1899年3月），但是我们为此目的而提出的议案以57票对11票被否决了。然后，我们又提出对矿业公

---

① 此处似有误，因为"不可偷盗"是第八条戒律。——译者注

司的纯利润征税，也失败了；但是我们提出将税收从生产总值的2%提高到4%的议案，这次成功了。而且，最近（1910年5月），该法被修改了，政府被授权在特殊情况下征收更高的税（每次须经议会法律批准）——从前面提到的税收很低的情况来看，新的规定是合理的。

裙带关系骇人听闻，在一位总督将开采特许权送给一家实力强大的石油公司的事件上表现得淋漓尽致，我们对此作了充分揭露（1904年）；我们还揭发了许多矿业骗局（1906年）。

（2）私有土地

爪哇有荷兰三分之一那么大面积的土地被卖给了私人（私人农场），这些人实际上对这些土地以及生活在该土地上的居民拥有最高统治权。有多达170万居民受到最严重的虐待和敲诈勒索。自1900年以来，我们就对这一情况提出批评并要求没收。现在正在进行一项调查，弄清这些土地的普遍情况，而且，今年已经通过了一个没收这些土地的法令；其间，这些土地中的最大一块已经被赎回。

（3）制糖业

在爪哇，这个使用了最现代的机器的、真正的资本主义产业，近些年取得了长足进展，给欧洲所有者挣了巨额利润。尽管它在某些方面对土著居民是有利的，但是，它也存在一些严重的缺陷。我们不得不经常批评在农民土地租用、利用他们的灌溉水、通过预付现金贿赂村长老（常常提前预付数年）和订立甘蔗运输合同等方面存在的弊端（1902年）。后来，一个部级调查证实了这些指责以及其他指控的真实性。

虽然在过去20年里，利润以百万计的数额增加，但劳动者的工资却从35分减少到25分，又从25分减少到20分，而工作时间则从每天平均10个小时增加到12个小时（1908年）。当种植园烧荒时，从1904年以来，有些地区习惯上要求整个村子的居民不分昼夜地在地里值守，可这种服务连一分钱的报酬也不给（1905年）。国家应当自己建立制糖厂，由独立生产的农民供应甘蔗，这样，他们就可以更多地分享利润（1902年）。这个主意被当时的殖民地事务大臣欣然接受，但是布鲁塞尔糖业公约阻碍了这个主意付诸实施。

（4）资本家的特权化

我们一再反对给予利用有轨电车特许权（1908年）；对私人铁路和轮船公司运送政府货物征收太高的关税（1906年）。我们还指责对实力强大的荷兰-印度铁路公司的偏袒（1899年）；最近，当有议案提出部分收购爪哇的这个最后的私营铁路公司时，我们支持否决这一议案（1910年）。

我们指责私下给予秘密供货合同、军需合同的陋习（1906年）；我们坚决主张对政府从荷兰运往印度的货物采用公开招标（1908年），而且对这类合同进行更严格的审查（1900年）。在这些事情上也确实有某种改进。

V. 劳动保护

在这个逆来顺受、惟命是从的种族那里，土著工人还不知道组织或阶级觉悟为何物。罢工非常罕见，持续数小时或数日的罢工从未发生过。而且依照现行刑事法典，罢工是要受到惩罚的。1904年，我们强烈要求给予罢工自由权；几乎可以肯定的是，依照不久将实施的新的刑事法典，罢工不再会受到惩罚了。

建立工厂工人事故保险的要求已经提出（1905年），但是大臣认为这种立法是不必要的。我们要求对工厂和矿山事故的数量和种类以及预防措施进行调查（1905年）。同年，一部关于安全措施的条例生效。

依法规定工作日的做法被认为是不必要的，但是对限制童工的必要性已经做了调查（1908年）。

我们经常指责铁路乘务员的工作过重（1901年），还指责一些锡矿和金矿骇人听闻的死亡率以及食物极差、医疗帮助不足等问题（1901年），以及华人林业企业中所发生的暴行（1906年）。已经进行了一次部级调查，尽管报告尚属保密，但看来已经做出某种改进。

人们的注意力一再被吸引到布尔卡的政府锡矿虐待华裔劳工，有时甚至引起流血骚乱的事件上。饮食糟糕，工资微薄，实物工资，罚款和敲诈勒索等，这些现象比比皆是（1899年）。一项深度调查证明了这些控告的真实性，并立即采取了措施，尽管锡的生产成本因此增加了18%（1907年）。现在正在试行一种取消中间人（华人）的开采制度。

我们坚决反对德利烟草种植园所实行的苦力合同劳动。从1898年开始，我们每年都要指责在爪哇和中国招募苦力的诱骗活动所犯下的虐待行为；在支付已经少得可怜的工资时的诈骗行为；武断的惩罚；买卖妇女活动；野蛮的虐待行为，等等。那里的状况接近于奴隶制度可能最恶劣的情形，而且，已经开始倒退到只有在资本主义不受约束地肆虐的热带国家才有可能出现的野蛮状态。我们的指责遭到一位大臣的矢口否认，他本人就是德利的一个大种植园主；但是，一个官方调查揭露了苦力合同劳动对社会道德的破坏性影响；因此，他也被人揭露（1904年11月30日），并在政治上受到人们的唾弃。

我们的反对活动还要继续下去，直到整个苦力合同制度以及刑法典对它的认可消失为止。

多年进行这一斗争的结果是，终于建立了一个劳动检查制度（1905年），这一制度关注劳动条件；不过还有待改进。

Ⅵ. 我们反对军国主义和帝国主义的活动

（1）军国主义

我们坚持不懈地反对为了军事目的而浪费金钱，这方面花的钱骇人听闻，其数额至少达到整个预算的30％，其中四分之三用于陆军，四分之一用于海军。由于这些经费支出是由殖民地而不是荷兰承担的，母国一方面把维持其统治地位的成本转嫁到被统治种族身上，另一方面，雇用白种人和棕色人种士兵去应付那里的有关危险。

而在那支军队中，非法同居、梅毒和酗酒现象成风，得病的士兵常常被"医院鬣狗"夺走食物（1904年）。士兵在训练营也经常受到他们上级军官的折磨；在我们的鼓动之下，鞭打士兵的做法被废除了（1903年）。自从1905年以来，普通士兵获得了养老金权利，同时，在有利于健康的山区为士兵建立了康复院（1902年）。

（2）帝国主义

自从我们进入荷兰议会那天起，我们就坚决反对每一次扩大殖民地的行动，反对每一场征服战争①。这一点基本上没有成功；通过一系列漫长的、而且常常是血腥的军事征伐，荷兰的最高统治权现在已经在广

---

① 这个说法与《前进报》和埃森大会（1907年9月17日）上错误地安到我嘴巴里的那些话是不同的。我已经在1907年9月12日的《人民报》和9月份的《前进报》上反驳了这一说法，说我一直或无论在什么地方都主张使用武力，完全是造谣中伤；我全身心地反对这种行为。议会几乎没有人比我表现出更大的反对帝国主义的热情。然而，一篇失实报道足以扩散一个不真实的传说。谎言的生命力很顽强。

大马来群岛的所有国家"确立下来",它的统治面积比母国的面积大50倍或60倍。我们徒劳地试图用许多办法来结束在亚齐的战争,它至今已经持续了37年。为了满足野心,数以千计的人失去生命,数以亿计的金钱白白地浪费。

我们用铁的事实戳穿了所有这些支出的借口;我们要求了解支出情况(1900年),但它们被当做机密,后来还被做了手脚,转移到其他经费的账上。如果荷兰哪怕只支付这种征讨战争支出的十分之一,而不是把它们转嫁给孤立无助的的爪哇人身上,那么渴望统治、"让这些落后民族文明"的愿望就会很快消失得一干二净(1901年)。

而且,我们经常揭露这个文明过程是如何发生的;有时候,它就像寻血犬那样行动。在我访问亚齐战场期间,情况已经有所改善;过去被当做消遣受到追捧的焚烧和洗劫村庄行为,现在已经被禁止了;所以我可以在斯图加特代表大会上有把握地指出这一点。

但是后来,我们的军事当局仿效德国总参谋部;此后,一切拜倒在"战争的必要性"的观点面前。讲人道被称为"趋附时髦","目的证明手段"的无耻格言被极其残酷无情地加以运用。

当我们了解到这些事实后,我们并没有当好好先生,而是强烈地谴责它们是可耻行为。总督和总司令被派往亚齐调查有关情况;但是在议会,这些野蛮行径在高尚道德的名义下被掩盖起来了,现在,这种否认再也不可能了(1908年)。

我们社会民主党人在荷兰议会中实际上是孤军奋战,坚定地反对帝国主义、反对扩大我们的殖民地(它们对我们来说已经够大了)的每次行动;因此,我们坚决要求减少殖民地,这样,至少在爪哇,我们应当能够履行历史赋予我们的责任(1903年)。

Ⅶ. 促进经济发展

我们坚决主张通过提高劳动生产率来增加生产。在爪哇，人口的增长已经超过食品和收入的增长（1898年）；如果不采取适当的措施，荷属印度①可能发生饥荒（1908年）。整个土著人的工农业总值为平均每个居民不足12盾。

除了发展集约农业（1899年），促进手工业发展（1902年），对于这个人口密集的国家来说，发展大工业是一个生死攸关的问题。人口已经从1886年的2200万增加到1906年的3200万，而这个国家还没罗马尼亚大，后者的人口不到600万。

因此，让土著人自己为了自己的利益促进大工业的发展，早就被列入我们的减轻计划（1900年）。一定要让这些人从农业时期进入工业时期，否则贫穷和奴性还要增加。人们已经指出了其他国家所成功采用的众多手段（1904年），并在一份特别报告里作了解释。在爪哇人的合作本能里也可以找到同样的组织因素；寄生虫必须要抛弃；国家必须带头引路；必须促进资本积累，而且必须阻止资本外流②。两位信奉加尔文教的殖民地事务大臣已经表示赞成这些努力。但是，在贯彻落实这些举措上却拖拖拉拉。

政府对印度的货物供应受到限制（1902年），一座现代化纺织厂已经建成，尽管遭到荷兰工厂主的反对（1905年）。

然而，经济的困难状况要求立即提供援助。自从1897年以来，我们就指出爪哇人的贫困化程度不断加剧（荷兰的贪婪行为的牺牲品），

---

① 原文英文版和德文版是"英属印度"，法文版是"荷属印度"，参照历史和上下文分析，应译为"荷属印度"。——编者注

② 在25年时间里，有1000万盾的资本流出了爪哇（1906年）。

但是这一点一直遭到各个方面的否认。我们所掌握的事实和数据不断增多；有一份关于赤贫现状的文章已经准备好，持续数年的饥荒催生了一个深度调查。结果是政府不得不承认爪哇的"衰退"状态。于是，自荷兰人的足迹踏上东印度以来，荷兰国库第一次为落实"促进经济发展的措施"拿出数百万盾。

荷兰人的吝啬是出了名的，考虑到这一点，我们社会民主党人认为，上述结果实在是一个巨大的成就。

尽管政府已经在印度生产锡、金鸡纳霜、盐、煤、橡胶、鸦片和柚木木材，但是在采矿、石油生产和制糖方面，政府还有大量的活动空间，其利润不管怎样会流入国库而不会流到外国去（1904年）。议会已经逐渐形成了希望向这个方向走的多数——至少就印度而言。

Ⅷ. 自治教育

自治教育过去是、现在依然是我们的首要目标和我们纲领的基础：用明智而公正无私的监护教育土著人实现自治，是我们的责任。

持续不断地赋予政治权利构成了实现这一目标的首要手段；但是在普选权被视为疯狂举动的年代，我们还不敢要求实现普选权（尤其是巴布亚人和达雅克人[①]等民族的普选权）。我们一直主张在加以改进的条件下，保留土著人历史上的治理组织，消除滥用权力的现象（1900年），以便建立一种保护关系而不是直接治理（1904年）。

自1898年以来，我们就谴责专制官僚政府过分集权，并坚决主张通过两个办法下放权力，一个是在我们直接控制下的国家建立区和地方

[①] 《民族译名手册》上翻译为"达雅克人"，但百度"达雅族"词条说，Dayak中的"k"在印尼语里是不发音的，所以"达雅克"族的中文译名并不准确，依照"马来西亚华语华规范理事会"的中文译名是"达雅族"。——译者注

理事会（1902年），另一个是在所谓自治王公管理下的国家建立地方财库（1898年）。

经过漫长的时间，这些制度现在已经建立；尽管我们必须指出它们还存在一些缺点，但可以看到缓慢的改善。城市理事会中的欧洲人，以前有一半是任命的，现在全部是选举产生的（1908年），尽管普选权还非常有限。

我们一再要求实现结社自由、言论自由，以及出版自由（1899年），尽管在这个问题上的立法还让人非常不满意，但实际上的进步还是明显的，获得这个权利和那个权利，只是一个时间问题。

一项要求改变和睦相处法和一般政府命令的议案已经提出；我们在委员会里的一位同志被指定就同一问题作报告（1906年），并利用这一极其难得的机会指出了道路，一条在不忽视现存条件和环境的条件下使这个殖民地走向完全自治的道路。

没有哪个民族可以在屈从几个世纪之后，突然准备好接受一种治理体制，这种体制在欧洲也是缓慢而艰难演进的结果，而且是在当时更为有利的环境下实现的。我们的西方制度不能马上在那里实行。因此，他建议建立土著人理事会，这个机构最初完全是咨询性的，以后可以拥有立法权，并逐步获得更大的发展和权力，最终发展成为一个代表大会。此后，瓜熟蒂落的时刻将要到来，殖民地将成为一个独立自由的国家，只有同情心把它与以前的保护国联系在一起（1909年）。

社会民主党人的目标在此之前不会实现。

IX. 结论

本报告简要地叙述了荷兰社会民主党人在议会里的所作所为。他们的行动、他们坚持不懈的斗争，有很多常常是在艰难的条件下进行的。

有些人，他们完全从枯燥乏味的书卷中而不是从对有关民族的风俗习惯、条件、需要和社会发展的研究中了解情况，这些人可能从他们的纯理论的角度批评我们。好吧，愿咋样就咋样吧，我们无所谓！

我们竭尽所能进行战斗，在认真地研究了多个方面的问题之后，我们认为，把西方的概念运用于完全异质的条件，只会导致愚蠢和不近人情的玩忽职守。我们在其他所有政党都不支持的情况下顽强斗争，反对帝国主义及其暴行，反对我们在殖民地所见到的最令人憎恶的资本主义形式。我们揭露假扮文明的歇斯底里；我们用事实证明统治阶级如何不注意促进土著人的福祉。

然而，作为诚实的人，我们常常不得不承认，我们做了好事，实现了改善，但是还有很多问题需要纠正。我们的多年经验是，社会民主党人在殖民地比在母国更容易推进改革，而且不会像有的人在《新时代》杂志1908年第86页所认为的那样，"所作所为真是微乎其微"。

我们在议会里的人数很少，最初，我们完全是孤军作战；但是我们逐渐地被人们所接收，我们经常成功地使长期被忽视的被侵害的殖民地土著人的福利得到改善。对此我们不能感到满足！我们认为没有理由夸奖政府；我们要坚持不懈地反对他们。但是事实是不能否认。

我们必须承认已经取得的成绩；数以百万计的土著人的福利已经得到某种改善；在殖民地问题上，"社会民主党的文化政策"看来不是完全没有力量的、没有用的，它有很多事可以实现。

尽管在我们的热带殖民地，组建政党的活动实际上没有开始，但是母国资产阶级正在失去他们对赤道另一边的强大影响力。在这些遥远的国度里，几乎看不到在荷兰政治中占主导地位的教派对立的一丝痕迹。教权派人士和自由派都把殖民地政策当做一个"中立区"，在这个区域里，最反动的有时显得最进步。在反对殖民地资本主义的斗争中，支持我们的是较小的、中产阶级的、加尔文主义政党，而不是自由派。农业、矿业和工业资本家在殖民地有利益，他们与从事海运和商业的资本家直接对立，后者想通过增加土著人的工资和福利来提高他们的购买力。首先是在这些遥远的国家改善大众教育，建设有用的工程，进行各种社会改革，而且不让资产阶级作出任何牺牲，因为土著人要为他们自己买单。因此，我们可以说，我们在殖民地的工作所取得的结果比我们这个仍然弱小的党在母国可以取得的结果要好。已经例举的事实虽然并不全面，但清楚地说明了这一点，而且要求我们紧盯我们的既定目标，在我们已经踏上的道路上继续前进。

还有一点不应忽视，即这些实际行动和社会改革在数百万土著人中形成了一种强大的宣传工具——尽管新闻界在这些国家的影响微乎其微，这些改革要慢慢地才为人所知。过去，他们任由白人压迫者的贪婪和冷酷伤害，现在，他们找到了自己利益的保护者、冤屈的辩护者、他们几个世纪以来所遭受的暴行和暴力的真正反对者。

而所有这一切都仅仅因为在我们这个小小的议会党团执行其在殖民地问题上的任务，真诚地做它作为国际社会民主党的一部分所承担的工作时，荷兰工人给予了支持。

亨·范科尔

2. 英国的说明

英属殖民地拥有自治权。

英国工党支持印度民族主义的要求，反对官僚用诸如最近通过的新闻法之类的特别法治理这个国家的一切企图。

鉴于英属殖民地历史悠久的事实，（工党）实际上对殖民地政治理论没有兴趣。

3. 比利时的报告

自上届国际社会党斯图加特代表大会以来，从殖民地的角度来看，比利时发生了一个极其重要的事件。

刚果被比利时占领了。

过去，比利时是独立国家，国王是最高统治者，它①的行政机关是不受议会②直接控制的。

这个国家因比利时的干预而得到了发展所需要的资金，但仍然还是一个完全自主的国家，历届政府在国家的这种政治和司法状况下保持稳定。

有一点必须说，社会党议员抓住每一次机会，对在刚果滥用绝对权力，毫无羞耻地在所有文明国家的一片谴责声中实施极其荒谬的资本主义殖民化程序的做法表示谴责。

社会党议会党团按照斯图加特代表大会所通过、并为比利时工人党特别代表大会所确认的决议，在议会里坚决反对比利时兼并刚果的计划。

他们毫无保留地宣布，他们不仅反对政府议案中所包含的兼并刚果的特别条件，而且反对资本主义殖民化制度。

社会党议会党团发言人强烈反对通过征服搞殖民化及其所造成的灾难性后果；保护主义、官僚政府和军国主义是现代社会的脓疮。他们正确地批判绝对权力的危险及其后果，它使政治生活腐败，从被迫从事强

---

① 指刚果。——译者注
② 指比利时议会。——译者注

迫劳动，尤其是橡胶生产的土著人的角度来看，其结果是灾难性的。

唯一的一名没有完全反对兼并计划的社会党议员认为，在事态发展的现阶段，最好的或者说坏处最小的解决办法是与他的所有同事一致断然拒绝现在提出的兼并条件。

在他看来，它应当服从于一个双重条件：一个条件是制定一部在刚果和比利时限制个人权力的殖民地法，另一个条件是缔结一部使有利于土著人的激进改革成为可能的条约。

对于金融公司来说，也不存在保留对刚果几乎所有自然物产的特许权，以及没收土著人领地并剥夺他们采集森林物产的权利的特许权的制度的问题。

而且，这个制度导致了对商业自由的彻底压制，是我们与其他国家尤其是英国争执不休的原因。

党的发言人还反对实物工资制度，以及对所谓无主土地即无可争议的土著人财产的侵占。

除了这些事实根据，我们的同志还指出了高度政治道德的理由。

他们证明，人民，从总体上讲，几乎本能地在原则上反对一切殖民地政策，不仅因为他们不能得到这些政策的好处，还因为人民不能为了金钱而对这种侵犯权利的行为听之任之，而所有殖民政策必然会造成对权利的侵犯。

不过，经过这种激烈的斗争，社会党议员努力通过一系列修正案，使殖民地法变得好一点，从而在关于殖民地法的讨论中发挥了积极作用，而有关修正案，我们将在本报告中叙述。

我们党的一位同志在 1908 年 7 月 10 日会议上清楚地指出了我们的目标：

"我们将为殖民地事务做一些我们曾对资本主义事务做过的事情。我们将谴责它的根本错误，并设法立即缓解。我们必须研究这些新问题，认识祸害，以便提出必要的纠正办法。而且，也许比利时社会主义也能荣幸地给国际社会主义提出一个殖民地政策纲领，迄今为止，还没有这样一个纲领。"

其间，社会党党团的活动是努力改进殖民地法，但是它的大部分改革尝试都因支持教权主义的右派和自由保守集团的顽固阻挠而遭到挫折。只有激进派经常在投票时和社会党议员站在一起。

让所有居住在刚果的比利时人以及所有土著人拥有比利时宪法第18、19和20条所保障的出版自由、集会权和结社权的修正案，以70票反对、52票赞成和2票弃权被否决了。

我们将提出剩下的社会党修正案：

"非洲土著种族（无论是殖民地的还是邻国的）和外国人，在法律面前一律平等，享有比属刚果立法所承认的一切公民权利。只要不妨碍公共秩序，个人地位受本国法律管辖。"

这一修正案以82票反对、41票赞成、1票弃权的结果被否决。

强迫工作的问题自然集中了我们朋友的所有力量。

他们将激烈的议会行动集中在以下修正案上：

"任何人不得被迫工作，即使用征税权。

土著人有权按照与维护和重建国家有关的法规所规定的条件和时间，采集地面上的物产，不论是他们占有的土地上的，还是属于私人领域的土地上的。"

这个修正案以78票反对、46票赞成和1票弃权的结果被否决，但是我们的朋友坚忍不拔的精神，导致了将一个结束骇人听闻的陋习的规定写入殖民地立法，从而再次使独立的刚果国行政机构丢尽了脸面。

从此以后，"任何人不得被迫代表或为任何商业公司或个人的利益而工作"。

让我们继续来看一看社会党的一系列修正案：

"无主土地属于国家。

……关于无主土地的决定，应当在考虑土著人个人或集体的占有权，考虑他们的权利、习惯和需要之后作出。

殖民地的每个居民在这一决定作出之前、作出过程之中或作出十年之后，都可以要求对已经被授予或拥有同一块土地的国家或任何第三方承认土著人的个人或集体权利。"

上述修正案以72票反对、52票赞成和9票弃权的结果被否决。

废除1906年6月7日授权强迫一批劳动者在5年里按公共合同工作的法令。

上述修正案以66票反对、58票赞成和3票弃权的结果被否决。

"以下事务只受法律制约：
（1）第二条所保障的权利（个人的公民和法律权利）；
（2）与公债的增加、分期偿还、换算和利率有关的每一个规定；
（3）税收的设立、改变或取消；
（4）所有铁路、矿山、林地和不动产特许权；
（5）法律组织及权限规则。"

以56票反对、35票赞成和1票弃权的结果被否决。

"……除非法律规定且为殖民地所必需，不得征收直接税或间接税。

免除权依法按令授予。"

以75票反对、53票赞成被否定。

工人阶级所表现出的最大担忧，其中之一与殖民地军队的组成部分有关。

的确，比利时宪法规定，殖民地军队只能由比利时人组成，而且只能是志愿者，但是在资本主义制度下这个词的伸缩性是众所周知的，其信条是个人自由，没有意义的幻想。

社会党人没有忽视该问题这一方面的重要性。

有两个修正案讨论了，但又被否决了。

它们的内容如下：

"派遣的军队每年由法律规定。

每一名比利时军士、下士或列兵在获准退伍至少满一年之前禁止签约加入殖民地军队。"

以 74 票反对、48 票赞成和 5 票弃权被否决。

首先，在没有比利时法律直接干预的条件下，由政治当局在殖民地行使立法权，确保适当的监督和宽松的政策，这是必要的。

社会党建议，殖民地理事会应由 12 个人组成，按照立法选举所确定的比例代表制，其中 6 人由参议院任命，6 人由下院任命。

这一建议以 76 票反对、41 票赞成和 1 票弃权被否决。

社会党在殖民地法辩论中的干预行动导致了以下原则的确定：

殖民地理事会应当是议会的代表。其职能应由各议院和立法机关共同行使。

土著人的权利应以适当的方式得到保障；强迫工作必须废除；土著人采集地面自然物产的权利必须得到承认；另外，必须某种程度地扩大宪法权力，使政府自己能提议授权给刚果土著人。

这些原则构成了社会党在殖民地政策上的行动基础。

莱昂·弗尔内蒙

社会党国际局定期公报第 7 期

从哥本哈根代表大会至 1911 年 7 月 1 日大事记

国际事务

政党

1910 年 8 月 29 日—9 月 4 日,国际社会党第八次代表大会在哥本哈根举行。

1910 年 8 月 26—27 日,国际社会主义妇女第二次代表会议在哥本哈根举行。

1910 年 9 月 4 日,国际社会主义青年第二次代表会议在哥本哈根举行。

1910 年 9 月 2 日,社会党反对酿酒同盟第一次国际会议在哥本哈根举行。

1910 年 9 月 15—17 日,家庭手工劳动第一次国际代表大会在布鲁塞尔举行。

工会

1910 年 8 月 20—28 日,国际建筑行业第三次代表大会在哥本哈根举行。

1910 年 8 月 24 日—26 日,国际运输工人第七次代表大会在哥本哈根举行。

1910年8月26—27日，国际制鞋工人第四次代表大会在哥本哈根举行。

1910年8月27—29日，国际砖瓦匠代表会议在哥本哈根举行。

1910年8月31日，国际职员代表会议在哥本哈根举行。

1910年9月4—6日，国际（城市、省州和国家等）公共工程工人第二次代表会议举行。

1910年9月11日，国际手套工人代表大会在布鲁塞尔举行。

1910年10月31日—11月3日，国际冶金工人第六次代表大会在伯明翰举行。

1911年6月6—7日，国际邮递员第一次代表大会在巴黎举行。

1911年6月12—17日，国际纺织工人第八次代表大会在阿姆斯特丹举行。

合作社

1910年9月5—7日，国际合作社第八次代表大会在汉堡举行。

裁减军备

1910年9月11日，国际社会党在法兰克福举行游行。

1910年12月10日，争取国际和平大会在伦敦举行。

1911年2月3日，意大利和奥匈社会党代表在的里雅斯特召开会议。

1911年2月28日，比利时和荷兰议员在海牙召开会议。关于弗拉辛要塞建设的决议。

1911年6月19—20日，斯堪的纳维亚国家议会和平大会在克里斯蒂安尼亚举行。

决议

鉴于各国陆上和海上军备大规模增加，它们的负担沉重地落在北方国家身上，这三个北方国家的议会党团按照要求在罗马召开了第十七次各国议会大会，并通过提议限制陆上和海上军备的决议。

会议决定，国际议会委员会应当要求在各国议会和平团体力所能及的范围内派代表出席这一大会，大会将准备一份小国要求大国逐步减少军备的呼吁书，为了达到这一目的，目前有可能让和平团体合作进行组织并在今年召开这样一次会议。

周年纪念日

1911年3月18日，公社①40周年纪念日。

罢工

1911年6月，国际海员罢工。

1. 英国（42）②

政党

1911年2月1—3日，工党代表大会在莱斯特举行。

1911年4月14—16日，社会民主党第三十一次代表会议举行。

---

① 指"巴黎公社"。——译者注
② 括号里的数字是社会党国际局编制的分类号，下同。——译者注

1911年4月17日，独立工党第十九次大会在伯明翰举行。

1911年4月17—18日，工党第十九次代表会议在伯明翰举行。

妇女

1911年2月1日，妇女劳动联盟第六次年会在莱斯特举行。

工会

1910年9月12—17日，第四十三次工联代表大会在设菲尔德举行。

1910年10月，英国英国矿工代表大会在爱丁堡举行。

合作社

1911年6月5—7日，英国合作联盟第四十三次代表大会在布拉德福德举行。

议会

1910年12月20日，英国选举：

自由党人	272席
统一主义者	272席
工党	42席
雷德蒙德派①	76席
奥布莱恩派②	8席

---

① 约翰·雷德蒙德，爱尔兰议会党领导人，通过议会民主政治赢得了在联合王国之内初步的爱尔兰自治，并由1914年第三部地方自治法保障之。——译者注

② 威廉·奥布莱恩，爱尔兰工党创建人之一，1903年11月因主张与地主妥协的政策遭到党的领导人约翰·雷德蒙德和约翰·狄龙的拒绝而离开该党。——译者注

裁军

1910年10月,独立工党在英格兰100多个城镇及各地成功地组织集会。麦克唐纳说:"只要我们的力量足够强大,我们就能迫使欧洲把利剑插回剑鞘。"

布拉德福德决议

"本次大会对4位杰出的国际社会主义代表的到来表示非常热烈的欢迎,他们在会上发表了演讲,他们的出席是各国劳动者不断加强团结的有力证据。

而且,本次会议宣布,欧洲民主国家之间没有理由发生纠纷。它坚决抗议持续增加军备,抗议各种激化国家之间敌意的企图。

国际工人阶级运动拒绝各种形式的军国主义,并把它视之为人类进步的敌人。

最后,会议要求各国劳动者团结在社会主义的旗帜下,用劳动和平在世界各国之间建立一致。"

1910年12月,独立工党发表的大选政治宣言要求对各国之间的争端实行强制仲裁。

1911年1月31日,莱斯特裁军大会决议:

"本次会议确信军国主义和战争是对文明和国民福祉的破坏,会议强烈抗议军备负担的沉重与不断增加,它阻碍了社会改革,危害国际团结、友好与和平。会议进一步申明,军国主义对某些金融集团来说是有利可图的;但是对于他们的活动,我们的危言耸听绝不是捕风捉影。军国主义给工人的生活和工资增加带来了不必要的税赋,而且可能使英国染上强制服兵役的祸害。因此,本次大会宣布,国家之间的争端应当用理性和仲裁而不是暴力来解决,会议敦促本国工人与他们的德国及其他国家的同伴采取有组织的行动,抵制恐惧的影响,实现各国之间的谅解，争取国际和平，促进社会公正。"

1911年3月13日，英国下院举行关于军备问题的辩论。麦克唐纳提出了一个要求减少军备支出的动议。麦肯纳宣布支持下一年进行这种减少的可能性。格雷发表长篇讲话，从总体上阐述了与德国缔结协议和实行仲裁的可能性。

1911年3月13日，下院决议：

"对本国保持大规模军备的持续必要性深感焦虑和遗憾，欢迎建立一种国际安排，在这种安排下，各大国将同时限制它们的军备。"

1911年4月17日，独立工党举行会议。安德森主席提出了一个德国和英国无条件仲裁条约草案。

其他

1910年10月1日，将近700座棉花厂关闭，有15万人因此失业。
1910年12月25日，英格兰比勒陀利亚矿山发生矿难。

2. 德国（43）

政党

1910年9月4日，萨克森邦社会民主党代表大会在莱比锡举行。
1910年9月19—25日，德国社会民主党代表大会在马格德堡举行。
1910年10月2日，石勒苏益格-荷尔斯泰因社会民主党代表大会举行。

1910年10月16—17日，下莱茵省社会民主党代表大会举行。

1910年10月23—24日，梅克伦堡社会民主党代表大会在维斯马举行。

1910年12月，莱茵省南半部党的青年委员会代表会议在科隆举行。

1911年6月3—6日，劳动者体育运动联盟第十次大会在汉诺威举行。

工会

1911年6月5日，德国冶金工人工会第十次代表大会在曼海姆举行。

1911年6月26日—7月1日，德国工会第八次代表大会在德累斯顿举行。

合作社

1911年6月19—21日，德国消费合作社联合会第八次合作社代表大会在莱比锡举行。

1911年6月22日，德国批发合作社第十七次大会在莱比锡举行。

裁减军备

1911年3月30日，社会民主党国会党团的议案：

"考虑到法国国民议会和英国下院已经表达了他们随时准备裁减军备的事实，它请求国会要求帝国首相立即采取措施，在普遍削减军备的问题上达成国际协议，同时废除捕获权。"

（这个决议遭到否决）

1911年3月31日，通过的决议案：

"国会要求帝国首相以英国1904年7月12日签订并于1909年延长的条约为榜样，与其他国家签订仲裁条约。"

游行示威

1910年11月4日，反沙皇的示威在柏林夏洛滕霍夫举行。

1911年1月7日，社会民主党在阿尔萨斯-洛林举行支持共和宪法的示威。

罢工

1910年10月11日，德国冶金工业雇主同盟歇业，近60万工人受到威胁。

讣告

1910年11月26日，尤莉娅·倍倍尔①逝世。

1911年1月9日，埃玛·伊雷尔逝世。

1911年1月31日，保尔·辛格尔逝世。

1911年4月16日，海尔曼·伯格曼逝世。

---

① 尤莉娅·倍倍尔（1843—1910），奥古斯特·倍倍尔的妻子。——译者注

4. A. 奥地利（436）

政党

1911年1月，奥地利德意志社会民主党有11.4万名党员，其中在波希米亚有3.35万名，在维也纳有1.84万名，在施蒂里亚有1.4万名，在下奥地利有1万名；有妇女党员1.2万名。

1911年6月20日，**奥地利选举**：

德意志社会民主党人	44
捷克社会民主党人	26
波兰社会民主党人	8
意大利社会民主党人	3
鲁塞尼亚社会民主党人	1

国会有516位议员。

工会

1910年10月17—23日，奥地利工会第六次代表大会在维也纳举行。

合作社

1911年6月26日，奥地利合作社第八次代表大会在维也纳举行。

裁减军备

1911年2月1日，埃伦博根对代表发表讲话，他在讲话中要求与意大利缔结裁减军备协议。

1911年2月23日,在社会党代表团里,社会党议员绍库普反对军备贷款,建议缔结军备问题国际协议。他要求三国联盟各国率先缔结这种协议。

游行示威

1910年10月2日,维也纳无产阶级举行抗议肉价上涨的游行示威。
1911年3月19日,奥地利社会主义妇女举行示威。

4. B. 波希米亚 (437)

政党

1910年9月25日,捷克社会民主党代表大会在布拉格举行。
1911年3月25日,捷克和德意志社会民主党代表大会在博登巴赫举行。

妇女

1911年1月8日,摩拉维亚社会主义妇女第二次代表会议在布吕恩举行。

工会

1910年10月5日,波希米亚工会第五次代表大会在布拉格举行。

裁减军备

1911年2月19日，社会民主党组织大规模示威；40多个地方的示威者通过决议对进行战争的任何可能性表示抗议。

5. 匈牙利（439）

政党

1910年11月，匈牙利德意志社会民主党第三次代表大会举行。

1911年1月11日，匈牙利罗马尼亚社会党人全国代表会议在布达佩斯举行。

1911年4月17日，匈牙利社会民主党第十八次代表大会在布达佩斯举行。

工会

1911年2月20—21日，克罗地亚工会第一次代表大会在阿格拉姆举行。

议会

1911年5月29日，**匈牙利争取普选权的斗争：**
社会党刚刚决定他们将展开争取普选权运动，并与追求同一目标的"资产阶级"政党合作。

裁减军备

1911年2月13日,匈牙利社会党在布达佩斯多地举行大规模集会,对陆海军最近的扩军举动表示抗议。

5. B. 波斯尼亚和黑塞哥维那(43.95)

1911年1月18日,波斯尼亚工人阶级举行反政府示威。

6. 法国(44)

政党

1911年4月17—19日,统一社会民主党①第八次代表大会在圣康坦举行。

周年纪念日

1911年1月26日,瓦扬71岁生日。

工会

1910年10月3—8日,劳动总联合会第十七次代表大会在图卢兹举行。

---

① 法文原文是"社会党(工人国际法国支部)"。——译者注

罢工

1910年10月10—18日，法国铁路总罢工。

1911年11月25日，杜朗的死刑判决在鲁昂宣布。

社会主义报刊

1911年1月21日，社会主义报刊第一次全国代表会议在巴黎举行。

失业

1910年9月18—21日，国际失业大会在巴黎举行。

裁减军备

1911年1月16日，饶勒斯向国民议会提出如下决议案：

"国民议会邀请政府与伟大的美利坚共和国共同进行崇高的努力，毫无例外地通过仲裁解决一切国际冲突，而且建议各国政府参加海牙大会，以这些原则为基础缔结条约。"

该议案被提交给外交事务委员会。

1911年2月23日，桑巴提出了共同限制军备的议案：

"国民议会要求政府在提议建造新的巡洋舰之前与各大国尤其是德国和英国进行沟通，以便同时减少军备，因此推迟对条约的讨论。"

(187票赞成，354票反对。)

国民议会通过如下决议：

"国民议会要求政府运用一切努力与友好的结盟大国达成一致,将同时限制军备的议程列入在海牙召开的下一次大会,并决定转而讨论条款问题。"

7. 意大利（45）

政党

1910年10月21—24日,意大利社会党第十一次代表大会在米兰举行。

1910年9月18—20日,意大利社会主义青年组织联合大会在佛罗伦萨举行。

工会

1911年5月8日,意大利劳动总联合会代表大会在帕多瓦举行。

1911年3月6日,农业工人代表大会在博洛尼亚举行。

1911年2月12日,曼图亚省农业劳动者代表大会在曼图亚举行。

市政社会主义

1910年9月9—12日,市政社会主义者第一次代表大会在佛罗伦萨举行。

合作社

1910年11月6—7日,意大利批发合作社代表大会在米兰举行。

1911年4月3日,意大利合作社代表大会在罗马举行。

裁减军备

1910年10月22日，意大利社会党代表大会决定，要求继续减少陆海军预算，直至完全废除军队。

8. 西班牙（46）

1910年10月13日，弗朗西斯科·费雷尔遇难纪念日。

1911年5月7日，共和派—社会党委员会在西班牙全国各地组织游行，抗议政府在非洲的一切战争行动。

1911年5月17日，劳动者总同盟代表大会在马德里举行。

裁减军备

1911年5月17日，总工会代表大会举行。会议通过一个反战动议：

"大会一致通过动议，对军队在摩洛哥采取任何军事行动表示抗议，如果发生这种情况，出席大会的所有工会将努力加以阻止。"

9. 葡萄牙（469）

1911年6月18日，社会民主党第四次代表大会在里斯本举行。
1911年1月，葡萄牙铁路罢工。
1911年6月19日，制宪大会宣布实行共和制。
曼努埃尔·何塞·达席尔瓦当选第一位社会党议员。

10. 俄国（47）

政党

1911年4月14—19日，社会革命党人代表大会在巴黎举行。

1910年11月，俄国犹太劳工联合会代表大会举行。

1910年，犹太复国主义党第四次代表会议举行。

10. F. 芬兰（471）

合作社

1911年6月7日，芬兰批发合作社代表大会在维堡举行。

议会

1910年10月8日，议会被解散。

1911年1月12日，选举：87位社会党人；42位老芬兰党人；28位青年芬兰党人；26位瑞典人；16位农民党人；1位基督教工党代表。社会党人赢得了农民党的1个议席。

1911年1月，社会党向议会提交关于废除死刑的议案。

罢工

1911年1月，芬兰印刷工人举行罢工。

11. 波兰（475）

1910 年 11 月 20 日，波莱斯拉斯·利马诺夫斯基 75 岁生日暨从事文学与政治工作 50 周年纪念日。

波兰社会党报纸《工人报》自 1894 年以来一直不间断地秘密出版，今天出版第 250 期。已给他们发去了支持电。

12. 挪威（481）

政党

1911 年 4 月 27—30 日，挪威社会民主党非常代表大会在克里斯蒂安尼亚①举行。

裁减军备

1911 年 3 月 22 日，尼尔森在国会提出要求减少军队支出的议案。

13. 瑞典（485）

政党

1911 年 4 月 10—15 日，社会民主党第十八次代表大会在斯德哥尔

---

① 奥斯陆旧称。——译者注

摩举行。

合作社

1911年4月26—27日，瑞典合作社联盟第十二次代表大会在斯德哥尔摩举行。

裁减军备

1911年1月11日，社会党人在议会提出要求逐步减少军备的动议。

1911年2月，社会党向瑞典议会提出要求逐步减少国防开支的议案，其数额相当于每年2000万克朗。他还提出了实现这一目标应当采取的具体步骤的明确议案。

1911年3月1日，帕尔姆谢纳同志提出质询，在一个议案中要求政府主动采取措施限制军备。

1911年3月22日，外交事务大臣在瑞典下院回答邦德和帕尔姆谢纳代表的质询时宣称，他尚未收到塔夫脱总统关于裁减军备的建议。对于瑞典和平协会要求瑞典政府在小国中带头，以便赢得他们合作的请愿，他的答复是否定的。

周年纪念日

1910年11月23日，布兰亭50周岁生日。

14. 丹麦（489）

妇女

1911年3月19日，社会主义妇女游行在丹麦举行。

工会

1911年4月27—28日，工会代表大会在哥本哈根举行。

裁减军备

1911年4月27—28日，丹麦代表工会大会举行。
就反战措施通过如下决议：

"大会在答复社会党国际局所提出的问题时宣布，他们将采取一切可能的措施防止战争。关于这些措施的选择及其运用方式，各国的组织将根据他们的情况来决定。"

周年纪念日

1911年2月12日，社会民主联盟在哥本哈根成立35周年。

讣告

1910年10月27日，哥本哈根市长、社会党人彼得·克努森逝世。

15. 荷兰（492）

政党

1911年4月16—18日，社会民主工党第十七次代表大会在乌得勒支举行。

1911年5月27—28日，社会民主党代表大会在鹿特丹举行。

合作社

1911年4月26—27日，荷兰劳动合作社大会在阿姆斯特丹举行。

16. 比利时（493）

政党

1911年4月16—17日，比利时工人党第二十六次代表大会在布鲁塞尔举行。

工会

1910年11月20—21日，比利时社会党矿工代表大会在布鲁塞尔举行。

1910年12月24—26日，比利时工会第十二次代表大会在布鲁塞尔举行。

合作社

1911年4月1日，比利时合作社联合会大会在布鲁塞尔举行。

游行示威

1911年11月8日，比利时国会开幕：社会党举行游行。

罢工

1911年1月,列日矿区矿工举行总罢工。

17. 瑞士（494）

政党

1910年11月26日,瑞士社会民主党代表大会在巴塞尔举行。
1911年1月15日,社会民主党州级代表大会在温特图尔举行。
1911年2月13日,州级代表大会在卢塞恩举行。
1911年4月16—17日,瑞士社会党代表大会在苏黎世举行。

选举

1911年2月5日,圣加尔按照比例代表制举行的州立法机构选举,被人民以29600票对28000票通过。

游行

1911年3月19日,瑞士社会主义妇女举行游行。
1911年8月5日,**抗议死刑的游行举行**。
1911年7月5日,洛桑的塔涅里同志要求社会党国际局介入他建议组织的反对死刑游行。他收到的答复是,这个问题哥本哈根会议已经作过认真研究,社会党国际局有权就决议的实施与各党进行沟通。

19. 土耳其（496）

1910年10月11日，萨洛尼卡社会主义劳动者联合会的活动场所被青年土耳其党人政府查封。

21. 保加利亚（497.2）

选举

1911年6月18日，选举：在431名当选议员中，有6名社会党人。

1910年12月22日，保加利亚社会民主党人举行抗议政府政策的大规模集会。

23. 日本（52）

1910年11月9日，26名日本人被判密谋刺杀天皇罪。

1911年1月24日，幸德秋水和妻子以及其他10名日本人在东京被处决。

24. 南非（68）

1910年9月16日，在南非联邦选举中，67名民族主义者、37名联邦派人士、13名独立人士以及4名劳工人士当选。

25. 加拿大（71）

1910 年 9 月 12—17 日，加拿大工会和工人代表大会举行。

26. 墨西哥（72）

1910 年，美国社会党执行委员会发表声明，要求政府撤回为了支持迪亚兹独裁政权而在边界上集结的军队。

28. 美国（73）

1910 年 12 月，美国社会党人在过去几年的选举中所得到的选票为：1900 年 13 万票，1902 年 27 万票，1904 年 44.1 万票，1906 年 35.1 万票，1907 年 43.8 万票，1910 年 62 万票。

1910 年 11 月 14—26 日，美国劳工联合会第三次代表大会在密苏里州圣路易斯举行。

1911 年 4 月 29 日，社会党德裔党员第十五次全国代表会议在俄亥俄州克利夫兰召开。

选举

1910 年 11 月 8 日，社会党人维克多·伯杰当选为美国参议员。

1910 年 11 月 11 日，美国国会选举，212 名民主党人、177 名共和党人、1 名社会党人当选。

1910 年 12 月，加利福尼亚州、堪萨斯州和俄勒冈州立法机构以绝对多数通过关于妇女选举权的提案。

罢工

1910年11月8日，费城发生争取投票自由的总罢工。

29. 巴西（81）

1911年3月10—15日，南美互助会第一次代表大会在圣保罗召开。

30. 阿根廷（82）

1910年8月，阿根廷政府通过一项法律，取消结社权和集会自由。阿根廷社会党要求法国、英国、德国、西班牙和意大利社会党在5月1日举行抗议这一立法的游行示威，因为这些国家的大批移民也是这一恶法的受害者。

31. 智利（83）

伊基克的路易·E.雷卡巴伦通知我们，智利民主党取得了发展，目前在议会有5位议员，在全国有50位城镇议会议员。智利民主党正在成为一个力量强大的政党。1912年3月将进行一次新的选举，上述数字有望翻倍。民主党尚未接受社会主义，但是这一演变即将实现。

32. 澳大拉西亚

南澳大利亚社会党的决议（1910年9月4日在阿德莱德植物园举

行群众大会)。

阿德莱德公民的这次会议对澳大利亚国防与征兵法提出强烈抗议。

因为它支持现在的资本主义制度,反对一切民主原则,因而反对工人阶级的最大利益。

我们强烈要求本国和其他国家的工人接受这一原则,即一旦宣战,将举行总罢工。

(书记提交给国际局)

比利时和荷兰社会党代表关于弗拉辛要塞的会谈

关于弗拉辛要塞的法案已被荷兰政府搁置。

为了抗议这一法案,研究所要采取的措施,荷兰议会社会党党团代表(特鲁尔斯特拉、弗利根、斯哈珀、特尔·拉恩、胡根霍尔茨和黑尔斯丁根)和比利时社会党议会党团代表(王德威尔得、安塞尔、贝尔特朗、沃特斯、于班、特罗克莱、泰尔瓦涅、胡斯曼)于2月27日星期一在海牙议会召开会议,讨论有关斯海尔德河防御计划给两国造成的形势。

荷兰社会党代表宣布,在他们看来,荷兰不受外国干预地为了自己的防御采取一切可能的措施的权利是不容置疑的;但是其他国家在弗拉辛要塞问题上所出现的焦虑不安,通过刺激荷兰人的沙文主义而缓和了某些资产阶级集团对这个计划的强烈反对情绪;至于他们,他们将按照他们的反军国主义的思想,毫不动摇地坚持他们的反对立场,根本的理由有三个:(1)他们反对建造耗资总额至少达4600万盾的沿海防御体系;(2)在很多军事当局看来,拟建设的要塞对国家防御绝对毫无用处;(3)政府这一计划的实现必然要大幅度增加军队开支。

比利时社会党代表同意他们的荷兰同志关于荷兰完全有权在防御问题上独立地采取它所认为的必要措施的观点。

但是他们指出，荷兰政府的计划在比利时提出了一个问题：在比利时的中立地位遭到破坏的情况下，在弗拉辛要塞的建立是否能阻挡一支联合舰队从斯海尔德河到安特卫普呢？在他们看来，这个问题对他们来说事实上只是一个次要问题，因为一旦发生战争，有比要塞更容易的其他手段封锁斯海尔德河，而且盟国援军似乎可以轻而易举在比利时沿海某个地方实施登陆。但是法律问题依然存在；另一方面，人们担心建设弗拉辛要塞不过是比利时军国主义者要求进一步增加军费的借口。

这次交流意见的结果是：两个党团同意宣布以下意见：（1）拟在弗拉辛建立的要塞并不能起到保卫荷兰的作用；（2）关于安特卫普的防御问题并不是真正重要的问题；（3）社会党人必须运用他们所掌握的各种手段挫败这一议案，它只能对其他党有用，而且，它可能为两国和欧洲其他国家军国主义的发展提供借口。

反对军国主义
沃尔绍夫斯基以俄国社会革命党的名义提交的
关于军国主义、军备和仲裁问题的报告

如果说有哪个国家，军国主义的罪恶在那里表现得最丑恶、最引人注目的话，这个国家就是俄国，它是对欧洲和平的持久威胁。

俄国军队的人数在和平时期为 126 万人，在战争时期将近 400 万人。有一些很大的地方，比如顿河哥萨克地区、库班河哥萨克地区、特尔斯克哥萨克地区、阿斯特拉罕、乌拉尔、外贝加尔、阿穆尔和其他哥萨克地区，都实行军事管制并形成了每名 19 到 60 岁的男子都是士兵而

且一声令下都要披挂上阵（大多数情况下是骑马上阵）的地区。

俄国海军目前力量较弱，但也吸收了6万名挑选过的俄国男子汉。

战争部的支出——一般支出和特别支出——由杜马和国务会议投票决定，由沙皇于1910年4月26日批准，总额为483534957卢布，而海军支出为89247426卢布（分别约为48340000几尼和8924000几尼①）；因此，军备吞噬了整个国家将近五分之一的预算，总额（一般和特别支出）达2591687880卢布。

国家财富的大量滥用和与征兵活动有关的腐败现象已经到处泛滥，而且肆无忌惮，连只要犯罪分子"忠于皇室"，对许多犯罪都睁一只眼闭一只眼、可以放任不管的沙皇政府，也变得警觉起来，并动用了参议员视察②这个被俄国军官一直视为孤掷一注的措施，规模之大前所未有。

有5名参议员被派到各个军区对军队和装备供应合同情况进行调查。其他高级官员则被派到一些地方对征兵问题进行调查。这些视察员揭露出来的盗窃、侵吞和贿赂的程度实在难以描述。有一个事实对其程度提供了一些线索，这就是杰久林参议员，他视察基辅和敖德萨两个地方，仅他一个人就建议把51名官员送上法庭，这些人只是个别大鱼，包括一些将军，另外，还有大批人被逮捕、撤职和受到其他行政处分。在莫斯科军区视察的加林参议员，把军队不同行政机关的所有人员一锅端掉了。其他视察员的工作结果尚不得而知，但是他们逮捕的军官和合

---

① 几尼，英国旧金币，值1镑1先令。——译者注
② 参议员视察的办法很少采用，大约在25年里甚至更长的时间里只采用过一次。它意味着沙皇任命一名俄国参议院议员调查某个省或部行政发生的交易和方法。这个参议员有权逮捕和起诉高层人物。他在完成任务后，在全体专门选拔的属员的帮助下，向沙皇提交一份报告。

同订立者的人数以百计①。不过，必须认识到，这种腐败状况的根子在政府界，参议员视察也好，其他视察也好，都奈何不得它，只有消灭这个制度，才能铲除腐败的根子。

海军的情况如出一辙。连目前充斥着俯首帖耳之辈的国家杜马，也在去年拒绝海军部和海军管理彻底改组之前为建造4艘装甲舰给予必要的拨款。这个决定被沙皇以杜马无权对帝国陆军或海军的状况进行调查为由给否决了。至于装甲舰，它们的建造工作已经按照沙皇的个人旨意开始进行，而且今年，杜马再次被要求批准已经发生的支出。现在，国家审计总长在给沙皇的报告中指责海军部大量地不可饶恕地浪费国帑，从而进一步支持了杜马的意见。但是因为沙皇对它们作了武断解释，那个机构没有做任何斗争就放弃自己的权力了。因此，军备问题现在绝对不受制约，它完全取决于沙皇及其几个顾问的意志。

俄国在对日战争中所遭受的前所未有的惨败，以及随后被披露的俄国陆海军的恶劣状况，自然令举国上下震惊，从而给俄国沙文主义者的活动提供了某种理由。

---

① 随便举两个例子来看一看这帮家伙的所作所为吧。战争部在莫斯科军区有一个面粉厂，由别洛格拉茨基上尉管理。在他负责的18个月里，他侵吞了政府54万磅粮食和面粉，还有一批罐装食品。为了掩盖这些盗窃行为，这个上尉系统地搞行贿活动，以至于没有一个人发现他做过手脚的文件存在问题。1907年，梅尔卡津上校被战争部派到该面粉厂对行政管理情况进行视察。别罗格拉茨基上尉软硬兼施，让他的一些下属提供假证据，甚至假证人。1908年6月，又进行了一次视察，别罗格拉茨基上尉预感到自己这次在劫难逃，于是授意一个下属一把火把面粉厂烧了，并指控以前到当局告发他的一位无辜者是纵火犯。这把火使盗窃行为的整个调查活动无法进行。除了梅尔卡津的视察，在他之前和之后还进行了两次视察，现在加林发现所有这些视察员（包括梅尔卡津）在履职过程中都存在欺骗行为。已经查明，几个省负责征兵工作的官员，由于行贿而有组织地以身体有病为借口免除了富家子弟的兵役，其中被免除兵役的人中有几个是官员；显然，斯摩棱斯克征兵办公室秘书德洛托夫斯基没能逃过审判，该办公室连同其有关文件都被一把火烧光了。

杜马扮演了政府的马屁精的角色，杜马中反动的多数派宣布他们超级"爱国"。杜马成立了一个国防问题常设特别委员会，而且不许反对派议员参加，其特别理由是，反对派是国防事业的叛徒，具有颠覆倾向，不能把国防机密交给他们。这个委员会按照沙文主义的反动路线在军事问题上领导杜马的多数。

俄国士兵——无论陆军士兵还是海军水兵，尤其是前者——的生活已经变得不可容忍了。他们的薪水少得可怜①，连他们的食品、内衣、靴子和军装也遭到贪婪腐败军官的克扣，他们还受到陈旧的、过时的、绝对毫无意义的纪律的约束和严厉惩罚。绝大多数军官都是低俗之辈，把士兵当成低等动物或机器。许多军人的造反行为、独立精神，以及在1904—1907年期间对工人阶级所表现出来的同情，让政府感到万分惊恐，它现在竭力把士兵和水兵与人民孤立和隔开，并用恐吓手段让他们忍声服从。海陆军士兵的待遇更像囚犯而不是国家的保卫者。有的兵营被高墙或栅栏团团围住；很多人不能接待来访者；士兵和水兵很难被准假出营，而且常常受到军官信任的军士的监督。官方只允许他们看《黑色百人团》杂志，而阅读独立报纸或书籍会被当做犯罪行为而受到惩罚。对被押送或监视的囚犯采取刺探、虐待和非法行为受到鼓励。繁重的工作、各种各样的操练等，使列士兵或水兵身体不堪承受，常常没有足够的时间睡觉。俄国士兵的健康甚至生命，因为部队配给品不卫生而受到考验。沙皇政府非常清楚，一个士兵很可能对向人民开枪犹豫不决，因为他们因出生地、语言、习惯，甚至肤色等因素而和他联系在一起，于是它把招募到的波兰人派到西伯利亚，把高加索人派到俄国北部，把

---

① 除了享有特权的部队如禁卫军和个别特殊情况（如参加惩罚性远征）之外，俄国陆军士兵的薪水每个月只有50戈比，即1先令或13便士。

北方人派到中亚。异常气候对他们的身体状况产生了恶劣影响。①

每个独立的迹象——不论在陆军还是在海军中——都遭到最严厉的镇压。连在队列里笑一声或吭一声,也可能导致一个士兵或水兵被关进"训练营"数月或数年,他会在那里受到肉体惩罚和最野蛮的无法无天的对待。

在这种情况下,开小差、自杀和士兵袭击军官与士官的现象(常常导致谋杀)在陆海军中频频发生。

正是军队,或者说,正是它目前的系统,摧毁了俄国革命。俄国士兵服役3年是强制的,在此期间,他通常不会忘记自己原来的职业和故乡或他渴望返回的另一个家。不过,军官服役是自愿的,他们把当军官视为职业生涯。士官是军队中"最可靠的"部分,他们是从普通士兵中吸收的,他们服完了强制服役期,愿意继续在军队再干一段时间。他们的薪水比较高,还享有其他特权,这通常使他们成为现存制度的忠实走狗。因此,比较而言,说最终是一小撮军官和士官使俄国陆海军成为沙皇制度及其盟友——俄罗斯帝国的资本主义——的最后堡垒,这话确实没有错。

俄国劳苦大众不需要特殊的和平思想宣传。他们虽然承认有防御可能的敌人入侵的必要性,但是他们把目前的陆海军服役看成是一个不可容忍的负担,而且,用一种批评的眼光看待军队目前的职能。俄日战争在俄国农民中不受欢迎是人所共知的事实。大家都知道,那些绝对拒绝拿起枪来的宗教派别(例如,托尔斯泰派、杜克波尔派、马利奥万茨以

---

① 根据1909年10月的官方卫生统计,每10000名士兵中有334名士兵患病(而在城乡平民中,同一时间的患病人数仅为30到50人)。每10000名士兵中,有28名士兵因伤残而退伍,另有两人死亡。换句话说,在俄国,在每10000个服役的人中,平均每个月有30个人被杀或致残。国防部长1902年的报告也声称,在每年为改善健康状况而在家休假的100名士兵中,有80人或者死亡,或者余生残疾。

及一些福音派教徒等），都可以在俄国民众中找到现成的宣传领域。他们的教义不限于文字，这一点有大量的事实足以说明，例如，俄国报刊最近公布了一件事：在维堡，两名军士——舒巴和亚尔琴科——因拒绝服兵役、立军誓而被军事法庭判决剥夺一切权利，并被流放到西伯利亚。许多农民村社召集准备应征的年轻成员开会，让他们庄严地保证，即使接到命令也绝不向人民开枪。许多上了年纪的农民在和他们应征的儿子告别之前，也让他们同样发誓，而且威胁他们，如果他们违反誓言，将受到家长的诅咒。

士兵和水手从内心深处憎恨目前的兵役制度。整个军队在对日战争之前、之中和之后的行为都证明了这一点。

另一个证据是这样一个事实所提供的，即在1905—1907年期间所发生的众多军人"罢工"和造反事件中，军队和船员所提出的要求，有很大一部分是改革兵役制度。

自从1906年以来，社会革命党人（在《士兵报》和《为了人民》以及许多地方传单上）公布了大量士兵和水兵的通信和通讯。它们的内容和用词都说明，虽然沙皇政府竭力用沙文主义歌曲、严厉的纪律和披着伪装的特殊宣传说教向俄国士兵和水兵灌输职业好战精神和阶级自豪感，但它的努力都彻底失败了。①

---

① 这里从最近发表的一些信里随便摘几段话作为例子："我的该死的兵役，恶毒的，像后娘一样。"（《为了人民》1910年第31期）"我们被迫离开家乡，被关在令人窒息的兵营环境里。我们知道他们变着法地要把我们改造成沙皇政府的听话的奴隶——没有意志、没有思想的机器，因为害怕惩罚而只会执行长官的命令，他们不仅让我们养成对兵营外所发生的事情漠不关心的心态，而且给我们灌输仇视周围居民的思想。"（《为了人民》第29期第9页）"然而，有一名政治上值得信任的士官总是倾听最革命的演说和痛斥沙皇的演讲。""我不会在士兵中发誓支持造反，但是我保证他们中间将出现大批革命团体。"（《为了人民》第30期第12页）。

因此，我们可以公正声明，我们主张用无情的战争反对战争、军备、军国主义和帝国主义，主张废除常备军，用武装的人民取而代之，我们的行动不仅符合社会主义原则，符合世界劳苦大众的利益，而且，我们实际上也反映了俄国劳动人民通过许多方式所表达的愿望。

俄国革命党因此在哥本哈根提出以下决议案：

"大会在重申国际社会党此前历次代表大会关于军国主义、战争和帝国主义的决议的同时，建议首先采取以下措施：

1. 社会党人要运用他们在议会中的投票权和议会外的其他行动手段全面反对军备和战争支出，减少本国陆海军预算，迫使本国政府缔结控制并有比例地减少军备支出的国际协议。

2. 他们还要运用他们在议会的投票以及他们所掌握的其他权力来促进和支持那种立法，那种有助于唤醒、保护和加强士兵与水兵的自尊、独立人格、公民意识和使军队纪律影响无效与瓦解的反抗行为的立法。

3. 为此目的，应当在陆海军中大力开展宣传和鼓动工作。

4. 应当特别努力，按照有关国家的法律和习惯，尽可能到陆海军和海军服役的居民阶层和群体中去开展社会主义宣传。

社会党和工党要在议会内外维护小国的独立和权利，有一批小国和民族反对列强大国的侵略行为。"

奥地利捷克和德意志工会的冲突

在哥本哈根代表大会通过关于工会团结和邀请奥地利行业组织的决议之后，国际局书记到维也纳出席了于 1910 年 10 月 17 日及随后几天在该市召开的集中制组织工会代表大会。但是在此之前，他认为，到布拉格去拜会波希米亚党和工会的富有战斗精神的同志们是明智的。

在经过特别委员会漫长的拖延和一次又一次会议之后，维也纳工会代表大会通过如下决议：

"第六次代表大会对国际社会党哥本哈根代表大会的决议表示欢迎，因为它们阐明了各国工会组织的指导方针和团结的必要性。

第六次代表大会对世界社会民主主义的决议表示欢迎，后者不仅建立在理论基础之上，而且更重要的是，建立在从各国尤其是奥地利无产阶级为了获得多一点面包和文化而必须坚持的一切斗争中所获得的经验之上。

本决定声明，工会组织不是一个空洞的套话，相反，它承载着现实和原则，集中着令富有战斗精神的无产阶级比分散的努力更容易取得成功的各种手段和力量，并开展共同的斗争。如果奥地利工会在防御和进攻中抛弃有组织的无产阶级斗争的统一方向，尤其是在大中小企业主的国际组织力量不断增加，工业被托拉斯以及本国和外国银行所控制的时刻，如果他们因为民族冲突反对这种团结而这样做，那将是致命的。

在这种自信心的影响下，代表大会决定坚持工会统一组织的基本条件，坚持统一开展工会的各种斗争，坚持统一管理用于这些斗争的基金的基本条件，而且绝不违背这个决定。

大会认叫这一事实表示，即维也纳工会委员会拥护按照奥地利社会民主工党执行委员会提出的哥本哈根代表大会决议组建协议委员会。

在关于组建协议委员会的决定里，帝国委员会以以下原则为指导，即它渴望在工会代表大会召开之前履行其对国际的义务，监督目前形势不可避免的发展后果。由于布拉格委员会保留了对这个委员会的代表的任命权，它在捷克—斯拉夫代表大会会后对这个协议委员会会议重要性提出了一种全然不同的解释。不幸的是，无限推延有争议的基本问题的讨论时间，而这些问题对中央工会会议及捷克-斯拉夫组织会议具有至关重要意义的事实，使我们无法预测分立主义者的和平情绪。无端排斥把自己的生命献给无产阶级的好同志的做法，波希米亚和摩拉维亚的捷克文社会主义刊物轻率而不负责任的言论，破坏了利用这一持久和平手段的所有实现希望。然而，考虑到国际社会党哥本哈根代表大会的决议，工会代表大会要求帝国工会委员会在布拉格工会委员会提出可以接受的条件的情况下开始谈判。

如果这些谈判没有就满足工会需要的解决办法达成一致,那么集中制组织必须开展争取团结的斗争。不幸的是,无论这个斗争多么痛苦,它都必须在奥地利进行。正是由于这一原因,代表大会呼吁各国工人坚持组织集中化,只有这样才能保证无产阶级现在和将来在奥地利反对最强大的资本主义的斗争中取得胜利。奥地利有阶级斗争觉悟的无产阶级的国际组织万岁!

大会希望谈判不要再拖延下去,它们应当在1910年11月初结束。"

这个决议在捷克各界引起了大量评论,有些报刊甚至说,决议的意义就是要摧毁"捷克自治组织"。为了防止这种解释对捷克工会代表大会的会议产生灾难性的影响,国际局书记于10月28日致函国际局代表绍库普同志。他在信中再次指出,在他看来,尽管出现了大量负面评论,奥地利的德意志同志仍然倾向于和平。而且他补充道:

"我的印象是,你们之间存在严重误解,对此可以在一次大会上加以解释。不是在第一天,但不会太难。正是出于这一原因,不能赞成采取可能破坏这个大会的各种策略,在会议的开始,便在程序上触礁。那将是不明智的。

我的印象是,应当允许有关各方陈述其对其他党的不满。首先说你的意见,然后再寻求'妥协'。

我还有一个印象,即维也纳代表大会的实际意义没有表达出来。我列席过特别委员会的会议,我知道那里发生的情况。例如,《人民权力报》在其第292期上说,维也纳代表大会下令解散自治工会,这是不对的。

这种说法只能激起愤怒,目前是完全不必要的。"

1910年10月30日,捷克—斯拉夫工会第五次代表大会在布拉格举行,会议用以下声明对维也纳投票通过的决议作出答复:

"奥地利的经济发展与各民族——有的集中居住在说一种语言的地区,有的居住在说几种语言的地区——中的阶级运动的发展,在奥地利提出了一系列必须逐步加以解决的特殊的组织问题。这一事实首先出现在政治运动中。为了最有效、最迅速地唤醒各民族的阶级意识和国际团结，领导无产阶级进入一种组织状态，已经做出了很多努力，这种组织状态在奥地利发展的结果是出现了6个自治的社会党，他们组织了一个共同的国际社会民主党运动，派代表参加一个共同的国际执委会和国际代表大会，并且在国会建立了一个议会代表联盟。这样一来，不仅解决了国际需要，而且这种组织形式是各民族社会主义以及随后的整个奥地利社会民主主义迅速发展的基础，这一点已经被争取普选权的斗争和1897年立法选举的胜利所证明。

正如政治运动的共同活动所显示的那样，奥地利的特殊条件自然在工会运动中造成了特殊的问题。在国际社会主义、阶级斗争和夺取政治权力的基础上组织起来的整个捷克无产阶级，始终意识到其特殊职责，即资本的不断集中、雇主联盟的不断扩大和社会生活的每个阶段阶级斗争的尖锐性强加给它的职责。在我们的队伍中，我们一刻也没有犹豫地宣布，在一个像奥地利这样的拥有共同立法和共同中央行政管理的多语种国家，无论形成什么样的统一经济商业关税区，都必须在这个国家巩固战斗激情、经济力量和无产阶级的战斗手段，用统一的方式开展经济斗争。因此，有组织的捷克无产阶级理解国际斯图加特代表大会所通过的决议，并在上次哥本哈根代表大会上加以重申和确认，他们用这种解释宣布他们同意这两次国际代表大会所通过的决议。

但是，由于捷克无产阶级从不怀疑国际团结和运动统一在阶级斗争中的必要性，所以它从不怀疑这些国际策略不仅不会受到每个民族强大的自治组织阻碍，而且必须通过它们才能得到保留和加强，它们在一定程度上构成了这种国际策略的基础。

有组织的捷克无产阶级已经在内心深处接受了这一思想，即在反对错误的民族主义和资本主义的艰巨斗争中，如同在整个阶级斗争中一样，除非它不仅依靠自己的政治组织，而且同样地依靠其工会和合作社组织，否则就不能获得胜利。在这个意义上讲，它完全赞同国际斯图加特代表大会决议中关于协议、统一政治与工会行动那段话。工会运动的这种统一，要求它准备发展并渗透到只有自治工会组织才能进入的最后一个工厂。

奥地利独立的捷克人工会运动一刻没有忘记它的根本使命，也没有忘记它对其他民族的工会组织应当履行的使命，也就是说，在阶级斗争的原则上集中工人阶级，加强他们的力量，指导他们的斗争以及他们的经济力量。出于同样的原因，他们热切地希望代表捷克无产阶级的政治活动。

正是出于这一原因，他们还希望和奥地利其他所有民族有组织的无产阶级联合起来，齐心协力，共同开展反对共同敌人的每一个工会行动。

自治工会是出于纯粹的工会原因，因为实际需要并按照捷克无产阶级的愿望组织起来的。

大会既不想，也不会改变捷克无产阶级通过其成员和受托人作出的正当的决议所表现出来的不可动摇的意志。当然，这一点不适用于这样一些中央组织，它们对现存条件是满意的，而且捷克工人阶级在这种条件下可以在一定程度自治的基础上成功地实现发展。

正是出于这个动机，此前历次大会的决议继续有效，并得到本次大会的批准，而且在执行同样的决议时，捷克-斯拉夫工会委员会是捷克工会运动唯一获得授权的中央机构。

从法律上所理解的条件来说，我们是独立的平等的缔约方，我们随时准备把我们的行动和其他民族特别是奥地利各民族工人的行动联合起来。尽管如此，在合作形式上出现争执，工会不能，捷克政治运动更不能对这种状况负责，而且我们尤其要正式拒绝政党在这个意义上施加了影响的观点，之所以如此，是因为我们坚持运动是工人的阶级斗争的一个独立自主要素的原则。无论政治机构采取什么决定性的行动，都必须采取，因为冲突打击了政治行动的统一，并且有可能阻碍其富有生命力的活动。

捷克工人阶级一直随时准备采取共同行动，但是维也纳第六次工会代表大会已经通过决议，该决议自觉而有意地堵死了通往达成共同行动协议的道路，因为这个形式是不合时宜的，谈判看起来像仲裁。也很难认为这对尚未结束的谈判有好处，事实是维也纳代表大会允许提出有关捷克自治工会的无礼建议，即他们怀疑自治工会有卑鄙的甚至不诚实的动机，他们和大会一致表示反对捷克劳动运动。

即使在大会通过这个绝对不可接受的决议、采取不接受的态度之后，我们也没有关闭的谈判大门，我们之所以这样做，既是出于对国际义务的认识，也是为了捍卫工人阶级的经济利益。我们不会为了解决纠纷而不顾一切，这些纠纷完全是以对实际形势的误判及不同解释为基础的，它正在阻碍奥地利运动的自由发展。

我们渴望达成一项协议，但达成协议的道路仅在于组织之间的实际联系，这种联系不仅是被阶级斗争原则唤醒的，而且也源自组织活动的必要性。

正是出于这个动机，只有反对常识原则、阻止各组织建立友好关系的人才拒绝这个协议，这种关系首先是在发生罢工和歇业的情况下调整相互关系，处理讲不同语言的国家的情况和与一个地方或国家里的共同活动有关的其他问题。这是谈判赖以进行的基础。至少证明各国劳动者团结的条件可以有充分的理由作为保证一个国家里的各民族团结的条件。在这个方向上必须迈出的第一步，就是思想交流自由，宣传畅通无阻，以及在工厂企业开展共同斗争。正是在这个意义上，本次大会把谈判工作交给了捷克工会委员会负责，但是它决不能忘记捷克无产阶级自治的基本原则。但如果像已经发生的那样，因为固执己见或对问题的基础不明白，争取达成协议的努力失败了，我们应当平静地继续努力，去完成我们的任务，把我们已经开始的工作进行下去。我们确信，分裂所带来的破坏，以及分裂给无产阶级遭受的损失，是那些顽固不化、根本不去认真考虑问题的人造成的，他们不是去和捷克劳动者谈判，寻求与他们达成一致，而是强行规定条件，要他们去战斗。

大会对所有在这个意义上采取行动的人们表示感谢，并且确信他们在所有游行示威活动中只受客观依据的指导，呼吁所有的人加倍努力，为把捷克无产阶级从经济奴役和文化落后的条件下解放出来而继续奋斗。

我们一直是忠于国际的党派，我们将继续如此。我们反对上次维也纳代表大会上所发出的'劳动者反对劳动者的斗争'的呼吁，而坚持我们的主张：'坚决同资本斗争，资本是奥地利各民族劳动者的共同敌人'。在这个主张下，我们推进组织发展，进行新的阶级斗争。"

大会提出以下修正案作为对这个决议的补充：

"本次大会并不谴责中央组织，它们满足上面所说的条件，而且由于一定程度的自治，而处于捷克工人阶级可以成功发展的中心。"

由于这些决议的通过，奥地利所有组织的执行委员会在布拉格召开了一次协议委员会会议，委员会组成如下：

帝国工会委员会代表：许贝尔、尤拉、多梅斯；

捷克工会委员会代表：塔耶尔莱、雅罗施、诺塞克；

德国党：阿德勒、泽利格；

捷克党：涅梅茨、绍库普；

波兰党：迪阿曼德；

斯洛文尼亚党：克里斯坦；

应捷克同志的要求，图萨尔参加了委员会。

经过两天的辩论，有两份决议案摆到了委员会面前，内容如下：

一、捷克工会委员会代表的提案

"在获得本次大会、捷克工会委员会以及党的执委会授予的谈判协议的全权之后，我们谨恳求允许说明我们愿意承担交给我们的工作，希望在现存条件下找到一个一致同意的办法，协议在团结行动不可缺少的条件下是必须的，因为不能忘记了工会运动的实际需要。

考虑到组织的现存条件，鉴于我们今后对彼此的态度，我们建议把以下原则作为谈判条件：

1. 停止在报纸上或口头上进行相互攻击，努力在各自治组织和集中制组织的成员之间建立和睦关系，一如所有阶级组织的成员之间的情况一样。

与此同时，停止反对捷克社会民主党团结的一切活动，以及反对其大会的决议及其责任的活动。

2. 推动自治组织与中央工会在互惠的基础上建立关系，而且不能忘记以下条件：

（1）在工资斗争、工人团体选举方面，无论其成员属于工厂还是属于市政工程，行动的团结都要考虑以下原则：

工资斗争按共同协议，由在阶级斗争的基础上组织起来的一个机构的大多数劳动者授权的组织来进行。这一点尤其适用于同雇主及其组织的谈判。罢工委员会将由按参加罢工委员会的工会所拥有的会员人数的比例组成。在选举劳工机构时，也采用比例代表制的原则。

（2）为了防止各国和不同民族的工厂发生破坏和强迫行为，必须采取以下原则。捷克劳动者属于捷克人的组织，德意志劳动者属于德意志人的组织等。不得强迫会员选择组织。

（3）不得阻止同一行业的工会在罢工、同盟歇业、旅行，可能的话还有其他任何情况下互相帮助，必要时可以签订与共同利益有关的合同。

3. 应当为捷克自治工会加入国际的工会、捷克工会组织以及国际工会大会提供便利。

为了确保这些共同行动条件的实施，应当任命一个委员会，其成员由维也纳和布拉格的工会委员会人数相同的代表组成，委员会在必要时开会解决纠纷或批准互惠合同。"

对于这个文本提出了两个修正案：

第一个修正案是涅梅茨提出的，他建议删去下面这句话：

"捷克劳动者属于捷克人的组织，德意志劳动者属于德意志人的组织。"

第二个修正案是塔耶尔莱提出的一个补充，他建议决议用以下内容结尾：

"这个混合委员会要在实施上面所提到的所有条件——这些条件是相互合作必不可少的、必须的，是以已经获得的经验为基础的——之后，向布拉格和维也纳工会委员会大会提交管理大规模罢工和大规模同盟歇业活动互惠资金援助的建议,因为这种斗争将超出一种职业或涉及几个企业或行业。起草各个组织开展经济斗争的单个行动的规定,也属于该委员会的职责。"

二、阿德勒的提案

"本次大会决定将辩论推迟到 11 月底,并建议双方将以下内容作为讨论实现和平的首要条件:建立一个由集中制工会和分立制工会组织的成员组成的共同机构,以保证实现这一目的的必要手段的连续性。"

大会决定推迟到 11 月底,然后继续谈判。

2 月初(5 日和 6 日),代表 14000 名劳动者的捷克中央工会第一次代表大会在布拉格举行。会议通过了要求加快谈判步伐的以下决议:

"波希米亚、奥地利中央工会捷克族会员第一次代表大会要求帝国委员会请求捷克工会委员会尽快对他们包含最大让步的建议作出答复。如果它在 3 月 1 日前还不能给予答复,那么由此得出的结论是捷克—斯拉夫工会委员会已经停止谈判了。"

1911 年 3 月 18 日,国际局收到关于拒绝谈判的如下正式通知:

"奥地利工会委员会

1911 年 3 月 18 日于维也纳

致布鲁塞尔社会党国际局

根据哥本哈根代表大会的要求,奥地利工会委员会参加了全奥地利党的执委会所承担的联合谈判。为此任命的委员会在奥地利工会代表大会会议之后立即分别在维也纳和布拉格召开了会议。

为了回应分立主义的布拉格工会委员会的决议，全帝国的工会委员会已经提出一些建议，这些建议一方面缓和中央工会目前的立场，另一方面，对分立主义者做出很多让步，表现出真诚的渴望，并提出了停止奥地利工会冲突的办法。

为了回答我们的建议，分立主义委员会在间隔两个半月后给我们提出了反建议，这些建议不过是拐弯抹角地重复了最初的建议，因此等于完全拒绝了我们所提出的和平条件。

代表全帝国的委员会随后召开了另一次奥地利集中制组织特别会议，以便使后者能就分立主义者的建议以及他们今后的态度作出决定。

这次大会于 3 月 17 日在维也纳举行，经过大会辩论，在宣读并批准了代表整个帝国的委员会的报告之后，没有投票就一致通过了随函附上的决议。

我们履行了向社会党国际局报告所发生的一切情况的义务，我们对它给予奥地利国际无产阶级的帮助表示感谢。

致以兄弟般的敬意！

A. 许贝尔

又及：为了便于您指导，我们随函附上在全帝国的委员会和分立主义的布拉格委员会谈判的过程中所提出的联合建议，以及帝国委员会大会所通过的决议。"

指导帝国委员会代表与布拉格委员会代表进行缔结和平协议谈判的基本原则

（一）工资斗争

1. 必须以有组织的、统一的方式开展为反对雇主联合抵制和同盟歇业而举行的罢工之类的进攻与防御性工资斗争。

2. 联合委员会由两个组织的代表组成，其人数应当与所代表会员的数量成比例，他们要担当起管理工会斗争的职责。这些联合委员会要建立两个组织的委员会的常设机构，并对两个组织负责。要任命帝国职业组织的一个助理书记，以保证这个混合委员会的决议的实施。

3. 自治组织的每个会员必须向中央抵抗基金捐款，通过他们的中央机构的居间作用，向帝国的职业组织捐款，这个基金将统一管理，用于帝国的所有组织。

4. 自治组织可以为了他们自己的需要建立地方抵抗基金，以便支持他们活动中心的小规模罢工。但是这种罢工必须事先通知统一委员会，并报告冲突的损失及其结果。

5. 一旦罢工活动和同盟歇业耗尽了帝国任何职业组织或各组织的基金，应当按照罢工条例以及与团结基金有关的规定向帝国委员会提出请求。

6. 然而，帝国委员会应当就可以向布拉格委员会行动范围提供的帮助的问题，召开一次混合委员会代表即布拉格委员会代表会议。

7. 只有帝国委员会可以决定提供帮助的数额。

（二）组织

8. 不得进行可能造成分裂或使一个集中制组织或现有集中制团体转向另一个中央组织或集中制团体的宣传。

9. 自治组织必须把他们的活动限制在他们已经建立地方团体和出纳室的波希米亚地方。

10. 在波希米亚已经建立中央工会地方团体的地方，不得建立其他自治团体或自治的出纳室。

11. 集中制组织如果可以，今后只能在讲多种语言的地方建立地方团体。

（三）契约规定

12. 契约和章程之规定的各种细节，只能由各个工会与自治组织在协商一致的基础上制定。

13. 中央工会和自治组织之间缔结的契约在任何情况下都不得超越这里所确定的基本原则。

14. 每个协议在缔结和执行之前，首先须递交给两个委员会批准。

15. 两个委员会有权派一名代表参加自治组织所开展的一切讨论。

16. 中央工会没有义务与自治组织保持最初原则所确定的密切关系，它们是否建立比较密切的关系由它们自己判断。

17. 在上面所说的意义上与自治组织共同作出的所有决定，在集中制组织和自治组织下次代表大会召开之前依然有效。

18. 授权帝国委员会任命有关民族各党执委会的代表，以便参加所有与语言、民族文化或党的工会之间的关系有关问题的辩论。

* * *

三、捷克-斯拉夫工会委员会代表关于捷克和奥地利工会之间关系的建议。

(一) 工资斗争和共同行动

为了巩固自治工会和中央工会之间的关系,必须严格遵循以下规定:

(1) 为了在工资斗争中采取共同行动,工厂、企业或公共机构中劳工机构的权力机构的选举必须遵循以下原则:工资斗争由在企业中起主要作用的有组织工人之大多数所指定的组织在协商一致后进行,而且主要是在与合同订立者及其组织谈判的时候。罢工委员会按所代表的会员的人数之比例组成。必须按照和选举上述机构一样的方式建立平等的代表制度。

(2) 在开展进攻性与防御性工资斗争以及所有罢工和同盟歇业时,如果有关工厂的行业既有集中制组织也有自治组织,如果工资斗争或罢工涉及几个行业或几个工厂,这些活动应共同进行。

(3) 如果大罢工和同盟歇业涉及几个行业分支,运动要有一个特别委员会来指挥,委员会由有关行业的两个成员或两个委员会的两个委员组成。

(4) 同一行业的工会要按照他们的需要缔结互惠契约,并以目前的总原则为基础,在发生罢工、同盟歇业、旅行以及具有共同利益的其他情况时互相帮助。

（二）组　织

（1）在只有一个民族的国家，工人阶级属于其本民族的组织。

（2）在有不同民族的国家和行业，每个人都有权选择一个他愿意加入的组织，以防止组织之间相互伤害或强迫会员改变组织。这些国家被认为是多民族国家，它们雇用来自不同民族的劳动者。

（3）捷克的自治工会应当在国际工会中、在代表国际工会大会的捷克-斯拉夫工会委员会中拥有代表权。

（三）共同抵抗基金

（1）建立一个由维也纳工会委员会和布拉格工会委员会各派3名委员组成的混合委员会，监督共同行动规定的执行，并在它认为必要时召开会议，解决分歧，批准互惠契约。

（2）混合委员会有权对两个委员会捐款设立的、对超出一个委员会所辖范围或涉及几个行业或国家的工资斗争和劳动行动提供支持的共同基金的管理提出质询。

（3）强制向中央抵抗基金捐款，每个会员每周1海勒①，布拉格的捷克-斯拉夫工会委员会和维也纳工会委员会的所有成员都向设在维也纳的工会委员会缴费。

（4）该基金由两个委员会分别管理。

两个委员会每年交换明细表并起草共同收支平衡表，供相互查阅与

---

① 德国旧铜币，价值1/2芬尼；奥地利旧铜币，价值1/100克朗。——译者注

控制。

（5）如果有关组织的基金被罢工和同盟歇业耗尽，它们的委员会的同业联盟或团结基金也不够用，必须由罢工和同盟歇业混合委员会按第（2）条的规定，用该基金提供帮助，援助数额要与求助组织所属委员会已经缴纳的捐款成比例。

（6）该混合委员会在资金耗尽的情况下，还可以决定征收必要资金的其他办法。

（四）最后的规定

（1）两个委员会可以委派代表出席自治组织和集中制组织之间的一切讨论。

（2）无论捷克人工会还是中央工会，都没有义务建立与目前基本原则相反的互惠关系。

（3）工会之间的每个特别协议都必须在批准前提交其工会委员会认可和确认。

维也纳中央工会的决议

奥地利中央工会帝国代表会议宣布，与统一组织形式的分立主义者不同，整个帝国的工会委员会所提出的协议建议显示了真诚的和平愿望。

捷克的分立主义者以其不过是最初建议的迂回表达的反建议及其在谈判期间的态度表明，他们在工会领域不想实现和平。他们用赤裸裸的反对集中制组织的态度，公开宣布他们将继续忠于工人在帝国各个行业实行民族分立的做法。而承认这些基本原则，将导致奥地利无产阶级在工厂、车间的民族分立，尽管达成了各种相互协议，但不可能把他们团结在一个组织里。

拒绝集中主义者关于对罢工实行统一工会管理和征收必要资金的建议，意味着放弃为了捷克无产阶级劳动与工资条件的必要改善而斗争，增加了奥地利工人阶级继续这种斗争的困难。分立主义者的反建议会长期阻碍冲突的解决，它们显然违反了工联主义及其斗争最基本的理念；它们构成了最没有理性的民族主义的基本纲领，这种倾向不会把无产阶级团结起来，反而会播下疏远的种子，从而形成一种文化和社会危险。

本次大会确信，捷克－斯拉夫工会和捷克－斯拉夫政党负责任的指导者充分了解并努力满足民族渴望而不是捷克工人阶级的社会需要。

现在有一种危险，它不仅阻碍和削弱捷克无产阶级的组织，而且阻碍和削弱整个奥地利工人阶级反对雇主的斗争，后者的力量和勇气增长是惊人的。

出于这些原因，帝国大会同意停止通过维也纳工会委员会居间调和的与分立主义者所进行的一切谈判，并宣布中央工会的职责不是与分离主义组织建立互惠关系，而是尽一切努力确保组织团结。

帝国大会充分信任其全体会议的代表——帝国工会委员会，确信它将用迄今已充分证明的谨慎和力量捍卫中央工会组织的事业。出于这些原因，它期望奥地利的社会主义国际为了整个无产阶级的利益，毫不保留地支持集中制组织所承担的斗争，目的是，奥地利工人阶级应当保持其抵抗与反对剥削和压迫作斗争的力量。

关于美国社会党的统一

一、合众国社会主义工人党全国执行委员会致（比利时）布鲁塞尔社会党国际局的备忘录

（1911年1月3日通过）

同志们：

社会主义工人党在选举中获得的选票已经增加了两倍多，从1908年的14000票增加到去年11月的34000票；社会主义工人党在选举中的这种重要表现，有力地消除了迄今在一些人心中流行的盲目看法，即社会主义工人党是一个正在消失的组织，我们，社会主义工人党全国执行委员会，现在再次——这一次是和您一起——提出这个国家的社会主义力量的统一问题。

正如你们所记得的，3年前，即1908年1月，社会主义工人党全国执行委员会定期每半年举行一次的会议决定，率先采取行动结束美国社会主义运动的分裂状态。

社会主义工人党承认，它的竞争对手——社会党——不是一个暂时存在的短期现象，尽管它存在缺点，尽管它的政策总的来讲是机会主义的、可能主义的，但它有可能在政治舞台上长期存在。另一方面，社会主义工人党也认识到，它虽然暂时受到削弱，但是它是坚不可摧的。它会坚持斗争，尽管在运动发展的这个阶段，它的处境极端困难，要求其党员和追随者对社会主义斗争有更加清醒的认识，具有更加坚强的品格、坚守信念的勇气和坚持不懈的毅力。

此外，社会主义工人党认为，这样两个政党在政治舞台上继续存

在，提出彼此对立的候选人，并一定会在公众面前相互争斗，这一场景可能会破坏劳动者队伍的士气，使大批工人阶级产生怀疑、悲观和厌恶情绪。

在对运动以及它对美国工人阶级和国际无产阶级的义务的最高考虑的指导下，社会主义工人党决定首先克制私情，率先作出努力统一美国的各种社会主义力量。在社会主义工人党全国执行委员会会议召开之际，至少就两方争论的两个最重要的问题，即工会和移民而言，有一个假定似乎得到了证明，这就是，几个月前国际斯图加特代表大会所通过的两个决议为社会主义工人党和社会党保持坚持并保持统一创造了共同基础。

关于工会问题，斯图加特代表大会决议宣布：

"为使无产阶级从精神奴役、政治奴役和经济奴役下彻底解放出来，工人阶级的政治斗争和经济斗争都是同样必要的。"

决议还宣布：

"如果工会只从行会式的利己主义和劳资利益协调理论出发来关心会员的利益，那么随着资本主义生产方式的进步，随着生产力的日益集中，随着企业主的联合日益加强，随着各部门日益脱离整个资产阶级社会而独立，工会的活动就会一败涂地。"

美国最大的工会组织美国劳工联合会同没有加入该联合会的大批其他工会属于没有斗争性的、反社会主义的工会，他们坚持"行业私利"和"劳资和谐"。除了非常自私，渴望把工作岗位垄断在工会内部的做法，促使这种工会利用高得令人吃惊的会费和限制学徒的规定以及诸如此类的其他行会措施，把 90% 的工人阶级完全排斥在有组织的劳动之外。这种对行业私利的重视，进一步促使这种工会与雇主签订合同，从而使大批有组织工人的利益遭到破坏，组织被瓦解。这种自私自利甚至经常导致了彼此故意采取破坏罢工的行动。

鉴于这些事实和社会党代表在斯图加特代表大会上投票赞成刚刚引述的决议的事实，有一种预期看来被证明是合理的，即在斯图加特代表大会之后，社会党将承认，由于认识到，在阶级斗争、无产阶级团结和社会主义原则的基础上建立的劳动经济组织，是工人阶级实现彻底解放所不可或缺的；在美国这样的国家，社会党人的首要职责是在现存工会内外毫不畏惧、持之以恒地进行教育宣传，使工人看清现存工会的错误结构、目标、精神和方法。

至于社会主义工人党，它过去和现在在这个问题上的态度一直包含两个基本特点：

第一，在所有适当的时候揭露老式工联主义的缺点，教授基本原理，并鼓励建立革命的产业工会，与此同时，第二，不管工人成立了哪种工会或者是否成立了工会，都要鼓励和支持工人通过罢工、抵制等手段改善自己状况的任何努力。

我们借此机会强调社会主义工人党对工联主义的后一个特点，因为我们在美国和欧洲的有关对手到处散布荒谬的毫无根据的谣言，指责社会主义工人党过去或现在帮助雇主破坏雇员罢工，过去或现在"为雇主提供破坏罢工的工贼"，等等。我们还遇到了这样的人，他们为了应对我们的挑战，竟然捏造毫无影子的证据，来充实这种真正的犯罪行为对社会主义工人党的指责或反驳社会主义工人党的指责，即美国劳工联合会的工联主义系统生来就培育资本家喜欢的不愿参加工会的人，他们往往有"工会"证。相反，社会主义工人党的传统政策，表达在下面的《关于罢工期间的行为的决议》中，该决议收入社会主义工人党的全国章程：

兹决定，社会主义工人党保留批评和揭露所有被错误地建立与指导的劳动组织的权利，履行这样做的职责，同时强调坚持这一立场，即如果发生争取改善劳动条件的善意罢工或其他冲突，党的每个成员都有义务站在工人一边，不论这种行动是工人的自发行动，还是任何劳动组织所采取的行动。

这项传统政策如何一直得到严格贯彻，党的正式出版物合订本可以证明，而且只是一个记录问题。我们的机关刊物《人民日报》几乎没有一期不刊载有关不同劳动斗争的文章和报道，并尽一切可能给予有关工人——如果他们有组织，不管什么组织——鼓励和支持。在这个时刻，发表过文章和报道支持美国劳工联合会芝加哥制衣工人罢工，支持属于独立组织的铁路工人，支持布鲁克林数以千计的制鞋工人一起反对他们的雇主，反对美国劳工联合制靴制鞋工人联合会全国官员，他们利用这些官员与雇主签订并强加给雇员的合同让工人服从雇主，甚至达到该工会全国官员不允许雇员召开车间会议考虑他们的不满和补偿手段的程度。在这个独特的例子中，罢工是由世界产业工人工会的无政府主义—工联主义者领导的。社会主义工人党反对那些主张"只用物质力量"的人的错误思想，同时，它还向那些努力推翻资本主义统治者及其反动的工会联系人的枷锁的工人提供一切可能的支持，即使他们处在无政府主义的有害领导下。

这过去是社会主义工人党的"实际"政策，现在依然如此；因此，在一般情况下，如果社会主义工人党继续忠于劳工和社会革命事业，它也必须如此，而且永远如此。

关于移民问题，国际斯图加特代表大会通过了一项决议，宣布支持采取立法措施禁止输入合同工人和罢工破坏者，但是反对用任何立法干预任何国家的工人自由移民他国谋生，并坚持认为劳动市场竞争也许暂时会给本国工人带来好处，但最终会伤害本国工人，应当与之斗争，但是，不是用立法限制或禁止移民，而是由本国劳工政治经济组织采取适当努力，支持移民参加争取改善工人阶级状况并最终实现解放的运动。

这过去是、此时此刻仍然是社会主义工人党在这个问题上的立场。在国际阿姆斯特丹代表大会上，在美国国内的各种场合，社会主义工人党坚决反对歧视任何种族或任何国家的工人，或限制和破坏工人移民权利的一切企图。社会主义工人党过去和现在都是这样做的，而且，它认为它有义务继续这样做，这根本不是什么感情用事，尽管"各国工人如兄弟"的原则是现代国际社会主义最神圣的原则。社会主义工人党坚持这个看法，因为我们所进行的斗争是国际无产阶级反对国际资产阶级的斗争；如果歧视任何种族或民族的工人，这场斗争是不可能胜利的。对于身在美国的我们来讲，这个问题更加重要，因为美国是一个大熔炉。我们的工人阶级实际上是所有民族和种族的工人的集合体。在这种情况下，把世界工人分为"落后种族"和"先进种族"、"劣等种族"和"优等种族"、"可取移民"和"不可取移民"，意味着帮助美国资本家阶级使美国工人阶级保持分裂状态，相互争斗，自我削弱；它意味着让美国工人阶级的联合和社会主义在美国的胜利成为不可能的事情。

相反，社会党出于它自己的原因认为，这个党的代表在国际阿姆斯特丹代表大会上提出将"华人、黑人等"作为"落后种族"排斥并赶出去的决议案，在国际斯图加特代表大会上提出并竭力支持一项要求将所有亚洲种族赶出去的决议案，这些做法与其社会主义追求是一致的。大会拒绝了他们的要求，并通过了与上面提到的决议案内容完全相反的决议。社会党的代表希尔奎特，即排斥决议案的提出者，代表他的党向大会庄严承诺，国际大会已经在这个重要问题上作出了与他的党立场相反的决定，他的党将默认大会所通过的决议。

因为斯图加特代表大会关于移民问题的决议和希尔奎特的庄严承诺，似乎再次证明了社会主义工人党和社会党已经在这个问题上找到了共同基础的假定。

考虑到这一点和斯图加特代表大会关于工会问题决议为美国两党统一起来提供了充足的基础，社会主义工人党全国执行委员会于1908年1月通过一个统一决议：邀请社会党安排一次联席统一大会，并且表明社会主义工人党考虑了在上面提到的斯图加特代表大会决议和比例代表制以及统一的党的一些较小的组成部分自治的基础上实现统一的可能性——这些较小的组成部分可以在策略问题上与党的其他部分不同，而这实际上是整个国际社会主义运动普遍采用的一个原则。

社会党的答复是否定的。他们不仅拒绝统一，而且甚至拒绝和社会主义工人党协商。他们的态度是，作为一个团体而不是个人，他们不会和社会主义工人党进行协商，社会主义工人党的党员如果想"统一"，他们可以申请作为个人党员加入社会党。

看到这样一个答复，一个充满资本家雇主对罢工工人所惯用的语言的答复——"我们绝不会把你当做一个组织来打交道；如果你想得到你的工作，那就作为个人来申请吧"，而且看到社会党提出的"要价"带有让社会主义工人党放弃其作为一个集体表达观点的权利的要求，社会主义工人党得出结论，它为了履行对美国和国际无产阶级的职责而忠实地竭尽努力；它不能对运动继续分裂给运动事业所造成的伤害承担哪怕是最小的责任。

此外，社会党拒绝遵守斯图加特代表大会关于移民问题的决议的原则，并且最近还在威斯康星州和太平洋沿岸全国竞选活动州级演讲中要求把来自亚洲国家的工人移民赶出去。

在革命、阶级斗争工联主义的问题上，社会党同样地拒绝开展反对行会型工会的宣传，按照斯图加特代表大会决议所确定的方针改造工会运动。直到最近，在11月召开的美国劳工联合会圣路易斯代表大会上，至少有50名社会党党员，以当选众议院议员维克多·路·伯杰和该党全国书记 J. 马伦·巴恩斯为首，认为寻求并接受他们各自的行业工会委托书，作为他们的代表出席那个大会是合适的，但是，他们有意地决定，以他们党的全国代表大会的工会宣言为基础，不提出社会主义的决议案，不反对什么措施，无论它们多么反动和有害，——比如，把亚洲劳工都赶出去的宣言，再比如，允许"教会理事会"和"天主教联合会"的神职人员担任其全国代表大会代表——不反对选举美国劳工联合会官员龚帕斯等，无论他们如何反对阶级斗争和社会主义等。这种对反社会主义的美国劳工联合会领导人的绝对沉默、绝对顺从，甚至以工会代表的身份出席工会代表大会的行为，被称赞为社会党"不干涉工会"政策的正确实践。

与对反动工会领导人百依百顺的这个政策相一致的，是社会党对小农场主和承租地持有人阶级百依百顺的政策，社会党推出这个政策的目的是争取这个阶级的选票，通过党内公决发表一个宣言，大意是社会党不建议"剥夺剥夺者"，所有土地实行社会化，小农场主和承租地持有者的土地将不在这个纲领之列，而且，这是在世界上第一个一无所有的工人阶级在数量上已经强大到，只要他们为那个目的适当地在政治和产业上团结和组织起来，尽管所有其他阶级一起反对，也足以实现其纲领的国家！

再次，与这个向民众的愚昧与偏见让步的政策相一致的，是社会党最有影响的、最受欢迎、最典型的代表维克多·路·伯杰所公开发表的声明——而且他的党并没有驳斥，意思是，按照社会党的纲领，社会党希望不通过"无偿地剥夺资本家"，而是通过向资本家赎买的方式来实现土地和资本的社会化。

由于社会党无视斯图加特代表大会决议，背离真正的马克思主义社会主义方针，社会主义工人党认为，它不仅有权利、而且有义务走上政治舞台，在可能的时候、可能的地方，推出它自己的、与社会党和其他政党对立的候选人，以此高举毫不妥协的马克思主义社会主义旗帜，坚持这个国家的社会主义者在一个党里团结起来，坚持这个国家的工人在一个革命的产业组织里团结起来，坚持世界工人在一支国际社会主义大军里团结起来，否则，它就背叛了国际社会主义运动。

这些是社会主义工人党自从"统一问题引起的情况了结"以来所采取的路线方针，而且社会主义工人党在选举中获得了成功，如上所说，在这种情况下，这种成就不仅是令人满意的，而且是巨大的。

前一段时间，由于一些意志薄弱分子顶不住压力脱党或退党所造成的党员人数减少的情况已经停止。党员人数逐步恢复增长，目前已达到2974人；这个数字虽然不大，但仍在不断增加，而且，还可以把斯堪的纳维亚、犹太和南部斯拉沃尼亚语言联合会的1000多人计算进来，这些人过去与社会主义运动虽然没有组织联系，但是现在加入了社会主义工人党。

党的报刊在这些重要岁月里，努力节省党的每个活动的投入，甚至达到暂时忽略党组织的程度，因此打下了稳固的基础，目前，扣除所有债务，其资产价值超过32000美元，这笔资产由全体党员集体所有和控制。

在政治领域，虽然党在1908年全国竞选运动中仅在16个州推出了候选人，但在去年的竞选运动中，我们在20个重要的工业发展州推出了候选人，据最新人口调查，在这20个州生活的人口占这个国家总人口的三分之二，它们的工人阶级占这个国家工人阶级人数的四分之三。虽然在大多数州提名候选人需要大量财力和物力，但是我们党做到了这一点。例如，在纽约州提名党的候选人时，党就派出了有公证权的人到该州60个县，一个村又一个村去征集6000个人在党的提名文件上签名。我们还在该州每个竞选运动中推出了我们的候选人。

最后，因为我们独特的斗争环境，我们党的总得票两年前减少到最低点的 14237 票；在这次选举中，增加了将近 140%，超过了 34000 票。为了对这一点作出恰当的估计，必须再次记住一点，即由于显而易见的原因，从技术上讲，一个人也很难投社会主义工人党的票而不投社会党的票；在有些州，社会主义工人党选民被迫亲自在选票写上候选人的名字。

因此，我们党目前的状况是这样的，如果对美国社会主义运动事业最大利益的考虑和我们斗争的大环境，要求社会主义工人党在政治领域保持其与社会党不同而且相对立的独立立场，我们决心并且准备、而且也能守住阵地，稳步前进。

但是，有两个情况迫使我们再次提出美国两个党的统一问题。

第一个情况是，这个国家总的政治经济形势是这样的，即每个仔细的观察家都可以看到，美国工人阶级和这个国家的整个社会主义工人运动必须准备在最近的将来度过其生存的最严峻的时期。富豪阶级及其在政府机构中的代理人预感到了社会动荡即将来临的危险——它给最近的竞选运动投下了巨大的阴影，把代表大富豪的共和党人撵下台，把权力交给民主党人，各反对党的得票普遍增加——这些反对党包括中间阶级的激进的"共和党造反派"、社会党（增加了约 40%）、社会主义工人党（增加了约 140%）。各种迹象急剧纷呈，它们清晰地表明，富豪统治阶级正准备在最近的将来使用其经济的金融的力量，加速金融和产业危机——让工人阶级挨饿——像俾斯麦经常对德国工人阶级所做的那样，先激起骚乱，然后把他们打倒在血泊里，——接着再把社会主义和工人运动碾碎了，或起码把它们弄得缺胳膊断腿，阻止它们发展。这一计划所需要的军事力量现在已经准备就绪。在这些迹象中，有一个迹象非常重要，这就是罗马天主教政治机器最近组织了"基督的民兵"——一个在宗教和工联主义的幌子下专门"与社会主义作斗争"的组织，而且，由不久前召开的美国劳工联合会圣路易斯全国代表大会代表接受的高级教士之一彼得·E. 迪茨神父担任该组织全国书记和所谓的战场指挥官；混合钢铁和锡工人工会现任主席彼得·麦卡德尔、国际电气工人工会书记彼得·W. 柯林斯、全国制陶工人工会主席托马斯·J. 达菲、矿工联合会的约翰·米切尔、机械工人联合会主席詹姆斯·奥康奈尔，以及美国劳工联合会的许多其他重要成员都被安排到高级职位上。

我们认为，在这种情况和支持下，美国社会主义者继续分裂是一种犯罪。他们有义务显示出对敌统一战线。这个国家的运动和生活正在进入一个关键阶段，迫切要求这个国家的所有社会主义者为了把工人阶级从不必要的流血状态中拯救出来而把他们的力量、经验和思想凝聚起来，并为了未来的斗争而把它们保存下来，不论取得多少进步，不论获得多少力量。遵照这个紧要关头的义务的要求，社会主义工人党再次先迈一步并特此宣示。

我们再次提出统一问题的第二个理由是，在美国的两个社会主义政党发生令人惋惜的冲突之后，去年夏天召开的哥本哈根国际代表大会一致通过如下决议：

"国际代表大会提请再次注意阿姆斯特丹代表大会有关党的统一的决议，并鉴于无产阶级是不可分割的整体，因此国际的每一个支部都必须是一个统一而稳固的团体，有责任为了本国的和全世界工人阶级的利益消除它们的内部分裂。

又鉴于法国社会主义运动的力量和声望的极大增长归功于统一，代表大会要求至今仍处于分裂状态的各民族支部尽快实现统一，并要求国际局，为实现这种统一提供帮助。"

这个决议案是我们的法国同志提出来的，他们也经历过分裂状态和激烈的内部争斗并深受其害，而且，他们已经在国际代表大会的要求下团结起来,并从经验中认识到把整个运动的力量团结起来对共同敌人是多么有力的打击,工人群众是多么愿意响应以一个党的名义发出的号召,在社会主义一面旗帜下团结起来。

哥本哈根代表大会上一致通过的关于统一的决议,要求你们贡献力量,最终主动采取行动,在社会主义力量目前还没有统一起来的地方建立社会主义的统一。

正是出于这个原因,我们,社会主义工人党全国执行委员会,于1911年1月3日,在我们每半年举行一次的会议期间,再次在纽约市召开会议,认为我们有义务给你们提供必要信息,说明我们在统一问题上的立场以及我们采取这一立场的原因。

毕竟,如上所说,你们理解我们为何通过下面几点声明表明我们对美国统一的方法问题的态度:

第一,我们不认为将美国的两个党的党员完全有机地统一为一个党的时间已经到来。更严重的是,在一些有待解决的重要问题上还存在分歧。社会主义工人党的党员目前不会、也不会为社会党的一些主要代表所持有、所主张的观点负责;而且,我们认为反之亦然。只要经验和继续教育还没有明确解决这些有分歧的问题,把观点对立的人统一到一个有机体里,就会造成新的争执,增加敌意。

第二,不过,我们认为,美国的两个党为特定的目的在联邦的基础上结合成一个党的时间已经到来,这个目的就是提名共同的候选人,以共同纲领为基础进行竞选,并以一个统一的党的名义呼吁工人予以支持。在哥本哈根代表大会上提出统一决议案的那些同志,法国社会党人,就是在这样的基础上统一起来的,这个基础就是联邦统一体、比例代表制和组成统一的党的不同部分的自主权。例如,前盖得派的法国工人党就保留了它创办的报纸和宣传品,召开自己的代表大会,在大会上通过决议表达它特有的观点并提交给统一党的联合大会,他们的代表可以在联合大会上捍卫自己党的观点。在这方面，原则与美国社会主义工人党的自主权有点类似，尽管并没有达到自治的程度。

第三，如果接受这样一个计划，美国社会主义工人党的党员将通过他们的总书记向统一党司库交纳党费，每月数额和社会党党员通过他们的各州书记缴纳的一样，而且像州一级组织一样，社会主义工人党将保留它对分散在全国各地的党员的管辖权，像一个讲外国话的同志的联盟，但是在党的一般问题上发出同样的声音，投一样的票，并像人数一样多的一个州组织一样，拥有同样多的统一党全国委员会委员、同样多的统一党全国会议代表和代表大会代表。

第四，按照这个计划，社会主义工人党将保留其书记参加国际局，其代表参加国际代表大会；它将继续它的出版物，比如《人民日报》、《人民周报》、外文刊物和《劳动新闻》的所有人，并像出版《诉诸理性》、《纽约呼声》等刊物的个人和团体一样，是这些报刊的唯一所有人，而且社会主义工人党只对有关移民、产业工联主义等任何问题的观点负责，它也许拥护——如同海伍德及其产业主义追随者在目前的社会党内要对他们、对美国劳工联合会工联主义的批评负责，德布兹要对他、对这个问题和移民等问题的观点负责一样。

第五，按照这个计划，社会主义工人党将交出其提名担任公共职务的独立候选人的权利，它的支部和党员将在各自的城市和州，按照这些城市和州的联合委员会所达成的共同理解，在竞选运动中与统一党其他部分的党员进行合作。

上述五条表达了初级阶段两党联盟计划的主要内容，今后要实现更加全面而有机的合并，那时，将通过同志式的合作与讨论，在基本问题上形成比较一致的看法。这个计划使两个党的合作不是以大部分党员在移民、工联主义等重要问题上形成一致看法为条件的，而是以大部分党员在比较小的、比较容易解决的问题上形成一致看法为条件的，这意味着两个党目前在上述策略问题上要"求同存异",并允许各自不受约束地在他们自己负责的那些问题上持有自己的特殊观点。

就社会主义工人党而言,我们声明,我们准备在上述基础上实现统一。如果社会党告诉我们,他们承认结束两个独立的社会党的选举冲突的必要性,为美国运动的统一铺平道路,如同我们的同志在法国所做的那样,那么我们建议,按照哥本哈根代表大会关于统一问题的决议,由作为公正而中立机构的贵局,首先安排一次两党各派 5 名代表参加的联合大会,会议由作为整个国际无产阶级代表的国际局主席或书记主持或出席,并担任顾问。如果可行,我们建议,把今年 5 月 1 日,即世界无产阶级庆祝团结、统一和友爱的日子,作为举行这种统一大会的适当日子。我们准备承担这位国际代表的一半费用。

最后,我们向你们保证,如果社会党在这个问题上的态度是:社会主义工人党为了履行其对国际无产阶级责任,不得不再次违背其意志,保留其独立地位,并把它的旗帜变成社会党的旗帜,那么,我们今后肯定会一如既往地、竭尽全力地、纯洁地、不妥协地高举国际社会主义革命的旗帜、无产阶级解放的旗帜。

我们究竟是作为一个独立的党或一个统一的党的组成部分在即将来临的竞选运动中发挥作用,这不取决于我们而取决于贵局和社会党的行动。

期待您在方便时尽早回复,

你们的兄弟,
美国社会主义工人党全国执行委员会
主席　阿瑟·E. 赖默
书记　鲍里斯·莱因斯坦
全国书记　保罗·奥古斯丁

1911 年 1 月 3 日于纽约

社会主义青年组织

借其到维也纳处理奥地利捷克工会与德意志工会冲突的机会，国际局书记和罗伯特·丹内贝格同志约定，希望和德国同志们一起，按照哥本哈根代表大会通过的决议，重组社会主义青年国际书记处。他们一致认为，社会党国际局下次会议应当讨论这个问题，而且应当提出有关社会主义青年国际书记处加入社会党国际局的建议。

4月5日，丹内贝格同志给我们送来了社会党国际局决定转给所属各党研究的如下方案。

章程（草案）

1. 国际局决定建立一个社会主义青年组织的书记处。
2. 书记处的任务是收集关于各国青年组织的材料；提供与这一运动有关问题的信息；开展有利于青年运动的宣传；定期提交有关它们的情况的报告，以及筹备社会主义青年国际代表会议。
3. 在国际社会党每次举行代表大会期间，应当召开一次社会主义青年组织的代表会议，书记应当在会上作报告，会议议程应当由他提出，并与国际局取得一致。
4. 所有社会主义青年团体，都有权加入国际书记处，并派代表参加社会主义青年国际代表会议。这些团体必须属于参加国际局的一个社会主义组织，或者至少在思想上和社会主义组织一致。如果发生争执，国际局可以解决问题。
5. 为了协助国际书记工作，社会主义青年国际代表会议应选举一个由5人组成的委员会，必须在每个问题上征得他们的同意。

6. 为了出版报告，与社会主义青年组织建立牢固的关系，书记要用3种语言出版一份通告，通告将在必要时出版。

7. 社会党国际局将承担书记处的费用，为此，将要求所属组织缴纳一笔特别赞助费。这些赞助费数额为每1000名成员每年24奥地利克朗。在没有正式成员的国家，赞助费按购买社会主义青年出版物的人数来确定。全国性组织可以选择自己缴赞助费或者向他们的社会主义青年团体收取同样数额的赞助费，但是他们必须缴纳现金。

8. 每个全国性组织务必保证有一名通讯员，他由该组织与团体协商任命，负责与国际书记处的联系。

9. 某某同志被任命为国际书记处书记。书记在每次社会主义青年国际代表会议上改选，人选由国际局在与社会主义青年国际委员会在协商一致的基础上提出。

10. 书记将以其服务领取年薪，数额由书记处决定。在哥本哈根代表大会上选举产生的社会主义青年国际局的任职将到下一次社会主义青年国际代表会议为止。

11. 这些规定特别是第七条规定将于1913年1月1日生效。

加入国际的问题

波斯尼亚和黑塞哥维那社会民主党已经请求斯卡雷特同志向在哥本哈根的国际局转交其加入国际的请求。但是这个请求还没有审查，因为它没有及时递交，也没有附带必要的文件。

我们已经请奥地利社会民主工党书记告诉我们波斯尼亚和奥地利各党之间现在是什么关系，我们已经询问他奥地利党是否认为这个青年组织建立一个新支部是可取的。7月15日，国际局收到消息说，奥地利社会民主工党执行委员会会议已经审查了波斯尼亚社会民主党加入国际的问题，会议决定与没有参加这次会议的南部斯拉夫同志交换意见。我们尚未收到关于交换意见结果的通知。波斯尼亚社会党加入的文件中有一份该团体的德文文本纲领和章程。这个纲领是用构成国际的那些基本理念制定的。一封时间为1911年6月21日的信件通知我们，附属成员为2000人，是一个绝对独立的党。以集中制为基础的工会组织是独立自主的，并且加入了国际柏林书记处。从国家的角度看，波斯尼亚是一个独立自主的行政地区；它有自己的宪法，尽管它是由一个中央政府管理的，而且有一个奥地利皇帝。党对奥地利党没有义务，后者也承认波斯尼亚团体的自主权。

执行委员会已经决定，除非奥地利党反对，我们的波斯尼亚同志的要求将得到满足。

注：在上次会议（苏黎世）上，社会党国际局的成员已经接受了这个立场，并对新加入的党进行了两次投票。

波兰

波兰在哥本哈根国际代表大会上的报告的第一页上有一句介绍性的话：

"这三个大国统治下的所有波兰社会党人都为波兰的统一和建立一个独立的国家而努力。"

普属波兰社会党现任委员会宣布，这句话是在他们不知情的情况下塞进去的。

普属波兰社会党委员会

保加利亚

国际局成员拉柯夫斯基同志通知我们,他要到保加利亚去,他愿意对社会主义派别之间达成一个协议的可能性进行实地考察,我们已经授权他以国际局执行委员会的名义采取**非官方的**行动。

拉柯夫斯基同志的结论是**否定性的**。

波斯

我们于10年①10月29日收到社会民主党恩泽利联合会关于波斯社会民主党第一个团体已经组成的通知以及第一次会议的报告。我们将这个通知告诉了社会革命党,该党通知我们,这个团体由一些青年人组成,他们不是知识或道德权威,与社会主义没有任何关系。相反,根据来自波斯的消息,他们充满了反动倾向。

美国匈牙利同志致社会党国际局的信

1911年2月11日

亲爱的同志们:

美国两个社会党之间的不和已为你们所知。尽管国际大会一再作出指示,但是他们还没有联合起来,这证明他们要么不能联合,要么不想联合。但是,这个事实不可能是那些民族想在大会决议的基础上联合起

---

① 即1910年。——译者注

来而不想继续独立下去，像这两个党一样互相争斗的理由。美国会成为同志之间争斗而不是他们和资本家斗争的战场吗？这就是日复一日都会出现的问题。

与这两个党一直在国内进行的争斗相比，你们在上次大会上所目睹的不过是一件微不足道的小事。

我们匈牙利社会主义者对这些争斗感到厌倦了，我们希望和所有匈牙利社会主义力量联合起来。

为此，我们已经成立了一个不加入两个党任何一方的联合会。我们以前支持社会主义工人党，但是，由于这个组织坚持要求我们支持它开展反对美国其他所有社会主义组织的斗争，我们不想这么干，我们已经脱离了美国社会主义工人党，为了实现匈牙利人的联合，我们正在建立独立于两个党的组织，直到他们联合起来为止。

因为我们强调政治活动和国际组织，我们希望你们支持我们匈牙利人社会主义工人联合会，请告诉我们：我们是否能直接加入国际局和加入条件。

请在方便时尽早告诉我们所有信息。

美国匈牙利人社会主义工人联合会全国书记

国际局书记注：我们已经给这封信的签字人寄去了有关加入程序的信息。

议会说明

英国

英国是一个君主立宪制国家。

按照大英帝国根本法，立法权掌握在议会手里，议会分为上院和下院。

上院（贵族院）的组成情况是：

自由党人　　　108 名；

保守党人　　　466 名；

独立人士　　　46 名；

总计　　　　　620 人。

下院由英国三个地区的郡、市和大学选出的 670 名代表组成（直接投票当选的任职 7 年）。

议会选举人或被选举人的年龄不得低于 21 岁。此外，选举人必须是土地或房屋所有者，或者居住在一所纳税的住宅，或租住在一个一年价值 10 英镑的寓所里。议员每年薪金 400 英镑。

大约有六分之一的居民有投票权。议员选举实行秘密投票，一人只有一票。

1910 年 12 月大选产生的下院组成情况是：

自由党人	272 名；	
工人议员	42 名；	
民族主义者	71 名；	
民族独立主义者	8 名；	398
统一主义者	<u>272 名</u>；	<u>272</u>
总计	670 名。	
反统一主义者多数	126 名。	

1910 年 12 月大选中，自由党人、民族独立主义者和统一主义者各失去 2 个议席，共失去 6 个议席，它们分别被民族主义者（4 席）和劳

工成员（2席）夺得。

议会中工人议员名单（42名）

W. 亚伯拉罕，加的夫附近。

W. 亚当森，邓弗姆林。

G. -N. 巴恩斯，伦敦。

C. -W. 鲍尔曼，伦敦。

W. 布雷斯，纽波特。

J. -R. 克莱因斯，奥尔德姆。

维尔·克鲁克斯，伦敦。

Ch. 邓肯，伦敦。

E. 爱德华兹，伯斯勒姆。

阿尔夫-亨利·吉尔，博尔顿。

F. -W. 戈德斯通，伦敦。

弗雷德·霍尔，巴恩斯利。

J. -G. 汉考克，诺丁汉。

詹·基尔·哈第，伦敦。

W. -E. 哈维，切斯特菲尔德。

J. 哈斯拉姆，切斯特菲尔德。

阿瑟·韩德逊，伦敦。

J. 霍奇，伦敦。

W. 赫德森，伦敦。

W. 约翰逊，纽尼顿。

F. -W. 乔伊特，布拉德福德。

G. 兰斯伯里，伦敦。

拉姆齐·麦克唐纳，伦敦。

O. 格雷迪·贾斯，伦敦。

詹姆斯·派克，哈里法克斯。

J. 波因特，谢菲尔德。

T. 理查兹，博福特。

T. 理查森，达勒姆。

G.-H. 罗伯茨，诺威奇。

A. 史密斯，兰开夏郡尼尔森。

菲利普·斯诺登，伦敦。

A. 斯坦利，斯塔福。

J.-E. 萨顿，曼彻斯特。

J.-W. 泰勒，达勒姆。

J.-H. 托马斯，伦敦。

维尔·梭恩，伦敦。

J. 沃兹沃斯，巴恩斯利。

S. 沃尔什，威根。

G.-J. 沃德尔，伦敦。

A. 维尔基，泰恩河上的纽卡斯尔。

J. 威廉斯，斯旺西。

W.-T. 威尔逊，博尔顿。

英格兰、威尔士、苏格兰和爱尔兰各党 1910 年 12 月历次选举后议席分配情况如下①：

地方		议席	自由党人	劳工人士	民族主义者	民族独立主义者	统一主义者
英格兰 465	伦敦	62	26	2	—	—	34
	自治市镇	164	69	17	1	—	77
	郡	234	96	15	—	—	123
	大学	5	—	—	—	—	5
威尔士 30	自治市镇	11	9	1	—	—	1
	郡	19	15	3	—	—	1
苏格兰 72	自治市	31	25	2	—	—	4
	郡	39	34	—	—	—	5
	大学	2	—	—	—	—	2
爱尔兰 103	自治市镇	16	—	—	11	1	4
	郡	85	1	—	59	10	15
	大学	2	—	—	—	—	2
		670	275	40	71	11	
			397				273
			670				

① 此处原不是表格式的。议员通讯地址从略。——译者注

1910 年 12 月大选中不同政党在英格兰、威尔士和苏格兰的得票数①

	自由党人	工党	统一主义者
英格兰	1883109	287077	2053276
威尔士	82816	36621	60282
苏格兰	300953	18505	244872
	2266878	342203	2358430

4个主要劳工和社会主义政治组织是：

工党；

独立工党；

社会民主党；

费边社。

还有一大批地方社会主义团体，以及两个相当重要的一般组织，它们的名字叫：

社会主义工人党；

英国社会党。

工党

工党是一个工会和社会主义组织的政治联盟。

有3个全国社会主义组织——独立工党、社会民主党和费边社——从一开始就加入了工党，但是两年后，社会民主党退出，并对加入工党持敌视态度。

独立工党

独立工党目前在议会有8名议员，他们在1910年12月大选中当

---

① 此处原来不是表格式的。——译者注

选,都是工党党员。

这些议员是①:

	独立工党的得票数	所有党的总得票数
克莱因斯(曼彻斯特东北)	4313	8421
哈第(梅瑟蒂)	11507	16734
乔伊特(布拉德福德)	7729	12068
兰斯伯里(鲍和布罗姆利)	4315	7767
麦克唐纳(莱斯特)	12993	20540
帕克(哈利法克斯)	8511	13114
理查森(怀特黑文)	1414	2634
斯诺登(布莱克本)	10762	20576
	61544	101854

自独立工党成立以来,其候选人的平均得票情况如下②:

年份	候选人人数	平均得票数	总得票数
1895年	28	1593	44594
1900年	10	3720	37207
1905年	10	7649(50%)	76494
1910年1月	15	6138(46.5%)	92081
1910年12月	12	5824	69884

独立工党在下院拥有议席:

1894年1人。

---

① 此处原来不是表格式的。——译者注
② 此处原来不是表格式的。——译者注

1906—1909 年 8 人。

1910 年 1 月 6 人。

1910 年 12 月 8 人。

社会民主党

英国社会民主党参加了 1910 年 1 月大选。他们正式推出 9 名候选人，获得 32540 票，即平均每个候选人获得 2503 票，其中 1 人当选。

1906 年该党推出 8 名候选人，获得 29810 票，平均每个候选人获得 3726 票。

费边社

直到 1909 年，费边社从未推出过任何费边社候选人。在 1906—1909 年这届议会结束时，有 11 名费边社成员是议员，6 人属于工党，5 人属于自由党。

在本届议会中，在当选的 8 名费边社成员中，有 4 人属于自由党，4 人属于工党。

自从 1908 年以来，费边社已经参加了 3 次选举：1909 年，它推出了 1 名候选人；1910 年，推出了 2 名候选人。

这些候选人在独立工党的赞助下竞选，他们也是独立工党的成员。但是没有一名候选人当选。

奥地利—匈牙利

奥地利和匈牙利之间的政治关系

奥地利—匈牙利由两个君主立宪制国家即奥地利帝国和匈牙利王国

所组成。

这两个国家是绝对独立的，每个国家都拥有自己的宪法，但两者拥有同一个君主。

立法权由两个国家的国会行使，但是对一些共同事务（外交事务、陆海军、财政）的控制权，则由60个奥地利人和60个匈牙利人组成的代表团掌握，他们分别组成一些委员会。（每个国家的上院，即奥地利和匈牙利的上院，从60个人中出20个人做代表。）这些代表任期1年。

奥地利

奥利地的政治代表制是以两院制议会为基础的，其构成为：

(1) 上院有284名成员；

(2) 下院（众议院）有516名成员。

1. 帝国政府（中央政府）

上院的组成人员是：15名成年人公，81名贵族，5名兼任大主教的公国君主，8名兼任主教的公国君主，5名大主教，170名终身成员。

以前，下院按照以利益集团代表为基础的制度选举产生。法律将立法机构的议席在五个等级的选民中分配：最大的阶层、城市阶层、工商业基层、农村社区阶层，以及没有资格的选民基层。

要成为一个选民，须年满24岁。满足与选举阶层有关的特殊条件，缴纳选举税。

目前（根据1907年1月26日选举法），下院经普遍、平等、直接、秘密的选举产生。

每一个年满24岁的公民都有投票权，每一个年满30岁的公民都有资格当选。在选举改革前，议员的人数为425人，改革后增加到516

人,也就是说,每49676个居民中产生一名议员。

下院和上院每6年进行一次新的选举。

一旦议会解散,必须在6个月内举行新的选举。

1907年5月14日选举是以普选权为基础的,它是社会民主党的胜利,在议会任期结束时,这个党拥有:

51名德意志党组织议员;

24名捷克党组织议员;

6名波兰党组织议员;

4名意大利党组织议员;

2名鲁塞尼亚党组织议员。

合计87名议员

在本届立法机构任职期间,德意志党团增加了2个席位,丢掉了1个席位;意大利党团丢掉了1个席位。

下表说明了其他政党在1907年选举中的代表数:

政党	代表数
泛日耳曼主义者集团	3
基督教社会联盟	95
意大利民众党	10
犹太人俱乐部	4
国家天主教俱乐部	17
捷克人俱乐部(资产阶级)	25
波希米亚农业俱乐部	27
布科维纳的鲁塞尼亚人俱乐部	5
意大利自由主义者俱乐部	5
波兰人俱乐部	71

（续表）

政党	代表数
斯拉夫人俱乐部	17
南方斯拉夫联盟	20
罗马尼亚人俱乐部	5
老鲁塞尼亚人俱乐部	4
鲁塞尼亚人俱乐部	19
捷克代表、全国社会与激进进步党人联盟	13
日耳曼全国联盟	49
日耳曼进步主义者联盟	15
日耳曼激进联盟	13
野蛮人	9
空缺议席	3

在1911年6月13日因议会解散而不得不进行的选举中，社会民主党获得82个议席。

奥地利社会党人并没有像以前那样组成6个党组织，而是组成了3个独立的俱乐部，即德意志人俱乐部、捷克人俱乐部和波兰人俱乐部。

德意志人俱乐部有3名主席，他们拥有同样的权力和责任，分别是：阿德勒、佩尔讷斯托弗、塞茨。

捷克人俱乐部的主席是涅梅茨，波兰人俱乐部的主席是达申斯基。

3个俱乐部的组成如下：

（1）德意志人俱乐部：43名成员和4名非党成员（3名意大利人，1名鲁塞尼亚人）；

（2）捷克人俱乐部：25名成员；

（3）波兰人俱乐部：8名成员，1名非党成员（捷克人）。

各俱乐部当选的社会民主党人名单（1911年6月）

（1）德意志人俱乐部

西蒙·艾布拉姆，因斯布鲁克。
维克多·阿德勒博士，维也纳。
A.-L. 布雷特施奈德，维也纳。
安东·大卫，维也纳。
弗兰茨·多梅斯，维也纳。
德奇·阿尔宾，艾格迪-波希米亚
W. 埃伦博根博士，维也纳。
奥古斯特·福斯特纳，维也纳。
奥托·格洛克尔，维也纳。
格奥尔格·格里戈罗维奇，切尔诺维茨。
哈努施·菲德，维也纳。
阿尔诺德·欣勒布兰德，卡尔斯巴德—波希米亚。
汉斯·约克尔，西里西亚。
卡尔·洛伊特纳，维也纳。
多米尼克·勒夫，德肖维茨。
维南·马科茨，格拉茨。
弗兰茨·帕尔梅，卡尔斯巴德—波希米亚。
E. 佩尔讷斯托弗，维也纳。
埃米尔·波尔克，维也纳。
约瑟夫·庞格拉茨，格拉茨。
弗兰茨·赖夫穆勒，维也纳。

卡尔·伦纳，维也纳。

汉斯·雷塞尔，格拉茨。

雅科布·罗伊曼，维也纳。

爱德华·里格尔，维也纳。

阿尔诺德·里斯，克拉根福。

沙赫尔博士，格拉茨。

安东·舍费尔，赖兴贝格。

威廉·席格尔，维也纳。

安东·施林格，维也纳。

弗兰茨·舒迈尔，维也纳。

卡尔·塞茨，维也纳。

约瑟夫·泽利格，特普利采—舍瑙。

弗兰茨·西尔贝雷，维也纳。

斐迪南·斯卡雷特，维也纳。

约翰·斯米特卡，维也纳。

约瑟夫·托穆西克，维也纳。

卡尔·弗尔科特，维也纳。

安东·魏古尼，林茨。

劳伦茨·威德霍尔茨，维也纳。

莱奥波德·维纳尔斯基，维也纳。

马克斯·温特，维也纳。

德意志人俱乐部的非党成员

意大利人：

切萨罗·巴迪斯蒂，蒂罗尔州特里安。

乔瓦尼·奥利瓦，的里雅斯特。

瓦伦蒂诺·皮托尼，的里雅斯特。

塞门·威蒂克，伦贝格（加利西亚）。

(2) 捷克人俱乐部

路德维希·奥斯特，克拉德沃（波希米亚）。

鲁道夫·贝希涅，普罗斯尼茨（摩拉维亚）。

弗兰茨·比诺韦茨，莫尔多瓦（波希米亚）。

威廉·切尔尼，布拉格（波希米亚）。

梅托德·查瓦特，摩拉维亚新城。

扬·菲利平斯基，布吕恩（摩拉维亚）。

古斯塔夫·哈伯曼，比尔森（波希米亚）。

弗兰茨·赫纳特克，布拉格（波希米亚）。

约瑟夫·希贝什，布吕恩（摩拉维亚）。

鲁道夫·雅罗施，布拉格（波希米亚）。

费迪南·伊拉塞克，布拉格（波希米亚）。

伊格纳茨·克利奇卡，桦木山（波希米亚）。

雅罗斯拉夫·马雷克，塔博尔（波希米亚）。

弗兰茨·莫德拉切克，布拉格（波希米亚）。

弗兰茨·纳夫拉蒂尔，利陶附近的拉斯考（摩拉维亚）。

安东·涅梅茨，布拉格。

路德维克·皮克，比尔森（波希米亚）。

扬·普罗克什，马尔俄斯特拉发（摩拉维亚）。

哥特弗里德·什麦拉尔博士，布拉格（波希米亚）。

雅罗斯拉夫·斯泰斯卡尔，布吕恩（摩拉维亚）。

安东·斯维采尼,布拉格(波希米亚)。

弗兰茨·托马舍克,维也纳。

弗拉斯蒂米尔·图萨尔,布吕恩(摩拉维亚)。

卡尔·瓦涅克,布吕恩(摩拉维亚)。

莱奥·温特博士,魏恩斯贝格(波希米亚)。

(3) 波兰人俱乐部

伊格纳齐·达申斯基,克拉科夫(加利西亚)。

海尔曼·迪阿曼德博士,伦贝格(加利西亚)。

约塞尔·胡德茨,伦贝格(加利西亚)。

齐格蒙特·克莱姆布谢维奇,波里斯拉夫(加利西亚)。

马雷克·西吉斯蒙德博士,克拉科夫(加利西亚)。

安德烈亚斯·莫拉切夫斯基,里特斯特赖杰(加利西亚)。

塔德乌斯·雷格尔博士,泰申(西里西亚)。

波兰人俱乐部的非党成员
集中主义的捷克人

彼得·钦格尔,马翰-奥斯特(摩拉维亚奥斯特劳)。

德意志社会民主党组织

德意志社会民主党人获得542012票,比1907年选举多27634票,详见下表①:

---

① 此处原文不是表格式的。——译者注。

	1911 年	1907 年	选票得（+）失（−）
下奥地利	207218	180918	+26300
波希米亚	165519	168846	−3327
施蒂里亚	43313	44692	−1379
摩拉维亚	38839	42330	−3491
上奥地利	23281	21571	+1710
西里西亚	22258	21510	+748
卡林西亚	14279	13359	+920
萨尔茨堡	9184	7507	+1677
蒂罗尔	9516	8228	+1288
布科维纳	4942	3401	+1541
福拉尔贝格	3436	1996	+1440
克赖因	227	—	+227
总计	542012	514358	+27654

捷克选区

波希米亚有 3 个主要政党：**社会民主党**、**农民党**、**基督教社会联盟**，后者主要在该国东部和中部地区。如通常所预料的那样，在城乡统一起来的资产阶级政党竭力攻击社会民主党，反对工人同其他国家的社会民主党站在一起，以便鼓动沙文主义情绪。

在城镇选区，3 个大的民族资产阶级政党联合起来争夺此前被他们占据、后被社会主义者所占据的 7 个城市议席。政府大力帮助他们，例如在选举前夕，大批劳动者应招入伍。另外，数以千计的工人在这个季节离开到萨克森、巴伐利亚和维也纳去找工作。

捷克-斯拉夫社会主义工人党在107个捷克选区推出了候选人：波希米亚75名，摩拉维亚29名，西里西亚3名。

社会民主党获得的选票数：

捷克-斯拉夫工人党 ·················· 356000票。
集中主义者（包括波兰的选票）········· 19000票。
共计：   ·················· 375000票。

这个得票占捷克人投票的36%。

社会民主党的得票几乎和1907年接近。在布拉格，由于上面提到的原因，社会党人的得票减少了500票，但是在其他城镇，社会民主党的得票有所增加，而资产阶级的得票则相应减少。

摩拉维亚选举的斗争结果大不相同，原因是波希米亚的工业发展水平比摩拉维亚高，后者至今还掌握在教权派人士手里。

在摩拉维亚，捷克社会党人保住了他们的5个席位（1个是在初选时，4个是在无记名投票时），并获得了6个新席位（4个是与教权派人士争夺，1个是与自由主义者争夺，还有1个是与农民党人争夺）。教权派人士在30个捷克选区占多数；目前，7个教权派人士已经当选，而在普雷劳区，斯塔特·察德克的前部长和顾问都被我们的同志、铁路工人马雷克击败了。

在西里西亚，农业党人获得了4881票，主张自治的社会民主党人获得了4676票。

捷克资产阶级政党联盟失去两个席位（从84席减少到82席），而捷克社会民主党从24个席位增加到26个席位。

二、省政府

省议会有权在不是专门由国会负责的所有问题上制定法律，掌控城市和地方问题，例如税收、农业、教育、文化和公共工程等。省议会议员任期为6年。

17个省议会组成情况如下：

下奥地利78个席位。

上奥地利50个席位。

萨尔茨堡28个席位。

施蒂里亚71个席位。

卡林西亚43个席位。

卡尔尼奥拉43个席位。

的里雅斯特及区54个席位。

高兹和格拉迪什卡22个席位。

伊斯特里亚33个席位。

蒂罗尔24个席位。

福拉尔贝格24个席位。

波希米亚242个席位。

摩拉维亚151个席位。

西里西亚31个席位。

加利西亚161个席位。

布科维纳31个席位。

达尔马提亚43个席位。

目前，省议会由16名德意志社会民主党人和15名非德意志社会民主党人组成。

非德意志社会民主党人的划分如下：的里雅斯特，10人；摩拉维亚，5人。在省议会中，德意志社会民主党人分布在以下地区：下奥地利，6人；施蒂里亚，5人；萨尔茨堡，2人；摩拉维亚，1人；上奥地利，1人；卡林西亚，1人。

在下奥地利，1908年以新的普选权法律为基础进行了第一批选举。新法律确保工人获得了少量议席。在维也纳，尽管选举权是平等的、普遍的，但是，至少居住3年的规定、独特的选区地理划分，以及投票要求等，这一切都对主导政党非常有利。此外，对于下奥地利省来讲，新的法律还规定了一个反动的选区划分系统。在维也纳，德意志社会民主党候选人获得了107986票，得到5个议席。在省级区，他们获得了27173票，获得了六分之一的议席。

在波希米亚，迫于形势压力下，政府于1908年10月9日实施了一项选举改革计划。但这个计划绝不会让工人阶级满意，因为它没有包含废除选区划分的内容，而是建议在现有的一个有产阶级选区之外增加一个无产阶级选区。但是即使这种胆小的试探性的改革，在帝国资产阶级政党看来也走得太远了，他们成功地把讨论推后了。

在西里西亚，资产阶级政党被迫承认改革的必要性，但他们认为可以把这种改革和对他们有好处的东西结合起来。1908年10月，一个选举改革委员会向议会提交了一个法律草案，该草案不是赋予那些迄今为止被剥夺同样权利的人们以权利，而是更进一步增加地主的权利。这种矛盾的试探性改革引起了暴风骤雨般的愤怒，于是被迫放弃了。

施蒂里亚、上奥地利、萨尔茨堡和福拉尔贝格选举改革的斗争，比波希米亚和西里西亚要成功。尤其是在施蒂里亚，社会党人已获得了5个议席，共计35478张选票。诚然，无论在哪里，都不可能实现投票权的绝对平等，但是，无论已经实现的改革多么小，至少确保了工人阶级在国会的代表权。

尽管社会民主党竭尽全力，摩拉维亚和卡林西亚两地议会普选权前几年的改革仍然微不足道，直到现在也没有任何变化。在布科维纳，争取选举权的斗争也只取得了非常有限的进展。

萨尔茨堡的选举法规定，一个劳工选区设 2 个议席，这 2 个议席都被社会民主党获得，总得票为 7744 张。

在上奥地利议会的 69 个议席中，有 65 个被资产阶级获得。剩下 4 个议席是资产阶级政党和劳工政党之间的争夺目标。德国社会民主党人已获得 1 个议席，共计 11896 张选票。

匈牙利

这个君主国东部的议会由一个上院和一个下院组成。

上院（或贵族院）的组成如下：

16 名朝廷的主要大公；

50 名教会显要；

10 名王国方旗骑士；

1 名（普雷斯堡伯爵）；

2 名王冠守护者；

2 名王室法庭庭长；

2 名行政法院院长；

1 名（布达佩斯王室会议）主席；

3 名克罗地亚-斯洛文尼亚议会代表；

1 名（阜姆总督）；

8 名亲王；

179 名伯爵；

48 名男爵；

61名国王任命的终身议员。

匈牙利下院由该国453名议员组成，每年薪水4800克朗，另有1600克朗用于租金。议会由每个年满24岁、缴纳一小笔直接税的公民每5年选举一次。当选资格为年满24岁。（413名议员代表匈牙利，40名议员代表克罗地亚和斯洛文尼亚）。

1907年，匈牙利的选民人数仅为1097829人，占20岁以上男性公民的24.7%。

在匈牙利，政治结社是非法的，因此，社会民主党人不能组织俱乐部或政治团体，但是他们可以以工会为掩护建立"自由组织"。

挪威

挪威是一个君主立宪制国家。立法权掌握在议会手里，它由123名议员组成（其中城市41名，农村地区82名），按普选制产生，任期3年。

年满25岁并在该国居住5年的挪威人，即可拥有投票权。

年满30岁并在该国居住10年的挪威人，即有当选资格。此外，议会候选人必须居住在他们希望代表的选区。在城市里最低收入达到400克朗，在农村最低收入达到300克朗的纳税妇女也拥有投票权。

在议会开会时，它选择四分之一的议员组成上院，剩下四分之三的议员组成下院。

社会党在议会有11名议员。

议会社会党议员名单

A. 布恩，克里斯蒂安尼亚。

A. 埃格德-尼森，克里斯蒂安尼亚。

奥·恩布雷特森，克里斯蒂安尼亚。

路德维希·恩格，克里斯蒂安尼亚。

阿尔弗雷德·埃里克森，克里斯蒂安尼亚。

迈耶·福绍格，克里斯蒂安尼亚。

O. 古尔达尔，克里斯蒂安尼亚。

Chr. -H. 克努森，克里斯蒂安尼亚。

马格努斯·尼尔森，克里斯蒂安尼亚。

伊萨克·萨巴，克里斯蒂安尼亚。

L. 塞伯，克里斯蒂安尼亚。

1903 年，社会党人获得 24779 张选票和 4 个议席；1909 年，他们获得了 90500 张选票和 11 个议席。在 1909 年的最近一次选举中，该党获得 90500 张选票，占 345000 张总选票的 26%。

丹麦

丹麦是一个君主立宪制国家。

国会由两院组成，即上院和下院。

上院有 66 名议员，其中 12 名由国王任命，终身担任，其他议员选举产生，任期 8 年，他们中间有一半人需每 4 年通过间接投票改选一次。

下院选举产生如下：

哥本哈根市 7 名。

城乡选区 45 名。

博恩霍尔姆岛 1 名。

法罗群岛 1 名。

每个年满25岁、在他所希望代表的选区居住的公民,都有资格竞选上院议员。

上院政治构成（1910年）

右派议员30名。

自由保守党人6名。

左派议员20名。

激进左派4名。

社会民主党左派4名

无党派人士2名

合计：66名。

社会民主党的4名上院议员是：

C. -C. 安德森，哥本哈根。

C. 克里斯蒂安森，哥本哈根。

哈拉尔德·延森，哥本哈根（奥胡斯）。

J. 莱温斯基，罗斯基勒。

下院目前由114名议员组成（即每23000名居民产生1名下院议员），每3年选举一次。

每一个年满30岁的男性公民都是选民，每一个品行良好、年满25岁的男性公民都有资格当选。

上院议员和下院议员，在会期头六个月每天10克朗薪水（包括星期天和假日），开会时每天再增加6克朗。此外，议员有权在议会开会期间免费乘坐火车二等座位。

下院政治构成（1910年5月选举之后）

左派联盟54名。

右派 16 名。

激进派 20 名。

社会主义者 24 名。

合计：114 名。

下院社会党人名单

安德瑞森，那斯特维德。

古斯塔夫·班格，哥本哈根。

F. -J. 博格比耶尔格，哥本哈根。

N. -C. 克里斯滕森，奥尔堡。

C. 汉森，哥本哈根。

E. 许勒，哥本哈根。

C. 雅各布森，奥德。

诺勒高·耶森，哥本哈根（斯泰厄）。

K. -M. 克劳森，哥本哈根。

E. 马罗特，欧登塞。

A. -C. 迈耶尔，哥本哈根。

M. 莫滕森，罗德尔斯。

汉斯·尼尔森，哥本哈根（霍尔森斯）。

C. -M. 奥尔森，哥本哈根。

西瓦尔德·奥尔森博士，哥本哈根。

约斯·彼得逊，布拉布兰。

克里·拉斯穆森，赫尔辛格。

H. 拉斯穆森，斯坎讷堡。

P. 萨伯，哥本哈根（奥胡斯）。

F. 萨缪尔森，哥本哈根（奥胡斯）。

C. -A. 施米特，哥本哈根。

斯陶宁格，哥本哈根。

E. 温布拉兹，哥本哈根。

J. 维尔曼，灵利。

下表是**社会民主党**候选人人数、议席数及我们从 1878 年到 1910 年 5 月最近一次选举的得票数。

	候选人人数	议席数	得票数
1878	1	0	767
1881	2	0	1689
1884	3	2	6806
1887	4	1	8406
1890	10	3	17232
1892	15	2	20094
1895	21	8	24508
1898	23	12	31872
1901	30	14	42972
1903	55	16	55593
1906	62	24	76566
1909	73	24	93079
1910	54	24	98721

比利时

根据 1831 年宪法，比利时是代议制世袭君主立宪制国家。立法权掌握在国王、参议院和众议院手里。1831 年至 1893 年，两院议员以审查制度①为基础由纳税的大多数公民选举产生，其最低纳税额最近确定为 42.32 比利时法郎。

由于争取普遍投票权的运动和总罢工，审查制度已经在 1893 年让位于一人多票制：年满 25 岁、在同一社区居住至少 1 年的公民都可以投一票；年满 35 岁、有合法的后代、纳税 5 比利时法郎的父亲，可以投第二票；地主、官员和大学学位获得者，可以投第三票。

下院议员的薪水是 4000 比利时法郎，而且必须年满 25 岁。他们有权免费乘坐其住地与首都之间的火车。

每 10 年进行一次人口普查，以便落实宪法关于每 4 万居民产生 1 名议员的规定。

1906—1907 年，下院选民为 1606602 人，其中：

968964 人拥有 1 票 = 968964 票。

362295 人拥有 2 票 = 724590 票。

275343 人拥有 3 票 = 826029 票。

在 1910 年 5 月 22 日立法选举后，下院有 166 名议员，他们可以划分为：

85 名各种主张的教权派人士。

1 名独立教权派人士。

---

① 历史上，选举权是有限制的。在平等选举制（Equal suffrage, Universal suffrage）下，每个人投票的次数和权重是一样的。在等级投票制（graded votes）下，每个人因收入、财富或社会地位不同，投票权有多有少。在审查选举制（Census suffrage, censitary suffrage）下，实行加权投票（weighted voting），有投票资格的人因在审查中的地位不同，所投票的权重是不同的，比如，受过高等教育的人比受教育少的人拥有更多的投票权重，或在一个公司里，股权较多的股东比股权少的股东拥有更多的投票权重。——译者注

44 名自由主义者和激进主义者。

1 名基督教民主党人。

35 名社会主义者（占 21.08%）。

实际上不可能给出反对派各党所获得的选票的具体数字，因为后者同意把大量地区得票合并计算，理由是自从 1900 年以来，多数决定制已经被比例代表制（德洪特制①）所取代，似乎没有必要废除小选区划分。这种制度让分裂的反对派感到不满（因为失去众多选票），迫使各个政治团体结合起来。

各党获得选票数如下：

教权派人士 1224918 票。

仅自由主义者 469162 票。

仅社会主义者 359890 票。

自由主义者—社会主义者 379603 票。

1910 年 5 月 22 日选举后 35 名社会党下院议员名单

阿拉尔，布赖恩拉勒。

安塞尔，根特。

贝洛茨，莫尔朗韦。

贝尔特朗，布鲁塞尔。

博洛涅，列日。

布朗内，霍努。

卡埃卢瓦埃尔，鲁镇。

卡福罗，拉海斯特。

---

① 原文的 d'Hondt system，也有写做 D'Hondt method，译为"汉狄法"，又称 Jefferson's method。——译者注

多维斯德，迪松。
德布内，梅宁。
德雅尔丹，贝恩-厄泽。
安东·德尔波特，布鲁塞尔。
当布隆，布鲁塞尔。
德尼，布鲁塞尔。
德斯特里，布鲁塞尔。
多奈，弗莱马勒-格兰德。
弗尔内蒙，布鲁塞尔。
奥赫莱，莫斯特-桑布尔。
于班，莫达沃。
卡米耶·胡斯曼，布鲁塞尔。
朗比约特，瑞梅。
郎邦，根特。
莱昂纳德，拉海斯特。
芒萨尔，拉卢维耶尔。
马鲁瓦勒，夫拉姆利。
迈斯曼，布鲁塞尔。
丕平，帕图拉热。
路易·皮拉尔，韦尔维耶。
鲁瓦耶，布鲁塞尔-圣贾尔斯。
申勒，斯普里蒙。
泰尔瓦涅，安特卫普。
特罗克莱，列日。

冯·朗根东克①，鲁汶。

王德威尔得，布鲁塞尔。

沃特斯，布鲁塞尔。

参议院由选举产生，任期 8 年，一部分由选举团直接选举产生，另一部分由省议会选举产生。

任参议员必须年满 40 岁，没有补偿或薪金。但是他们可以免费乘坐各种火车。

直接选举产生的参议员必须向国库缴纳至少 1200 法郎的税。间接选举产生的参议员不受任何审查条件的限制。

后者的产生比例是：

居民不到 50 万的省产生 2 名；

居民在 50 万人以上至 100 万以下的省产生 3 名；

居民在 100 万以上的省产生 4 名。

直接当选的参议员的人数，是下院议员人数的一半。

要想成为参议员的投票人，必须满足下院选举的条件，此外，必须年满 30 岁。

1906—1907 年，选举参议员的投票人为 1358840 人，其中：

737591 人有 1 票 = 737591 票。

352923 人有 2 票 = 705846 票。

268326 人有 3 票 = 804978 票。

现在有 110 名参议员，他们的划分如下：

63 名教权派人士；

39 名自由主义者；

8 名社会主义者。

---

① 这个议员已经因个人原因被开除出党。

社会党参议员名单

省参议员：

拉封丹，布鲁塞尔。

勒克，布鲁塞尔。

巴斯蒂安，蒙斯。

埃尔贝斯，布鲁塞尔。

直接选举的审查参议员：

考彼尔特斯，根特。

弗兰克，瑞梅。

亨德里克斯，布鲁塞尔。

利比乌勒，沙勒罗瓦。

塞尔维亚

塞尔维亚王国是一个君主立宪制国家。

立法权掌握在国王和国民议会手里。

国民议会由160名议员组成，他们须年满30岁，缴纳30法郎估定税额。议员有权免费乘坐火车，开会期间每天发给15个第纳尔（大约15法郎）。只有年满21岁、缴纳15法郎估定税额的公民才能成为选民。

国民议会的组成

独立激进人士（青年）……………49名

温和激进人士………………………83名

民族主义者·····························20 名
进步主义者·····························7 名
社会主义者·····························1 名
合计·····························160 名

在国民议会中的社会党议员是：弗里沙·卡斯莱罗维奇，律师，克拉古耶瓦茨。

乌拉圭共和国

乌拉圭共和国自 1829 年 9 月 10 日起拥有了一部宪法。

参议院由 19 名参议院组成（每个省 1 名），由 2 级投票选举产生，任期 6 年。

要想成为参议员，必须年满 33 岁，作为乌拉圭公民 7 年，并拥有 1 万比索（约 53400 法郎）的资本或同等收入。

众议院由 69 名议员组成，每个议员代表 3 万名居民，通过直接选举产生，任期 3 年。

要想成为议员，必须年满 25 岁，作为公民 5 年，或拥有 4000 比索（大约 21360 法郎）的资本，或有与这笔资本相等的收入。

政府官员不得担任参议员或众议员。

每一位年满 20 岁的公民都是选民。

众议院会期一般在 2 月 15 日至 7 月 15 日之间。

社会党在众议院有 1 名议员，他是：蒙得维的亚的大学教授埃米利奥·弗鲁戈尼博士。

各成员党的书记

1. 英国

国际社会党代表大会英国全国委员会,伦敦西南区维多利亚大街28号。

工党:拉姆齐·麦克唐纳,伦敦。
社会民主党:亨·威·李,伦敦。
独立工党:弗朗西斯·约翰逊,伦敦。
费边社:爱德华·R. 皮斯,伦敦。

2. 德国

德国社会民主党:威廉·普凡库赫,柏林。

3. 卢森堡

卢森堡社会民主党:让-皮·普罗布斯特,卢森堡。

4. 奥地利

奥地利社会民主工党:斐·斯卡雷特,布拉格。

4. B. 波希米亚

捷克斯洛伐克社会民主党：安东·布鲁哈·科拉尔，布拉格。

5. 匈牙利-克罗地亚

匈牙利社会民主党：E. 布欣格尔，布达佩斯。

克罗地亚和斯拉沃尼亚社会民主党中央委员会：威廉·布克塞格，萨格勒布（阿格拉姆）。

5. B. 波斯尼亚和黑塞哥维那

波斯尼亚和黑塞哥维那社会民主党党的理事会：F. 法克西克，《自由之声》，萨拉热窝。

6. 法国

法国社会党（工人国际法国支部）：路易·迪布勒伊，巴黎。

7. 意大利

意大利社会党：蓬皮奥·乔蒂，罗马。

8. 西班牙

社会主义工人党全国委员会：马维诺·加西亚·科尔特斯、埃斯皮里图·桑托，马德里。

10. 俄国

俄国社会民主工党：弗拉基米尔·乌里扬诺夫，巴黎（法国）。
〔波兰、立陶宛和俄国犹太工人总联盟：日内瓦（瑞士）〕。
社会革命党：伊·鲁巴诺维奇，巴黎（法国）。
〔锡安工人党：M. 拉特纳博士（转鲍里索夫），维也纳（奥地利）。

10. F. 芬兰

芬兰社会民主党的委员会：赫尔辛福斯谢乌斯街3号。

11. 波兰

波兰社会党：海尔曼·迪阿曼德，伦贝格（奥地利）。
西格蒙德·马雷克博士，克拉科夫（奥地利）。
波兰和立陶宛社会党：罗莎·卢森堡

12. 挪威

挪威工党：马格努斯·尼尔森，克里斯蒂安尼亚。

13. 瑞典

瑞典社会民主工党：弗雷德里克·斯特伦，斯德哥尔摩。

14. 丹麦

社会民主联盟：托·斯陶宁格，哥本哈根。

15. 荷兰

荷兰社会民主工党：J.-G. 万库伊杰克霍夫，阿姆斯特丹。

16. 比利时

比利时工人党：L. 范德斯米森，布鲁塞尔。

17. 瑞士

瑞典社会民主党：M. 芬德里希，比尔。

19. 土耳其

社会主义工人联合会：优素福·哈赞，萨洛尼卡（土耳其）。

20. 塞尔维亚

塞尔维亚社会民主工党：D. 图措维奇，贝尔格莱德。

21. 保加利亚

社会民主工党（统一派）：H. 赫里斯托夫，《保加利亚工人报》编辑，索非亚。

保加利亚社会民主工党：格奥尔吉·基尔科夫，索非亚。

22. 罗马尼亚

罗马尼亚社会民主党：J. C. 弗里穆，布加勒斯特。

28. 美国

社会党：约翰·M. 沃克，芝加哥。
社会主义工人党：保罗·奥古斯丁，纽约。

30. 阿根廷

社会党：阿根廷社会党执行委员会，安东尼奥·德托马托，布宜诺斯艾利斯。

非成员党的书记

9. 葡萄牙

葡萄牙社会党：塞萨尔·诺盖拉，里斯本。

18. 希腊

希腊劳动者同盟：帕纳伊斯·哈洛克波斯，雅典。

23. 日本

片山潜，东京。

24. 南非

南非社会主义工人党：弗雷泽，约翰内斯堡。
《工人之声》杂志：A. 克劳福德，约翰内斯堡。

25. 加拿大

加拿大社会党：D. G. 麦肯齐，温哥华。

27. 古巴

古巴社会党：圣拉斐尔，哈瓦那。

31. 智利

民主党：路易·E. 雷卡巴伦，伊基克（智利）。

32. 乌拉圭

乌拉圭社会党：卡列·伊图萨因戈，蒙得维的亚。

33. 澳大利亚

澳大拉西亚社会主义同盟：H. E. 霍兰，悉尼。
澳大利亚社会主义工人党：莫罗尼，悉尼。
新西兰社会党：J. 格洛弗，惠灵顿。

社会党国际局代表

1. 英国

詹姆斯·基尔·哈第，伦敦。
哈利·奎尔奇，伦敦。

拉姆齐·麦克唐纳,伦敦。

2. 德国

奥·倍倍尔,舍恩贝格—柏林。
赫·莫尔肯布尔,柏林。

3. 卢森堡

*让-皮·普罗布斯特,议员,卢森堡。
韦尔特博士,议员,卢森堡。

4. A. 奥地利

维克多·阿德勒博士,维也纳。
*恩·佩尔讷斯托弗,维也纳。

4. B. 波希米亚

安东·涅梅茨,布拉格。
弗朗茨·绍库普博士,布拉格。
*安东·布鲁哈·科拉尔,布拉格。

5. 匈牙利—克罗地亚

雅科布·韦尔特纳,布达佩斯。

威廉·布克塞格，萨格勒布-阿格拉姆。
（候补：德西代勒·博卡尼，布达佩斯。）

6. 法国

让·饶勒斯，巴黎。
爱德华·瓦扬，巴黎。
茹尔·盖得，巴黎。
（候补：让·龙格，巴黎。）
安热勒·鲁塞尔，巴黎。
*马塞尔·桑巴，巴黎。

7. 意大利

安焦洛·卡布里尼，米兰。
A. 莱奥尼达·比索拉蒂，罗马。
*O. 莫尔加利，罗马。

8. 西班牙

弗朗西斯科·莫拉，马德里。
*帕布洛·伊格列西亚斯，马德里。

10. 俄国

伊·鲁巴诺维奇，巴黎。

乌里扬诺夫,巴黎。
普列汉诺夫,日内瓦。
*J. 波克罗夫斯基,圣彼得堡。

10. F. 芬兰

爱·瓦尔帕斯,赫尔辛福斯。
卡尔·H. 维克,马尔姆。
*瓦伊莫·坦纳,赫尔辛福斯。

11. 波兰

海·迪阿曼德,伦贝格(奥地利)。
罗莎·卢森堡,弗里德瑙—柏林。
(候补:卡尔·考茨基,弗里德瑙—柏林。)

12. 挪威

埃纳尔·利,斯塔万格。
*马格努斯·尼尔森,克里斯蒂安尼亚。

13. 瑞典

恩斯特·瑟德贝里,斯德哥尔摩。
弗雷德里克·斯特伦,斯德哥尔摩。
*亚尔马·布兰亭,斯德哥尔摩。

14. 丹麦

卡尔·F. 马森,哥本哈根。
*托·斯陶宁格,哥本哈根。

15. 荷兰

亨·范科尔,海牙。
彼得·特鲁尔斯特拉,斯海弗宁恩。
*特尔·拉恩,斯海弗宁恩。

16. 比利时

爱德华·安塞尔,根特。
埃米尔·王德威尔得,布鲁塞尔。
*莱昂·弗尔内蒙,布鲁塞尔。

17. 瑞士

M. 芬德里希,比尔。
卡尔·莫尔,伯尔尼。
*海尔曼·格罗伊利希,苏黎世。

19. 土耳其

S. 纳胡姆,巴黎。
M. 瓦兰蒂安,日内瓦。

20. 塞尔维亚

D. 图措维奇,贝尔格莱德。
D. 拉普切维奇,贝尔格莱德。
*T. 卡斯莱罗维奇,贝尔格莱德。

21. 保加利亚

萨卡索夫,索非亚。
格奥尔吉·基尔科夫,索非亚。

22. 罗马尼亚

J. C. 弗里穆,布加勒斯特。
拉柯夫斯基,索非亚。

28. 美国

丹尼尔·德莱昂,纽约。
莫里斯·希尔奎特,纽约。

*维克多·伯杰,威斯康星州密尔沃基。

30. 阿根廷

阿希尔·康比埃,巴黎。
曼努埃尔·乌加特,巴黎。

社会党国际局

1911 年 5 月于布鲁塞尔人民之家

亲爱的同志:

如您所知,社会党国际局应国际社会党档案部门的要求,搜集一切与工人运动有关的出版物。但是,由于这些文献与日俱增,我们的预算几乎不足以让我们购买这些文献,因此,如果您至今尚未做到的话,请您尽可能快地将您的每份出版物赠给我们图书馆一份,我们将对此表示无限感激。

我们还请您赠给我们 5 份您的出版物目录。

我们还特别请求您今后能将您的每份出版物在出版后都赠送给我们一份,就像您将自己的著作赠送给党的刊物征求批评意见一样,我们将不再向您索取这些著作了。

您赠送给我们的出版物目录,将在我们的公报上刊印,这样,所有的成员党都会知道这些文件。

社会党国际局
书记 **卡米耶·胡斯曼**

致社会主义出版物编辑的第一个通知

1911年5月于布鲁塞尔

亲爱的同志们：

我们提出一个关于建立社会主义图书馆的问题请你们考虑。

像你们一样，我们不时观察到，有时在布鲁塞尔和伦敦很难获得有关我们德国同志的出版物的信息，在柏林、巴黎或维也纳不可能一直获得我们英国、比利时或法国朋友的著作。

为了改变这种状况，如果你们能告诉我们你们是否原则上同意在各国社会主义图书馆之间作出某种安排，使我们的出版物在每个国家发行，我们将非常感激。

如果您在**原则上**同意我们的建议，我们将随后寄给您一份明确的方案。

本通知已发给所有图书馆，名单附后，如果您能补上我们漏掉的名字，我们将不胜感激。

执行委员会
爱德华·安塞尔
埃米尔·王德威尔得
莱昂·弗尔内蒙
书记　**卡米耶·胡斯曼**

社会党书店经理和出版人[1]

各党书店经理和出版人之间的协议计划

为了解决这个非常棘手的问题,社会党国际局已经制定了一份各国社会党书店经理和出版人名单。

各国社会党书店经理可以按照伊格纳茨·布兰德(维也纳)的意见,达成国际协议:

"交换和搜集党的文字编辑目录。

所有党的书店经理要把他们出版或新版的所有著作至少赠送一份给其他党的图书馆,以便我们的文献总是能够保持齐全,并确保各国社会党文献的及时更新以及在各国的出售;

图书馆在编制收支平衡表后,每年至少要公布一次账目。"

请社会党书店经理和编辑把你们对这个问题的意见告诉我们,以便我们采取必要的措施实现这个计划。

社会党国际局
书记　卡米耶·胡斯曼

---

[1] 因篇幅所限,此处从略。——编者注

社会党报纸的分类学名单①

工会报纸的分类学名单②

社会党国际局

1911年6月于布鲁塞尔人民之家

我们在此公布一个关于不包括地方报纸的工会刊物分类学名单的计划。

前面的数据指的是那些其组织按照我们在1910年第5期公报第186页上刊登的政治刊物名单设立了办公室的国家。在本期，我们采用了法文版杜威国际分类法，尽管它不无错误，但这是公开出版的唯一完全的分类法。

因此，利用我们的名单，首先可以很容易地了解不同国家不同刊物的办报理念，其次可以了解不同的工会刊物。后者当然主要是为专业人员考虑的，每个工会书记或编辑当然都希望了解与他行业有关的所有报刊，而且，如果他懂外语，还可以从他的同事那里得到材料。

最后，恳请所有做到这一点的人，发现缺点和错误，敬请告知。

---

① 因篇幅所限，此处从略。——编者注
② 名单从略。——编者注

十进分类法

0	总论
01	目录学
017	目录
1	哲学
17	伦理学
2	宗教、神学
3	社会科学
31	统计学
32	政治学
329	政党
33	政治经济学
331	劳动与工人
332	财政经济学
333	所有权
334	合作社
335	社会主义
336	公共财政
34	法学
35	行政管理学
37	教育学
396	女权主义
4	文献学
5	自然科学
6	实用艺术
7	美术

（续表）

8	文学
9	历史与地理
92	传记
(42)	英国
(43)	德国
(43.59)	卢森堡
(436)	奥地利
(437)	波希米亚
(439)	匈牙利
(43.94)	克罗地亚
(43.95)	波斯尼亚和黑塞哥维那
(44)	法国
(45)	意大利
(46)	西班牙
(469)	葡萄牙
(47)	俄国
(471)	芬兰
(474)	拉脱维亚
(475)	波兰
(481)	挪威
(485)	瑞典
(489)	丹麦
(492)	荷兰
(493)	比利时
(494)	瑞士

	(续表)
(495)	希腊
(496)	土耳其
(497.1)	塞尔维亚
(497.2)	保加利亚
(498)	罗马尼亚
(52)	日本
(675)	刚果
(71)	加拿大
(72)	墨西哥
(729.1)	古巴
(73)	美国
(81)	巴西
(82)	阿根廷
(83)	智利
(84)	玻利维亚
(93)	澳大拉西亚

社会党国际局收到的出版物分类学名单

0. 总论

01. 目录学

017. 目录

02. 图书馆经营管理学

17. 伦理学

2. 宗教

301. 社会学

31. 统计学

32. 政治学

329. 政党

33. 政治经济学

331. 劳动和工人

331.88. 工会

331.89. 罢工

331.955. 劳工书记处

332. 财政经济学

333. 所有权

334. 合作社

335. 社会主义

336. 公共财政

338. 生产

34. 法学

35. 行政管理学

36. 慈善与保险

37. 教育学

38. 商业—交通

4. 文献学

5. 自然科学

6. 实用艺术

7. 美术

8. 文学

9. 历史与地理

备注:我们最近收到英国、法国、荷兰、罗马尼亚和美国各党,以及芝加哥的克尔和科、布鲁塞尔的王德威尔得夫人的大量赠书,对此我们在此深表感谢。

请允许我们说明,1911年7月1日以来收到的图书目录将于下期公报刊出。

社会党国际局定期公报第 8 期

国际社会党代表大会和社会党国际局章程

一、下列组织均可参加国际社会党代表大会：

1. 一切赞成生产资料和交换资料的社会化、工人阶级的国际团结和国际行动、由组织成阶级政党的无产阶级夺取政权等社会主义基本原则的团体。

2. 虽未直接参加政治运动，但站在阶级斗争立场上并宣布承认政治活动即立法活动和议会活动的必要性的一切工会组织。（1900年巴黎代表大会）

二、在每次代表大会召开前，国际局将（根据第八条的要求）为议程上的每个问题指定一个特别委员会，该委员会将提交一份报告并在一定时间内分发给各成员党。（1910年哥本哈根代表大会决议）

三、1. 每个国家或民族的各个政党和组织组成一个支部，它应当对接纳该国或该民族的所有政党和组织参会作出决定。（1907年斯图加特代表大会）

这些代表也有权对接纳非成员组织参会作出决定。（1910年哥本哈根代表大会）

未被该支部接纳的政党和组织有权向社会党国际局提出申诉，由后者作出最终裁决。

2. 每个加入国际的党的书记处，或加入国际的团体或组织的全国委员会（凡是成立了这种组织的地方），将向各社会主义团体转交参加代表大会的邀请书和社会党国际局起草的决议案。

3. 所有提案必须在国际代表大会规定的召开日期之前四个月提交国际局，国际局在收到这些提案一个月后，即应将它们分送给各国。

新的决议案如果不按照规定的程序办理，将不予接受、分发和付诸讨论，只有紧急事件例外。只有社会党国际局有权决定紧急提案，但是，修正案和决议案必须用书面形式递交社会党国际局，国际局将决定这些修正案是否可以接受，但不得试图以修正案为借口提出新的决议案。(1907年斯图加特代表大会)

4. 各国支部书记向社会党国际局转交已被接受的代表的姓名，并将收到出席代表大会的临时卡、正式入场券。(1910年哥本哈根代表大会)

四、代表大会第一次全体会议由社会党国际局书记宣布开幕。

大会举办国的代表致欢迎辞。

社会党国际局主席以大会的名义作答并请负责组织大会的党指定一名成员担任大会主席之一。

代表大会书记的职责由社会党国际局书记履行。(1910年哥本哈根代表大会)

五、1. 各国支部派到每个委员会的代表不得超过4人，他们将研究和报告议程所列之问题。

2. 只有社会主义报刊的代表可以参加各委员会会议。

3. 各委员会的主席或书记向社会党国际局书记提交组成该委员会的各支部代表的名单，以及转交全体会议的决议案文本。而且，他们还要向他提交一份会议报告，报告要用大会所采用的3种语言中的1种书写，并由主席或书记签字。(1910年哥本哈根代表大会)

六、国际代表大会的表决按下列规则进行：

1. 实行举手表决。表决根据国家的倡议进行。每次，如果有3个出席大会的国家表示了这种愿望，即可进行表决。

2. 每一个全国支部的表决权按照最先由1906—1907年国际局提出的分配表确定，2票至20票不等。这个名单可定期也可根据情况的需要修改①。

3. 每个支部应享有的表决权根据下列情况确定：

（1）它交纳党费的党员的人数，并考虑到居民的人数；

（2）国家的重要性；

（3）社会主义的工会和合作社的力量；

（4）社会党或各个社会主义政党的政治力量。

交纳会费的成员参会必须有国际局所要求的文件或账目证明。（斯图加特代表大会）

4. 如果一个支部由几个党派组成，那么票数的分配将由上述党派互相协商解决，如果达不成协议，则由国际局裁决。（1907年斯图加特代表大会决议）

七、成员组织不得由别的组织代表，不得将投票权交给其他支部的代表。（1910年哥本哈根代表大会决议）

八、以参加国际代表大会的各民族支部的代表为基础建立的社会党国际局，继续执行代表大会的职能。每个支部可以向国际局派遣2名受委托的代表。各成员党可委派候补代表代替代表。国际议会委员会的各国书记具有社会党国际局副代表的资格，并且可以以这一资格出席社会党国际局的会议。（1907年斯图加特代表大会决议）

九、国际局设一常务书记，其职能已由1900年巴黎代表大会确定。书记处驻地为布鲁塞尔，比利时代表团行使执行委员会的职能。（1907年斯图加特代表大会决议）

---

① 每个正式支部的表决权按以下标准分配：德国、奥地利—波希米亚、法国、英国、俄国，各20票；意大利15票；美国14票；比利时、瑞典各12票；丹麦、波兰、瑞士，各10票；芬兰、荷兰、匈牙利—克罗地亚，各8票；西班牙、挪威各6票；土耳其5票；阿根廷、保加利亚、罗马尼亚、塞尔维亚，各4票；波斯尼亚—黑塞哥维那、卢森堡各2票。

十、每个成员党应根据国际局定期制定的标准于每年1月缴纳会费。(1907年斯图加特代表大会)

各支部和成员党的会费按每个投票权100法郎的最低基础计算。(1910年哥本哈根代表大会)

国际议会委员会章程

(1907年8月于斯图加特通过,国际议会委员会制定,
经国际社会党代表大会批准)

第一条 国际议会委员会于1904年8月20日由国际社会党阿姆斯特丹代表大会建立,旨在执行国际社会党伦敦代表大会和巴黎代表大会通过的下列决议:

"国际议会会议已经成立。它由每国一名代表组成。它的宗旨是统一各国议会工作。(报告寄送爱德华·瓦扬)"(1896年伦敦代表大会)

"社会党国际局要求各国社会党议会党团成立一个专门的国际议会委员会,以便在一切有关国际政治和经济纠纷的重大问题上采取共同行动。这个委员会将同社会党国际局建立联系。"(1900年巴黎代表大会)

第二条 本委员会的活动年度从9月1日开始,次年8月31日结束。

第三条 国际议会委员会的成员是:

加入社会党国际局并申请参加国际议会委员会的社会党议会党团。各社会党议会党团在加入国际议会委员会的时候,要指派它们的一名成员作为通讯书记。每个议会党团被看做是它所属的党的代表。

第四条 国际议会委员会书记的职务由社会党国际局书记担任。

第五条 (一)每个议会党团必须通过信件或文件向国际议会委员会通报其工作和本党的劳动立法。

国际议会委员会的职责是接受一切对信息的要求,并尽可能地通过发送文件和信息给予答复。

为此,它必须收集已通过法律的报告、资料和文本,以及对要求报告的问题作出专门研究,从而对问题作出回答。

(二)国际议会委员会可以通过交流一个议会党团就议程上某个问题所提出的法案,使其他议会党团能够在各自国家的条件下提出类似的议案,但尽可能地与它一致和同步。

(三)加入国际议会委员会的议会党团要把在它们的倡议下所制定的所有法案文本送交书记处。国际议会委员会要公布这些法案,使各党团看到他们所掌握的所有关于各种劳动立法问题的文件。而且国际议会委员会有权应某个党团的要求对当前立法问题进行调研。

第六条 国际议会委员会的经费来自会员义务交纳的会费和自愿捐献。各党交纳的会费视其在议会中的议员数量而定,每位议员交5法郎。

各党支部议会党团每年的会费和这些支部或政党给社会党国际局的会费同时交纳。

第七条 每年在国际局会议之后召开大会,加入国际议会委员会的各议会党团全体成员均可出席。

本次大会还确定下次大会的召开地点。

第八条 此外,还可召开非常会议,每个议会党团可以派两名代表参加。

第九条 如果有五个议会党团提出要求,即可召开非常会议。

当秘密的或公开的事件可能导致一场政府间的冲突,从而发生战争危险时,这样的非常大会可以同社会党国际局会议在同一时间和同一地点召开,以便安排和商讨工人和社会党人共同的和联合的行动方式,反对或阻止战争。

第十条　社会党国际局有权派代表出席国际议会委员会的每次会议，参加讨论，提出提案和决议案，表决时有发言权。

国际议会委员会各国书记可以作为社会党国际局副代表并出席国际局会议。

第十一条　表决制度与社会党国际局采取的表决制度相同。

第十二条　本章程以及今后对本章程的修改只有在得到社会党国际局批准的情况下才能生效。

1911 年 7 月 1 日至 1912 年 1 月 1 日大事记

国际事务

政党

1911 年 9 月 23—24 日[①]，社会党国际局会议在苏黎世召开。

工会

1911 年 7 月 24—28 日，国际矿工第二十二次代表大会在伦敦召开。

1911 年 8 月 10—12 日，国际全国工会中央第七次代表大会在布达佩斯召开。26 名代表出席会议，他们来自 18 个国家，代表 600 万有组织的工人。

---

① 第一个数字表示年份，第二个数字表示月份，第三个数字表示日期。1911.09.23；24，表示 1911 年 9 月 23—24 日。(这个注释因中译文注明年月日时间而失去意义。——译者注)

1911年8月22日，国际理发学徒工第二次代表会议在苏黎世召开。

1911年9月10—13日，国际油漆工人第一次代表大会在苏黎世召开。出席大会的各国代表代表了15万名有组织的同行。

1911年9月13日，国际玻璃工人代表大会在柏林召开。

1911年10月4—7日，旅馆、咖啡店和饭店雇员国际联盟第二次代表大会在阿姆斯特丹召开。

合作社

1911年9月30日，国际合作社联盟中央委员会会议在奥斯坦德召开。

其他

1911年8月20—26日，第七次世界语代表大会在安特卫普召开。

1911年9月11—13日，国际社会民主党戒酒者第二次代表会议在海牙召开。

1911年9月15—16日，国际社会保险第二次代表会议在德累斯顿召开。

摩洛哥—的黎波里—波斯

1911年7月1日，德国政府派遣军舰到阿加迪尔。

1911年7月13日，法国和西班牙在摩洛哥问题上发生纠纷。

1911年7月18日①，法国和德国就摩洛哥问题举行不太可能成功

---

① 原文如此，有说法德开始谈判的时间是1911年7月9日，达成协议的时间是11月4日。——译者注

的谈判。

1911年10月3日，意大利航空队轰炸的黎波里城堡。

1911年10月23—27日，意大利在的黎波里犯下暴行。

1911年11月2日，法国和德国达成关于摩洛哥问题的协议。

1911年11月3日，俄国要求波斯道歉。

1911年11月5日，意大利宣布兼并的黎波里。

1911年11月9日，德意志帝国国会就法德条约进行辩论。皇储行为失当。

1911年11月9日，的黎波里发生战斗。

1911年11月11日，俄国向波斯发出最后通牒。

1911年11月16日，俄国军队进入波斯。

1911年11月26日，的黎波里发生激烈战斗。

1911年11月27日，德国"柏林"号巡洋舰撤出阿加迪尔。

1911年11月29日，俄国要求波斯解雇舒斯特先生。

反对战争

1911年7月24—28日，国际矿工代表大会召开。

国际矿工代表大会决议

"国际矿工代表大会为实现国际和平所作的努力而欢呼，并且以所代表的所有国家的名义表达一个意见，即国家之间的所有冲突应当通过协议或仲裁来解决。"

1911年8月13日，英法两国人民在特拉法加广场举行争取和平的大示威。

1911年9月17日，法德两国人民在比桑举行争取和平的大示威。

1911年9月30日，**国际合作社联盟中央委员会在奥斯坦德召开**

会议。

决议

"1911年9月30日在奥斯坦德召开会议的国际合作社联盟中央委员会,被此时此刻严重威胁欧洲几个国家的相互争斗、自相残杀的消息所深深触动,提醒工人兄弟,合作活动的扩大和加强需要一个和平的体制;

因此,要求各国合作社社员运用他们所掌握的一切手段防止战争破坏文明带来的福祉,特别是合作活动半个世纪以来所取得的成就,因为战争的灾难性后果是无法计算的。"

1911年10月31日,社会党国际局关于国际反战示威的宣言。(1911年11月)

1911年12月7日,英国工党议员向他们的德国社会民主党同事发出和平呼吁书:

"工党议员希望向他们在德意志帝国国会中的同事转达兄弟般的问候。

我们两国之间目前不幸的疏远不是两国工人阶级的所为造成的,而是一些政治经济利益集团的所为造成的,他们的政治和经济利益与工人阶级是对立的,而且他们只有在暗中活动才有力量,正像他们现在这样。

现在最需要的是,那些代表人民思想和共同福祉的人们应当明白无误地展示他们的国际团结和善意;我们请你们向你们在德国所代表的阶级转达我们在英国所代表的阶级对友谊的保证,并相信我们国家的渴望——一如我们确信它也是你们的渴望一样,即我们应当和平地生活在一起,我们之间的分歧,无论是政治上的还是经济上的,都应当用理性的仲裁手段而不应当用野蛮的战争手段来解决。"

倍倍尔的答复:

"朋友们、同志们:

当你们在12月9日决定给德意志帝国国会中的社会民主党发出你们的呼吁

时，上一个会期刚刚结束，国会解散的时间即将来临。

因此，由于社会民主党在国会中已不再存在，它不能对你们的呼吁给予答复。另一方面，作为党的前主席，我认为我可以根据党的精神对你们的呼吁给予答复，我认为我的做法完全符合党的愿望。

我们和你们在呼吁书中所表达的看法完全一致。与我们的统治阶级中有权势的阶层不同，我们将竭尽全力维护像英国和德国这样两个文明民族之间的和平。如果某些政治经济利益集团的对抗会产生严重的分歧，那么我们将像你们一样，把我们的全部力量转化为用兄弟般的谅解解决它们的努力。

首先，我们把坚决反对海上和陆上军备竞争视为我们的义务。因此，我们将竭尽努力在刚刚开始的选举斗争中，启发德国选民对英德战争令人震惊的灾难性质的认识，战争将在几个月里摧毁两国人民通过几十年的工作与和平竞争所建立起来的一切。

除此之外，还有一个危险几乎是不可扭转的，那就是英国和德国之间的战争将是一场欧洲大冲突的信号，而这场冲突的致命结果谁也无法预测。工人阶级在工业和农业战场已经付出牺牲，一年又一年，为了剥削阶级的利益而牺牲了无数生命的工人阶级，再也不想为统治阶级的帝国主义贪婪作更多的牺牲了。

如果资产阶级—资本家世界不屠杀人民大众就不能再继续生存下去，让位于新的社会秩序的时间将要到来了，在这个新秩序下，和平、自由和人类幸福不再成为少数人为了获取更大权力和更多财富的牺牲品。

致以兄弟般的问候！

奥·倍倍尔

1911年12月14日于苏黎世"

1. 英国（42）

政党

1911 年 9 月 30 日—10 月 1 日，社会党统一代表会议在曼彻斯特召开。

1911 年 11 月 18 日，英国社会党正式成立。

1911 年 9 月 14 日，亨·威·李致函国际局：

"我们正式通知您，英国社会党现在正式成立，社会民主党及各种各样的地方社团将不再单独存在，而是合并到新的组织中。

因此，社会民主党已经退出国际代表大会英国委员会，不久将考虑英国社会党与英国委员会的关系。如果采取进一步行动，我将和您联系。

新的组织成立时有 300 至 400 个支部。"

工会

1911 年 7 月 6—7 日，英国工会总联合会第十二次代表会议在邓迪召开。

表决通过赞成扩大国际联系的决议：

"理事会宣布，扩大工会之间的国际联系的时刻已经到来。它授权它的行政管理委员会与国际工会柏林办事处联系，目的是交换关于建立一个特别情报局和在发生大的经济冲突时采取共同的国际行动，以及争取各国议会实行大社会改革的消息。

面对资本家的国际团结，理事会认为，各国中央工会联合会应当联合起来采取共同行动,以便共同对付国际资本家组织力量的不断壮大。"

1911年9月4日,工联代表大会在纽卡斯尔召开。代表1667000名会员的52名代表出席。

1911年10月3日,绍斯波特矿工联合会代表大会讨论总罢工问题。

1911年11月14—15日,矿工联合会代表大会在伦敦召开。

1911年12月21日,矿工特别代表大会决定就为实行低工资而举行罢工问题进行一次投票。

选举

1911年9月1日,据《工人领袖》报道,工人阶级在英国都市选举中赢得56个席位。

讣告

1911年9月8日,詹·拉·麦克唐纳夫人逝世。

1911年10月11日,前议员、工联代表大会前书记亨利·布罗德赫斯特逝世。

罢工

1911年7月8日,布拉德福德梳毛工罢工结束。

1911年7月9日,曼彻斯特航运业纠纷结束。

1911年7月17日,诺森伯兰矿工为结束三班制举行罢工问题进行投票。

1911年7月20日,卡迪夫6000名工人举行罢工。

1911年8月1日，伦敦港数千码头工人举行罢工。

1911年8月4日，伦敦地区码头工人罢工规模扩大，上万码头工人和其他工人举行罢工。

1911年8月7日，利物浦2000名铁路搬运工举行罢工。

1911年8月10日，伦敦车夫举行大罢工，交通陷入瘫痪；10万人不去工作。

1911年8月10日，军队奉命进入利物浦；与罢工工人和其他人发生冲突。

1911年8月11日，伦敦运输工人纠纷解决，罢工结束。

1911年8月11日，内务部向警察局长发出关于如何控制罢工纠察的通知。

1911年8月14日，利物浦发生运输业停工和大罢工，75000人不去工作。

1911年8月15日，利物浦发生军队与民众冲突，2人被打死。

1911年8月16日，利物浦和曼彻斯特交通大瘫痪。

1911年8月17日，首相在贸易委员会向铁路工人发表演讲，并建议成立一个皇家委员会。立刻罢工命令下达。军队控制伦敦各火车站。征募特别警官。议会讨论；劳合·乔治先生就"皇家委员会"问题作出解释。

1911年8月18日，英国铁路工人宣布总罢工。

1911年8月18日，罢工达到高潮，25万人不去工作。新的谈判开始。

1911年8月19日，铁路工人罢工结束；皇家委员会立刻开会。在拉内利，士兵打死2人，打伤3人，另有3人被炸死。

1911年8月21日，南威尔士矿工决定要求英国矿工联合会宣布总罢工，以争取保障工资。

1911年8月22日，议会两院发表关于在罢工中动用军队的声明。工党抨击政府。议会休会。

1911年8月26日，利物浦罢工结束。

1911年8月26日，特拉法加广场发生抗议动用军队对付罢工的大规模示威。

1911年9月17日，爱尔兰发生铁路罢工。

1911年10月4日，爱尔兰铁路罢工结束。

1911年11月2日，6000名伦敦出租车司机举行罢工。

1911年12月27日，16万名棉纺工人遭雇主同盟歇业。

1911年12月30日，迈斯泰格4500名矿工举行罢工。

反对战争

1911年7月31日，**英国社会民主党举行抗议：**

决议

"……对秘密外交的危险交易表示强烈的抗议，它们把对事实完全一无所知的这个国家的人民置于非常危急的境地。"

1911年8月13日，**英法工人在伦敦特拉法加广场举行示威。**

决议

"本次伦敦工人集会，对法国工人代表来访表示热烈欢迎，并向法国工人保证英国工人将坚持国际友谊与和平，同时还向德国和其他国家的工人致以兄弟般的问候。会议对资本家在国内外市场上的剥削给和平造成的经常性威胁表示谴责，并保证尽一切可能反对这些导致战争的剥削。"

1911年9月8日，**英国工联代表大会举行。**

决议

"本次大会衷心拥护上周日在德国大示威的过程中所表达的观点,邀请各国工人团结起来,阻止国家间战争这样的灾难发生。"

1911 年 11 月 4 日,**社会党国际局英国委员会、工党、独立工党、社会民主党人、费边社决议:**

"本次会议对意大利政府拒绝将其对土耳其的所谓不满提交国际仲裁的行为表示强烈反对;它强烈谴责意大利政府为了资本家剥削的利益而无端轰炸和占领的黎波里,对报道说的意大利军队犯下的野蛮暴行感到愤怒;会议进一步表达了要求交战各方立即将他们的分歧提交仲裁的希望,并与欧洲有组织的工人一起庄严地表示他们对战争深恶痛绝,并一起向他们各自的政府施加压力,以恢复两个冲突的大国之间的和平。

会议还决定,建议英国附属分支机构在他们的会议上把战争问题摆到一个突出位置并通过决议,决议副本应送交英国支部书记詹·拉姆齐·麦克唐纳先生、政府和当地的议会代表。"

工党的决议:

"工党希望全身心地投入到本月 5 日在欧洲各国首都举行的抗议意大利对土耳其宣战而不试图向仲裁法庭提出所谓不满的活动之中;会议宣布,自战争爆发以来,的黎波里所发生的事件只是再次说明诉诸武力来争取正义是何等的不当,战争方法一向是何等的野蛮粗暴;因此,党现在进一步投身于对欧洲各国政府施压的运动,要求把整个问题提交海牙法庭,以便使问题得到和平解决。"

工人运动联合理事会决议:

"本理事会以工联代表大会、工会总联合会和工党所代表的 250 万工人的名义,与欧洲其他国家有组织的工人一起,谴责意大利占领的黎波里的行动和在行动过程中所表现出来的野蛮行径,后者超出了战争中常见的残暴程度;会议宣布，所有战争对工人的利益都是有害的，在目前情况下，战争的唯一借口是可以扩大意大利资本家的剥削领域；此外，我们还要求英国政府和两党进行斡旋，把争端提交仲裁解决。"

独立工党全国行政委员会决议：

"本次会议对意大利因的黎波里问题对土耳其发动战争的行径表示抗议——这是一场反对人类和文明的战争，是为了债权持有者的利益而进行的战争。会议强烈要求立刻采取措施停止战争，并将所有争议问题提交海牙法庭进行仲裁。"

2. 德国

1911年7月4—5日，工人书记代表会议在德累斯顿召开。

1911年7月23日，阿尔萨斯-洛林地区社会民主党人大会在米卢斯召开。

1911年8月20日，萨克森王国社会民主党大会召开。

1911年8月27日，勃兰登堡省代表会议召开。

1911年8月27日，不来梅西北区党代表召开。

1911年8月27日，不伦瑞克公国代表会议在朗格尔斯海姆召开。

1911年8月27日，巴登大公国社会民主党代表大会在奥芬堡召开。

1911年8月26—27日，黑森大公国社会民主党代表会议在沃尔姆斯召开。

1911年9月2—3日，符腾堡王国社会民主党代表大会在斯图加特召开。

1911年9月9—10日，工人报刊联合会大会在耶拿召开。

耶拿大会

组织

成员人数

1910 年 720038 人

1911 年 830562 人

增加：116524 人

增加的 116524 人，分别为男性 91473 人，女性 25051 人。与去年国会大选登记的社会民主党选民人数相比，今年（社会民主党选民）占总数的 26.66%，去年占 22.09%。

女性选民的人数从 1910 年的 82642 人增加到 1911 年的 107693 人。

设立青年委员会的地方从 360 个增加到 454 个。

订阅《青年工人报》的人数现在是 65500 人而不是 45000 人。

党的基金的收入与支出，从 1910 年 7 月 1 日到 1911 年 6 月 30 日为：

总收入：1357765.62 马克

总支出：897180.48 马克

社会民主党人在邦、市和乡镇议会的情况：

在 19 个邦议会，社会民主党人共有 188 名议员。在 31 个市和 83 个农村自治镇中，社会民主党进入市议会，还有 154 人担任治安官。此外，在 410 个城市和 2240 个农村自治镇，分别有 2015 和 2240 名社会党议员。

1911 年 10 月 1—2 日，石勒苏益格-荷尔斯泰因和吕贝克公国代表大会在奥伊廷召开。

1911 年 10 月 8 日，下莱茵代表大会在埃尔伯费尔德召开。

1911年10月15日，东普鲁士社会民主党人代表大会在普鲁士柯尼斯堡召开。

1911年10月15日，马格德堡区代表大会召开。

1911年10月15日，上莱茵省代表大会在克罗伊茨纳赫召开。

1911年10月22—23日，梅克伦堡代表大会在居斯特罗召开。

1911年11月12日，东弗里西亚党代表会议在埃姆登召开。

妇女

1911年9月9日，社会民主党妇女代表大会在耶拿召开。

1910—1911年度的无产阶级妇女运动：女性成员的数量，从1910年的82642人上升到1911年的107693人，增加了25051人。

工会

德国工会统计表

1907—1910年中央工会的发展

年份	中央工会	每年平均会员人数		收入		支出		中央工会基金（马克）
		总计	妇女	在工会里	马克	在工会里	马克	
1907年	61	1865506	136929	63	51396784	63	43122519	33242545
1908年	60	1831731	138443	62	48544396	62	42057516	40839791
1909年	57	1832667	123888	59	50529114	60	46264031	43480932
1910年	53	2017298	161512	57	64372190	57	57926566	52575505

合作社

1911年9月9—11日，德国合作社和消费者总联盟第三次代表大会在斯德丁①召开。

选举

1911年1月14日，在补选之后，奥尔登堡大公国议会有12名社会民主党人、14名独立人士、6名民族自由党人、9名中央党人和4名农民同盟成员组成。

1911年10月22日，阿尔萨斯-洛林地区议会选举：

得票数：

社会民主党……………………70274票
中央党…………………………117442票
民族同盟………………………1170票
洛林集团………………………25096票
独立人士………………………11693票
自由主义者……………………55682票
民主主义者……………………8525票
经济联盟………………………684票

1911年11月9日，在施瓦茨堡-鲁道尔施塔特亲王国议会选举中，社会民主党人获得9个席位。在此之前，他们拥有6个席位。他们现在是议会多数。

1911年11月17日，第二届黑森大公国议会由16名民族自由党人、16名农民同盟成员、9名中央党人、9名进步主义的民众党人和8名社会民主党人组成。民众进步党获得4个席位，社会民主党人3个席位，中央党人1个席位；民族自由党人失去2个席位。

---

① 现波兰的什切青。——译者注

反战

1911年7月4日，柏林工人阶级在其第31次集会上对普鲁士议会多数党的态度和派军舰去摩洛哥表示抗议。

1911年7月5日，在符腾堡王国议会

符腾堡邦议会社会民主党党团在下院开会期间就以下问题提出质询：

"政府是否愿意提供以下信息：（1）联邦委员会外事委员会在派遣德国军舰去摩洛哥阿加迪尔之前开过会吗？（2）政府是否是在掌握了充分的情报后才批准这一决定的？（3）能否从这个事实肯定德意志帝国和欧洲列强之间以前存在过的友好关系并不牢固？"

1911年7月15日，**斯图加特社会主义民众的和平决议**：

"本次有6000人参加的集会对德国干涉摩洛哥表示强烈的抗议，认为这是一种殖民冒险行为，是轻率的、危险的，很容易引起对一场世界大战的恐惧。集会对这种冒险行动表示强烈谴责，还因为同样行动的采取未经国会审议和同意，而且还因为不受国会干预，它是一种个人玩弄权力的结果。出于这个原因，与会者对所谓的符腾堡政府对社会民主党派在议会提出的质询缺乏尊重表示最强烈的抗议，也对资产阶级政党的行为表示抗议，他们这次再次充当了政府帮凶，再次贬低了人民代表的重要性。与会者宣布，他们同已经唤醒阶级觉悟的法国和德国无产阶级意见一致：决不能把人也不能把钱投到摩洛哥冒险活动中去。他们表达了这样一个信念：两国工人阶级有义务运用他们所能支配的一切手段反对兄弟之间自相残杀。"

1911年7月23日，**阿尔萨斯-洛林地区社会民主党人大会反对摩洛哥事件的决议**：

"阿尔萨斯-洛林地区社会民主党会议对德国干涉摩洛哥的行为表示最强烈的抗议,它认为这种干涉是一种轻率而危险的殖民冒险行动,它不仅使德国和法国之间的关系更加紧张,而且加重了劳动人民所背负的剥削压迫重担。会议还对这一危险的殖民冒险活动表示谴责,因为它没有征求德国人民的意见,没有征求他们的法定代表——国会——的意见。阿尔萨斯-洛林无产阶级代表同莱茵河和孚日山脉之外已经唤醒阶级觉悟的工人阶级意见一致地宣布,决不把一个人、一杆枪用于摩洛哥远征。阿尔萨斯-洛林人民经历过战争,也了解暴行,他们不想看到它们重演。因此,具有阶级觉悟的阿尔萨斯-洛林的人民代表在此表达他们的坚定信念:德国、法国和国际社会民主党的职责,就是运用他们所掌握的一切手段阻止另一场兄弟相残的战争的爆发,那将是对人类文明的羞辱。"

1911 年 7 月 28 日,柏林举行支持和平的大规模游行:

"柏林工人阶级于 1911 年 7 月 18 日①在《新世界》集会,欢迎法国工人阶级的代表,对他们证明国际同志关系和兄弟般的热爱和平的举动表示感谢。

与会者宣布,他们同法国和其他国家工人阶级一致主张共同斗争,维护各国和平,反对主张战争的统治阶级的一切阴谋诡计。战争会助长一小撮人对权力、抢劫和利润的贪婪,虽然每个民族的大多数人渴望和平,但是这大多数人却要承受战争所带来的牺牲。

面对目前迫在眉睫的战争威胁,与会者要求德国和法国工人做好准备,运用他们的一切影响阻止战争。他们希望召开一次有所有负责任的人民代表参加的大会,以便他们能作为调停人介入,解决所有国际冲突。

本次会议对开除伊夫托同志的做法表示抗议,他在工会大厦的讲话主要是受到为和平事业服务的高尚愿望的驱使。"

1911 年 8 月 11 日,德国社会民主党执委会宣言:

---

① 英文版的时间是 18 日,德文和法文版均为 28 日。——译者注

"同志们：

几个星期周以来，摩洛哥事件使欧洲处于一种兴奋状态。法国和西班牙破坏阿尔赫西拉斯协议，把摩洛哥一部分置于他们的军事和政治影响之下的企图，在我们的泛日耳曼沙文主义者看来是非常容易的。多年来，尤其是威廉二世在丹吉尔登陆①以来，他们就要求瓜分摩洛哥，满足他们的资本主义劫掠贪欲。

派遣德国军舰到摩洛哥阿加迪尔港去公然保护德国在这些地方的利益，此举得到百分之百的爱国主义者及其雇佣者的热烈欢迎。他们以为他们已经接近自己的目标了。与此同时，由此引起的冲突似乎有意地转移了人民群众对德国对内政策所造成的恶劣形势的注意力，他们被间接税和直接税掠夺得一贫如洗，被帝国保险法骗走了权利，而且在普鲁士，他们的公民平等权利也被骗走了。

社会民主党报刊对这种轻率政策提出了最强烈的抗议。在7月初的许多群众集会上，工人阶级对摩洛哥冒险行动表示了抗议；而且通过在柏林和巴黎举行游行示威，德国和法国工人显示了他们的团结，并宣布他们不打算让自己像一群没有自己意志的绵羊那样任人驱赶和宰割，而是他们准备运用他们所掌握的一切手段确保和平。

英国议会中工人代表已经表达了同样的决心。

这场外交官们的讨价还价活动最后结果如何尚不得而知。德国的专制主义至今仍极端蔑视人民的启蒙要求。现在，这些避免见光的讨价还价活动出现了新的转折。对殖民地感兴趣的保守党人和民族自由党人及其支持者，有权有势的大炮和铁甲舰制造商、军队供应商、股票交易所巨头，看到了一旦爆发战争将要出现的庞大利润，他们因为所谓的'对祖国的侮辱'和'德国外交声誉扫地的失败'而暴跳如雷，并发出了狂热的战争嚎叫！

必须呼吁停止这种犯罪行为！

必须强烈反对把摩洛哥交易变成一场残酷的世界大战！

社会民主党一贯反对帝国主义。它还记得德国人民迄今为止为了亚洲和非

---

① 1905年3月，威廉二世乘坐一艘德国军舰在摩洛哥的丹吉尔登陆，并突然公开发表了一次赞同摩洛哥独立的演说。——译者注

洲殖民地所付出的沉重的生命和财产牺牲，因此拒绝德国殖民地财产的每一次扩大，因为它们的得到也以某种补偿为代价。新殖民地将会给德国人民带来新的负担。

德国社会民主党要求，最终应当召开德意志帝国国会，以便人民代表有机会参加关于这个问题——这个触及人民最根本利益的问题——的决策。

现在必须要做的，人民自己要在群众集会上提出这个要求。今天，如果违背大多数人民的意志，要想可能发动任何战争都不再可能了。

因此，

反对摩洛哥冒险行动！

打倒沙文主义！"

1911 年 8 月 14 日，**慕尼黑社会主义工人反战决议**：

"劳动者于 8 月 14 日在慕尼黑举行会议，表达他们对挑起法德战争的徒劳企图的义愤。他们宣布他们将对边界两边的所有诚实的和平之友负责。他们要求政府考虑：通过拥有殖民地所带来的最大好处并不能补偿两个友好国家、两个可以一起从事伟大的教育工作的国家之间的战争所带来的伤害。他们要求立即召开国会。"

1911 年 8 月 17 日，**汉堡-阿尔托纳社会党和平示威的决议**：

"1. 帝国主义资本主义政策已经像饿狼一样扑向摩洛哥，它追求新的剥削领域，并且由于各种集团的利益对立而引起严重的争夺，因此，它是对和平的一个严重威胁。

2. 关起门来搞外交，拿国家和人民的利益做交易，只能增加战争危险。

3. 那些被大资本主义集团所收买的宣扬战争的人，或残忍地主张战争的人，都是在给争端火上浇油，都是文明的叛徒。

本次集会反对这些行为，它重申对社会民主主义原则的忠诚，谴责统治阶级的帝国主义和殖民主义政策，反对战争鼓动者，最热烈地希望用它的一切力量和一切可能的手段反对对人民进行战争煽动，阻止战争，无论它以什么为借口进行宣扬。"

1911年8月20日，莱比锡社会党声援和平的游行示威的决议：

"与会者对让德国卷入一场对法战争的令人厌恶的企图表示愤怒。他们与唤醒阶级觉悟的法国工人是一致的，他们都对民族大屠杀、对两国工人阶级最先感受到的恐怖后果表示憎恶。

与会者认为摩洛哥政策不过是帝国主义政策的一个不可避免的结果，它将整个世界都变成了资本主义的剥削对象，将巨额利润积聚到剥削者手中，但是对于工人阶级来说，它象征着沉重税赋的不断增加，食品价格的上升和持续的战争危险。与会者对德国人民正在经受的有辱人格的伤害表示抗议，他们的命运实际上取决于一些所谓的外交家关起门来进行的秘密谈判，而德国人民与这些外交家毫无共同之处，他们对于这些人除了不信任什么也没有。德国劳动人民渴望思考和决定他们自己的命运。他们渴望立刻召开国会。

但是，与会者宣布，无论德国人民如何强烈地厌恶战争，无论他们如何保证运用他们所掌握的一切手段反对战争，统治阶级更害怕世界大战而不是群众。世界大战将成为一个漫长革命时期的前奏，它只能以资本主义的瓦解和社会主义的到来而结束。对这种社会革命的担忧直到今天仍然是阻止一场世界大战的最好手段。与会者保证将尽最大努力使统治阶级感到的这一担忧——对一场世界大战社会后果的担忧——今后将继续保持活跃状态。他们认为，实现这一目标的最好办法，是实行一种坚持不懈地摆脱神秘主义的政策，努力合作推进工人组织的发展。"

1911年10月1日，符腾堡王国帝国国会第一选区（斯图加特市和行政区）集会通过的关于意大利战争的决议：

"各国无产阶级的利益共同体要求各国社会党成员用最激烈的方式反对他们本国资产阶级的抢劫意图，反对为了意大利的殖民利益所进行的远征。为此，本区即符腾堡第一个选区的成员考虑到资本主义的劫掠特点，理所当然地把指责意大利所导致的对和平的破坏和各国兄弟相残的争斗视为一个荣誉攸关的事情。

本次区集会要求中央委员会尽可能引人注目地召开一次群众大会，并建议首先请卢森堡同志或累德堡同志第一个演讲。"

1911年9月2日，在不伦瑞克举行的社会民主党第九次会议所通过的决议：

"工人阶级不要战争，也不要满足殖民党和资本家需要的帝国主义政策，再也不要殖民地，也不要为陆海军增加新税赋，但是他们要求新的权利，要求保证他们和平地收获诚实劳动的果实。

本着这个想法，他们要求立刻召开国会。

与此同时，出席会议的这些劳动者强烈地抗议当局拒不允许他们9月3日在阿梅莉亚广场举行露天集会的非法行径；他们断然拒绝为以前举行的那些露天集会结束后所发生的过分行为承担一切责任。

地方警察拙劣而毫无道理地动辄禁止集会的做法，尤其是一些警察和巡夜的粗暴、干涉和侵犯行为，是造成街道交通阻塞和公共秩序破坏的原因。"

1911年9月3日，柏林工人阶级和平示威的决议：

"工人阶级男女于9月3日（周六）在特雷普托公园集会，对关心装甲板和钢炮制造的资本家以及他们豢养的代理人所鼓动的无耻的好战鼓动表示抗议。

与会者确信，一切殖民政治不过是帝国主义展示力量和资本家贪婪的结果，它加快了被征服人民的毁灭和对整个殖民地的屠杀，这一政策必然激起同其他国家的纠纷与冲突，而这样做的代价却要劳动人民来承担，因此与会者对这些冒险活动表示抗议。他们还希望在这样的严肃问题上征求他们的代表的意见。与会者宣布他们将运用所有政治和经济影响来确保所有人民的和平。

此外，他们宣布，尽管有关人士制造了各种复杂的好战局面，但是在下一届国会选举时，他们要求重视一切与人民为敌的阴谋诡计，重视执政党（它背后隐藏的是政府）暗中对人民玩弄的阴谋诡计，因为他们要竭尽全力确保社会民主党候选人当选。这样做是因为只有社会民主主义才代表工人阶级的利益，还因为人民对文明和自由的要求只能通过社会民主主义才能实现。"

1911年9月7日，汉诺威和林登举行抗议战争煽动的集会：

"集会对要求德国人民和法国打仗的那些不负责任的人的煽动企图表示强烈的抗议。与会成员宣布，他们和每个文明国家的工人阶级站在一起，并且特别表达了为了保证世界和平，他们绝对与已经唤起阶级觉悟的法国无产阶级站在一起的意见。

此外，集会对外交家关起门来谈判德国人民命运的事实提出抗议，人民并没有让他们承担决定战争与和平问题的使命。

工人们渴望自己审议和决定事关他们命运的问题。他们渴望看到关于威胁人民和平的谈判的报道，为了实现这一目的，他们要求立即召开国会。"

1911年9月3日，斯德丁、阿恩施塔特（在图林根）和贝利茨举行和平示威。

1911年10月5日，斯图加特群众集会反对殖民劫掠政策。

1911年9月10—17日，耶拿大会关于摩洛哥问题的决议：

"在耶拿召开的德国社会民主党代表大会强烈抗议在法国、英国和德国这样的文明民族之间挑起屠杀人的战争的任何企图，这场战争不可避免地将成为一场世界范围的战争，并以世界性的灾难而结束。

大会拒绝接受大资本家集团的追求，他们篡改事实、无耻虚伪，企图在摩洛哥获得立足之处，以便对这个国家积极实施殖民政策，为了这个目的，他们要求德国人民在'国家荣誉和利益'的借口下出钱卖命。

那些在边界两边热衷于煽动各国人民相互对抗的人，除了殖民海盗，就是渴望晋升和荣誉的海上与陆上沙文主义者，以及各种战争物资制造商和供货商，后者可以从战争获得获得巨额利润而使成千上万人受到被毁灭的危险。

正是由于多年来一直有罪感的集团的过度行为，西欧和中欧因战争危险而在各种场合中处于令人担忧的境地。

正是由于这个私欲熏心的罪恶集团的多年煽动，中东欧多次被置于战争危险之中。而且，这些追逐战利品的人要帝国政府发挥居间调和作用，为了他们的利益而牺牲军事力量和人民力量；这表明目前政府的工作不过是为维护有产阶级利益。

大会愤怒地拒绝接受对德国人民提出的要求，并特别期望德国工人阶级运用一切手段阻止一场世界大战。

大会要求立刻召开国会，让人民的代表有条件了解人民的意见，反对对人民持敌视态度的机构。"

1911年9月14日，奥·倍倍尔在耶拿发表关于摩洛哥事件的演讲。

1911年9月17日，纽伦堡举行要求和平的示威。

1911年11月2日，比特费尔德举行反对战争的抗议活动。

1911年11月4、5、6日，**多地举行抗议反对殖民掠夺政策的抗议活动。**

埃尔斯特韦达、瓦克韦茨（萨勒克莱）和维滕贝格举行的抗议活动参加者众多。在三个集会上，弗里茨·库奈尔特发表了关于"世界大战与世界和平"的演讲，会议一致热烈通过党的中央委员会所提出的决议。

1911年11月5日，**汉堡工人阶级举行支持和平的示威。**

演讲人：阿德勒（基尔）

汉堡意大利劳动者宣言：

"在汉堡工作的意大利社会民主党工人，以正义与人道的名义，对战争表示抗议。他们请求德国工人不要把意大利政府和整个意大利混为一谈。除了社会民主党工人，意大利还有大批资产阶级政党的党员，他们也反对军事行动。

社会民主党人经常表达他们对土耳其工人的巨大同情。不幸的是,他们未能阻止这场野蛮的战争。

人民权利和国际友爱万岁!打倒资本主义阴谋诡计!打倒军国主义!"

1911年11月9日,莱比锡举行反战抗议集会。演讲人:伦施博士。

1911年11月9日,爱尔福特举行反战集会,大约有1500人参加。多伊米希发表关于社会主义国际主义反战立场的演讲。

1911年11月9日,基尔举行抗议殖民掠夺政策的集会,演讲人:阿德勒。大约有5000人参加集会。

1911年11月12日,五场反战抗议集会分别在汉诺威和林登举行。

1911年11月12日,魏森费尔斯举行反战大游行。演讲人:弗里茨·库奈尔特。

1911年11月12日,格拉(罗伊斯)举行反对意大利掠夺政策大规模集会。演讲人:议员莱文和党的书记克瑙夫。

1911年11月12日,在第三泄洪渠(阿尔萨斯的米尔豪森)举行支持和平露天示威。被禁止。

1911年11月12日,**柏林举行集会。**

在中央区,演讲人:卡·胡斯曼(布鲁塞尔)和布劳恩。

在滕珀尔霍夫伯格,演讲人:阿尔伯特·托马斯(巴黎)和莫尔肯布尔。

在哈森海德,演讲人:理查·费舍和阿尔伯特·托马斯。

在东南区,演讲人:卡尔·伦纳和施特罗贝尔。

在东区,演讲人:弗里茨·艾伯特和利奥波德·维纳尔斯基(维也纳)。

在德拉亨堡,演讲人:布克纳、本纳(维也纳)和谢德曼。

在腓特烈斯海茵,演讲人:维纳尔斯基(维也纳)和谢德曼。

在申豪塞·沃尔什塔特，演讲人：列曼和卡·胡斯曼。

在韦丁，演讲人：R. 施米特、王德威尔得（比利时）、贝尔塔·隆维茨、累德堡。

在毛比特，演讲人：王德威尔得和弗兰克。

决议文本：

"本次集会意识到一个事实，即战争危险是与各国的资本主义政策分不开的。目前的保护主义关税政策试图排斥每个国家作为世界市场的一部分。因此，它加剧了资本主义国家之间的对立，促使它们采取殖民扩张主义政策——这种政策由暴力活动所构成，结果增加了战争危险。因此，这个政策带来的后果是资本主义国家的军备不断扩大，竞争日益加剧，结果是税赋更加沉重，没有给文明工作不可缺少的支出留下任何资源。

这个政策造成了一种殖民战争的气氛。更加危险的是连最文明的欧洲国家也投入到争夺殖民地势力范围的斗争中。

如果摩洛哥事件可能带来一场法德战争，那么，意大利对土耳其领土的可耻进攻，已经点燃了两个欧洲大国之间的战争。目前，对其他国家被拖入这场灾难性的旋风的担心也是非常有道理的。

本次集会对意大利政府破坏和平的无耻行径表示谴责；集会愤怒地得知意大利人藐视人民权利，粗暴残酷，他们不仅发动战争，而且枪杀阿拉伯战俘；集会认为这是一种懦夫谋杀行为。

本次集会对土耳其和意大利这场战争受害者表示最深切的同情；它向在土耳其和意大利开展同样斗争的兄弟和同志致以最诚挚的敬意，并在坚决反对战争的斗争中和数以百万计的国际会员团结在一起。

本次集会向举行勇敢抗议的萨洛尼卡同志们和在反对战争的罢工示威中显示出大无畏精神的意大利无产阶级特别表示感谢，他们以此断绝了和统治阶级的野蛮行为的一切联系。

本次集会注意到资本主义已经不能继续控制强大的社会化的生产力，它的存在意味着价格上涨和永久的战争威胁，因此它已经和劳动者的文明崛起不可调和了。集会警告统治者注意军事冒险行为的不可避免的后果,并宣布它将竭尽全力为了工人阶级的利益夺取政权,这是生产社会化和建立社会主义制度的基本条件。

如果说资本主义意味着战争,那么社会主义意味着和平。"

4. A. 奥地利

政党

1911年9月24日,福拉尔贝格社会民主党代表大会在多恩比恩举行。

1911年10月28日,奥地利德意志社会民主党代表大会在因斯布鲁克举行。

1911年12月9—10日,施泰尔马克社会民主党第九次代表大会在格拉茨举行。

妇女

1911年9月7日,西里西亚社会主义妇女全国代表大会在特罗保举行。

1911年10月28—29日,奥地利社会主义妇女第四次全国大会在因斯布鲁克召开。妇女党员人数从1907年的7000人增加到18000人。

1911年12月8日,第二次妇女代表大会在格拉茨举行。

工会

1911年10月8日,上奥地利工会代表会议在林茨召开。97名代表出席。过去5年,会员人数不断增加,1906年为8247人,1907年为8571

人，1908年为10586人，1909年为11150人，1910年为10585人。①

1911年11月，冶金工人第十九次代表大会在维也纳举行。截至1911年8月31日，会员人数为54435人。

合作社

1911年9月9—10日，奥地利德意志生产与消费合作社总联合会第39次代表大会在马尔堡举行。

示威游行

1911年9月17日，抗议食品价格上涨的群众示威在维也纳举行。军队两次向人群开枪。1人被打死，50人受重伤。

罢工

1911年10月5日，有36000名奥地利矿工举行罢工。

反对战争

1911年10月5日，**阿德勒、佩尔讷斯托弗、塞茨及同伴就意大利—土耳其战争对奥地利利益的威胁问题向帝国政府提出质询：**

"意大利政府对的黎波里的掠夺性远征破坏了欧洲安宁。意大利对土耳其领土发动进攻并对土耳其宣战，违背了意大利民族大多数人的意志，特别是无产阶级的意志，后者用公开示威表达了其抗议之声。

我们知道，我们在谴责对权利的这种破坏行径时表达了奥地利社会的普遍意见。但是我们也意识到，其他国家的政府，包括长期以来带头支持意大利掠

---

① 数字可能有误，原文如此。——编者注

夺性远征的奥匈王朝外交部是意大利政府的帮凶，这场殖民战争像此前的其他一切战争一样，源于国际资本主义永不满足的贪婪，为了开辟新的资本市场，创造有利可图的新的投资机会，它不停地驱使各国政府进行血腥的掠夺性的远征，不断地让无数人流血牺牲，并且威胁世界和平。原因在于国际资本主义——目前的意大利政府只不过是它的临时代理人——是同以前的英国、德国、法国、奥地利和俄国以及美国政府一样的一丘之貉。

意大利政府所犯下的罪行，必须受到更加严厉的谴责，土耳其无能为力的状况可能造成巴尔干各国的对抗，从而威胁到整个大陆的和平。在奥地利，已经有人在煽动战争，并且很有可能把我们拖入这场致命的冲突之中。中间社会基督教喉舌以其与王位继承人密切关系为荣，它们似乎尤其渴望成为刺激这种普遍危险的喉舌。在这种情况下，我们认为，我们有责任明确宣布，无论如何，无论巴尔干各国发生什么情况，奥地利人民都渴望和平。无论出于什么样的暂时利益考虑，奥地利人民都不希望帝国被拖入巴尔干半岛危险而昂贵的冒险之中。在我们看来，阿尔巴尼亚不是值得蒂罗尔猎人追逐的一根骨头。

食品价格的上涨，已经使奥地利居民目前的生存条件变得非常艰难。饥饿正在笼罩着帝国的广大地区。群众的愤怒情绪已经达到前所未有的程度。在这种情况下，哪怕只动员一个营的军队，或撤走军队，或增加新的军事支出，或开展一次军事行动，都是一种犯罪行为，会进一步加剧人民的不信任感。从人民遭受的苦难来讲，统治阶级责任深重，人民不愿进一步承担流血牺牲的责任了。

由于这个原因，我们向帝国政府提出以下质询：

政府愿意用公开明确的声明向舆论保证奥地利政府将承担维护国民和平的简单义务；无论巴尔干各国发生什么情况，他们将坚持这一态度；他们尤其无意在意土战争方面采取任何军事措施吗？"

1911年10月28日，党的代表大会在因斯布鲁克召开。大会决议：

"社会民主党宣布，它在原则上反对军国主义的一切迫切要求，并一如既往地采取这一观点，反对军事体制，这种体制绝对是统治阶级手中的一个权力工具，它虽然取决于王朝的帝国主义影响，但是它是对世界和平的一个永久的危险，——除了坚定不移的反对立场，拒绝投票同意给人给钱，没有其他政策。"

由于这一原因，社会民主党派不同意在议会里在军事改革问题上进行合作，除非有这样一种可能性，即一方面减少军费（它沉重地压在人民身上），另一方面创建民兵，将现在的军队改造成一个民主的改革联合会。

因此，社会民主党派必须坚决斗争，争取大幅度减少服役期——先减少到2年，然后再减少到14个月——除了给养家糊口的那些人的照顾以及在同样的基础上给予其他公民的照顾之外，废除一切特殊照顾，废除特别法庭（军事法庭）。

鉴于政府所提出的军事法改革方案要大幅度地提高税收，而这种提高将加重人民的负担；

又鉴于用来取代目前的两年服役期的军事改革的骗人外表并没有提供任何补偿，却会造成工人阶级更加难以承受的困境：兵役费；

又鉴于这些改革建议在很大程度上还会造成税收的增加，而它们的征收没有考虑到人民艰难的经济状况；

又鉴于这些建议以其更多地考虑资产阶级的利益的表现证明它们没有照顾无产阶级的意向；

最后，鉴于政府所提出的军事组织改革在各个方面都表明这是一个倒退，本次大会宣布，必须坚决反对这些建议，同时，必须同样坚决地为实现把服役期无条件地减少到2年而不增加目前的和平时期的军队人数而斗争；

大会特意要求废除特别军事法庭，使所有公民，无论他们是不是军人，在一个法庭面前人人平等。它尤其谴责政府关于新的军队刑事诉讼程序的文件，因为这个文件没有考虑司法独立原则和程序公开原则，还因为它甚至排斥不指望政府偏袒的辩护。"

1911年11月2日，因斯布鲁克代表大会举行反战游行示威：

"大会对的黎波里的可耻远征表示谴责，认为这是破坏欧洲各国福利、道义与和平的犯罪行为。大会向意大利工人阶级致敬，他们反对有产阶级侵略政策的行动显示了意大利人民的革命传统价值。大会警告资本家政府绝不要利用意大利对土耳其的形势从中渔利，发动新的同样的远征。奥地利与巴尔半岛没有关系；奥地利人民不想为巴尔干半岛发生的任何事情打仗。工人阶级认为统治阶级要对所有反对和平的犯罪行为负责。它反对一切战争冒险。为了权力的贪婪、为了资本家的好处而洒下的每一滴鲜血，统治阶级最终都要偿还。"

1911 年 11 月 16 日，反战集会在维也纳举行。

演讲人：斯卡雷特、佩尔讷斯托弗、奥利弗、米夏埃尔·瓦兰蒂安和达申斯基。

决议：

"本次集会对掠夺性的远征表示抗议，意大利人的远征是对各国和平的犯罪，它使文明蒙羞。

它对意大利士兵在的黎波里屠杀手无寸铁的男女老幼的行径表示抗议，他们是一群懦弱的杀人犯。

它指责所有与意大利政府勾结在一起的资本主义国家的政府，这一指责也同样适用于奥匈政府，或明显默许意大利强盗罪恶行径的富人；它还指责为强盗的军队赐福的罗马教会。

集会以维也纳工人阶级的名义向大声疾呼反对战争的意大利和土耳其无产阶级致敬。它和各国无产阶级团结在一起，反对战争鼓动，反对军备，反对战争暴行。工人阶级尤其反对把奥地利拖入战争的任何企图。"

1911 年 11 月 29 日，反对物价上涨和战争的示威游行在克拉根福举行。

抗议物价上涨的决议：

"1911 年 11 月 19 日在克拉根福的格勒默尔旅馆举行的集会，强烈谴责大多数资产阶级议员拒绝把关于食品匮乏的提案提交议会，从这一举动中可以看到对农业饥荒政策的鼓励，矛头直接针对广大消费者。集会对那些反对向议会提交有关价格上涨议案的议员表示极不信任，并宣布他们是人民的叛徒。与会者不属于某个工会、政治或合作社组织，因此他们将尽快携起手来，以便获得最高的工资，废除国际贸易，打破农民党人在议会里的影响。

反战决议：和维也纳工人阶级的一样①。

1911年11月27日，反对战争鼓动的群众大会在格拉茨举行。演讲人：博士埃伦博根同志（维也纳）。

4. B. 波希米亚

政党

1911年12月24日，捷克—斯拉夫社会民主工党第十次代表大会在斯米克夫（布拉格）举行。

该党有2473个政治组织（1909年有2462个），14.4万名党员（上次代表大会召开时有13万名党员）。

反对食品价格上涨

1911年9月17日，反对食品价格上涨的群众集会在布拉格举行。

反对战争

1911年11月5日，反对意大利—土耳其战争的集会在布拉格、比尔森、布吕恩和其他地方举行。

5. 匈牙利—克罗地亚

政党

1911年11月19日，社会民主党第一次群众集会在圣哥达山口

---

① 即1911年11月16日维也纳反战集会所通过的决议。——译者注

举行。

1911年12月25—26日，匈牙利南部社会民主党代表大会在维尔谢茨举行。

工会

1911年8月13—15日，匈牙利工会第五次代表大会在布达佩斯召开。代表37个组织、90000名会员的100名代表出席。

下表是产业劳动者组织的人数统计和基金状况。

时间	工人组织所拥有的			
	人数	收入	支出	库存现金
		以上3项以克朗计算		
1901年	9999	—	—	58920
1902年	15270	—	—	68311
1903年	41138	273880	201189	141002
1904年	53169	846820	706520	667056
1905年	71173	1131987	878367	898793
1906年	129332	1680059	1330208	1246643
1907年	130120	1944233	1819480	1364176
1908年	102054	1762106	1932224	1194058
1909年	85266	1506637	1421116	1279579
1910年	86478	1792027	1645508	1426098

示威游行

1911年7月30日，布达佩斯社会民主党组织大规模示威游行，反对关于兵役问题的议案，要求普选权。

1911年9月21日，有12个抗议食品价格上涨的集会在布达佩斯举行。

反对战争

1911年11月12日，抗议集会在布达佩斯和匈牙利其他重要城市举行。演讲人：布欣格尔、奥托·鲍威尔博士（维也纳）、博卡尼。

决议

"工人阶级于1911年11月12日举行集会，对意大利政府与其他列强串通一气，在列强以前的犯罪行为的基础上，对土耳其所采取的强盗行径表示最强烈的抗议。

不过，集会希望土耳其不要针对生活在奥斯曼帝国的意大利工人阶级采取报复措施，并向意大利工人阶级中流行的兄弟般的理解表示诚挚的敬意。

集会对各种形式的军国主义表示抗议，对不断加剧的军备竞争以及在各国之间挑起对立的企图表示抗议。

最后，集会要求普遍裁减军备，同时表达了一个愿望，即一切国际冲突都应当毫无例外地提交一个仲裁法庭来裁决；集会依靠的是组织的坚定的阶级觉悟，它将使社会主义和各国和平最终取得胜利。"

1911年11月5日，抗议集会在克罗地亚—斯洛文尼亚的阿格拉姆、埃塞克和苏沙克（阜姆①的姐妹市）等地举行，总共有3500人参加集会。在阿格拉姆，社会党国际局成员布克塞格同志主持会议并致闭幕词。尤拉伊·德梅特罗维奇编辑发表讲话。在埃塞克，社会党国际局名誉成员维托米尔·科拉奇发表讲话。米莱·舍巴利在苏沙克发表讲话。这3次集会通过了以下决议：

---

① 现称里耶卡。——译者注

"斯洛文尼亚—克罗地亚无产阶级与全世界无产阶级携起手来,按照斯图加特代表大会和哥本哈根代表大会决议的要求,在本次集会上对一般战争特别是对的黎波里的野蛮侵略表示抗议。斯洛文尼亚—克罗地亚无产阶级谴责资本主义列强的犯罪政策,因为它认为这种政策是统治阶级人为延长资本主义剥削的存在,严重地伤害整个人类的有系统的努力,人类正在因为无法承受的军费和对儿童的屠杀而在文明与经济发展方面遭受破坏。

但是斯洛文尼亚—克罗地亚无产阶级尤其反对奥匈帝国政策的帝国主义倾向。塞尔维亚—克罗地亚人民饱受殖民主义压迫和剥削,是民族内讧牺牲品,他们既没有看到有利于他们像其他民族那样发展的可能性,也没有那样的条件,因为贫穷在削弱它,因为人民在移居国外,它很可能会灭亡。无产阶级认为,克罗地亚—塞尔维亚工人阶级只有在以工人阶级的国际团结为基础的国际社会主义及其和平主义政策中、在人人自由与权利平等中才能找到平安。斯洛文尼亚无产阶级希望,掌握在国际无产阶级手中的变革力量将来能够成功地建立一个奥地利—匈牙利和巴尔干各国自由人民的联邦,期望社会主义国际的无产阶级队伍在斗争中采取的预防措施和革命热情能暂时阻止一场大战,而克罗地亚无产阶级认为自己是社会主义国际的忠实追随者。"

5. B. 波斯尼亚和黑塞哥维那

政党

1911 年 7 月 13 日,波斯尼亚社会民主党代表大会在萨拉热窝召开。党员总数为:2077 人。

反对战争

1911 年 11 月 5 日,一次集会被禁止。

社会党国际局书记处收到波斯尼亚—黑塞哥维那社会党书记的电报,电报称,拟于11月5日在萨拉热窝举行的反战集会已被奥地利政府禁止。

在得知会议被禁止的事实后,党的中央委员会派出了一个代表团去见总督,任务是调查禁止这次集会的动机并对此表示抗议。

代表团受到不礼貌的接待,并收到如下答复:

"我完全禁止这种集会的进行。

你们的讲话反对军国主义;这是特殊用语和宣言。

它是一个让人民头昏目盲的理论。

它是对伊斯兰教徒的一个挑衅,

如果你召集,今年让你去当兵,看你还嘚嘚什么。我会批准反对物价上涨、反对降低工资的集会,或支持与工人利益有关的任何事情。如果你被叫,你将被并入军队;因此,你有什么要谴责。

如果你没有什么事,我还有事情要处理。

——这世界想干嘛干嘛,不过我们怎么高兴就怎么干。"

我们在维也纳的奥地利同志向大臣提出了要求,但是什么用也没有。

由于集会已不可能,波斯尼亚—黑塞哥维那社会党人不得不将他们的行动限制在发表以下抗议信在他们的报纸《自由之声报》上:

"萨拉热窝无产阶级代表波斯尼亚和黑塞哥维那的无产阶级宣布,因为殖民政府所固有的专制主义性质,他们不可能像其他国家一样在一次会议上对资本主义的贪欲所激起的野蛮战争表示强烈抗议。因此,由于萨拉热窝无产阶级不能在一次会议上表示抗议,它只好通过他们的报纸来大声疾呼了!

波斯尼亚无产阶级和全世界无产阶级一致认为,战争是资本主义社会制度的一个必然结果——因为这个制度是一个野蛮的制度,无产阶级会为了捍卫资本家的利益而在战争中消灭，因此，整个无产阶级对这种状态表示最强烈的抗议，并把人民群众的注意力吸引到战争的所有影响上。

大资本主义国家，他们的资本家的产品在本国市场上的匮乏，于是在抢劫思想的指导下，对力量弱小而且还不文明的人民发动了远征；他们夺走这些国家的领土，然后全力征服那里的人民。

今天，意大利对的黎波里发动了这种远征，明天，另一个资本主义国家会进攻其他小国，主要是巴尔干国家。几乎所有资本主义大国的利益都在巴尔干地区发生了冲突，而生活在那里的人民只能眼睁睁地等着他们被大国吞并的时刻的到来。大国的这些利益冲突导致了这样一种形势，即战争，一场大战，一场可怕的战争很容易爆发。就其原动力来讲，完全致力于和平的整个社会主义无产阶级，应当把它的全部注意力放在防止战争灾难上，因此，它反对目前的战争，也反对这场战争可能造成的任何复杂情况。巴尔干无产阶级有特殊理由反对战争。小国面临失去独立的威胁。为了这些小国能够保护自己不受欧洲资本主义武力行动的侵害，巴尔干社会民主主义已经在民主的基础上创建了一个巴尔干人民联邦，这个联邦表明巴尔干人民的各种力量已经准备为了抵抗而团结起来。

波斯尼亚和黑塞哥维那无产阶级与各国无产阶级携起手来共同抗议，并高呼：

'打倒战争！

让人民平安无事！'"

6. 法国

政党

1911年11月1—2日，社会党党章修改代表大会在巴黎召开。

工会

1911年8月2日,铁路工人代表大会在巴黎召开。
1911年8月13日,纺织工人联合会第十二次代表大会在鲁贝召开。
1911年8月14日,五金工人联合会代表大会在巴黎召开。
1911年8月24日,邮政、电报和电话工人与雇员代表大会召开。
1911年9月18日,全国铁路工会行政委员会会议召开。
1911年10月1日,职业介绍所与联合会代表会议在巴黎召开。
1911年11月15日,铁路机车司机和司炉代表大会召开。
1911年7月7日,工人卫生代表大会召开。

合作社

1911年7月14—15日,社会主义合作社代表大会在加来召开。

反对食品价格上涨

1911年8月30日,反对食品价格上涨的游行示威在法国北部发生。
1911年9月,法国发生反对食品价格上涨的骚乱。
1911年9月2日,反对食品价格上涨的示威游行在圣康坦举行。
1911年9月13日,食品价格骚乱再次发生。

讣告

1911年11月26日,保尔·拉法格和劳拉·拉法格去世。

罢工

1911年7月14日,有65000名建筑工人在巴黎举行罢工。

1911年8月29日，比伊·蒙蒂尼（加莱海峡省）的消费者抗议活动演变成一场骚乱。

1911年10月2日，法国工联主义者支持进行总罢工。

职业介绍所和职业联合会大会以111票赞成、5票反对、3票弃权决定，一旦宣战，将宣布举行总罢工。

1911年10月25日，巴黎煤矿罢工。

1911年11月16日，洛里昂兵工厂举行消极抵抗罢工。

1911年11月28日，巴黎出租车司机举行罢工。

其他

1911年7月6日，警察搜查职业介绍所。

1911年7月9日，建筑工人工会书记巴里托、维奥、迪蒙等同志因受到进行反对军国主义宣传而被捕。

1911年7月14日，攻陷巴士底狱纪念日。

1911年7月26日，伊夫托被驱逐出柏林。

1911年7月27日，与《社会战争》有关的搜查。

1911年10月7日，反对革命的《青年近卫军》的行动。

1911年10月18日，圣埃蒂安发生甲烷爆炸，27人受害。

议会

1911年11月23日，法国议会在煽动者问题上发生激烈辩论。

1911年11月28日，法国国民议会委员会以11票对2票通过摩洛哥协议。

1912年2月13日，古德和布里松两次在议会发言，坚决反对海军计划。

在同一讨论中，公民瓦扬发表了如下讲话：

"在这里发表再多反对海军计划的言论都是徒劳无益的，在阻止通过关于建造两艘巡洋舰的议案方面，我们的反对不会比过去几年更有可能取得成功。

大冶金业主会拿到订单和他们已经分配好的利润。这200万将被投票扔到海里去。而且他们告诉我们，所有的发言者都这么说了，这事儿还没有完。

那些钱本来可以用于共和国经济与社会发展，现在却成了毫无意义的、破坏性的军费拨款，不过，比这更糟糕的是，盲目走向军国主义、走向战争的方针。

议会像它的那些总督一样，变得越来越像殖民主义者、民族主义者和军国主义者了。

法国没有像它应做的那样，在欧洲动荡不安的局势下率先达成协议，限制军备，实行国际仲裁，而是用其海军计划刺激德国和英国发展新的军备。

当然，我们应当和我们的英国和德国朋友们团结起来，在议会尽我们的最大努力，制止这种最危险的、最具有破坏性的军国主义暴行。

但是，最重要的是，我们承认，社会党的工人阶级必须依靠自己的力量、依靠它自己的行动反对战争、维护和平。

为了这一目的，在最近的摩洛哥危机期间，他们在德国、英国和法国已经做到的，他们今后可以以更大的精神和更大的力量做到。

德国选举已经显示了德国劳工和社会主义者的和平愿望。英国的劳工和社会主义者也会在这场反对战争的国内和国际互惠行动中尽职尽责，运用一切可能的手段维护和平。

我的朋友和我投票反对海军计划。"

1912年3月9日，议会社会党党团和社会党常设行政委员会与社会党国际局和德国社会党议员，携起手来，强烈抗议使第二届杜马的社会民主党人成为牺牲品的犯罪政策。

他们向现任杜马提出了立即释放被违法驱逐的社会民主党议员并进

行重审的要求。

议会社会党党团

阿尔伯特·普兰、阿尔伯-托马斯、阿尔迪、奥布里奥、巴特、巴利、贝杜斯、贝图勒、布艾-阿莱、布伊松、包法利、布勒尼埃、布里凯、布里宗，卡布罗尔、卡德纳、卡梅尔、克朗萨、科利、孔佩尔-莫雷尔、德让特、德洛里、杜瓦齐、迪布莱、杜卡鲁热、迪富尔、C. 仲马、E. 仲马、福尔、富尔芒、盖斯基埃、高尼奥、古德、格鲁西耶、盖得、于贝尔·鲁热、拉格罗西埃、拉芒丹、德拉伯特、劳赫、拉沃、勒库安特、洛斯特、马努斯、马里耶东、莫热、梅斯蒂埃、米勒、米斯特拉尔、莫勒、米恩斯、内克图、尼古拉、普列服、拉芬-杜朗、勒布尔、兰吉耶、罗布林、罗尼翁、鲁瓦奈、卢-科斯塔多、罗齐耶、萨班、塞莱、桑巴、西克斯特-康坦、蒂夫里耶、瓦扬、韦伯、维涅、韦尔林、瓦尔特、维尔姆

常设行政委员会

布拉默、加香、卡梅利纳、迪布勒伊、杜科·德拉阿耶、热拉尔、格朗-瓦莱、格拉齐亚尼、埃利耶斯、让·龙格、马耶、马热哈、佩德龙、普瓦松、普塞、德普雷桑塞、赖斯、雷纳尔、列诺德尔、雷斯蒂奥、罗唐、罗尔德、于里

反对战争

1911年7月6日，法国和西班牙会议在波尔多举行。

1911年7月9日，法国社会党常设行政委员会通过以下议程：

"正如法国社会党人一向所说的那样，法国殖民者在摩洛哥的计划已经导致了特别严重的紧张状态和对世界和平充满威胁的形势。

法国对非斯①毫无理性的远征，已经激起西班牙对摩洛哥水域的类似远征，而且在过去几天时间里，德国也派遣了一艘军舰进入穆莱哈菲德以南的阿加迪尔水域。

一分为二，西班牙说。一分为三，德国大声回应；大家都在等着英国说：一分为四。

面对这种紧张局势，常设行政委员会提醒注意，工人国际法国支部根据国际历次代表大会的决议，准备在必要时运用它的一切力量反对自相残杀的战争。

德国同志声称，对于他们国家的一个劳动者来说，摩洛哥连一个骨头也不值。

他们在城市的常设行政委员会要求全国委员会宣布摩洛哥对于一个法国劳动者来说连一个骨头也不值，并敦促党的所有支部采取有力行动，使政府采取必要措施恢复欧洲安宁，确保和平。"

1911年7月12日，主张国际和平的会议在巴黎（圣保罗骑术学校）举行。

议程：

"数以千计的同志在圣保罗骑术学校集会。会议宣读了德国和英国社会党以及饶勒斯同志的电报，格伦巴赫同志代表巴黎德国社会主义者俱乐部发言，社

---

① 非斯，摩洛哥北部古城，非斯省省会。——译者注

会党书记迪布勒伊、塞纳省议员爱德华·瓦扬、阿尔伯特·托马斯、科利、桑巴和内图克发表演讲，对摩洛哥远征表示抗议。此后，集会的同志们宣布，他们已经做好准备，与全世界无产阶级一起，按照斯图加特代表大会的决议，运用他们的一切力量反对战争。"

1911年7月13日，亚眠6000名工人宣示反对战争。

反战会议

议程：

"工会代表、工会联盟各派召开特别会议讨论一旦发生战争工人阶级的态度问题，认为马赛（1901年）和图卢兹（1910年）联合大会已经宣布：工人阶级将用革命的总罢工来回答战争；目前的外交形势是严峻的；国际资本家渴望在荣誉和民族利益的幌子下，通过一场欧洲大国之间的罪恶战争，血腥地掩盖各国生产者日益迫切的要求；我们的德国、英国和西班牙同志，正在加紧反战宣传鼓动；他们已经正式宣布他们将用总罢工反对战争；决定一旦发生战争，将进行一场革命的总罢工；并尽快召集他们各自的组织开会，快速审议一旦发生战争而举行一场革命总罢工所要采取的具体措施。"

1911年7月，统一社会党塞纳联合会发表《争取国际和平》宣言，内容如下：

"面对摩洛哥所发生的事件，考虑到由此对国际和平可能产生的严重危害，

塞纳联合会根据斯图加特代表大会和哥本哈根代表大会的决议——决议规定有关国家的社会党有义务共同努力，避免一切冲突威胁，

决定通过群众鼓动，坚决支持其议会代表的行动，启发公众舆论；决定重启反对强盗性地征讨摩洛哥的运动，并尽可能召集巴黎劳动者举行一次抗议大会。

委托执委会采取形势所要求的措施。"

1911 年 8 月 4 日，国际民众大会在巴黎举行。
议程：

"劳动者于 1911 年 8 月 4 日在瓦格拉姆厅集会，齐声抗议各国政府，他们为了解决各自的劳资对立状态，在金融海盗的推动下，试图让工人群众卷入一场国际战火。

工人群众要用他们的阶级团结反对这种资本主义竞争。

因此，德国、西班牙、英国、荷兰和法国劳动组织的代表宣布，他们准备用他们所掌握的一切手段来反对每一个宣战行为。

与会者所代表的每个国家将按照国际和全国代表大会的决定采取行动，反对统治阶级的一切罪恶企图，他们要和'战争对战争'的呼声分开。"

1911 年 8 月 6 日，国际大会在图卢兹举行。

西班牙社会党代表帕布洛·伊格列西亚斯到图卢兹参加反战会议。他受到社会党①的欢迎。

帕布洛·伊格列西亚斯在致辞中指责各国政府挑起事端，是各国冲突的危险源。他宣布西班牙无产阶级将像他们在巴塞罗那所做的那样起来反对战争。

1911 年 8 月 10 日，法国教师大会在南特举行。

"面对目前的外交紧张局势，大会确认此前召开的全国和国际代表大会的历次宣言，向各国和各种族的教育工作者发出呼吁，要求他们共同努力维护各国之间的和平。"

1911 年 9 月 2 日，劳动联盟反战大会在里昂举行。

1911 年 9 月 3 日，科德里发表反战宣言。

---

① 指法国社会党。——译者注

1911年9月14日，反战宣言。

"致巴黎和塞纳省工人，

同志们：

塞纳联合会邀请巴黎和塞纳省全体劳动者参加社会党支部和工会目前所组织的各种反战集会。

几个月前，战争看起来还是荒唐而不大可能的事，谁也不相信会发生的事，现在，没有人在考虑它的时候还感到震惊了。

人们开始习惯战争的想法。在商人的指使之下，媒体每天巧妙构思出的有害思想正在产生影响。

战争已经变得可能了。

因此工人和社会党人的职责是非常清楚的。

我们的职责就是反对战争，党此时此刻正在像我们的德国兄弟在特雷普托，我们的英国兄弟在纽卡斯尔，我们的西班牙兄弟在马德里所做的那样，组织国际行动。

我们不能让有关的国际寄生虫把摩洛哥事件变成企图把各国的国家荣誉搅和进去的一起国际阴谋，它只不过是金融与资本利益竞争的一个卑鄙事件。

同志们，一切为了党和工会的所有会议！一切为了反对战争的行动！一切为了国际和平！

塞纳联合会"

1911年9月14日，社会党与战争。

由于社会党国际局埃米尔·王德威尔得最近的来信，常设行政委员会、议会社会党党团书记、社会党国际局代表举行会议。社会党国际局书记卡米耶·胡斯曼出席会议，塞纳联合会书记多尔莫瓦也列席了会议。

卡米耶·胡斯曼首先向委员会详细介绍了社会党国际局所了解的形势，并进行了短时间讨论，然后，会议通过了瓦扬同志提出的如下决议案：

"1911年9月11日星期四，常设行政委员会成员、议会社会党党团书记处和社会党国际局代表在科尔德里街16号举行会议，听取社会党国际局通过卡米耶·胡斯曼所做的情况介绍，此后，在他的同意下决定：

1. 事态发展需要落实行政委员会上次会议通过的召开社会党国际局会议的要求，这个会议的召开不能再拖延了。要求社会党国际局书记处立即采取相应的措施。

2. 发表并张贴由出席会议的党员和议员所签署的社会党宣言。

3. 向国民议会议长递交议会社会党党团所提出的立即召开国民议会会议的要求，致函所有议员，请他们在社会党党团成员的要求上签字。

他们注意到，摩洛哥报刊辛迪加的喉舌，例如《时代报》和巴黎《回声报》的挑衅性政策已经使形势变得比臭名昭著的泛德意志报刊的暴力更危险了。"

此外，委员会决定立即发表如下宣言：

"同志们：

现在，沙文主义的煽动正在蛊惑迄今为止平静的舆论。

除了金融海盗和政治海盗，法国没有人渴望战争，欧洲战争。但是如果人民动摇了，如果他们听任自己被愚弄，战争的灾难就会威胁到我们。各国政府会按照摩洛哥辛迪加的一纸命令，按照它的报刊的指令，为了支持其殖民强盗，让我们受到威胁。为了反对法国，他们会毫不犹疑地实现刚果社团、冶金联盟和猎物记者的扭曲结合。为了反对共和国，他们随时准备犯下像德国政府对付德国人民一样的罪行。

同志们，不让这种罪行发生是有可能的。为了阻止这种犯罪，阻止战争，使工人阶级免于毁灭，文明免于倒退，本应和睦相处的国家之间、国际团结的无产阶级之间避免自相残杀的战争、屠杀、哀痛和无休无止的困苦，所有社会党人必须表明他们对和平的渴望。

几天前，德国社会民主党在柏林和所有大城市举行集会，成千上万的工人参加集会，对进行一场不可能的战争表示抗议。昨天，耶拿大会一致通过决议，庄严地确定要采用一切经济和政治手段抵制罪恶的冲突。各国工人阶级必须用同时举行革命起义来回击统治者的犯罪行为。

我们所有的支部、我们所有的工会团结起来，讨论并通过决议，以便阻止一场灾难，为此，可以采取任何办法。

法国、德国和英国的社会党人，在全体劳工界的支持下，团结起来，共同奋斗，就能保卫和平。

社会党（工人国际法国支部）行政委员会

P. -M. 安德烈、康比耶、卡梅利纳、迪布勒伊、杜科·德拉阿耶、热拉尔、格拉齐亚尼、埃利耶斯、拉法格、让·龙格、马里耶、马耶拉、普瓦松、蓬塞、普雷桑塞、赖斯、雷纳尔、**P**. 列诺德尔、罗兰、罗尔德、安热勒·鲁塞尔、于里

社会党议会党团

瓦扬、桑巴、阿尔伯·托马斯"

由于这些决议，社会党各支部和联合会被要求在 1911 年 9 月 23 日和 24 日组织抗议集会。

1911 年 9 月 16 日，**反对战争威胁**。

社会党在巴黎的一些墙上张贴如下海报：

"战争威胁已经不可忍受了！摩洛哥冲突只不过是正在为摩洛哥矿产财富争吵的德国和法国金融家之间的争夺问题。这个问题应当在交易所争论。我们要用工人阶级的国际团结精神来对付国际金融界的阴谋诡计，对付沙文主义报刊的煽动者。对于德国社会民主党人，我们的劳工兄弟，我们要说的，和他们在特雷普托公园大示威期间对我们说的一样：摩洛哥对于一个劳动者来说连一根骨头也不值。"

1911 年 9 月 17 日，示威活动在比桑举行。

议程：

"有数以千计的同志 9 月 17 日星期五在比桑集会，支持他们的德国无产阶级兄弟在社会党耶拿代表大会上所通过的议程和他们对资本家和帝国主义者放任法国无产阶级和德国无产阶级之间的战争倾向发展的每一个企图的强烈抗议。

法国无产阶级与他们的德国兄弟一起宣布，他们随时准备运用他们所掌握的一切手段保证世界和平，并在高呼'工人国际万岁！'口号声中散会。"

1911 年 9 月 17 日，**塞纳省工会联合会委员会决议：**

"为了回应塞纳省社会党联合会所采取的措施，为了达成在 1911 年 9 月 24 日组织反战示威的协议，工会联合会总委员会邀请社会党、合作社和社会组织参加反战示威并接受他们的合作。

总委员会认为，鉴于问题的严重性和紧迫性，示威应当具有大众性，应当邀请所有团体都参加。

工会联合会还认为，如果工人阶级指责我们的统治阶级企图把我们拖入相互残杀的冲突，一切准备起来反对战争的团体应当达成协议，举行示威。"

1911 年 9 月 24 日，社会党人在比特肖蒙举行反战示威。

1911 年 10 月 1 日，劳动总联合会反战特别大会。

通过的决议：

"鉴于法国和德国之间爆发战争的可能性和意大利-土耳其战争可能造成欧洲复杂形势进一步加剧的后果，职业介绍所和联合会大会决定：

同盟历次大会关于一旦战争发生，工人阶级将采取的态度的决定将从宣战的那一刻起执行；大会提醒这种决定的基本内容是：

对于每个宣战行为，工人必须毫不拖延地用一场革命的总罢工予以回击。

因此，也为了准备实施这一决定：1. 劳动总联合会应当给每个工会发一份通告信，要求他们立即让会员做好准备，一旦出现情况，他们可以按照所通过的决定的精神采取行动。

2. 每个联合会应立即采取措施，找到它们的职业或行业实现总罢工的最好办法。

3. 每个职业介绍所、每个工会联合会和每个工会，都要在他们的职业或企业里成立总罢工委员会，除非该组织的总罢工委员会已经被授予这个职权。

这些小委员会要在不排除每个组织所承担的具体工作的同时，努力加强面向农民、工人、职员和妇女的反对军国主义的和反对爱国的宣传。劳动总联合会从现在起支持和协调这种宣传活动，为了随时做好准备，大会要向每个工人指明一旦需要，必须采取的行动。宣战对他来说，将成为立即停止一切工作的命令。

为了抗议意大利的强盗行径，代表们宣布：

大会谴责意大利政府和金融家，对他们在的黎波里的强盗行径表示公开的蔑视，并鼓励意大利劳动总联合会抵制该国统治者的可耻行为。"

1911年10月7日，人权联盟在巴黎学者协会厅举行会议。

演讲人：弗兰西斯·德普雷桑塞、鲁瓦奈、让·龙格、皮埃尔·基亚尔。

决议：

"在此集会的1500名同志对侵犯人民权利的行为表示抗议，这种侵犯行为使正在走向和平复兴的土耳其成为意大利政府的牺牲品。

对奥斯曼拥护宪法的各党表示深切的同情，他们能够拯救一个其存在为和平和欧洲均衡所必需的国家。

并且强烈地呼吁欧洲各大国不要卷入冲突，他们可以通过干预来确保恢复和平，维护权利。"

1911年11月5—12日，法国各地成功地举行一系列集会。

因篇幅有限，我们在这里只刊出塞纳联合会在巴黎示威结束后送给我们的如下宣言。

"同志们：

巴黎对工人组织和国际的呼吁作出了响应，其程度超出了我们的希望。

尽管政府进行恐吓，尽管整个上午雨下个不停，尽管资产阶级报刊错误地声称示威活动被禁止了；尽管警察和军队进行阻碍，迫使同志们简直就像在一队队士兵和一群群警察中间悄悄穿过；最后，尽管警察局长毫无道理地作出令人可耻的决定，不许任何人在下午4点后进入航空公园，指使有几批示威者不能加入我们的队伍；尽管发生了上面这一切，工人和社会党人的示威活动还是远远超出了预料。

示威人数必须控制在6000人以内。航空公园空旷的场地上黑压压站满了人，而且我们看到在栅栏后边还有很多工会和社会党同志们，政府的命令没有能阻挡住他们走向会场的脚步。

同志们！这是巴黎的一次正常觉醒。长期以来，资产阶级长官还以为首都态度冷漠。昨天的示威活动表明，各种各样的劳动者只希望团结一点，恢复巴黎过去的革命传统。

未来，大国（力量）如何，就要看我们了！

塞纳联合会"

1911年11月5日，按照社会党国际局的通知，法国社会党在巴黎圣保罗骑术学校组织了一次大规模集会。

演讲人：埃·王德威尔得（布鲁塞尔）、让·饶勒斯、马·桑巴、德普雷桑塞。

议程：

"王德威尔得在宣布了他准备在米兰和柏林也宣读的议程后，宣读了同样的议程。

会议对意大利政府与其他大国串通一气对土耳其所采取的强盗行动，以及随后进行的军事行动，例如后者对摩洛哥的征服，表示最最强烈的抗议。

希望土耳其不要对在奥斯曼帝国工作的意大利雇佣工人进行报复,并对意大利和土耳其无产阶级的真诚谅解表示赞赏。

会议对各种形式的军国主义持续不断地加强军备并在各国之间煽起仇恨情绪的企图表示谴责。

最后,作为普遍裁军的热情支持者,它要求所有国际冲突无例外地提交仲裁,并依靠劳动组织阶级的觉悟实现社会主义的胜利与和平。

会议还对西班牙政府对西班牙人民所犯下的罪行表示抗议。

会议对西班牙监狱目前所发生的侵犯人权的犯罪行为表示谴责,并对西班牙社会主义和共和派无产阶级表示强烈的同情、鼓励以及胜利的期望。"

1911年12月18—20日,让·饶勒斯在议会就法德协议发言。

7. 意大利

政党

1911年10月15—18日,意大利社会党代表大会在摩德纳举行。

妇女

1911年12月,意大利妇女的工会组织程度。根据意大利劳动总联合会的统计,截至1911年底,有62543名妇女参加工会,占整个工会成员的13%,其中34486人属于农业部门,14842人属于工业部门。

合作社

意大利合作社第十七次代表大会在罗马举行。

反对战争

1911年10月4日，意大利和土耳其社会党人对战争表示抗议。

1911年10月15日，意大利社会党代表大会举行。反对对的黎波里的远征。

决议：

"代表大会对把民众代表排斥在讨论与审议活动之外、将国家引向殖民阴谋和军事远征的国际政策表示严正的抗议。代表大会对工会和党以总罢工的形式所进行的各种强烈抗议活动表示满意，但是它强调，党和组织起来的无产阶级无条件地拒绝战争；在全世界社会党人异口同声拒绝资产阶级制度与方法所特有的行动方针的时刻，对土耳其社会党表示兄弟般的敬意，最后，表达了这样一个希望，即社会主义信念和理想的扩大将使国际问题也能按照增进人类团结的方针加以解决。"

1911年12月1—3日，意大利社会党中央委员会表示反对战争。

决议：

"党的中央委员会得知已经有几个社会党人作为城市议员签字，支持给战争受害者救济基金拨款补贴，而且他们在采取这一行为时，还发表了一份正式声明，大意是他们反对殖民政策，但是他们在各种集会上传播了这样一种观点，即这是一个人道主义工作和社会团结问题。考虑到资产阶级政党和民族主义刊物目前的态度，为受害者募捐已经成为一个支持战争的表现和对严重违反社会党目标的倾向的赞美，党的中央委员会宣布，无论是作为个人，还是作为党在各个社会机构中的代表，今后均不得参加募捐活动，这是所有社会党人一个不可动摇的义务。而且，对于对党的这一态度的任何抱有偏见的解释，会议表示了社会党人对战争的厌恶——但这种厌恶并不意味着社会党人不准备帮助那些无产阶级受害者，那些在反对资本主义暴力政策的活动中其健康和生命受到威胁的无产阶级受害者。远离沙文主义和帝国主义的有组织的工人阶级知道如何很好地表达这些利他思想。"

8. 西班牙

政党

1911年10月12日，社会党。

1908年，社会党有115个小组，1911年有198个小组。

该党进入40多个市政机构和2个省议会，并在国家议会有1名议员。

在过去3年里，党已经为毛拉的受害者募集了25000比塞塔，为将《社会党人报》改为日报募集了40000比塞塔。

社会主义青年联合会现在有52个小组，2450名成员。

1911年9月10日，毕尔巴鄂发生总罢工。

1911年9月19日，西班牙废除宪法保障。

1911年9月22日，西班牙总罢工结束。

1911年9月30日，针对共和党人和社会党人的镇压措施出笼。军区司令解散了人民之家和8个工会及其共和党人俱乐部。库尔拉市长因被指责对目前的混乱局面视而不见而被监禁。埃查克将军还解散了欧拉、哈蒂瓦、布纳尔和卡拉根特的共和党人和社会党人俱乐部。仅在巴伦西亚省就有300多人被捕。

反对战争

1911年7月10日，社会党人和共和党人在巴伦西亚组织了一次约

20000人参加的大规模集会，抗议西班牙在摩洛哥的行动。演讲者有佩雷斯·加尔多斯和帕布洛·伊格列西亚斯等。发生了激烈场面，于是警察干预，有一些人被捕。

1911年7月16日，共和党人—社会党人联盟在巴塞罗那举行抗议摩洛哥远征的活动。

1911年8月6日，**反战集会在马德里举行。**

西班牙劳动者总同盟和法国劳动总联合会在马德里举行集会，对在摩洛哥的战争行为表示抗议。法国代表保证法国无产阶级将反对任何好战行为。

1911年9月9日，**反战集会在巴塞罗那举行。**

演讲者德穆兰和莫拉宣布国际无产阶级将联合起来反对战争。许多西班牙演讲人也发表了类似的讲话。

1911年10月8日，**西班牙共和党人和社会党人举行反战示威。**

共和党管理委员会以及加入该党的社会党人发表致全国人民的宣言，对政府的行为表示抗议。政府虽然宣布要给西班牙带来完美的秩序，但继续取消宪法保障，解散合法组织的各种社团，武断地监禁公民，甚至指责自由思想，从而阻碍了公共生活的正常进程。宣言还针对非洲的征服战争，要求立即召开议会会议。

1911年8月17日，马德里人民之家宣言：

"1909年的血腥事件，并不足以改变资本家的贪婪野心，也不足以鼓励君主制政府尊重大多数西班牙人所表达的对和平和国内进步的渴望。

西班牙不能把数以百万计的金钱还有生命丢在外国，因为这些金钱和生命正是它自己的存在所需要的。让她用大量的生命为一小撮百万富翁和沙文主义者效力，真是卑鄙可耻，这些人为了毁灭西班牙干了很多坏事。

西班牙无产阶级和国际无产阶级必须反对国际殖民主义者的疯狂行为和欧洲政府的卑躬屈膝，他们只知道竭力满足这些冒险家对金钱的贪欲。

祝愿法国无产阶级派出的和平使者收到保证：西班牙人民不再敌视法国，尽管靠剥削这两个国家生活的那些人玩弄令人厌恶的阴谋诡计。"

1911年9月10日，共和党人—社会党人联盟在诺雷纳（阿斯图里亚）举行反战集会。何塞·布伊拉教授和几位共和党人和社会党积极分子在集会上讲话。

1911年10月29日，社会党国际局书记处收到西班牙社会党的来信，信中说，他们10月29日在马德里举行了一次反战集会。

9. 葡萄牙

一位葡萄牙社会主义战士逝世

社会主义宣传家阿泽多·格内科逝世。他是葡萄牙党的书记和社会主义运动的领导人，曾在君主制下进行斗争。

废除死刑

1911年7月29日，国民大会通过了废除死刑的宪法条款；肉刑也被废除了。

10. 俄国

1911年7月，俄国社会民主工党代表会议召开。

1911年7月29—31日，俄国消费合作社联合会代表会议在莫斯科举行。

1911年9月1日，圣彼得堡和雷瓦尔发生码头罢工。

1911年8[①]月4日，圣彼得堡罢工进一步发展，12000名工人罢工。

1911年12月6日，杜马在继续监禁第一届杜马成员的问题上发生激烈辩论。

1911年12月24日，格奥尔基·普列汉诺夫成为社会主义战士35周年纪念日。

1911年12月28日，**声援第二届杜马受害者集会在巴黎举行。**

议程：

"参加集会的2000名法国和俄国同志，在听取了俄国、波兰和崩得代表的发言后，丹、涅斯特洛夫、别洛乌索夫、勒德尔、阿列克辛斯基、帕夫洛夫、弗拉基米尔洛夫、斯特罗吉尼斯卡、查帕金、沙尔·拉波波特、卢那察尔斯基、鲁巴诺维奇、柯门斯克、龙格（工人国际法国支部）、德国社会民主党的格伦巴赫，西班牙党的法夫拉·里瓦斯、塞纳省的议员拉沃、图尔的议员埃米尔·福尔、卢瓦尔省的议员理维埃，

对沙皇政府及其帮凶的滔天罪行表示谴责；后者诉诸警察最卑劣的寻衅办法，以便完成6月3—16日政变，剥夺工人阶级和全体国民的政治权利。

请注意，官僚集团与首都议员们勾结起来完成了警察对付工人阶级议员这个令人憎恶的阴谋，这一事实说明，沙皇革命在第二届杜马的社会民主党党团里找到了它最坚定最危险的敌人，后者正在以令人敬佩的坚毅与勇气为1905年革命的伟大事业而战斗。

对反革命政党的可耻行为表示谴责，他们用各种最冷酷的暴力手段竭力阻碍对有关社会党议员的司法事件作出修改。

宣布，所有反对目前的黑帮制度的人，有义务尽一切可能支持修改诉讼判决，这将对民主战胜沙皇专制制度具有重要意义。

对在狱中去世的贾帕里泽和德乔格利议员表示敬意，并对社会民主党党团勇敢的成员和依然被沙皇政府监禁的其他受害者表示真挚而深深的同情。"

---

① 原文如此，但从排序和前后文看，可能是9月。——译者注

通告

兹林琴科同志要求我们告诉同志们,我们要认识到有关她的恶意报道都是无稽之谈。

10. F. 芬兰

政党

1911年9月4—9日,芬兰社会民主党代表大会在赫尔辛福斯举行。

示威

1911年8月31日,芬兰民众鼓动反对俄国兼并。

1911年9月2日,社会党人在维堡举行示威,反对将维堡的两个区并入圣彼得堡省。

1911年9月17日,社会党人在塔墨尔福斯[①]和圣米歇尔集会,反对维堡政府所辖的两个区并入圣彼得堡省。

1911年10月29日,群众示威反对奥布法院的阶级判决。法院判决61名工人3个月至9年的监禁,并剥夺他们几年的公民权,因为这些人在罢工的时候要求发给两天的工资,而当时他们应当等着支付。

反对战争

1911年11月5—12日,集会和示威在芬兰赫尔辛福斯、维堡、塔

---

① 即坦佩雷。——译者注

墨尔福斯和奥布以及其他地方举行。

上述集会通过如下决议：

"请记住一点，即战争暴露了资本主义国家主宰世界市场的欲望，他们在这些欲望左右下，为了统治阶级的利益，把人民和国家变成牺牲品和剥削与奴役的地方；鉴于这样一个事实，即战争是资本主义的性质所固有的，并且为了统治阶级的利益，并且得到统治阶级对其他民族——一切文明民族——所持有的系统偏见的支持，这种偏见的目标是阻止无产阶级履行其阶级义务和它对工人国际所承担的兄弟般义务，因此，只有打倒资本主义，或者说，只有当军事技术发展的危险以及人类生命的牺牲和反对军备的怒火达到这种程度，以至于记住这一点并考虑到上述事实的人民，不得不消灭这一制度时，而这个制度的唯一确定的结果是战争造成大规模屠杀和灾难性损失，只有这时，战争才会消失。而且，因为正是工人阶级首先提供兵源，因为战争所消耗的主要物质费用也取自这个阶级，而且因为它受战争的伤害最大，集会宣布：

对资本主义的强盗冒险精神所带来的大规模屠杀表示强烈的谴责。

尤其说到意大利和土耳其之间当下的战争，尽管集会听说过土耳其以前对弱势民族犯下了暴行，以及土耳其政府对要求普选权的无产阶级犯下了暴力，集会仍然谴责意大利政府对土耳其人民所进行的强盗性战争，之所以如此，是因为当下的战争构成了欧洲所有大国之间爆发一场可怕的大战的严峻威胁，一场其屠杀与破坏对欧洲各国工人阶级以及芬兰来说将是非常严重的战争。

有鉴于此，集会要求所有党员坚持不懈地努力消除对大多数人有害的一切错误偏见，唤醒无产阶级的觉悟，摧毁资本家的阶级统治。"

约有 2 万名工人参加了这次示威集会。

11. 波兰

政党

1911年8月，波兰社会党代表大会召开。

1911年12月7—12日，波兰社会民主党第十二次代表大会在伦贝格举行。

反对战争

1911年11月12日，**波兰社会党在克拉科夫举行集会**。达申斯基和马雷克发表演讲。

决议：

"克拉科夫工人于1911年11月12日集会，与所有社会党一起对贪婪的资本主义表示抗议，它对人民搞暗杀，挑起强盗与土匪的战争，其目的只是一个，就是为了资本家阶级牟利。

意大利和土耳其当下的战争，是令人憎恶的资本主义政策的结果，它靠掠夺和剥削一个外国让自己发财，而且一如意大利的情况那样，毫不手软地屠杀老人、妇女和儿童。

我们加入全世界工人阶级捍卫人道和文明的行列，谴责国际资本主义赖以生存的这些犯罪行为。我们随时准备支持争取人民自由的斗争，支持他们争取解放、摆脱资本主义剥削和民族压迫的斗争。"

1911年11月，**摘自克拉科夫波兰社会党机关报《前进报》**：

"（奥属波兰）伦贝格议员、波兰社会党统一派在社会党国际局的代表海·

迪阿曼德在帝国议院发表讲话，反对对俄属波兰的新划分，反对把波兰的海乌姆区并入俄国领土。如果按照黑色百人团的俄国民族主义者的要求解决海乌姆问题，将来可能会成为奥地利与俄国之间战争的借口。

我们的迪阿曼德同志以波兰社会党党团的名义提出一个宣言，他在宣言中以加利西亚①无产阶级的名义反对这种暴力行径，他要求奥地利——关于波兰王国不可分割的1815年条约的签字国之一——迫使俄国遵守这个协议。演讲人遗憾地表示，议会大多数议员在这件事情上保持沉默。而且在说到很多波兰人时，演讲人提醒注意欧洲发生的事件，因为俄国对海乌姆区居民的所作所为，和意大利人对的黎波里的自由人民的所作所为、俄国人对波斯人的所作所为如出一辙。

资本主义的这些进攻，造成各国文化和发展无法估量的损失。演讲人的党对被压迫民族深表同情，并加入到正在起来反对这种犯罪企图的整个欧洲无产阶级队伍中。"

12. 挪威

1911年7月8—15日，挪威发生大停工，有235个企业的4万名工人卷入到冲突之中。

1911年8月11日，在议会投票中，限制工人普选权的法案只获得73票，反对票为43票。

1911年8月27日，反对一项军事判决的示威在克里斯蒂安尼亚举行。

---

① 加利西亚是旧地区名，在今波兰的东南境，属维斯瓦河上游谷地。——译者注

反对战争

1911年11月5日，社会党国际局书记处收到下面的来信：

"致布鲁塞尔国际局书记处，

拥有8万名成员的挪威专业与政治工人组织于当日和全世界有组织的劳动者一起抗议土耳其和意大利之间所宣布的最野蛮的反文明的战争敌对状态。战争是文明人最大的耻辱。全世界人民满怀正义与合法的愤怒，反对战争破坏和诅咒。

国际社会民主党走在反对战争与侵略、争取和平、博爱和团结运动前列。出于这个原因，无产者有组织的力量必须采取积极措施，反对迫使人民走向血腥冲突的剥削社会的统治者。

挪威工党
主席 克·H.克努森
书记 马格努斯·尼尔森
挪威全国行业组织
主席 奥勒·O.利安
书记 伊韦尔森
1911年11月5日于克里斯蒂安尼亚"

1911年11月5日，星期日，在挪威斯塔万格举行的集会上，邮政局长埃格德·尼森向500人发表讲话，集会一致通过如下决议：

"1911年11月5日星期日的集会宣布它对意大利政府对的黎波里的强盗性远征表示厌恶。意大利军队的暴行是可耻的，是不可宽恕的。

会议请求社会党国际局立即采取一切措施阻止战争。"

1911年11月27日，集会在卑尔根举行，演讲人：卡尔·卡诺牧师大人，编辑安格尔·奥尔森。

决议：

"集会对整个文明世界对意大利在的黎波里的强盗冒险行径迸发出的愤慨表示支持。"

会议还通过了 L. O. 延森助理提出的如下议案：

"会议要求用法律措施，尤其是用系统地抵制来自侵犯人民权利的国家的货物的方式，阻止类似的侵犯行径。"

13. 瑞典

选举

1911 年 9 月 2 日，第一次以普选权为基础的第二院选举举行。

国会由 101 名自由党人、64 名社会党人和 65 名保守党人组成。

1911 年 11 月 30 日，第一院选举。新的国会有右派 87 人，自由党人 51 人，社会党人 12 人；而以前有右派 116 人，自由党人 30 人，社会党人 4 人。

周年纪念日

1911 年 11 月 5 日，30 年前，奥古斯特·帕尔姆在瑞典发表第一个社会主义演讲。

反对战争

1911 年 11 月 5—12 日，多地举行反对意土战争的活动。

11月5日星期日、11月6日星期一和11月12日星期日，以及以后的几个星期日，全国各地举行反对战争的抗议集会。国会议员、中央委员会委员和其他积极分子发表讲话。根据送来的报告，瑞典各地举行了大约260次集会，大约有6万人参加。

在几个地方，青年俱乐部、戒酒协会、工会、消费合作社、妇女社团和俱乐部、学生联合会等全都参加了党的中央委员会组织的这场反对战争的抗议运动。

以下决议案由党的执委会提出，并被党的各级组织所举行的大多数抗议集会所通过：

"在全世界，社会民主主义工人运动已经在同资本主义各种表现形式的斗争中达成牢固的契约。在每个国家，我们都在同资本主义梦寐以求的东西进行斗争，资本主义企图利用它所掌握的一切手段，为统治阶级争夺自然财富，因此，目前的殖民政策并不在乎用暴力摧毁人民对资本主义强盗行径的抵抗，它在社会民主党那里遇到了一个不共戴天的敌人。

由于意大利政府在资本主义利益集团和统治阶级对权力的渴望的驱使下破坏和平，而且对战争的厌恶每天都在向我们展示这种反文明的犯罪行为的恐怖，我们有义务团结起来，与不同国家的工人阶级一道，愤怒地抗议这种野蛮行径。

一些年来，为了避免战争的诅咒，减轻军国主义强加在人民身上的沉重负担，各国付出巨大的努力，通过法律规定和条约建立各种关系。以前，意大利在这项文明的活动中给予了合作，也曾宣布它今后要执行海牙法庭作出的裁决。现在，掌权的政治家轻率地违背诺言，任意放纵暴力行为，这不仅让他们在全世界面前丢尽了人，而且阻碍了引导人类走上安祥幸福之路的和平努力。

我们希望和全世界的阶级兄弟一道谴责这种可耻行为，继续奋斗，以便战胜资本主义，摧毁军国主义，给各国人民带来和平与友爱。"

此外，11月5日的斯德哥尔摩集会还通过如下决议案：

"而且，集会要求发表以下宣言：

显然，现今的战争几乎总是由与资本主义有关的追求与观念造成或引起的。因为这个动机，理所当然地企图通过官方手段达到这些经济目标，而且这些官方手段也是经济性的。因此，人们必须找到能否和如何通过抵制那种产品，那种兜售它们的党的成员是战争挑起者和煽动者的产品来反对战争，而且购买产品的人民大众可以做到这一点。"

11月22日，斯德哥尔摩地区工人组织和瑞典和平与仲裁联盟在斯德哥尔摩举行集会，会议通过如下决议：

"集会对意大利政府背信弃义、厚颜无耻地对土耳其和的黎波里居民所采取的强盗行径提出最强烈的抗议，这种强盗行径决不能用其他大国的沉默来证明其正当性，他们对罪恶行径保持沉默，或是因为他们对他们所犯下的与意大利一样的行为的责任毫不感到歉疚。

与此同时，集会对意大利人进行战争的方式和令人愤慨的破坏与屠杀感到震惊，那些对男人、女人以及已经毫无还手之力的孩子下毒手的人都是有罪的。

面对这些事件，集会首先希望表示它对军国主义的厌恶，并且要求起草一份条约，它要保障每个自主民族拥有不受限制地自由生活的权利，用国际法和仲裁来解决不同国家之间可能产生的争端。

而且，显然，现今的战争几乎总是由与资本主义有关的追求与观念造成或引起的。因为这个动机，理所当然地企图通过官方手段达到这些经济目标，而且这些官方手段也是经济性的。因此，人们必须找到如何通过抵制那种战争挑起者和煽动者的党的成员兜售的产品来反对战争的途径，而且购买产品的人民大众可以做到这一点。

由于这个原因，在对一般战争特别是意大利的强盗行径进行抗议方面，集会最后提请设在布鲁塞尔的社会党国际局和设在伯尔尼的和平局立即对这个问题进行彻查，以便找到是否和如何通过开展对意大利产品的抵制，使反对战争的抗议活动更加有效的方式。其目的是给破坏和平的这个国家的统治阶级留下对物质印象的恐惧，这场战争所造成的恐怖已经引起整个文明世界的反感。

集会向瑞典的两个和平与仲裁联盟和瑞典社会民主工党中央委员会发出呼吁,这些组织可以向布鲁塞尔的国际局和伯尔尼的和平局转达这次集会所表达的要求。"

对决议的补充:

"集会请求社会党国际局能够同意大利和土耳其工人,尤其是前者,一起采取措施,这样一来,这些人就不会去做权威消息所说的当下的战争中所发生的那些骇人听闻的事情了。

此外,集会决定向所有瑞典店主和进口商发出号召,不要从意大利进口任何东西,直至意大利放弃其强盗性的远征,而且一旦决定进行全面抵制,经销这些货物将受到惩罚。"

在阿维达贝治举行的集会通过如下决议:

"举行集会的200多名阿维达贝治公民,特别对意大利对的黎波里的强盗行径、对资本家阶级的这一政策,表示极大的震惊,这一政策继续利用支持沙文主义的人民,强迫无产阶级的孩子相互斗争、相互厮杀,以便给占支配地位的国家带来更多的好处。

我们想表达一种希望,即争端国家目前在正确方向上所采取的措施——它们已经向社会党国际局求助——不久的将来将会被其重要性一直在增加的其他国家所仿效。

我们确信一个事实,即只有社会主义和实现社会主义思想,才能给世界带来持久和平,而人类几个世纪以来一直渴望这种和平。"

瑞典国际戒酒会的一些分会通过反战决议,其成员大部分是社会党人。

(大批分会通过了类似决议)

"1911年11月19日，300多名"莫"① 会员和邻近堂区的教友借纪念"未来希望"分会建立29周年之际，举行戒酒者集会，决定用这种方式对战争，即意大利和土耳其之间当下正在进行的战争，表示强烈的抗议。在金融利益集团和统治阶级的贪婪野心的影响下，意大利政府破坏和平，纵容贪欲和战争恐怖。鉴于这是一种反文明的犯罪行为，而且因为它是我们认为站在欧洲和平运动前列的一个民族所犯下的罪行，它作为进攻的一方，背叛了神圣的和平事业，违反了协议所认可的义务，因此更是一种可耻的犯罪行为；又鉴于这场战争将增加国际领域目前占上风的不确定性，因而也增加了我们的不确定性，而且它会增强军事要求的力量——我们，戒酒与自由理念之友，在这里，在我们全国各地，以及每个拥有这种情绪的国家，严厉谴责这种犯罪行为，并继续奋斗，粉碎军国主义，给各国带来和平与友爱。

前学校校长，都市一区理事会主席
翁厄曼兰省戒酒会代表　P. 诺德斯特姆
筑路工人　J. -P. 安德森
都市理事会主席　J. 韦斯曼"

上面提到的人作为代表向当局递交上述抗议书。

来自比约纳的类似抗议书由G. F. 隆格伦议员递交，来自比耶斯塔的抗议书由J. 林德格伦、罗森伯格递交。

斯德哥尔摩戒酒会总部（瑞典）

"按照戒酒会的原则，在人类博爱方面，个人和国家的责任以及它们对保持良好关系的义务，国际戒酒会分会的第0174号《真理旗帜》和尼雪平的《烟草》，贯彻戒酒会的策略：'我们的战场是世界'，表达了他们对战争的最强烈的抗议，战场是对西方文明的侮辱，它唤醒了人的所有邪恶，它扩大了破坏、悲惨

---

① 戒酒会名称。——编者注

与死亡,它造成了一种野蛮状态,而且它使进步变得长期不可能,因为它的反应超出了战争状态的范围。

以尼雪平戒酒会的名义,

C. -L. 扬松

Hj. 布罗伯格

胡果·哈格林

1911 年 11 月 5 日于尼雪平"

抗议

"在阿尔维斯尧尔的国际戒酒会"极圈村"分会于 11 月 5 日举行聚会,对意大利所犯下的违反国际法的罪行表示强烈的抗议,它对土耳其的进攻是犯罪行为。

F. -H. 伦曼

阿尔戈特·德格斯泰特

1911 年 11 月 5 日于阿尔维斯尧尔"

14. 丹麦

反对战争

1911 年 11 月 22 日

致布鲁塞尔社会党国际局,

我们按照我们党中央委员会的指示,以丹麦社会民主党的名义,加入其他国家社会民主党的行列，抗议意大利政府对土耳其所宣布的令人憎恶的战争。在其他情况下，需要求助于理性来论证一个宣战行为的正当性，但在这件事上，理性失去了影响力，而且尽管大谈文明，但动力看来好像是一次普通的强盗冒险行为。

我们遗憾地再次注意到，那些掌权的人所进行的支持和平的示威没有产生效果。我们注意到，当出现需要采取行动维护世界和平问题的时候，冲在前面的是社会民主党，正是我们党提出了建立反对资本主义所采取的暴力措施和斩草除根的屠杀措施的堡垒。

托·斯陶宁格

15. 荷兰

选举

1911年7月，荷兰举行市镇选举。

党的议席数目增加，在阿姆斯特丹，从9个增加到13个；在鹿特丹，从2个增加到4个；在阿纳姆，社会民主党的议席数目翻了一番。在其他很多城镇，也取得了很大的成绩。

争取普选权

1911年9月19日，社会主义者在荷兰举行大规模示威。

反对战争

1911年11月5日，阿姆斯特丹的"工业宫"举行集会。

有52个组织派代表出席，有64个组织发来声援信。

演讲人：弗利根、安塞尔（比利时）、特鲁尔斯特拉。

决议：

"会议对意大利政府对土耳其的强盗行径表示最强烈的抗议，同时对其他大国知晓和所做的同样行为表示最强烈的抗议。

会议希望土耳其不要对在奥斯曼帝国干活的意大利工人进行报复，并衷心地欢迎意大利和奥斯曼无产阶级之间真诚地达成谅解。

会议谴责各种形式的军国主义——继续扩张军备以及煽动不同国家之间的仇恨的企图。

最后，作为普遍裁军的支持者，会议要求一切国际冲突无例外地提交一个仲裁法院，并相信所有工人阶级的阶级觉悟一定能实现社会主义的胜利与和平。"

16. 比利时

工会

1911年10月29日，比利时矿工代表大会在沙勒罗瓦举行。

1911年12月24—25日，工会第十三次代表大会在布鲁塞尔举行。

示威

1911年8月15日，支持普选权和反对教会学校法的多个群众集会举行。

1911年9月11日，抗议食品价格太高的大规模集会在布鲁塞尔举行。

选举

比利时首都和其他大城市进行城市选举，社会民主党和自由党联盟取得胜利。支持教权主义的党在各地失败。

其他

1911年9月3日，社会主义图书馆员代表大会在布鲁塞尔举行。

1911年10月1—2日，比利时社会主义互助会代表大会在沙勒罗瓦举行。

反对战争

1911年9月19日，**反战集会在布鲁塞尔举行。决议如下**：

"值此法国和德国金融骗子尚未成功地解决他们之间的分歧之际，1911年9月19日，在弗拉芒啤酒店集会的布鲁塞尔劳动居民：

渴望与法国和德国工会团结起来，以便用各种形式对战争表示抗议，并庄严宣布他们不惜一切代价追求和平。"

1911年9月18日①，**布鲁塞尔社会主义青年禁卫军联合会决议**：

"鉴于各种资本家的利益与摩洛哥自然财富窃贼的历史的对立，使欧洲几个大国面临危险的外交困境；

---

① 原文如此，从时间排序上看，可能是10月。——译者注

鉴于进行秘密交易的外交不让我们知道德国和法国资产阶级之间的谈判结果是和平还是战争；

鉴于接下来的武装冲突不符合整个无产阶级的利益；

考虑到工人阶级必须要求和平并宣布它坚决反对各种形式的、所有的沙文主义的观点；

决定发动一场持续的运动，启发民众对国际形势的认识，让无产阶级为一旦宣战而承担责任做好准备。"

1911 年 11 月 5 日，布鲁塞尔举行集会。——演讲人：爱德华·瓦扬（巴黎），谢德曼（德国），莱昂·弗尔内蒙、S. 纳胡姆（土耳其）和卡·胡斯曼。

（通过和阿姆斯特丹集会一样的决议）

1911 年 11 月 21 日，国际议会联盟的比利时成员：

"议会联盟的比利时团，对意大利政府突然对奥斯曼帝国发起的侵略行动表示遗憾——这一行动的突然性已经使任何调和变得不可能——对战争状态带来的没有人性的行为表示谴责，同意把这个问题列入议程。"

17. 瑞士

工会

1911 年 9 月 23 日，瑞士工会代表大会在圣加伦举行。

1910 年瑞士工会运动。工会会员人数 58820 人。工会联合会收取会费 43453 法郎，支出 39259 法郎。

除了工会联合会，还有 20 个联合会收取会费 1845283 法郎，支出 1629251 法郎。

经济斗争：326 次；参加斗争的工人：36184 人。

合作社

瑞士的合作社

与其他国家相比，瑞士在合作社领域独占鳌头。截至 1910 年底，瑞士消费者合作社联合会有 328 个合作社，其中 301 个社提交了关于它们的详细情况的报告。这 301 个社有 212322 名社员、3752 名雇员，它们的营业额为 100212608 法郎，而 1909 年为 88800608 法郎。

选举

1911 年 11 月 12 日，联邦议会的构成情况如下：

民主激进党人	118 名
天主教保守党人	37 名
社会党人	15 名
自由中派	12 名
政治社会集团	7 名

反对战争

1911 年 7 月 16 日，和平示威在阿尔邦（瑞士）举行。

决议：

"社会党人于 1911 年 7 月 16 日在阿尔邦举行集会，强烈抗议嗜血贪钱的资本家所进行的好战煽动，要求各国无产阶级按照国际社会党斯图加特代表大会决议的精神，用各种可能的手段坚决反对各国之间最终可能出现的自相残杀的战争。"

1911年11月27日，示威活动在苏黎世举行。演讲人：西格。

决议：

"今天的群众集会，由苏黎世劳工联盟在自行车赛车场组织，有2000人参加，与会者一致对意大利资本家在的黎波里的厚颜无耻的强盗性远征表示抗议。

集会对意大利所采取的非人道态度以及侵犯连意大利也承认的人民权利的行为表示谴责，它使自己成为杀害老人、妇女和无辜儿童的罪犯。

集会对意大利在简单地宣布兼并的过程中，对把保卫自己国家、抵抗无耻进攻的那些人当做'起义者'，不加审讯就处理的程序表示强烈的谴责，野蛮侵略的事实证明保卫国家的行为是正义的。

会议在抗议意大利强盗般的冒险行径的同时，再次表示它谴责对资本主义利益集团有利的任何战争，它发誓将竭尽全力进行社会主义宣传，反对掠夺和屠杀的资本主义，保卫世界和平。

打倒军国主义及其根源资本主义！为了人民的自由、福利和幸福的社会主义万岁！"

18. 希腊

反对战争

1911年11月5日，希腊社会党于11月5日星期天通过一项决议，对意大利侵略土耳其表示谴责。在会议举行点雅典的帕拉埃夫斯街40号的大厅里挤满了人，他们全神贯注聆听兹拉库里斯同志的发言和他提出的决议案。

兹拉库里斯同志解释了社会主义和战争之间的密切联系，他指出，事实上，每个社会都是由两大阶级，即资本家阶级和工人阶级组成的，所有国际战争实际上是这两个阶级长期内战的反映。

会议一致通过决议如下：

"大会认为，任何国家对另一个国家的侵略都是强盗行径。大会认为，所有这些强盗行径都是资本主义制度不可避免的表现；会议谴责意大利对土耳其的侵略，期望为了世界没有武装的持久和平而废除资本主义。大会希望希腊社会党执行委员会向意大利和土耳其社会主义者转达兄弟般的敬意。

作为资本主义和沙文主义的工具，报刊杂志竭力煽动公众反对社会主义思想的这种展示，但是希腊工人阶级正在逐渐觉醒起来。"

19. 土耳其

1911年7月27日，抗议在苏丹访问萨洛尼卡之际逮捕4名社会主义者的工人大规模示威遭到当局禁止。

反对战争

奥斯曼社会党（萨洛尼卡国际劳工联合会）分支部的宣言：

"同志们：

萨洛尼卡社会主义联合会认为，欧洲大国顽固地坚持采用各种手段反对在土耳其建立一个自由制度。

它对主宰意大利人民命运的卡拉布里亚土匪所犯下的穷凶极恶的强盗行径表示最强烈的抗议。

萨洛尼卡社会主义联合会对意大利无产阶级没有证明自己对国际的信心以及既没有防止、也没有阻止其统治者的犯罪计划深表遗憾。

它宣布，假如土耳其希望加剧或扩大令人憎恨的意大利侵略所导致的冲突，它准备为完成国际历次代表大会决议所规定的任务而奋斗到底。

它要求青年土耳其党人奋起应变,而不要实施急于诋毁他们的时事评论家给他们提出的采取报复行动的建议。

萨洛尼卡社会主义联合会对社会党议员向各国议会和欧洲各国政府施加必要的压力,以便把意大利对侵犯人民权利的罪恶所造成的道义和物质影响减小到最小程度的行动充满信心。

它相信,随着社会主义的到来,个人和人民的正义时刻将很快到来。"

1911年11月4日,萨洛尼卡大规模集会。

社会党国际局收到萨洛尼卡社会主义工人联合会关于在萨洛尼卡举行的一次大规模集会的报告。

所有工会对联合会的呼吁作出响应,有上万劳动者参加了在此次集会之前和之后举行的令人难忘的示威活动。

专程从索非亚赶来的克里斯蒂安·拉柯夫斯基博士,以社会党国际局的名义,用法语发表了演讲。弗拉克霍夫用土耳其语发表了演讲。其他演讲人用保加利亚语和西班牙语发表了演讲。

演讲人受到最热烈的欢呼,下面是一致通过的决议:

"8000名萨洛尼卡社会主义公民和劳动者参加萨洛尼卡社会主义工人联合会11月4日这天在斯克莱米组织的集会,考虑到:

1. 意大利政府在欧洲资本主义大国的默许下,在的黎波里所犯下的侵犯人民权利的强盗行径;

2. 大国行动——国际资本主义征服政策的直接结果,在欧洲、特别是巴尔干国家造成普遍冲突的危险;

3. 任何战争都会阻止民主和国际无产阶级的正常进步,迫使各国推行不断扩张军备的政策,从而加重人民的负担;

4. 因此,抗议:

欧洲大国特别是意大利政府的帝国主义政策;

声明:

奥斯曼无产阶级坚定不移地和世界无产阶级团结起来,一致进行反对一般战争,反对由于当下的冲突而加剧巴尔干形势。

决定努力:

1. 采取行动促进普遍裁军;
2. 加强团结的纽带,使巴尔干各民族劳动群众在一个民主的联邦联合起来;
3. 认为,只有建立一个巴尔干联邦,才能够使巴尔干各民族保证他们的文化和政治独立充分发展。

要求巴尔干无产阶级和国际无产阶级为实现这一理念而斗争,它将保证民主和无产阶级的未来进步,保持巴尔干和平,并继续以世界无产阶级解放为目标的阶级斗争。"

1911 年 12 月 9—22 日,致社会主义学生的呼吁书。

"意大利—土耳其战争仍在继续。它唯一的原因是意大利资本主义侵略性的政策。这场战争唤起了人性中野蛮的本能。它通过扰乱包括学生和学者在内的社会所有阶级干扰了经济生活和我们国家的平静。

我们,社会主义学生,确信战争对发展和人性的进步十分有害,它是现今社会资本主义制度的结果,只有消灭这个制度和实现社会主义才能使战争消失。基于此原因,社会民主主义学生年度代表大会一致决定向各国特别是意大利的社会主义学生发出这份呼吁书,以表达他们对目前的战争和意大利侵略发自肺腑的愤慨。"

20. 塞尔维亚

政党

1911 年 11 月 20 日,塞尔维亚社会民主党代表大会在杰赖德克召开。

1911年12月17日，塞尔维亚社会民主工党在12月17日举行多个集会，在会上，塞尔维亚无产阶级对俄国沙皇政权通过对第二届杜马社会党议员的判决以及对波斯的血腥瓜分所表现出来的罪行表示抗议。

反对战争

1911年11月5日，根据社会党国际局宣言和巴尔干预备会议的决议，塞尔维亚大部分城镇在11月5日举行反对战争和帝国主义的集会。

下面是贝尔格莱德集会在几位演讲人，特别是萨洛尼卡社会主义联合会代表贝尔纳罗亚同志演讲之后通过的决议。

"根据社会党国际局的倡议和筹备预备会议的决定，贝尔格莱德社会主义者在1911年10月23日—11月5日举行集会，对意大利对的黎波里的野蛮进攻表示强烈抗议，这一进攻破坏了原住民的自由和独立权利；

贝尔格莱德社会主义者对整个资本主义的帝国主义政策，即欧洲所有大国所共同奉行的政策表示蔑视，正是这种政策让意大利采取了这种行动；

贝尔格莱德社会主义者表达强烈的义愤，并宣布它已经准备好同建立在剥削和战争基础上的制度进行彻底的无情的斗争；

贝尔格莱德社会主义者宣布，意大利的行动是在征服巴尔干的道路上迈出的一步，这是一条贪婪的资本主义欧洲大国长期以来一直在准备的道路；

贝尔格莱德社会主义者认为，巴尔干人民的唯一保护是在一个联邦里团结起来，而这个联邦的建立，不能靠大国或巴尔干各国政府的支持，而要靠无产阶级坚决反对各国政府，反对俄国、奥匈或英国干预的斗争；靠支持民主政权的社会主义斗争，靠寄托我们全部希望，而且已经慷慨地支持我们的世界社会主义国际的支持；

贝尔格莱德社会主义者高呼：解放全世界的无产阶级国际团结万岁！各民族友好万岁！社会主义万岁！"

21. 保加利亚

政党

1911年7月23—27日，保加利亚统一社会民主党代表大会在索非亚召开。年度报告：3123名党员，15个党组织，34个党小组；选举：28000张选票，5名候选人当选。

反对战争

1911年11月5日，**社会民主党（宽广派）举行集会**。主席：萨卡索夫。演讲人：巴卡洛夫和雅努奥洛夫。

决议：

"鉴于：

1. 大国的殖民主义和帝国主义政策使他们必然要不断地为他们的商品扩大市场和出口，从而刺激他们野蛮地征服外国领土；

2. 意大利—土耳其战争不过是资本家阶级争夺新的剥削财富、镇压无产阶级运动、镇压支持即将来临的新的社会变革的民主运动的大搏斗的一个插曲；

3. 大国的帝国主义和殖民主义政策用外国保护威胁巴尔干小国的自由和独立，使它们失去力量，挑起它们之间的敌对状态，使它们暴露在相互毁灭的危险之中；

4. 为了巴尔干国家的和平安宁，必须立刻在巴尔干国家，尤其是在土耳其进行民主改革，以便促进奥斯曼帝国各民族的自由发展；

5. 战争危险是保加利亚沙文主义报刊蓄意煽动的，它们一向能够利用这种时刻加强君主制度和军国主义野心，破坏国家民主和社会发展的安宁环境。

会议决定：

1. 对欧洲所有民主国家的暧昧政策表示抗议，对意大利在的黎波里的征服行径表示抗议；

2. 对青年土耳其党人的政策表示抗议，这一政策竭力利用旧的哈米德政权的办法镇压居住在奥斯曼帝国的各民族正当的民主和文化追求，从而使建立一个大的联邦成为不可能，而建立这个联邦对于巴尔干国家来说，是唯一有利的解决办法；

3. 对巴尔干小国家的民族主义和沙文主义政策表示抗议；

4. 对所谓的保加利亚社会主义革命团体的态度表示极大的义愤，尽管保加利亚无产阶级有采取共同行动的必要性，尽管社会党国际局通过电报表达了坚定立场，尽管在贝尔格莱德召开的巴尔干会议作出了决定，它们仍然拒绝参加保加利亚无产阶级的共同行动，并且发表了一个对统一社会民主党造谣中伤的呼吁，它们不是在争取和平的行动中帮助国际无产阶级，而是在巴尔干社会主义力量之间制造不团结，从而使得巴尔干无产阶级不可能采取任何整体行动；

5. 向巴尔干无产阶级，向欧洲民主国家发出呼吁，采取整体行动反对战争，支持和平，反对巴尔干国家之间的敌对状态，支持建立巴尔干联邦。

以战争反对战争！

和平万岁！"

1911年11月5日，保加利亚社会民主党（紧密派）组织抗议示威。

保加利亚社会民主工党于1911年11月5日在全国各地举行一系列群众集会。

索非亚工人阶级的抗议活动尤其给人留下了深刻印象。集会在剧院大厅举行，季·布拉戈耶夫主持会议。

演讲人：卡巴克齐耶夫和格·基尔科夫，他们的演讲受到热烈欢呼。

下面是一致通过的决议：

"在竭力征服巴尔干的过程中，欧洲资本主义大国，特别是奥地利和俄国，煽动巴尔干各国人民之间的民族冲突，以便使他们相互削弱。而且这些大国为了它们的利益，正在通过经济的、财政的和政治的影响和力量，通过在巴尔干各国掌权的王室，征服并瓜分这些国家。

但是巴尔干国家的资产阶级根本没有做好挫败上述这些国家征服欲望的准备，而是通过其民族主义和不断增加军费支出，继续加重工人阶级的苦难。

只有巴尔干无产阶级能够通过同资本主义所衍生出来的民族主义、君主制度和军国主义等社会畸形进行阶级斗争，来阻止这些国家的征服欲望。"

决议的结尾这样说：

"与会者绝对赞成在这方面与已经具有阶级觉悟的国际无产阶级一道，坚决反对意大利和土耳其之间的血腥战争，坚决反对资本家阶级的帝国主义和殖民主义政策。

他们最坚决地反对巴尔干资产阶级的民族主义征服政策；资产阶级在'民族理想'、马其顿'自治'、保加利亚和土耳其之间的'军事同盟'的幌子下，在愚昧的人民中间煽起沙文主义的疯狂情绪，强迫国家走向毁灭性战争，从而鼓励资本主义和帝国主义行径。

他们向战斗的邻国工人表示兄弟般的敬意。尽管由于统治阶级在巴尔干国家之间制造仇恨和敌意，刺激他们自相残杀，给巴尔干无产阶级带来苦难，但是他们向邻国劳动者伸出友好之手，邀请他们在反对这场战争的根源——资本主义，建立巴尔干联邦共和国，实现社会主义的彻底胜利的斗争中团结起来，社会主义的彻底胜利是各民族和平的保障。"

中国

上海已经成立了一个社会党。它公布了最低纲领，其梗概如下：

（1）支持共和制；（2）取消一切种族划分；（3）修改法律，尊重人；（4）废除一切与遗产和继承有关的规定；（5）鼓励直接生产者，帮助工人；（6）取消土地税之外所有税赋；（7）限制军费支出。

日本

我们已经收到寄自美国加利福尼亚州帕萨德拉的雷蒙德路374号莱奥波德·弗莱施曼的信，信中请求向日本社会主义者提供财政援助。

波斯

1911年9月12日，**波斯社会主义者的呼吁信。**
社会党国际局收到下面的来信：

"公民们：
年轻的波斯现在正在经历一个最痛苦的时期。
我们已经能够获得一小部分自由，尽管它可能很小。我们是以血的代价、以决死斗争的代价获得的。现在，这个用如此痛苦的代价获得的自由正处于危险之中，因为俄国沙皇政府，一切自由不共戴天的仇敌及其同盟，英国的自由党政府，共同策划，颠覆我们的国家，恢复独裁制度。
如果年轻的波斯只有一个可耻的穆罕默德·阿里反对他，他和他的那帮土匪早就不存在了。
不幸的是，不止有穆罕默德·阿里。各国反动政府的一切贪婪掠夺都阻挡我们前进。它们不想让波斯不付任何代价地获得自由和独立，因为为了达到殖民和资本主义剥削的目的，重要的是要使波斯成为一个奴隶国家，让它满脑子贪婪和犯罪念头，那样，我们这个不幸的国家可以更容易被征服和毁掉。
近来，对此决不能置之不理！俄国政府在英国政府的同意下，公开违反这两个国家的政府与新波斯政府达成的协议。这个协议的最后一条规定俄国和英国政府有反对前国王沙阿一切复辟企图的义务。而现在，俄国政府企图通过玩弄阴谋诡计，鼓动暴乱骚乱，阻挠年轻的宪法政府的行动，最终让穆罕默德·阿里重返波斯，把他扶上王位。

面对这种卑鄙的背叛，所有其他欧洲国家政府依然不为所动。他们也许希望分一杯羹，至少是得到补偿。

为了克服这些困难，所有支持波斯自由和独立的人，殖民流氓的敌人，都应当不遗余力。而且，在这个痛苦的时刻，当我们四面受敌的时候，只有在社会主义的无产阶级身上，我们可以希望找到支持和同情；只有你们，你们是所有被压迫者的兄弟和朋友，不论他们属于哪个国籍。

因此，请你们在你们的议会里，在你们的集会上，在你们的报刊上，在一切你们可以进行抗议的地方，大声疾呼你们支持我们自由。抗议你们的政府对我们的政策；但是首先抗议俄国和英国政府的罪恶政策，它们正在准备扼杀波斯人民。即使你们的疾呼和愤怒的抗议不能够成功地修改我们的敌人的政策，我们也能听到它们，它们也会使我们在斗争中充满勇气。

人民自由万岁！

国际社会主义万岁！

波斯社会民主党中央委员会
书记　易卜拉欣"

1911 年 9 月，波斯社会党人呼吁帮助。

通过俄国代表列宁的调解，波斯社会民主党向国际局发出呼吁，请求帮助反对俄国沙皇政府在波斯实行的劫掠政策，沙皇政府与英国自由党政府的所作所为如出一辙。

28. 美国

1911 年 8 月 14 日，美国社会党成立 10 周年。

1911年11月7日，美国选举：社会主义者获得巨大胜利。

社会主义者在美国各州市担任官职的情况：

选举结果是1039人当选。其中，有56人担任市长，1人担任副市长，70人担任财务管理人或出纳官，53人担任审计官，155人担任学校官员（其中，70人担任校长），57人担任法官，22人担任警官（其中有15人担任警务司法官），160人担任城市执法官，6人担任城市议会主席，145人担任市议员，18人担任代表，2人担任参议员，1人担任国会议员。

30. 阿根廷

根据1912年3月收到的信息，阿根廷依然在实行骗人的野蛮的制度。

历任统治者利用著名的例外法，继续逮捕和驱逐正直勤劳的劳动者，禁止罢工集会，公布捏造恐怖阴谋，以便继续他们的残酷镇压行动。

所有这些所作所为都是为了毫无理由地镇压工人组织——但他们绝对镇压不下去，因为最近的罢工表明，工人的团结已经达到惊人的程度，迫害绝对没有意义。在社会党的倡议下，已经建立了一个进行社会法改革鼓动的混合委员会。

在写作本文之际，阿根廷火车司机和司炉已经宣布举行大罢工。

澳大拉西亚

反对战争

1912年11月24日，澳大拉西亚社会主义同盟在悉尼举行大规模反战示威。

霍兰、詹姆斯、拉特福德发表演讲。

通过如下决议：

"参加这次大会的社会党人和其他工人宣布，他们毫不妥协地反对一切形式的军事主义，认为只要目前的阶级国家还存在，武装力量就会被用来支持资本主义，镇压工人。本次大会进一步认为，工人阶级的全部力量用于建设他们的产业和政治组织最为有益，这些组织最终将阻止战争，而且通过各国工人阶级之间的国际联合和联盟建立起来的组织，目前是世界和平的首要保证。

大会强烈谴责意大利政府为了资本家的剥削利益毫无正当理由地轰炸和占领的黎波里，并对报道说的意大利军队所犯下的野蛮暴行表示愤怒。本次会议进一步与欧洲有组织的工人一起郑重表明他们厌恶战争，并与工人阶级一起为恢复两个冲突大国之间的和平施加压力。"

俄国社会革命党关于合作社问题的报告

鉴于我们其他国家的同志对于俄国事务了解太少，我们认为向他们简要地介绍俄国合作社的情况和党的决议是适当的。因此，我们的报告尽可能地简要，并且分为两个部分。

一、俄国合作社的历史概况。

二、1908年党的第四届理事会所通过的决议。

Ⅰ. 俄国合作社的历史概况

俄国第一个合作社于1865年在里加成立。

当时，在刚进行农奴解放的影响下，社会和政府自愿接受西欧思想的影响，开始努力帮助已经从奴役状态下解放出来、但并没有摆脱悲惨命运的农民。

家长制俄国被废除了，资本主义俄国出现了，统治阶级把合作社视为遏制资本主义革命影响的工具。

这种保守观念当然影响到合作社当时的特点。

由于有产阶级的代表，合作社的建立主要出现在城市里。他们的股份非常高，从25到50卢布（相当于65至135法郎）。这些合作社并不销售日用品，而是销售奢侈品，有一个社以其舞会着装而闻名。还有一个社以直接从马耳他进口酒而闻名，诸如此类，等等。

很容易理解的是，人们不会加入这种合作社，而且这些合作社本身也拒绝手工业组织加入。

此外，罗奇代尔原则绝对受到蔑视，这些合作社自称"集体商人"。

合作社在头十年里取得了发展，这可以从下面的数字中看出来：

1865 年 3 个合作社开张

1866 年 7 个合作社开张

1867 年 5 个合作社开张

1868 年 22 个合作社开张

1869 年 12 个合作社开张

1870 年 12 个合作社开张

1871 年 4 个合作社开张

1872 年 6 个合作社开张

1873 年 3 个合作社开张

1874 年 1 个合作社开张

除了两个社之外，1865—1870 年间成立的其他合作社都是城市合作社。

这两个例外之一是乌拉尔的科诺夫斯科厂（彼尔姆①政府）成立的第一个劳动合作社。它成立于 1867 年，目的是避免该地区商人赚取百分之百的利润，利用工厂地处偏僻的特点出售劣质商品给劳动者赚取百分之百的利润。

值得注意的是，这些生活在乌拉尔蛮荒之地的单纯的劳动者，自发地运用了罗奇代尔先锋们的基本原则：高价购买。

第二个工人合作社是 1870 年成立的科夫罗夫厂的合作社。

从那以后，工人合作社一个又一个在城市和各种各样的工厂中建立起来。

必须注意的是，这些存在于对合作社发展有利的中心，应需要而生，而不是一种时髦的合作社，与上面提到的拥有特权的资产阶级合作社不同，但是它们与西欧的劳动合作社也不能同日而语。

各铸造厂的合作社有合作的特点；办公室职员、工头和熟练工人发挥着主要作用。

它们绝对缺乏渗透罗奇代尔原则的独立和民主精神。然而，它们比城市合作社有更强的生存能力，它们中间有许多至今仍然存在，而城市合作社则已经消失了。

此外，合作社在富人中间已不再时髦。另一方面，工人思想上的微弱发展，使他们不能吸收合作社思想。下表说明工人合作社的数量依然有限。

---

① 位于俄罗斯卡马河畔、乌拉尔山西麓。自 19 世纪以来是俄国重要的工业城市。1723 年建城，1781 年设镇，1940 年至 1957 年曾被改名为"莫洛托夫"，以纪念苏联外交部长维亚切斯拉夫·米哈伊洛维奇·莫洛托夫。——译者注

年份	章程受正式批准的数字	年份	章程受正式批准的数字
1875	4	1890	22
1876	7	1891	12
1877	6	1892	49
1878	3	1893	60
1879	3	1894	48
1880	7	1895	47
1881	14	1896	48
1882	8	1897	52
1883	5	1898	77
1884	11	1899	82
1885	8	1900	93
1886	10	1901	91
1887	10	1902	156
1888	13	1903	148
1889	10	1904	127

尽管新的合作社每年都在成立，然而合作运动的进展非常缓慢。

我们注意到，1891年以来合作社的数量大幅度增长，这可以用1891年严重饥荒后生产必需品的价格上涨来解释。

畜产品价格在1891年上涨了1.3%，1892年上涨了9.9%，1893年上涨了13.5%；食油产品价格在1891年上涨了16.2%，1892年上涨了22.4%，1893年上涨了20.4%。

1891年谷物价格上涨了28%，1892年上涨了29.8%；尤其是俄国农民的主要食品黑麦的价格在1891年上涨了60.5%，1892年上涨了48.5%。

在遭受如此严重的经济打击之后，如果在获准成立方面不太难的话，合作运动将取得比较迅速的发展。

但是，结社章程申请往往要等数月，有时甚至数年才能得到批准答复。

最后，政府不得不修改合作社法，并于1897年5月13日颁布了"标准章程"。此后，我们注意到合作运动出现了新一轮扩展。生命力的恢复成为20世纪的标志，已经对合作运动产生了直接影响。合作社的数量增加了60%。

我们已经了解到合作社逐年增加的情况；现在让我们看一看他们在俄国不同地区的分布：

	地区	1897年	1903年	1908年
1	东部地区	82	180	243
2	莫斯科、工业区	44	118	221
3	北部地区	32	65	118
4	波罗的海各国政府	31	32	49
5	南部地区	32	172	350
6	西部地区	2	82	272
7	中部（黑土地）农业区	2	50	73
8	西伯利亚和边疆省份	42	115	167
	合计	307	724	1493

这就是说，按照1908年的不完全数据，合作社的数量在11年里成倍增长，达11年前的4.5倍。

目前，根据研究这一问题的M.托托米安茨所提供的统计数据，俄国大约有3500个合作社，至少有55000名追随者。60%以上的合作社成立于1907—1908年。

在这些年开始的时候，成立了 70 个合作社，如我们所说，主要是工人合作社。从一开始，由社会各阶层代表组成的 80 个城市合作社和农村合作社开启了它们的存在。他们的数量在 1891 年饥荒后仍然在增加。

例如，1892 年成立了 12 个磨房合作社，10[①] 个在城市，8 个在村里；1893 年成立了 5 个磨坊合作社，29 个在城市，8 个在村里；1897 年成立了 14 个磨房合作社，20 个在城市，10 个在村里，等等。

这样看来，生活必需品价格的上涨和群众文明程度的提高，对农民以及城市中产阶级组建合作社起了促进作用。

近些年里，合作社的增长主要集中在农村。

这一现象可以用两个事实来解释。一个事实是合作社的组建在农村地区受到的阻力较少（村庄有权自己开商店）；另一个事实是，两到三个垄断经营者的存在，容易把当地的所有优势集中起来，从而将农民从一个垄断经营者的势力下解放出来，直接销售他们的产品。**1907 年和 1908 年批准的 1378 个合作社中，有 1175 个社即 86% 是农村合作社，原因就在这里。**

这些合作社与欧洲的劳动合作社类型的相似程度远远超过了我们在本文开头所描写的那些合作社。

它们变得更加民主，建立了许多文化生活中心，负责满足它们的追随者的文化需要；它们开办阅览室，组织上课等，甚至还有一个农村合作社（在卡拉基斯克伊村）建立了一个人民之家。

俄国的特殊条件，它的幅员辽阔的规模，交通道路的缺乏，以及农民的悲惨状况，常常迫使合作社赊账销售，从而违反罗奇代尔的一个基本原则。

---

① 英文原文是 10 个，而法文和德文原文是 19 个。——译者注

伟大的罗奇代尔先锋们肯定想不到：在一个货币稀缺，以至于不得不用以物易物的方式开展商业活动的地区，竟然能够存在合作活动。

而且基廉斯克的合作社地处西伯利亚冰天雪地的包围之中，所有买卖都被迫赊账进行，付款不用货币而只能用实物，例如肉、谷物、牲畜、鱼以及野兽皮，等等。

但是，如果现实有时用一种非常严酷的方式与俄国合作社结合的话，他们在理论上非常接近于他们的欧洲同志。

我们将引用俄国合作社第一次代表大会的几个决议来证明这一点。这次大会于1908年4月召开，我们对《俄国论坛报》的读者谈到过这次会议。

会员赊账

只有取消允许会员赊账的做法，实行一手交钱一手交货，而不搞预付或有条件的赊账，才能使合作社走上正常的、健康的发展道路。

利润分配

收入超过支出的盈余，并不形成合作社的利润，而是形成属于社员的节余。

股东对利润没有任何权利，他们得到的利息与以存款的形式交给合作社的其他运营资本一样。合作者像向购买货物一样以市场价格购买货币。

部分利润应当以高价购买的形式在社员中间进行分配，这是必须的，做到这一点的最好办法是采取票证。

1. 没有入社的人购买东西时应当带一份回报，这种回报不用当场就给，而且可以用股份的形式，以便最终承认这些购物者也是社员。

营运资本

2. 必须用最大便利来部分地支付股份收益。

3. 每个追随者的股份额必须受到限制，以便单个股东不能影响经营活动。

合作社的管理

社员大会选举董事会，从董事会成员中选举执行理事会成员，其人数至少3人。所有理事会成员要支付薪酬。

第一个合作社代表大会，是由第一个、也是迄今为止唯一的一个"合作社联盟"，即莫斯科合作社联盟组织召开的，这个联盟于1898年建立，截至1910年1月1日共有359个合作社加盟。

顺便说一句，莫斯科"合作社联盟"是为了集中购买力和捍卫入盟的各个合作社的普遍利益而组建的。这个联盟拥有批发店，组织了货物保险以及合作社股东财产保险，接受这些合作社的货币存储，出版了一份报纸等。

联盟由7个代表组成的裁决会管理，他们由入盟的合作社任命。

1908年12月，基辅合作社在经过同政府官僚机构无数次漫长的斗争之后，成功地召开了一次地区合作社代表大会。这次大会证明了基辅政府的存在，401个合作社中的大多数是在农村，社员大多数是农民。此外，城市合作社比较多，每个社平均有124名社员，而每个农村合作社平均只有50名社员。

基辅代表大会经过表决决定，按照莫斯科联盟的模式成立一个新的联盟，即"基辅合作社联盟"。目前这个联盟有200个合作社。

与消费合作社一样，信贷合作社在这个国家也取得了长足发展。1910年1月1日，俄国有6078个这种合作社，其中有的是农村储蓄银行，有的简直就是互助会。

每10万名居民中大约有7个信贷合作社。从农民生活状况来看，这些合作社有望快速发展。的确，农民对放债人的依赖是农村生活最痛苦的事情之一。为了满足无法满足的税收，我们的农民被迫在秋季开始时低价出售他们的粮食，并为了在早春时高价购买牲口而借钱。这些信贷合作社的成立，可以应付紧需。我们引用的数字显示，每种合作社近些年来都实现了迅速增长。

俄国劳动者在政治生活中深受压迫，被剥夺了组织工会的权利，被反革命势力的反动行为破坏，受到各种各样的欺骗，但是在革命事件的启发下，他们越来越认识到他们的经济利益，他们正在寻找新的道路，打造新武器，做好准备，组织起来进行新的斗争。现在，我们就满意地注意到，城乡劳动人民通过用这个方式组织起来，证明他们的适应力和为争取更好的命运而斗争的愿望。

伴随着合作社的发展和数量上的增长，我们注意到对合作社的报道也在相应地增加。目前俄国有一系列定期刊物谈论这一运动的一般问题或有关问题。

我们例举几个重要的刊物。

1. 《合作社员联盟》，周刊，莫斯科联盟出版。
2. 《我们的事业》，双周刊杂志，莫斯科联盟出版。
3. 《合作信使》，圣彼得堡出版的一个理论研究杂志。
4. 《复活》，圣彼得堡出版的一个周刊。
5. 《劳动者》，圣彼得堡出版的一个插图周刊。
6. 《劳动之声》，"劳动合作社"在巴库出版。
7. 《地方合作问题》，哈尔科夫出版的一个双周刊。
8. 《合作杂志》，在卡缅涅茨-波多利斯克出版。
9. 《车里雅宾斯克合作社消息》，在车里雅宾斯克（西伯利亚）出版。
10. 《小互助会记事》，在圣彼得堡出版。

有几个关于农民问题的杂志也开设了谈论合作运动的栏目。

几乎所有重要的英文、法文、意大利文和德文出版物都被翻译成俄文。此外，还出版了一大批关于这个问题的原创性的俄文著作。

今年4月13（26）日，基辅《我们的事业》发表了一份非常完整的书目：对这个问题感兴趣的同志，请看一看这个书目。

Ⅱ．党的第四届理事会所通过的决议（1908年）

在我们提交哥本哈根代表大会的总报告里（见英文版第7页），我们说过，1908年在伦敦召开的代表大会讨论有关党的活动的所有问题，其中有一个问题是合作运动。首先大会决定了将社会党——政治组织——同职业或工会以及劳动合作社联合起来的关系；它确定了党员对城市产品供应合作社为一方、农村合作社为另一方的行动方针。在经过长时间的讨论之后，在圣彼得堡合作运动和在专门媒体中掌握特殊权力的代表参加了这些讨论，代表大会和后来召开党的第四届理事会通过如下决议。

（一）关于工人阶级政治与经济组织的决议

鉴于建立一个庞大而全面的工人阶级组织是实现解放、实现伟大的社会主义理想的斗争的一个必要条件，而社会主义的实现将使个人实现和谐发展并使人类从思想、政治和经济的奴役下解放出来；

政治组织、工会组织和合作组织是劳动组织的三个基本形式；

尽管每种形式有其特殊的活动领域，但有一个领域，在这个领域，一切有组织的工人阶级的力量的帮助与共同行动是必要的。

第一次代表大会认为：

1. 工人阶级的这三种组织形式是有其必要性的；

2. 以权利平等为基础的自主发展和共同行动是这些组织成功的条件。

鉴于每种基本组织形式对于实现现存制度的部分改良和未来的根本变革都极其重要，本次代表大会高度重视这些组织的以下目标和方法：

政治组织的特殊价值在于：

（1）为社会主义斗争纲领、直接要求和最终目标的制定和提出提供理论基础；

（2）从最广义上掌握各种各样的国家机构（中央与地方机构、城市与乡村机构）；

（3）利用已经掌握的机构，并对未掌握的机构施加压力。

政治组织的起点是提出社会变革纲领，并通过宣传其思想争取拥护者，团结群众，并相应地提高他们的认识水平。

根据它已经开展的工作，政党将地区原则作为其组织方法的基础。

工会组织的特殊的首要价值在于：

（1）通过团结和直接经济斗争（罢工、抵制和原产地标签），反对工业资本在目前社会状态下的剥削，改善工人阶级的处境；

（2）把党和政治团体之外的广大工人团结起来进行斗争，这样，就可以在所有严峻的政治社会冲突中采取共同行动，捍卫工人阶级的利益；

（3）在现存制度下，建立一个工人核心，目的是夺回国家、雇主的大量的且不断增加的特权，并在社会革命之后，能够在社会监督下接管相应的生产部门。

职业组织覆盖所有工人，无论他们的政治理念是什么，他们随时准备为他们的直接利益而斗争，并在斗争中所获得的经验的帮助下，使这些工人能够更好地理解他们的阶级利益和满足这些利益的手段。

工会不仅将无产者组织起来，还将生产者组织起来，它们把生产原则作为它们的组织基础，把一个工业部门的工人联合起来，结成联盟。

合作社的特殊价值在于：

(1) 立刻改善劳动者的处境，保护他们不受资本剥削，并通过消费、信贷、销售，以及购买必需品等，把他们或独立生产者团结起来，而不需要单独采用现代科学的改进方法和工具。

(2) 发展工人阶级在民主的基础上掌管一个大企业的复杂工作所必须的知识和经验；

(3) 建立一个工人核心，在这个核心里，人民的力量和物质资源能找到用武之地，它能通过团结，逐步地作为一个组成部分进入未来社会。

工人阶级合作组织的起点是工人经济利益的一致；它排斥资本所固有的特权，并把完全民主视为自己的行政管理模式。

按照它给自己提出的工作任务，合作社把地域交叉和利益上质的相似混合原则作为其组织基础。

政治组织在思想一致的基础上建议：

(1) 加深与扩大职业与合作联盟的行动，用更广阔的未来激励它们；这个工作由也是工会会员的组织成员实施；

(2) 反对敌视工会的立法，促进工会进步。

合作组织，在某一尖锐斗争的关键时刻，用物质资源支持组织的其他形式。

工会组织，通过释放其支持，即劳工力量，来帮助将这些力量自下而上地联合起来的其他组织的形式。

3种组织形式只有在以权利平等为基础制定共同行动办法的时候才能统一起来，而它们的共同行动将越来越不可抵抗：

(1) 采取共同抵制行动，反对资本主义剥削倾向，并向其基础发起进攻。

(2) 在旧社会内形成一个新的胚胎，一个以集体发展为目的、以自由和集体工作组织为基础的新的劳动人民胚胎。

（二）关于城市合作社的决议

第一次代表大会宣布，支持在劳动与民主的基础上成立合作社，这样的合作社有利于将无产阶级组织起来，使他们在很大程度上摆脱商业与高利贷资本的剥削，并能够在今后设立基金，向组织及其斗争提供物质支持。与此同时，大会对夸大合作社作用的倾向提出警告，因为它们的本质和现代生产条件，它们不是把整个无产阶级集中组织起来，推动反对资本的斗争，而是把整个阶级群体同在特殊情况下多少富裕一点的很容易转变为中小资产阶级的群体分离开来。

（三）关于农村合作社的决议

我们在这个国家的组织没有人为地去吸引农民对合作社的注意力，没有从满足他们在现存体制下的需要的角度去夸大它们的重要性，我们的组织必须参加合作运动，以便阻止它被反社会主义的政党和分子所垄断或利用。为此，我们的组织建议：

（1）加入现有的合作社，以便由此消除对城乡劳动者的有害因素，或者至少去除他们可能对经营的影响。

（2）反对引入资本主义观念或为资本主义利益服务的任何企图，将社会主义原则运用于合作社。

（3）在准备充分，有正常处理事务的足够力量的地方，在劳动与民主原则的基础上成立新的合作社。

此外，要特别注意建立农业合作社，把有限的地域联合起来，这些合作社要使农民能够开会讨论他们的需要和利益；它们的价值不仅在于它们所提供的直接服务，而且在于这个事实——一个间接后果，一个很重要的后果——它们帮助农民组织起来并采取协调行动。

与此同时，党宣布支持合作社完全自治，而不赞成它们受制于无产阶级的任何组织（例如职业联合组织）。党认为，合作社之间建立联盟是必要的，它们可以在平等的基础上与工人阶级的其他职业和政治组织采取联合行动。这种共同行动的一个必要条件，是每个合作社应当具备力量、充分稳定和发展，因为只有这样，它们才能保持它们的独立性，它们的社员的活动才能不受阻碍。

美国的合作

美国的合作运动还处于初创阶段，一些美国社会主义者正在努力在像类似于我们在欧洲那样的基础上在美国开展合作运动。

我们的美国批发合作社开办合作商店主要有两个动机。

我们的第一个动机几乎不必讨论，因为我们确信这也是欧洲合作社的动机。这就是争取社会主义运动的经济基础。我们确信，合作是实现的手段之一。我们相信，社会主义政党过去在美国缺少发展，主要是因为缺少这种经济基础。

由于我们的努力，美国在过去一年至少成立了400个合作社。这些商店坐落的地方与我们直接联系，因此迄今为止已经显示出非常喜人的结果。

这个运动最令人鼓舞的一面，可以在这一事实中看到，即它是一个纯粹的群众运动，而不是由几个领导人发动的虚假运动。

我们非常抱歉地说，在美国，社会党的主要精神对这个问题几乎没有或根本没有提供什么思想。他们不反对合作运动，有些人甚至名义上支持，参加董事会；不过，连这些人也只是偶尔对这个问题感兴趣。

合作运动在美国不是新事物,我们遗憾地说,美国合作运动的历史听上去并不令人鼓舞。以前,美国成立的合作社,或者基本上是公社型的,或者主要是为了分红而组织起来的,因为它们没有社会特性,所以很快就瓦解了。由于近来生活成本迅速上涨,合作运动有所复活。我们非常高兴地说,社会主义者是这个新运动的领导者。

现在,我们希望引起你们对我们的合作运动某个方面的注意,我们认为,它是美国特色的运动。

美国有大量的农业人口。如何让这些农场主接受社会主义,我们的州和全国代表大会讨论过这个问题,而且美国的社会主义者看上去一致认为,我们没有接近这些农场主的经济基础。

我们确信,合作运动将会成为、而且可以成为一个因素,通过这个因素,社会主义政党可以获得一个经济基础,通过这个基础,可以接近这个农场主群体。

美国农场主正在受铁路、委托商和信托行的盘剥。农场主知道产品的零售价在不断上涨,而他们产品的收入却没有相应地增加。因此,要他们认识到现在的制度是不公正的、浪费的。

在过去两年里,每个州的农场主都把合作社作为其讨论的首要问题。来自全国各地的农场主正在真诚地努力在他们正在组织的消费合作社与生产合作社之间建立联系。这样做的理由,是让消费合作社变成农民所生产的产品的交换中心。消费合作社还没有发展到可以建立这些联系的程度,农场主合作社对它们的希望和期待要大得多。

我们相信,如果美国的社会主义者再加把劲,使合作商店组织化、系统化和集中化,我们就能在适当的时间里形成一个完善的组织,它将受到农场主的高度重视,从而建立用社会主义影响农场主群体所需要的经济基础。

我们希望国际代表大会劝告美国社会主义者对合作社组织予以

特别的注意。

美国批发合作社
P. 弗拉格

"崩得"
立陶宛、波兰和俄罗斯犹太工人总联盟外国委员会的报告

I

立陶宛、波兰和俄罗斯犹太工人总联盟第八次代表大会于1910年底召开，10个地方组织和中央机构派代表出席。出席会议代表25人。由于时间不够，我们现在只谈一下实质性议程上没有处理的最重要的议题。在关于地方组织和党的管理的报告之后，谈到党的工作的目前特点问题。俄国社会民主党活动的新条件提出了一些争论不休的问题。分歧主要集中在"非法"（地下）工人运动与"合法"的公开活动的问题上。"非法"（地下）工人运动，确切地讲，所处条件和社会民主党条件一样，像革命前一样缺少最基本的权利；而"合法的"公开活动在过去几年已经成为可能，尽管程度非常有限，而且主要是在教育领域。在辩论的过程中，显而易见的是，过去在"同盟"里很突出的意见分歧已经被搁到一边，达成一致将是一个比较容易的问题。关于这个问题的一项决议被一致通过。这个决议承认满足无产阶级在其一切斗争中的所有需要的必要性，各种形式的运动——政治斗争、工会和文化运动——必须统一起来并置于党组织的领导之下。当然，在俄国现存条件

下,党组织只能用非法方式继续其活动。

关于工会运动,按照和斯图加特国际代表大会一样的方针通过了一项决议。

大会还就杜马正在讨论的每周休息日的问题进行了辩论。大会虽然支持社会民主党杜马党团的总的要求,但是它非常坚定地支持确定每周的休息日,以便不信基督教的工人和雇员也有法律保障,享受自己的休息日而不是星期天假日。

大会以极大的兴趣讨论了我们在犹太人社区的工作问题,这个工作表面上涉及宗教和慈善问题,实际上对犹太群众的生活起着比较重要的影响。大会建议,为犹太人社区的世俗化和民主化而斗争,更好地满足犹太人的文化需要。

而且,还通过了一个关于鼓励争取犹太语在国家机构和公共生活中的平等权利的决议。最后,通过了关于报刊、社会民主党杜马党团的活动和党的国际事务等问题的一些决定。

地方组织报告说,过去一度停滞的党的活动明显改善。在俄国现在的条件下,召开大会并非易事,这一事实应当被当做重建我们的运动的一个重要征兆,而大会的成功召开无疑将使运动得到进一步加强。

II
立陶宛、波兰和俄罗斯犹太工人总联盟中央委员会的讨论

2月底,"同盟"中央委员会进行了一次讨论,地方组织的几位代表参加了讨论。下面是讨论的几个问题:(1)支持结社权运动;(2)5月选举;(3)与关于废除对犹太人住宅权的限制的法案相关的运动;(4)俄国社会民主工党中央委员会;(5)工厂医生代表大会。

作出的决定是:

1. 与杜马社会民主党党团先期提出的关于工会组织受迫害的问题有关，必须立即开展鼓动活动，提出一些工会性的要求，并将它们与我们的总的政治解决办法联系起来。

讨论认为，杜马社会民主党党团起草一份关于这个问题的法案并提交杜马是必要的。

2. 会议宣布，与前一年相比，经济领域出现了复苏，政治领域也出现了部分复苏。虽然今年鼓动活动充分体现了这一事实，但会议认为，必须要求在5月1日那一天举行总停工，要采用一切可能的手段落实这一决定。

3. 会议认为，必须立即通过媒体、集会和决议采取措施，在犹太无产阶级和一般人民群众中掀起一场废除移民定居点的运动。与此同时，必须向群众揭露资产阶级政党对他们所致力于的现存政治制度的看法对群众的欺骗，以及他们希望采取的实现废除居住限制的方式方法的缺陷。

会议建议"联盟"中央委员会向俄国所有积极的政治组织发出号召，在非犹太无产阶级中掀起一场与有关废除犹太居民定居点的法案有关的运动。

4. 会议考虑了"崩得"中央委员会的报告，报告集中说明了俄国社会民主工党开展正常活动所要采取的措施。会议同意"崩得"中央委员会在这个问题上所采取的立场，并表达了它的一个坚定信念，即为了全党的利益，在目前关键时刻，在对这个党的管理作出适当安排时，必须首先要做的是：第一，俄国社会民主工党必须在俄国设立中央委员会，委员会应当由那些随时准备为俄国工作献身的人们所组成；第二，他们的第一次会议必须在俄国召开；第三，必须贯彻落实俄国社会民主工党最后一次全会就这个问题所作的决定；第四，中央委员会必须把最初的工作重点放在巩固地方组织，满足工人运动和党的需要上。

5. 会议就参加工厂医生代表大会的问题通过了一些具体决定。

日本

日本社会主义者在过去三年里处境极其艰难,原因很多。

在俄日战争期间所开展的反战鼓动活动,使资本家和当局认识并感受到日本社会主义者的力量和影响,他们开始看上去有点像犯罪活动;但是战争结束后,开明内阁当权,在这期间,我们成立了一个社会党,并开展了一些活动,但很快遭到政府的镇压,而且政府更迭,原来的桂太郎①军人政府上台。我们被当做真正的犯罪分子,受到侦探、跟踪,随时都有被捕的可能。当局镇压所有社会主义刊物,社会主义者不得举行集会,书籍被没收,社会主义者的职业受到干扰,遭到雇主解雇。

这种迫害活动致使年轻同志因彻底绝望而走向极端,有的人表示要采取直接行动,甚至成为无政府主义者。这种激进主义的变化造成社会主义队伍的分裂,当局以及资本家控制的报刊把我们当成令人讨厌的无政府主义者,并像危险的犯罪分子一样对待。

尽管社会主义者受到压制和迫害,我们还是在思想上稳步前进,社会主义思想像荒原野火迅速扩展。陆海军中有许多社会主义者,他们的存在让当局感到非常害怕,因此他们进行了更加严厉而残酷的迫害和压制。很多人走向极端,社会主义者分离为三到四派,而且全部被当局打垮了。

资本家越来越害怕社会主义者,因为他们在奴役劳动者,用最残酷的方法剥削劳动者。他们想让工人阶级永远处于屈从与奴隶地位。没有

---

① 桂太郎(1848—1913),日本近代政治家、军事家,曾3次出任内阁首相(1901—1905,1908—1911,1912—1913),进行日俄战争,策划吞并朝鲜。——译者注

工厂法，没有责任法，所以他们可以为所欲为地进行剥削，当今日本已经成为国际资本投资的最佳场所。这使资本家越来越不喜欢社会主义者，因为社会主义者让工人反对剥削，让工人为更好的生活而斗争。

日本的一切对社会主义都有利，但正是这一原因使社会主义难以发展。

最近，有个别无政府主义者因被指控企图用炸弹刺杀国家元首而被捕，接着许多社会主义者以同谋罪和涉嫌而被捕。我们，马克思主义社会主义者，是为国际社会主义原则而斗争的。但是炸弹事件使当局从根基上受到动摇，因此它表示要不惜代价地摧毁无政府主义。这个国家的每一位社会主义者也面临着这一态度的威胁。

我们没有结社权，我们不能组建一个社会主义政党，言论和结社自由是所有的人受到帝国宪法保障的权利，但是社会主义者不能享有这些权利。法院和监狱里的一切都是保密的。任何人一旦被捕，被严格禁止通讯，直至他成为囚犯。众所周知，我们的警察局及监狱是最坏的，是日本最残酷的地方。在警察厅，折磨人的事情每天都在发生，被捕的人经常受到侮辱、伤害，有时甚至被杀害。我们已经遇到两起在警察局被谋害的事件。据说，有一个被判监禁的人被喂了结核病菌，这样他可以慢慢地在狱中死去。这个说法是否属实，我们无法确证，但社会主义者一旦被捕入狱，肯定会得上肺痨或感染上结核病则是事实。这是不可否认的事实。日本监狱是世界上最腐败最航脏的地方，床上到处是虱子跳蚤。为了让典狱官满意，可以想象得到的各种折磨人的办法都使用了。而这种情况我们社会主义者目前还无力加以改变。

日本工人阶级是最受压迫的阶级。他们还处在封建压迫的状态。但是他们正在觉醒起来，意识到他们的生活更艰难了，而且他们正在让自己成为一股力量。我们在东京建立了几个印刷工、造船木工和锯工工会。几天前，在横须贺一个有 2000 名工人的造船厂，一些工人举行罢工，要求增加工资30%，结果增加了10%；该厂的铁工中有几个人是社会主义者。

工厂法在上届国会会议上被自由党人否决了，此后，政府对这一问题进行了调查，打算在新一届国会上提出，进行比较充分的讨论。目前，工人根本不受任何法律的保护。然而，工人们还必须在工作中承担沉重的责任。他们要对事故负责，无论事故是机器的问题造成的还是雇主的疏忽造成的！他们还会因根本不是他们的过错而受到审判。这种状况不会持续下去的。社会主义将很快被工人所理解。

日本工人迟早要遭遇一个严重的危险。随着太平洋沿岸日本和美国工人中每个事件的发生，以及满洲每个事件的发生，这个危险正在日益迫近。这个危险一旦到来，将会使美国和日本两国工人遭受巨大的损失。是的，他们将成为贪婪和利润祭坛上的牺牲品。他们将在彼此之间的恶斗中失去性命，但两国人民之间并不真的是好战的。但是从各方面看，两个国家的海军将会相遇，整个太平洋也许会成为血腥的战场！美国海军经常在我们的岛屿四周游弋，好像在进行挑战，而在国内，他们公开在报刊上谈论与日本开战的不可避免性。这种好战运动由肖和希夫之流的资本家支持的罗斯福领头。所有这一切都是为了给美国争夺中国市场。更糟糕的是，美国工人正在通过刺激两国人民的掩蔽冲突来助长这个贪婪意图。他们的不公正的反日运动让美国大众形成一种战争是不可避免的印象。因此，他们希望夸大海军，加固夏威夷和菲律宾太平洋沿岸的工事。我们日本工人出于两次战争的悲惨经历而反对战争！我们警告支持反日运动的美国社会主义者和美国工人。现在，在美国和夏威夷有17万人。一个又一个村庄在迫害、抵制和驱赶日本人，殴打他们，破坏他们的财产。所有这一切毫无人道的行为和种族偏见都在随时刺激并点燃可怕的战争导火索。我必须请你们——全世界的同志们——注意这个事实，我们的工人还没有组织起来，力量还没有强大到组织反战运动的程度,因此,他们很容易成为战争狂热的牺牲品,并像牲口一样被宰杀。所以我们必须诉诸世界社会主义者的荣誉与正直。

现在不是日本人移民美国的问题,尽管移民会造成问题,现在是已经在美国的 10 万和在夏威夷的 7 万日本人会受到怎样对待的问题。美国工人和大批美国社会主义者支持把日本人从美国土地上赶出去。但是怎么做到这一点呢?显然,只有迫害、抵制和虐待!这种做法是不会持久的。我们请参加今年社会党国际局会议的社会党人注意这一情况,停止这种不公正的做法,否则就太晚了。

日本工人和社会主义者代表

片山潜

澳大拉西亚社会主义同盟 1907—1910 年

1907 年以前,澳大利亚社会主义运动独特性表现为一些组织互不联系,它们的主要活动是宣传性的。这些组织大多数在政治上拥戴工党;有一两个是独立团体。澳大利亚社会主义同盟是其中最引人注意的先锋组织,它已经更名为社会主义工人党。随着这些在情感上相通、但计划上分立的小组织在 7 个州的继续发展,它们形成了应当联合起来的想法;1907 年 6 月,来自彼此相距数百英里、有的甚至相距数千英里的 7 个州的现有组织的代表在墨尔本召开了澳大利亚历史上第一次州级社会主义者代表大会。汤姆·曼、H. -E. 霍兰、亨·海·泰平和 H. 司各脱·贝内特都是其中的代表。

这次代表大会现在又被称为"统一大会"。广义地讲,它体现了两个倾向——一个倾向是社会主义的统一,另一个倾向是非劳工主义和反劳工主义。所有的组织都想统一起来:有的组织想在彻底断绝与被称为劳工主义的一切联系的基础上实现统一。大会通过的决定是:"澳大利亚建立一个有阶级觉悟的统一的社会党的时间已经到来",并决定这个组织的名称叫"澳大拉西亚社会主义同盟"。采用"澳大拉西亚"这个名字是为了能够把新西兰也包括进来。该组织首先决定加入社会党国际局。然而,下面的决议证明了问题的症结所在:"澳大拉西亚社会主义同盟的成员既不能作为澳大利亚工党的候选人,也不能作为其他非社会主义政党的候选人竞选议会或市镇职位。"决议的通过使这次大会如同一个新的开端值得注意一样值得纪念。

代表们向各自的组织作了报告,人们很快知道了社会主义工人党没有加入同盟。昆士兰和西澳大利亚的组织不愿断绝与工党的联系。有一个组织解散了。剩下的3个组织组成了"澳大拉西亚社会主义同盟",它们是维多利亚社会党、悉尼国际社会主义俱乐部和布罗肯希尔巴里尔社会主义小组。到1908年6月在悉尼召开第一次代表大会时,南澳大利亚社会党也加入了同盟,而新西兰社会党已经决定加入了。在1909年布罗肯希尔代表大会和1910年墨尔本代表大会上,澳大拉西亚社会主义同盟由澳大利亚的4个组织和新西兰社会党组成。它现在大约有1000人。

随着地位巩固的工党不是国际社会主义的组成部分这一情况变得越来越明显,工人内部对它的不满情绪增加。随着他们对劳工主义敌视的发展,在澳大拉西亚社会主义同盟以外缓慢但稳步地出现了一些新的组织。

澳大拉西亚革命的社会主义者为何反对工党,这事说来话长,请允许稍作一下解释。

工党没有鲜明而毫不含糊地承认社会主义,它也没有宣传社会主义;它和世界上的其他工人阶级组织不一样,因为它不开展社会主义运动,不发行社会主义书籍,不辩论社会主义问题;它不是国际的;它不反对军国主义;它不是马克思主义的。从政策和实践来讲,它是打着新旗号的自由主义；它的言论和理想是资产阶级的。澳大利亚未来的冲突将在劳工主义与社会主义之间展开。

在统一大会与澳大拉西亚第一届年会之间，悉尼支部推出了一个社会主义者与包括工党在内的其他人竞选议会议员。此人叫 H. E. 霍兰。他在 4822 张总票数中获得了 746 票。直到这时，其他支部还与工党保持着友好关系，但是现在对立不可避免了。于是，悉尼代表大会宣布，澳大拉西亚社会主义同盟的成员不能同时是工党党员。在几个月时间里，举行了维多利亚州选举，维多利亚州支部推出了两名候选人，他们都失去了保证金，总共 100 英镑。在维多利亚州，一个候选人要合法地竞选，必须交纳 50 英镑的保证金，如果他不能获得五分之一的选票成为当选候选人，他的保证金将被没收。有的州不要求交保证金。联邦选举的保证金是 25 英镑。悉尼支部在最近的联邦选举中推出了一名候选人，他也失去了保证金。在维多利亚州选举中，支部的官方刊物劝告人们在没有社会主义候选人的情况下投工党候选人的票，这引起了内部争论。

在接下来的代表大会上，会议决定澳大拉西亚社会主义同盟会员只能投革命的社会主义候选人的票，不得投其他候选人的票。这在会员内部引起了争论。上个月的代表大会还对这个问题进行了激烈辩论。现在，各支部还在辩论，因为上次代表大会重申了以前的态度。

这就是我们的行动策略方针。我们在这个报告后面附上了最近一次代表大会修改过的《原则与政策》，还附上了澳大拉西亚社会主义同盟的《章程与规则》。应当注意的是，大部分工会加入了工党，而且由于澳大拉西亚社会主义同盟并不希望其会员不是工会会员，它声称工会会员并不一定意味着是政党党员。还应当注意的是，关于投票问题的争论不全是、但主要是因为没有社会主义候选人造成的。

还有一个问题争论得比较激烈，这就是产业工联主义。最初，澳大拉西亚社会主义同盟支持世界产业工人联盟（美国）的序言，但是

1909年它决定除了导言或辩论，只拥护产业工联主义。它竭力在街头巷尾和各种会议以及工会内外宣扬这个主张。

确切地讲，澳大拉西亚社会主义同盟最拿手的本事是参加劳资纠纷，在这个领域，可以有把握地说，它是非常强大的。在过去3年的大动荡事件里，它一直冲在前头。这些动荡事件包括：悉尼政府所有的有轨电车工人罢工、布罗肯希尔矿工停工、纽卡斯尔煤矿罢工等。澳大拉西亚社会主义同盟成员都是冲在前面的领导人：汤姆·曼是布罗肯希尔矿工的组织者；H. E. 霍兰因在同一场纠纷中积极活动而被指控犯下煽动叛逆罪并被投入监狱；其他受到审判、但无罪获释的人也是澳大拉西亚社会主义同盟会员。5个月后，被判刑两年的霍兰德获释，他又马上投入到纽卡斯尔的大动荡事件（所谓大是就其轰动性发展而言的），在反对州政府阻止罢工并监禁罢工者的法令及某些工党成员破坏罢工并强迫工人屈服的活动中，表现尤为突出。

争取释放运动得到澳大拉西亚社会主义同盟的坚定支持，就如他们强烈地反对臭名昭著的反罢工立法一样——这是强制仲裁的逻辑结果，它使工人阶级的鼓动"阴谋"和"下流工具"成为一种犯罪活动。欧美社会党人可以从研究澳大利亚过去3年产业动荡及其与《劳工立法》的密切关系中获益，这个立法得到访问澳大利亚和新西兰的人们的过高而浅薄的称赞。

自成立以来，澳大拉西亚社会主义同盟发表了自己的作者撰写的6个小册子。它还在澳大利亚出版了《社会主义者》（墨尔本）、《国际社会主义者报》（悉尼），在新西兰出版了《公益报》。

它在对付失业问题方面冲在前列，它支持社会主义星期日学校运动，它坚决反对在澳大利亚受到欢迎的义务兵役制，它虽然抵抗不住、却顽强抵制强制仲裁和工资委员会。迄今为止，它仍然拒绝治标不治本的纲领，鼓动反对在州立学校开展圣经教育，反对阻止礼拜天在联邦各地散发宣传品和在其他地方的礼堂举行社会主义会议的法律。它的有些成员或因坚持言论自由，或因散发宣传品而被捕入狱。它在每次大会上都要对当时的国际问题发表声明，对各国对社会主义的限制表示抗议。

最后，我们想表达澳大拉西亚社会主义同盟对《社会党国际局定期公报》的敬佩，它正是这块遥远的地方所需要的那种出版物。我们确信，这个《公报》是促进国际社会主义团结的强大武器。我们彼此不能充分接触；周边需要更多地了解澳大拉西亚社会主义同盟的建议，下届国际代表大会应当在澳大利亚召开，欧洲的演讲人应当做为使者到"落后国家"来。

澳大拉西亚社会主义同盟
全国执行委员会

巴尔干国家社会民主党人预备会议

应塞尔维亚社会民主党人的要求，巴尔干社会民主党人于1911年10月5—18日在贝尔格莱德召开了一次预备会议，罗马尼亚、塞尔维亚、克罗地亚的社会民主党，以及波斯尼亚和萨洛尼卡（土耳其）社会主义联合会的代表出席会议。斯科皮亚（土耳其）的同志对会议给予了支持。

由于会议考虑到邀请参加巴尔干国家社会民主党第二次代表大会以及组织一些共同反战活动等情况，会议通过如下决议：

I

（1）巴尔干国家社会民主党人预备会议认为，巴尔干国家社会民主党采取共同行动是绝对必要的，因此应当立即召开第二次大表大会。

（2）巴尔干国家社会民主党人预备会议认为，应当无例外地邀请所有追随社会党国际的巴尔干社会主义政党和团体参加第二次代表大会，还应当邀请奥匈和克罗地亚的社会民主党派代表参加，并允许他们拥有发言权。

（3）曾经担任第一次代表大会协调书记的塞尔维亚社会民主党，这次应向所有的政党和团体传达这些决议并组织这次会议。如果他们不能成功地争取所有的政党参加，塞尔维亚党的委员会应当放弃，其他所有的党将恢复行动自由。

II

考虑到资本主义国家的帝国主义政策对和平的危险——其中最近的、也是最残暴的行动是意大利对土耳其的进攻，他们企图搞乱巴尔干国家局势，进而挑起一场整个欧洲的大冲突。

巴尔干国家社会民主党预备会议根据社会党国际局的建议，邀请巴尔干国家社会民主党于10月23日（新历11月5日）举行社会党集会，并邀请其他国家的演讲人参加。为了使这一活动取得实效，巴尔干国家无产阶级与此同时宣布，与国际无产阶级团结起来共同反对战争，执行1909年在贝尔格莱德召开的第一次巴尔干代表大会的决议，必须实现巴尔干国家民主化，发展社会主义运动，建立包括土耳其在内的巴尔干国家民主联邦共和国（土耳其的反动倒退政策及其内部无政府状态刺激了大国对巴尔干小国的征服欲望），这是维护巴尔干和平与进步的最好保障，而且这是巴尔干国家社会党人的一致意见。

Ⅲ

这些决定及下面的建议将一并传达给巴尔干国家社会民主党和团体：

第一，通过反对战争和支持建立巴尔干民主联邦共和国的决议，邀请邻国的演讲人；

第二，尽快按照决议Ⅱ的要求，对参加第二次巴尔干社会民主党人代表大会的邀请作出答复。

罗马尼亚社会党代表
克·拉柯夫斯基博士、M. Gh. 布若尔

塞尔维亚社会民主党代表

D. 图措维奇、德拉基什·拉普切维奇、卢卡·帕维切维奇、N. 科沙宁、尼古拉·韦利奇科维奇、尼古拉·马切蒂奇、马林科·里夫科维奇、杜谦·波波维奇、帕夫莱·帕夫洛维奇、阿列克萨·马伊达纳兹、里桑蒂耶·约万诺维奇、阿扎·帕夫洛维奇、托沙·日瓦诺维奇

克罗地亚社会民主党代表
维托米尔·戈拉奇

波斯尼亚—黑塞哥维那社会民主党代表
斯雷滕·亚克希奇

萨洛尼卡社会主义联合会代表
贝尔纳罗亚

君士坦丁堡社会研究小组的报告

致布鲁塞尔社会党国际局书记处，

同志们：

首先，我们想简要地向你们概述一下我们自成立以来在君士坦丁堡的活动，借以介绍一下我们的社会主义组织的历史。

1909年5月1日（新历），即绝对专制制度转变为立宪制度几个月之后，有几位社会主义同志决定成立一个社会主义小组，以对君士坦丁堡工人阶级进行教育，在他们中间宣传社会主义思想，以便在经济政治的基础上，把他们组织起来，这样一来，就能反对资本主义剥削。

政府拒绝批准，但是我们没经它许可就开始活动起来。

有一份希腊文小报《劳动者报》为扩大我们的同志的小圈子作出了贡献，它向劳动者解说他们的利益和社会主义理想，鼓励他们组织工会。

于是我们组织了两个工会，一个是裁缝工会，一个是雨伞工人工会，两个工会在我们的帮助下开展反对雇主剥削的斗争，把他们的工资提高了20%，把劳动时间从12个小时减少到9个小时。

8个月后，政府禁止《劳动者报》，并判处报纸经理瓦西里·康图瑞斯——一个劳动的裁缝——8个月监禁，罚款1000法郎。

但是第一步已经迈出去了。

我们的组织继续进行英勇斗争，它组织了10多个工会，尤其是碾磨工人、码头工人、木工、甜食工人、裱糊工人、装订工人、印刷工、职员、女裁缝和理发师等不同工人的工会。

鉴于政府批准有利于我们的宣传活动，我们接受帕尔库斯同志的建议，把我们的组织的名称改为"社会研究小组"。

自从1912年1月1日起，我们得到了政府的批准。

但是现在，我们的组织正处在青年土耳其政府残酷打击的危险之中，后者正在采取打击社会主义的公开活动。

我们正处于被迫害的围困状态，法律禁止言论自由，禁止集会，禁止工会。

他们现在正在萨洛尼卡和君士坦丁堡逮捕我们富有斗争精神的社会主义者，用军队对付工会集会，有组织的工人正在受到一群鼓动者的威胁。

青年土耳其党政府昨天驱逐了我们的阿夫拉姆·贝尔纳罗亚同志，社会主义联合会的土耳其国民和书记，以及联合会在土耳其各个城镇的富有斗争精神的会员。

为了让您清楚地了解我们在土耳其的处境，我们随函附上工程部长察韦德·贝几天前在萨洛尼卡发表的讲话[①]和他的有关政府反对社会主义法规的谈话。

因此，我们对青年土耳其政府的恐怖主义表示抗议，我们向我们的国际的同志们发出呼吁。

您的兄弟般的

社会研究小组书记

---

① 这篇讲话已经在报纸上发表。

希腊

希腊工人同盟
致布鲁塞尔卡米耶·胡斯曼同志

亲爱的同志：

为了回复您于 7 月 31 日的来信，我仓促地告诉您我们的社会党的组织还不完善。

还有一些障碍有待克服，其中最大的障碍来自我们的同志。尽管自 1885 年以来，我们一直在不懈地努力唤醒工人阶级及其组织，但由于阴谋诡计、个人嫉妒、不诚实，以及笨拙等原因，我们的工作仍然处于不成熟的状态。

我们的临时书记是潘吉斯·汉罗克波斯同志，（雅典比雷街 40 号），我希望明年冬天能在他的帮助下告诉您我们的社会党的确切组成情况。

随函附上自 1885 年以来希腊社会主义运动的概况。这是我几个月前送给索非亚的拉柯夫斯基同志的一篇文章的摘要，我想这篇文章最近已经在一个我不知道其名字的报纸上发表了。

致以兄弟般的敬礼！

《探索》编辑
柏拉图·E. 兹拉库里斯
1911 年 7 月 7 日于雅典

关于社会主义运动的报告

社会主义在希腊的进步非常缓慢,因为我们现在的思想宣传条件很不利。向社会主义的第一步是在1885年迈出的,当时出版了社会主义刊物。从此以后,斗争从来没有停止过,由于我们的兹拉库里斯同志坚持不懈的努力,社会主义事业赢得了很多人的支持。运动缺乏必要的集中,在过去26年里没有进行过其他尝试。我们如何解释这种状况呢?显然,希腊人的性格里缺少组织精神、坚持精神和纪律精神。他们还不能理解实现共同目的所需要的团结的极端重要性。此外,在那些应当成为工人阶级指导者的人中间有一种竞争感。这是令人遗憾的,因为这对劳工观念的发展是有害的,因为互不买账,尽管事实上彼此都需要对方的指点;但是彼此都想做报告人,而事实上他不是那块料。显然,如果这种精神占上风,社会主义力量就不会有力量,工人阶级就不能组织起来。每个社会主义者都应当反对这种瓦解人心的倾向,为此他必须战胜许多敌人,不仅有外部敌人,还有运动内部的敌人。当前,问题不是说服工人成为社会主义者,问题是说服社会主义者放弃个人利益,牺牲自我中心,团结起来,以便达到社会主义者的共同目标,也就是说,在社会主义的基础上组织起来。但是我们还看不到这里的社会主义仍在进行这种努力,而且让我们并不感到惊讶的是,自1885年以来只有一个人坚持不懈地推进社会主义在希腊的发展——我们说的是我们的兹拉库里斯同志坚持不懈的努力。出席1889年在巴黎召开的社会党人第一次国际代表大会,这是对希腊社会主义的一次了不起的宣传。此后,他在漫长的旅英期间的著述、他于1893年5月2日在泛雅典体育场对5000名劳动者的演讲、他在1895年在帕特罗斯和雅典的候选人身份(他在两个地方获得了社会主义者的4000张选票)、他在1901年出版(至今仍然在发行）的社会主义宣传周刊《探索》、他在访问沃洛市时上万劳动者的集会、他组建的希腊唯一现存的社会主义组织"希腊工人阶级同盟"、他和另外两个人作为第一届国民议会的当选，这都是同一进展和同一不可争辩策略的许多阶段。而且令人非常惊讶的是，我们还没有回顾其他类似的活动，一些不时发生的时断时续的、不讲什么方法的运动。

但是可以肯定的是，劳工界已经意识到这种团结和持续努力所产生的影响。确切地说，过去，只是少数聪明人注意到工人阶级已经开始对文明发挥作用，但是这些人是政客而不是社会主义者，这是希腊所有工人组织几乎没有注入社会主义的原因。也许这种团结和持久努力注定要把社会主义精神注入到这些组织中，它们或多或少都要导致工人觉悟的觉醒。尽管兹拉库里斯的努力没有成功地引起工人的注意，但毫无疑问的是，他的富有生命力的思想已经生根并给人民群众留下了深刻的印象。尽管1909年8月13日[①]的起义得到军队的帮助，然而它是一次反对富豪性质的起义，这也是一些社会主义者、半社会主义者和假社会主义者在起义后参加第一届国民会议选举的原因。后来，政客们成功地使这种反富豪精神瞬间黯淡，真正的社会主义者在着手修改宪法的下院的选举中受到阻碍。诚然，兹拉库里斯的选举没有受到阻碍，但它是无效的，更重要的是，这个国家的这位主要社会主义人物受到了迫害。所有这一切都说明，希腊存在明确的社会主义主张，不幸的是，组织太差，正是从这个主张来讲，M. 韦尼泽洛斯内阁（他利用现存的社会主义思想上台掌权）也感到有必要表达对希腊社会主义的某种尊重，但不能停止对社会主义的迫害。不过，仅仅部长会议主席正式承认希腊有一股社会主义倾向这一事实就值得注意。

---

① 法文、德文均是15日，——译者注

尽管正如我们已经说的，希腊劳工联合会还不是一个社会主义性质的组织，但是我们认为如果考虑都总有那么一天可能让他们受社会主义精神的影响，了解他们的方法还是应该的。

这些联合会还不是一般意义上的工会，它们并没有把同一行业的工人都组织起来，而只是把其中的一小部分工人组织起来了；这些人或多或少忠于代表联合会的某个人或部长会议，这些联合会提出以慈善的精神帮助会员。

希腊现在有45个劳工联合会，它们可以分为三类：一个联盟由17个联合会组成，名字叫"雅典和比雷埃夫斯劳工联合会"。对于读者来说，更有意思的地方在于，该联盟与其说是由劳动者组成的，不如说是由资本家组成的。然而，就算是这样，我们只能说社会主义还没有渗透到这17个组织中。另一个联盟由14个联合会组成，叫"雅典劳动中心"。为了听到更多让社会主义受到鼓舞的东西，我们进行了调查，得知"这个中心并不包含资本家分子"，而且"组成它的14个联合会都是纯粹的工人组织"。总之，事实上，这14个联合会根本不是社会主义性质的。这个组织建立于1910年3月，14个联合会每月各缴纳10—15法朗会费。我们还无法确定14个联合会各有多少工人，但根据收到的材料，理事会成员总共有150人，而且这个数字是中心的全部人数——它不过是没有劳动者的理事会联合会。于是有两个联合会，一个由17个联合会组成，成员多是资本家，劳动者的数量有限；另一种由14个根本没有会员的联合会组成，成员大多数是劳动者，但绝不是社会主义者。

另外还有14个联合会，它们没有结成联盟，因为它们没有思想联系，也不为人所知。不过，这14个社团看上去支持社会主义，但迄今为止它们什么也没有宣示过。它们倾向社会主义的证据，就是它们在形式上拒绝加入两个联盟中的任何一个，它们的成员害怕表达他们的主张，这是非常自然的，因为他们和雇主是对立的。

沃洛斯、拉里萨、帕特拉斯①和凯法利尼亚等城市实际上处于同样的状态，不同之处在于，社会主义思想在凯法利尼亚和沃洛斯更突出一些，拉里萨和沃洛斯是帖撒利亚②的两个城镇，两个地方的农业问题还正在经历或多或少的尖锐危机，这一事实使人心更加倾向于为社会主义而斗争，而这场斗争在凯法利尼亚多少有点成功，因为有一位社会主义的信徒马林·安蒂帕斯被暗杀了！

现在，在议会里有五六名所谓的社会党议员，他们的思想不为人所知，因为他们从未提出过一个纲领，他们只不过是表达了社会主义信仰而已。无论他们多么想介入劳工问题，他们都会用倒退的方式，尤其是违背社会主义的方式。这些议员尽一切可能取消兹拉库里斯的选举，后者是唯一一位提出了劳动立法混合纲领的社会党议员。我们前面谈到过雅典工人阶级同盟，这个同盟有大约600名会员，大多数或多或少是社会主义者。

这个组织的目标是使社会主义斗争组织化。这个同盟在各省设有支部，兹拉库里斯第一次在凯法利尼亚与另外两个人一起当选，在雅典一个人当选，而且第二次在凯法利尼亚一个人当选，就是以它的纲领为基础的。这个纲领宣布信奉国际社会主义原则，根据这个原则，所有生产力必须从个人之手转归各共同体！这个纲领要求制定更多的走向社会主义的劳动立法，实现全世界特别是巴尔干国家工人阶级之间的团结，以及妇女选举权等。《探索》周刊是这些理论的宣传工具，而且，它还通过一些很精彩的文章系统地宣传国际的社会主义基本思想。1911年5月1日，希腊社会党第一届委员会成立。它有18名委员，其职责是将

---

① 又叫"帕特雷"（Pátrai）。——译者注
② 又称"色萨莉"（Thessalías）。——译者注

来尽可能地指导现存的社会主义舆论,以便保证所有社会主义分子在一个实在而牢固的组织中团结起来。因此,我们满意地希望这些努力最终在希腊产生一个牢固的社会党,一个与我们时代的国际社会党有联系的社会党。

1911 年 7 月

希腊选举

1912 年 3 月 27 日

3 月 24 日举行的希腊选举证明社会主义正在希腊工人阶级中发展。希腊社会党没有贸然提出一名候选人,因为人民还没有摆脱一个固定的观念,即韦尼泽洛斯政府会把他们从资本主义剥削让他们陷入的悲惨生活中拯救出来,因此他们拒绝倾听其他任何呼吁。在这种错觉下,他们盲目地投票支持韦尼泽洛斯的候选人,结果使总理拥有了巨大的影响力,新议会几乎完全由愚蠢的追随者组成。事实上,人民赋予了他实际上的绝对权力。除非他在缓解工人阶级的贫困方面取得奇迹,他将很快像以前的政治领导人一样受到谴责。事实当然是他除了加强资本主义的地位,其他什么也做不了。

他目前之所以受到欢迎,主要是因为他是第一个对工人阶级表示了某种关注的总理。他的这种关注是我们的希腊同志多年进行社会主义宣传的结果。而且,韦尼泽洛斯先生聪明过人,足以把阶级觉悟的第一个迹象归功于他。已经通过了保护工厂工人健康和安全的两个法令。这是劳动立法的一步。这完全是社会主义者长期鼓动的结果,现在却成了韦尼泽洛斯先生的善举。

由于这种错觉，希腊社会党不会对社会主义者当选抱任何希望。然而，他们邀请我们的兹拉库里斯同志竞选，目的是看一看在这些不利条件下社会主义选民的力量。

尽管兹拉库里斯同志没有当选，但他所获得的选票完全是社会主义选民的，这一点非常重要，因为他获得了不少于12000张选票，也就是说，大约占总票数的四分之一。如果他获得总票数的三分之一，他就当选了。阿提卡选区的情况就是这样，那里大约有48000名选民。

与此同时，兹拉库里斯是由凯法利尼亚和伊萨卡两个岛屿组成的选区的候选人。那里的社会主义力量比较强大，但这次韦尼泽洛斯的狂热被证明力量更大，我们的同志因微弱的票数落选，尽管他在伊萨卡的得票名列第一。

现在，虽然兹拉库里斯获得了四年执政任期，但我们的希腊同志准备在今后三四年里努力奋斗，把工人阶级组织起来，希望到那时，所谓的自由党政府将受到惩罚并被抛弃，工人阶级将取得胜利。

塞尔维亚

关于1912年4月13日立法选举的报告

在斯凯普彻纳的选举中，我们的党获得了巨大胜利。我们的两位杰出的同志和前议员德拉基什·拉普切维奇和特里卡·卡斯莱罗维奇再次当选。而且，对我们来说，更重要的是，我们的党获得了25000张选票。这些选票的最大特点是我们在各省的党组织在农村无产阶级中间取得了成功，在此之前，我们在这些地方还没有试试我们的力量。由于时间仓促，宣传员和物质条件缺乏，我们只在6个区推出了候选人，而且从在那里已经取得的结果来看，我们可以乐观而不会被指责夸大其词地断言，如果我们在17个区竞选，我们可以获得5万张选票。而且，当我们看到最强大的反对党在塞尔维亚获得10万张选票，执政党获得18万张选票时，我们有理由宣布社会主义在我们的国家将有一个光辉灿烂的未来。

我们在农民中间的宣传不是蛊惑人心的夸夸其谈、毫无根据的空口承诺和自私自利的流言蜚语，也不完全是社会主义的马克思主义的革命辞藻。我们的成功是宣传的回报，后者是资产阶级的宣传不可比拟的。在我们竞选的6周时间里，我们出版并发行了40万张关于当前政治问题和社会主义基本问题的宣传传单。我们还出版了关于各种问题的5个小册子，在城镇和乡村召开了众多集会。总而言之，我们让冷漠的群众感到吃惊，让那些受到挫折的人们感到振奋。

在这次成功之后，我们将竭尽全力继续斗争，宣传国际和解放的社会主义。

塞尔维亚社会民主党
杜谦·波波维奇

保加利亚

我们已经在本期公报"议会通知"里发表了关于保加利亚立法的信息，我们还提供了各党尤其是两个社会党（紧密派和统一派）在1911年9月4日和17日在全国各地城市选举中的结果。

下面是1911年9月17日全国各地城市选举的结果：

政党	选票
执政党（两个党）	2770
统一派社会党人	1740
自由党人	1048
民主党人	693
紧密派社会党人	651
民族自由党人	450
青年自由党人	285
激进党人	224
合计	11920①

应当注意的是，城市选举是按照以比例代表制为基础的新选举法举行的。这一制度的第一次考验是在索非亚。

当选的30名议员议席分配如下：

政党	选票
统一派社会党人	7
执政联盟	
民众党	6
进步自由党人	5
自由党人	4
民主党人	3
紧密派社会党人	2
国家自由党人	1
青年自由党人	1
激进党人	1
合计	30

---

① 原文如此，数字有误。——编者注

英格兰

加入问题

英国社会党最近在曼彻斯特召开代表大会,在会上,代表们以压倒多数通过了如下决议:"英国社会党寻求直接独立地加入社会党国际局。"

我受上个星期天召开会议的英国社会党执行委员会的指示,向您陈述直接独立加入社会党国际局的理由如下:

1. 尽管独立工党在国际社会党阿斯特丹和斯图加特代表大会上一致投票赞成像其他国家那样实现社会主义的统一,但是独立工党始终拒绝安排与另一个社会主义组织的这种社会主义统一,除非这个组织加入由独立工党、费边社和一些工会组成的工党。

2. 有理由相信,而且它最近的投票也表明,独立工党将会对英国社会党可能提出的任何实现社会主义统一的建议作出同样的答复。

3. 进入英国下院的工党不仅没有公开承认是一个社会党,它也拒绝接受社会主义纲领,而且,它在行为上和投票时也常常是违背社会主义的。此外,工党作为一个党,既不承认阶级斗争,也不宣布赞成对土地、矿山和工厂实行社会化。

4. 工党,尤其是最近以来,其所作所为简直同资本家的自由党的尾巴一样,支持直接反对工人阶级利益的措施;拒绝采取行动支持罢工工人反对自由党政府的压制;用骗人的假话欺骗铁路工人和矿工,帮助政府;没有就汤姆·曼和其他人被无理监禁提出辩论,尽管如果该党40名议员起来反对,即使没有出席会议并起来要求强行讨论这一问题的激进人士的帮助，他们也可以做到这一点。

5. 在这种情况下，英国社会党的代表在其曼彻斯特代表大会上，以压倒多数反对采取任何行动，通过国际社会党代表大会英国支部加入社会党国际局，理由是：该支部完全被工党控制；它用不同的名字拥有2至3倍的投票权；它利用其多数反对真正的社会主义者；它坚持在下院投票时坚定地支持自由党；它指定的全国支部常任书记正好是工党的临时书记，尽管这个人连社会党人也不是；它的行为从任何意义上讲都不是一个社会党。

6. 英国社会党因此决定申请直接加入社会党国际局，执行委员会特此请求社会党国际局认真考虑它自己强加给英国社会党人的不可能接受的立场——后者拒绝向一个实际上并不比自由—劳工派强多少的、完全依附性的组织屈服，例如，这个党的主席是按照和自由党的正式候选人一样的安排，靠1万张自由党选票才在莱斯特当选的，他和这位自由党候选人作为搭档共同竞选——并宣布英国社会党要作为独立代表参加国际社会党维也纳代表大会，而且如果工党作为一个社会主义组织参加社会党国际局并出席即将召开的大会，那么社会党至少要和它拥有一样的投票权。

7. 由于工党继续拒绝把自己建设成一个社会党，英国社会党执行委员会特此提出正式抗议，要求社会党国际局不再承认工党，如果这一抗议不被理会，它将在预先告知的情况下，把整个问题提交给即将召开的国际社会党维也纳代表大会。

8. 英国社会党执行委员会将发表这一声明并告知向社会党国际局派出代表的各国社会党。

书记　亨·威·李

国际议会委员会通知

我们请国际议会委员会书记将因社会党议员倡议所发生的交给各国议会的保证金的账单寄给我们,并把我们的同志已经交付、但尚未转给我们的账单也寄给我们。

议会说明

德国

Ⅰ.中央政府

德意志帝国成立于1871年。依据德意志宪法(1871年4月16日),德国各邦为保卫国家和维护德国人民的福利而组成一个联邦。

外交和军事问题的最高管理权,归德意志联邦主席即普鲁士国王掌握,他自1871年起加冕德意志皇帝头衔。

立法权由两个立法院掌管:联邦上院和帝国国会。

联邦上院代表德国各邦,帝国国会代表国民。

联邦上院有61名议员,由各邦首脑任命产生。

各邦在联邦上院里的议员人数分别为:普鲁士17人,巴伐利亚6人,萨克森4人,符腾堡4人,巴登大公国3人,黑森3人,梅克伦堡-什未林2人,布伦维克大公国2人,汉堡、吕贝克和不来梅这三个自由城市每个市3人,其他邦每个邦1人。阿尔萨斯-洛林3人(除非他们表示支持普鲁士所反对的一个议案,否则不计数)。

帝国国会由 397 名议员组成。帝国国会选举模式目前实行的是直接秘密普选制。议员任期 5 年（1888 年 3 月 19 日法律）。依照 1906 年 5 月 21 日的法律，每位议员每年 3000 马克（3750 法郎）薪金。如果不出席会议，将酌情减少。此外，他们可以在国会会季前后一周内免费乘坐德国火车。

年满 25 岁的公民都有投票权。

1912 年 1 月举行新一届国会选举。

下面是德意志帝国自 1871 年成立至今国会组成情况：

政党	1871			1874			1877			1878		
	选票	%	议席	选票	%	议席	选票	%	议席	选票	%	议席
社会民主党	124655	3.0	2	351952	6.8	10	493288	9.1	13	437158	7.6	9
保守党	549661	13.3	57	359959	7.0	22	526039	9.8	40	749494	13.0	59
帝国党	346845	8.4	37	375523	7.2	33	426637	7.9	38	785855	13.1	57
农民同盟	—	—	—	—	—	—	—	—	—	—	—	—
南德农民同盟	—	—	—	—	—	—	—	—	—	—	—	—
反犹主义者	—	—	—	—	—	—	—	—	—	—	—	—
国民自由党	273857	6.6	30	53853	1.0	—	—	—	—	—	—	—
持异见的自由党	—	—	—	—	—	3	—	—	13	—	—	10
民族自由党	1176615	28.5	125	1542501	29.7	155	1604338	29.7	128	1486760	25.8	99

（续表）

政党	1871			1874			1877			1878		
	选票	%	议席	选票	%	议席	选票	%	议席	选票	%	议席
农民同盟	—	—	—	—	—	—	—	—	—	—	—	—
民族社会党	—	—	—	—	—	—	—	—	—	—	—	—
自由联盟*①	—	—	—	—	—	—	—	—	—	—	—	—
自由主义者联盟*	—	—	—	—	—	—	—	—	—	—	—	—
进步党* 自由民众党*	342409	8.3	46	447538	8.6	48	417824	7.8	34	385084	6.7	26
(南德)民众党*	18741	0.5	1	21739	0.4	1	44894	0.8	4	66138	1.1	3
民众进步党	—	—	—	—	—	—	—	—	—	—	—	—
民主联盟	—	—	—	—	—	—	—	—	—	—	—	—
自由党	—	—	—	—	—	—	—	—	—	—	—	—
中央党	724837	17.6	63	1445948	27.9	91	1341295	24.8	93	1328073	23.1	94
波兰党	176242	4.3	13	198442	3.8	14	216157	4.0	14	210062	3.6	14
威尔夫	52341	1.3	5	73436	1.4	4	85591	1.6	4	100288	1.8	10
地方主义者	8517	0.2	2	18644	0.4	—	62481	1.2	5	50675	0.9	4

① 1912年，带*号的这5个党共同以民众进步党的名义出现。

(续表)

政党	1871			1874			1877			1878		
	选票	%	议席	选票	%	议席	选票	%	议席	选票	%	议席
丹麦党	18221	0.4	1	19856	0.4	1	17277	0.3	1	16145	0.3	1
阿尔萨斯和洛林党	234545	5.7	—	234545	4.5	15	149147	2.7	10	130494	2.2	11
无党派	79119	1.9	—	46318	0.9	—	16053	0.3	—	14721	0.3	—
立陶宛人党	—	—	—	—	—	—	—	—	—	—	—	—
	4126705	100	382	5190254	100	397	5401021	100	397	5760947	100	397

政党	1881			1884			1887			1890		
	选票	%	议席	选票	%	议席	选票	%	议席	选票	%	议席
社会民主党	311961	6.1	13	549990	9.7	24	763128	10.1	11	1427298	19.7	35
保守党	830807	16.3	50	861063	15.2	78	1147200	15.2	80	895103	12.4	73
帝国党	379347	7.5	28	387687	6.9	28	736589	9.8	41	482314	6.7	20
农民同盟	—	—	—	—	—	—	—	—	—	—	—	—
南德农民同盟	—	—	—	—	—	—	—	—	—	—	—	—
反犹主义者	—	—	—	—	—	—	—	—	—	47536	0.6	5
自由帝国党	—	—	—	—	—	—	—	—	—	—	—	—
持异见的自由党人	—	—	1	—	—	1	—	—	—	—	—	2
国民自由党	46575	14.6	46	997033	17.6	50	1677979	22.2	99	1177807	16.3	42

(续表)

政党	1881			1884			1887			1890		
	选票	%	议席	选票	%	议席	选票	%	议席	选票	%	议席
农民同盟	—	—	—	—	—	—	—	—	—	—	—	—
国民社会党	—	—	—	—	—	—	—	—	—	—	—	—
自由联盟*	429157	8.4	47	从1884年到1893年，5个党合并成一党，即自由党。								
自由主义者联盟*												
进步党*	649286	12.8	58									
自由民众党*												
(南德)民众党*	103422	2.0	9	95891	1.7	7	88818	1.2	—	147570	2.0	10
民众进步党	—	—	—	—	—	—	—	—	—	—	—	—
民主联盟												
自由党	—	—	—	997004	17.6	67	973104	12.9	32	1159915	16.0	66
中央党	1182873	23.2	100	1282006	22.6	99	1516222	20.1	98	1342113	18.5	106
波兰党	194894	3.8	18	203188	3.6	16	219973	2.9	13	246773	3.4	16
威尔夫	86704	1.7	10	96388	1.7	11	112827	1.5	4	112675	1.5	11
地方主义者	—	—	—	—	—	—	—	—	—	—	—	—
丹麦党	14398	0.3	2	14447	0.3	1	12360	0.2	1	13670	0.2	1

(续表)

政党	1881			1884			1887			1890		
	选票	%	议席	选票	%	议席	选票	%	议席	选票	%	议席
阿尔萨斯和洛林党	152991	3.0	15	165571	2.9	15	233685	3.1	15	101106	1.4	10
无党派	15345	0.3	—	12689	0.2	—	59253	0.8	3	74610	1.3	—
立陶宛人党	—	—	—	—	—	—	—	—	—	—	—	—
	5097760	100	397	5662957	100	397	7540938	100	397	7228490	100	397

政党	1893			1898			1903			1907		
	选票	%	议席	选票	%	议席	选票	%	议席	选票	%	议席
社会民主党	1786738	23.3	44	2107076	27.2	56	3010771	31.7	81	3259020	28.9	43
保守党	1038353	13.5	72	859222	11.1	56	948448	10.0	55	1060209	9.4	59
帝国党	438435	5.7	28	343642	4.4	23	333404	3.5	22	471863	4.2	21
农民同盟	—	—	—	110389	1.4	6	118759	1.2	3	157867	1.4	8
南德农民同盟	—	—	4	140304	1.8	5	111375	1.2	3	76107	0.7	—
反犹主义者	263861	3.4	16	284250	3.7	13	244543	2.6	11	314663	2.8	21
自由帝国党	—	—	—	—	—	—	—	—	—	—	—	—
持异见的自由党人	—	—	1	—	—	3	—	—	—	—	—	—
国民自由党	996980	13.0	53	971302	12.5	48	1313051	13.8	52	1637048	14.5	55

（续表）

政党	1893			1898			1903			1907		
	选票	%	议席	选票	%	议席	选票	%	议席	选票	%	议席
农民同盟	—	—	—	—	—	—	—	—	1	—	—	—
民族社会党	—	—	—	27208	0.3	—	30322	0.3	—	—	—	—
自由联盟* 自由主义者联盟*	258481	3.4	13	195682	2.5	13	243230	2.6	9	281386	2.5	11
进步党* 自由民众党*	666439	8.7	24	558314	7.2	29	542556	5.7	21	780598	7.0	28
（南德）民众党*	166757	2.2	11	108528	1.4	8	91217	1.0	6	171949	1.5	7
民众进步党	—	—	—	—	—	—	—	—	—	—	—	—
民主联盟	—	—	—	—	—	—	—	—	—	—	—	—
自由党	—	—	—	—	—	—	—	—	—	—	—	—
中央党	1468501	19.1	96	1455139	18.8	102	1875202	19.7	100	2179743	19.4	105
波兰党	229531	3.0	19	244128	3.1	15	347784	3.7	16	453858	4.0	20
威尔夫	101810	1.3	7	105161	1.4	9	94252	1.0	6	78232	0.7	1
地方主义者	4052	0.1	—	4640	0.1	—	674	—	—	—	—	—
丹麦党	14363	0.2	1	15439	0.2	1	14843	0.1	1	15425	0.1	1

(续表)

政党	1893			1898			1903			1907		
	选票	%	议席	选票	%	议席	选票	%	议席	选票	%	议席
阿尔萨斯和洛林党	114702	1.5	8	107415	1.4	10	101921	1.1	10	103626	0.9	7
无党派	124970	1.6	—	106483	1.4	—	67133	0.7	—	216960	1.9	10
立陶宛人党	—	—	—	8371	0.1	—	6012	0.1	—	4221	0.1	—
	7673973	100	397	7752693	100	397	9495587	100	397	11262775	100	397

政党	1912		
	选票	%	议席
社会民主党	4250329	34.8	110
保守党	1129274	9.3	42
帝国党	370387	3.0	14
农民同盟	58998	0.5	—
南德农民同盟	48219	0.4	3
反犹主义者	297287	2.4	13
自由帝国党	—	—	—
持异见的自由党	—	—	—
国民自由党	1672619	13.7	45
农民同盟	29148	0.2	2
民族社会党	—	—	—
自由联盟*	—	—	—
自由主义者联盟*	—	—	—
进步党*	—	—	—
自由民众党*	—	—	—
（南德）民众党*	—	—	—

（续表）

政党	1912		
	选票	%	议席
民众进步党	1528886	12.5	42
民主联盟	29444	0.2	—
自由党	—	—	—
中央党	2035290	16.7	93
波兰党	441736	3.6	18
威尔夫	90607	0.7	5
排他主义者	—	—	—
丹麦党	17299	0.1	1
阿尔萨斯和洛林党	104921	0.9	7
无党派	96147	0.9	2
立陶宛人党	6227	0.1	—
	12206818	100	397

帝国国会中社会党110名代表名单。[①]

Ⅱ. 德国各邦

邦议会

邦名	议员总数	社会党议员人数
普鲁士王国	443	6
巴伐利亚王国	163	30

---

① 因篇幅所限，此处从略。——编者注

(续表)

邦名	议员总数	社会党议员人数
萨克森王国	91	26
符腾堡王国	92	16
巴登大公国	73	20
黑森大公国	58	8
奥尔登堡大公国	45	12
萨克森-魏玛大公国	38	4
萨克森-科堡-哥达公国	30	8
萨克森-阿尔滕堡公国	35	7
萨克森-迈宁根公国	15	9
安哈尔特公国	36	1
施瓦茨堡-鲁道尔施塔特侯国	16	9
绍姆堡-利珀侯国	15	1
罗伊斯侯国（新系）	16	5
利珀侯国	21	1
汉堡自由市	160	20
吕贝克自由市	120	12
不来梅自由市	150	16
阿尔萨斯-洛林	60	11

普鲁士

普鲁士王国是一个君主立宪制国家（1850 年 1 月 31 日宪法）。

议会由两院组成。

上院有 364 名议员；其中 238 人代表上层封建等级；66 名终生议员从大臣、前大臣和大制造商中挑选。有 10 多名大学议员和 50 名大城市市长。

下院由443名议员组成,任期5年,通过三个等级间接普选产生。

年满30岁的公民可以当选。

每个年满24岁的普鲁士男子有投票权。

选举分为三个等级:第一等级约占选举人的3.36%,第二等级约占12.07%,第三等级约占84.57%。

第一等级从纳税最多的选举人中挑出,他们的纳税总和相当于全部选举人的纳税总额。第二等级从纳税次多的人中挑选出;剩下的,也就是居民的大多数,构成选举人的第三等级。

不同党派在议会中的议员人数:

保守党人	151
保守自由党人	62
民族自由党人	65
进步激进党	37
天主教中央党	103
波兰人	15
社会民主党人	6
中间人士	4
	443名

巴伐利亚

巴伐利亚王国是一个君主立宪制国家(1818年5月26日宪法)。

贵族院由91名议员组成。

下院由163名议员组成(每38000名居民产生1名议员),任期6年,通过直接普遍秘密同等效力的投票产生(相对多数)。

年满25岁的公民有投票权和当选权。

下表是1909年选举和1912年2月5日选举的情况对比。

政党	1907年	1912年	得票或失票
天主教中央党	98	87	-11
巴伐利亚农民联盟	13	4	-0
保守党人	6	7	+1
	117	98	
反对派：			
自由党人	24	35	-11
社会民主党	22	30	+8
	46	65	
共计	163	163	

萨克森

萨克森王国是一个君主立宪制国家（1831年9月4日宪法）。

第一院由47名议员组成，第二院由91名议员组成（43名来市镇，48名来自乡镇）。第二院组成情况如下：

保守党人　　　　29
民族自由党人　　28
民主进步党人　　8
社会民主党人　　26
　　　　　　　　91名

这些议员任期6年，通过普选产生，但投票并不是平等的和民主的。每个年满25岁的公民都有投票权，每个年满30岁的公民都有资格当选。

选举人分四个等级。有特权的选举人有两票、三票甚至四票投票权。

符腾堡

符腾堡王国是一个君主立宪制国家（1819年9月25日宪法）。

议会由两院组成，即第一院或上院，和第二院或下院。

议会下院92名议员情况如下：

农民党人和保守党人	16
民族自由党人	12
天主教中央党	25
民主党人	22
社会民主党人	16
无党派	1
	92名

选举模式是普遍选举，但是有一些城市的一些议员的选举采用比例选举制。

年满25岁的公民拥有选举权和被选举权。

巴登

巴登大公国是一个君主立宪制国家（1818年8月22日宪法）。

有两个立法院：即上院和下院。下院由73名选举产生的议员组成，最近一次选举即1909年10月选举产生，情况如下：

天主教中央党	26
社会民主党人	20
民族自由党人	17

民主党人	6
保守党人	2
自由党人	1
农民党人	1
	73 名

这些议员任期 4 年，通过直接秘密普遍投票选举产生。

所有年满 25 岁的公民都有投票权，年满 30 岁的公民有资格当选。

黑森

黑森大公国是一个君主立宪制国家（1820 年 12 月 17 日宪法）。

有两个立法院，即上院和下院。

下院选举每次更换一半议员，最新选举法设立了 6 个新的议席，这些议席的更换通过两级直接选举进行，而且给予 50 岁以上所有选举人两次投票权，并且延长了居住条件限制。

下院议员任期 6 年，每 3 年更换一半。

年满 25 岁的公民有资格当选。

年满 25 岁、在大公国居住至少 3 年并成为黑森国民至少两年的公民都有投票权。

下表显示了社会民主党人在最近一次选举即 1911 年 11 月 17 日选举中所取得的进步。

政党	上届议会	本届议会	增减
民族自由党人	18	16	-2
农民党人	12	15	+3
牧师	8	9	+1
自由进步党人	5	9	+4

(续表)

政党	上届议会	本届议会	增减
社会民主党人	5	8	+3
野蛮人	2	1	-1
共计	50	58	

奥尔登堡

奥尔登堡大公国是一个君主立宪制国家（1849年2月16日宪法）。议会由拥有45人的一个院组成，每5年通过直接选举产生。

最新的选举法规定年满40岁的选举人有两票投票权。

年满25岁的公民拥有选举权和被选举权。

新议会组成情况如下：

政党	席位
社会民主党	12（+8）
独立人士	14
民族自由党人	6
中央党人	9
农民党人	4
	45名

萨克森-魏玛

萨克森-魏玛大公国是一个君主立宪制国家（1850年10月15日宪法）。

依据1909年4月10日选举法，议会由38名议员组成，每6年选举一次，其中23名议员通过直接平等秘密的普选产生。

议会组成如下：

保守党人	16
民族自由党人	10
自由党人	6
社会民主党人	4
天主教中央党	1
无党派	1
	38 名

年满 25 岁的公民拥有选举权，年满 30 岁有资格当选。

萨克森-科堡和哥达

萨克森-科堡和哥达两个公国合并成一个君主立宪制国家（1852 年 5 月 3 日宪法）。

科堡公国的唯一议会有 11 名议员，哥达公国的议会有 19 名议员（9 名社会民主党人，10 名资产阶级政党议员——1912 年 6 月 4 日选举）。这些议员每 4 年选举一次，通过两个等级普遍选举产生。他们共同组成为两个公国的唯一议会。

唯一的议会有 20 名资产阶级政党议员和 10 名社会民主党议员。

每个年满 25 岁并纳税的公民都有选举权。每个年满 30 岁的公民都有资格当选。

萨克森-阿尔滕堡

萨克森-阿尔滕堡公国是一个君主立宪制国家（1831 年 4 月 29 日宪法）。

议会只有一个院，由 35 名议员组成，每 3 年直接普选一次。

每个年满 25 岁的公民都有选举权，并有资格当选。

根据 1910 年 4 月 14 日选举法，议会组成情况如下：

保守党人	20
农民联盟	3
民族自由党人	3
自由党人	2
社会民主党人	7
	35 名

萨克森-迈宁根

萨克森-迈宁根公国是一个君主立宪制国家（1829 年 8 月 23 日宪法）。

议会由 24 名议员组成，其中 4 名从纳税最多的人中挑选，4 名从大地主中挑选，16 名每 6 年投票选举一次。

年满 25 岁的公民都有投票权和当选资格。

议会有 15 名资产阶级议员和 9 名社会民主党议员。

安哈尔特

安哈尔特公国是一个君主立宪制国家（1859 年 7 月 18 日和 8 月 31 日宪法）。

议会由 36 名议员组成，其中 2 名由公国君主任命。其他议员通过两个等级每 6 年普选一次。

年满 25 岁的人有投票权和当选资格。

1906 年选举情况如下：

保守党人	12

民族自由党人	13
自由党人	6
社会民主党人	1
无党派人士	4
	36 名

施瓦茨堡-鲁道尔施塔特

施瓦茨堡-鲁道尔施塔特侯国是一个君主立宪制国家（1854年3月21日宪法）。

议会由16名议员组成，每3年选举一次，即4名由纳税最多的选举人选举产生，12名由投票选举产生。

年满25岁的公民有当选资格和选举权。

议会组成情况如下：

政党	上届议会	1911年11月10日选举
社会党人	7	9
农民党人	5	—
民族自由党人	3	7
进步党人	2	—
	16①	16

注意：新议会于1912年解散。新的选举于6月举行。9名社会党人和7名反对党议员当选。

---

① 原文数字如此。——译者注

绍姆堡-利珀

绍姆堡-利珀侯国是一个君主立宪制国家（1868年11月17日宪法）。

议会由15名议员组成，其中2名由亲王任命，其他议员通过直接普选产生。

年满25岁的公民有选举权和当选资格。

议会由14名资产阶级议员和1名社会民主党议员组成。

罗伊斯
（新系）

罗伊斯侯国是一个君主立宪制国家（1852年4月14日宪法）。

议会由16名议员组成：11名资产阶级议员，5名社会民主党议员。

在这些议员中，3名代表纳税最多的选举人，12名每6年通过直接选举产生。

利珀

利珀侯国是一个君主立宪制国家（1836年7月6日宪法）。

议会由21名议员每4年选举一次。7名议员从纳税最多的选举人中选出。

年满25岁的公民都有选举权，年满30岁的公民有当选资格。

议会组成如下：

保守党人	10
自由党人	7
民族自由党人	2

基督教社会主义者	1
社会民主党人	1
	21 名

汉堡

汉堡是一个自由港口城市，有一部 1879 年 10 月 3 日修改过的宪法。

行政权掌握在参议院手里，立法权由参议院和议会共同行使。

参议院有 18 名参议员，选举产生，终身任职。其中 9 名必须研究过法律，其他 9 人中的 7 人必须属于商界。

议会由 160 名议员组成，其中 40 名由选举机构选举，40 名由城市地主选举。其他 80 名，每 3 年选举一半，任期 6 年，采用比例代表制选举。有 8 名代表汉堡区；有 48 名公民年收入在 3125 法郎以上；有 24 名公民年收入在 1500 至 3125 法郎。年收入在 1500 法郎以下的公民没有投票权。

年满 25 岁的公民有选举权，年满 30 岁的公民有资格当选。

议会的组成情况如下：

右派	38
中左	35
左派	37
联合自由党人	30
社会民主党人	20
	160 名

吕贝克

吕贝克自由市是一个自由港口城市。其宪法制定于 1851 年 12 月

29日。

参议院由14名参议员组成,通过两个等级选举产生。在这14名参议员中,8名必须受过大学教育,6名属于法律界,5名属于商界。参议院与议会共同行使行政权。

议会由120名代表公民的议员组成,通过直接投票产生,任期6年。每两年更换三分之一。

15名议员由收入在2500法郎以下的公民选举产生,105名议员由收入超过2500法郎的公民选举产生。

年满25岁、在共和国领土上居住4年以上并纳税4年的公民都有选举权。

现在议会里有12名社会民主党议员。

不来梅

不来梅自由市是一个自由港口城市。其共和制宪法制定于1894年1月1日。

参议院行使行政权,由16名参议员组成,终身担任,必须年满30岁。

议会由150名议员组成,行使立法权。其中60名由从事专业工作的公民选举产生;其余的议员由选区的公民通过直接投票产生。

议会的议员任期6年,每3年更换一半。

年满25岁的公民拥有选举权和被选举权。

议会有16名社会民主党议员。

阿尔萨斯-洛林

阿尔萨斯-洛林自从1911年5月31日起是一个半自治的省。

立法权掌握在皇帝和议会手中。

议会由两院组成。第一院的成员不是以民主的基础组成的。第二院有60名议员,通过普遍平等直接秘密的投票选举产生,也就是说,是在几乎和国会一样的基础上选举产生的。

每个年满25岁、在德国居住2年的公民都有选举权。

根据1911年10月选举,第二院的组成如下(这些选举包括60个选区):

天主教中央党	22
洛林集团	10
自由民主党人	12
社会民主党人	11
民族主义者	1
独立人士	4
	60名

卢森堡

卢森堡大公国(1867年被欧洲大国宣布为中立国)是一个君主立宪制国家。

下议院(唯一的议院)由53名议员组成(每5000名居民选举1名议员)。

社会党人	7名
自由党人	25名
教权派人士	21名
	53名

议员通过各州直接选举,任期6年,每3年更换一半(议会通常在

11月开会)。

年满25岁的公民都有投票权(有直接纳税10法郎的记录)并有资格当选。

法国

政体是共和制。立法权由参议院和众议院共同行使,行政权由共和国总统及其部长们行使。

参议院由300人组成,他们的年龄在40岁以上,任期9年,每3年更换三分之一。

参议员由各省具有参议员选举资格的人士选举产生,这些人士包括议员、参事以及市议会议员(按人口比例由该市每个市镇的市委员会选举)组成,他们构成选举团的大部分。

在宪法实施前,75名参议员是终身的;1884年的一个法律①废止了他们的这一身份。从那时起,废止生效,终身席位归于各省,直到其担任者去世为止。(目前还有3名终身参议员,因此可以再选的参议员为297名。)

1912年1月7日,三分之一的参议员再次当选。即将离任组,也就是A组,涉及加尔等省,包括阿尔及尔省,以及瓜德罗普岛和留尼汪岛两个殖民地。

A组有96个议席。而且,不能更换的参议员议席如果出缺,必须补缺。这种议席有4个,因此,1912年1月7日的选举必须指定100名参议员。

下表是参议院最近一次选举的结果:

---

① 1876年1月30日各省第一次选举他们的参议院。

反动人士	5
进步人士	23
左翼共和党人	20
激进人士和激进社会党人	48
共和派社会党人	4
	100 名

社会党没有参议员。

下院由 397 名议员组成，他们通过一人一票的普遍直接选举产生。各省每个行政区、巴黎和里昂的每个市区任命一名议员。人口超过 10 万人的区，每 10 万人或 10 万居民选举一名议员。

议员任期 4 年。

每个年满 21 岁并在法国一个市镇居住 6 个月的公民都是选民。

所有年满 25 岁的法国人都有资格当选。

现役军人既不是选民也没有资格当选；许多军官也没有资格当选。

议员选举模式自 1871 年以来常常变动。从 1871 年至 1876 年实行的是名单投票制，在这种制度下，选民要在他的选票纸上写下在一个省竞选的很多候选人的名字。1876 年，用单名投票制取代了名单投票制。每个省划分为若干选举，选民只投票选一个议员。

1885 年又改回到名单投票制，但 1889 年，又恢复了单名投票制。

议员每年领取 15000 法郎的津贴。两院议员可以免费乘坐所有火车，只需缴一点点税。

下院自 1910 年 4 月 24 日选举以来组成情况如下：

统一社会党人	77
（目前 75 名）	
内阁支持者：	
激进人士和激进社会党人	248

左翼共和人士	89
社会党独立人士	14
	351 名

中派：

进步主义者和共和派独立人士	80

右派：

教权派人士、王党人士和帝国主义者	88
	596 名

统一社会党的候选人在1910年4月24日第一次投票时获得1125877张选票，占选民的13%。第二轮1910年5月8日的最后结果是统一社会党在新一届立法机构中拥有75个议席，也就是说比上届多了21席。

该党在1911年6月获得第76席（多姆省），在1912年获得第77席。

统一社会党77名议员名单。[①]

西班牙

西班牙是一个君主立宪制国家。立法权由国会行使。国会由拥有同等权力的参议院和众议院两院组成。

参议院有三类议员：凭自己的权利任职的参议员；国王任命的100名终身参议员（前两类的人数不得超过180名）；市议会以及教会和纳税最多的人确定的180名参议员。最后一类参议员每5年改选一半。

众议院由406名议员组成，按照每5万名居民产生1名的比例

---

① 因篇幅所限，此处从略。——编者注

选举。

每个年满 25 岁并在同一个市镇居住不少于两年的西班牙公民都有投票权。

众议院的成员都必须年满 25 岁，可以连续当选。选举每 5 年举行一次。

有 98 名众议员在可以有少数派议员的 28 个大区选举产生。

参议员没有报酬，但可以买打折火车票。众议员可以享受免费乘坐 4000 公里火车的补贴。

第一位社会党议员是：帕布洛·伊格列西亚斯，马德里费拉兹街 70 号。

在 1910 年 5 月 12 日最近一次选举中获得 40725 票。

葡萄牙

葡萄牙共和国于 1911 年 6 月 11 日由制宪议会宣布成立。

自 1910 年 10 月 6 日以来，它事实上已经存在了。

宪法于 1911 年 8 月 18 日颁布。

行政权由共和国总统和部长掌握。

立法权属于国会，它由参议院和众议院组成。

众议院于每年 12 月 28 日开会，不须召集，会期持续 4 个月（但可延长）。

两院议员以不折不扣的普选为基础选举产生（它们的运作由法律规定）。

参议员在以下基础上选举产生：每个欧洲地区选举 3 名参议员，每个大西洋彼岸的省选举 1 名参议员。

参议员任期 6 年，每 3 年改选一半；他们必须至少年满 35 岁。

众议员任期 3 年。在补选的情况下，新任众议员占据他们所取代的那个众议员的议席。众议员必须年满 25 岁。

葡萄牙社会党在众议院里有 1 个议员（他是葡萄牙当选的第一名社会党众议员），他就是：

曼努埃尔·何塞·达席尔瓦。

波尔图住址：托里尼亚街 326 号。

里斯本住址：万国旅馆，马格达莱纳的拉尔戈。

两院议员领取薪金数额不定。

俄国

俄罗斯帝国是一个所谓的君主立宪制国家，但实际上仍然处于沙皇专制统治之下。

按照国家根本法，立法权由沙皇和帝国会议或上院与杜马共同行使。

帝国会议由沙皇任命的议员和 98 名选举产生的议员组成，目前组成情况如下：

6 名由正教神职人员选举产生；

34 名由地方自治会议直接选举产生；

16 名由尚未成立地方自治局的 16 个行政区的一定规模的地主大会直接选举产生；

6 名由 10 个波兰行政区的一定规模的地主大会选举产生；

18 名由贵族选举产生；

6 名由科学院和大学选举产生；

12 名由工商理事会、交易委员会和商人同业公会选举产生，最后一类分两级选举产生。

共计 98 名。

沙皇每年任命议员，其数量不得超过选举所产生的议员人数。后者必须年满40岁，任期9年（每3年选三分之一）。在开会期间，他们每天领取25卢布。

杜马由440人组成，每5年在行政区和重要城市间接选举产生（7个城市采用直接选举）①。

俄罗斯臣民要成为一名选举人，必须年满25岁，而且不能是陆海军现役军人，也不能是国家雇员。

议员每年领取4200卢布薪金。

国家杜马的组成情况（1910年）

右派	46 名
民族主义者	91 名
十月党人	131 名
波兰人、立陶宛人等集团	7 名
波兰集团	11 名
进步人士	36 名
穆斯林人士	9 名
立宪民主党人	52 名
劳动派集团	15 名
社会民主党	14 名
无党派人士	28 名
总计	440 名

上届杜马的14名社会党议员名单。②

---

① 第三届杜马于1912年6月被解散。第四届杜马选举将于1912年10月举行。
② 因篇幅所限，此处从略。——编者注

芬兰

从理论上讲,芬兰大公国是一个自治国家,俄国沙皇是其大公。实际上,大公一直企图限制保障的自由,并扮演着绝对君主的角色。

国会(一院制)的组成如下:

社会党人	87 名
老芬兰党人	42 名
青年芬兰党人	28 名
瑞典党人	26 名
农民党人	16 名
基督教社会党	1 名

总数 200 名,通过普选直接和秘密投票产生,任期 3 年。

所有公民,无论男女,年满 24 岁都是选民,而且都有资格当选。

国会成员每个会季(约 90 天)领取 1400 马克。

下表是 1910 年至 1911 年各党所获得的选举结果:

	1910	1911
社会党	316951	320289
老芬兰党人	174661	173362
青年芬兰党人	114291	118298
瑞典党人	107121	1062 9①
农民党人	60157	62660
基督教社会党	17344	17289
独立人士	1034	782

---

① 原文中间疑少一个阿拉伯数字。——译者注

社会党人的得票从 1907 年的 370‰ 增加到 1911 年的 401‰。

芬兰社会党议员名单。①

瑞典

瑞典是一个君主立宪制国家。立法权掌握在国王和国会手里。国会由两院组成。

第一院（或上院）由 150 名议员组成。第一院的最近一次完全改选于 1911 年 11 月举行②。1911 年选举后第一院的组成比较如下：

议席分配表

政党	1910 年	1911 年	
自由党人	15	52	+37
保守党人	133	86	-47
社会党人	2	12	+10
共计	150	150	

第一院议员（在最高纳税人中选择）由大城市议会和省议会 6 年选举一次③；他们必须年满 35 岁，（在选举前至少 3 年）拥有价值 50000 克朗（约合 72000 法郎）的财产或者 3000 克朗（约合 4200 法郎）的年收入。

最近进行的选举改革，主要是通过城市选举改革彻底改变第一院的

---

① 因篇幅所限，此处从略。——编者注

② 第一院于 1911 年 10 月在第二院选举后被自由党解散。

③ 这些城市和省议员按一人多次投票产生，其中 40% 的选票掌握在高纳税人手中。这是第二院保守党占多数的原因。而比例代表制说明了尽管如此，社会党人少数派仍可以渗入属于社会党的省议员的原因。

基础，虽然改革并不充分，但它将前所未有地减少高纳税者的影响力，此外，在这些城市还采用了比例选举制，而且每年更换六分之一。

第一院社会党议员名单。①

第二院（或众议院）由230人组成。

第二院最近一次选举于1911年9月举行。

1908年和1911年选举结果比较表：

表1　议席分配

政党	1908年	1911年	
自由党人	104	102	-2
保守党人	93	64	-29
社会党人	33	64	+31
共计	230	230	

表2　选票数

政党	1908年	1911年
自由党人	121308②	242127
保守党人	130037	188247
社会党人	55110	172980
共计	306455	603354

第二院选举的基础是所谓的普选权，但是采用比例选举制。这种选举制度于1911年第一次采用，它是实施1907年法律的结果。选举人数从30万增加到100万。瑞典有570万居民。

以前，投票权以过去几年缴纳至少800克朗的直接所得税为基础。

---

① 因篇幅所限，此处从略。——编者注
② 其中有约20000张社会党人选票。

目前，每位年满 24 岁（以前为 21 岁）、在瑞典一社区居住 3 年的瑞典公民都有投票权和当选资格。法律还允许因合法免除纳税义务而受益的纳税人拥有选举权①。

第二院议员任期 3 年。

两院议员除了旅行支出外，每个会季（持续 4 个月）还领取 1200 克朗（约合 1130 法郎），特别会议期间每天还领取 10 克朗（约合 13.75 法郎）；如果会季超过 4 个月，他们就要自己负担他们的支出了。

两院社会党人名单（64 人）。②

荷兰

荷兰是一个君主立宪制国家。国王与国会两院共同行使立法权。

上院议员有 50 人，由省议会从纳税最多的公民中选举产生。

下院议员目前有 100 名，所有年满 25 岁、缴纳 20 至 60 盾（各地不同，约合 42.40 至 147.20 法郎）直接税的荷兰人选举产生。

每个年满 30 岁的荷兰人都可以当选为下院议员。上院议员任职 9 年（每 3 年更换三分之一），下院议员任职 4 年。

下院有 7 名社会党议员，他们在 1909 年最近一次大选中获得 82494 票，而在 1905 年大选中获得 65743 票。他们是：

J. -E. -W. 杜伊斯，赞丹

W. -P. -G. 黑尔斯丁根，海牙

F. -W. -N. 胡根霍尔茨，海牙

---

① 所有这些限制尤其适用于劳动选举人，他们常常被迫迁出某个区，而且首先，那些没有纳税的人的数量相当大，尤其是在城镇里。

② 因篇幅所限，此处从略。——编者注

J. -H. -A. 沙佩尔，赖斯韦克

特尔·拉恩，斯海弗宁恩

彼得·特鲁尔斯特拉，斯海弗宁恩

W. -H. 维利尔根，阿姆斯特丹

荷兰有两个社会主义政党，一个是成立于1894年的社会民主工党，一个是成立于1910年3月14日的社会民主党。

比利时

立法两院于1912年6月2日举行完全更新的选举。

国会议员的组成

社会党人	35	39
自由党人	44	44
教权主义者	86	101
基督教民主党人	1	2
共计	166	186

教权主义者多数派从6个增加到16个。

议席数量的增加是这一事实造成的，即上下两院议员人数要根据居民人数增加情况进行一次调整。

社会党人新获得了5个议席。他们是：

巴斯蒂安，蒙斯；布吕内（沙勒罗瓦），布鲁塞尔；德舒特（安特卫普），博姆；埃尔贝斯（布鲁塞尔），莫伦贝克—布鲁塞尔；布兰夸特（苏瓦尼），布雷恩—勒孔特；特里奥①，鲁汶。

有一个议席，约沃特斯（瓦雷姆）给丢了。

---

① 特里奥同志接替了朗根东克的议席。

各党在1912年6月2日选举中的得票

教权主义者	1350076
社会党人	241895
自由党人	206742
卡特尔（自由—社会主义者）	794283
社会主义者或持异见的自由党人	3188
基督教民主党人	21960
	1268023
	2618093
商人	4080
总计：	2622179
教权主义多数派	82053

参议院的构成

	以前	目前
社会党人	8	9
自由党人	39	41
教权主义者	63	70
共计	110	120

教权主义者的多数派从16个增加到18个。

社会党人参议员的分布如下：

4名按照纳税选举的原则选出的参议员[①]（直接选举产生）：

[①] 纳税选举（censitary suffrage）是与平等选举（equal suffrage）相对，在这种投票制度下，有资格投票的人并不是平等的，他们的投票权是按照他们的地位和纳税多少分配的权重。——译者注

考彼尔特斯（瑞梅）、弗兰克（根特）、马克斯·哈勒特（布鲁塞尔）、利比欧勒（沙勒罗瓦）。①

和5名省参员（由省议员选举产生）：

莱昂·科洛（上费）、拉封丹（布鲁塞尔）、勒克（布鲁塞尔）、吕西安·罗兰（蒙斯）、万科（布鲁塞尔）。

工党必须将不属于该党的一些激进主义者纳入其名单，因为它没有缴纳宪法所规定的税的足够数量的社会党候选人，采用这些策略是为了利用其所有选举力量，从而减少政府的力量。这些候选人中有的当选，但是人们普遍认为这几位参议员将受工党的控制。

瑞士

瑞士自1798年以来先后制定了6部宪法：第一部宪法从1798年4月12日起；第二部宪法从1802年5月22日起；第三部宪法从1803年2月10日起；第四部宪法从1815年起（联邦条约）；第五部宪法从1848年9月18日起；第六部宪法从1874年4月19日起。后一部宪法仍然有效。瑞士宪法可以随时修改。

瑞士共和国联邦目前有25个州和半州组成。

联邦议会是联邦最高权力机关，由国民院和联邦院两院组成。国民院由189名议员（每2万居民产生1名）组成，由国民直接选举产生，任期3年。

每个年满21岁的瑞士公民都是选民。

每个有投票权的公民都有资格当选，只有牧师没有资格当选。

议员在参加议会会议期间，每天从联邦国库领取20法郎、从居住

---

① 详细通讯地址从略。——译者注。

地到首都每公里 25 分的旅行津贴和同样数额的返程津贴。

国民院的组成

政党	1908 年	1911 年	得/失
独立人士	104	113	+9
天主教人士	34	38	+4
新教人士和保守党人士（中派）	16	14	-2
社会党人	7	15	+8
民主人士	5	5	—
野蛮人	1	4	+3
	167	189	+22

国民院社会党议员名单：

阿福尔特博士（律师）、尤格斯特（牧师）、弗雷（编辑）、格罗伊利希·海尔曼（苏黎世、工人书记）、格林（编辑）、耶格（巴勒）、弥勒（财务主管）、内尔（排字工）、佘恩（律师）、普夫卢格（市议员）、朗根塔尔·里克利博士（医生）、罗伯特·宰德尔（超编教授）、让·西格（助手）、约翰·西格（编辑）、施图特博士（律师）。

联邦院由 44 名议员组成（每个州 2 名，每个半州 1 名），在有些州直接选举产生，在有些州由立法机构选举产生，任期 1 年、2 年或 3 年。

联邦院还没有社会党议员。

每个公民都是选民，都有资格当选。

两个立法机构还选举 7 个人组成联邦委员会——行使国家行政权，还选举联邦法院法官，联邦法院有 19 名法官和 9 名替补法官，任期 6 年。

地方政府

每个州都保留其主权并依据一部特殊的宪法进行治理,但是这个宪法不得包含同联邦协议规定相抵触的内容。各州之间不得签署涉及公民①的任何协议。

在比较小的州,公民可以召开"**州民大会**"。(阿彭策尔、格拉鲁斯、翁特瓦尔登)

所有其他州任命一个可以制定地方法律的大委员会。

州宪法可以经常修改。

下面是州众议院人数和工人议员人数。

苏黎世	243	43
伯尔尼	235	14
卢塞恩	143	7
乌里	87	—
施维茨	95	2
上瓦尔登	72	—
下瓦尔登	63	—
格拉鲁斯	67	2
楚格	72	3
弗里堡	105	—
索洛图恩	125	23
巴塞尔城	130	43
巴塞尔州	86	—

---

① 法文和德文均为"涉及政治事务"。——译者注

（续表）

沙夫豪森	86	10
外阿彭策尔	67	2
内阿彭策尔	63	—
圣高尔	172	4
格劳宾登	80	1
阿尔高	187	2
图尔高	122	10
泰辛	96	3
瓦特	236	10
瓦利斯	116	—
纽堡	111	22
根特	100	11
总数	2959	212

乌拉圭

乌拉圭社会党目前在该国首都有7个小组，在各省有3个小组。
自1911年以来，在议会里有1名议员，即埃米利奥·弗鲁戈尼。
机关报《社会主义》是一份周报，发行5000份。
党的执行委员会设在蒙得维的亚黑山科隆街114号。

保加利亚

保加利亚于1878年组成一个自治的侯国（柏林条约）。
立法权掌握在国民议会手里，议会只有一院，议员由选举产生，任期5年，选举由成年男子普选进行。

在两个区采取（试行）比例选举制，它们是：特尔诺沃和菲利波利斯①。

每个年满30岁，可以读写的公民，都有资格当选（但神职人员、现役军人除外）。

1911年6月18日立法选举的目的，是建立大国民议会，它是普通立法会议人数的两倍。这个大会刚刚完成对宪法的修改，宣布了国家独立，从一个侯国转变为一个王国。

事实上，保加利亚是一个独立国家，但土耳其革命和波斯尼亚—黑塞哥维那的合并，给"保加利亚亲王"戴上了"所有保加利亚人的沙皇"的头衔并扩大其特权的借口。

1911年6月18日立法选举的结果如下：

政府议员	352
农民议员	52
社会党人议员	6
自由党人议员	6
激进民主议员	4
民族自由人士	4
民主人士	2
合计	426名

有554102名选民参加这次选举，占选民总数（1053647）的52.5%。

6名社会党人当选。他们分别属于两个派别：

（1）5名社会民主工党（统一派）议员：P.德吉德波夫博士，律

---

① 普罗夫迪夫的旧称。——译者注

师（索非亚）；伊利亚·叶诺夫，记者（索非亚）；科诺夫，记者（塞夫利耶沃）；安德烈·帕斯托克夫，律师（索非亚）[①]；扬科·萨卡索夫，记者（索非亚）。

（2）1名社会民主工党（紧密派）议员：维·拉斯洛斯基，以1920票当选。

统一派社会民主工党获得18300票，紧密派社会民主工党获得约13000票。

最近一次例行的立法议会选举于1911年9月4日和17日举行，结果如下：

政党	议席	得票
政府	191	298116
自由党	7	33320
民族自由派	4	17685
民主派	4	24686
农民党	4	71943
青年自由派	1	6415
激进人士	—	12918
社会党人（紧密派）	—	12850
社会党人（统一派）	—	12715
	211	490658

通过1912年6月最新一次选举，1名社会党人当选议员，这就是社会民主党（统一派）的扬科·萨卡索夫，他是一名索非亚的记者。

---

① 法文和德文的地址是"弗拉查"（Vratza）。——译者注

美国

Ⅰ. 中央政府

美国于1776年成为一个独立国家，拥有自己的宪法（1787年9月17日宪法）；有48个州和2个领地（其中一个领地在众议院还没有代表）。

立法权掌握在国会手里。**国会**由**参议院**和**众议院**组成。

参议院组成：

民主党人	41
共和党人	51
合计	92 名

参议院（每个州2名，不论其规模大小或人口多寡），目前由选举机构直接选举产生（1911年4月15日法律），任期6年，每两年更换三分之一。他们必须在他们当选的州居住，年满30岁，至少拥有9年美国国民身份。

众议院组成：

民主党人	228
共和党人	162
社会党人	1
合计	391 名

众议员由州选举，任期2年，这个州通过普遍直接投票选举他们的众议员，众议员必须年满25岁，至少拥有7年公民身份。

各州投票权规定不同；通常每个年满21岁的公民都有投票权。

此外，众议院里有1个代表各领地的议员，他的选举办法和参议员一样，但没有投票权。

国会议员领取 7500 美元的薪金（1 美元相当于 5 法郎），还有旅行津贴（数额依距离而定）。

依据按照 1900 年人口普查的结果新划分的选区，议员人数为 386 人，而自从俄克拉何马作为一个州加入以来，议员人数为 391 人。

社会主义者在众议院有 1 名议员：

维克多·路易·伯杰，威斯康星州密尔沃基第六大街 344 号。

Ⅱ. 州政府

联邦有 48 个州，包括新墨西哥和亚利桑那（1911 年 8 月）和两个领地（阿拉斯加和夏威夷）。

每个州除了联邦宪法之外，还有它自己的宪法（共和政体）。

每个州有两个院，即一个**参议院**和一个**众议院**（每个院议员选举产生，任期各州不同）。这些（两院）议员每个会季领取 150 至 1500 美元或每天 1 至 8 美元的补贴，各州数额不等。

大部分州议会季为一年两次。

Ⅲ. 社会主义政党

美国有两个社会主义政党：一个是社会党，一个是社会主义工人党。

社会党在**众议院**有 1 名议员：即威斯康星州密尔沃基的维克多·路易·伯杰，他在 1910 年 11 月选举中以 13417 票分别战胜了共和党候选人（获 13094 票）和民主党候选人（获 8397 票）。

社会党在 311 个区竞选（总共有 397 个区），共获得 72 万张选票。

在联邦各州立法选举中，社会党有 30 名成员在马萨诸塞州、明尼苏达州、北达科他州、宾夕法尼亚州和威斯康星州等州当选。

(1) 马萨诸塞州

该州设有两院。

参议院有40名议员,由选举机构选举产生,任期1年。

众议院有240名议员,由选举机构选举产生。

两院议员每个会季领取750美元。

每个年满21岁、能读写的男性公民都有选举权。

在**众议院**240名议员中,有1名社会主义者,即查尔斯·H.莫里尔。

(2) 明尼苏达州

该州设有两院。

参议院有63名议员,任期4年;每2年改选一半。

众议院有119名议员,任期2年。

两院议员在会季每天领取5美元薪金,还能够有限制地免费乘坐火车。

每个年满21岁、在明尼苏达州居住至少6个月的公民都有投票权。

众议院里有1名社会主义者:内尔斯·S.希尔曼。

(3) 北达科他州

大会由两院组成。

参议院有40名议员,任期4年。

众议院由100名议员,任期2年。

资格条件如下：参议院议员必须年满 25 岁，众议员 21 岁。他们在选举前必须在北达科他州居住 2 年。他们在年满 21 岁时获得选举权。

众议院有 1 名社会主义者：韦斯利·法赛特，法戈市阿瑟·巴塞特公司。

（4）宾夕法尼亚州

议会由参议院和众议院组成。

参议院有 50 名议员，任期 4 年，每 2 年更换一半。

众议院有 204 名议员，任期 2 年。

每个年满 21 岁、在该州居住至少 1 年的公民都有选举权。

在该州居住 1 年的每个男性公民都有选举权；

议会议员在每年两次的固定会季期间领取 1500 美元和 150 美元的预付薪金。

众议院有 1 名社会主义者：詹姆斯·H. 莫勒，雷丁市北 10 街 1516 号。

（5）威斯康星州

有两院。

参议院有 33 名议员，任期约 4 年，每 2 年更换一半。

众议院有 100 名议员，任期 2 年。每个选区合格公民（除了大会成员）在该州居住 1 年的男性公民都有资格当选。

每个年满 21 岁的男性公民都有投票权。

两院议员每个固定会季领取 500 美元，每英里旅行补助 10 美分。有 2 名社会主义参议员，12 名社会主义众议员。

社会主义参议员：

温菲尔德·R. 盖洛德（威斯康星州首府麦迪逊）、加布里埃尔·佐菲（威斯康星州首府麦迪逊）

社会主义众议员：

威廉·J. 吉尔伯伊（威斯康星州首府麦迪逊）、弗兰克·B. 梅特瑟尔福（威斯康星州首府麦迪逊）、雅各·哈恩（威斯康星州首府麦迪逊）、詹姆斯·H. 文特（威斯康星州首府麦迪逊）、埃德蒙·贝尔纳（威斯康星州首府麦迪逊）、阿瑟·卡恩（威斯康星州首府麦迪逊）、弗雷德里克·布罗克豪森（威斯康星州首府麦迪逊）、马克斯·宾纳（威斯康星州首府麦迪逊）、乔治·克伦岑多夫（威斯康星州首府麦迪逊）、迈克尔·卡茨班（威斯康星州首府麦迪逊）、E. H. 基弗（威斯康星州首府麦迪逊）、弗兰克·J. 韦伯（威斯康星州首府麦迪逊）

阿根廷共和国

阿根廷共和国有一部联邦宪法，宪法于1853年5月1日制订，1860年和1898年两次修订，议员和部长人数都增加了。

议会（从5月1日至9月30日开会）由参议院和众议院组成。

参议院有30名议员；由各省和首都立法机构间接投票选举产生（任期9年，每3年更换三分之一），每个省2名，首都也是2名。

众议院由120名议员组成（任期4年，每2年改选一半），由各省居民直接选举产生（每33万居民选1名）。

由于1912年2月通过的新选举法，选民人数大幅度增加，该法规定每个年满18岁的公民都有投票权。

每个年满25岁、在该国居住5年的公民都有资格当选。

两院议员每年领取 18000 比索薪金（约合 41553 法郎）。

众议院和参议院议员换届的新选举于 1912 年 4 月 7 日在首都举行。目前还不能提供众议院政党的组成情况，因为按照阿根廷社会党书记的来信："阿根廷其他政党几乎都是一个样的。"

众议院有 2 名社会党人，他们是：阿尔弗雷多·L. 帕拉西奥斯博士和胡安·包蒂斯塔·胡斯托博士。

社会党在布宜诺斯艾利斯各次立法选举中所获得的选票：

年份	得票	当选议员人数
1896	134	
1898	105	
1900	135	
1902	165	
1904	1257	1
1906	3495	1
1908	5178	1
1910	7006	1
1912	18844	2

这 2 名议员，即帕拉西奥斯和胡斯托，分别获得 32512 和 23028 张选票。

他们的任期于 1916 年 4 月 30 日届满。

该党第一次竞选参议员。社会党候选人曼努埃尔·乌加特获得 14396 张选票。

政党

全国执行委员会。最近一次党的代表大会（第十次）于 1912 年 1

月召开，选举全国执行委员会如下：何塞·布兰科、多明戈·德·阿马斯、弗朗西斯科·库内奥、伯纳达·德洛姆、胡安·B. 胡斯托、阿尔弗雷多·L. 帕拉西奥斯、尼古拉斯·雷佩托、巴西利奥、维达尔、菲力浦·加努阿、胡安·B. 皮诺和马里奥·布拉沃。

司库：德·阿马斯。

总书记：马里奥·布拉沃，阿根廷布宜诺斯艾利斯后卫街888号。

该党目前有53个支部，它希望缴党费的人年底能达到4000名。

社会党书店和出版商

1. 这是对公报第七期（第54页）发布的名单的第一个补充。

2. 德国

德国劳动者禁酒联盟书店（J. 米夏埃利斯）柏林

德国劳动者禁酒联盟书店给我们来信如下：

"每个地方都能得到不同国家的文学作品被认为是进步的标志。我们不敢说所有外国出版者的书收藏在不同党的书店是否有意义。也许，在每个国家有更大的地方存放更好一些。出于这个原因，还由于其他原因，有几个书店会收到大量可能卖不出去的图书和小册子。因此，如果有大的地方，书店有大量库存，其他党的书店可以从这些地方满足他们的需要。

因此，我们请求在每个党的范围内建立一个党的文献交流系统。

致以兄弟般的敬礼！

米夏埃利斯
1911年11月7日于柏林"

新的地址

6. 法国

社会党（工人国际法国支部）书店，巴黎布雷东纳里十字街 37 号。

9. 葡萄牙

《社会主义者》，里斯本康布罗街 38-A；
《社会共和国》，本弗莫索街 150 号。

21. 保加利亚

《社会主义日报》，保加利亚社会民主党（紧密派）机关报，索非亚。

30. 阿根廷

《先锋报》，社会党书店和出版社，阿根廷共和国布宜诺斯艾利斯后卫街 888 号。

关于社会主义青年组织章程（见第 7 期公报第 36 页[①]）**的补充说明：**

第 8 条应为：

"每个全国性组织务必保证让自己的青年组织指派一名通讯员，负

---

① 见本卷第 391—392 页。——编者注

责与国际书记处的联系。"

第 4 条 "属于**允许派代表参加国际社会党代表大会的**组织的每个青年组织，或至少**被承认是一个青年组织**的组织，都有权加入国际书记处并参加青年国际代表会议。

如果出现意见分歧，由**青年国际委员会**裁定。如果对裁定不服，可以向**社会党国际局**上诉，**最终可上诉至国际社会党代表大会**。"

国际青年组织书记

丹内贝格

1911 年 11 月 22 日于维也纳

勘误①

社会主义报刊分类目录②

这是对公报第 5 期（第 186 页）③ 发布的名单的第二个补充。

反战国际示威宣言
（1911 年 11 月）

致各国劳动者！

9 月 26 日至 27 日晚，即社会党国际局苏黎世会议第二天，意大利政府——我们不要把它同意大利混淆了——向奥斯曼政府发出一份粗暴的最后通牒，并于 48 小时后宣战。

---

① 因篇幅所限，此处从略。——编者注
② 因篇幅所限，此处从略。——编者注
③ 见本卷第 289 页。——编者注

这一侵略行径并没有遭到那些关心和平、发自内心尊重人权的人们的强烈谴责。如此彻底地剥去其虚伪掩饰的资本主义掠夺政策以前还从来没有过。如此不费力气就能找到为另一个文明国家，另一个开始其振兴努力的文明国家的暴力行径辩护的同样例子，以前还从来没有过。

面对这种罪恶行径，工人国际只有一个意见。我们的意大利同志和我们的奥斯曼帝国的同志一致以无产阶级共同利益的名义，抗议像疯子一样的犯罪分子所犯下的滔天罪行，它给胜利者造成的破坏性比给失败者造成的破坏更严重，它可能释放出一场大战的恶魔，在欧洲和新伊斯兰人民之间挖掘一道深沟，而且它最终注定要给列强进一步扩大军备提供新的借口。

为了突出这一抗议，社会党国际局贯彻斯图加特和哥本哈根代表大会决议，以及去年9月25日苏黎世会议所通过的特别决议，要求你们在欧洲主要城市举行集会，对的黎波里的"强硬措施"表示抗议，全面反对战争。

的黎波里征伐确实只不过是所有列强所采取的政策的众多表现之一。

如果意大利可以打到的黎波里，英国可以征服埃及，法国和西班牙在摩洛哥问题上争执，德国在阿加迪尔胡作非为，奥匈帝国占领波斯尼亚和黑塞哥维那。在列举了这些共犯之后，我们再说一下默认共犯：如果意大利政府采取行动，它只要和盟国达成一致，只要与协约国达成一致就能做到。

国际社会主义认为，不仅意大利的政策，而且所有列强的政策，对世界来说都是野蛮政策，不论对于牺牲者，还是对于那些认为从中受益的人，它们都是灾难性的，因此必须加以谴责。

在土耳其和广大穆斯林国家，它培育刻骨仇恨和危险感觉，而且在宽容思想正在引入西方民族已经获得的观念、制度和自由权利的时刻，它扮演了反动派的角色，给它们提供了抵制欧洲文明和平渗入的有效理由。

在欧洲，它发动了殖民战争，血腥而沉重，西班牙人在里夫感到了它，意大利人在的黎波里感到了它。它伪造民主机构，阻止它们的发展。它强化古老大国，造成社会成见的偏差。它使人陷入无休止的军事支出链条。它随时可能造成其严重程度远远超过这个世界已遭遇的所有惨状的灾难。

对于这个世界的野蛮暴力的效力，国际无产阶级必须前所未有地动员力量加以反对。

我们的意大利同志已经尽其所能反对对的黎波里的征伐，虽然结果在这种情况下不尽如人意。他们将继续战斗，肩并肩地与民族主义的兽行作斗争。

因此，我们和他们一起对战争表示抗议，而且与此同时，我们表示一个愿望：土耳其政府应当汲取当前事件的教训，努力平息合乎道德的反对意见，缓解工人阶级的痛苦，有效地促进巴尔干国家的和睦，期待他们在一个联邦机体内紧密团结起来；东南欧各国拥有自主发展的文化条件。他们应当在政治上和睦相处。因此，社会主义将运用其全部影响，支持巴尔干各民族团结的主张，发展这些民族抵抗欧洲资本主义的阴谋诡计和侵略力量。

各国工人团结起来，反对战争。为了和平、为了裁军、为了各民族的团结，举行示威游行。

社会党国际局执行委员会
爱德华·安塞尔
莱昂·弗尔蒙特
埃米尔·王德威尔得
书记　**卡米耶·胡斯曼**

第 11 号通报

提醒各成员党书记，

亲爱的同志们：

1910 年 12 月 15 日，我们给你们邮寄了通告。

迄今为止，我们总共收到来自下面 4 个组织的答复：

（1）亚美尼亚革命联合会；

（2）塞纳省决议委员会；

（3）丹麦中央工会和社会党；

（4）芬兰社会党。

由于维也纳代表大会时间临近，经瓦扬同志同意，我们请你们适时给我们一个答复，以便我们掌握必要的信息。

另一方面，如果你们能记住一个事实，即你们还要向你们的有关中央工会或工会组织咨询——他们一般派代表参加国际代表大会，我们将非常感激。

社会党国际局

书记　卡米耶·胡斯曼

1910 年 12 月 15 日于布鲁塞尔

致各成员党的通报

亲爱的同志们：

哥本哈根国际代表大会通过一项关于仲裁与裁军的决议并通过以下

提案：

"大会决定，基尔·哈第-瓦扬修正案应提交社会党国际局审议，后者将就修正案的建议向随后召开的国际社会党代表大会提交一份报告。

签字：

王德威尔得　希尔奎　维尔博　罗·卢森堡　维·阿德勒　艾伯特"

基尔·哈第-瓦扬修正案如下：

"代表大会认为，在所有可以用来防止和阻止战争的手段当中，最适宜的是工人总罢工，主要是为战争提供物资（武器、弹药、运输工具等）的那些工业部门中的工人总罢工；采取强有力的手段在人民中间进行鼓动和活动，也同样适宜。

签字
爱·瓦扬　基尔·哈第"

修正案提出者在他们的讲话中指出，如果国际在斯图加特已经指明了反对军国主义的行动指导方针，那么，就有必要在哥本哈根找到实现这些主张的办法。当工人阶级的议会议员在立法机构不受限制地努力挫败战争危险的时候，工人组织有义务干预，以防止屠杀。而且作为一种务实措施，修正案提出者主要考虑了特别是受雇于提供战争物资的工人的罢工问题。

相关议案的提出者王德威尔得指出，基尔·哈第-瓦扬修正案已经产生了非常广泛的影响，因此，有必要先由成员党审查和研究这个修正案。一纸决议的价值非常有限，在如此重大的问题上，重要的是看它有无可能实现。

抱着这样的目的，亲爱的同志们，我们将基尔·哈第-瓦扬修正案提交给你们。请你们仔细审查，与有关工会组织沟通，并及时将情况报告给我们。

执行委员会

安塞尔

弗尔蒙特

王德威尔得

书记　卡米耶·胡斯曼

第 12 号通报

1912 年 6 月

致各成员党书记

亲爱的同志们：

我们收到我们的克罗地亚同志的以下来信，请你们将它提交给你们的组织，还有你们的工会组织。我们还希望你们帮助我们为国际社会民主党作出过贡献的朋友们，如我们随函附上的萨拉热窝的决议所证明的那样。

致以兄弟般的敬礼！

社会党国际局

书记　卡·胡斯曼

1912年5月11日于阿格拉姆

亲爱的同志们:

由于极其恶劣的政治条件,克罗地亚-斯拉沃尼亚社会民主党曾遭受严重的罪恶的迫害。匈牙利封建大土地拥有者阶级,不仅拒绝匈牙利工人阶级享有政治权利,而且当克罗地亚-斯拉沃尼亚人民的利益与该王朝的利益发生冲突时,还进行残酷的镇压。这个国家及人民在经济上被当成一个殖民地,在政治上被当成一个总督辖区。由于这种统治方法引起的普遍不满最终变成危险,新的国会选举被一场政变暂时取消,并任命了一个拥有无限权力的委员。这次暂时中止暂停宪法的结果是,报刊必须缴存2000到5000克朗的保证金,接受比俄国还要严厉的预防性检查。集会权利被暂停了,不适用了,政治活动被禁止了。

尽管有专制命令,克罗地亚无产阶级还是利用了罢工权利和5月1日集会权。党的中央委员会知道,这一形势将持续一段时间,而社会鼓动的减少将会带来严重的后果。为了作出反应,防止工人运动势头减弱,他们在4月底偷偷将数千份《红色自由》第一个宣言运到布达佩斯散发。统治阶级气急败坏。在阿格拉姆,有3位同志被判罚1200克朗罚金和35天监禁,随后被逮捕,以便对他们实施惩罚。罚金要强制执行,对于很多同志来说,这意味着物质损失,因为党无力支付这种罚金。入狱的人被指控的罪名是阅读和传播《红色自由》。各地都有同志被逮捕的报道。

全国中央工会书记威廉·布克塞格同志被警察局传唤,他们威胁说,如果党继续散发《红色自由》,就要解散工会。我们能在这些粗暴的威胁面前退缩吗?这样的工会绝不会卷入政党斗争。

但是他们认为,要摧毁工人运动,必须破坏工人运动的专栏。尽管我们预见到各种危险,但是我们不能退缩,因为要让总督们和所谓的欧洲舆论清楚地看到，用宣布紧急状态是不可能恢复这个国家的平静的，干什么事都有危险。

当宣布非常形势，新闻媒体被压制时，克罗地亚、塞尔维亚和德国的周报都不见影子了，因为只有我们要求为《自由言论》交付5000克朗的保证金。

在下面签字的中央委员会意识到这样一个事实，即我们必须首先为权利和宪法自由而斗争，而且无产阶级决不能为资产阶级政党火中取栗。但是觉悟的革命的无产阶级的这个历史任务的完成也不是不计代价的。

尽管采取了保护工会的预防性措施，尽管我们希望向总督们显示我们准备冒任何风险保卫我们的工会的意愿，尽管无产阶级不会放过破坏工会的行为，这是事实，但我们必须承认，由于上述形势，我们在物质上非常薄弱，我们必须减弱斗争，**除非其他国家工人阶级的国际团结给我们提供援助**。

15年以来，克罗地亚-斯拉沃尼亚社会民主党在力所能及的范围内承受着一切不公正的对待向前迈进，但是现在，在这个决定性的时刻，我们的力量可能告罄。如果迫害活动加剧，党会发生大分裂，有组织的斗争将被小团体的内讧所取代，后者会陷入不顾一切的绝望状态，革命的无产阶级的政党将被指责扮演了消极角色；因为从物质的观点来讲，它不能利用非法出版物和其他类似手段，充其量，它只是帮助了需要帮助的被监禁、受迫害的同志们的家庭而已。

克罗地亚的专制制度注定要成为展示奥匈各民族所遭受的待遇的方式的一个样板。如果它在激起人民不满的过程中被推到荒谬的极端，专制制度必将失败。为了达到这个目的，我们请求各党给予帮助，我们绝对相信，如果克罗地亚-斯拉沃尼亚社会民主党为了实现这个目的而不怕牺牲地奋斗，我们一定能得到各国同志们的赞同。

党的地址是：克罗地亚萨格勒布伊利卡55号《自由言论》。

克罗地亚-斯拉沃尼亚民主党中央委员会
威廉·布克塞格

决议

1912年5月14日，莫斯塔尔花园举行抗议大会，萨拉热窝的一些劳动者和资产阶级分子出席大会，大会审议了克罗地亚的当前形势。

会议指出，奥匈总督们已经在克罗地亚建立了一个专制制度，它将全部权力掌握在楚瓦伊代表手里，中止宪法和言论出版表达自由的法律；

会议指出，总督们完全是靠文明时代几乎不可想象的暴力方式建立这个制度的，因为人民为他们的每个宪政国家所理解的基本权利而进行斗争；

鉴于这种状况，萨拉热窝工人阶级和资产阶级强烈抗议对克罗地亚-斯拉沃尼亚人民的压迫，共同命运和民族认同把我们同他们兄弟般地团结在一起；

并向坚持不懈进行无情斗争的斯拉沃尼亚和克罗地亚人民送上敬意。

大会认为，在反对克罗地亚资本主义压迫的斗争中，社会主义的无产阶级站在最前列，大会向他们表示特别的敬意。

大会表示了一个希望，通过社会党国际局向所有国际组织提出这一抗议，它期望巴尔干国家南斯拉沃尼亚社会主义大会能继续召开。

第 21 号通报

1911 年 12 月于布鲁塞尔

致社会党国际局成员
各成员党书记
议会委员会书记

亲爱的同志：

随函附上我们 12 月 1 日发布的第 18 号通报：

（1）列宁同志起草的对整个事件的介绍；

（2）社会民主党人在 1911 年 11 月 16（29）日杜马会议上提出的质询的译文；

（3）1907 年 11 月 22 日宣布的判决。

期待你们团结一致的倡议，谨致以兄弟般的敬意！

社会党国际局执行委员会
爱德华·安塞尔
莱昂·弗尔蒙特
埃米尔·王德威尔得
书记　卡·胡斯曼

I.对整个案件的介绍[①]

自从第二届杜马的社会民主党党团全体代表——我国政府卑鄙阴谋的牺牲品——被送交法庭,并作为重大罪犯被流放服苦役以来,已经过去四年了。俄国无产阶级很清楚,自己的代表受到的控告全是捏造。可是,当时反动势力非常猖獗,审判又是秘密进行,因此没有沙皇政府所犯罪行的足够证据。只是最近保安处的暗探布罗茨基供认了的一些确凿事实,才使我国当局的卑鄙龌龊的阴谋大白于天下。

下面就是这整个案件的经过:

尽管选举权受到种种限制,俄国无产阶级还是派了55[②]名社会民主党人参加第二届杜马。

这个社会民主党党团,不但人数很多,而且思想水平极高。这个党团在革命中诞生,打上了革命的烙印,而且它的发言——从中还可听到席卷全国的伟大斗争的反响——不仅对提交杜马审核的法案,而且对整个沙皇的和资本主义的统治制度作了深刻而有充分根据的批判。

这个社会民主党党团是以当代社会主义这个不可战胜的武器武装起来的,它是一切左派党团中最革命、最彻底、阶级意识最强的。它带动了一切左派党团,给杜马打上了自己的革命烙印。我国的当局认为,社会民主党党团是革命的最后发源地,是革命的最后象征,是社会民主党对无产者群众发生巨大影响的活生生的证据,因此,它对反动派是一种

[①] 参见《列宁全集》中文第2版第20卷第381—386页,原文标题是"关于第二届杜马的社会民主党党团。对整个案件的介绍"。——译者注

[②] 公报原文是54名,此处按《列宁全集》中文第2版第20卷第381页刊出。——编者注

经常的威胁，是反动派胜利行进中的最后障碍。所以政府认为，不仅必须摆脱极其革命的杜马，而且必须把无产阶级和具有民主情绪的农民的选举权减少到最低限度，以阻止将来再选出这样的杜马来。实行这种政变的最有效的办法，就是摆脱社会党党团，使它在全国人的心目中名誉扫地，因为砍掉脑袋，就可毁灭全身。

可是，要这样做，就要有个借口，比如说，找个机会控告社会民主党党团在政治上犯了什么大罪。警察和保安处诡计多端，他们很快就设法找到了这种借口。他们控告社会党议会党团同社会民主党的战斗组织和社会民主党的军事组织有密切联系，决意以此败坏它的声誉。为了这个目的，保安处处长格拉西莫夫将军（所有这些材料都引自布尔采夫主编的在巴黎圣雅克林荫道50号出版的《未来报》①第1号）派遣自己的暗探布罗茨基打入上述组织。布罗茨基钻进这些组织以后，起初是一个普通成员，后来成为书记。军事组织的某些成员想派遣一个士兵代表团去会见社会党议会党团。保安处决定利用这个机会来达到自己的目的。于是，已经取得了军事组织信任的布罗茨基就来负责执行这个计划。选上了几名士兵，草拟了申述士兵要求的委托书，而且事先甚至不通知社会党党团，就确定了代表团要在党团办公室会见党团的日期。由于士兵穿了军装是进不去的，于是就要他们换装，而且这是在保安处的一个暗探家里干的，在那里，这些士兵穿上了保安处为他们购置的服装。按格拉西莫夫的卑鄙计划，布罗茨基要和士兵同时进入社会党党团的办公室，并且带上革命文件，从而更进一步败坏我们代表的声誉。约定好下一步就是把布罗茨基同其他人一起逮捕，然后保安处就给他提供

---

① 《未来报》（《Будущее》（《L'Avenir》》）是俄国自由派资产阶级的报纸，1911年10月22日—1914年1月4日在巴黎用俄文出版（有些材料用法文刊印），编辑是弗·李·布尔采夫，撰稿人中有孟什维克和社会革命党人。——编者注

假逃跑的机会,从而使他得到自由。可是,布罗茨基到得太晚了,当他正想带着败坏声誉的文件混进党团办公室的时候,门口已经开始搜查,不允许他进去了。

这就是保安处精心策划的一出好戏,它使反动派不仅有可能判处无产阶级的代表服苦役,而且有可能解散第二届杜马,实现自己的1907年6月3日(16日)政变。政府果然在这一天发表了自己的宣言(这个宣言和沙皇的其他宣言一样,其可耻的伪善达到了惊人的程度),说它解散杜马是出于不得已,因为杜马不但不支持和帮助政府设法恢复国内安宁,反而反对政府的一切建议和意图,而且不肯批准镇压国内革命分子的措施。此外(我引用原话):"干出了编年史上闻所未闻的事情。国家杜马的一伙人反对国家和沙皇政权的阴谋已被司法当局揭露了。我国政府要求在判决前暂时撤销被控犯有这一罪行的55[①]个杜马代表的资格,并把其中罪行最大的人监禁起来,可是,国家杜马并没有立即执行当局的这个刻不容缓的合理要求。"

顺便提一下,沙皇罪行的证据,不仅仅政府及其密友们知道。我们那些始终不懈地空谈什么法制、公正、真理等等,等等,并用"人民自由党"这个冠冕堂皇的称号来粉饰自己党的可爱的立宪民主党人,四年来对这个龌龊勾当讳莫如深的一切卑鄙细节也都很清楚。可是在漫长的四年中,对我们代表被非法判刑、在苦役监狱里受折磨、有些人死去和神经失常等等,他们却冷眼旁观,而且……谨慎地保持沉默。其实他们完全有可能发表意见,因为他们在杜马里有代表,并且掌握了许多日报。他们夹在反动派和革命派之间,但是他们更害怕革命派。因此,他们向政府献媚,在漫长的四年中一直用沉默来包庇政府,从而成了政府

---

① 公报原文是53个。此处按《列宁全集》中文第2版第20卷第383页刊出。——编者注

罪行的同谋。只是最近（1911年10月17日的杜马会议上），在讨论有关保安处的质询的过程中，他们的一个代表捷斯连科终于泄露了这个严加保守的秘密。下面是他的部分发言（根据正式速记记录的原文）："当谈到对第二届国家杜马53个代表[①]提出起诉时，杜马成立了一个委员会。这个委员会得到了要证明53个国家杜马代表密谋通过武装起义在俄国建立共和国的一切文件。第二届国家杜马所属的这个委员会（我当时是该委员会的报告人）确信，而且一致确信，问题不是社会民主党人所策划的叛国阴谋，而是彼得堡保安处所策划的反对第二届国家杜马的阴谋。当委员会根据这些文件准备好报告时，在所有这些材料正要在这个讲坛上陈述的前一天，国家杜马被解散了，因而已经揭露的事情也就无法在这个讲坛上谈了。开始审讯的时候，这53个被控告的国家杜马代表曾要求公开审判，让舆论界知道，罪犯不是他们，而是彼得堡保安处；可是，审判是秘密进行的，社会上从来不知道这种情况。"

事实就是这样。4年来，我们的代表一直在受折磨，被戴上了镣铐，关在俄国暗无天日的监狱里，这些监狱的残暴冷酷的情景，你们当然都是知道的。许多人在那里已经死去。其中一个代表已经神经失常，其他许多人被无法忍受的生活条件毁坏了健康，生命危在旦夕。俄国无产阶级再也不能心平气和地坐视自己的代表仅仅因为他们能够坚决维护本阶级的利益这个惟一的罪名而死在沙皇的监牢里。尤其当布罗茨基的自供使真相大白，从而在法律上有充分理由要求重新审理的时候，他们更不能心平气和地看待这一情况。因而，在俄国已经展开了要求释放我

[①] 第二届国家杜马社会民主党党团成员共有55人受审，其中2人被拘留后不久即死去，所以1911年10月17日（30日）的杜马会议上说是53名代表。——编者注

们代表的运动。

彼得堡出版的工人报纸《明星报》，在1911年10月29日这一号上用很大的篇幅论述了这个问题。这家报纸向报刊、自由派代表和左派代表、社会团体，而且主要是向无产阶级，发出了呼吁。它大声疾呼："任何地方，只要每个人时时刻刻都听到那些仅仅因为敢于在全国面前履行自己作为一个人和一个公民的义务而被监禁、失去自由、失掉一切公民权利和政治权利的人的镣铐锒铛声，那里就没有也不可能有安宁和心绪平静。在令人发指的真相被揭穿以后，社会的良心不能而且不应当处之泰然。尽管困难重重，我们必须加以克服，并且要求重新审理对第二届国家杜马的社会民主党代表的诉讼程序！——但是无产阶级首先应当说出自己铿锵有力的话，因为他们的代表被加上莫须有的罪名，目前正在苦役监狱中受折磨。"

俄国无产阶级在开始进行这个斗争的时候，请求各国社会党人支援他们，同他们一起向全世界高声宣布自己对目前统治我国的、戴着卑鄙伪善的假面具、而其野蛮和不文明程度甚至超过亚洲各国政府的专制政府的残酷和无耻行为表示愤慨。

在法国，沙尔·迪马同志已在《未来报》发表的文章中发起运动，要求在这艰难的时刻大力支援俄国无产阶级。希望各国社会党人以此为榜样；希望他们在议会中、在自己的报刊上和自己的人民集会上，在一切场合，表示自己的愤慨，要求重新审理第二届杜马的社会民主党党团案件。

伊·列宁

Ⅱ. 社会民主党人在1911年11月16（29）日杜马会议上提出的质询

1907年6月1日，在杜马的一次非公开会议上，斯托雷平首相以政府的名义用明确而带威胁的口吻要求杜马开除55名社会民主党杜马议员，并允许将其中的16人逮捕。政府用圣彼得堡警察局签发的逮捕令证明其要求是正当的，逮捕令指责这些杜马议员犯下了一系列反国家罪。整个指控中对其他指控起决定性影响的要点，指责该派议员与"一个为准备发动政变而建立的秘密犯罪集团（即社会民主党的一个军事组织）有密切联系"。在政府提交的文件里有证明该派与上述组织之间有关系的证据，而且事实上，社会民主党党团议员也接见过一个士兵代表团，后者向社会民主党议员递交了一份圣彼得堡卫戍部队革命要求清单。正是与军事组织的这些联系和代表团的来访，按照警察局长的逮捕令的说法，是搜查社会民主党议员办公室并对他们提出指控的理由。对于用如此清楚而正式的方式提出的指控，杜马大多数议员的回答是，选出一个事件调查委员会，并向杜马提交报告，尽可能地对政府在其声明中提出的问题作出回答。在午夜半小时后选出的委员会第二天便开始工作，一直开会到午夜过后。委员会审查了当着法庭检察官的面提交给它的文件，并在杜马解散的第二天起草了它的报告。

6月3日敕令颁布了，社会民主党派的议员被逮捕了。由于杜马的解散，政府清除了国民代表本可以反对政府这一行为的一切可能性，剥夺了被囚禁议员在杜马讲台上公开回击从同一讲台上对他们提出的指控的一切可能性。而且为了防止公开，政府走得更远。他们宣布审判要秘密进行，这就预先破坏了被告一方驱散笼罩在这一阴谋事件上的乌云的任何努力。在被告缺席的情况下——他们离开了大厅，以示对秘密审判的抗议——参议院特别会议宣布了一项残酷的判决,它判决绝大部分被告受到最严厉的惩罚——监禁苦役,判处其他人流放。以这种方式,政府对人民代表——他们证明自己是勇敢而坚强的人——进行了残酷的报复。以这种方式,献身于人民自由事业的人被判处缓慢死去。

此外,在政府对国民代表发起攻击之初,一眼看去,显而易见的是,政府提出的开除议员的要求所依据的事实,以及总的来说,对议员的整个指控,都是捏造的,唯一的目的是为了提供借口,以证明解散第二届杜马以及随之而来的政变的合法性。然而,这是审查这一事件的委员会的所有成员的意见。有关他们开会的报告和捷斯连科——他们的报告人——在1911年10月17日杜马开会期间所作的声明,是这一观点的充分证据。接下来,杜马的解散和秘密审判的判决具有特别重要的意义。随后的所有事件完全证明,关于军事组织、代表团和阴谋的说法都只不过是圣彼得堡保安处处长及其头子普罗谢维奇和格拉西莫夫将军的精心设计。博列斯拉夫·布罗茨基是保安处的一名密探,揭露他的报道已经在全世界的报刊上发表,他本人也向我们的政府传递了这些情况,他在8月18日给沙皇及内务大臣和司法大臣的请愿书中谈到这一事件。布罗茨基透露的情况证明,这个保安处密探按照格拉西莫夫的命令,为这个军事组织,为社会民主党圣彼得堡战斗组织找到了一间临时办公室。"正是由于这一名密探的提议,圣彼得堡卫戍部队代表团拜会了社会民主党派。在前往的途中,这个代表团在保安处一个密探的办公室换了衣服,在保安处那儿起草了士兵要求书",还得到了格拉西莫夫的同意。简而言之,关于军事组织的所有情况和圣彼得堡革命要求的清单,都是保安处事先暗中策划好的,目的是挑衅,为"前所未有的犯罪",即解散杜马、搞政变并对人民代表进行残酷的暴力制造依据。所有这一切都不过是挑衅方式的新的表现形式,而这种挑衅完完全全都是政府的政策。

考虑到所有这些情况，根据杜马宪法法令第 33 条，我们这些在下面签字的人要求部长会议和内务大臣回答——如果他们知道：

1. 保安处的密探安排了"军事组织和俄国社会民主工党圣彼得堡委员会战斗组织的临时办公室"。他们安排这个办公室的目的，是为了表明社会民主党派和上面说到的组织有联系，而且还派了一个士兵代表团去拜会，后者还提交了一份革命要求清单，正是这些事实形成了对该派及其成员的整个指控和定罪。

2. 如果他们知道这些事实，他们准备起诉保安处的密探吗？他犯下了这些罪行，公布了对第二届杜马社会民主党党团的指控事件的全部真相。

Ⅲ. 1907 年 11 月 22 日宣布的对社会民主党党团成员的判决

阿尼金、阿尼西莫夫、贾帕里泽、洛姆塔季泽、E. 彼得罗夫、列洛夫、策烈铁里和查钦娜被剥夺一切公民权、流放并服苦役 5 年。

巴塔切夫、别洛乌索夫、瓦格扬诺夫、维诺格拉多夫、戈洛瓦诺夫、基里延科、马哈拉泽、米罗诺夫、尤金被剥夺一切公民权、流放并服苦役 4 年。

别拉诺夫斯基、沃夫钦斯基、伊斯梅洛夫、加里宁、罗帕特金、纳格尼基、I. 彼得罗夫、普列霍夫、鲁班、费奥多罗夫，被剥夺一切公民权、流放。

瓦赫鲁切福、古巴列夫、古缅科、坎杰拉基、卡夏切夫、马列夫、雷巴切克、萨赫诺、斯捷潘诺夫、福米乔夫，被宣判无罪。

季德列夫、苏拉波夫、科拉尔、萨尔蒂科夫在后来，1907 年 12 月 1 日之后，被逮捕。

社会党国际局代表

1. 英国

詹·基尔·哈第（伦敦），哈·奎尔奇（伦敦），*拉姆齐·麦克唐纳（伦敦）。

2. 德国

奥·倍倍尔（柏林），*赫·莫尔肯布尔（柏林）。

3. 卢森堡

*让-皮·普罗布斯特（卢森堡），*韦尔特博士（卢森堡）。

4. A. 奥地利

维·阿德勒博士（维也纳），斐·斯卡雷特（维也纳），*恩·佩尔讷斯托弗（维也纳）。

4. B. 波希米亚

*安东·布鲁哈·科拉尔（布拉格），弗·绍库普（布拉格），安

东·涅梅茨（布拉格）。

5. 匈牙利—克罗地亚

雅科布·韦尔特纳（布达佩斯），威廉·布克塞格（萨格勒布-阿格拉姆〔奥地利〕），德西代勒·博卡尼（候补）（布达佩斯）。

5. B. 波斯尼亚和黑塞哥维那

布兰科·赫里萨福维奇（萨拉热窝），斯雷滕·亚克希奇（萨拉热窝）。

6. 法国

让·饶勒斯（巴黎），爱·瓦扬（巴黎），茹尔·盖得（巴黎），让·龙格（候补）（塞纳省沙特奈），安热勒·鲁塞尔（巴黎），*马塞尔·桑巴（巴黎）。

7. 意大利

安吉利卡·巴拉巴诺夫（特尔尼），康斯坦丁诺·拉查理（罗马），*格雷戈里·阿尼尼（摩德纳）。

8. 西班牙

弗朗西斯科·莫拉（马德里），*帕布洛·伊格列西亚斯（马德里)。

10. 俄国

伊·鲁巴诺维奇（巴黎），乌里扬诺夫（巴黎），普列汉诺夫（日内瓦），*J. 波克罗夫斯基（圣彼得堡）。

10. F. 芬兰

爱·瓦尔帕斯（赫尔辛福斯），奥·威·库西宁（赫尔辛福斯），*瓦伊莫·坦纳（赫尔辛福斯）。

11. 波兰

海·迪阿曼德（奥地利伦贝格），罗莎·卢森堡（柏林），卡尔·考茨基（候补）（柏林）。

12. 挪威

雅各·维德内斯（克里斯蒂安尼亚），埃格德·尼森（克里斯蒂安尼亚），*马格努斯·尼尔森（克里斯蒂安尼亚）。

13. 瑞典

恩斯特·瑟德贝里（斯德哥尔摩），弗雷德里克·斯特伦（斯德哥尔摩），*亚尔马·布兰亭（斯德哥尔摩）。

14. 丹麦

卡尔·F. 马森（哥本哈根），*托·斯陶宁格（哥本哈根）。

15. 荷兰

亨·范科尔（海牙），皮·特鲁尔斯特拉（斯海弗宁恩），*特尔·拉恩（斯海弗宁恩）。

16. 比利时

爱德华·安塞尔（根特），埃米尔·王德威尔得（布鲁塞尔），*莱昂·弗尔内蒙（布鲁塞尔）。

17. 瑞士

M. 芬德里希（苏黎世），卡尔·穆尔（苏黎世），*海尔曼·格罗伊利希（苏黎世）。

19. 土耳其

S. 纳胡姆（巴黎），米·瓦拉蒂安（日内瓦）。

20. 塞尔维亚

杜·波波维奇（塞尔维亚社会民主工党书记）（贝尔格莱德），帕·帕夫洛维奇（工会总委员会书记）（贝尔格莱德），*T. 卡斯莱罗维奇（贝尔格莱德）。

21. 保加利亚

扬科·萨卡索夫（索非亚），格奥尔吉·基尔科夫（索非亚）。

22. 罗马尼亚

J. G. 弗里穆（布加勒斯特），克·拉柯夫斯基，（罗马尼亚曼加利亚）。

28. 美国

丹尼尔·德莱昂（纽约），凯特·理查兹·奥黑尔，（密苏里州圣路易斯），*维克多·伯杰（威斯康星州密尔沃基）

30. 阿根廷

阿希尔·康比埃（马赛），曼·乌加特，（哥伦比亚波哥大），E. 迪克曼（布宜诺斯艾利斯）。

各成员党的书记[①]

1. 英国

国际社会党代表大会英国全国委员会（伦敦）。
（1）工党：阿瑟·韩德逊（伦敦）。
（2）社会民主党：亨·威·李（伦敦）。
（3）费边社：爱德华·R. 皮斯（伦敦）。
（4）独立工党：弗朗西斯·约翰逊（伦敦）。

2. 德国

德国社会民主党：威廉·普凡库赫（柏林）。

3. 卢森堡

卢森堡社会党：让-皮·普罗布斯特（卢森堡）。

4. A. 奥地利

奥地利社会民主工党：斐·斯卡雷特（维也纳）。

---

① 保留所住国家城市地址，街巷地址省略。——译者注

4. B. 波希米亚

捷克-斯洛伐克社会民主党：安东·布鲁哈·科拉尔（布拉格）。

5. 匈牙利—克罗地亚

匈牙利社会民主党：E. 布欣格尔（布达佩斯）。

克罗地亚和斯拉沃尼亚社会民主党：威廉·布克塞格。（萨格勒布-阿格拉姆）。

5. B. 波斯尼亚—黑塞哥维那

波斯尼亚和黑塞哥维那社会民主党：布兰科·赫里萨福维奇（萨拉热窝）。

6. 法国

社会党（工人国际法国支部）：路易·迪布勒伊（巴黎）。

7. 意大利

意大利社会党：康·拉查理（罗马）。

8. 西班牙

社会主义工人党：马维诺·加西亚·科尔特斯（马德里）。

10. 俄国

社会革命党：伊·鲁巴诺维奇（法国巴黎拉斯帕伊大街238号）。

社会民主工党：弗拉基米尔·乌里扬诺夫（法国巴黎玛丽-罗斯街4号）。

立陶宛、波兰和俄罗斯犹太工人总联盟：瑞士日内瓦卡鲁日街81号以色列印刷厂。

锡安工人党：M.拉特纳博士（转鲍里索夫），奥地利维也纳第九区罗斯豪斯8号。

10. F. 芬兰

芬兰社会民主党。党的委员会（赫尔辛福斯）。

10. L. 拉脱维亚

拉脱维亚社会民主党中央与国外委员会（布鲁塞尔）。

11. 波兰

波兰社会党：海·迪阿曼德（奥地利伦贝格）。

波兰社会党：西格蒙德·马雷克（克拉科夫）。
波兰和立陶宛社会党：罗莎·卢森堡（柏林）。
波兰社会民主党：E. 博勃罗夫斯基博士（克拉科夫）。

12. 挪威

挪威工党：马格努斯·尼尔森（克里斯蒂安尼亚）。

13. 瑞典

社会民主工党：弗雷德里克·斯特伦（斯德哥尔摩）。

14. 丹麦

社会民主党：托·斯陶宁格（哥本哈根）。

15. 荷兰

荷兰社会民主工党：J.-G. 万库伊杰克霍夫（阿姆斯特丹）。

16. 比利时

比利时工人党：L. 范德斯米森（布鲁塞尔）。

17. 瑞士

瑞士社会民主党：M. 芬德里希（苏黎世）。

19. 土耳其

社会主义工人联合会：优素福·哈赞（土耳其萨洛尼卡）。
亚美尼亚党（达什纳克楚纯）：米夏埃尔·瓦兰蒂安（瑞士日内瓦）。

20. 塞尔维亚

社会民主工党：杜·波波维奇（贝尔格莱德）。

21. 保加利亚罗

统一民主工人党：H. 赫里斯托夫（索非亚）。
保加利亚社会民主党：格·基尔科夫（索非亚）。

22. 罗马尼亚

罗马尼亚社会民主党：J. C. 弗里穆（布加勒斯特）。

28. 美国

社会党：约翰·M. 沃克（芝加哥）。

社会主义工人党：保罗·奥古斯丁（纽约）。

30. 阿根廷

社会党：马里奥·布拉沃（布宜诺斯艾利斯）。

非成员党的书记

9. 葡萄牙

葡萄牙社会党：塞萨尔·诺盖拉（里斯本）。

18. 希腊

希腊劳动者同盟：欧弗拉西尼·基里诺普洛（雅典）。

23. 日本

片山潜（东京）。

24. 南非

A. 克劳福德（约翰内斯堡）。
南非工党：H. D. 伯恩伯格（约翰内斯堡）。

25. 加拿大

加拿大社会党：D. G. 麦肯齐（温哥华）。

27. 古巴

古巴社会党（哈瓦那）。

31. 智利

民主党：路易·E. 雷卡巴伦（智利伊基克）。

32. 乌拉圭

社会党执行委员会：埃米利奥·弗鲁戈尼博士（乌拉圭蒙得维的亚）。

33. 澳大利亚

澳大拉西亚社会主义同盟：H. E. 霍兰（悉尼）。
澳大利亚社会主义工人党：莫罗尼（悉尼）。
新西兰社会党：J. 格洛弗（新西兰惠灵顿）。

苏黎世会议

社会党国际于9月23日下午2点在苏黎世人民宫举行会议。埃·王德威尔得主持会议,执行委员会委员安塞尔和弗尔内蒙以及书记胡斯曼出席会议。

出席者:

德国:倍倍尔和莫尔肯布尔

奥地利:阿德勒博士

波希米亚:涅梅茨和布鲁哈·科拉尔

波兰:迪阿曼德和罗莎·卢森堡

俄国:普列汉诺夫和乌里扬诺夫

塞尔维亚:图托维奇

匈牙利:布欣格尔

土耳其:纳胡姆

荷兰:特鲁尔斯特拉

法国:瓦扬、安·鲁塞尔和让·龙格

英国:奎尔奇

意大利:乔蒂

瑞士:布吕斯特兰博士、穆尔和斯格拉根

比利时:前面说到的同志们[①]。

因此有14个国家的支部出席会议。给代表们的时间太短了,有的代表来不及到苏黎世出席会议,只好发来电报请求谅解。其中特别重要的是布兰亭的电报,他请求原谅并宣布,我们的瑞典同志取得了辉煌的

---

① 指王德威尔得、安塞尔、弗尔内蒙和胡斯曼。——译者注

胜利，他们在新议会中将占据 60 个议席。

国际局还收到了斯陶宁格（丹麦）、伊格列西亚斯（西班牙）、鲁巴诺维奇（俄国）、弗里穆（罗马尼亚）、萨卡索夫和基尔科夫（保加利亚）、瓦兰蒂安（亚美尼亚）和盖得（法国）的致歉信。

在简短地交换意见之后，会议一致决定，不对报刊发表关于这次会议的报告而只发表通过的决议。

会议开始时，应法国根据哥本哈根代表大会决议（决议授权有关国家支部要求国际局召开会议的权利）提出的正式请求，支委会解释了国际局召开会议的原因，会议根据国际局的解释，一致批准了议程。

摩洛哥

摩洛哥问题是经过长时间认真辩论的一个议题，但国际局决定不公开讨论情况。

这里就讲两点：会上提出了各种决议案；会议在周六结束时任命了一个委员会，委员会的任务是给周四会议准备一个全面的包含所有指示的文本。这个委员会于本周日上午 8 点 30 分至 9 点 30 分召开会议，然后向全体会议提交了如下决议案，该决议案被会议一致通过。

社会党国际局于 1911 年 9 月 23 日至 24 日在苏黎世召开全体会议并通过如下决议：

决议

I

资本主义、扩张与市场的贪婪，用最可耻的方式挑起的摩洛哥的殖民地冲突，几个月来使最大的文明国家受到自相残杀的战争危险，后果极其可怕。

这个危险似乎暂时被减轻了，但还没有明确地消除，而且随时可能以尖锐的形式再度表现出来。这实际上是资本主义社会的一种长期不止的状态。

有组织的无产阶级不需要不惜代价的战争。它要竭尽全力为和平而斗争。

国际局欣喜地注意到受到战争威胁的各国——德国、法国、英国、意大利、西班牙——社会主义的无产阶级勇敢地坚定地抵制那些煽动战争的愚蠢罪犯；它用强有力的示威游行向所有的人展示了一个积极而有效的世界和平因素。

国际局坚信，意识到其阶级使命的无产阶级必将不断努力组织和巩固劳动者的国际团结。

II

社会党国际局提醒各国支部，尤其是现在受到摩洛哥冲突或其他殖民地冲突威胁的那些国家——德国、英国、法国、西班牙、意大利和土耳其——的支部注意他们的全国代表大会和国际斯图加特和哥本哈根代表大会反对战争的决议，特别是斯图加特代表大会决议的最后段落，这句话的内容如下：

"只要存在着战争的威胁，各有关国家的工人阶级及其在议会中的代表就有责任在国际局促进团结的活动的支持下，各尽所能，以便利用他们认为最有效的手段来阻止战争的爆发，这些手段自然是根据阶级斗争的尖锐化程度和一般政治形势的尖锐化程度的不同而改变。

如果战争仍然爆发了的话，他们的责任就是全力以赴迅速结束战争，并尽力利用战争引起的经济危机和政治危机来唤醒人民,从而加速资本主义统治的崩溃。"

社会党国际局期望他们通过单个和共同的行动阻止和防止战争。

Ⅲ

社会党国际局要求各政党加强抗议运动,反对目前仍在进行的通过外交讨价还价而不是由人民及其代表参与决策的瓜分和侵占殖民地的活动。这一政策实际上有可能加剧目前的对立形势,为未来的新的战争埋下祸根。

Ⅳ

社会党国际决定与各国社会党一致,率先组织反对战争的示威活动,并尽一切可能全面掀起一场反对战争的运动。

加入

然后,国际局将注意力转到加入问题。书记指出,这个问题是与国际局的组成问题密切地联系在一起的,而国际局的组成问题则是希尔奎特-特鲁尔斯特拉-考茨基-麦克唐纳在哥本哈根代表大会上提出的关于改变代表制度的修正案引出来的。所有的申请都是这个原因造成的;在讨论了这些修正案之后,会议认为,在有关党缺席的情况下,就这些申请作出决议是不忠之举。

对于波斯尼亚—黑塞哥维那社会民主党来说,并不存在同样的延期理由,因为在就此问题咨询奥地利党和匈牙利党时,他们表示了有必要建立一个拥有两次投票权的支部的意见。在阿德勒指出这个年轻的党拥有10000名党员之后,这个建议被会议一致通过。

  这个问题是应奥地利的要求提出来的,得到德国代表的赞成。这些组织起草了一个规则草案,但遭到倍倍尔、莫尔肯布尔、特鲁尔斯特拉和涅梅茨的反对。他们要求提交各国支部处理。阿德勒和胡斯曼为加入辩护,但是他们同意延期,条件是德国应当为这个年轻的社会党的国际书记处提供一大笔资助。

  国际局一致通过了这个处理办法。

食品价格的上涨

  随后,罗莎·卢森堡同志提出了一个关于食品价格上涨的动议。在接下来进行的辩论中,特鲁尔斯特拉、迪阿曼德、布吕斯特兰、瓦扬、莫尔肯布尔、奎尔奇和阿德勒参加了辩论,会议通过如下决议:

  "社会党国际局认为,生活必需品价格灾难性的上涨,连续不断地迫使所有资本主义国家饥饿的人民进行强烈抗议,这种上涨首先是因为大多数资本主义国家所实行的无耻的关税政策,以及保护农业利益集团的犯罪政策,社会主义政党完全反对这些政策;另一方面,这种上涨还因为资本家卡特尔耍花招,它们是无产阶级及其争取解放的斗争最难对付的敌人。

  社会党国际局向饱受生活必需品价格过度上涨之苦的各国男女工人发出呼吁,请他们加入社会主义政党和工会组织,从而壮大有觉悟的无产阶级的队伍,只有这个队伍坚决与昂贵的生活费用做斗争,因为它反对资本主义社会,而资本主义社会实际上是目前食品价格上涨的原因。"

其他问题

在国际局处理了其他不公开的问题之后,会议议程完成。

会议决定,书记处与国际局成员之间的通信应当被视为机密,除非书记处公开这些通信。

主席对各位成员热情响应执行委员会发出的保卫和平的呼吁表示感谢。

随后,会议在中午闭幕。

社会党国际局的出版物

(1) 国际社会党第七次大表大会(斯图加特)会议记录①……3.50法郎

(2) 国际社会党第八次代表大会(哥本哈根)会议记录②……3.50法郎

(3) 哥本哈根国际社会党代表大会报告③……2.5法郎

(4) 哥本哈根国际社会党代表大会④……2.5法郎

(5) 哥本哈根国际社会党代表大会报告⑤……2.50法郎

(6) 工会报纸分类目录……0.50法郎

(7) 社会党国际局定期公报第7期……2.00法郎

---

① 法文版。——编者注
② 法文版。——编者注
③ 法文版。——编者注
④ 德文版。——编者注
⑤ 英文版。——编者注

(8) 社会党国际局定期公报第 8 期……3.50 法郎

(第 1、2、3、4、5、6 期已售罄)

通知

社会党国际局的通讯员请注意:
(1) 始终重复国际局发出的文件的日期;
(2) 信里在谈到各种问题和不同国家时,要单独用一张纸;
(3) 对所有涉及国际维也纳代表大会的事情,都单独用一张纸。

社会党国际局定期公报第 9 期

巴塞尔国际社会党非常代表大会（1912年11月24—26日）邀请信[①]

国际的反战宣言

（1912年10月29日）

社会党国际局对巴尔干地区目前正在进行的令人恐怖的屠杀表示强烈的憎恶，向巴尔干各国社会党人致以最真诚的祝愿，他们在最艰难的情况下以大无畏精神坚持忠于党的原则。

国际局承认推动巴尔干人民要求独立的理性力量和半岛所有因素所需要的保证，但是它确信，如果不是巴尔干国家首脑们的王朝野心造成的问题，不通过战争、不通过流血、不破坏经济，这一宏伟目标也能达到，这些人背信弃义地破坏土耳其的复兴努力，其唯一目的就是想把巴尔干人民置于他们的支配之下。

因此，在不断民主化的过程中，在包括土耳其在内的所有巴尔干国家的紧密团结中，在反对农业寡头统治的斗争中，半岛无产阶级看到了解决问题的方向。

但是由于欧洲的贪婪与残暴的发展，由于在摩洛哥、波斯尼亚—黑塞哥维那、的黎波里、波斯的暴行与背叛，由于俄国沙皇政府变换花样地玩弄的阴谋诡计，以及奥地利君主的野心，战争已经在巴尔干国家爆发了！这场战争随时都可能演变成一场全面冲突。各国无产阶级、国际各党的义务比以往任何时候都更大、更迫切了。他们必须在各种事件晦暗的光照下，艰难地理解这个世界上存在的不安全的、野蛮的、掠夺的

[①] 见本书第26卷第3—7页。此处从略。——编者注

制度的深刻根源。

  他们必须竭尽全力加快社会主义的胜利，只有社会主义才能在国际关系方面建立持久秩序，克服资本主义的无政府状态、金融家的贪婪、沙文主义的疯狂，以及外交上的两面三刀的做法。但是，他们还必须从现在起，竭尽全力反对任何扩大战争的企图，反对可能使它扩大的任何自私自利的干预行为。无产阶级要起来用它的全部组织力量、用群众的行动反对战争政策；每个人都要大声疾呼，用他们的一切行动表明他们决不允许把他们拖入愚蠢而血腥的冲突。为了尽可能一致地表达我们的抗议和反战行动，社会党国际局决定，尽快召开一次国际特别代表大会。为了充分做好代表大会的筹备工作，所有社会主义和工人组织要有条不紊地加强宣传鼓动，反对那些制造冲突的人。在接下来的时间里，对于社会主义政党和无产阶级来说，毫无疑问将充满考验和责任。他们将像我们的卷入冲突的同志们那样勇敢地战胜考验。但是要让政府知道，如果他们玩火，毫无疑问他们也会有危险。他们在整个欧洲点燃可怕的烈火不可能不受到惩罚。

  打倒战争！
  国际万岁！

社会党国际局对战争所作的抗议

致各成员党！

10 月 12 日于布鲁塞尔

  应我们的邀请，土耳其和巴尔干各国社会党联合发表了一个共同反战声明，并且按照斯图加特代表大会（1907 年）和哥本哈根代表大会（1910 年）决议的要求，确定了加紧解决目前冲突所采用的办法。

我们刚刚收到这个文件。我们要求你们通过你们的报刊让你们的成员以及整个社会舆论都了解它。

在动荡的巴尔干，只有社会主义在为世界和平而努力奋斗。

我们的东方国家的同志们热情奔放，尽管他们虽然存在一些不足——这在资本主义发展落后的中心地区普遍存在——但是他们毫不犹豫地在街头、在议会呼吁和平，反对资本家阶级的好战行为。

在塞尔维亚的斯库普契纳，两名社会党议员，拉普切维奇和卡斯莱罗维奇，挺身而出反对整个资产阶级，坚决反对战争。

在保加利亚国会，唯一的社会党议员萨卡索夫，也只身面对整个资产阶级，呼吁和平，并且在遭到一群沙文主义分子的攻击时离开议会大厅。

我们的塞尔维亚和保加利亚同志应当受到工人国际的赞扬，他们证明了巴尔干国家与土耳其只有按照 1910 年 1 月 7、8、9 日和 1911 年 10 月 18 日所确定的、并且在土耳其和巴尔十国家共同宣言中所提出的方针达成协议，才能真正持久地解决冲突。

我们的奥地利和匈牙利同志也在几个场合捍卫同样的观点，甚至还在 10 月 8 日以整个社会党党团的名义，对埃伦博根博士为首的代表团表达了同样的观点。在这个国家，尤其是在一个与巴尔干事务有关的大国的所在地，社会党人从未停止在议会里、在公众集会上提出在国内外实行以民族自治为基础的民主政策，一种真正避免可能导致一场普遍冲突的摩擦的政策。

就在我们举行反对的黎波里战争的国际示威的时候，国际局执行委员会在其 1911 年 11 月发表的声明中指出，这场战火可能扩大。我们当时还指出了由于摩洛哥征服的共谋示范作用，也由于这些大国的默许共谋，意大利强盗行径所产生的逻辑后果——那些大国至今还装模作样地阻止在巴尔干各国上演他们在非洲北部还容忍或建议、甚至亲自犯下的行为。

一切都与资本主义制度有关。摩洛哥使得的黎波里成为可能，如果的黎波里使巴尔干各国投入战争成为可能，那么明天，我们也许会看到另一次战争动员，而且肯定会看到军事支出的大幅度增加。

1910年，军事支出已经达到每年115亿法郎。从1910年至1911年，这些数字增加了5亿多，1912年，我们看到英国投票给海军拨款数百万。现在，连奥匈政府也宣布，他们要求新增4.5亿军事拨款。

军国主义的这种肆虐发展只能造成灾难，这是国际社会主义认为有必要一再呼吁反对战争兽行的原因。

我们和我们的巴尔干国家的同志们一起抗议大国的虚伪行为，他们摆出一副巴尔干国家保护人的架子，举行和平游行，同时压制波兰、芬兰和波斯，雇用黑山的土匪。

而且，如果我们在巴尔干的团体不具有实现其和平和自由生活的愿望的必要影响力，我们要依靠大的社会党冷静审视目前危险的做法，做好贯彻我们的国际代表大会决议的准备，并考虑各种可能性，以便找到摆脱混乱的出路。

这也是国际局下次会议的任务。

社会党国际局执行委员会

埃·王德威尔得

爱·安塞尔

莱·弗尔内蒙

书记　卡·胡斯曼

土耳其和巴尔干国家社会党人宣言

致巴尔干各国和小亚细亚工人阶级！致工人国际！致社会舆论！

战争已经迫在眉睫。当这些文字印出之际，战争可能已经是一个既成事实。

但是我们，巴尔干国家以及近东的社会党人，战争直接触及的人，我们决不能被沙文主义的浪潮冲垮了。我们以更大的声音反对战争，我们邀请工人和农民大众以及所有真诚的民主人士同我们联合起来，用我们的国际团结思想反对将带来灾难性后果的血腥暴力政策。

巴尔干各国无产阶级在这场冒险活动中毫无所获，因为被征服者和征服者将看到军国主义、官僚、政治反动派、金融投机，它们通常伴随着沉重的税收、食品价格上涨、剥削和深重苦难加剧而来，而且比以往任何时候都更加猖狂、更加傲慢地出现在成堆带血的死尸和冒烟的废墟上。

对于巴尔干地区来讲，由于它们所处的政治和地理位置，战争还会带来其他后果。

如果他们在战争中获胜，奥斯曼帝国被分裂了，最大的一块，即经济富裕的地方和最重要的战略地点，可能会落入资本主义大国手中，这些大国几个世纪以来都在一点一点地占领东方领土的问题上争执不休。

奥地利占据萨洛尼卡，俄国占据博斯普鲁斯海峡和东安纳托利亚，英国占据阿拉伯，德国占据安那托利亚其他地方，意大利占据阿尔巴尼亚南部——奥斯曼帝国最后瓦解，以后的东方版图大概就是这般模样。

因此，巴尔干国家被大国控制之时，也就是它们失去独立之日。人民的政治和公共权利将被军国主义和君主专制摧毁，后者在对土耳其的胜利中巩固壮大，他们会为他们的军队要求新的拨款，还要为他们的君主要求新的特权。而且在经过这些艰难的考验之后，各国之间的民族斗争不会结束，它们将变得更加尖锐，每个民族都渴望得到霸权地位。

如果土耳其获胜，我们将会看到宗教狂热和伊斯兰教沙文主义的复活——政治反动的胜利，这个国家在国内治理方面以许多人的牺牲为代价所取得的寥寥无几的进步将丧失殆尽。此外，它还会带来奥地利和俄国帝国主义的胜利，后者将以被征服的巴尔干大国的救星自居，以便把他们的利己的保护关系扩大到被摧毁的国家。

为了证明战争的合理性，巴尔干各国民族主义者诉诸实现他们的民族统一、他们的国民获得在土耳其支配下的政治自主权的必要性。

社会党并不反对实现每个国家的要素的政治统一。

民族自主生活权是政治和社会平等，废除一切阶级、等级、种族或宗教特权的直接结果。但是这种统一可以通过巴尔干小国瓜分土耳其居民和领土来实现吗？

在保加利亚人、塞尔维亚人或希腊人的支配下，土耳其人能实现他们的民族统一吗？新帕扎尔或老塞尔维亚的塞尔维亚人、保加利亚人、希腊人、马其顿的阿尔巴尼亚人，能够通过一次划分而最终被置于奥地利或意大利的统治之下吗？或者说，可能成为俄国牺牲品的东安纳托里亚的亚美尼亚人和库尔德人，阿德里安堡省的土耳其人、希腊人、保加利亚人，能实现他们的民族统一吗？

资产阶级和民族主义没有力量实现真正的持久的民族统一。这场战争带来的统一将被另一场战争所摧毁。

以其他种族的民族因素的臣服为基础的民族统一，使统一本身具有一种原罪，并不断地威胁到统一。民族主义只是改变了主子名字和压迫程度，而没有消灭主子和压迫。只有政治民主，只有每个因素不分种族、宗教或阶级差别的真正平等，才能建立真正的民族统一。

民族主义的观点实际上不过是巴尔干各国政府的一个借口。

他们政策的真正动机就是经济和领土扩张，后者是所有实行资本主义生产的国家的特征。他们的土耳其邻居在国内看到了同样的好处，就像躲藏在小国背后的大国一样：他们为他们的商品开拓市场，为他们寻找资本投资机会，为他们多余的官僚寻找就业岗位，对他们来说，大都市的办公室没有空缺。

但是，当巴尔干国家阻碍土耳其的内部转型时，如果我们强调巴尔干国家对过去和未来战争负有重大责任，如果我们指责欧洲外交搞两面派，它从未希望土耳其认真改革，我们绝不是想减少土耳其政府的责任。我们还向文明世界、向帝国的人民，特别是伊斯兰群众谴责这些巴尔干国家，没有他们的帮助，土尔其政府不可能维持其支配地位。

我们指责土耳其政府完全缺乏真正的民族自由和平等——绝对缺乏公民权利与财产和生命保障——不存在司法制度，不存在一个组织完善而且公正的行政系统。它坚持一种最笨拙最苛刻的关税体制。它对伊斯兰教徒和其他工人农民的改革要求置之不理。它只支持武装起来对付手无寸铁的农民的封建臣民和游牧部落。

但是由于众所周知的惰性，土耳其政府只不过在安纳托利亚和鲁米利亚导致并加剧了苦难、无知、移民和劫掠以及无数的屠杀，一句话，导致了无政府状态，成为今天干涉和战争的借口。

新政权会结束过去、实行新的政策的愿望落空了。历任"青年土耳其党"政府不仅继续过去的错误，而且还利用虚假的议会制度带给土耳其的权力和威信，实行剥夺国民权利的制度、压迫的制度，并与过度官僚集权结合起来，扼杀各民族权利和劳动大众的要求。

新政权的当权者在某些方面甚至比旧政权的当权者有过之而无不及，他们将系统地暗杀政府对手发展成为一种统治制度。

但是我们认为，人民，只有人民，才有处置其生命的权利。我们反对蓄意组织群众参加战争的行为，我们要全力摒弃把战争作为解决政治和社会问题的一种手段。

对于用战争处置其人民生命或为他们的权利与他们的领土讨价还价这种疯狂的民族观念，我们已经通过1909年巴尔干国家与社会主义布拉格大会的宣言给了回答，这就是，巴尔干各国和近东国家人民不分种族和宗教紧密地在一个最民主的体制里团结起来是绝对必要的。

没有这样一个东欧人民的联邦，对于他们来说，民族团结是不可能实现的，也是不可能持久的。没有经济和迅速的社会进步，他们的发展总是会不断受到国内反动势力复辟和国外支配力量的威胁。

更具体地说，至于奥斯曼帝国，我们认为，只有在其内部关系方面进行彻底改革，才能建立和平与生活的正常条件，消除外国干预和战争危险，并最终使民主的巴尔干联邦的建立成为可能。

土耳其政府竭力恢复从半个世纪前一个目光短浅的官僚集团那里继承下来的计划，也不能解决民族问题。

必须给予各民族真正的自由平等，给予各民族教育机构——学校、教会等——充分的自治权，在区、镇和社区建立地方政府（自治），实行族群、政党比例代表制，以及语言平等。

只有建立帝国各族群都有代表参加的政府，才能为实现公正提供必要的保障。

只有进行土地改革，进行关税改革，制定保障结社权的社会立法，才能让穆斯林工人和农民群众获得最低的满意，而这将把他们同新政权连在一起。

这些改革可能让土耳其官僚集团，也就是说，几千个享有特权的人感到恼怒。但是它们将使土耳其人民最大限度地获得好处，现行制度使他们只能担任士兵与警察，而改革将使他们冲向每个省、每个领域，同这个国家因土耳其的无能与寡头统治而积累起来的苦难作斗争。

这个困扰奥斯曼帝国人民的重大问题的解决，将保证穆斯林的民族安全，使他们能和平地将他们的注意力转向他们的经济、政治和社会发展。

这就是纲领，我们为它的实现不仅呼吁巴尔干无产阶级的帮助，而且呼吁国际社会主义的帮助。

我们，巴尔干各国和近东国家的社会主义者，我们深深地意识到，就世界无产阶级和我们自己而言，我们必须扮演双重角色。

各国政府及沙文主义报刊放纵敌对趋势的加剧，我们必须同助长民族斗争和阶级统治的错误教育所固有和滋养的情绪进行斗争，我们必须履行我们的国际团结义务。事实上，我们就是前哨，因为巴尔干战争给普遍和平造成了迫在眉睫的危险。由于激起了各国的资本主义的欲望，由于在政治上使帝国主义分子——贪婪的征服者——占有优势地位，战争不仅会激起民族冲突，而且会激起内战。而且，由于几个国家的资本家政府被无产阶级接连不断的胜利逼进最后的堡垒，他们一定会不失时机地把群众驱赶到血泊里，或者用限制性立法扼杀我们的解放、文明和人类进步运动。

几周至数月以来，我们领导了一场反战运动。但是特别在当下，我们要大声疾呼，反对战争。我们要表达我们竭尽全力坚持世界无产阶级反对战争、反对军国主义、反对资本主义剥削，争取和平、平等和阶级与民族解放的斗争，一句话，争取和平的坚强意愿。

打倒战争！

人民的国际团结万岁！

土耳其和巴尔干国家社会党人

德国社会民主党宣言

(1912年10月12日)

同志们:

一种担忧,一种巴尔干战争将引起一场普遍冲突的担忧,正沉重地笼罩在欧洲人民心头。

当外交官们宣布大国的干预将导致战争地区化,而且绝不允许巴尔干战争对欧洲产生任何影响的时候,他们在全世界面前再次暴露了他们的无力与欺骗,因而再不能激起信任。

从一开始,社会主义报刊就警告德国人注意一场普遍冲突的危险。它祈望政府不要随心所欲地卷入军事纷争。无产阶级不能容忍以任何借口把他拉入好战狂人的行列。相反,如果发生冲突,各国无产阶级是第一个受害者,因此他憎恨战争,并且决定用他全部力量反对战争的扩大。

社会党国际局将表达全世界无产阶级都支持的这一主张。

考虑到形势的危险性,我们建议国际局提前召开原定于10月28日召开的会议。

我们的同志们必须抓住一切机会参加支持和平示威活动。为此,应当在帝国各地举行大规模集会。

无产阶级认为,帝国主义渴望征服,渴望流血,这一观点将在10月20日我们在普鲁西亚举行的集会上明确地表达出来。

一个无产阶级也不能牺牲。

我们的口号简单而明确:

打倒战争!

党的执行委员会

1912年10月14日于柏林

奥地利社会民主党宣言

(1912年10月18日)

奥地利社会民主党共同执行委员会——由德意志、意大利、波兰、南斯拉夫、捷克和乌克兰的各委员会组成的执行委员会,向奥地利劳动人民发表宣言如下:

保加利亚、塞尔维亚、希腊和黑山已经对土耳其采取军事行动。巴尔干各国的君主们从妻子的怀抱中夺走了丈夫,从父亲的怀抱中夺走了儿子,以便让他们穿上军装,送上战场。空气已经被刺耳的杀人枪炮声撕裂。炮弹和榴散弹已经在隆隆的爆炸声中结束一个个生命。数以千计的人在战场上倒下;数以千计的生命将死于霍乱和斑疹伤寒;数以千计的家庭将经历无尽的灾难,他们的父亲也许永远也不能回家了!

而且当死神在战场上疯狂肆虐之际,得不到赡养的母亲、妻子和儿童将被工作压垮。贫困、饥饿、痛苦,各种各样困难将席卷各地。人类和现存文明将成为战争祭坛上的牺牲品。

但是,无论巴尔干各国的战争多么可怕,还有更可怕的危险威胁着我们。东方的异变已经勾起整个欧洲的欲望。大国的政治家正在玩火。一场世界大战的危险从未像今天这样巨大。如果各国不坚决要求大国领导人保持和平,那么巴尔干战争的苦果将是大国之间的战争,在这场战争中,奥地利、德国、意大利、俄国、法国、英国的数百万士兵将动员起来,它将给欧洲所有国家带来难以用语言形容的苦难并摧毁欧洲文明。

俄国沙皇,这个欧洲冷酷无情的宿敌,正在准备战争。沙皇对自己人民的不可调和的战争尚未结束,他又威胁到欧洲和平。在把俄国人民最优秀的儿女抓起来,在恐怖的监狱或西伯利亚荒原绞死和杀害之后;在糟蹋波兰,侵犯芬兰和乌克兰的权利,奴役波斯之后,这个沙皇竟然摆出一副斯拉夫民族解放者与保护者的架子,利用他们的力量,把整个欧洲置于战火之中,以便作为主子统治博斯普鲁斯。

意大利帝国主义现在和俄国沙皇一起在吸吮一些民族的鲜血。

在和平的时候,它向无力保护自己的土耳其猛扑过去。它用火和剑,用绞架和酷刑,把意大利文明带到了的黎波里。

这种强盗行径,让小小的巴尔干各国踏上寻求征服战争机会的漫长道路。

但是位于俄国和意大利之间的奥匈帝国才是高级罪犯,这个帝国不能帮助它的人民摆脱在食品价格上涨期间物资极度匮乏的困难,无力停止自己内部各民族之间的内战,用沙皇和卢卡奇最残酷的暴力统治匈牙利,并让克罗地亚—斯拉沃尼亚背上楚瓦伊①独裁的包袱,在波斯尼亚和黑塞哥维那从未兑现34年前许下的诺言,把基督教农民从土耳其封建农奴制度下解放出来——现在这个帝国好像在自己的国家闲得没事一样,在远离巴尔干各国的地方摆出一副法官和主宰者的架子。

奥地利人民对巴尔干各国只有一个兴趣:这就是与巴尔干人民进行和平的商品交换。

我们的工业想在塞尔维亚和保加利亚出售其产品。作为交换,我们想从塞尔维亚和保加利亚农民那里得到牛和谷物。这一产品交换多年来变得困难了,受到阻碍了,这一事实不是塞尔维亚人或保加利亚人的

---

① 斯拉夫卡·楚瓦伊·德伊万斯卡(1851年2月26日—1931年1月31日),克罗地亚政治家,1912年1月任克罗地亚-斯拉沃尼亚总督和奥匈帝国皇家委员会委员。在任期间为遏制克罗地亚反对哈布斯堡王朝的民族主义运动,采取了限制出版自由、集会自由和地方自治等措施,遭到克罗地亚人民的强烈反对,他本人也曾两次遇刺,第二次巴尔干战争后被解职并获男爵头衔。——译者注

错。这是奥地利和匈牙利土地制度的错。为了能使奥匈牛的价格上涨,避免外国竞争,富有的地主关闭了通往塞尔维亚或保加利亚的边界。如果我们不买巴尔干农业国的牛,这些国家当然会把我们的商品从他们的市场赶走。这是阻碍我们在巴尔干的商业发展!但是清除这个障碍,不需要把我们的士兵派到前线去。如果我们打破奥匈地主的权力,如果我们撤销关税卡,这个障碍就会消除。

我们不想和塞尔维亚打仗,但我们要同我们农民的饥饿政策斗争。这是我们想要的巴尔干政策。

以基督教社会党人为首的宣传鼓动者企图让我们相信,奥地利必须入侵新帕扎尔的桑扎克①,塞尔维亚正在企图征服那里,但我们在那里没有什么事情可做。我们希望巴尔干各国国王的征服欲望不要实现。我们也不想让我们的士兵去为了确保土耳其腐朽的封建制度统治斯拉夫人民而流血,让土耳其和塞尔维亚自己解决谁在桑扎克统治的问题吧!这不关奥地利人民的利益。塞尔维亚很小,它的居民和维也纳一样多,它肯定不会成为占领了几个破败村庄的奥地利的危胁。桑扎克不值得一个奥地利工人的骨头。

并不只是我们持有这种看法。统治者自己四年前就向欧洲公开庄严宣布奥匈帝国不想征服巴尔干国家。

1878年召开的柏林会议承认,奥匈帝国有权在桑扎克驻军,但1908年奥地利放弃了这一权利,并且撤回了军队。企图以血的代价拿回我们自己四年前主动放弃的东西,真是愚蠢透顶!

这是奥地利没有理由卷入巴尔干冲突的原因。如果因为桑扎克,把

---

① 桑扎克是巴尔干半岛中部区域,现在分属于黑山共和国和塞尔维亚,该地名来自前奥斯曼帝国行政区新帕扎尔的桑扎克。该地区维持到1912年巴尔干战争爆发。——译者注

工人从工厂抓走，把农民从农田里抓走，如果我们的兄弟和儿子必须流血，如果成千上万的家庭必须陷入苦难和绝望，那么卷入冲突是不可原谅的不可饶恕的犯罪。

奥匈帝国对贫困的南部斯拉夫人犯下的罪行已经够多了。它只是靠军队独裁才能统治处于它支配下的南部斯拉夫人。它通过农业经济政策使塞尔维亚农民陷入绝望。它甚至强迫南部斯拉夫人加入沙皇俄国的军队。如果它要让塞尔维亚的孩子们流血，以维持土耳其宗主权对波斯农民的支配地位，如果它阻止波斯农民——它不接受后者的产品——开辟进入市场的道路，那么，它会把南部斯拉夫人赶到俄国沙皇的军队中去。确切地说，因为我们是俄国沙皇的敌人，而沙皇俄国的扩张是欧洲文明的最大危险，我们要求奥匈不要采取侵犯南部斯拉夫人利益的措施。

各国工人阶级要大声疾呼，反对战争，支持和平。我们的俄国和波兰同志正在以最大的牺牲为代价进行反对杀人不眨眼的沙皇的斗争。我们的意大利同志在抗议的黎波里土匪。在塞尔维亚和保加利亚，工人议员在议会强烈反对好战的沙文主义。在法国，在德国，在英国，工人阶级正在举行支持和平的示威游行。

因此，作为争取和平的最大力量，国际社会民主党挺身而出，坚决反对各国各民族的沙文主义者。

在这方面，我们奥地利社会党人也要履行自己的义务。我们也大声疾呼，发出恳求和警告。对于面对这一危险的奥地利人民来说，只有一个呼声：

不许介入巴尔干战争！

只有一个解决办法：

巴尔干人民的巴尔干！

只有一个口号：

保持和平！

法国社会党宣言

(1912年10月18日)

资本主义无政府状态再一次把战争恐怖释放出来。战争的原因就是金融利益和王朝野心,只有巴尔干国家、塞尔维亚、保加利亚和奥斯曼的社会党人挺身而出,反对战争。整个欧洲大的社会主义和工人组织都表示反对大国的任何介入,这种介入将带来一场普遍冲突的大灾难。

法国在巴尔干只有一个兴趣,这就是毫不拖延地恢复和平。但是为了达到这一目的,我们对外交官们不论做什么都不信任,他们的作用就是无论在何处始终为资本服务。

国际无产阶级,唯一的和平力量,要靠它的行动实现和平。

法国社会党和工人阶级渴望和平超过一切。它的首要任务就是为了捍卫和平而组织起来。不论什么借口,不论什么代价,我们国家的工人都不愿意被拖入不可估量的血腥的战争灾难之中。从来没有人征求过这个民族及其代表对结盟和条约的意见,他们也不承认这些东西。法兰西共和国只有一个义务,正是这个义务把她同沙皇这个俄国人民的刽子手的战争联系在一起。

我们牢记斯图加特和哥本哈根代表大会的决议,遵守国际的愿望,我们将采取一切手段保卫世界和平,和平是无产阶级解放的必要条件。

我们将和德国、英国、奥地利、意大利和俄国有组织的社会主义者一起,尽我们的国际义务。我们将通过相互间同时而一致的努力,阻止战争危险,确保和平。

工人和社会主义国际万岁!

克罗地亚社会主义者宣言

(1912年10月18日)

致克罗地亚-斯拉沃尼亚工人

我们被迫离开克罗地亚,寻求外国特许的保护,以便在这个可怕的时刻,对你们自由而有力地讲话。

他们正在巴尔干打仗!塞尔维亚人、保加利亚人、希腊人正在与封建专制主义的土耳其——自由与权利不共戴天的敌人——浴血战斗。被奴役的人民,被战争狂热所迷惑的人民,正在相互屠杀。

为什么?

巴尔干国家的资产阶级需要更多的扩张空间;它的边界似乎太狭小了,它想扩大它们。为了维持体面,它把这一切说成是把巴尔干人民从土耳其的统治下解放出来。但是这是一个争夺利益和经济好处的问题,而它们的取得要以牺牲成千上万的生命和对人民来说不可估量的破坏与苦难为代价。

一方面是巴尔干的有产阶级的阶级利益,而另一方面,奴隶制度已经成为土耳其人民无法忍受的东西。实行民族压迫和掠夺的反动政权,破坏成性的土匪和野蛮的反动势力,威胁着要最后灭绝南部斯拉夫人和其他民族以及土耳其兄弟。对此最终不能予以考虑,更是不可能默默容忍的。

但是"文明的"、资本主义的欧洲,静静地看着这一切,因为它给资本主义带来了巨大的利润。这个欧洲面不改色地宽大了对男人和民族有计划有步骤的屠杀。然而,它在压迫的丑闻中扮演了重要角色!土耳其封建制度和欧洲资本主义共同用苦难、贫困、反动和不文明的铁链从他们身上榨取税收。

在这样一个时刻,资产阶级很容易摆出巴尔干奴隶制度和南部斯拉夫人解放者的架子;我们不认为资产阶级有权炫耀地摆出人民解放者的架子,因为在疯狂地追逐利润的过程中,它使这个民族摆脱了土耳其的统治却又掉进了资本主义剥削的现代奴隶制度的陷阱,它将夺走他们的劳动和辛苦的果实,它将榨尽他们生命的活力,如同它很久之前对待摆脱土耳其统治的人民一样。

然而,巴尔干战争打起来了!巴尔干各国工人还很落后,还不开化,他们还不能和平地解决巴尔干问题。在1910年1月召开的第一次巴尔干社会党人大会上,巴尔干各国社会党的代表一致表示,支持建立一个自由巴尔干共和国联邦!这一决议也被奥匈南部的斯拉夫人的各社会党接受了。

其间,一场所有的人、所有的国家参与的大战像幽灵一样威胁着欧洲各民族!人类进步、教育和文明可能被残酷而无情的风暴摧毁。整个资本主义世界的利益与巴尔干有分歧。每一件事都与征服南部斯拉夫人、巴尔干人有关系,尤其是奥匈和俄国正在策划阴谋诡计。正是出于这一原因,战争对所有欧洲民族的危险更大。

欧洲资本主义正在为他们的巴尔干市场,为他们的利润担忧,资本家利益集团和好战而冒险的军国主义倾向,是为海军和舰队而加重税收的原因,税收一年比一年沉重。仅仅吞并波斯尼亚和黑塞哥维那一件事就耗费了3亿克朗;接下来是打着军队改革提出的新的军事要求,还有当巴尔干的稻草人立起来之后,军事当局要求特别追加4.2亿克朗,但是只得到了2.05亿克朗,因为大臣们自己缩回去了,被从不满足的摩洛赫神①的要求吓坏了。人民被军国主义的负担压得喘不过气来。几乎

---

① 古代腓尼基人信奉的火神,以儿童作为献祭品。——译者注

一切都花在军队和杀人机器上了，剩下的几个钢镚根本不足以维持经济、教育或社会目标。

奥匈再不能让世界相信她能让什么人或做什么事去解放巴尔干了。

克罗地亚-斯拉沃尼亚、波斯尼亚和黑塞哥维那，以及达尔马提亚是这种"解放"的活生生的例子。

克罗地亚所实行的残暴的臭名昭著的专制制度、专制制度对克罗地亚的威胁，都是奥匈人民必须自己把自己从当权者强加给他们的暴力和奴役统治下解放出来的公开证据。

他们正在巴尔干寻求什么！克罗地亚-斯拉沃尼亚的劳动人民，克罗地亚人和塞尔维亚人正在寻求什么？他们要与他们在新帕扎尔的桑扎克同胞打仗吗？他们会把他们从土耳其的统治下解放出来，以便强迫他们接受奥匈的统治吗？我们将用我们的血肉加强那些作为一个阶级压迫我们的人的地位，然后阻止奥匈南部的斯拉夫人提高自己在文明领域的水平，获得政治权利和自由吗？

不，一千遍地说：绝不！

克罗地亚和斯拉沃尼亚劳动人民决不会从征服巴尔干中获得什么好处。他们让巴尔干人民自己解放自己，自己解救自己，克罗地亚劳动人民必须首先摆脱一个不公正的制度强加给他们的统治：他们必须把自己从专制制度的锁链下解放出来。

社会民主党，作为克罗地亚-斯拉沃尼亚工人阶级的唯一代表，反对奥匈在巴尔干的好战冒险；他们反对每一个资本主义大国想插手巴尔干斗争的企图。出于同样的原因，社会民主党反对新的军费支出；它反对让无产阶级流一滴血、用劳动人民缴的税的一个钢镚去支持资本主义的征服和统治目的。

反对一切战争——尤其是反对奥匈征服巴尔干的野心，社会民主党还坚决反对克罗地亚-斯拉沃尼亚专制制度，反对奥匈王室对塞尔维亚-克罗地亚人民的统治。

以战争反对战争！

打倒克罗地亚专制制度！

各民族人民自由和友好万岁！

各民族的解放者与和平的先锋国际、社会民主主义万岁！

克罗地亚-斯拉沃尼亚社会民主党

拉普切维奇关于塞尔维亚形势的报告

（1912 年 9 月 30 日）

巴尔干的局势非常严峻，战争的危险正在威胁到巴尔干人民，战争可能随时爆发。

土耳其完全处于一种无政府状态。在它的欧洲各省，形势难以支撑。阿尔瑙特人的崛起压不下去，土耳其人做不到这一点：那里的土耳其统治崩溃了，但阿尔巴尼亚既不能成为土耳其的一个自治省，也不能成为一个民族独立国家。在马其顿和老塞尔维亚，一个一个的村子被完全摧毁了，被统治的拉贾，也就是说他们领主土地的耕耘者，正在遭到屠杀。三年以来，地主（在政府的支持下）开始剥夺他们的农民的所有权利，声称他们可以自由地支配土地，而农民是自由劳动者，什么权利也没有。农民就这样被迫离开他们祖祖辈辈生活和耕耘的土地。这个改革引起农民造反，必须废除。其间，在整个马其顿和老塞尔维亚，他们开始全面掠夺和消灭农民，可以肯定这个群体的居民会揭竿而起。巴尔干基督教国家的政府，鼓励和支持他们造反，给他们提供武器和防御工具，就像奥地利和意大利政府支持阿尔巴尼亚造反一样。直到目前，巴尔干各国的统治者仍在组织他们领土上有组织的武装团伙，让他们渗入土耳其，以便他们能够通过对居民的恐怖活动，相互彼此摧毁。现在，这些国家企图利用土耳其的混乱局面，把它作为对土耳其采取武装行动的借口，暴力行为部分是土耳其官员挑起的，也部分为他们所容忍。他们也谈论同一种族居民的"公民权"，但是他们实际上想的只不过是年轻的资产阶级追逐利润的剥削领域，以及满足军国主义和王室的野心。据说，塞尔维亚、保加利亚、希腊和黑山已经达成一项协议，目的是一旦发生战争，它们将共同采取行动，并最终瓜分土耳其在欧洲的领土。巴尔干国家正在加紧备战，备战活动使战争15年以来从未像今天这样迫在眉睫。战争可能随时爆发。三国同盟①的代表每天在同索非亚和贝尔格莱德的政府商议。这些政府是军事协议的领头羊，如果我们不阻止战争，首先会动手的就是他们。从这里可以看出，这些渴望打仗的政府只是三国同盟手里的工具，同盟追求其固有的目的。无论他们的目的是什么，原则始终是一样的：即利用没有力量的国家。人们认为，俄国正在等待巴尔干局势复杂化，以便开放达达尼尔海峡，使其黑海舰队获得自由通行权。我们告诉你们，有可能爆发一场巴尔干战争，与此同时，我们向你们保证，我们党将一如既往勇敢地坚定不移地履行其作为国际成员的义务。我们期望国际出手相助，帮助我们完成任务。

保加利亚统一社会民主党中央委员会
关于巴尔干政治形势特别是马其顿问题的报告

（1912年9月1—14日于索非亚）

1908年土耳其革命唤起了巴尔干民主进步人士的喜悦和希望。每

---

① 即德国、奥地利、意大利为对抗法俄国而在1882年结成的秘密同盟。——译者注

个人都期待着，这些长期饱受痛苦的国家终于开始建立秩序与法治了。

但是在1908年事件发生后的四年里，青年土耳其党人政府使这些希望破灭了。

青年土耳其党人未能实现革除专制制度弊端的政治、行政、财政和开明改革，或用一个开明的立宪政府取代后者。他们既没有必要的人手，也没有得到土耳其社会的帮助。

相反，他们暴露了无能，他们没有能力废除哈米德政权特有的臣服民族的非人道待遇。

青年土耳其党在很大程度上由军官组成，因此不能指望得到土耳其穆斯林资产阶级的支持，后者拒绝支持并反对非穆斯林资产阶级分子社会地位的上升，他们的集权和奥斯曼化观念，使他们只是想把土耳其帝国变成土耳其民族的家长式封建国家。

因此，青年土耳其党人的革命倾向衰退是不可避免的。

不进行使农业人口可以在固有统治下收回土地的土地改革；不进行具有深远影响的财政改革，废除旧的税收制度——旧制度允许各种滥用权力和敲诈勒索，因为税收数额和评估方法完全取决于评估员的好恶和影响；不进行充分的政治与行政改革，保证秩序和劳动与商业安全；不实行市政、民族、教会和学校自主①，使居民适应自治，改变旧政权之举就没有存在的理由，不能被视为一件好事。

除了没有进行这些标志着向新秩序转变的改革之外，还要补充的是，青年土耳其党人政府顽固坚持严格的集权制度，这个制度是从过去的能力低下的行政制度继承而来的，是为了帝国的落后省份而牺牲比较

---

① 除了对工人阶级运动表现出的粗暴和不容忍之外，这一切还有一个表现形式，那是时任财政部长贾维德·贝发表的一次讲话，阿米尔卡·契普里安尼同志在《人道报》上已对此事作了解释。

发达的省份为代价的，因此阻碍了政治和经济发展。

此外，新政权像旧政权一样不允许非穆斯林民族进入政府。土耳其有一个世俗传统，即土耳其人和穆斯林，无论处于什么社会地位，都认为自己的地位高于法律，是其他民族生命、荣誉和物品的主人。长期以来——且不说过去几个世纪，臣服民族被武士所统治了——实际生活就是这样，穆斯林不把其他民族放在眼中已经被认为是理所当然了。

行政和司法机关是土耳其统治阶级优越性的直接体现，非穆斯林地区和民族在工业上最发达，但却被牺牲并受到某些野蛮种族的政治控制，后者把权力仅仅看成满足他们需要与欲望的工具。不难认识到，这种状况一定会造成冲突、紊乱和犯罪，因为穆斯林是占支配地位的民族，在一个法律适用于每个人但没有适应新条件的能力的宪政国家，他们是和平的勤劳的人民。

这也许是土耳其不能用激进方式进行现代化的主要原因。欧洲历史上不乏一个民族对其他许多民族实行政治统治的例子，但是占主导地位的民族同时又是同一个国家经济进步与文明的推动者。

在土耳其，情况恰好相反：进步的推动者是被征服的民族，而占主导地位的民族缺少文明。这是我们（一个多世纪以来）帮助进步省份和民族从土耳其主体分离出去的原因。这样，塞尔维亚、希腊、罗马尼亚、保加利亚，一个接一个获得解放，而且将从旧的欧洲省份，从帝国分离出来，除非土耳其民族本身成为帝国经济和政治进步的先锋，否则不可能出现这种奇迹，但是奇迹是不会发生的。

青年土耳其党人的革命和改革政策之所以不能成功，是因为革命者和改革者不愿意接受对旧制度的根本改造（而这是所有渴望现代化的国家的任务），还因为，只要整个奥斯曼帝国还处在各个方面反对革命的土耳其和穆斯林民族的控制之下，它就不可能走上革命和进步的道路。

青年土耳其党人政权的软弱无力，对于那些对维护东方安定感兴趣的人来说是显而易见的。社会党人、民主人士、自由派人士,甚至连反动的外交人员,都认为必须遏制改革运动。居住在土耳其的各个民族都笼罩在恐惧之中。这不仅是一个希望破灭的问题,而且是不可能生活或存在下去的问题。

* * *

这种严峻形势,对居住在马其顿的保加利亚人的压力最沉重,他们对土耳其革命表示热烈欢呼,并且以典型的克制态度对君士坦丁堡哈米德政府的反革命镇压施以援手。他们对把他们视为奥斯曼人和奥斯曼帝国公民的命运安之若素;他们高兴地加入立宪俱乐部的新政治组织,温和的自由党,先是感到统治者不把自己当回事,后来感到统治者在迫害它。

立宪俱乐部被关闭了,市政、教会和学校的最后一丁点自治权也被取消了;参加议会选举变得困难了。穆斯林教徒迁入保加利亚人稀少的地方;用野蛮粗暴的暴力方式解除居民武装;基督教徒开始进入土耳其军队,而齐蒂布和其他营地的大屠杀使人想起1876年巴塔克大屠杀①。对马其顿居民的折磨虽然在革命初期有过短暂的中断,但以比以前更残酷的方式受到推荐,而且直接针对山区的保加利亚人。哈米德走了,但

---

① 1876年4月保加利亚人民举行要求独立的起义。4月30日,奥斯曼政府在保加利亚巴塔克村屠杀了5000同意放下武器的保加利亚起义者,造成了震惊世界的"巴塔克大屠杀"。同年底,在俄国的坚持下,欧洲列强召开伊斯坦布尔会议,讨论保加利亚问题,最后列强折中同意俄国的建议,让保加利亚、波斯尼亚、黑塞哥维那独立,但把保加利亚一分为二:东部保加利亚(以特尔诺沃为中心)和西部保加利亚(以索非亚为中心)。但这个方案遭到奥斯曼政府的拒绝。次年4月22日,俄土战争爆发。战争以奥斯曼的失败结束。1878年签定《柏林和约》,保加利亚获得独立,但被一分为三:保加利亚公国、东鲁米利亚、马其顿。——译者注

血腥的哈米德政权恢复了。这预示着青年土耳其党人胜利的结束。他们因为失去与居民的所有直接联系，失去军队的信任，轻而易举地被他们的敌人老土耳其人推翻了。

尽管哈米德政权并没有复辟，但是民众运动表明，局势已经回到1908年以前。

许多军官离开军队到山里去了；土匪像蝗虫一样泛滥；对青年土耳其党人抱敌视态度的阿尔巴尼亚起义者分散到马其顿各个城市；所有革命者从他们隐藏的地方悄然而出，重新夺回了过去的阵地。

欧洲人不了解这种事态的严重性；他全然不知道权力掌握在武装的土匪和军队手里或在他们的左右之下的事实，全然不了解狂热的像汪达尔人①一样从城镇流窜到村庄的反革命士兵。类似的情形只有在中世纪的宗教狂热暴行里才可以看到。大白天抢劫军用物资，商店被迫关张，停止交易活动，居民不得不把自己锁在家里闭门不出，市场停止了活动，所有这一切都表明了最恶劣的暴政的胜利。

这种状态带来了后果。土耳其的所谓"革命"分子的活动已经变得更加频繁，邻国的民族主义者和"爱国者"的沙文主义情绪已经达到顶点，甚至连有关大国的外交活动也发展，开始接受土耳其事务的现状。

这正是我们保加利亚和巴尔干社会党人最有兴趣的地方。

我们为土耳其革命热烈欢呼；我们非常重视把帝国内的保加利亚民族和土耳其民族团结起来；我们支持在政治上肢解土耳其；我们提出必须建立一个巴尔干国家联邦；我们反对的黎波里战争，并且开展了反对战争、支持和平的运动；我们用"以战争反对战争"的口号，应对我

---

① 汪达尔人是日耳曼民族的一支，公元4—5世纪进入高卢、西班牙和北非，公元455年攻占罗马，在欧洲成为打砸抢破坏者的代名词。——译者注

们的民族主义者和几乎所有资产阶级政党的好战叫嚣。

然而，在过去四年所发生的各种情况下，在想到上述历史的情况下，我们，土耳其所发生的一切的亲眼目睹者，已经没有任何理由对土耳其改革保持信心了。土耳其帝国正在向自认为是奥斯曼版图的绝对主人的反革命的、反动的、狂热的势力的胜利走去，在这个国家，可以说没有法律！

虽然欧洲外交界认为必须要求土耳其政府实行分权，但是我们社会党人，参与政治并且与我们的民族主义者和沙文主义者的行为作斗争的社会党人宣布，除非让比较进步的省份和民族各显身手，自由发展，否则土耳其不可能主动改革。

巴尔干社会党人对土耳其政府的看法，昨天、今天和明天完全是一致的。一个军人官僚寡头政权，尤其是一个无知疯狂而且反对民族发展的政府，是不可能创造一个现代国家发展所必需的条件的。

而且巴尔干社会党人对巴尔干各民族所期望的未来国家形式的意见也是一致的。建立联邦共和国，这是我们在劳动群众中所宣传的理想，但是只有建立一个分权的各省自治的制度，才能为这个理想的实现做好必要的准备。

这个理解不是什么新东西，对于国际来说也不陌生。早在1908年，保加利亚社会党人就开始不厌其烦地公开宣传土耳其基督教省份实行自治的必要性，斯图加特代表大会还批准了为此产生的这个动议。

土耳其革命进一步推动了我们的政治要求。但是，在等待所要求的改革的几年之后，在的黎波里战争宣布之际，布鲁塞尔的国际局及其执行委员会宣布，社会党国际局全力反对战争，并宣布它主张土耳其各省自由和自治。

今天，在事态发展让巴尔干社会党人肩负起把他们的要求具体化的职责的时候，他们履行自己的义务，向社会党国际局提交本报告，而它要根据需要，充分考虑他们所处的特殊形势，在一方面必须进行的反对沙文主义的艰苦斗争、另一方面必须进行的反对土耳其政府的艰苦斗争中支持他们。

我们建议社会党国际局广泛地宣传这一主张，消除关于巴尔干各国根本不可能爆发大战的舆论。为了避免这场战争，这场谁也无法预测其后果的战争，必须在议会里采取行动，在报刊上开展宣传，促使欧洲国家干预，争取在土耳其进步的省建立分权的自治的政体。

波兰社会党宣言

致全体波兰人！

同志们：

一场可怕的灾难，一场后果无法估计的灾难，正威胁着我们整个民族！统治我们的亚细亚游牧民族正在策划一场新的战争，而第一批应征入伍的士兵，将是波兰预备役军人。

同志们！一想到可能发生的情况，我们的血液都凝固了。沙皇将利用波兰士兵的胸膛去实现她的可恶计划！波兰工人、农业无产阶级和知识阶级的青年才俊将被征召入伍，派到遥远的地方，这样一来，他们就不会产生开小差的念头，他们的使命就是屠杀那些俄国想置于自己统治之下的人们。

首先动员波兰各省的想法是凶残而不近情理的，它在运动尚未立足、我们的敌人所准备的灾难尚未达到一定程度的时候就开始了。那么现在，我们是不是一定要去用自己的双手给自己挖一个墓坑，一个俄国政府希望把我们永远埋进去的墓坑呢？

我们还不知道俄国人想让谁大吃一惊，但是我们现在必须大声说："无论俄国的敌人是谁，那个敌人都能够得到我们的同情，因为俄国的敌人就是我们的朋友和合作者，不管他怎么想，俄罗斯帝国的失败对我们和沙皇的所有奴隶都有意义。"这也是俄国外交的意向不难猜测的原因。他们期望的目标或是土耳其或是奥地利。说是土耳其，因为它有一部宪法，还因为它控制着地区，而沙皇可以在一场反土耳其战争中利用它来扩大其权力。每一个波兰士兵都有义务放下武器，或者投奔敌人。在一个俄属波兰人与一个加利西亚的波兰人面对面的战争中，在一场同一个祖国的儿子不得不相互残杀，以便把波兰的另一块土地俄罗斯化，把它交给蒙古专制主义和没有限制的暴力之手的战争中，波兰的义务是什么？

如果发生这种情况，人们什么也别说，让枪杆子自己发言吧！

沙皇匪帮不可能毫不费力地在我们的国家开始破坏活动：他们知道，过后，战争将唤醒最迟钝的头脑，再征召波兰人入伍就不可能了。他们知道那时候他们将不得不动员十来个俄国兵来强迫我们中间的一个人穿上军服，拿起枪来去和俄国的敌人打仗。这就是他们像狼一样溜进没有看守的羊圈，在牧羊人醒来之前带着猎物逃走的原因。

但是他们的流氓意识会起适得其反的作用。**俄国发动的战争将成为俄罗斯帝国最后的犯罪。**

几年前数以万计的受害者不会白白倒下；在波兰各省土地上争取自由的烈士的鲜血，就像在帝国各地一样不会白流。新的战争将掀起一场风暴，不仅把暴君们的统治一扫而光，甚至把对沙皇专制的残暴的记忆也一扫而光。

战争将拯救整个波兰民族，使我们摆脱让我们感到窒息的枷锁和现在仍然威胁着我们的无数的搜查。没有一场革命，甚至连最恐怖的活动所造成的流血或不幸，也没有俄国统治下进行的战争造成的流血和不幸多。这就是为什么只要俄国还统治我们，我们在最强大的力量面前也不退缩，以便把我们自己从威胁我们的破坏危险下永远解放出来的原因。只有当最后一名俄国士兵从我们的土地上撤走之后，我们才能够平静而安全地面向未来，**而沙皇政府发动战争的结果将是俄罗斯帝国所有人民的解放和俄属波兰的解放。**

波兰无产阶级必须像所有工人阶级一样，以此为目的，因为劳动无产阶级对外国统治的可恶影响感受最深。所有对波兰民族的未来拥有梦想的人都必须与劳动无产阶级一道努力奋斗。一旦战争爆发，谁宣布支持沙皇政府，**或者谁不愿意在其国家的解放中进行合作，谁就是这个国家的叛徒和敌人**，他也将被当做叛徒和敌人来对待。

我们呼吁所有波兰人参加争取自由的斗争，在这场斗争中，我们不是孤立的。将会有数以百万计的今天还愤怒地忍受沙皇的皮鞭、渴望解放的俄罗斯人、高加索人、芬兰人、立陶宛人和列托人，加入到反对压迫世界上四分之一的人类的恶魔的斗争中。十年前饱尝血淋淋教训的他们，在把让他们悲痛欲绝的害虫碾死之前，是绝不会安安静静、无所作为的，也许这个人间地狱，这个今天被我们称为俄罗斯帝国的国家，将会被改造成一个自由的国度，或人民幸福的天堂。

我们向你们发出呼吁，进行一场神圣的收回我们的权利和我们今后的幸福的呼吁。

同志们，只要每个人努力奋斗，我们就能获得自由。我们知道，我们面前的道路是黑暗的、血腥的，但是无所作为就不能保住我们民族数以千计甚至数以万计的儿子的生命，他们可能会毫无荣耀地死去，在为人类的敌人服役中死去。这种无所作为也不能使国家免遭伴随每场战争而来的破坏。

让我们为争取自由的斗争做好准备，让我们利用这次不可多得的机会。让俄国政府的蠢货为它的垮台和我们的新生做准备吧；谁也不要玩忽职守——这是必然的,是波兰革命的要求,一旦战争爆发,让"推翻俄国的统治"成为每个爱国者的口号!

波兰社会党中央委员会
1912年10月于华沙

波兰社会党通告

战争的幽灵已经在我们面前出现,如同八年前的情况一样。形势的发展出乎意料,如同以前的形势一样,但是这次的不同在于战争直接威胁着我们,甚至有可能打到我们的领土上。同志们!如果我们像以前那样表现出绝望,如果我们像那时一样,干什么都迟一步,如果我们只看到既成的事情而不是预见它们,如果我们只想成为命运的牺牲品而不是掌握命运,那就很严重了。

我们国家的形势把艰难而沉重的责任压到人民身上,但是首先,我们社会党人应当意识到这些责任,用我们的肩膀坚定地扛起重任,用我们的榜样激励弱者,唤醒沉睡者,给胆怯者以勇气。面对这些责任,在争取自由和独立的斗争中,我们社会党人决不能退缩,不仅因为激励社会党人为废除依附而斗争的自豪感,而且因为社会主义的成功和力量,以及它对这个国家命运的影响。

我们确信你们,男女同志们,和我们意见一致而且理解我们,对你们讲话,给你们作出如下解释:

(1) 应当尽可能广泛地传播我们在动员问题上对同志们的呼吁。我们认为,我们不仅面向党员讲话,而且在目前形势下,我们面向所有的人讲话是对的。我们非常清楚,在社会每个阶层而不仅仅是在人数众多的工人阶级中,都有一批人,他们虽然不是社会党人,但是他们强烈地感受到波兰的苦难和依赖。

我们认为,在这种情况下,与一切善意的同志们尤其是一切所有实干的人们合作,对自由的事业是有意义的。

(2)对于遭遇征兵动员的不幸带来的痛苦或已经被征入伍的那些同志,我们建议首先在士兵中间开展支持革命思想的宣传。我们并不建议鼓动造反,因为现在这件事情还做不到。一旦战争爆发,无论是谁,我们都建议采用一切可能的手段让俄国遭受损失。

你们要破坏各种战争工具,交通工具、军火、电报、电话等等。在履行士兵职责时,动作慢一点,差一点,开小差,让自己当俘虏,以便向敌军提供关于俄军的一切情报。记住,同志们,以前士兵普遍厌恶打仗是沙皇政府失败的主要原因。但是这次,从纯粹的消极抵抗到积极地同沙皇政府的无耻意图进行斗争的时刻到来了。俄国的胜利会使它重新获得以前对所有人类尤其是对我们造成不幸的力量。而俄罗斯帝国新的失败,将是对这种力量的致命打击,它将导致沙皇帝国的改变,并推动独裁统治灭亡。

什么也不能阻止我们达到这一目标。在目前庞大的军队里,在他们的作战方式上,对个人的控制已经比旧制度大大削弱。我们要努力使这个变化有利于我们。

(3)党的组织必须系统地逐步地积极参与到事态发展中去。为此目标,党组织:第一,要尽可能准确地估计他们的力量,也就是说,要算一算各个组织有多少党员,一旦需要,我们能够立刻在周围动员多少人。当然,这并不是说我们要改变我们干事要保守秘密的做法,也不是说我们要把情报透露给党外的人。第二,要寻找一旦需要,能够迅速而分别集中起来的手段。第三,从现在起,要拿出精力做组织工作。

（4）鉴于物资手段在每个行动，尤其是不得不做的快速行动中具有极其重要的意义，我们要竭尽全力，不要让党的重要工作因为缺少资金而停顿下来。一分钱有一分钱的价值，我们要牺牲、再牺牲。近来常见的无所作为和拖拖拉拉现象，以后必须杜绝。军队的任何行动都必须立即向党的中央机关报告。

同志们，这就是今天我们给你们的建议。我们知道，考虑到事态发展的突然性，组织不可能从和平转为战时状态，在我们着手其他事情之前，肯定需要一些时间；但是，首先，我们必须避免以前革命的严重错误：运动没有计划，水平很低，不能让我们取得胜利。我们唯一的解决办法在于建立一个强大的组织，它充满信心，能够领导群众，而不是把一切寄托在一时情绪上，它知道运动需要什么，拥有可以支配的力量，能够控制坏的影响，如沮丧消沉，没有精神，还能够在恰当的时候，选择实现目的的最佳手段。

同志们，没有你们的合作，我们就不能建立这样一个组织。我们向你们发出呼吁的原因就在这里！抛弃一切抗拒的印象，抛弃一切可能让你认为我们的组织软弱无力，因此总是失败，或者这次也一定失败的想法。

让我们共同履行我们的职责，让我们行动起来，让我们加倍努力，让我们作出必要的牺牲，高举起我们的旗帜，过去多少次胜利的旗帜。

波兰社会党中央委员会

1912年10月于华沙

奥地利议会波兰社会党议员俱乐部决议

(1912年10月)

我们谨以波兰人民代表的名义表达这样一个信念,即如果奥地利和俄国之间最终爆发冲突,一场以我们的影响力根本不足以阻止的冲突,波兰人民的一切力量应当对准沙俄,它是我们绝大多数人民最恐怖最残酷的压迫者。

我们还谴责普鲁士国家针对波兰人的特别法律,并且表达这样的看法,即追根溯源,这些法律的制定是由于乡村地主反动分子在普鲁士议会中拥有不适当的重要地位。

波兰人民与德国人民意见是一致的,他们没有放弃看到德国的现代因素成功结束这一敌视欧洲文明的政策的希望。

我们不想揣测我们的波兰王国的爱国者采取什么观点,我们认为我们有责任让整个波兰民族都意识到一个事实,即首先必须坚决反对我们的最大敌人沙皇政府。

作为人民的合法代表,我们绝不逃避在争取我们国家的自由的斗争中所承担的责任,我们坚信,必须保护我们的人民在政治上的成熟和判断力不受贸然轻率的举措的影响,由于波兰面对的任务非常艰巨,这些举措可能削弱波兰的力量和决心。

俄国社会民主工党中央委员会的呼吁书

俄国同志们,劳动者们和公民们!

土耳其与四国之间①的战争已经在巴尔干爆发了。一场欧洲大战即将来临,战争准备正在进行之中,尽管俄国和奥地利政府满嘴谎言,拒不承认。维也纳、柏林和伦敦市场上的恐慌表明,整个欧洲的资本家都没有看到保持欧洲和平的可能性。

所有的欧洲国家都想插手巴尔干事件。

每个人都想干预一把,支持巴尔干人民改革甚至解放。实际上,俄国想夺取土耳其的亚洲部分,确定它在博斯普鲁斯的地位。奥地利眼睛盯着萨洛尼卡,意大利盯着阿尔巴尼亚,英国盯着阿拉伯半岛,而德国则想要安纳托利亚。问题正在变得从未有过的险恶。

成千上万甚至数以百万受封建主义压迫的资本奴隶和农民,不得不为了一小撮王公强盗的利益,为觊觎外国土地的资产阶级失去生命。巴尔干危机是一系列事件中一个链条,这些事件从20世纪开始,导致了阶级与民族对抗加强,导致了战争与革命。

俄日战争、俄国革命、亚洲一系列革命、欧洲的不断竞争与对立、摩洛哥的好战事件,所有这一切都是当前危机的准备。束缚成千上万劳动者的资本主义造成了恐怖和战争,它刺激各国竞争,把资本的奴隶变成大炮的靶子。只有革命的无产阶级的社会主义的军队,才能结束对群众的这种奴役,消灭为了奴隶主的利益而杀人的刽子手。与此同时,在东欧和美洲,社会主义的无产阶级反对资产阶级帝国主义政府的斗争正在变得越来越激烈,而后者似乎越来越倾向于为遏制数百万劳动者的胜利进军而采取冒险行动。各国政府煽动战争,但又害怕战争,因为他们知道,一场世界大战意味着一场世界革命。

在东欧,在巴尔干,在奥地利,我们看到,就在紧挨着资本主义已

---

① "四国"指的是保加利亚、塞尔维亚、希腊和黑山。1912年10月,四国组成的"巴尔干联同盟"同土耳其之间爆发了战争。——译者注

经比较发达的地区，人民大众还受到封建主义、专制主义和许多中世纪残余的压迫。波斯尼亚-黑塞哥维那、亚得里亚海沿岸的农民，至今还在受封建领主的压迫，受压迫的还有俄国中部的数百万农民。自称哈布斯堡和罗曼诺夫的禽兽王朝就具有这种封建性质。他们竭力加剧各国之间的对立，以便巩固他们的权力，让广大人民群众永远在他们的压迫下呻吟。

在东欧，这些王室还把人民当做羊群一样进行分配和交换，而且他们还为了王朝的利益，把许多分裂的民族组成为国家。这样一来，地主就能像过去那样对农民为所欲为。他们对农民进行分配，给他们的臣民建立农民家庭。建立"巴尔干联邦共和国"是我们的巴尔干国家的社会党同志提出的口号。在为了这一目标奋斗的过程中，他们不仅捍卫他们的民族支配自己事务的权利，还争取他们的完全解放，从而为在更大的战线上，也就是说，为实现社会主义而开展阶级斗争铺平道路。

面对沙皇君主制度，这个全世界最残酷的反动堡垒之一，我们特别赞成工人阶级的真正朋友所提出的这个民主的解决方案。

俄国沙皇政府的国际政策是反对民族自由、反对民主、反对工人阶级的一系列连续不断的犯罪和骇人听闻的暴力以及卑鄙阴谋。沙皇政权在自由党当政的英国的帮助下屠杀和压迫波斯；它破坏中华民国；它准备占领博斯普鲁斯，并把"它"的领土拓展到危害在亚洲的土耳其。当它把俄国农奴武装起来，并且制服匈牙利起义的时候，这个君主国家是19世纪的欧洲警察。同样是这个沙皇政权，似乎在20世纪又扮演了欧洲和亚洲警察。沙皇尼古拉二世，这个血腥的沙皇，他解散了第一和第二届杜马，他让鲜血洒遍了俄国各地，他压迫波兰和芬兰，他与黑色百人团共谋，推行扼杀犹太人和其他"外国分子"的政策。这个沙皇，他的忠实走狗，开枪打死勒拿的劳动者，把俄国的农民逼到饥饿的边缘，同样是这个沙皇还摆出一副斯拉夫人的自由与独立的捍卫者的姿态。自 1907 年以来,俄国人民已经了解了一些情况,今天,他们已经知道"家里的土耳其人",沙皇及其仆从,远不如"外面的土耳其人"富有。但是地主和资产阶级,民族主义和十月党人则全力维护沙皇是自由的朋友的卑劣而挑衅性的谎言。

以《莫斯科之声》和《新时报》等为首的政府报刊大军,正在进行无耻的反奥地利宣传,以便让俄国靠上奥地利。好像俄国沙皇政权浑身的血污烂泥比哈布斯堡王朝少一百倍,沙皇不仅是正确代表,而且是反对派即自由资产阶级的代表,后者正在全力领导一场民族沙文主义运动,赤裸裸的,连虚伪的外交用语也没有。不仅难以约束的自由派报纸《俄罗斯言论报》,而且立宪民主党(事实上的自由反革命派)机关报《言论报》也猛烈抨击沙皇大臣萨宗诺夫①,因为据说他会让自己相信,因为他会对奥地利作出让步,因为他对保护伟大的莫斯科政权的利益做的很不够。军校学生们不指责最狂热的民族主义反动派,不是因为他们的帝国主义立场,而是因为他们削弱了征服君士坦丁堡的伟大理想的极端重要性。

俄国社会民主工党以劳动大众的名义强烈抗议这种无耻的沙义主义,并把它看做是对自由的背叛。在一个国家,在一个有 3000 万农民濒临饿死的国家,在一个各级当局无节制的专制统治毫不犹豫地暗杀数以百计的劳动者的国家,在一个数以千计的自由战士遭受酷刑、饱受折磨死在西伯利亚的监狱里的国家,在这样一个国家,社会民主工党尤其必须把自己从沙皇政权的压迫下解放出来。俄国农民必须首先考虑使自己摆脱大封建主和沙皇王朝的控制。地主和商人编造的俄国的斯拉夫人义务的谎言不能使他们退出这场争取解放的斗争,一场绝对必要的斗争;让帝国主义的自由主义去进行"和平立宪"的工作吧,因为他们

---

① 沙皇政府外交大臣。——译者注

想和沙皇政权妥协；让他们向人民许诺想象的胜利和立宪改革吧，他们会一直保留沙皇制度；社会主义无产阶级将愤怒地拒绝相信这种欺骗。

只有通过革命消灭沙皇制度，才能保证俄国和东欧的自由发展。只有一起实现巴尔干联邦共和国的胜利和俄罗斯共和国的胜利，才能使数以亿计的人民在称为和平的时代，摆脱对战争的厌恶，摆脱痛苦的压迫，摆脱剥削。

在1912年的头五个月，大约有50多万俄国劳动者，在经历了反革命镇压、恢复力量之后，参加了政治罢工。在许多社区，士兵和水手起来反对沙皇制度。这就是我们为何要求你们为群众的革命斗争做准备，为更加紧张而广泛的运动，为劳动者、农民和军队里的优秀分子决定性的集体运动做准备的原因。

这就是拯救沙皇制度统治下被掠夺被榨干的俄国的唯一办法。

巴尔干社会党人强烈谴责战争。意大利和奥地利社会党人采取了同样的行为，而西欧所有社会党人都支持他们的东方同志，让我们加入到他们的队伍中去，让我们的组织继续开展反对沙皇王朝的斗争。

打倒沙皇王朝！

俄罗斯民主共和国万岁！

巴尔干民主共和国万岁！

打倒战争！

打倒资本主义！

社会主义万岁！

国际的革命的社会民主主义万岁！

俄国社会民主工党中央委员会

罗马尼亚社会民主党宣言

我们维护和平的最后希望已经消失。战争已经在黑山和土耳其之间展开，并且将扩大到整个巴尔干半岛和多瑙河南岸。这个进程不会推迟，我们将听到灾难的消息，知道数以千计、数以万计的受害者倒下，被步枪和手枪的子弹夺去生命。还有数以千计的手无寸铁的老人、妇女和儿童，被奥斯曼军队的复仇之剑和尾随军队而来的其他强盗杀害。黑烟将笼罩乡村的天空，城镇将陷入火海，而且在这物质灾难之外，还有精神灾难。那就是贫穷的妇女、寡妇和孤儿难以用语言形容的痛苦。历史将把这骇人听闻的屠杀责任归咎于谁呢？巴尔干国家和土耳其的社会党发表的反战宣言清楚地说明了该谁负责。列强大国要对目前的战争状态承担责任，因为它们从未严肃认真地考虑过结束土耳其的无政府和专制状态。所有这些国家的朋友，除了承认是"奥斯曼帝国的朋友"的那些国家之外，都怀揣着自私自利的目标，企图利用土耳其软弱无力的状态。巴尔干国家也有责任，而且是目前战争的原因之一，因为它们甘心充当大国的工具。它们不是去追求经济发展，增加贫弱的居民的生产力和国家的利益，而是想征服其他国家的领土。土耳其的寡头对目前的战争也负有责任，因为它目光短浅，懒惰，对现代政治一无所知。它宁愿让土耳其人民的未来受到威胁也不愿意牺牲它的统治特权，即一个生活着24个不同民族、3200万居民的帝国的福利（在奥斯曼帝国里，有800万土耳其人，其余的是阿拉伯人、希腊人、阿尔巴尼亚人、保加利亚人、亚美尼亚人等）。这些是战争的真正原因。在这些原因之外，我们还必须加上一条，即土耳其的惰性。战争双方在自我辩解时提出的借口都是极其拙劣的。把工人阶级拖进战争的，既不是普遍利益，也不是民族利益，而是王室和统治阶级的利益。劳动人民一定要看到这一事实，而决不能让民族主义者的花言巧语把他们给骗了；因为他们会为自己的被误导付出沉重的代价。我们特别请求罗马尼亚无产阶级注意，如果战争不可避免，那就最好把它限制在土耳其，限制在四个巴尔干国家。认为我们的寡头政权不支持战争，并依据我们和外国的报纸上发表的文章，推断我们的寡头政权将在索非亚和君士坦丁堡之间保持中立，这是对的。我们国家和阿卜杜勒·哈米德的传统友谊——在他的支配下，我们让我们的警察去引渡亚美尼亚革命者——和我们对青年土耳其党人政府所表现出的友谊，对土耳其寡头政权拒不进行彻底改革绝对起了鼓励作用。这种友谊导致土耳其—罗马尼亚联盟的曲意奉承，经不起考验。土耳其并没有满足罗马尼亚政府提出的、作为对保加利亚人的一种威胁的动员要求。我们的政府是我们的所有危险之所在，它对保持中立有许多保留。我们因此预言这对未来不是好兆头。我们绝不能保证不参加即将到来的战争。我们为了谁、为了什么加入冲突？

按照本能和算计，我们的寡头政权不可能保持和平。但是它有理由对这场战争，特别是对引起保加利亚人对我们仇恨的动机感到担忧。因此我们对这场战争，这场无论状态如何都将把我们拖入一场冲突的战争感到担忧，它的反动目标可能产生危及寡头政权的不可预见的革命后果。这个国家的内部正在经历严重骚乱，它要依靠所有社会大众，尤其是农民阶级，因为战争可能激起不大安静的农民的不安，并破坏非常难以维持的整个罗马尼亚的社会平衡。

我们的寡头政权本能地意识到战争显示出可能导致它垮台的未知的危险，它既对战争感到担心又盘算它的后果。今天，我们的统治者把所有的善意用在制造多布罗加①问题，制定专门针对保加利亚农民的愚蠢

---

① 多布罗加（Dobroga），旧地区名。位于巴尔干半岛东北部，多瑙河下游和黑海之间，是从东欧进入巴尔干的走廊。居民北部是罗马尼亚人，南部为保加利亚人。原属奥斯曼帝国。1877年，罗马尼亚独立后占有多布罗加北部大部分土地，1913年，第二次巴尔干战争后，又获得南部多布罗加部分土地。今中、北部属罗马尼亚，南部属保加利亚。——译者注

法律上，如同自由主义把他们的善意集中在制定关于剥夺的法律上一样。他们为了达成政治协议而一直在制定的这些法律剥夺了1万多多布罗加居民（大多数是保加利亚人）的公民权。另一方面，必须注意的是保加利亚民族主义者的恶意，他们企图把罗马尼亚寡头政权的行为变成对付罗马尼亚人民的武器。

因此不能制造多布罗加问题。为数不多的多布罗加保加利亚人（占25万居民的4万到5万）不能成为民族主义鼓动的借口，因为有许多极其重要的利益集团阻止罗马尼亚人和保加利亚人彼此团结。多布罗加居住着在战争中被征服的数万保加利亚人，兼并这块领土会制造多布罗加问题。如果连这么简单的一个道理也不明白，我们的寡头政权就不仅显得像一个罪犯，而且显得像一个笨蛋。即使在过去，我们的寡头政权也不好战，它从来就不需要自己费力在对外政治中进行征服，因为它很幸运，对诸保护国很满意。它所推行的商业政策，30年来以国王为榜样，形成了工商人士特有的和平主义。唤起群众中爱国主义热情的运动引来一些文章，这些文章声称，公众不应当担忧，因为市场的衰落是没有道理的。在"保持勇气"的口号之后，新的口号是"攥住股票"。

但是，如果有可能，拥有一片外国土地这个欲望太强烈了，以致所有的情绪和所有的考虑都消逝了。这个欲望以建议的形式表现出来。支配我们整个对外政策的不是国内因素而是外国势力——奥地利——的利益。

同志们！

对于了解一点欧洲政治的那些人来说，我们被一个特别条约同奥地利绑在一起了，这不是什么秘密了。大家都知道奥地利在1866年被赶出了日耳曼同盟，并且失去了它在欧洲中心地区施加影响的所有希望（1859年战争）。它还被赶出了意大利，因此奥地利帝国主义把它的目光盯向了东方：巴尔干半岛。在与俄国达成交易之后，在赖希施泰特条约赋予俄国兼并罗马尼亚的比萨拉比亚的权力之后，1877—1878年战争给奥地利提供了占领塞尔维亚人和少数土耳其人居住的波斯尼亚和黑塞哥维那的可能性。1908年奥地利实实在在地兼并了那里的两个省。

为了进行征服，它还采用同样的方式在阿尔巴尼亚和马其顿展开积极的宣传活动。奥地利外交官为了达到这个目的，什么事情都干，什么办法都用。尤其是用金钱和匕首在土耳其各级政府、在保加利亚和塞尔维亚的一些委员会以及巴尔干各国首都招募干将，这些首都的一些报纸在奥地利全权公使或领事的鼓动下掀起了一场运动。这种背信弃义的外交活动将半岛变成了一个阴谋诡计的大本营，而所有的线索都掌握在他们手中。

1908年，他们与保加利亚人勾搭，挑动它的征服野心，对塞尔维亚人和希腊人造成了伤害，而在此前，他们煽动塞尔维亚人反对保加利亚人。很多年里，奥地利一直利用把马其顿大部分领土囊括进去的大阿尔巴尼亚思想，在各个方面煽动阿尔巴尼亚人。同志们，这些就是我们可能被要求以鲜血和困难为代价来捍卫的政策和利益。我们能承认对我们人民的利益和未来的这种忽视吗？

诚然，奥地利目前暂时还是中立的。但是这并不能阻止奥匈要求并获得从议员那里批准的2亿特别信贷。这些钱是用来购买枪炮的。另一方面，社会民主党议员埃伦博根所引用的外交大臣的话表明，奥地利正在准备（在适当的时候）要求获得土耳其的一块领土。因为我们是奥匈帝国的利益集团在巴尔干的哨兵，这是我们有责任用我们的军队去支持奥地利的要求的原因吗？

把战火扩大到奥地利、扩大到罗马尼亚将带来灾难，因为这不仅会导致俄国的军事干预，而且可能会导致一场欧洲大战。

同志们！

在目前情况下，保加利亚以及塞尔维亚社会党人已经尽到了他们的义务，他们强烈地反对战争，甚至反对巴尔干四国的任何侵略行为；塞尔维亚的拉普切维奇同志和保加利亚国会的萨卡索夫同志，履行了支持社会党声音的艰难而崇高的职责。罗马尼亚工人和同志们，我们也要履行我们的职责。我们强烈反对罗马尼亚参加巴尔干战争的可能性。我们必须不遗余力地反对让我们受压迫并让我们受奥地利资本家摆布的对外政策。工人们和同志们，大家谁也不要错过参加 10 月 7 日星期天在全国各地举行的集会。

你们结伴而来吧，安安静静，不要回应对我们的任何挑衅，不要说任何话，不要摆出任何姿势，它们都可能被看成你做出的威胁或挑衅动作。我们要用我们的目标反对巴尔干人和土耳其人之间目前的这场战争：建立一个包括土耳其和罗马尼亚在内的、所有国家和所有民族都参加的联邦共和国。

我们决不能进行对外战争，那只能有利于俄国和奥地利这些大国以及巴尔干各国王室和统治阶级的邪恶利益，我们要加强斗争，以便实现改革。

对于我们，对于生活在一个政治上落后的国家的社会党人来说，我们要保存力量不受损失，这样才能最终实现其他国家早就进行的改革。

兄弟们，我们，罗马尼亚国内，有 600 多万罗马尼亚农民，他们受地主和政府暴政的剥削，已经退回到奴隶状态。

我们必须获得自由和普选权，因为 700 万罗马尼亚人的命运必须由 45000 名选举人来决定。

这就是我们要在礼拜天对政府和各党说的话：

打倒战争！

国际团结万岁！

巴尔干联邦万岁！

罗马尼亚社会党执行委员会

社会党议员拉普切维奇在塞尔维亚斯库普契纳举行的讨论会上的讲话暨对1912年9月24日（10月7日）国王讲话的答复

先生们！

在这次特别会议开始时，民众代表高呼：巴尔干同盟万岁！

没有人比社会党人比我们两个人所荣幸地代表的巴尔干同盟各民族更充满同情。没有人比受小国压迫的巴尔干无产阶级对巴尔干各民族更感兴趣，这些民族经济生活不发达，不仅在国内受资本家的剥削，而且受欧洲资本主义所实行的财政暴政的剥削，因此无产阶级对巴尔干各民族达成一致并建立一个联盟有强烈的兴趣。

社会民主党早在3年前举行的巴尔干社会民主党代表大会就提出了这种必要性。大会坚决支持这一主张，并且在巴尔干各国，在塞尔维亚、在保加利亚、在希腊、在土耳其开展支持这一主张的有力的宣传活动。但是不幸的是，今天所实现的不是一个巴尔干民族联盟。它只不过是俄国外交与巴尔干各国内阁和王室两者结合的一个临时性的结果。

巴尔干民族联盟与一时的好战行动，两者的基础应当是截然不同的。

为了给一个持久的联盟奠定基础，必须建立经济联结和联系，达成关税协议，制定一个完整的巴尔干联盟宪法。

保加利亚和塞尔维亚早就应该建立这样一个联盟了，早就应该在其他联合形式之前建成这个联盟了。

如果没有这样一个协议，不安全和混乱以及有可能破坏达成协议的任何尝试的竞争性对抗就会继续。

人们不能想象，在利益对抗的地方，不先就经济关系达成一个完全的谅解就能够建立一个巴尔干联盟。

巴尔干民族有许多接触点。巴尔干各国几乎每个地方的经济状况都是一样的。

几乎每个地方的教育状况都是类似的，经济发展状况几乎完全是受保护的。

我们的共同敌人是欧洲列强的资本主义土匪。

没有理由证明巴尔干民族之间的敌对是有道理的。他们的最危险的敌人是大国的帝国主义，这些大国由于其债务和资本投资——这些东西使巴尔干国家依赖于法国、德国、奥地利以及其他大国——而利用巴尔干民族，他们想用我们的软弱和土耳其的经济僵化摧毁巴尔干民族。在长期的分裂之后，他们渴望、也打算一旦三国同盟和三国协约的大国们找到一个解决办法，他们就互相瓜分我们的领土。

我们所有生活在巴尔干的人有共同的利益，如同我们有共同的敌人。

我们的共同利益是把我们分散的力量凝聚起来，用这种力量反对资本主义大国的帝国主义和殖民主义政策，因为正是这些大国对我们的生存和发展构成了最大的威胁。

你们宣布你们准备实施柏林条约，而这是徒劳之举；这个条约是针对我们的，如果巴尔干民族在这方面采取任何行动，那将是一个巨大的错误；如果他们想迫使我们照资本主义欧洲的意志办事，那他们也会犯错误。

作为他们国家统治阶级的代表，大国政府不得不让他们的外交官追求一个既定的殖民目标；这就是说，强迫我们接受贷款，向我们推销他们的商品，派他们的军队进入我们的国家；简而言之，让我们成为他们的权力的附庸。

但是大家会问：对土耳其怎么办？

对巴尔干各国来说，土耳其当然是一个灾难。（有人高喊："就是这样！"）在土耳其的居民里，穆斯林和土耳其人与塞尔维亚人、保加利亚人、希腊人以及其他民族差不多，但是因为作为一个民族，土耳其人是有罪的，他们不可能过一种有教养的生活，因此必须把他们连根铲除，用其他更进步的民族取而代之，这是一种灾难，没有理由存在。没有理由，罪恶到处都有；它的根子在于封建制度，在于土耳其至今依然存在的种姓制度。封建制度还到处存在，尤其是在波斯尼亚-黑塞哥维那，在匈牙利，在罗马尼亚，在俄国，但是正是在土耳其，它表现出最最残酷的一面。

土耳其已经成为欧洲资本主义的麇集之地。

这不仅表现为压迫在土耳其居民身上的国债上——他们的经济系统不发达，而且表现在企业和运输上。冲突，新的经济因素与旧的生产方式的冲突，不断地在巴尔干制造麻烦。当没有资产阶级的自由财产权的被压迫群众由于资本主义和封建主义对他们来说就像是噩梦而发泄自己的不满时，他们还会遭受残暴的种姓制度可怕的、野蛮的折磨，后者什么样的统治手段都采用。

土耳其居民的肩上压着一个活人和一个死人，这就是资本主义和封建主义。前者把它的要求重担压在土耳其居民身上，后者使他们没有发展其生产力的可能性。这就是现代因素与不受限制的财产权之间的矛盾，而这个矛盾就是土耳其不幸的根源！

巴尔干战争不能结束这种状况。只有在包括整个巴尔干在内的土耳其进行民主革命，并在巴尔干半岛建立一个联邦制的联盟，才是解决问题的唯一办法。

我们，社会民主党人，我们反对"现状"，我们要求进行民主革命，这种革命不但是资本主义大国的保障，而且是巴尔干所有民族实现民族团结的保证。（有人说：其间土耳其人将消灭塞尔维亚人。——喧嚷声）土耳其是一个民族混合体。斯梅托扎·马尔科维奇在其著作《东方的塞尔维亚人》中指出：半岛是一个民族马赛克。我认为，分裂土耳其的企图将产生恶劣的反弹。如果分裂有利于同盟国，那意味着各民族都没有足够的经济力量、文化和政治影响抵制大国的殖民压力。只有巴尔干所有力量完全一致，才能创造足够大的空间，一个足够稳固的地带，从而保证所有民族都能够自由发展。

把巴尔干分裂成一些小国，将会使我们面对他们中间的新的摩擦，因为王公贵族和资本家阶级有特殊的追求。塞尔维亚人将努力使他们的同胞摆脱保加利亚人的支配，反之亦然，因此必将产生新的冲突，这种冲突将削弱人民的力量，逐渐把整个巴尔干交给资本主义及其帝国主义政策。

但是，如果巴尔干各国联合起来，那将使每个民族获得发展和建立其自主权的机会。巴尔干各国如果建立一个联邦，一个民族共和国联盟，就可以实现必要的团结，为保卫经济、思想、政治和其他利益奠定基础，从而能够促进各民族的进步。

我们的党在巴尔干反对那些煽动战争的人。我们的党反对每一个好战的攻击，反对巴尔干人民之间可能发生的任何战争，尤其是资本家集团所挑起的这种战争。

我们最担心的是俄国和奥地利的政策。这两个国家对巴尔干各国兴趣最大，而他们从来就不是我们的朋友。巴尔干各国在俄国和奥地利的怂恿下所作的一切，对巴尔干人民都是有害的。我们不指望他们双方以及外交阴谋诡计会弄出什么好东西。现在最紧迫最需要做的是建议巴尔干人民团结起来，抵制强盗的这种政策的影响和野心，他们的目的是占领和瓜分巴尔干。

因此，我们反对巴尔干民族之间的战争，不仅因为这样一场战争是血腥的、可怕的，因为这样一场战争会毁掉巴尔干，还因为这种影响将会发生，而且其前景对我们来说显然是很危险的，即使两个大国在巴尔干的瓜分问题上还没有达成一致。

如果不能明确达成这个协议，战争就不会招致有关资本主义大国的干预，而这种干预可能预示着一场欧洲大冲突，一场大流血，前几代人用几个世纪的努力才获得的经济和政治掠夺成果的消失。

人们担心，如果没有宣布一场大战，大国会继续追求他们的领土征服和统治欲望。

人们不能想象，大国会乐意帮助我们。如果他们不想干预，如果他们之间不发生流血冲突，那只能够说明一个事实，即我们要为他们火中取栗，然后，在我们被削弱、被毁掉之后，他们更容易推行他们的帝国主义和殖民主义计划了。

我们要求的不是巴尔干民族之间的战争，战争将破坏我们的力量，为资本主义征服者开辟道路，我们要求的是：

所有民族在国内的发展和巴尔干所有国家的发展；

增强经济和文化力量；

为了巴尔干所有民族的福利、为了抵制欧洲资本主义压迫势力，巴尔干各民族通过民主的联邦共和国，在一个兄弟般的共同体里团结起来。

匈牙利社会民主党宣言

（1912年10月5日）

劳动者们、公民们：

盲目的民族激情，幕后的外交阴谋，梦想快点晋升的士兵，渴望获得暴利的商人，还有丧失良心的承包商、银行家、政治冒险家，以及投机商，他们一起在巴尔干点燃了战火。

也许在几天时间里，无产阶级的鲜血将伴随着邻国孤儿寡母的泪水流淌。

欧洲大国首先是奥匈王朝，有责任运用它们的巨大影响，甚至在最后一刻阻止流血杀戮。如果它们愿意，它们就可以做到，因为没有一个巴尔干国家强大到足以违反欧洲大国的意愿，敢于发动一场危险的战争，或与欧洲大国的意志对抗。

社会主义工人阶级要求政府尽一切力量维护和平。他们之所以这样要求，不仅因为进行野蛮的战争违背20世纪的精神，而且因为战争对工人阶级来说，意味着灾难和痛苦，因为每一次战争都加强的军国主义的力量，使它的野心进一步膨胀。

巴尔干各国尚未宣战，但是民族主义的工党政治家已经在大声要求动员和干预战争，这个党的有影响的人们正在向战争部大臣提供无产阶级的鲜血和匈牙利人民的钱财。

鉴于这种无耻的、不可证明为正当的战争煽动，匈牙利人民也必须表明他们的意见，宣布在这个国家没人想打仗，工人阶级希望和平。这个国家真正的舆论根本不理解我们应当动员或打仗的原因。

工人阶级必须举行示威游行，反对战争，反对军国主义，并表达这一政策的根本原则：

对外和平，对内阶级斗争。为了让每个人都了解我们的意见和要求，我们将于10月6日在布达佩斯和各省大城市组织主题为："**巴尔干战争与匈牙利**"的群众集会，我们将在集会上说明和平的必要性和国际团结的伟大思想，以及我们反对渴望战争的国际集团的态度。

所有社会民主党人，所有反对野蛮的人，都应当参加这些集会。

社会民主党

1912年10月6日布达佩斯3个集会以及24个匈牙利城市的集会所通过的决议

1912年10月6日举行的群众集会是为了应对战争的严重危险，会议宣布：

它以人类的名义，以有关国家思想和物质财富的名义，对这种诉诸摧毁性残酷力量的行为表示抗议。

本决议指出，目前冲突危险的责任在于决定各国相互关系，使它们不能听从人民的自由意志而要听从各国王室和外交阴谋的制度。

大会强调，在目前情况下，奥匈外交活动富有特殊责任，他们通过暴力兼并波斯尼亚-黑塞哥维那，通过其巴尔干政策，以及最后，通过要求土耳其改革而没有告知巴尔干国家这一要求不能作为宣战的借口，直接导致了战争危险。

这种好战政策，破坏了匈牙利人民的政策利益，他们希望与其他民族和睦相处，和平生活。

大会强烈地反对战争，宣布这一战争是对在政治上被剥夺了权利、在经济上陷入贫困的匈牙利人民的犯罪行为。大会把集会看做阻止国内斗争，阻止糟糕的司法和物质状况恶化的一个尝试。

大会向所有真诚地保护文明财富的人，向意识到进步必然性的社会各个阶层呼吁：必须保持和平，必须采取一切手段反对让我们的人民和邻国人民受到死亡威胁的任何企图。

布达佩斯10月30日举行的14个集会所通过的决议

匈牙利社会民主党1912年10月30日在布达佩斯举行的群众集会

宣布：

  本次集会知道它表达了这个国家全体工人阶级的意愿，即他们要求不惜代价维护和平，要求奥匈王朝在介入巴尔干任何问题时都严守中立立场，实行不干涉政策，因此集会坚决反对任何好战的意图。

  确切地讲，巴尔干国家局势无论发生什么改变，无论发生什么变化，都不容许考虑把好战的干预作为对人民利益的回答。

  群众集会要求匈牙利政府和议会要把他们的注意力放在匈牙利和克罗地亚的联合上，积极努力，如果他们要求建立秩序、文明、民族自决权和自由的话。

  当一个国家是由一个被指控违反普通法的犯罪分子统治的时候，当国家议会只有在武装力量的帮助下才能召开会议的时候，这个国家不要向国外寻求什么，也不可能强迫倾听或关注。匈牙利人民认为目前的政府及其行政制度是他们的敌人。他们不支持它在任何问题上的行为。相反，在这个政府最需要这个国家舆论支持的时候，他们要为了人民的利益，削弱它的力量，削弱这个政治制度的权力的每个表现。

  人民不会停止用语言提出要求，并把他们对现在政治制度的反对态度转化为行动。直到有一天它实行完全彻底的普选权，人民和其他工人阶级可以按照他们的人数、经济和社会重要性对国家政策施加相应的影响为止。

社会党国际局定期公报第 9 期增刊第 1 期

工人国际反战决议

(1867—1910年)

1867年洛桑代表大会决议①

鉴于战争给工人阶级压下的重负胜过其他任何社会阶级,战争不但剥夺了工人阶级的生存手段,而且必然使工人首先去流血;

鉴于所谓的武装和平给工人压下的重负几乎与战争毫无二致,因为它使这些人民中最优秀的分子徒劳地从事无益的、破坏性的工作;

最后,鉴于要消除这种弊病,一个必要的条件是改变当前以一部分人剥削另一部分人为基础的社会状况;

战争是大众贫困和经济失衡的首要和主要结果;

要消灭战争,仅仅解散军队是不够的,还应本着越来越公正地分配劳动的精神来改变社会制度。

以上述声明为前提,国际工人协会代表大会宣布完全和坚决地支持9月7日于日内瓦成立的和平同盟及其为维护和平所作的种种努力,并要求不仅停止战争,而且废除常备军,代之以建立在互助和公正基础上的各国人民的自由联盟,而这个联盟的成立的前提条件是:工人阶级摆脱被奴役、被压迫的地位及在社会上任人歧视的状况,阶级斗争因现有对立的消除而告结束。

---

① 依德文版译出,法文版译文见本书第9卷第286—287页。——编者注

1868年布鲁塞尔代表大会决议①

鉴于：

公正应当是人民、国家以及公民之间关系的准则；

战争的主要原因是经济不平衡；

战争只不过是强者有理，而不是法律的认可；

战争仅仅是特权阶级或代表他们的政府使人民服从的手段；

战争巩固专制制度，窒息自由（证据为前几次意大利和德国的战争），战争使家庭支离破碎，使军队集中的地方道德败坏，助长无知和贫困；

黄金和人民鲜血的作用，不过是使人民之间的野蛮本能得以保持；

在以劳动和生产为基础的社会里，权力只能被用来为每个人的自由和权利服务，甚至对于社会每一个独特的成员来说，它都只能是一种保障，而不是侵犯；

欧洲目前的政府不代表劳动者的正当利益；

战争的主要和经常的原因是经济不平衡，因此，只有通过社会改革才能消灭战争，虽然如此，但战争的次要原因在于由中央集权和专制产生的独断专行；

人民现在已经能通过反对那些进行战争或宣战的人来减少战争的次数；

这个权利主要属于工人阶级，几乎只有他们必须服兵役的，因此只有他们才能制裁战争；

为此使命，他们有真正的、合法的、立即可行的手段；

---

① 依德文版译出，法文版译文见本书第10卷第232—234页。——编者注

事实上，如果生产停止一定时间，社会就不能生活，因此生产者们只需停止生产就可以使个人专制的政府难以行动；

在布鲁塞尔召开的国际工人协会代表大会宣布一致最强烈地反对战争，并呼吁各国协会的所有支部以及所有工人协会和工人团体，不论其性质如何，都全力以赴地行动起来阻止人民对人民的战争，这样的战争只能被看成内战，因为，它是在生产者之间，也就是在兄弟之间和公民之间进行的。

大会特别向工人建议，在他们各自的国家一旦爆发战争的情况下停止工作。

大会信赖各国工人的团结精神，希望他们一定支持各国人民的这场反对战争的斗争。

1888 年伦敦代表大会决议①

鉴于欧洲各政府维持的庞大武装构成对世界和平的持久威胁，并给工人阶级造成巨大的损害，大会恳请各国民主人士委托他们的代表，以仲裁法庭取代用战争解决政府之间的争端。

1889 年巴黎代表大会决议②

鉴于：

为统治阶级或有产阶级服务的常备军或武装力量完全与民主政体或

---

① 这是于 1888 年 11 月 6—10 日在伦敦举行的国际工会代表大会通过的决议，英文版译文见本书第 14 卷第 371 页。——编者注

② 见本书第 14 卷 213—214 页。——编者注

共和政体背道而驰,它是军事统治、君主统治或寡头统治和资本主义统治的表现,同时它也是实行反动政变和社会压迫的工具;

常备军是侵略战争的原因及其结果,是导致国际冲突发生的经常性危险;因此,常备军和以军队为工具的侵略政策应当让位给防卫政策和和平民主,即让位给不是为掠夺和侵略而是为捍卫自己的独立和自由而武装起来的、训练有素的全民组织;

正如历史已证明的那样,常备军是引起战争的普遍原因,同时它也不能保卫国家免受占优势的联合力量的侵犯,而是会给国家带来失败,使没有防御力量的国家任凭胜利者蹂躏,而一个训练有素的、组织起来和武装起来的民族在外敌入侵面前是不可战胜的;

常备军夺走了每个国家处在学习和受教育时期的青年的花季,夺走了最广大的劳动力的精华,把他们送进兵营并使他们道德败坏,所以常备军对全体公民的生活起着腐蚀作用;

常备军的存在,使劳动、科学和艺术趋于衰萎,使它们的繁荣受阻,使公民、个人和家庭的发展受到威胁;

相反,在存在着一支真正的国民军,即全国都被武装起来("全民武装")的情况下,公民在国民生活中能发挥自己的天然秉赋和才能,他会履行服兵役的义务,因为这是他的公民权的必要属性。

常备军使军事债款的负担不断加重,使赋税和公债不断增加,这是造成贫困和破产的根源。

巴黎国际工人代表大会愤怒地拒绝正在进行垂死挣扎的政府提出的战争计划;

大会把和平看做是工人解放的首要的和必不可少的条件;

大会要求在废除常备军时按照下列原则建立全民武装:

国民军,即武装起来的国民,由所有能够作战的公民组成,它按地区进行组织,每个城市、每个县和每个区都要建立一个或几个营队(根据居民人数的多少），组成营队的公民彼此认识，必要时可以在 24 小时内集合起来，整装待发。像瑞士那样，每个公民的家里都有枪支和军事装备，以保卫民众的自由和国家的安全。

大会声明，战争是现代经济关系的可悲产物，只有当资本主义生产方式让位于劳动的解放和社会主义在国际上的胜利时，它才会被消灭。

1891 年布鲁塞尔代表大会决议①

鉴于：

笼罩着欧洲的军国主义是持续的——公开的和潜在的——战争状态的必然结果，它是由人剥削人的制度以及由此产生的社会阶级斗争所强加的；

代表大会声明：一切旨在消灭军国主义和建立各国人民之间的和平的努力，如果不针对产生军国主义这个祸害的经济原因，那么无论动机如何崇高，都是徒劳无益的；

只有建立消灭人剥削人的社会主义社会制度才能根除军国主义，并给各国人民带来和平；

因此，一切想要消灭战争的人都有责任加入国际社会民主党这个唯一真正的和彻底的和平党。

鉴于欧洲的越来越险恶的形势和统治阶级的沙文主义煽动，代表大会号召各国工人坚持不懈和有力地抗议和反对战争狂以及为之效劳的同伙，并且通过完善无产阶级的国际组织来加速社会主义的胜利。

代表大会声明，这就是防止世界大战的可怕灾难的唯一方法，而这场战争的无法预见的灾难性后果将首先落到工人阶级头上。在人类和历

---

① 见本书第 15 卷第 52 页。——编者注

史面前，只有统治阶级应对这样的灾难负责。

1893年苏黎世代表大会决议①

工人对战争的态度，已经在布鲁塞尔代表大会关于军国主义的决议中得到充分表明。国际革命社会民主党要在各国动员一切力量反对统治阶级的沙文主义欲望，使全世界工人团结的联盟变得越来越牢固，不断地谋求消灭把人类分成两个敌对的阵营和煽动各国人民互相仇视的资本主义。随着阶级统治的消灭，战争也将消失。推翻资本主义就是世界和平。

工人党的议员有责任拒绝军事拨款，不懈地反对常备军，提出裁减军备的要求。社会主义政党应该支持一切旨在促进世界和平的协会。

1896年伦敦代表大会决议②

在资本主义社会，战争的主要原因并非宗教或民族矛盾，而是各国占有阶级的经济对抗。正如在劳动场所不断地拿工人的生命和健康作牺牲一样，他们通过打开新的市场，为追逐新的利润而毫无顾忌地让工人们流血牺牲。

因此，各国工人阶级的使命是，像反抗占有阶级对他们进行的其他任何一种欺压一样，反抗军事压迫。

为了实现这一目标，他们必须夺取政治权力，以消灭资本主义生产方式，同时在一切国家里拒绝作为资产阶级工具和维持现有秩序的

---

① 参见本书第16卷第79—80、第93页。——编者注
② 参见本书第18卷第37—38页。——编者注

政府。

即使在和平时期也吸干了各国人民血汗、其费用主要由工人阶级负担的常备军，不仅加剧了国家之间的战争危险，而且还根据统治阶级的愿望成为更加残酷地压迫各国工人阶级的工具。正因为如此，资本家阶级才对"放下武器"的口号，以及向他们发出的其他人道主义的呼吁充耳不闻。

只有工人阶级才有实现世界和平的尊严愿望，只有他们才有实现世界和平的力量。

所以，他们要求：

1. 同时在一切国家取消常备军，建立国民军队。
2. 成立仲裁法庭，其裁决具有法律效力。
3. 如政府拒绝接受仲裁法庭的决定，应由人民直接对战争或和平问题作最终决定。

工人阶级反对国家间签订秘密条约。

只有当工人阶级取得对立法的决定性影响，各国人民因国际社会主义联盟而真正友好，这些要求才会像其他已经提出的有利于工人阶级的重要要求一样得以实现。

1900年巴黎代表大会决议①

大会宣布：每个国家的工人政党必须加倍努力地反对军国主义和殖民政策；首先绝对必须用维护和平的各国无产者的联盟来回答主张战争的各国资产阶级政府的世界政策的联盟。

为此，代表大会决定采取以下的实践手段：

---

① 参见本书第19卷第310页。——编者注

1. 各国社会党为了反抗军国主义应着手进行并努力推动青年的教育和组织工作；

2. 各国议会中的社会党议员有责任无条件地投票反对用于军国主义、海上扩张主义或者远征殖民地的任何经费；

3. 委托社会党国际常务委员会，在一切具有国际影响的适当时机，在各国同时发动一次同样形式的反对军国主义的抗议运动。

大会反对像海牙会议那样的所谓和平会议，在当前的社会，这种会议像最近的德兰士瓦战争所证明的那样，不过是一种欺骗和蒙蔽。

1907年斯图加特代表大会决议[①]

本届大会肯定了历次代表大会就反对军国主义和帝国主义的问题所作出的决议，并再次指出，反对军国主义的斗争跟整个社会主义的阶级斗争是分不开的。

总的说来，资本主义国家之间的战争，是它们在世界市场上竞争的结果，因为每个国家不仅力图保有自己的市场，而且还主要靠奴役他国人民和夺取他们的领土来获得新的市场。这种战争还是军国主义无休止地进行军备竞赛的结果。军国主义是资产阶级进行统治并在经济上、政治上奴役工人阶级的一个主要工具。

这种战争得到文明民族为了统治阶级的利益而逐步培养起来的一个民族对另一个民族的偏见的推动，培养这种偏见的目的在于使无产阶级大众背弃他们自己的阶级任务以及国际阶级团结的义务。

因此，战争是资本主义的本质；只有当资本主义的经济制度被消灭，或者到了发展军事技术需要付出大量人力和财力，扩充军备引起了

---

① 参见本书第22卷第197—199页。——编者注

强烈抗议,从而促使人民起来消灭这种制度的时候,战争才会停止。

士兵主要是由工人阶级提供的,物质牺牲主要是由工人阶级承担的,工人阶级是战争的天然反对者,因为战争违反工人阶级追求的目的:建立以社会主义原理为基础的、能够实现各国人民团结的经济制度。

因此,大会认为工人阶级,尤其是它在议会中的代表有责任在认清资产阶级社会的阶级性质、认清这个社会是保持民族对立的温床的情况下竭力反对海军和陆军的军备,拒绝提供为此需要的经费,以及致力于用各国人民友好团结和社会主义的精神来教育工人阶级的子女,使他们充满阶级意识。

大会认为代替常备军的军队民主组织——人民军队——是能够制止侵略战争和有助于克服民族对立的保证。

国际不能用死板的形式为自然条件各不相同的国家的工人阶级规定反对军国主义的行动,这类行动应以时间地点为转移。但国际有责任多方支持工人阶级反对战争的努力,并使其步调一致。

事实上,从布鲁塞尔代表大会以来,无产阶级在其反对军国主义的不懈斗争中通过拒绝批准海陆军装备的经费的办法,通过使军事组织民主化的努力,已越来越坚强而卓有成效地采取了各种不同的活动方式来阻止战争的爆发,或制止战争,或使战争给社会造成的震动变得有利于工人阶级的解放;例如,法绍达事件以后为保证和恢复英国和法国之间的友好关系英法两国工会所达成的谅解;摩洛哥危机期间社会民主党在德国议会和法国议会中采取的行动;法国和德国社会党人为同一目的而发表的声明;奥地利和意大利社会党人为防止两国间的冲突而在的里雅斯特举行集会的统一行动;瑞典的社会主义工人阶级为阻止对挪威的进攻而进行的有力干预;最后,俄国和波兰的社会主义工人和农民为反抗沙皇政府发动的战争,制止这场战争,利用国内危机来解放劳动阶级而进行的英勇的、不怕牺牲的斗争。所有这些努力都证明了无产阶级的日益增长的威力,证明了它通过坚决的干预保证维护和平的日益增长的力量。

人们越是做好强有力的行动的思想准备,各国工人党越是受到国际的鼓舞,越是与国际步调一致,工人阶级的活动就会越有成效。

大会确信,在无产阶级的压力下,认真利用仲裁法庭来代替政府的卑鄙活动,就能够向人民保证实现裁军的善行,这样,军备和战争所消耗的大量人力和财力就可以用于文化事业。

只要存在着战争的威胁,各有关国家的工人阶级及其在议会中的代表就有责任在国际局的促进团结的活动的支持下,各尽所能,以便利用他们认为最有效的手段来阻止战争的爆发,这些手段自然是根据阶级斗争的尖锐化程度和一般政治形势的尖锐化程度的不同而改变。

如果战争仍然爆发了的话,他们的责任就是全力以赴迅速结束战争,并尽力利用战争引起的经济危机和政治危机来唤醒人民,从而加速资本主义统治的崩溃。

1910年哥本哈根代表大会决议[①]

代表大会指出,近几年,虽然召开了和平会议,并且各国政府作出了和平的保证,但是军备却大为扩张。特别是最近达到建造无畏战舰阶段的海军军备竞赛,不仅把公共资金无谓地耗费在非生产性的用途上,致使用于社会福利政策和工人救济方面的经费不足和减少,而且还使各个国家有遭受由于间接税沉重不堪而引起物资枯竭和财政崩溃的危险。同时,正是这些军备近来在威胁着世界和平,而且还必然要永远威胁世

---

① 参见本书第24卷第65—67页。——编者注

界和平。鉴于事态的这种发展威胁着人类的文明，威胁着各国人民的幸福，威胁着群众的生活，本次代表大会确认以往历次代表大会，特别是斯图加特代表大会的决议并重申：

各国工人之间不存在任何能够引起战争的争端和分歧。在今天，战争是资本主义，特别是资本主义国家在世界市场上的国际竞争和资产阶级在国内的阶级统治以及在经济上、政治上奴役工人阶级的主要工具军国主义所造成的恶果。只有消灭资本主义的经济制度，战争才会完全消除。工人阶级最关心消灭战争，因为他们承受着战争的主要负担，并且遭受最为深重的战争苦难。因此，各国有组织的社会主义无产阶级是世界和平的唯一可靠的保障。所以代表大会再次号召各国工人党向全体无产阶级，首先是向成长中的青年热情地进行教育工作，阐明产生战争的真正原因，并以各国人民友好的精神教育青年。

代表大会坚持并重申，议会中的社会党代表有责任全力反对扩充军备并拒绝为此给予任何拨款，它希望这些代表：

1. 不断要求必须由国际仲裁法庭来解决国与国之间的一切纠纷；

2. 经常提出关于普遍裁军，首先是缔结限制海军军备和取消私掠权的协订的建议；

3. 要求停止秘密外交并公布政府间一切现存的和将要签订的条约和协订；

4. 主张各国人民拥有自决权，并支持他们反对军事侵略和暴力压迫。

在各国社会党议会党团反对军国主义的斗争中，社会党国际局将给予他们物质支援，必要时将促使它们采取共同行动，对于发生军事纠纷的情况，代表大会确认斯图加特如下决议：

"只要存在着战争的威胁，各有关国家的工人阶级及其在议会中的代表就有责任在国际局的促进团结的活动的支持下,各尽所能,以便利用他们认为最有效的手段来阻止战争的爆发,这些手段自然是根据阶级斗争的尖锐化程度和一般政治形势的尖锐化程度的不同而改变。

如果战争仍然爆发了的话,他们的责任就是全力以赴迅速结束战争,并尽力利用战争引起的经济危机和政治危机来唤醒人民,从而加速资本主义的统治的崩溃。"

为贯彻上述措施,代表大会责成国际局,当出现战争危险时,立即采取必要步骤,促使有关国家的工人党彼此协商、一致行动以防止战争。

在任何时候,当两个或几个国家之间有发生冲突的危险时,而被征求过意见的(有关国家的)各国党对于作出决定又表现出犹豫或拖延时,这时即使有关国家无产阶级中只有一方提出要求,社会党国际局书记也必须召开社会党国际局和社会党国际议会委员会的紧急会议,这种会议应该立即在布鲁塞尔或视情况在其他比较适宜的地方举行。

社会党国际局定期公报第 9 期增刊第 2 期

塞尔维亚党的道歉信①

亲爱的同志们：

我们的处境非常严峻，因此我们党不能出席巴塞尔国际代表大会。我们对不能出席代表大会，与来自世界各国的同志们相聚感到遗憾，他们和我们一样，都在为实现我们共同的社会主义目标而奋斗，这就是把工人阶级从目前难以忍受的状况下解放出来。我们不能派代表参加大会的原因非常简单：我们几乎所有的同志，不论是战士还是领导人，都被拉走当兵打仗去了，只有我和少数几位同志因年老或体弱不能服兵役才留下来。

我们留在这里是必要的，因为我们必须保护党和工会的文件与财产，出版我们的报纸，照顾我们同志的家庭，接待和救济伤员及伤残者，他们中有很多是我们的党员。

你们现在可以理解我们不能离开我们的唯一庇护所人民之家的原因了；还有一个原因是议会随时可能开会。我们的党像整个国际一样非常关心这一工作。

因此，我们向出席国际代表大会的社会主义代表们致以问候，我们感谢他们给予我们道义上的帮助，感谢他们向巴尔干社会主义者所表达的无产阶级团结，请像过去一样相信，我们已经尽了最大的努力结束流血，避免其影响和后果可能延缓社会主义胜利的冲突。

---

① 本文翻译参考了《塞尔维亚社会民主党给国际社会主义局的一封信》的译文，见中国人民大学科学社会主义系编《国际共产主义运动史文献史料选编》中国人民大学 1985 年版第 3 卷 201—203 页。该译文依据德文版，这里依据英文版。——译者注

现在作一点说明：

反对殖民主义政策和帝国主义的斗争越有成效，我们就越能有力地反对我们本国资产阶级的政策，从而促进无产阶级事业。

资本主义国家的殖民主义政策扼杀、压迫和剥削其他民族。它阻止民主化和改革。这一政策加重了大城市的负担，特别是打击了不同层面的无产阶级，只有利于军国主义、海军至上、专制主义和资本主义。它驱使大大小小的竞争者和小国，用增加税收和抬高食品价格来榨取人民尤其是工人阶级。列强帝国主义被巴尔干各国政府看做幽灵，被当做压榨人民群众、推行反动计划的借口。

毋庸赘言，这一政策使穷人的处境更加恶化，因为它扩大了社会贫困，让反动保守势力到处立足，阻止无产阶级斗争，缩小其影响。

在塞尔维亚，历届政府由于害怕帝国主义的压力，害怕奥地利教会和农业势力而主动投入俄国沙皇的怀抱。除此之外，还要注意一个事实，即我们国家的军备开支已经远远超过了国家的经济实力，它们造成了债务与税收剧增，预算失去任何约束，食品越来越贵，工业发展停滞不前，人民的反抗力量被削弱。

由于这个原因，我们的大批工人移居外国，我们的劳动条件和斗争条件是非常艰苦的。

殖民主义政策对于全世界无产阶级，对于那些统治阶级推行和仿效这一政策的各个民族来说，都是灾难性的。阻碍民族自主发展，压制来自下层的反抗，当然会破坏无产阶级的斗争。因此，谁在反对觉悟的民族起来追求自主权，反对人民群众的文明与民主倾向呢？是奥地利和俄国，是他们在巴尔干扮演着这种卑鄙无耻的角色。

目前，欧洲各国政府非常卑鄙地企图利用巴尔干局势，他们的这一态度本身就孕育着一场全面战争的危险，而这场战争对各国都是不幸的，它将摧毁人类的许多文化成果；即便这一危险不导致战争，它也将威胁巴尔干国家各民族的平等和自主的实现；它将阻碍向社会主义者所追求的目标前进，这就是在民族和国际的基础上建立一个巴尔干人民联邦共和国。

我们请同志们重视这一情况。至于我们自己，我们在此声明，我们将一如既往地履行我们的国际义务，并相信，只有这样，我们才能为无产阶级的解放作出最大的贡献。

国际无产阶级万岁！

人类解放者社会民主党万岁！

国际万岁！

塞尔维亚社会民主党
德拉基什·拉普切维奇

保加利亚的报告

（紧密派）

同志们：

我们不能派遣1名特别代表出席社会党国际局的上次会议。我们不得不只发去一封电报，表达我们的敬意和我们对国际局决定的赞同。因此，我们应当向国际报告我们党在战前所做的工作和我们对巴尔干目前局势的看法。

在他们于1910年1月在贝尔格莱德召开的代表大会上，巴尔干各国包括土耳其的社会民主党在巴尔干民族问题上采取了坚定的立场。在这次代表大会上，巴尔干社会民主党宣布，巴尔干各民族的统一联合和独立对于他们的社会和经济发展是绝对必要的。与资产阶级和巴尔干各国王朝的政策相反，巴尔干社会民主党宣布，它渴望通过建立一个民主共和联邦来实现民族联合和独立。

巴尔干社会民主党第一次代表大会的决定，极大地推进了我们党所进行的反对沙文主义资产阶级及其建立大保加利亚的野心的斗争。资产阶级和王朝的征服政策每天都在加剧战争危险。我们争取建立巴尔干共和联邦的斗争同时也是反对战争、争取维护巴尔干和平的斗争。

意大利—土耳其战争、阿尔巴尼亚起义，以及（奥匈）最近提出的土耳其权力下放建议，正好鼓励了我们的资产阶级的好战欲望。也正是在去年，我们加强了争取建立巴尔干联邦的斗争。

然而，为了掩盖征服马其顿和阿德里安堡①省的野心，保加利亚资产阶级再三表示，它的唯一愿望就是给予这两个土耳其地方自决权。这样，资产阶级一方面躲在欧洲和土耳其不满的背后，掩藏自己的兼并企图，另一方面，它同不大激进的、民主的、披着自由主义外衣的所有资产阶级沙文主义分子联合起来。

为了警告工人阶级注意沙文主义倾向，我们特别指出了我们的目标和实现目标的方式与他们的区别。我们党过去和现在都不主张为马其顿和阿德里安堡省的自决权斗争，而是主张为建立巴尔干共和联邦而斗争。这不是因为我们反对马其顿获得自决权，相反，我们认为，只有建立联邦，这些国家才能获得真正的自由，而是因为资产阶级认为获得自决权是保加利亚兼并这些省的第一步。我们还确信，自决权并不能实现巴尔干民族的联合，更不要说保加利亚人民的联合了。

另一方面，我们一直非常强调，用小资产阶级夸夸其谈的民主辞藻和空想，不可能帮助和促进建立巴尔干共和联邦的事业。恰恰相反！巴尔干无产阶级只有通过独立的阶级斗争，才能发展壮大，并迫使资产阶

---

① 也称"亚德里安堡"或"哈德良堡"，现称"埃迪尔内"。——译者注

级在巴尔干联邦的框架内寻求对抗欧洲大国征服野心的庇护所,并最终通过建立更大的内部出口来实现资本主义的发展。

紧随而来的事件,比如在伊斯迪普、科查尼以及其他地方越过边界的屠杀,加强了资产阶级的欲望,这些屠杀如果背着保加利亚政府是干不成的。青年土耳其党人政权对唤起国内和马其顿的民族主义情绪尤其起了巨大作用。这个政权把将土耳其改造成一个现代文明的国家、以便保持其统一当做自己的所谓任务,但是它最终带来的不是改革而是对被奴役人民的毁灭。

因此,被奴役的人民被逼无奈,渴望邻国来解放他们。青年土耳其党人的民族主义夸大其词,火上浇油,而保加利亚资产阶级则推波助澜。如此一来,为沙文主义的战争动员铺平了道路,最终导致在俄国之类的某些大国的怂恿下,迫使巴尔干国家卷入战争。

正是在这样一个极其严峻的时刻,我们于今年8月28日召开了鲁斯特彻克大会。

这次大会在开幕时组织了一场大规模的反战集会。关于巴尔干局势与社会民主主义的报告被列为我们大会议程上的一个最重要的问题。大会通过了这个问题的决议,决议指出:

"我们坚决支持维护和平,而且保加利亚有觉悟的无产阶级向土耳其和其他邻国的工人致以友好的问候。保加利亚无产阶级随时准备和后者肩并肩战斗,以实现巴尔干各民族的自由和联合。

我们坚决反对保加利亚资产阶级在马其顿问题上玩弄阴谋诡计。这些阴谋诡计企图通过加强资产阶级和王朝反动势力,煽动在马其顿的屠杀和破坏,并准备进行新的伤害。大会坚定地宣布,马其顿人民的自由决不能用自治来实现。小资产阶级蛊惑人心的自治要求是没有基础的。自由只有通过把巴尔干各国联合成一个巴尔干共和联邦,才能实现。只有这样才能保证保加利亚人民以及巴尔干各国的独立和联合。

大会要求党的中央委员会立刻与我们邻国的同志们谈判，以便根据第一次大会以及与会各党所通过的决定，尽可能快地召开巴尔干社会民主党第二次代表大会……"

不幸的是，就在巴尔干社会民主党可以筹备召开第二次代表大会之前，总动员令发出了，接着很快宣战了。这些事态发展使第二次巴尔干大会的召开变得不可能了，而且我们几乎没有必要的时间采取措施出版一个巴尔干社会党人共同宣言，一个让我们在国外的同志也能看到的宣言。就在总动员令发出几天之前，即9月20日，我们党的中央委员会印制了一份保加利亚无产阶级反战宣言。9月22日，在全国各地举行了反对战争和支持巴尔干共和联邦反战集会。这些集会取得了非常好的效果。

几天后，危机全面爆发，我们自然没有力量抵制沙文主义和战争倾向。我们的行动力量更弱了，因为我们有将近四分之三的同志应征入伍，其中还有两名中央委员，包括我们党的中央委员会司库基尔科夫同志，以及中央理事会的所有成员。我们的队伍因为18、19岁青年人应征入伍而进一步减少。我们的党员和工会会员同志有1万人，他们几乎全都应征当兵去了。

在总动员令发布的同时实行的军事新闻检查和戒严令，不仅剥夺了对事态表示抗议的可能，而且剥夺了批评我们的资产阶级沙文主义狂热的自由。

尽管存在这些阻力，我们还是努力出版了我们党和工会的机关刊物《工人通报》。就在我们出版第五期后，政府就急忙让停刊了。军事法庭的行为极其粗暴严厉，不仅禁止出版我们党的机关报，而且禁止召开任何集会。

军事疯狂和肆无忌惮的反动暂时破坏了我们的行动。但是目前巴尔干正在发生的最大事件,不是保加利亚社会民主党人改变其对战争以及巴尔干问题的看法的原因。

我们现在和过去一样反对战争。社会民主党任何时候都是战争的敌人,因为今天它看到了可怕的经济灾难、黑暗的政治反动、战场上的暴行和惨状,以及最后,战争所造成的大量伤亡。

无论战争的结果如何,即使结果对巴尔干各民族最有利,社会民主党人也不仅不会放弃它主张建立"巴尔干共和联邦"的动机,而且相反,从最近的事态发展中,它还得到了在同一方向上进一步斗争的理由。

不久以前,在资产阶级的头头脑脑看来,巴尔干国家联盟看起来就像是一个乌托邦,今天则是一个既成事实。实际上,我们离社会民主党所争取的那种经济、政治和文化联盟还差得很远。但是,巴尔干各国政府之间所达成的协议解除了巴尔干联盟敌人的武装。如果这个协议不消失,在各国彻底摧毁它们的共同敌人之后,就会向着巴尔干人民更紧密、更强大的联盟大步迈进,向着巴尔干联邦大步迈进。

我们希望,土耳其也能加入巴尔干联盟,因为人们不可能谈到一个真正的确定的巴尔干民族联盟而把一个独立的土耳其民族排除在外,这个民族在巴尔干半岛有 400 万到 500 万人。但是现在还在巴尔干掌权的资产阶级和各国王朝想建立一个反对土耳其的基督教巴尔干国家联盟。前者从一开始就追求而且显然能够成功地兼并和瓜分土耳其在欧洲的大部分省份。

在这种状态下,我们仍然坚持认为,为了其经济和政治发展,为了中止欧洲大国的侵略野心,巴尔干联盟团结的最大保障在于接受土耳其加入巴尔干联盟,即使在战争结束后,她仍然是一个欧洲大国。

有一种观点认为:土耳其至今还存在一个封建阶级,而且它是一个封建国家,封建国家是不适合成为巴尔干联盟的一部分的,只有经过一场群众革命，打倒封建主义，它才能具有这种资格。这个观点是没有根据的。首先，农民群众占土耳其人口的大部分，他们已经彻底破产，根本不能采取任何革命行动。其次，因为工人阶级的力量还太薄弱，还没有做好承担这个任务的准备。再次，因为资本主义就其发展来说，目前正在形成一个资产阶级，其主要成分是希腊人、保加利亚人、亚美尼亚人，以及其他民族的人。这个资产阶级随着经济基础的扩大，民族意识增强，它所追求的不是改造土耳其，而是在巴尔干各国建立一个以他们的民族为基础的联盟。这就是我们坚持必须用巴尔干联邦铲除土耳其封建主义，把土耳其也纳入这个联盟的原因。巴尔干联邦给土耳其快速发展提供的有利条件，一定比其国内资本主义所能提供的要多。但是在巴尔干国家获得胜利后，土耳其将会为加入巴尔干联盟做好充分准备，因为战争的结果之一，就是决定性地推翻了土耳其的封建主义。

在这个意义上讲，巴尔干国家的胜利在反对半封建主义和绝对专制政权方面将发挥革命性的作用。最后，我们必须强调一个事实，即保加利亚爱国者先让马其顿自治、然后再兼并它的梦想，是一定会破灭的。

人们对马其顿将被巴尔干国家瓜分不再有任何疑问。由此再明确不过地说明了我们的看法是对的，这就是马其顿自治是保加利亚资产阶级和小资产阶级政党的"民族理想"，但它不是实现巴尔干民族联合的道路。

另一方面，邻国对马其顿的掠夺将造成巴尔干各国民族发展更加不能容忍的局面。

通过这种方式扩大的保加利亚，将会有数以百万的土耳其人，成千上万的塞尔维亚人和希腊人变成它的居民，就像塞尔维亚用同样的方式扩大，将会有数十万的保加利亚人、希腊人和阿尔巴尼亚人变成其居民一样。因此，无论如何瓜分土耳其这个战利品，建立真正完全的巴尔干联盟的问题还是更重要更迫切的问题。

巴尔干联邦和以往一样必要,无产阶级在这方面的斗争将得到巴尔干群众和资产阶级的支持。

亲爱的同志们,请接受我们的社会主义的兄弟般的致敬。

保加利亚社会民主党中央委员会
布拉戈耶夫

萨卡索夫同志1912年10月8日在国会的发言

扬科·萨卡索夫:人民代表们!我已经表达了最后一个谈论这个问题的愿望。我这样做的理由你们应该很清楚。我想先听一听那些党,那些属于所谓统治集团的政党的代表的发言,然后,再阐述一下我的看法,正如你们猜到的,我的看法和你们的并不一致。

议长的讲话有3点给我留下了深刻的印象。它们是保加利亚政府下令进行总动员的理由。第一点说,保加利亚政府已经尝试了所有和平办法,但对邻国王室都没有产生影响,都没有让它的居民得到理性的对待;第二点说,塞尔维亚、希腊和黑山三国政府也是在尝试了一切和平办法无果后才被迫进行动员的;第三点说,保加利亚人民热烈地欢迎政府的举措,并且对它们表示充分信任。

下面我简短地讨论一下这3个理由。

先生们!作为总动员的一个结果,政府宣布的戒严法也许并不像动员的事实本身那么严重。你们来自全国各地,目睹了我们的士兵应征和我们人民的生活状态,可以说,你们知道我们人民的感受和想法。我相信,你们的印象是可信的,你们真的看到了人民的热情。请允许我说,我也相信这种热情。但是请允许我补充一句，此时此地，正如前面有一位发言者所说，在这个保加利亚集体智慧的聚集之地，应当让理智主宰情绪。如果是这样，那么请允许我说，除了你们注意到的应征入伍的年轻人和老人所表现出的热情之外，还有其他一些情绪，这就是与他们走后所留下的景象和他们回来后所看到的景象有关的深深忧虑和惴惴不安。

P. 斯坦乔夫：让他宣誓讲真话。

多数人：让他宣誓。他还没有宣誓。

议长（摇铃）：安静，先生们！虽然萨卡索夫先生的想法和你们不一样，但是你们应该耐心地听他发言。

扬科·萨卡索夫：议长先生，我要像通常那样宣誓。请您宣读宪法规定，我来重复一遍。

议长：昨天其他议员宣誓了。你没有在场。我们在其他时间再举行这个仪式吧！

扬科·萨卡索夫：先生们！你们发现我和你们的感觉不一样。我宁愿人民代表不要按这个情绪采取行动。在由行动作决定的地方，不能用情绪；需要的是克制而不是情绪。有一点人们没想到：我们离开了谁、留下了什么、我们回来后会看到什么？但是在这里，在这个大厅里，在我看来不可思议的是，我的话没有人听。

大多数议员：我们愿意听你说。

议长：萨卡索夫先生！没有人阻止你讲话。但是你在表达你的意见时应当考虑到人民代表的感受。

扬科·萨卡索夫：我的话，议长先生，请记录在案，我不会否认我的话。它们绝对是保加利亚的，是爱国的，像我们所理解的爱国主义一样。

D. 拉代夫：你不是一个爱国者。

议长（对着萨卡索夫）：请你不要和我争了。继续发言吧。

扬科·萨卡索夫：先生们！我们必须理解人民支持政府的这一行动的表现。你们说，所有应征入伍的人和你们的看法是一样的。是的，人们不会反对当兵，但是如果你已经让人民当兵了，他们会把所有的责任都推给强迫他们当兵的那些人。如果你不让他们应征入伍，而是搞一次公投，那么你就有理由谈论人民的情绪，通过他们的投票来判断。但是，你把人民摆到一个既定事实前，而他们不能抛弃强加给他们的义务。我希望你们理解你们对手的观点：无论这个公民属于哪个政党，他都不会拒绝履行他的义务。即便他是战争和权力不共戴天的敌人，如果社会组织让他承担这个角色，它也不会丢下武器叛变。只有当他确信你是处心积虑的背叛，你在牺牲人民的普遍利益，并把他抛进不可言状的苦难之中的时候，只有那时候，他才可能调转枪口对准你。因此，你要能对这种热情作出区分。迫使他采取行动的不是戒严法，而是一种理解，即他是自由的，他可以要求你对你的行动有个交代。这种要政府负责的权利，给了他乖乖地服从和尽义务的力量。在谈论服从政府命令的意愿时，必须把这两个事实区分开来。

布拉什里扬诺夫：这个我们知道。

扬科·萨卡索夫：如果议长以人民热情这种不稳定的东西为基础，他一定要考虑具体情况。

议长：议长已经指出，政府承担一切责任。

扬科·萨卡索夫：议长依据的第二点是，巴尔干四个国家同意在同一时间宣布动员。先生们！巴尔干四个国家同时宣布动员，此举充分说明已经建立了一个联盟。我们不属于赞成国家分歧的人，更不要说巴尔干小国之间的分歧了。相反，在保加利亚政治宣传品和公开活动中，正是我们党的人多年来一直在为建立巴尔干国家联盟而努力奋斗。但是，先生们，你们认为我们的政府之间建立的联盟和我们希望的建立联盟是一回事吗？联盟有各种各样的！如果我们正在经历的不是一个严峻的时刻，我会很高兴地向议长指出，如果他在我们面前展现的是一个不同性质的联盟，那真是让保加利亚人民和巴尔干各民族高兴的事情。如果没有一个各国军队动员联盟，不论进攻目标和防御目标是什么，如果你能在经济上、文化上、政治上，以及最后，在必要的军事基础上建立一个联盟，保加利亚人民将万分高兴。你在其他文明民族终结或应当终结之处开始。

大多数议员：你太操之过急了。

扬科·萨卡索夫：你们先搞一个军事协议，它应该是你们努力的结果，而且在这方面，我们支持搞一个巴尔干联盟的人，为了彼此的政治与教育存在，我们说，它用这种方式是很难实现的。大家会问你们，而且第二天你就会遇到一个问题：下一步是什么？下一步你们会达成什么一致？你们今天是盟友，但是明天你们可能相互对立，就像你们在报刊和外交圈子里已经说的那样。

（遭到大多数议员的反驳。喧哗吵闹。多数派很多议员离开会议大厅。）

我非常清楚你们为什么抗议和赞成，为什么离开会议大厅。（遭到来自大厅一片反驳）

N. 达维多夫：你愿意在君士坦丁堡发表这样的讲话吗？

扬科·萨卡索夫：这并不能让我动摇。

穆塔福夫博士：你的讲话我们都知道了，萨卡索夫先生。我们经常听你说。

议长（摇铃）：肃静，先生们！

P. 拉代夫：如果你的血管里流着哪怕一滴基督教的血液，你脑子里也不会冒出这种想法。

议长：还没有轮到你发言，拉代夫先生。

扬科·萨卡索夫：我很遗憾，我在这个大厅里的第一次出现就遇到这么严重的问题，我们的分歧太大了。但是就像你们认为你们有义务支持政府的行动一样，我认为，我作为保加利亚人民授权的代表，在这里对发生的情况表示抗议是正确的。耐心点好吗！

议长：请继续发言，萨卡索夫先生。

扬科·萨卡索夫：我来谈一下议长发言中最有影响的一个观点，这就是，政府为了在邻国建立一个合理的生存模式，采取了各种和平办法，但是都没有用。这是我们有很多共同点的基础。确实，现任政府就属于这一类，他们把采用仲裁方法作为最后一个手段。但是我们要从历史的角度来看待我们与邻国的关系，考虑我们不久前以及前些年所犯下的所有错误、犯罪行为和罪行。军队动员给这个不幸的国家及其不幸的人民正在带来的和将要带来的不幸，将是对我们政府以前所犯下的罪行的救赎。

议长：请你只谈政府的问题而不要管过去的事情。

扬科·萨卡索夫：我不一一列举这些错误和罪行。但是如果这些犯罪行为是政府的错而不是人民的错，那么我认为，在我们动员军队所对付的邻国，我们就不应该让人民而应该让政府为流行的事态负责。先生们，你们认为如果热情在这里占上风，支持政府的程度在那里会更小吗？

克里·穆塔福夫博士：你好像不是作为一个保加利亚人在讲话。你真该感到羞耻！

N. 达维多夫：你这个坏蛋！

大多数议员：打倒他！打倒他！

（许多议员越过椅子冲向讲台。一片喧闹。）

议长：先生们，请回到你们的座位上去。

（议员们围着讲台大喊：我们不能让他讲话。喧闹声越来越大。议长宣布会议暂定半小时。）

(暂停结束之后)

议长（摇铃）：会议继续。请发言人就座。

扬科·萨卡索夫（在讲台前）：我说过，在采用各种和平手段影响其他国家这一点上，我们有很多共同点。我们不知道保加利亚有哪个社会或政治组织在这个其他国家的人民的生活条件的问题上意见是不一样的。我们都说，这些条件根本不是一个宪政或民族国家的条件。我们是最早在国内外指责这些条件的人。你们必须知道，我们的许多优秀同志积极参加所谓的马其顿运动，运动的第一次民主大会是你们组织的。此后，欧洲民主国家应当在马其顿活动中持更公正的立场的倡议毫无疑问是属于我们的同志的。

P. 斯坦乔夫：圣西里尔和圣美多迪乌斯①也属于你们吧。（笑声）

扬科·萨卡索夫：如果你认为欧洲民主国家对马其顿问题的看法非常重要，那么你可能说对了，那在很大程度上也要归功于我们。

V. 拉多斯拉夫博士：这个说法令人怀疑。

扬科·萨卡索夫：马其顿问题不仅是一个保加利亚问题，而且由于我们政府的错误言行，它已经成为一个欧洲问题。如果你能指出在土耳其欧洲部分各民族自决权方面欧洲舆论改变的动机，我们党肯定在其中发挥了很大作用。

克里·穆塔福夫博士：这个问题没有列入议程，萨卡索夫先生。还是说说政府的建议吧！

---

① 西里尔（Cyril）和美多迪乌斯（Methodius）是一对兄弟。公元863年，兄弟俩奉拜占庭皇帝和君士坦丁堡牧首之命，到斯拉夫民族中传教。在这个过程中，他们以希腊字母为基础，创造斯拉夫文字，即西里尔字母，并将圣经等基督教经典和世俗文学翻译成斯拉夫通用语，为斯拉夫民族的文明奠定了基础。后受教皇尼古拉一世之邀，他们赴罗马。西里尔于公元869年在罗马逝世，美多迪乌斯回到摩拉维亚继续传教，于公元885年去世。俩人被成为"斯拉夫人的使徒"。——译者注

扬科·萨卡索夫：那我就直截了当地说吧。这些所谓的马其顿问题会有一个和平的解决办法，正像我们经常指出的，如果你们现在诉诸武力，逼迫我们的人民和邻国开战，那么你们一定要想一想遭受战争苦难的各国人民，从政治的角度来讲，他们还不成熟，还不自由，还不能要求他们的政府算个账。

最重要的事情，现在是，而且一直是，先生们，我们必须弥补政府20年来所犯下的错误和罪行，如同土耳其的贫穷民族弥补他们的统治者50到100年里所犯下的错误和罪行一样。我们必须一致认识到，有一个军事官僚小集团，它统治着土耳其，而且准备为了他们的权力牺牲他们的民族利益，以及生活在那里的其他民族的利益。我们的意见是，如果你们要用手中的武器解决统治集团之间的分歧，你们一定不要忘了，像我们一样，那里还有各种民族，他们渴望自由发展，但是这里、那里和欧洲的统治者的利益和错误行为，已经使公正地自然地解决政治问题成为不可能了。

议长：我们不允许你把我们的政府同其他国家的政府进行比较。

克里·穆塔福夫博士（对萨卡索夫）：你的更正来得太晚了。

扬科·萨卡索夫：毫无疑问还有一个不同，正像保加利亚现政府和以前的政府不同一样。保加利亚政府和土耳其政府不同。他们是特权阶级组成的政府，这个阶级根本不关心他们统治的对象的利益。他们只想统治，用他们的权力硕果使自己发财。由于我们的错误，由于欧洲各国政府的利益，他们的阴谋诡计和妒忌，我们不可能在这些不幸的国家恢复秩序与和平。它们的统治集团一个时期利用欧洲这个集团的支持，另一个时期利用另一个集团的支持，以便继续执掌他们手中的被引入歧途的权力。就保加利亚而言，我们可以说，保加利亚政府早就摆脱了这种依附，但是你们敢说保加利亚政府现在的行动完全不受欧洲国家政府某个集团的单边影响或支持吗？

先生们，我们国家、生活在我们邻国的人民面临着危险。这个危险在于这些秘密联盟，在于统治者为了国家利益而缔结的对我们的人民保密的协议。我们知道有一个斯拉夫国家，波斯尼亚和黑塞哥维那就是用这种方式被一个斯拉夫政府拱手交给了奥地利。

议长：我必须要求你，萨卡索夫先生，发言集中在有关问题上，不要谈波斯尼亚。

扬科·萨卡索夫：波斯尼亚是证明你们应该干什么的一个最好例子。

克里·穆塔福夫博士：你曾经是一个巴尔干协议委员会的成员。而你对现在是一个既成事实的巴尔干联盟挑剔指责，这令我感到惊讶。

扬科·萨卡索夫：你是一种情绪的受害者，你只能感到惊讶而不能面对事实。

克里·穆塔福夫博士：我抗议。你的讲话受了工人俱乐部的影响。

N. 达维多夫：他应该戴上奥斯曼人的头饰，一个彻尔玛！

扬科·萨卡索夫：我的观点是这样的：长期的治理不善、追随只对各地少数人有好处的政策，对巴尔干国家命运的自私自利的欧洲干预，所有这一切都是由于目前的危险局势造成的。

N. 达维多夫：告诉我们你的建议是什么。

扬科·萨卡索夫：为什么，首先你们把人民领进了死胡同，然后你们说：找条路通过这堵墙。

（发言被多数派议员打断）

只要人民还像数百年来、20—30年来各地的情况那样，由为了自己的利益而把母亲和孩子们带入苦难的不负责的人们来领导，只要把他们摆到既成事实面前，或者放下武器，或者在服役结束后，要求与把整个国家带入死胡同的统治者算个账。（反驳声）我们坚决反对你们准备的战争，我们强烈抗议杀人行径；我们反对保加利亚现政府，我们反对不负责任的因素,是他们让保加利亚陷入了这个境地。

大多数议员:下去,下去。

扬科·萨卡索夫(前往自己的座位):想到那些现在朝我吼"下去"的人很快就会说我是对的,我就得到安慰了。

社会党国际局定期公报第 10 期

巴塞尔国际社会党非常代表大会报告[①]

1912年1月1日至1915年1月1日大事记

国际事务

政党

1912年10月28—29日,社会党国际局在布鲁塞尔召开会议。

1912年11月24—25日,国际社会党巴塞尔代表大会召开。

工会

1912年7月8—12日,国际矿工第二十三次代表大会在阿姆斯特丹召开。代表120万煤矿工人。

1912年7月30—31日,国际皮毛加工工人第五次代表会议在维也纳召开。

1912年8月,国际印刷工人第六次代表大会在斯图加特召开。

1912年9月15日,国际制帽工人代表大会在蒙扎(伦巴第)召开。

---

① 见本书第26卷第11—121页,此处从略。——编者注

合作社

批发合作社1911年销售额:

		比1910年增长%(以1910年为100)。
C. W. S., 曼彻斯特	697324750	33128825 = 4.83
S. C. W. S, 格拉斯哥	196276975	2823000 = 1.45
G. E. G., 汉堡	137006835	26169775 = 23.61
F. D. B., 哥本哈根	68321265	3790984 = 6.34
U. S. C., 巴勒	32095978	4330176 = 15.60
汉雅,布达佩斯	24997466	5030227 = 15.19
G. ö. K., 维也纳	23406209	2319319 = 10.99
凯斯克斯昆塔,赫尔辛福斯	16151438	2541359 = 18.67
M. d. G., 巴黎	10498112	3009832 = 40.18
S. P. O., 莫斯科	8761982	4402950 = 82.1
商会,鹿特丹	7524289	869456 = 13.06
K. F., 斯德哥尔摩	7122886	804647 = 12.73
F. C. B., 安特卫普	5904700	1414704 = 41.50
C. d. G., 巴黎	1854771	378148 = 25.60
N. K. L., 克里斯蒂安尼亚	1727380	385022 = 28.7
V. D. P., 布拉格	1702178	626978 = 58.34
G. E. G., 华沙	792000	4768878 = —
合计	1241469214	92025402 —

1912年5月21—22日,国际农业合作社第三次代表大会在巴登-巴登召开。

其他

1912年3月11日，威斯特伐利亚和法国矿工举行罢工。

1912年9月6—7日，国际反失业协会代表大会在苏黎世召开。

1912年9月8—9日，保护家庭工人国际代表大会在苏黎世召开。

1912年9月18日，各国议会会议①在日内瓦召开。

反对战争

1912年10月28—29日，社会党国际局在布鲁塞尔开会。发表国际反战宣言。

1912年10月20日，**德国和英国工人支持和平示威。**

工党发表工党下院议员和德国社会民主党国会议员签字的如下宣言：

"致德国和英国工人！

德国和英国两国议会再次决定同意政府给海军拨款的要求，并大规模地增加军备负担。两国工人阶级的代表，德国社会民主党议员和英国工党议员，坚决反对这种增加，并投了反对票。但是他们在议会里的力量还没有强大到能够阻止通过陆军预算。因此，军备竞争将继续其灾难性的致命的发展，并在所有商品价格普遍上涨的时候，把新的沉重的负担强加到人民肩上，与此同时将加剧可怕的战争的危险。

---

① 各国议会会议（Inter-parliamentary Conference），即"促进国际仲裁各国议会会议"，由英国下议院议员威廉·兰德尔·克里默和法国国民议会议员弗雷德里克·帕西联名发起成立，并于1889年召开第一次大会，来自3大洲9个国家的96名议员参加了会议。1899年，改名为"促进国际仲裁的各国议会联盟"。1922年改为"各国议会联盟"。是历史最长、影响最大的国际议会组织。——译者注

所有文明国家的工人阶级开始越来越清晰地认识到，这些军备扩张是为了少数人的利益，这些人对自己所积累的财富从不满足，而居民大众特别是工人大部分却生活在赤贫的边缘。

德国工人对英国没有任何敌对情绪，英国工人对德国也没有任何敌对情绪。他们每天被迫在工厂和矿山付出生命和健康，他们不想再在资本主义的义务兵役制度下在陆地和海上作战中作出更多的牺牲了。

他们坚决地反对两国的那些战争蛊惑者。他们要求不要加剧资本主义军备竞争而是要废除它；不要煽动两国之间的战争而是要增进两国之间的相互理解。

英国和德国之间的战争将会导致历史上从未有过的灾难。谁引起这种危险，谁就是对人类的无耻犯罪。阻止这个灾难的可能性掌握在我们两国工人阶级的手里。

因此，我们，作为两国有组织的有阶级觉悟的工人的代表，强烈要求德国和英国全体工人加入我们的组织，阻止文明和文化被拖进无底深渊和无数的人失去生命。

英国和德国工人们！无论你们在哪里相遇，你们都必须记住，你们要发挥历史的作用，要推进各国的普遍福利。要为各国人民之间的相互理解和和平进行宣传和组织。"

1912 年 11 月 24—25 日，国际社会党巴塞尔代表大会召开。

1912 年 11 月 24—25 日，国际合作社联盟决议：

"国际合作社联盟执行委员会，鉴于目前欧洲存在的战争状态及其严重前景，想提醒各国合作社社员：各国和平是合作社的基本原则之一。因此，执行委员会以全体合作社社员的名义表达一个希望，即不要把战争扩大到现在尚未卷入的大国，要求尽快在受战争影响的地区建立和平和善治。恳切要求各国合作社尽一切努力实现并维护世界各国之间的和平与和谐。"

1. 英国

政党

1912年1月24—27日，英国工党代表大会在伯明翰举行。工党由工会、费边社、独立工党，以及一些地方性组织组成。工会会员及成员组织的人数从1430539增加到1446666人。

1912年5月25—27日，英国社会党第一次年度代表会议在曼彻斯特举行。代表40000名党员的250名代表出席。

1912年5月30日，独立工党代表会议在梅瑟蒂召开。

妇女

1912年1月23日，妇女劳工同盟代表会议在伯明翰举行。过去一年，同盟支部的数量从85个增加到110个。

1912年6月15日，妇女社会政治联盟宣布主张妇女参政权的被监禁人士进行绝食抗议。

工会

1912年4月25—27日，苏格兰工联代表大会举行。

1912年8月21日，工会的力量。

截至7月1日，英格兰（不含爱尔兰和苏格兰）全国工会中央有1150个工会成员组织，884291名会员，而去年同期有135个成员组织，有711944名会员。

1912年9月2日，英国工联第四十五次代表大会在纽波特召开。

英国工会会员：根据贸易委员会1911年报告，英国共有1168个独立的工会组织，会员总数为3010346人。

合作社

1912年5月27—28日，英国合作社代表大会在朴茨茅斯举行。1700名代表出席，代表了1531个英国合作社和2640091名社员，其中有1400个是消费合作社，营业额1870061725法郎。

选举

1912年11月1日，市镇选举。

周年纪念

1912年3月7日，亨·迈·海德门70岁生日。

讣告

1912年12月8日，格拉斯哥社会主义先驱罗伯特·哈切森逝世。

罢工

1912年2月29日，因雇主拒绝最低工资，矿工宣布大罢工。
1912年3月1日，英格兰矿工举行大罢工。
1912年3月19日，汤姆·曼因煽动哗变被逮捕。
1912年4月6日，英国矿工大罢工结束。
1912年4月30日，伦敦裁缝举行罢工。
1912年5月9日，汤姆·曼以"煽动士兵哗变"罪在曼彻斯特被判处按中等待遇监禁6个月。

1912年5月20日,伦敦码头工人举行罢工。

1912年5月23日,运输工人举行大罢工。

1912年5月24日,参加罢工的码头工人和运输工人达到175000人。

1912年6月10日,宣布全国运输工人罢工。

1912年6月17日,英格兰运输工人罢工结束。

1912年6月23日,汤姆·曼获释。

1912年7月3日,伦敦东区因码头工人罢工陷入大萧条。

1912年7月5日,码头工人罢工委员会宣布罢工将继续。

1912年7月14日,警察袭击在海德公园举行罢工示威者。

1912年7月27日,罢工委员会建议工人回去工作。

1912年7月31日,前罢工者和"自由劳动者"发生严重冲突。

示威

1912年4月15日,社会主义者在伦敦剧院举行大规模示威。

反对战争

1912年1月23日,妇女代表会议(妇女同盟)在伯明翰举行。

大会除了通过其他决议外,还通过了如下决议:

"大会对秘密外交表示强烈的抗议,坚决要求不论什么人签订的条约或协议都必须在提交下院审议后才能批准。"

1912年1月26日,英国工党第十二次代表大会举行。

独立工党和纺织工人联合会通过决议:

"大会认为,战争威胁社会进步和工人阶级的福利,其结果是可怕的痛苦,生命的丧失,物质财富的毁坏。大会像以前一样宣布,反对扩张军备所造成的军费支出的不断增加,反对军国主义和在其各个层次的一般服务;它宣布,国家纠纷应当通过仲裁法庭来解决,要求各国工人为了各国和平与友好而发挥他们的影响。大会还认为,增加工人阶级在各国各级议会中的代表人数是达到这一目标的最有效的手段,这样政府就发现它们不能进行战争。"

1912年5月27—28日,独立工党第二十次年会举行。

决议:

"本次大会非常忧虑地审视了爱德华·格雷子爵和政府的外交政策,以及造成国际局势复杂化的目前的秘密外交做法,对实施我们外交政策的秘密做法表示抗议,并敦促我们的议员要求所有与其他大国的谈判情况都应当让议会充分知晓。"

1912年9月7日,英国工联代表大会在纽波特召开。

关于五一节的决议:

"工人在五月一日举行的游行,其目的在于共同鼓励存在工人运动的各国的劳工事业,大会要求所有有组织的劳动者和其他国家的同志们团结起来,在劳动节,也就是五月一日他们闲暇的时候,在一切可能的地方,在不伤害工人阶级利益的情况下,举行支持实行法定八小时工作制、为了工人阶级的利益全面维护各国和平的游行示威。大会请求议会委员会实行这一决议。"

1912年11月17日,国际反战游行在伦敦举行。

演讲人:(德国)曼海姆州国会议员路德维希·弗兰克;比利时国会议员爱德华·安塞尔;希腊的柏拉图·E.兹拉库里斯;英国的乔治·N.巴恩斯、哈利·奎尔奇、詹·基尔·哈第主席。

决议:

"在社会党国际局英国支部支持下举行的本次伦敦公民群众集会,在此宣布支持社会党国际局的宣言,并向所有地方的同志们致以兄弟般的问候。"

2. 德国

政党

1912年4月5—6日,工人禁酒同盟第四次全体大会举行。同盟拥有2474名会员。

1912年4月7日,德国波兰社会党代表大会举行。

1912年6月30日,勃兰登堡省代表大会在勃兰登堡举行。

1912年7月14日,施瓦茨堡—鲁道尔施塔特代表大会在勃兰登堡举行。

1912年8月3—5日,巴伐利亚社会民主党代表大会在兰茨胡特举行。

巴伐利亚社会民主党由612个组织组成,有87112名有组织的党员,其中有6758名女党员。他们有6人担任市镇长,41人担任副市镇长,38人担任治安官,870人担任市镇议员。

1912年8月4日,奥尔登堡—东弗里斯兰区代表大会在奥尔登法召开。

1912年8月11日,波森省代表大会在施奈德米尔举行。

1912年8月18日,哥达社会民主党代表大会在哥达举行。

1912年8月18—20日,萨克森社会民主党代表大会在德累斯顿举行。

1912年8月24—25日,巴列丁奈特社会民主党代表大会在埃登科本举行。

1912年8月25日，不伦瑞克社会民主党代表大会在哈茨山的施利威克举行。

1912年8月25日，巴登社会民主党代表大会在奥芬堡举行。

1912年8月31日，阿尔萨斯-洛林社会民主党代表大会在斯特拉斯堡举行。

1912年9月1—3日，波美拉尼亚省社会民主党第十四次代表大会在斯德丁举行。

1912年9月1日，东威斯特伐利亚和利珀侯国代表大会在比勒费尔德举行。

1912年9月1日，黑森大公国社会民主党代表大会在埃尔巴赫举行。

1912年9月1日，符腾堡代表大会在海尔布隆举行。

1912年9月1日，下莱茵区社会民主党市镇议员大会在埃尔伯费尔德举行。

1912年9月15—21日，德国社会民主党代表大会在开姆尼茨举行。截至1912年6月30日，区级组织有970112名党员，其中有130371名女党员。社会民主党在各级议会中的议员在这一年从188人增加到224人。现在，党在470个市镇有2531名代表，在2680个乡镇有7593名代表；此外，有104人在50个市镇任治安官，有204人在157个乡镇任治安官。

1912年10月2日，《汉堡回声报》创刊25周年。

1912年10月12日，上莱茵省代表大会在波恩举行。

1912年10月27日，上西里西亚区代表大会在卡托维兹举行。

1912年11月17日，西普鲁士省代表大会在但泽举行。

1912年12月8日，东普鲁士省代表大会在蒂尔西特举行。

妇女

1912年2月3日,大柏林女工举行大规模游行。

1912年3月3日,社会民主党妇女在柏林举行7个支持她们观点的大规模游行。

1912年5月12日,按照国际社会党哥本哈根代表大会决议,妇女在帝国各地组织支持妇女选举权的游行。柏林举行了32次集会。

工会

1912年4月1日,德国运输工人联合会会员人数超过250000人。

1912年6月10—15日,德国运输工人联合会第八次代表大会在布雷斯劳举行。

1912年6月17—22日,德国纺织工人联合会第十一次代表大会在斯图加特举行。

截至1911年12月底,这些联合会共有131426名会员,其中妇女48454人。

1912年9月9日,全德园艺工人工会第十次代表大会在柏林举行。

1912年8月,工会运动统计数据:总工会的平均会员人数,1910年为2017298人,1911年为2320986人。1910年增加10.07%,1911年增加15.05%。总收入为72086957马克(上年为64372190马克),支出为60025080马克(上年为57926566马克),余款62105821马克(上年为52575505马克)。工会运动在1911年总计有3042203名会员。

1912年11月20日,柏林印刷与铸字工人协会成立50周年。

合作社

1912年6月17—19日，德国消费合作社中央总社第九次代表大会举行。

总社的组成：

	1903年	1907年	1911年
成员合作社	666	959	1142
社员	573085	879221	1313422
资本（马克）	16827888	26061243	41368787

此外还必须加上39个生产合作社和批发合作社。

总营业额从1903年的1.765亿马克增加到1911年的5.06亿马克。1903年合作社的生产的产品价值1450万马克，1911年超过8050万马克。

1912年7月12—13日，德国农业合作社第二十八次农业合作社代表大会在德累斯顿举行。

1912年8月21—23日，合作社联合会（舒尔采-德里奇系统）合作社代表大会在慕尼黑举行。

1912年11月25日，德国消费合作社中央总社合作社非常代表大会在汉堡举行。

议会

1912年5月9日，警察将两名普鲁士州议员逐出州议会。

1912年5月17日，德意志帝国国会讨论皇帝对阿尔萨斯-洛林宪法的威胁。

游行

1912年3月7日,柏林举行抗议俄国司法机关暗杀社会民主党杜马议员的游行。

1912年5月10日,柏林举行抗议"警察议会主义"的大规模游行。

决议

"本次集会对3个等级议会议长违反宪法和法律的行为听之任之、不予理睬的做法表示抗议,因为作为国家多数人专断统治的执行人,他在议会厅实行警察独裁制度,因为他允许警察虐待社会民主党议员。这一做法再次向全世界暴露了对以金钱为基础的所谓人民代表制度和选举法的不容忍性。与会成员表达了一个愿望,即为实现无产阶级选举权而不懈奋斗,以便警察再也不能用武断做法对无产阶级动武,造成进一步侮辱了。"

使无产阶级获得选举权,以免由于警察的随意性而对无产阶级造成更多的侮辱

1912年5月23日,要求普选权集会在柏林举行。

1912年9月15日,抗议肉价昂贵的群众游行在斯图加特举行。

罢工

1912年3月2日,3个矿工联合会的中央委员会向德国矿工发表声明。

1912年3月10日,矿工决定罢工。矿工在鲁尔地区举行了80次集会,出席者达15万人,与会者热烈投票支持罢工。

1912年3月13日,据统计,在312000名矿工中,有188000名白

班工人进行罢工，约占矿工人数的60%。

1912年3月19日，矿工罢工结束。

灾难

1912年8月8日，埃森附近的盖尔特"洛林"矿井发生一起严重事故。由于风暴天气，矿井突燃大火。110人死亡，25人受伤。

反对战争

1912年5月18日，德意志帝国国会就军备问题进行辩论。大卫和伯恩施坦同志发言，反对军备，反对反英鼓动。

1912年10月17日，巴伐利亚议会就外国局势问题提出质询。

阿道夫·弥勒以德国社会民主党州议会党团的名义在下院提出如下质询：

"1. 巴伐利亚政府是否考虑过，鉴于巴尔干半岛的动荡局势，召开一次议会外交事务委员会，审议确保欧洲大国之间的和平所应采取的措施问题？

2. 政府是否就召开德意志帝国国会问题接触过联邦议会，以便负责外交政策的党就当前局势问题进行正式沟通，让德国人民的代表有机会帮助避免严峻的战争危险。"

动议要点

德国人民因为政治局势所呈现的危险而深感担忧；德国政治经济已经遭遇很多变化。正如冯·赫特林议员1907年4月30日在德意志帝国国会所说，"目前的形势是我们没有一个评判自己的牢固基础。我认为这种形势是不尽如人意的。我倒认为，如果国会比过去多一点讨论外交政策问题，那真是一件大好事。"

鉴于严峻的形势和前国会议员冯·赫特林已经担任帝国第二大邦总理，似乎目前正在开会的巴伐利亚州议会是适当的场所，而巴伐利亚州政府是要求和采取让德国人民安心的有效措施的中间人。

1912年10月20日，大规模游行在柏林特雷普托公园举行，有25万人参加。

集会议程：

争取普选权，反对人民遭受的苦难和反对战争。

演讲人：阿尔弗雷德·伯恩施坦博士、埃米尔·伯斯克、奥托·布劳恩、奥托·毕希纳、鲁德·比勒、恩斯特·多米格、保尔·杜邦，威·杜韦尔、理查·费舍、特奥多尔·费舍、马克斯·格勒格尔、胡果·哈泽、阿道夫·霍夫曼、保罗·希尔施、保罗·约翰、尤利乌斯·卡利斯基、乔治·累德堡、古斯塔夫·林克、保罗·利特芬、阿尔宾·莫斯、威·佩策尔、胡果·珀奇、库尔特·罗森菲尔德博士、阿道夫·李特尔、阿·施塔特哈根、海因、施特罗伯尔、格奥尔格·乌科、汉斯·韦伯、赫姆·韦尔博士、弗里茨·楚贝尔。

决议

"四年前的10月20日这一天，普鲁士国王表示把修改可恶的普鲁士三级选举制度作为当前最重要的任务之一，今天10月20日在此集会的男人和女人对一个事实表示强烈的愤怒，这个事实就是不公正的三级选举制度尚未废除，国王在讲话中向普鲁士人民许下的唯一承诺还没有兑现。

他们认为，加入邦联的南部各州实行普选已经有一段时间了，现在还阻止他们拥有普选权是一种耻辱，这一事实在一定程度上使他们成了二等德国人。因此，他们再次郑重地声明，只有结束这种局面，只有普鲁士人民获得了同等的秘密的普遍选举权，他们才能安定下来。

与会者愤怒地打消了高利贷饥饿政策在议会里的同盟者让普鲁士政府为应

对食品价格上涨所采取的绝对没有力度的措施承担责任的企图，他们郑重地要求立即召开国会，以实行特别措施，帮助遭受难以承受的痛苦折磨的人民。

现在召开国会更加必要了，因为资本主义和阶级国家的帝国主义政策不仅造成了食品价格上涨，从而给欧洲各国人民带来了苦难，而且把世界大战的威胁弄到了我们家门口。战争的魅影已经在巴尔干出现，遍布欧洲的枪炮已上膛，只要一个火星就足以点燃一场大战。

与会者对欧洲大国外交所造成的民族屠杀活动表示抗议，要求德国政府不要卷入冲突，严守中立，并对其他大国施加影响。战争是资本主义强盗的帝国主义政策所固有的灾难，德国社会民主党与其他国家具有阶级觉悟的无产阶级一起反对战争。"

1912年10月20日，工人阶级在汉堡举行大规模游行。

决议

"会议认为，目前正在巴尔干疯狂进行的战争是渴望掠夺的资本主义帝国主义野心的结果。由于各国资本主义统治阶级的帝国主义利益的对抗造成了无能为力，所谓大国的外交要对战争疯狂承担部分责任，后者是世界和平的最大危险源。不论是巴尔干王公的领土贪婪，还是资本主义投机家的掠夺贪婪，或者这种对土耳其封建主义构成威胁的贪婪，都不能证明这场战争带给不眠的欧洲国家人民群众的严峻危险是合理的。

因此，会议要求德国政府避免干预有可能把其他国家和民族拖入冲突的巴尔干动荡，严守中立，并对其他大国施加影响，以便尽快结束巴尔干的流血和屠杀。

与此同时，会议对不断地把新税威胁强加在人民身上的德国资本主义统治阶级的一切帝国主义野心表示抗议，希望放弃这种严重威胁人民力量和健康的压迫人民的高价政策，宣布要运用社会民主党组织的一切努力实现上述要求。"

1912年10月20日，德国无产阶级举行集会，反对侵犯选举权、食品价格昂贵和战争。

在波茨坦，有 1500 多人参加集会。

在施潘道，有 2500 人参加集会。

在埃伯斯瓦尔德，有 600 人参加集会。

在勃兰登堡，有 2500 人参加集会。

在菲尔斯滕贝格，有许多人参加。

在古本，举行了一次规模相当大的集会。

在马格德堡的政府区，在所有比较空阔的地方都举行了大规模集会。

在北豪森、埃尔里希和布莱谢罗德，举行了有很多人参加的集会。

在图林根的米尔豪森，有 1000 多人出席了集会。

在爱尔福特，有 2500 人参加。

在卡塞尔，举行了两个很多人参加的集会。

在法兰克福地区，举行了 5 次集会。

在哈瑙，举行了 2 次大规模集会。

在布雷斯劳，举行了 2 次露天抗议集会。

在西里西亚省，举行了 40 次集会。

在柯尼斯堡，有 2000 多人参加。

在茨维考，大约有 1200 人参加。

在容纳 10000 人的斯图加特轮滑场，集会的人多得只好站在场外面。

在萨尔的沃尔姆利茨和博尔贝格举行了大型集会。

在汉堡，大批的工人在萨格维尔会所举行集会。

在万茨贝克，举行了集会。

在杜塞尔多夫，举行了 8 次集会。

在东威斯特伐利亚，举行了 8 次大规模集会。

在哈根施韦尔姆，举行了 2 次集会。

在翁纳和奥斯纳布吕克,举行了集会。

在多特蒙德有12000人参加集会。

不来梅的工人阶级在10月8日举行了8次集会,在会上他们采取了反对战争威胁的立场。

在石勒苏益格-荷尔斯泰因第七选区,举行了5次集会。

在基尔,有15000人参加集会。

在下列各地举行的集会参加的人非常多:埃尔伯费尔德、索林根、埃森、阿尔托纳、吕本、科特布斯、菲尔斯滕瓦尔德、波鸿、格尔利茨、哥达、斯德丁等。在波美拉尼亚:安克拉姆、托尔格洛、于克明德、阿尔贝克、施特拉尔松德、巴尔特、戈尔诺、科斯林①、科尔贝格②、希维尔本③、施托尔普④、新斯德丁⑤和施塔加德⑥。

在西普鲁士,工人阶级举行了12次抗议集会。

10月21日,在吕贝克举行了有2000多人参加的集会。

在帝国选区兰多-格赖芬哈根的洛尼茨和布克,举行了抗议集会。

在默尔斯,举行了集会。

1912年10月21日,在西里西亚的希尔施贝格,举行了抗议侵犯人民权利、反对人民饥饿、反对战争危险的抗议集会。

1912年10月21日,开姆尼茨工人阶级举行和平游行。

1912年10月22日,格拉举行集会抗议食品价格昂贵、战争和战争

---

① 现波兰的科沙林。——译者注
② 现称科沃布热格。——译者注
③ 希维尔本(Schivelbein),又称希维德温(Swidwin),原属普鲁士的波美拉尼亚省,第二次世界大战后划归波兰。——译者注
④ 现称"斯武普斯克",属于波兰。——译者注
⑤ 现称施切齐内克,属于波兰。——译者注
⑥ 现称"布格施塔加德",属于波兰。——译者注

危险。

1912年10月22日，慕尼黑社会民主党举行反对战争的盛大集会。

1912年10月27日，莱比锡举行和平游行。有60000人参加了同时举行社会民主党组织的7个露天集会，反对煽动战争。

1912年10月27日，奇利乔（劳西茨）举行抗议侵犯人权、食品价格昂贵和战争的集会。

1912年10月27日，纽伦堡社会民主党组织反战集会。

1912年10月27日，船主、海员、司炉和机工在柏林集会。

决议

"船业人士于1912年10月27日在柏林'新爱乐乐团音乐厅'举行集会，对拒绝给予普鲁士人民普选权的做法表示抗议。他们表达了他们对这一事实的愤怒，这就是，面对价格昂贵，人民贫困，帝国政府试图用一些漂亮话来改变局面，根本不采取任何行动。他们要求，鉴于战争的复杂性，政府应当拿出严格中立的证明。联盟成员认为，社会民主党是为人民利益服务的党，他们保证在选举和其他时候积极支持这个党。"

1912年10月31日，德累斯顿举行和平游行。讲话人：格勒克尔和希勒布兰德（奥地利）、谢德曼、施塔特哈根、武尔姆、格拉德瑙尔、弗莱斯纳、弗拉斯多夫和里姆。

1912年11月12日，社会民主党柏林选民联盟联合会大会举行。

决议

"大会对让德国人民卷入巴尔干战争的罪恶企图表示强烈的抗议。

它再次表达对战争的最强烈的憎恶，并完全与各国社会民主党，特别是奥匈、法国、俄国、英国和意大利等国社会民主党一致，特别宣布，无产阶级绝不希望用自己的鲜血去实现某些渴望霸权和荣誉的集团的计划。

大会要求所有同志运用一切力量进行反对战争的宣传，参加支持和平的示威游行。"

1912年11月12日，反战集会在不伦瑞克举行。

1912年11月17日，反战会议在阿尔托纳举行。演讲人：阿德勒-基尔。

1912年11月17日，5个反对干涉东方纠纷的抗议集会在不来梅举行。

1912年11月17日，和平游行在图林根的米尔豪森举行。

1912年11月17日，反对战争的抗议集会在哈雷（萨勒）举行。

1912年11月17日，六个反对战争的抗议集会在汉诺威举行。

1912年11月17日，和平游行在萨克森的勒包-埃伯斯巴赫举行。

1912年11月17日，和平游行在斯特拉斯堡举行。演讲人：加香（法国）和弗赖（瑞士）。

3．卢森堡

1912年8月15日，卢森堡社会民主党第九次代表大会举行。

4．奥地利

政党

1912年2月11日，下奥地利青年组织第四次代表会议在维也纳举行。

1912年4月7日，蒂罗尔德意志社会民主党代表大会在因斯布鲁克举行。

1912年4月7日，下奥地利第三十九帝国选区代表会议在默德林举行。

1912年5月26日，摩拉维亚德意志社会民主党代表会议在摩拉维亚申贝格举行。

1912年5月26日，社会主义青年联合会代表大会在博登巴赫举行。

1912年5月26日，南部斯拉夫社会民主党代表大会在莱巴赫①举行。该政治组织拥有4300名成员。10000名斯洛文尼亚工人属于国际工会联盟。消费合作社拥有3600名社员。

1912年11月1日，德意志社会民主党代表大会在维也纳举行。党员人数：145524人，其中20090人是妇女。青年组织人数：11000人。集中主义倾向的劳工合作社拥有273058名社员。

1912年12月8日，施泰尔马克社会民主党代表大会举行。

五一节

五一节集会的决议

"在无产阶级的共同节日之际集会的工人阶级向各国无产阶级致以兄弟般的问候。它对国际资本分化工人阶级以便削弱它的阴险企图表示抗议。它对阻碍人民群众向上进步的民族主义鼓动表示抗议。它对军备表示抗议——军备是工人阶级在其难以承受的负担下呻吟的原因。它对战争表示抗议，战争是对文明的侮辱。各国工人决不能彼此刀枪相见，相反，他们用刀枪反对奴役工人阶级的压迫者与剥削者。

团结起来的工人阶级为我们时代的伟大的阶级斗争而欢呼。它特别想起我

---

① 现称"卢布尔雅纳"。——译者注

们的德意志帝国兄弟们的伟大选举胜利和英国矿工的伟大斗争。它为新世界对新命运的觉醒而欢呼。在连古老中国的专制制度也摇摇欲坠的时候，我们感到我们在接近无产阶级解放的伟大目标。

在人民地位不断上升的进步所展现的壮丽前景面前，我们感到无比自豪。我们庄严地承诺，我们要以新的力量在我们国家同对工人阶级的剥削和压迫斗争。我们要求所有男女工人实行八小时工作制。我们要求这个国家和帝国所有地区的所有公民不分性别地实行普遍平等的选举权。我们要求实行劳动保护立法；最后，我们要求在投保人无限自治管理的基础上建立社会保险；我们要求取消人民所背负的生活资料税和食品税等负担。我们承诺，在为实现这些要求而斗争的过程中，我们将保持忠诚，坚持团结，直到我们取得胜利，直到资本主义的统治崩溃瓦解，在阶级统治的废墟上建立一个把拥有公民权的各民族团结起来的自由共同体。"

妇女

1912年5月12日，妇女宣传日。她们举行了一次强烈抗议认为妇女有义务而没有权利的法律的抗议活动。

1912年6月13日，议员维克女士。尤宁本扎洛-宁堡城区的选民在一次补选中以绝对多数选举女作家维克-库尼基为邦议会议员。

工会

1912年4月6—8日，商业与运输工人联合会第四次代表大会举行。该组织拥有10930名会员和118000克朗基金。

1912年10月21日，奥地利矿工联合会第四次代表大会在奥塔克林举行。

合作社

1912年6月27—29日，奥地利消费合作社中央联合会第十次代表大会在格拉茨举行。

讣告

1912年1月7日，弗兰茨·西尔贝雷去世。

1912年6月3日，社会民主党议员西尔贝雷的遗体在萨尔茨堡阿尔卑斯山发现。

周年纪念日

1912年6月24日，维克多·阿德勒庆祝其60岁生日。

罢工

1912年3月26日—4月4日，西北波希米亚矿工罢工。27000名矿工中有25000名卷入冲突。

议会

1912年3月8日，在奥地利国会会议结束时，社会民主党涅梅茨提议，鉴于匈牙利最近发生的事件，取消下次会议议程，即军事提案一读。这一建议以151比100票被否决。

1912年4月18日，奥地利抗议楚瓦伊：国会下院再次开会。南部斯拉夫人、捷克人和德意志社会民主党人提出三个问题。他们对克罗地亚暂停宪法实施表示强烈抗议。

选举

1912年4月25日，社会党人在维也纳城市选举中获得胜利。

反对战争

1912年9月16日，社会民主党代表团的动议。

1912年10月，党的总部为反战集会起草的决议案：

"……集会谴责欧洲大国的政治家玩弄阴谋诡计，在巴尔干造成血腥战争，并在欧洲大国之间造成危险。

会议向塞尔维亚、保加利亚、俄国、意大利、德国、法国和英国社会民主党工人阶级致以兄弟般的问候。她满意地注意到，各国社会民主党在竭尽全力反对统治阶级及其政府的沙文主义。

我们忠于国际社会民主党的这一崇高使命，也对我们国家的政府推波助澜，重新唤起普遍忧虑不安的事实表示抗议。我们对外交大臣搅乱欧洲局势的讲话的事实表示抗议，他的讲话给人一种印象，好像奥地利甚至在面临一场大战危险的情况下还企图捍卫桑扎克①光秃秃山区的所谓利益或老塞尔维亚贫困农村的利益。我们抗议这一事实，即为了给军国主义争取数以百万计的经费而不惜利用目前的危险。我们抗议奥地利对巴尔干战争的任何干预。

奥地利人民的利益要求和平。我们不想为了得到桑扎克的破石头而牺牲成千上万的生命，让数百万其他人承受最可怕的困难，让我们的经济一年又一年地遭到破坏。我们对政府说：不许干涉巴尔干战争！让巴尔干人民管理巴尔干！

---

① 桑扎克，巴尔干半岛中部地域，主要居民是波斯尼亚人。现分别属于黑山共和国和塞尔维亚共和国。该地名来自前奥斯曼帝国政区新帕扎尔桑扎克。该区维持至1912年，其后巴尔干战争爆发。——译者注

坚决维护和平！"

1912年10月，奥地利妇女委员会在9月圣餐大会游行之后，决定举行一系列集会，目的是讨论让神职人员组织其盛大大会的理由。正是在为这种鼓动做准备的过程中，目前的战争危险出现了，于是反对教权主义的集会转变成了反战集会。已经有20多场妇女集会将这个问题列入议程，而且所有的集会都举行了大规模游行，反对在奥地利制造支持战争倾向的一切企图。

1912年10月14—15日，社会民主党议会党团的决议草案。

涅梅茨议员提出：

"我们的政府要采取措施实现海牙和平大会上两次提出的要求，即通过与其他国家达成国际安排的办法来解决军备问题，以便最终找到一个裁军办法。"（这个决议案获得通过）

"我们的政府要按照海牙第二次和平大会宣言所表达的希望，与其他国家政府达成安排，以便在战争发生时反对从气球上投掷炸弹和爆炸物。"（通过）

1912年10月22日，社会民主党议员佩尔讷斯托弗向奥地利议会下院提出质询。

"我们想知道政府是否已经准备依照宪法对各国政府施加影响，以便奥匈不以任何借口干涉巴尔干战争，让巴尔干人民自己决定自己的政治状况，在任何情况下都不破坏和平，舆论在这个问题上保持平静，无论发生什么情况都要保持奥匈政策的和平特征。"

社会民主党议员涅梅茨接着问道：我们的政府是否能发表声明否认流传的谎言？照这个谎言的说法，奥匈为了一个确定的理由，而且主要是因为桑扎克干涉了巴尔干事务。

1912年10月30日，工人阶级在维也纳多处举行集会。

1912年11月1日，**党的代表大会的决议**：

"大会满怀震惊与愤怒地拒绝奥地利干预巴尔干战争的任何主张。它认为任何人以任何借口要求进行这种干涉，都是奥地利人民不共戴天的敌人。它要求在任何情况下不惜一切代价保持和平。

大会根据国际的决议，要求所有组织都要到居民的最底层去开展反对军备与反对战争煽动的宣传鼓动。在11月早些时候、但主要是11月10日，在所有大城市和当地条件允许的工业中心举行反对奥地利干涉巴尔干战争的大规模游行。

奥地利不论在桑扎克还是阿尔巴尼亚都没有什么可寻求的。除了与巴尔干人民和平相处，和平地进行商业交换，我们没有其他兴趣。不许干涉巴尔干战争！让巴尔干人民管理巴尔干！坚决维护和平！"

1912年11月4—10日，大规模和平集会在维也纳和奥地利许多城镇举行。

1912年11月4日，反战集会在以下地方举行：

维也纳、莱奥波德施塔特、诺伊包、迈德林、海辛、鲁道夫施海姆、韦灵、多布林、布里吉特瑙、格明德、根色恩多夫、利辛、拉塞、默德灵、内基特纳夫、圣珀尔滕、珀希拉恩、诺因基兴、维也纳新城、威廉斯堡、萨尔茨堡、哈莱因、比绍夫斯霍芬、巴德加施泰因、迈赫利施-奥斯特劳、内蒂茨切因、兹维陶、瓦格施塔特、弗雷瓦尔道、沃恩斯多夫、赖兴贝格、格拉茨、莱奥本、卡普芬贝格、米尔茨楚施拉格、尤登堡、克尼特尔费尔德、费尔斯滕菲尔德、弗兰岑多夫、尼斯河畔的贾布朗尼、维森塔尔、阿尔布雷希茨多夫、赖谢瑙、潘克拉茨、莱特默里茨、鲁姆堡、耶格恩多夫、乌本特尔、威格施塔特、弗罗伊登塔尔、奥德拉、比利茨、威格施塔特尔、布吕恩、梅里什-申贝格、维茨胡本、梅里什-特吕包、特里本多夫、林茨、威尔斯、谢尔丁、因斯布鲁克、利恩茨、博任、黑措根堡、奥伯拉、马林塔尔、利希滕韦尔特、切尔诺维茨、等等。

1912年11月10日,帝国所有大城市的工人举行声势浩大的示威游行。

维也纳工人举行游行示威。演讲人:W. 埃伦博根博士、维纳尔斯基、伦纳博士、舒迈尔。

决议

"我们数以万计的人,和奥地利其他城镇的男人和女人,一起同时要求:在任何情况下不惜一切代价保持和平!

我们警告奥地利政府和外交官不要相信可怕的战争不会把我们的国家整垮的承诺。在巴尔干国家所能获得的一切不值得牺牲一个士兵的生命。不论桑扎克还是阿尔巴尼亚,或者是其他大国的幻想都不能成为破坏和平的借口。在奥地利所有人民和平生活并与巴尔干各国保持友好关系的唯一实在而持久的政治经济利益面前,所有这些想象的利益都会消失。

巴尔干动荡总是要给我们的国家带来失业和食品价格无限制飞涨的灾难,从而造成对文明非常宝贵的财产的破坏,这是不能允许的。

让统治者考虑一下那些上了年纪的人和死者的妻子与孤儿吧,如果他们犯下把我们拖入战争的罪行,他们就要承担责任!让他们在这种不可饶恕的滔天罪行面前惊恐地退回来吧。

我们将紧跟社会主义国际正在进行的支持和平的行动,我们向各国兄弟们致以兄弟般的敬意,并承诺在我们国家也要竭尽一切努力以战争反对战争。"

1912年11月26日,巴塞尔宣言在维也纳被没收。

1912年11月28日,阿德勒在议会下院就巴塞尔宣言被没收一事发言。

1912年11月28日,游行在维也纳人民之家举行。演说人:维克多·阿德勒博士。

1912年12月2日,有五个集会在维也纳举行。

4. B. 波希米亚

1912年10月10日，反对巴尔干战争的大规模游行在布拉格举行。波希米亚首都和邻国的全体工人阶级都参加了集会。集会一致通过了反战决议。

1912年11月17日，和平游行在布拉格举行。演讲人：特鲁尔斯特拉（荷兰）和托马舍克。

5. 匈牙利—克罗地亚

政党

1912年4月7—9日，匈牙利社会民主党第十九次代表大会在布达佩斯举行。交纳党费的人数（积极党员）1911年为52733人，其中1537人是妇女。

关于克罗地亚专制主义和压制新闻界言论自由的**决议**：

"大会愤怒地谴责匈牙利政府所犯下的违反宪法的行为，后者通过暂停宪法执行暴露了其专制主义性质。它宣布践踏克罗地亚宪法不是匈牙利人民干的事情，而绝对是封建领主与商业政客的黑手党相互勾结的结果。"

合作社

1912年10月24日，匈牙利消费合作社全国联合会代表大会在布达佩斯举行。

1911年合作运动的情况：社员人数增加3916人，达到14500人。消费品营业额从1105232克朗增加到1766332克朗。

专制主义

1912年4月3日，克罗地亚宪法被全面中止，总督作为帝国代表开始实行专权。

1912年4月11日，由于实行严格的新闻管制，各家报纸需要交纳大笔的保证金，克罗地亚的6家主要报纸停刊。

1912年6月10日，楚瓦伊遭遇未遂暗杀。

争取普选权

1912年3月4日，争取普选权的游行在布达佩斯举行。至少有80000人参加。

1912年3月15日，支持普选权的游行在布达佩斯举行。

1912年3月24日，支持普选权的大规模游行在布达佩斯举行。由于一名警察企图夺走一名工人手中的红旗，发生了小规模冲突。骑警驱散了游行者，有20人被捕，一名警察受伤。

1912年4月12日，重新开会的议会下院遇到新的阻挠。

1912年5月21日，布达佩斯社会民主党举行游行。在五次集会上讨论了议会局势和选举改革的命运。

1912年5月23日，**布达佩斯爆发争取普选权的斗争**。

布达佩斯发生总罢工。劳动者试图进入议会。他们在大街上与军队打起来。下午1点，官方报告说：10人死亡，131人受伤，其中工人和市民82人，警察34人，士兵15人。社会民主党管理机关宣布，这次游行已经产生了巨大的政治影响，政府将会在选举改革问题上作出让步,因此他们建议次日复工。

1912年5月25日,**布达佩斯争取普选权斗争的受害者**。

根据官方关于两天沸腾情况的报告,有193人严重受伤,其中有33人处于危险状态,有8人死亡,769人被捕,100人受到治安官的叛乱和暴力行为指控。为对付游行者,动用了2000名警察、12000名士兵,还有300宪兵。

1912年5月26日,争取普选权斗争的部分受害者葬礼举行。50000人参加。

1912年6月4日,**警察干预议会行动**。

警察通过强制驱逐反对派议员而通过军事议案。他们驱赶了40名反对派议员。

1912年6月7日,科瓦奇议员向蒂萨议长开枪射击,但没有击中,前者随后试图自杀。

1912年5月①15日,议会会场出现混乱场面。

1912年9月18日,布达佩斯发生骚乱。

1912年10月30日,布达佩斯等地举行和平示威。

布达佩斯举行了14次抗议集会,各大省城举行了20次抗战集会。议程:战争和议会开会。

所有集会都收到一个总的决议案。决议案对匈牙利最终干预巴尔干冲突表示抗议,并声明匈牙利政府有义务在本国确立和平,结束匈牙利和克罗地亚所存在的异常局面。它还对政府里面有一个人违反法律的事实表示抗议。只要匈牙利还没有取得合法性,只要议会还被军人的警戒线所包围,那里所通过的决定就不必考虑。政府必须明白,在自己的国家不能考虑的事情,在外国也不能取得成功。决议最后说,匈牙利劳动

---

① 原文如此,从上下文看,月份可能有误。——译者注

人民期望一劳永逸地结束国内落后状况，实现平等的秘密的直接的普遍的选举权。

1912年11月10日，劳工集会在阿格拉姆举行。演讲人：威廉·布克塞格和格奥尔格·德梅特罗维奇。

演讲人可以相当自由地讲话，但是会议没有通过一项特别决议；不过，不能公开表示支持和平，因为会议大厅被警察和武装到牙齿的士兵所包围，与会者只能一个一个地离开会场。而且严格禁止在大街上聚集或集会。

波斯尼亚-黑塞哥维那

1912年6月30日—7月1日，波斯尼亚-黑塞哥维那社会民主党代表大会在萨拉热窝举行。代表2445个在政治上组织起来的成员的90名代表出席。大会通过几项决议，对匈牙利和克罗地亚同志们表示同情，并要求帝国几乎绝对统治的地区实现民主化。大会在第二天晚上被警察驱散，因为它想对萨拉热窝和这个国家的警察迫害活动表示抗议。

1912年6月29日，波斯尼亚工会第六次代表大会在萨拉热窝举行。代表17个联合会5539名会员的110名代表出席。总收入为110656克朗，1910年则为103543克朗。支出为90500克朗。

1912年2月18日，游行在萨拉热窝举行并受到警察凶残的镇压。

6. 法国

政党

1912年2月18—21日，统一社会党第九次全国代表大会在里昂举行。

1912年11月21日，法国社会党人非常代表大会举行。

工会

1912年2月11—17日，井下工人全国代表大会在昂热举行。

1912年3月27日，玻璃工人第十四次全国代表大会在富尔米举行。

1912年4月1—2日，铁路职工第二十三次全国代表大会在巴黎召开。

1912年4月7—11日，建筑联合会第四次全国代表大会在波尔多举行。

1912年6月23日，政府部门（国防部、海军部、烟草、火药）工人代表大会召开。

1912年9月16—22日，法国工会代表大会在勒阿弗尔举行。

1912年10月4日，井下工人代表大会召开。

1912年11月24日，法国劳动总联合会反战大会在巴黎举行。

合作社

1912年5月20日，法国消费合作社联盟第十四次代表大会在马赛举行。

1912年6月12日，法国消费合作社启动统一工作。

1912年10月3日，生产合作社代表大会在巴黎举行。

1912年11月1日，合作社联盟代表大会在罗阿讷举行。对合作社统一问题进行投票。

1912年11月1日，社会主义合作社交易所代表大会在巴黎举行。对合作社统一问题进行投票。

选举

1912年5月12日,社会党在市镇选举中获得胜利。根据内务部的官方统计,在市镇选举中,左翼共和派在560个市镇理事会获得多数,激进派和激进社会主义者471个,社会党人81个,统一社会党人10个。民族主义者和反动派失去1013个席位,进步派失去505个席位。

1911年①7月21日,图卢兹举行市镇补选。市镇理事会目前完全由统一社会党人组成。

其他

1912年5月26日,示威游行在公社墙举行。
1912年7月16日,古斯塔夫·埃尔韦获释。
1912年9月4日,克拉朗斯煤矿发生甲烷大爆炸。
1912年10月,教师反抗政府。

罢工

1912年3月11日,矿工举行一天示威性罢工。
1912年4月3日,巴黎东区有轨电车雇员举行两天罢工。
1912年4月10日,洛里昂码头劳动者举行罢工。
1912年5月31日,敦刻尔克港码头劳动者举行罢工。
1912年6月10日,勒阿弗尔海员举行罢工。
1912年6月11日,罢工扩大到布雷斯特港。
1912年6月20日,海员罢工扩大到马赛;勒阿弗尔航运瘫痪。

---

① 原文如此,从上下文看,年份可能有误。——编者注

1912年7月5日，勒阿弗尔发生罢工骚乱。

1912年8月2日，海员罢工结束。

1912年9月3日，马赛海员罢工结束。

反对战争

1912年1月10日，工会会员在法院举行示威（反军国主义诉讼）。

1912年2月24日，一个意大利革命委员会在巴黎学者协会厅组织了一次抗议意大利征伐的黎波里的会议。有几位法国和意大利演讲人在会上发表演说，他们在讲话中要求消灭战争，并建议各国之间实行仲裁。

1912年3月8日，法国下院议员就对外政策问题进行质询。饶勒斯把德尔卡塞①的政策描绘成非常危险的政策，并要求将来要完全公开以大国物质利益组合为基础的殖民政策。

1912年11月17日，国际和平游行在巴黎举行。

为了响应社会党国际局的呼吁，法国社会党委派饶勒斯到柏林，让·龙格和罗尼翁到伦敦，孔佩尔-莫雷尔到米兰，古斯塔夫·埃尔韦到罗马，加香到斯特拉斯堡，让他们以社会党的名义传递信息。另一方面，社会党在最重要的工业中心马赛、里昂、波尔多、里尔、图卢兹、南特、鲁昂等地组织了大约20场集会，并在巴黎举行了一场中央集会。

来自柏林代表德国的谢德曼，来自伦敦代表英国的麦克唐纳，来自维也纳代表奥地利的佩尔讷斯托弗，来自布鲁塞尔代表比利时和社会党国际局的王德威尔得，出席了这次中央集会。俄国出席集会的是鲁巴诺

---

① 泰奥菲勒·德尔卡塞，法兰西第三共和国外交部长和海军部长，长期主导法国外交和殖民事务、坚决反对和平解决法德矛盾，是第一次世界大战前形成的联盟体系的缔造者。——译者注

维奇。

集会最后宣读并对以下议程进行热烈的投票——这个议程是塞纳联合会代表大会当天上午通过、以它的名义提交给国际代表大会的一项动议。

"面对欧洲大战的危险及其令人恐怖的后果——那时，浸在血泊之中的无产阶级的要求将遭到严重破坏，在几代人的时间里也实现不了，

大会，

宣布没有什么秘密协议条款或条约能够把实行共和政体的法国同沙皇俄国绑在一起进行战争。和平是法国唯一的利益所在，无论什么理由或借口，法国都不能干预巴尔干战争，干预奥地利与俄国帝国主义的冲突；

它呼吁舆论，它呼吁无产阶级阻止政府干预用勃勃野心、外交阴谋和资本主义惯用的投机伎俩所激起与维持的冲突的企图；

如果我们的统治者不顾战争危险，用罪恶的政策让我们卷入这场冲突；

大会提醒社会党党员不要忘了国际社会党斯图加特代表大会和哥本哈根代表大会的决议。

它提醒他们不要忘了利摩日和南锡全国代表大会的决议，一旦发生这种情况，'工人阶级和社会党必须全力以赴采取行动，运用从议会干预、宣传鼓动、群众示威直至总罢工和起义等一切办法预防和阻止战争'。

而且它相信社会党的各个联合会和支部能贯彻国际和社会党的这些决议。

大会最后：

因为承认，国际的行动如果协调一致，一定会更加有效；

希望它的出席巴勒国际代表大会的代表以及它在巴勒的代表寻求互惠行动，并与各国支部团结，以便使国际反对战争、支持和平的力量和功效取得尽可能大的成果。"

1912 年 11 月 21 日，社会党全国代表大会举行。

决议

"社会党全国代表大会欣喜地注意到，法国无产阶级响应国际反对战争的呼吁，坚定地举行了示威活动。

它认为这些示威活动只是一次组织活动的前奏，它将使我们国家的工人阶级履行其全部职责。

与一切冲突的危险作斗争的必要性从来没有如此迫切过。一场从未有过的更大的、更加反民族的、更加反人类的战争将在整个欧洲爆发。

如果欧洲大的民族被拖入这场战争，那不是因为他们渴望独立，也不是因为生死攸关的原因，而是因为最愚蠢的异变和最假装的结合。

无论是法国工人还是民主主义者，都不允许因为民众连一个条款也不知道的秘密条约而把我们的国家投入最恐怖的冲突。

为了把文明从最残酷的灾难中拯救出来，把人类从最痛苦的折磨中拯救出来，把理性从最悲惨的屈辱中拯救出来，法国无产阶级要战斗到底，坚决反对任何战争企图。

他们要利用一切合法手段阻止战争。在议会里，他们要求了解秘密条约，他们要坚持完全仲裁；他们要谴责绝对的狭隘的外交观。在全国各地，他们要增加他们的集会与群众示威次数，以便把公民从麻木状态中唤醒，使他们不要听信谎言。

虽然他们尽了努力，但是如果轻率的少数派依然放任冲突，如果法国被秘密外交联盟拖入战争，法国工人和社会党人有权利奋力疾呼，充分意识到他们的责任，为了正在上当受骗的人民，采取革命措施，举行总罢工和起义，以防止或阻止冲突，夺取发动战争的统治阶级手中的权力从来都是正义之举。

大会确信，和平的最好保证是所有统治者都知道，他们要挑起一场大冲突的灾难不可能没有任何危险。

大会希望，各国无产阶级共同努力开展宣传与行动，可以阻止世界周期性地受到威胁的大战的爆发。

大会要求，巴勒代表大会的代表与国际共同努力、齐心协力加强各地的反对战争宣传与行动。"

1912年3月30日，社会主义的节日——统一社会党和德国图书俱乐部在瓦格拉姆厅组织法国—德国社会民主党节日活动。谢德曼议员作为德国党中央的代表出席，议员魏尔博士作为阿尔萨斯-洛林党的代表出席。

7. 意大利

政党

1912年7月7—10日，党的代表大会在雷焦-艾米利亚举行。党员人数：28687名。

合作社

1901年，意大利合作社总联盟拥有586个合作社；1905年它们的数字上升到1297个；1910年，它们达到1933个；1911年底，达到2157个。1901年，出版了2300份报纸；1905年3500份；1911年底达到6000份。因此，合作社一直在发展，尽管报纸发行数量与其他国家相比还比较少。

罢工

1912年7月25日，热那亚港口举行24小时总罢工。

反对战争

1912年2月18日，群众集会在米兰举行。在有6000人出席的集会上，10位社会党演讲人猛烈地抨击乔利蒂①的军国主义政策；与会者通过一项决议，规定社会党议员有义务坚决反对军国主义，拒绝批准兼并法令，拒绝批准新的军事拨款和课征新税。

1912年3月31日，意大利北方各地举行反战示威。在帕尔马举行的社会党人集会对战争表示强烈的抗议，要求从非洲撤回军队。

1912年4月25日，社会民主党中央委员会在5月1日发表强烈谴责政府政策的声明。声明说：

"帝国主义、暴力和对掠夺的渴望，是资产阶级政策的顶峰，它切断了各个阶级一起工作的一切联系，因为它破坏了实现直接而彻底改革的手段，而改革可以满足无产阶级最迫切的需要。"

1912年6月27日，示威。在米兰地区组织的一次大约有20000人参加的集会上，克劳狄乌斯·特雷韦斯议员以及其他社会党演讲人对战争表示谴责，对战争造成人们被迫失业表示反对。会议通过的一个议程威胁说，如果人民的意愿得不到尊重，就要举行大起义，而人民的意愿表现在三个口号上："离开非洲！""释放政治受害者！""给人民面包和工作！"。集会结束后发生骚乱。士兵逮捕了30人。

1921年10月16日，社会党领导机关发表声明如下：

"工人们和党员们！

和平签名的消息使我们感到强烈的满足，首先因为意大利母亲的痛苦将会停止；其次，还因为被战争以如此骇人听闻的方式破坏了的文明成果将会重建。我们再次表示反对战争，反对一切对战争负有责任的人，而在一年前，在道德

---

① 乔瓦尼·乔利蒂（1842年10月27日—1928年7月17日），意大利政治家，自由党领袖。历任国库大臣、内政大臣，在1892年5月—1921年7月先后五次担任内阁首相。——译者注

与政治异常的灾难时刻，只有社会党人敢于表示这种抗议，只有这个党预见到这个民族由于殖民冒险而要经历的幻灭与破坏。

我们党那时的预见如今已经成为不祥的现实，而且现在就和平的条件来说，它也正在实现。

意大利政府不可能得到土耳其对其征服的完全正式的承认，它也不要指望利比亚的敌对状态有一个和平的结局。为了扩大他们对非洲悲惨而贫瘠的土地的控制，用意大利青年的鲜血去浸泡那块土地13个月是不够的，花掉数以百万的金钱是不够的。不，意大利还要在各种各样的借口下，在一块殖民地上消耗数百万金钱，而现在，这块殖民地在它的最伟大的崇拜者眼里似乎是非常可怜的战利品。意大利王室甚至使瞎子都知道了其脱离国家利益与情绪的正当影响的外交政策成果，从而表明了宫廷一小撮人的无能。

然而，意大利政府不可能在乌希①得到更多的东西，这证明人民被那帮家伙卑鄙哄骗了，那帮家伙一年前有计划地对人民隐瞒各种困难，隐瞒物质的生命的牺牲，用最荒诞不经的、可耻的夸张吹嘘战争的胜利与战利品。

而且，在意大利政府在为释放新的一场巴尔干战争所带来的恐怖与毁灭推波助澜之后，又在战斗中背叛那些被它引到邪路上的人们，使国家受到欧洲复杂局势的严峻威胁。

这些事件是数以千计的意大利母亲失去儿子（他们葬身于利比亚的沙子坟场之中），数以千计的年轻人在医院里遭受痛苦折磨，或拖着伤残的身体、缺胳膊少腿地在意大利的马路上流浪的原因，就像这场战争可耻愚蠢行为的许多活

---

① 1912年10月18日，意大利和土耳其在瑞士洛桑附近的乌希签订结束意土战争的《洛桑条约》，又称《乌希条约》。共4条，其中后3条系秘密条款。主要内容为：土耳其军队立即撤离的黎波里和班加西，意大利军队立即撤离爱琴海各岛屿；以哈里发的名义在的黎波里任命摄政者和法官各1人，其俸禄由的黎波里人民付给；任命摄政者和法官之前，要征得意大利的同意；的黎波里每年付给土耳其200万意大利里拉，以偿付土耳其国债；废除土耳其同的黎波里和昔兰尼加之间的特权条约，意大利则给土耳其以援助。该条约从政治、经济与军事等方面加强了意大利对的黎波里的统治。当地人民反抗意大利侵略者的斗争持续了20多年。——译者注

着的见证人一样。

工人们！此时此刻，社会党提醒你们注意，这场殖民战争是一帮海盗一样的金融家用前所未有的精心狡诈策划的，是受民族主义疯狂思想驱使的从支持教权主义到支持民主的所有意大利资产阶级支持的。我们要求那些当初渴望这场可怕战争的人现在就尝尝它的苦果。那些已经为对外疯狂付出生命和鲜血的沉重代价的工人现在已经准备要那些对战争恐怖负责的人在选举战斗中赎罪。忠于国际无产阶级理想的社会党号召意大利工人阶级完成他们的神圣任务，要求拿出一个说法。"

8. 西班牙

政党

1912年9月24日，西班牙社会主义工人党全国代表大会召开。

大会通过改革党的组织的草案和最低纲领。它还通过了土地纲领草案，1914年代表大会将讨论这个纲领草案。社会主义工人党代表大会过去每三年召开一次，今后每两年召开一次。

在这次大会上最重要的辩论之一是社会主义工人党与各种共和派政党建立联盟的问题，联盟的目的是阻止杀害费雷尔的凶手安东尼奥·毛拉·蒙塔内尔①重新登上权力宝座，打倒君主制。会议决定这个联盟是有附带条件的。

工会

1912年6月25日，全国铁路职工联合会第一次代表大会举行。

---

① 安东尼奥·毛拉·蒙塔内尔，于1918年3月22日—11月和1919年4月—7月，两次担任首相。——译者注

大会决定联合会支持劳动者总同盟。在大会召开之际，有70000名会员加入铁路职工联合会。目前，该联合会有85000人。它是西班牙最强大的行业组织。

罢工

1912年1月29日，巴塞罗那发生总罢工。
1912年5月，安达卢西亚发生铁路罢工。
1912年6月4日，西班牙发生矿工罢工骚乱。
1912年6月，安达卢西亚铁路罢工以工人的完全胜利宣告结束。
1912年8月14日，巴塞罗那总罢工未遂。

军事审判

西班牙军事法庭做出了另一个不光彩的行为。《社会主义生活》杂志主编A. 梅利亚同志被判处8年监禁，并处以2000比塞塔罚金，因为他出版了法官认为是讽刺阿方索十三世的漫画。漫画是伊格列西亚斯同志送给报纸的。由于艺术家并不出名，而伊格列西亚斯作为议员有豁免权，于是当局拿梅利亚来报复。

示威游行

1912年3月29日，拥护共和政体的社会主义者举行反对远征里夫①

---

① 里夫位于摩洛哥西部，19世纪后期遭西班牙、德国和法国的入侵，其中西班牙派出4万人远征军，与里夫各部族作战。1910年，西班牙殖民军占领摩洛哥西北部大西洋沿岸的阿拉伊什（今拉腊什）和凯比尔堡。根据1912年签订的法摩条约和法西条约，摩洛哥沦为法国保护国，而1912年11月，西班牙在摩洛哥领土上建立了一个保护区。——译者注

的抗议集会。

1912年5月5日，拥护共和政体的人在西班牙西北部的巴拉卡尔多举行大规模示威。伊格列西亚斯和阿尔瓦雷斯在热烈的欢呼声中宣布，斗争矛头不仅指向卡纳莱哈斯首相和毛拉重新掌权，而且指向君主制。

9. 葡萄牙

政党

1912年2月，社会党发表宣言。葡萄牙社会党中央委员会向人民发表宣言，它在宣言中警告他们不要贸然举行总罢工，并认为1月29日在里斯本举行的总罢工是一次失败。

1912年7月，葡萄牙社会党致函在布鲁塞尔的社会党国际局，它在信中请求各国社会党通过集会和议会行动对西班牙政府和西班牙的反动态度表示抗议，后者容忍君主主义者在西班牙领土上进行阴谋活动，并且允许葡萄牙君主主义者策划对共和国的破坏活动，支持教权主义者—君主主义者的反动行为，尽管葡萄牙现政府是反民主的，是敌视工人运动的，但是葡萄牙工党将停止对政府的一切抨击。然后，这份文件表示："尽管我们是社会主义者，但是一旦共和国遇到危险，我们也会迅速地去捍卫它。"

罢工

1912年1月29日—2月2日，总罢工。有组织的工人举行了一次政治罢工。在里斯本，发生了与军队和警察的冲突。

1912年6月21日，里斯本有轨电车工人举行罢工：罢工领导人被捕。

10. 俄国

1912年1月。圣彼得堡目前正在进行大规模的政治审判。审判针对的是达什纳克楚纯——亚美尼亚社会革命组织，该组织有150名成员受审。最初有700人被捕，其中大约四分之一被投入梯弗里斯①条件恶劣的牢房。许多人失踪了，还有许多人饱受结核病和其他疾病的折磨，其中有一位是世界著名的亚美尼亚现代诗人阿哈隆尼安。他后来被取保释放。大部分被告可能被流放到西伯利亚。

1912年1月22日，血腥星期日周年纪念（1905年1月22日）。

1912年2月26日，圣彼得堡大学发生骚乱。

1912年3月2日，社会民主党发起要求重启对第二届杜马社会民主党议员的审判的鼓动。

1912年4月2日，俄国参议院判决72名亚美尼亚秘密社团成员劳役和监禁。

1912年4月13日，勒拿发生屠杀事件。

1912年4月22日，杜马就勒拿金矿事件问题提出质询。

1912年4月②5日，俄国的圣彼得堡、里加、华沙、敖德萨、哈尔科夫等地工人举行罢工，仅圣彼得堡和莫斯科就有20万工人参加罢工，罢工总人数估计在50万人。

1912年6月1日，圣彼得堡发生罢工骚乱，并包围顿涅茨。

1912年9月，俄国社会民主工党组织大会。

---

① 即现格鲁吉亚首都第比利斯。——译者注
② 原文如此，对照上下文可能应为5月。——译者注

1912年10月，圣彼得堡发生政治抗议罢工。圣彼得堡30000名冶金工人宣布，由于取消杜马选举而举行政治抗议性罢工。在纳尔瓦厂区，工人举行示威。他们跟在红旗后面，高唱着《马赛曲》，但是被骑警驱散。为防止骚乱，所有厂区都部署了大量警察。

反对战争

1912年11月，圣彼得堡工人举行抗议。

在一次圣彼得堡工人代表会议上，一致通过了如下反对战争的抗议信：

"我们，圣彼得堡政府部门工人的代表，认为我们有义务大声疾呼反对在巴尔干宣布的战争。

和各国无产阶级一样，我们俄国工人是战争不共戴天的死对头。

巴尔干战争有可能演变为一场大战，把所有欧洲国家都卷进去，而且首先是把俄国卷进去。在合法反对土耳其对斯拉夫人的压迫的借口下，巴尔干国家实际上是在进行以征服新领土为目的的战争。在自由党的支持下，俄国的反动势力以同样的借口为基础，企图把我们的国家也拖入血腥的巴尔干战场，把俄国拖入新的战争冒险，促使它再次衰落和毁灭。

我们坚决反对这种流血与杀戮政策。我们向保加利亚、塞尔维亚、希腊和土耳其工人致以兄弟般的问候，并表示绝对的团结，他们也在勇敢地大声疾呼，反对政府所发动的战争。我们和德国、法国、奥地利、英国以及全世界工人们团结起来，他们宣布反对战争，以便熄灭已经点燃的战火，以便避免一场世界大战。我们反对我们国家的自由党人，他们在把俄国拖入一场新战争的阴谋活动中寻求卑鄙的支持。我们对工人阶级的所有当选者说，对人民的真正代表说，他们有义务在帝国杜马内外尽其所能反对一切推行战争冒险政策的手段。我们坚信，我们的反战抗议将在俄国工人和一切真诚的民主人士中间产生反响，并为各国工人所知晓。只有自由的敌人渴望战争；而工人阶级渴望各民族的团结。"

10. F. 芬兰

1912年5月20—26日,芬兰工会全国代表大会举行。根据报告,该组织有23000名会员。1911年成员工会的收入为517279.56芬兰马克,支出为621071.61芬兰马克,其中368568芬兰马克用于支持罢工。

1912年6月23—24日,芬兰消费合作社第十次代表大会在于莱奥堡举行。

11. 波兰

1912年3月,俄属波兰进行大规模审判。受到指控的25名波兰社会党党员被判处2年到8年的强迫劳役,23人被流放西伯利亚。只有两人获释。

1912年4月7日,普鲁士的波兰社会党年会在波森①举行。

1912年5月,俄属波兰社会党第十一次代表人会举行(秘密)。

1912年8月11—17日,俄属波兰和立陶宛社会民主党代表大会举行。

1911年8月18日,波兰社会党非常代表大会举行。

12. 挪威

政党

1912年4月7日,挪威社会民主党代表大会在斯塔万格举行。根据

---

① 即波兰的波茨南。——译者注

中央委员会的报告,该党1911年底有36000名党员。除了其他决议外,代表大会还通过了一项关于土地纲领的决议,其原则是土地及其用之不竭的财富来源应当属于劳动人民,以便保证他们拥有农产品所有权以及从自然力量中所获得的利润。

1912年8月22日,挪威社会党成立25周年纪念日。党的发展情况:

年份	人数
1892	3000
1900	10000
1905	16000
1910	32000
1912	36000

1912年9月,斯堪的纳维亚青年社会民主党人联合会代表大会举行。在斯堪的纳维亚劳工第八次代表大会举行之际,斯堪的纳维亚青年社会民主党人联合会召开一次大会,以便讨论青年组织更好的共同工作方式。会议决定,要经常交换演讲人,同时,在联合会机关刊物上刊登重要文章;此外,会议还决定,尽可能快地筹备共同反对军国主义的行动。

工会

挪威工会运动1911年的情况。有201个争取提高工资斗争,共有50100名男女工人参加。用于支持罢工的资金达到1003329克朗。(1910年只有116个争取提高工资斗争,参加者10429人,支出239476克朗。)在201个争取提高工资斗争中,有151个是在没有停工的状态下进行的,有38个引起了罢工,有12个导致了同盟歇业。

合作社

1912年7月7—8日，挪威合作社联盟年会在腓特烈萨尔特①举行。

反对战争

1912年5月1日，挪威工人举行前所未有的大示威。有30000多人参加，抗议给舰队拨款。

1912年11月17日，和平示威在克里斯蒂安尼亚举行。演讲人：亚尔马·布兰亭（瑞典）。

13. 瑞典

政党

1912年7月，摘自1911年瑞典党年度报告。在选举斗争中，分发了1658000份通告和传单，组织了2600次集会，有150万名参加者。下面的数据证明，过去十年，社会民主党获得的选票以惊人的速度增加。1902年他们获得了8751票，1911年则获得了172980票。直到1902年，社会民主党在瑞典议会中只有布兰亭一人。在最近的选举中，有4名社会民主党人进入第二院，13人进入第一院。社会民主党已经成为三个政府区里最大的党。有229名社会民主党员在全国各城镇议会中担任议员。这个数字很低是由于选举法不好，它允许一个选举人拥有40次投票权。在1911年期间，党建立了43个新的组织。党现在拥有

---

① 位于挪威东南部，现称哈尔登。——译者注

57721名党员，分属于427个组织，而1910年时有55248名党员，分属于335个组织。

1912年4月，社会民主党银行。正在申请开办一家为社会民主党各种企业（消费合作社、印刷所、疾病基金等）服务的银行。除了有两个人具有金融事务经验之外，19位申请人属于社会民主党。这个银行的基础资本——新银行——为两百万克朗，每100克朗为一股。它将增加到1000万克朗。该银行还要照管工会基金。

1912年4月5—7日，社会民主主义青年联合会第四次代表大会在斯德哥尔摩举行。

1912年9月1—3日，斯堪的纳维亚工人代表大会在斯德哥尔摩举行。出席会议代表317人，其中丹麦113人，芬兰6人，挪威72人，瑞典126人。

工会

1912年9月9日，瑞典工会第六次代表大会在斯德哥尔摩举行。瑞典工会会员人数1908年为184145人，1909年为146782人，1910年为94270人，1911年为82530人。今年的情况有改善，会员人数在头6个月已经增加了6000人。

合作社

1912年6月26—27日，瑞典消费合作社第十三次年会在乌普萨拉举行。

讣告

1912年5月14日，奥古斯特·斯特林贝里逝世。

反对战争

1912年5月1日,党的地方组织在斯德哥尔摩举行集会,抗议自由党政府希望发布动员令的企图。

决议

"集会对发布动员令的企图表示最强烈的抗议,它要求对工人阶级进行异常压制,还要求他们做出没有意义的牺牲,他们被要求第一个背上自由党人这个试验的负担。我们要竭尽全力反对这些军事要求,而动员也是其中的一个错误。结果一样,国际社会民主党人的解决办法是:绝不给军国主义一个人,一分钱!"

1912年11月17日,群众反战集会在斯德哥尔摩(演讲人:帕尔姆谢纳和松德斯特伦、马尔默(演讲人:勒夫格伦)、吕勒奥(演讲人:卡尔松)以及其他城镇举行。

决议

"为支持和平而集会的斯德哥尔摩工人阶级,与整个社会主义国际团结在一起,反对让大国处于资本主义影响之下的帝国主义政策。这个政策不仅要对目前的战争负责,还要对各国之间和平关系的持久威胁负责。打倒资本主义和战争!向社会主义与和平前进!"

14. 丹麦

妇女

1912年7月14—15日,社会民主党女工代表大会在哥本哈根举行。

党员人数为2713人。下次大会将于1915年在奥胡斯举行。

工会

1912年6月10—11日，丹麦工会中央联合会代表会议举行。当年年底，有55个中央联合会，6个独立联合会，共有105269名会员和1295个地方支部。仅在丹麦，就支出了1255030克朗支持罢工和同盟歇业；还在国外支出了112528克朗支持争取提高工资斗争。该组织的全部资本已达到4353100克朗。

合作社

1912年6月4日，丹麦消费合作社的批发社代表会议在欧登塞举行。

反对战争

1912年11月17日，反战抗议集会在哥本哈根举行。演讲人：卡尔·耶珀森（克里斯蒂安尼亚）、G. 勒韦格伦博士（马尔默）、F. J. 博格比耶尔格和托·斯陶宁格（哥本哈根）。有1000人参加集会。

决议

"11月17日在哥本哈根集会的丹麦社会民主党人宣布，在反对战争的斗争中，绝对与国际社会民主党团结在一起。

会议授权出席国际社会党下次代表大会的丹麦社会民主党代表为组织和有力地开展反对军国主义、反对战争和反对资本主义的斗争尽最大的努力，以便以此为社会主义的胜利开辟道路。"

15. 荷兰

政党

1912年4月7—9日,社会民主工党年会在莱顿召开。党员:1911年有12713人;1912年有13398人。

1912年9月17日,支持妇女和男子普选权大规模集会在阿姆斯特丹举行。

反对战争

1912年11月17日,支持和平国际示威在阿姆斯特丹举行。演讲人:弗利根(荷兰)、赫·莫尔肯布尔(德国)、阿尔贝里克·德瓦尔特(比利时)。

决议

"11月17日星期日在'人民行业'宫举行的盛大集会,
在听了各位的演讲之后,
表达了对欧洲东南部现在正在发生的人类大屠杀的震惊,那里有成千上万的人在残暴的方式下丧生,而另一方面,还有数以千计的人陷入困难与哀痛;
坚决反对大国用资本主义设计进行干预的任何企图,不必要地宣传一场欧洲大战;
建议国际社会民主党人统一行动,以便使这些企图流产;并且建议努力加强无产阶级的组织,鼓励世界和平,'以战争反对战争'!"

这个决议也在荷兰各大城市1912年11月17—24日举行的一些集会上通过。

16. 比利时

政党

1912年4月7—8日，比利时工人党代表大会在布鲁塞尔召开。
1912年6月30日，党的非常代表大会在布鲁塞尔召开。

工会

1911年，加入工会委员会的各种工会有97845名会员，党有63035名党员。

合作社

1912年7月14日，生产合作社代表大会在布鲁塞尔召开。
1912年9月7—8日，工人消费合作社联合会代表大会在若利蒙召开。

选举

1912年6月2日，比利时大选：采用一人多选票制。

示威

1912年2月15日，布鲁塞尔工人阶级举行示威游行，抗议食品价格昂贵。
1912年11月12日，布鲁塞尔无产阶级举行示威。在议会开会时，布鲁塞尔联合会和布鲁塞尔工会组织大规模示威游行。所有有组织的工人都离开了工作岗位。

罢工

1912年1月3日—2月15日，25000名比利时煤矿工人举行罢工，反对每两周发一次工资。

1912年3月29日，根特港口罢工。

1912年6月6日，比利时发生政治罢工：有10万人参加罢工。

反对战争

1912年10月28日，和平示威在布鲁塞尔举行。演讲人：布鲁斯·格莱希尔（英国）、鲁巴诺维奇（俄国）、胡果·哈阿兹（德国）、维克多·阿德勒（奥地利）、让·饶勒斯（法国）和阿尼尼（意大利）。

17. 瑞士

政党

1912年1月，社会民主党代表会议在苏黎世召开。

1912年5月19日，阿尔高州党代会在阿尔堡召开。

1912年7月28日，沙夫豪森党员大会召开。

1912年8月3—4日，瑞士社会民主党戒酒者同盟第十三次代表大会在巴勒召开。

1912年10月20日，阿尔高州社会民主党非常代表大会在朗斯堡召开。

1912年11月8—10日，瑞士社会民主党代表大会在诺恩堡召开。交纳党费的有组织的党员人数为27500人，也就是比上年增加5000到7000人，他们分别属于590个地方组织。

妇女

1912年9月22日,瑞士妇女第二次代表会议在苏黎世召开。

合作社

1912年6月8—9日,瑞士合作社联盟代表大会在因特拉肯召开。这个小国的合作运动有将近350个消费合作社,聚集了22万名社员,拥有将近1000个零售商店,营业额1亿克朗,而这个国家的大公司在巴勒、苏黎世、日内瓦和卢塞恩形成了令人惊讶的实际应用中心和名副其实的社会组织实验室。

周年纪念日

1912月4月9日,海尔曼·格罗伊利希70华诞。

讣告

1912年1月4日,斐迪南·西蒙去世。

罢工

1912年7月12日,苏黎世工人举行24小时总罢工。

19. 土耳其

1912年3月,土耳其社会主义组织,包括社会主义工人联合会和两个亚美尼亚党,达什纳克楚纯和汉夏克就近期改革纲领达成一致,主要内容涉及:(1)政治;(2)司法;(3)经济与社会;(4)金融;

(5) 民族问题;(6) 教育;(7) 对外政策。总的来说,除了因土耳其的特殊条件而提出的要求以外,其要求与其他社会主义纲领中的近期(或过渡)改革要求类似。

20. 塞尔维亚

工会

1912年9月,25个工会加入工会联合会。它们的会员在1908年为3238人,1909年为4462人,1910年为7418人,1911年为8337人。这个增长结果非常令人满意,因为政府禁止,一切鼓动工作和组织工作在矿工和工厂工人中间都不能开展。有一个事实说明了这个国家令人不安的政治经济状况,1910年有714名有组织的劳动者离开这个国家,占有组织的劳动者的10%;1911年有1560名劳动者离开,占20%。

反对战争

1912年7月2日,社会党在国会前举行反对军国主义示威。在关于军事拨款之前,社会党议员发表了如下声明:

"作为军国主义不共戴天的敌人和民兵系统的一员,我们社会民主党议员投票反对这些拨款案,因为:

这些拨款是要用于军国主义的,而军国主义已经消耗了数额庞大的财富,危害到了广大人民群众的生存;

这些拨款使新的军队组织成为可能,而这必然使塞尔维亚背上绝对不可承受的新的包袱;

这些拨款造成普通预算的增加,而这必然导致新的国家贷款和新的税收;

这些拨款威胁到国家的生存,尽管有人说,要求拨款是为了保卫国家。

我们不希望用难以承受的庞大税收毁掉塞尔维亚,而是希望她通过发展经济生活,提高目前虚弱贫困的无产阶级和半无产阶级阶层的生活水平而强大起来;我们不希望维持一支没有目标、消耗人民重要力量的常备军,而是希望组织人民防御;不是希望好战要求,而是希望巴尔干人民在一个巴尔干共和国联盟中团结起来。"

1912年10月7日,塞尔维亚社会党人在议会前举行抗议活动。所有资产阶级政党的头子都赞成政府的态度,并承诺支持政府。社会党领导人拉普切维奇以党的名义亲自宣布反对与土耳其开战,支持建立一个巴尔干国家民主联盟,它将作为巴尔干关税同盟的基础。

21. 保加利亚

1912年8月15—18日,保加利亚社会民主党"紧密派"第十九次党暨工会代表大会举行。

反对战争

1912年10月7日,社会党人在保加利亚议会前举行抗议活动。保加利亚国民议会刚刚通过口头表决批准了动员令以及与备战有关的其他措施。只有一个人投反对票,他就是唯一一位社会党议员萨卡索夫同志。他说:"我们不想为了战争而搞一个巴尔干联盟。我们想的是,我们正在准备的是,建立一个把包括土耳其在内的巴尔干各国事实上联合起来的联盟,一个为了和平、劳动,为了生产和交换而工作,为了自由和进步而工作的联盟。"

1912年10月7日,社会党议员遭到袭击。在议会发表反对战争讲话的社会党议员萨卡索夫在大街上遭到一群学生暴徒用左轮手枪和棍棒的袭击。萨卡索夫到卡列夫教授的住宅躲避，住宅的所有窗户都被学生打得粉碎。该议员在警察的重重护卫下才回到家中。

22．罗马尼亚

1912年4月26日，布加勒斯特法庭在拉柯夫斯基的要求下作出判决，承认他是一名罗马尼亚公民。

1912年7月5日，有10000多名工人起来在布加勒斯特的大街上举行示威活动。

1912年7月12—14日，社会党和工会联盟代表大会在布加勒斯特召开。——议程包括：（1）改组；（2）社会主义的策略；（3）普选权和出版。

23. Ch. 中国

1912年10月，社会党代表大会在南京召开①。有3000人出席大

---

① 原文如此。据有关材料，1911年7月10日，江亢虎在上海张园以"研究广义的社会主义"为宗旨发起成立社会主义研究会，创办《社会星》杂志。同年11月5日，上海光复第二天，江亢虎以社会主义研究会发起人名义召集特别会，提议"改组社会"，中国社会党上海本部从此宣告成立。江亢虎任本部部长。中国社会党以"不妨害国家存立范围内主张纯粹社会主义"为宗旨。制订党纲8条：（1）赞成共和；（2）融化种界；（3）改良法律，尊重个人；（4）破除世袭遗产制度；（5）组织公共机关，普及平民教育；（6）振兴直接生利之事业，奖励劳动家；（7）专征地税，罢免一切税；（8）限制军备，并力军务以外之责争。党章规定凡16岁以上且信从本党宗旨者不论男女、不分国界、种界、宗教界，只要亲临上海本部或各地支部检阅规章、签名宣誓即可为党员。本部设在上海大马路（今南京东路）虹庙对面。后在江浙和南方各省设支部490余处，党员最多时号称达52.3万人。1912年6月，与中华民国工党联合。1913年因涉嫌参加二次革命被袁世凯政府取缔查禁，8月被解散。民国五年6月21日，中国社会党在中华慈善协会召开临时会议，宣布复党重建，临时通讯处设于霞飞路鼎庆里（今淮海中路北嵩山路东）19号。中国社会党是中国第一个社会党，也是中国第一个以"党"命名的政治团体。——译者注

会，党的组织得到加强，纲领得到重视。

党的根本目标是发展共和国的开明机构，增加人民权利，广泛宣传社会主义原则。

党的新的管理机构由9名干事和30名助理组成。大会最重要的行动是创办了一份报纸。孙中山的私人秘书马素①被任命为主编。第一期已经问世。其中包括美国国会前议员伯杰同志的文章。新的报纸的名字叫《中华共和党人》②（上海）。

24. 南非

1912年4月7日，南非统一社会党代表会议在约翰内斯堡召开。

27. 古巴

呼吁

1912年1月3日，社会党国际局发表了古巴社会主义者致各国社会党和工人的一份呼吁书。古巴人强烈抗议当局对社会民主党人和罢工者犯下的残酷暴行。他们宣布，这些打击行动使工人组织不可能在古巴发展，而对他们本国的工人来说，政治权利和公民自由只不过是存在于纸上的东西。

---

① 音译，原文为"Ma Soo"。——编者注
② 依英文名（The China Republican）翻译。——编者注

28. 美国

1912年5月12日,党的代表大会在印第安纳波利斯召开。摘自约翰·沃克的报告:党员人数1910年为58000人;1911年为84700人;1912年为125826人(截至3月底)。

1910年获得选票为607700张。

出版物:13份日报,其中5份为英文;298份周刊,其中262份为英文;12份月刊,其中10份为英文。

1912年11月10—11日,委员会特别会议召开,其目的是把匹兹堡波兰社会党支部同社会党波兰联盟联合起来。这次合并被一致通过,新组织的名称叫"社会党波兰联盟"。

30. 阿根廷

1912年11月10—12日,阿根廷社会党第十一次代表大会召开。40个支部派出了60名代表。该党有62个支部。

33. 澳大拉西亚

1912年7月,在7月第一周于悉尼工会大厦召开的新南威尔士工会代表大会上,有90名代表出席会议。除了其他事务外,大会还决定努力进行六小时工作日宣传,因为尽管已经实行了八小时工作制,但是失业人数仍然相当多。要进一步解决问题,不仅要求澳大利亚各州工会建立最密切的联系,而且要开展反对大规模从欧洲移民的宣传,政府现在还在鼓励移民,财政部还给这些人发部分旅费。

国际议会委员会

通知

我们谨请国际议会委员会各位书记将因社会党议员的倡议而提出的所有议案在提交给各国议会时能寄给我们一份,另外,请将我们的同志提出的已经提交议会的议案以及还没有寄给我们的议案都寄给我们。

(42) 英国

1912年7月12日,下院通过选举法,简化对选举人所要求的条件,废除某些选举人拥有在几个区投票的一人多票制的权利。

1913年1月,选举情况。联合王国1913年的选民总数为8058025人,也就是说,比1912年多73425人。

下面是3个国家的比较数字:

	1913 年	1912 年
英格兰和威尔士	6536062	6475743
苏格兰	820343	812452
爱尔兰	701620	696405

下院拥有670名议员,平均每12000名选民有1名议员。

（43）德国

1912 年 5 月 10 日，**国会**。社会民主党人提出法案，要求从 1917 年 10 月 1 日起，将骑兵和炮兵服役期减少到两年，其他兵种减少到一年。

1912 年 5 月 20 日，一致通过要求采用唯一一种样式的选票箱的请愿书和社会民主党要求这种选票箱尽快投入使用的补充提案。

1912 年 5 月 21 日，国会对新的陆海军法进行投票，对国民征收 110 万法郎的新税。（社会民主党人、波兰人、阿尔萨斯人和丹麦人议员没有投票。）

1912 年 2 月 5 日，**巴伐利亚议会选举**。当选：30 名社会民主党人，35 名自由党人和农民同盟（德国）成员，4 名农民同盟（巴伐利亚）成员，69 名左派成员，87 名中央党成员，7 名农民联合会成员，94 名右派。中央党失去 11 个议席，保守党人失去 10 个议席；社会民主党增加 9 个议席；自由党人增加 11 个议席；农民同盟（巴伐利亚）增加 1 个议席。

1912 年 2 月 25 日，**勃兰登堡议会中的社会民主党人**。第三十九届勃兰登堡议会第一次在其 146 名议员中有了 3 名社会民主党议员。

1912 年 2 月 4 日，**不伦瑞克**。一项关于选举法的新提案提交给议员。根据这项法案，议会由 54 人组成，其中 36 人通过大选产生，18 人由属于某个职业的选举人选举产生。凡是年满 25 岁、在公国居住、并至少缴纳 4 马克税的人都有投票权。投票是直接的、秘密的。12 个选区的选民按照他们缴纳的税额分为 3 个等级，每个等级选举他们的议员。地主选举 6 名议员，缴纳至少 45 马克交易税的制造商选举 4 名，神职人员选举 2 名，科学工作者 6 名。在谈到动机问题时，建议称："公国政府确信，从当前局势来看，还有从原则来看，目前的间接选举制度是过时的，公国几乎所有阶层的居民都不赞同了。"

1912年2月8日，**关于普鲁士选举法的提案**。议会中的社会民主党派议员要求所有成年居民，不论其性别，都应当在立法机关和城市选举中拥有平等的、直接的、秘密的投票权。

1912年6月4日，**哥达议会选举**。19个议席空缺。社会民主党人获得9个议席，右派党（农民党人、反犹主义者等）获得6个议席，联合自由党人获得4个议席。

1912年6月18日，**哥达和科堡公国立法机关选举**。社会民主党派在19个议席中获得9个议席。

1912年2月23日，**施瓦茨堡-鲁道尔施塔特**。自上次选举以来，社会民主党人占多数的议会选举社会民主党人温特和哈特曼为议长。

1912年6月7日，**施瓦茨堡-鲁道尔施塔特议会选举**。社会民主党失去施塔特伊尔姆议席，获得弗兰肯豪森议席。它还占据着总共16个议席中的9个议席。

1912年9月12日，**施瓦茨堡-鲁道尔施塔特**。议会通过社会民主党提案，要求召开国会，开放边界，帮助在贫穷社区获得外国给予帮助的肉。州长承认肉价太高，并宣布必须采取一些措施消除这种情况。

符腾堡

符腾堡王国是一个君主立宪制国家（1819年9月25日宪法）。

议会由两院组成。

两院拥有92名议员。

选举模式：农村选区和6个城市的69个席位通过普选产生。斯图加特的6名议员通过比例代表制选举产生，其他17名议员由全王国选举产生。

上次选举：1912 年 11 月 16 日进行，选民选举了 75 名议员：69 名单一选区的议员和 6 名首府议员。1912 年 12 月 18 日，选举其他 17 名议员。

	以前	1912 年 11 月 16 日选举	1912 年 12 月 18 日选举	1912 年选举
社会民主党人	16	13	4	17
农民党人和保守党人	16	17	3	20
民族自由党人	12	9	1	10
中央党（天主教）	25	21	5	26
民主人士	22	15	4	19
无党派人士	1	—	—	—
合计	92	75	17	92

州第二院 75 名议员选举：13 名社会民主党人当选。

（436）奥地利

1913 年 2 月 11 日，国会中的社会党议员舒迈尔同志被基督教社会主义者保罗·孔沙克杀害。

（436＋439）奥地利—匈牙利

1912 年 4 月 3 日，**波希米亚选举法**。首相施蒂尔克伯爵向以德国波希米亚的泽利格议员为首的社会民主党人代表团宣布，政府将坚持其波希米亚选举纲领，拒绝接受实行平等的议会选举投票权的法律。

1912 年 4 月 23 日，**菲拉赫（卡林西亚）补选**。

社会民主党人格勒格尔以绝对多数当选为国会议员。

补选是为了接替维也纳社会民主党议员弗兰茨·西尔贝雷（地区：兰德大街）。社会民主党人鲁道夫·弥勒当选，获得 6718 票。

（44）法国

1912 年 7 月 1 日，**摩洛哥**。法国保护国条约①通过。

1912 年 7 月 4 日，议会下院就普遍限制工业企业成年人工作日时间为十小时的法律进行投票。

（45）意大利

政府是代议制君主制。行政权掌握在国王及其大臣手里，但唯一负责的是后者。立法权分别掌握在国王、参议院和众议院手里；三者都有立法动议权。

参议院的人数不受限制，参议员由国王任命，终身担任，年龄不得低于 40 岁。目前，参议院有 361 名议员，没有一名社会党人。

参议院和众议院的工作没有报酬，但是两院议员可以免费乘坐火车和蒸汽轮船航班。

下院每五年由选举人机构按每 64893 名居民选举一名下院议员的比例选举一次（1901 年人口普查）。

公民要拥有投票权，必须年满 21 岁，能够阅读和书写，富裕的省

---

① 1912 年 3 月 30 日法国与摩洛哥在摩洛哥的非斯城签署，又称《非斯条约》。条约规定苏丹阿卜杜勒·哈菲德放弃摩洛哥的主权，摩洛哥沦为法国的被保护国。——译者注

要缴纳40法郎的税、贫穷的省要缴纳20法郎税或者租金，数额因居民社区不同而不同。从事自由职业、教师等工作的公民，不受所有普查条件的限制。

每个年满30岁、享有公民权和政治权的公民都有资格当选。属于某些类别的国家官员（地方行政官），也可以当选议员，其人数为下院议员的五分之一。

下院由508名议员组成。

在最近一次大选即1909年大选中，有41名社会党人当选下院议员，社会党人获得了338865票，也就是说，比1904年选举多18865票，比1900年选举多163865票。

在社会党雷焦-艾米利亚代表大会上（1912年7月7—10日），社会党分裂为意大利社会党和改良社会党。

意大利社会党有24名下院议员，名单如下：

阿尼尼、贝尔特拉米、本蒂尼、博科尼、卡尔达、坎帕诺齐、卡萨利尼、基耶塞·彼得罗、朱列蒂、格拉齐亚代、曼西尼、马拉戈尼、梅拉尼、蒙泰马丁尼、莫尔加尼、佩谢蒂、皮耶拉奇尼、普兰波利尼、今利诺、龙达尼、萨莫贾、济歇尔、特雷韦斯、图拉蒂。

改良社会党有10名下院议员，名字如下：

巴达罗尼、比索拉蒂、博诺米、贝尔特西、贝尔尼尼、卡布里尼、德费利斯·吉弗里达、米拉纳、诺弗里、波德雷卡。

自主团体有4名下院议员：

卡内帕、费里·贾科莫、特拉帕内塞、德洛·斯巴尔巴。

1913年2月，**选举**。依据新宪法，下次选举将于1913年秋天举行。

1912年3月17日，**妇女选举权**。行政当局关于授予妇女选举权的法案，虽有几处限制，但已被委员会通过。有一个适用于今年市镇议会和郡议会补选的法案在选举法改革问题解决之后提交议会审议，因为这个改革也对行政机构的选举权产生影响。

1912年5月，下院对选举改革法案进行投票，该法案给予年满30岁、不识字、服过兵役的人以选举权。

1912年10月15日，意大利和土耳其之间缔结洛桑和约。

（46）西班牙

1912年11月27日，与法国签署摩洛哥条约。

（469）葡萄牙

社会党议员曼努埃尔·何塞·达席尔瓦在1912年向葡萄牙议会下院提出一系列法案：

（1）宣布证明签署共和国宪法正当的原则。

（2）关于在葡萄牙建立国家劳动机构的法案。

（3）关于调节营业雇员工作日的法案。

（4）关于任命一个下院议员委员会审查实行酒厂国有化的好处的法案。

（5）关于修改糖进口关税并降低该商品价格的法案。

（6）关于废除限制罢工权的法律的法案。

（7）关于取消工人住宅建设的一切税收和进贡性收费的法律的法案。

（8）关于授权三个月免税进口油料并将其操纵行为造成社会苦难的食品垄断商送交法庭审判的法案。

（9）关于免除医药互济会的纳税要求的法案。

（10）关于对斗牛征税并将所得资金用于维持职业介绍所的法案。

(11) 关于授权"互助社联合会"组织一个"储蓄银行"的法案。

(12) 关于禁止面包店夜班的法案。

(47) 俄国

第四届杜马选举于 1912 年 10 月和 11 月举行。

在定期公报第 8 期(第 89 页)①,我们介绍了俄国选举制度。下面是对有关情况的补充。

选民被分为不同类别。选举法将城镇选举按照富裕程度分为两类。它取消了农民的直接普选权,并减少了边疆政府的代表。

下面是 1912 年选举结果与 1910 年选举结果的比较:

党派	1910 年	1912 年
极右派	52	63
民族主义者和右派联盟	93	124
十月党人	133	95
右派	**278**	**282**
进步主义者	39	45
立宪民主党人	53	59
反对派	**92**	**104**
劳动派	14	10
社会民主党人	14	14
左派	**28**	**24**
穆斯林	9	7

---

① 见本卷第 602—603 页。——编者注

(续表)

党派	1910 年	1912 年
波兰人	11	16
立陶宛人、波兰人和白俄罗斯人	6	—
野蛮人	16	7
	42	30
	440	440

第四届杜马中的社会民主党议员名单（14 人）。

巴达耶夫（彼得堡）、马利诺夫斯基（莫斯科）、萨莫伊洛夫（弗拉基米尔）、恰戈夫（科斯特罗马）、莫拉诺夫（哈尔科夫）、彼得罗夫斯基（叶卡捷林诺斯拉夫）、豪斯托夫（乌法）、布里亚诺夫（塔夫利达①）、图利科夫（顿河）、彻基德泽（高加索）、彻肯克尔利（高加索）、斯科别列夫（高加索）、马格涅科夫（伊尔库茨克）、雅格洛（华沙）。

雅格洛是波兰社会党党员（莱维茨）。

（481）挪威

在社会党国际定期公报第七期上，我们发表了关于挪威议会的说明。② 现在我们再扼要地重述一下，使之更完整一些。

挪威是一个君主立宪制国家。（宪法：1884 年 5 月 17 日，最近一

---

① 塔夫利达（Tauride），古希腊对克里米亚半岛的称呼，俄国吞并克里米亚半岛后，从 1802 年到 1921 年，称塔夫利达或者塔夫利，俄语现在的称呼是克里木。——译者注

② 见本卷第 415—416 页。——编者注

次修改是 1911 年 8 月 18 日。)

立法权掌握在国会手里。

国会是唯一的代表机构,由 123 名议员组成,41 人代表城市,82 人代表农业地区。国会四分之一的议员组成上院,其余的议员组成下院。

选举权。议员由普选权选举产生,任期 3 年。

资格。所有年满 30 岁、在挪威居住 10 年时间并拥有完全公民权的挪威公民都有资格当选。

投票。所有年满 25 岁、在挪威居住 5 年时间并拥有完全公民权的挪威公民都有投票权。

妇女选举权。妇女拥有投票权的条件和男子一样,但是她们必须在各省缴纳 400 克朗最低收入的税。①

大臣的任命。还有一个宪法条文规定,现任大臣不得参加选举。换句话说,如果选举对大臣所属的政党不利,他将无缘进入随后组成的内阁。

国会中的社会主义者

年份	社会党议员人数	社会主义者的得票
1894 年	—	732
1897 年	—	947
1900 年	—	7013
1903 年	4	24526
1906 年	10	43100
1909 年	11	91268(21.6%)
1912 年	24	124594(26%)

---

① 1911 年,社会党人请求撤销这个条件,而且它在乡镇选举中已经取消了。

1912年11月14日国会选举结果。

75名激进派

25名保守党人

23名社会主义者

123名

23名社会党议员得票的选举统计表

选区	姓名	地址①	1909年选举			1909年补选			1912年选举			1912年补选		
			社会党	左翼	右翼	社会党	左翼	右翼	社会党	左翼	右翼	社会党	左翼	右翼
弗雷德克肖尔德	安·汉森		811	398	1077	985	620	1332	1090	723	1072	1411	319	1398
萨普斯堡	路·恩根		920	679	550	1082	1039	345	1597	702	446	没有补选		
莫斯德罗博尔	卡·延森		940	441	1212	1231	441	1210	1047	318	1123	1392	106	1334
奥斯陆克里斯蒂安尼亚	芒·尼拉森		5728	1217	3005	没有补选			5386	602	2353	5955	384	1583
格鲁纳洛肯	克·克努森		5353	982	2654	没有补选			6726	900	2043	没有补选		
斯特罗姆斯格坦	威·纳格尔		1228	194	1192	1553	—	1596	1383	119	1311	1764	—	1592
维尔克,斯塔万格	J.耶斯坦		1809	1384	1056	1897	773	2048	2413	1909	937	2714	2638	452
卡尔弗瑞特,卑尔根	约·萨穆埃尔森		1704	1269	1623	1901	1341	2007	1717	1541	1501	1963	1886	1458
桑德维肯,卑尔根	L.O.萨博		2459	1381	937	没有补选			2797	1428	864	没有补选		

① 地址略。——译者注

社会党国际局定期公报第 10 期

（续表）

选区	姓名	地址①	1909 年选举			1909 年补选			1912 年选举			1912 年补选		
			社会党	左翼	右翼	社会党	左翼	右翼	社会党	左翼	右翼	社会党	左翼	右翼
巴克克兰戴，特隆赫姆	O. K. 里布斯克格		1092	386	1267	1509	—	1547	1336	415	1370	1716	212	1606
波多 纳尔比克	卡·邦内维		518	583	670	660	652	830	868	668	683	981	746	765
芬马克市	A. 芬斯塔		956	271	350	没有补选			888	891	37	没有补选		
S. 赫德马肯	卡·阿蒙森		872	333	2774	498	3090	3216	2169	1642	2664	3622	—	3093
森延	M. N. 法香		1783	1094	12	没有补选			2127	1228	102	没有补选		
特罗姆瑟苏德	O. M. 甘斯达尔		1484	893	—	没有补选			2015	851	91	没有补选		
美仑罗马克	M. Jul. 哈尔沃森		2221	788	2124	2995	—	3170	2449	1323	2178	2988	1281	2763
内戴内斯	G. 普莱斯塔		670	304	1010	1080	170	1672	833	610	970	1196	1076	1129
格勒明格	Johs. 贝格森		1613	908	1838	2126	393	2407	2364	499	2288	2902	—	2549
厄里克	Chr. 霍恩斯鲁德		3587	516	3054	3515	—	3713	3459	442	3742	4367	—	3624
布斯克吕	A. J. 霍尔根		1904	501	2058	2504	—	2951	2522	538	2026	3076	329	2448

① 地址略。——译者注

(续表)

选区	姓名	地址①	1909年选举			1909年补选			1912年选举			1912年补选		
			社会党	左翼	右翼	社会党	左翼	右翼	社会党	左翼	右翼	社会党	左翼	右翼
拉德莫恩,菲克赫姆	A.布恩		1443	264	668	没有补选			1450	256	446	没有补选		
索洛	奥·恩布雷特森		2149	944	1605	2802	1184	1932	3088	1393	1095	没有补选		
图恩	Alb.梅斯凯于		1045	660	1140	1494	861	2477	1640	1358	1511	2081	1876	2079

社会党议员的法律提案

挪威社会民主党议会两院党团提出的法律草案如下：
（1）关于疾病护理的法案。
（2）关于授予妇女立法选举普选权的法案。
（3）关于废除关于农民住宅法的法案。
（4）关于公决的法案。
（5）关于八小时工作日的法案。
（6）关于国家垄断化工商店的法案。
（7）关于授权市镇从事商业活动和承担工业劳动的法案。

妇女运动

1912年1月16日，下院通过了上院投票通过的关于妇女担任公职

---

① 地址略。——译者注

的法案，并决定将该法呈报国王批准。

（485）瑞典

支持共和政体

1912年5月，社会民主党激进派在国会提出废除君主制议案。保守党人企图阻止接受该议案。但是第二院以126对59票决定进入常规程序。社会民主党领导人布兰亭反对提出这一提案，认为时机不恰当。

（493）比利时

社会党人在下院提出的法案
1900—1901年

路易·贝尔特朗

第18号——1900年11月30日，**关于规范国家官员和工人地位的法案。**

目的：

（1）官员、职员和工人的界定和晋级。

（2）官员和工人的降级。

（3）官员和工人的权利和义务。

（4）仲裁委员会。

第24号——1900年12月4日，**关于决定对国营铁路目前组织与运转情况进行议会调查并对它们进行改革的法案。**

目的：

进行与以下情况有关的调查：

(1) 铁路运输能力，设施和车站建设，运输、牵引和信号设备；

(2) 从机构结构和效率的角度来看管理体制，各类官员和职员的工作与责任；

(3) 我们铁路运行的经济结果。

J. 德斯特雷

第 94 号——1901 年 2 月 15 日，**关于法官错误的法案。**

目的：

每一位受到监禁、但法院最终没有对其作出有罪判决的比利时公民应当有权要求国库给予公正的赔偿。

这一条也应当适用于每个被判刑、但法官后来承认无辜的公民。

第 120 号——1901 年 3 月 8 日，**关于对违法行为起诉的法案。**

目的：

这项法案旨在简化司法机构的申请。

第 151 号——1901 年 4 月 3 日，**关于允许治安官处理数额较少的赡养费的支付行为的法案。**

第 152 号——1901 年 4 月 3 日，**关于离婚询问的程序方法的法案。**

目的：

修改民法典关于离婚的规定，以便加快办事程序。

1901—1902 年

埃米尔·王德威尔得

第 307 号——1901 年 11 月 8 日，**关于修改 1870 年 3 月 4 日有关隔**

离监禁的法律的法案。

目的：

刑罚的减少适用于有期徒刑的第 21、22、23、24、25 年。这些有期徒刑的最后 5 年的劳役时间减少到一个月。

埃克托尔·德尼

第 54 号——1902 年 1 月 15 日，**与劳动市场的组织、失业统计和失业保险有关的法案。**

目的：

这项法案的目的是对这个国家经济生活最普遍最重要的功能之一——劳动的流动——进行管制，促进这个国家劳动供求之间实现平衡。

1902—1903 年

泰尔瓦涅

第 25 号——1902 年 12 月 9 日，**关于接种牛痘和强制再接种牛痘的法案。**

目的：

每个新生婴儿在出生后 6 个月内强制接种牛痘疫苗。

在 12 岁时再次强制接种牛痘疫苗。

埃克托尔·德尼

第 119 号——1903 年 3 月 27 日，**关于储蓄银行组织支票服务与往来账户票据交换所的法案。**

目的：

这项法案的目的是授权储蓄银行在邮政局的帮助下,为了储户的利益,组织支票服务与往来账户票据交换所,储户要履行本法所规定的条件。

路易·贝尔特朗

第 225 号——1903 年 7 月 24 日,**关于修改 1869 年 6 月 18 日关于司法组织的法律第 179 条的法案。**

目的:

这项法案的目的是禁止治安官在任何程度上参与工业、商业或金融公司的管理、行政或控制活动。

莱昂·弗尔内蒙

第 244 号——1903 年 7 月 31 日,**关于授权各城市之间或它们与各省之间联合建立、接管或经营经过其地域的铁路或城市铁路的法案。**

注意:这种联合可以包括私营的个体。

第 245 号——1903 年 7 月 31 日,**关于授权城市联合会开展与几个市镇有关的工作的法案。**

1903—1904 年

路易·贝尔特朗

第 16 号——1903 年 11 月 26 日,**关于所有国家官员、雇员或工人在开始领取退休金时发给相当于两个月薪水的补助金的法案。**

乔治·于班

第 56 号——1904 年 2 月 4 日,**关于修改 1841 年 4 月 10 日地方铁路法的法案。**

目的：

这项法案的目的是允许各城市按照每个公共服务基金的要求，给道路基金自由出资，从而实际上取消缴费必要性。

埃米尔·王德威尔得

第 114 号——1904 年 4 月 22 日，**关于修改 1870 年 5 月 27 日法律（军事刑法典）的各种条款的法案。**

目的：

这项法案的目的是修改处罚某些军人犯罪的方法。

1904—1905 年

埃克托尔·德尼

第 44 号——1904 年 12 月 16 日，**关于儿童保护的法案。**

目的：

这项法案的目的是从物质上和精神上保护被遗弃的儿童。

内容涉及：

(1) 父母权力的失灵；

(2) 国立慈善学校；

(3) 关于遗弃、虐待或伤害儿童的司法措施；

(4) 针对危害儿童道德和弱点的犯罪和越轨行为。

1906—1907 年

J. 德斯特雷

第 17 号——1906 年 11 月 27 日，**关于修改 1900 年 5 月 10 日关于养老金法律的法案。**

目的：

这项法案的目的是废除上述法律第九条第二段，从而取消1901年1月1日年满58岁的人为了形成至少18法郎养老金基金而每年缴纳3法郎的条件的法案。

埃克托尔·德尼

第37号——1906年12月18日，**关于完成和修改1886年11月20日和1903年3月27日提交的关于储蓄银行组织支票服务和往来账户票据交换所的议案的法案。**

目的：

授权政府在（或无）储蓄银行的帮助下，通过往来账户支票，组织收账、付账和转账的邮寄服务的法案。

路易·贝尔特朗

第80号——1907年2月22日，**关于修改1889年12月13日关于妇女、青少年和儿童在工业企业中工作的法律第2条的法案。**

目的：

这项法案的目的是禁止使用年龄在14岁以下的童工。

1907—1908年

埃米尔·王德威尔得

第41号——1907年12月6日，关于起草各城和各省选举人名单的**法案。**

第59号——1907年12月13日，关于保障安葬方面信仰自由的**法案。**

目的：

对于安葬的正规服务是由市政当局直接或通过承办者组织的。

这种事情应当从宗教教派的安葬和不举办任何宗教仪式的安葬这两个角度来进行。

第 124 号——1908 年 2 月 26 日，**关于官员结婚的法案**。

目的：

这项法案的目的是，废除不允许在职官员在某些条件下结婚的立法；并在婚姻方面保证官员的普通法权利。

埃克托尔·德尼

第 51 号——1908 年 8 月 20 日，**关于召开一次柏林条约签字国新的会议的法案**。

目的：

这项法案的目的是召开一次柏林条约签字国的新的会议，以便共同审议和落实这个条约，修改和完善经验证明需要作出的修改和完善。

在这次大会上，要提出的程序表包括以牺牲比利时殖民地为代价将传统的刚果盆地改变成一个国际殖民地。

J. 德斯特雷

第 119 号——1909 年 3 月 10 日，**关于学校食堂的法案**。

目的：

教区有义务组织学校食堂，只要学校不少于 25% 的学童的父亲提出要求。

学校食堂应给有资格的学童一份正常的餐点。

第 242 号——1909 年 7 月 28 日，**对 1869 年 6 月 18 日司法组织法第 28 条作出补充的法案**。

目的：

这项法案的目的是简化司法机制。

1909—1910 年

埃克托尔·德尼

第 92 号——1910 年 2 月 23 日，对 **1907 年 1 月 24 日提出的要求修改 1887 年 8 月 16 日工业与劳动委员会法的法案的补充**。

目的：

工业与劳动委员会的组织章程。

高级劳动委员会办公室、它的主席和秘书，应当在雇主与其工人之间的冲突中充当调解人。

J. 芒萨尔

第 94 号——1910 年 2 月 23 日，**关于修改 1903 年 12 月 24 日劳动事故补偿法的法案**。

要点：

（1）将该法适用于所有工人；

（2）破产的期限；

（3）补偿金（为 75%）；

（4）医药费，自由选择医生和药房；

（5）丧葬补助费；

（6）给孤儿寡母的津贴；

（7）工资簿；

（8）学徒和青年工人；

（9）国家强制保险。

1910—1911 年

卡米耶·胡斯曼

第 43 号——1910 年 12 月 14 日，关于对家庭工业作出规定的法案。
要点：
（1）定义，该法的影响范围；
（2）工人的登记；
（3）卫生措施；
（4）工资委员会；
（5）处罚。

1911—1912 年

埃克托尔·德尼

第 66 号——1911—1912 年国会开会期间。**与价格上涨和昂贵食品价格有关的图表和说明。**
图表：
（1）工资和生活支出；
（2）比利时总指数和谷物指数及肉指数；
（3）比较指数；
（4）黄金和白银年产量的价值；
（5）贵金属的消耗；
（6）比利时钢铁与煤炭价格和工业危机；
（7）比较关税保护影响下的猪肉指数；
（8）牛；
（9）黄油；

(10) 家禽；

(11) 猪肉（肉）。

A. 德布内

第 74 号——1912 年 1 月 31 日，**关于在利斯河亚麻浸泡业中实行固定工作时间的法案。**

目的：

这项法案的目的是将这个行业的工作日时间限制在 10 个小时。

卡米耶·胡斯曼

第 88 号——1912 年 2 月 13 日，**关于对 1887 年 8 月 16 日有关工人工资规定的法律之第 5 条作出补充的法案。**

目的：

对这个法律所作的修改，旨在已经确立同样习惯的市镇和行业实行按周支付工资。

第 125 号——1912 年 3 月 13 日，**关于对面包房和糕点制作行业工作作出规定的法案。**

目的：

这项法案的目的是禁止在晚间，也就是说，晚上 9 点到早上 5 点制作面包和糕点，除非节日和礼拜天前夕，这时候的正常工作时间可以延长到午夜。

一天工作时间应当是 8 个小时，一周工作时间应当是 6 天。

莱昂·特罗克莱

第 224 号——1912 年 4 月 24 日，**关于修改 1887 年 8 月 16 日法律与工资有关的各个条款的法案。**

目的：

这项法案的目的是废除雇主商店，禁止雇主直接或间接向他们的工人或雇员出售任何食品或物品。

埃克托尔·德尼

第 73 号——1912 年 5 月 2 日，**关于修改 1889 年 8 月 9 日关于廉价住宅的法律各项条款的法案。**

注：埃克托尔·德尼 1901 年 1 月 30 日在议会下院提出的初步草案并入这项法案。

（494）瑞士

1902 年 2 月 4 日，两名社会民主党人在苏黎世和巴勒被选入国民院，使社会民主党议员增加到 16 名。

（495）希腊

1912 年 3 月 26 日，**选举**。181 名新议员，除了个别人之外，分别属于：11 名塞奥托基斯党，7 名拉里斯派，3 名泽米斯派，9 名马夫罗米哈里斯①，6 名无党派人士，其他人属于首相韦尼泽洛斯的党。

在无党派人士中，有一位叫古纳瑞斯，他原属于塞奥托基斯派，现在打算组织一个新党。

---

① 塞奥托基斯、拉利斯、泽米斯派、马夫罗米哈里斯，都是希腊政治家，且先后多次担任希腊总理。——译者注

(497.1) 塞尔维亚

1912年4月21日，政府在选举中获得84个议席，反对党获得82个议席。

两名社会民主党议员是：

(1) 弗里斯卡·卡斯莱罗维奇，克拉古耶瓦茨。
(2) 德拉基什·拉普切维奇。

(497.2) 保加利亚

1912年3月6日，**比例代表制**。国会通过了在选举法中加入关于实行比例代表制的法案。

1912年6月19日，**1名社会党人当选**。在国会补选中，扬科·萨卡索夫同志当选，取代了一个大臣在索非亚的位置。这是本届议会议员里的第一名社会党人。

(498) 罗马尼亚

罗马尼亚是一个君主立宪制国家。宪法制定于1866年，修改于1879年和1884年。

参议院由120名议员组成，任期8年。

下院由183名议员组成，任期4年。

当选资格：要具备参议员的资格，必须年满40岁，在罗马尼亚出生，年收入在9400列伊（9400法郎）。

议员必须年满25岁，享有一切公民权。

选举权利：每个成年纳税人都有投票权。选民在下院议员选举时划分为不同类别。第一类包括年收入至少为 1250 法郎的人。第二类包括他们的房屋和居住都在城市社区，并且每年向国家缴纳的税额在 20 法郎以上；那些从事自由职业的人、官员、国家养老金领取者和任何受过初等教育的人。第三类包括那些向国家缴纳不论什么税，不论税额多少，但不属于上面提到的两类的人。在第三类选民中，能读会写并且拥有 300 法郎土地收入的人可以直接投票，就像神职人员和乡村学校校长一样；其他人则间接投票。50 名间接投票选民选一位可直接投票的代表。

至于参议院，只有两类选民。第一类包括所有拥有的不动产每年至少要缴纳 80 法郎税的不动产的人；第二类则包括每年缴纳 32 到 80 法郎税的人。

议员报酬固定为每天 20 法郎，议会开会期间议员可以免费乘坐国营火车。

选举。第一类选民的大选于 1912 年 11 月进行。尽管没有社会主义者当选，但是社会主义者获得的选票在增加。

我们的同志在布加勒斯特 1910 年选举中获得 307 票，1912 年获得 1193 票；在普洛耶什蒂 1910 年获得 84 票，1912 年获得 177 票；在布勒伊拉 1910 年获得 58 票，1912 年获得 112 票；在图尔恰、康斯坦察和加拉茨，1912 年分别获得 17 票、145 票和 252 票。

（51）中国

1912 年 2 月 12 日，**宣布建立共和国**。颁布废黜王朝并宣布实行共和制的法令。

1912 年 3 月 18 日，**赋予妇女选举权**。为了回应来自中国妇女的请求，国会在一项决议中通过了妇女选举权的原则，但是推迟实施。

（71）加拿大

1912年2月，1名社会主义者当选。独立工党候选人、社会主义者艾伦·斯塔德霍尔姆当选为安大略省议会议员。

（73）美国

1913年1月1日，**立法机关中的社会党人**。各州立法机关中的社会党人议员细分如下：威斯康星7人（1名参议员、6名众议员），内华达7人（2名参议员、5名众议员），伊利诺斯3人，华盛顿2人，俄勒冈2人，加利福尼亚2人，马萨诸塞1人，明尼苏达1人，堪萨斯2人（1名参议员、1名众议员）。

1912年2月底，**社会主义者选举胜利**。到目前为止，在美国的州和市镇中选举出了1039名社会主义官员。他们当中有56名市长，57名法官，22名警察官员，155名教育界官员，160名市镇委员会成员等。

社会民主党人维克多·伯杰没有在国会（众议院）中再次当选。

（82）阿根廷

1912年4月，**选举**。在首都立法机关选举中，有2名社会党人当选。（见定期公报第8期第99页①）

---

① 见本卷第620—622页。——编者注

社会主义青年组织章程草案

1. 国际局决定建立一个社会主义青年组织的书记处。

它的名字叫"国际社会主义青年书记处"。

2. 书记处的任务是收集关于各国青年组织的材料；提供与这一运动有关问题的信息；开展有利于青年运动的宣传；定期提交有关它们的情况的报告，以及筹备社会主义青年国际代表会议。

3. 在国际社会党每次举行代表大会期间，应当召开一次社会主义青年组织的代表会议，书记应当在会上作报告，会议议程应当由他提出，并与国际局取得一致。

4. 属于**允许派代表参加国际社会党代表大会的**组织的每个青年组织，或至少**被承认是一个青年组织的组织**，都有权加入国际书记处并参加青年国际代表会议。

如果出现意见分歧，由青年国际委员会裁定。如果对裁定不服，可以向**社会党国际局**上诉，**最终可上诉至国际社会党代表大会**。

5. 为了协助国际书记工作，社会主义青年国际代表会议应选举一个由5人组成的委员会，必须在每个行动上征得他们的同意。

6. 为了出版报告，与社会主义青年组织建立牢固的关系，书记要用3种语言出版一份通告，通告将在必要时出版。

7. 社会党国际局将承担书记处的费用，为此将要求所属组织缴纳一笔特别赞助费。这些赞助费数额为每1000名成员每年24奥地利克朗。在没有正式成员的国家，赞助费按购买社会主义青年出版物的人数来确定。全国性组织可以选择自己缴赞助费或者向他们的社会主义青年团体收取同样数额的赞助费，但是他们必须缴纳现金。

8. 每个全国性组织务必保证有一名通讯员，他由该组织与团体协商任命，负责与国际书记处的联系。

9. ……的……同志被任命为国际书记处书记。书记在每次社会主义青年国际代表会议上改选，人选由国际局在与社会主义青年国际委员会协商一致的基础上提出。被任命为国际书记。他必须在所有事务上对布鲁塞尔国际局负责，他还是国际局的咨询成员。

10. 书记将以其服务领取年薪，数额由书记处决定。在哥本哈根代表大会上选举产生的社会主义青年国际局的任期将到下一次社会主义青年国际代表会议为止。

11. 这些规定，特别是第七条的规定，将于1914年1月1日生效。

社会党国际局
第1号通报

1913年1月于布鲁塞尔人民之家

致各成员党书记

亲爱的同志们，

拉普切维奇和萨卡索夫同志的一起来信证明，战争使塞尔维亚和保加利亚社会党面临严重困难。我们的很多成员被杀害，我们的团体被瓦解，我们的工作遭到破坏，我们的金库空空如也。

因此，现在迫切需要采取补救办法消除灾难造成的损失，使我们的同志能够重新组织党和工会，开展并加强宣传活动。这个任务现在更加必要和迫切了，因为战争可能在某个时候增强沙文主义的影响。

为了使这一工作取得成效，我们的朋友要能够掌握目前在国内不可能获得的物资。

因此，我们呼吁为了国际各党的团结支持他们。

我们期望这一呼吁能得到回应，因为我们的塞尔维亚同志们保证，一旦他们克服了困难，他们就偿还这些钱，而目前他们正在进行斗争。

社会党国际局书记处非常愿意集中收集有关资金，并将它们转交给塞尔维亚和保加利亚各党。

社会党国际局书记
卡米耶·胡斯曼
1912 年 12 月 11 日于索非亚

致社会党国际局执行委员会

亲爱的同志们：

战争几乎完全破坏了我们的组织。我们的同志有百分之九十上战场了。剩下的都是老人、小孩和残疾人，他们不能工作，但是至少可以承担努力争取市政当局对赤贫家庭的支持等任务。

随着和平临近，我们的中央委员会开始注意恢复我们的组织，使它们达到它们履行新的政治和国际义务所需要的水平。

党的每日机关刊物《人民报》曾因军事审判和审查制度而停刊，现在它要再次在党的生活方面发挥指导作用。必须要通过党的刊物，通过小册子和传单，让工人阶级从政治、经济和财政角度了解战争的影响。如果我们要想避免来自被征服领土的落后居民的反动危险，就必须在他们中间进行社会主义和民主宣传，而这需要新的力量和更多的资金。为了避免现在已经存在的摩擦和可能的敌意，我们必须最终而且毫不拖延地努力与周边各国社会党人建立密切的联系，它们现在是巴尔干同盟的一部分。

为了履行我们义不容辞的义务，中央委员会必须拥有更多的资金，而它显然不能从被破坏的组织获得这些资金。除了这个困难，还有一个困难，这就是我们的日报及其印刷的欠债，这笔债务我们还要背一些年，因此要在很长时间里加重资金负担。

考虑到所有这些我们必须尽快克服的困难，党的中央委员会致信社会党国际局执行委员会，请他们呼吁那些有财力的人们给我们提供一些特殊的帮助。

我们希望保加利亚社会党人能够证明国际的信任和兄弟党的慷慨是值得的。

党的中央委员会
扬科·萨卡索夫

塞尔维亚社会民主党致布鲁塞尔社会党国际局

1912年12月24日于贝尔格莱德

亲爱的同志们：

战争已经使我们的组织和我们的工会完全瓦解。战争动员带走了我们的党员，所以我们的金库没有进项。党不仅被剥夺了一切资源，而且它还要支付日常开销，所以储备金以及允许编辑中央机关刊物的最后账面余额都用光了。我们非常满意地注意到，尽管遇到这些困难，我们的党还是履行了它的义务，它创造了加强战后宣传所需要的条件。

但是现在，在战争结束后，在需要利用一切努力一方面开展支持党和运动的斗争，另一方面反对沙文主义和战争呼唤出来的野蛮的时候，我们的党没有力量了，因为它没有物资或账面余额。就我们的中央机关刊物《人民报》来说，形势非常严峻，我们为了出版它付出了很大的努力，受到了很大损失。

我们还要补充一句，就在暂缓时间中止后，我们要为我们的"人民之家"支付70000法郎，否则就要失去它。

而失去它将给我们造成更大的伤害，这不仅是因为它价值20万法郎，还因为党所享有的声望，因为它的抵抗力量，因为它对塞尔维亚公共活动、社会生活以及各个阶层居民的影响。

在军人复员后，我们在一年时间还不能考虑得到我们同志们的帮助，他们要么被战争弄得倾家荡产，要么背负沉重的债务。而且我们也不能期望事情照常规发展，过两年时间条件就能改善。

亲爱的同志们，

我们请你们注意我们的严重困难，并求你们请国际的其他党支援我们。

由于我们需要一大笔钱来出版报纸，克服明年将会出现的政治和物质困难，以及支付"人民之家"的欠债，我们宣布无论我们收到的钱是多少，我们都不把它们看做馈赠，而是看做贷款，我们保证尽快偿还这些钱，并致以最衷心的感谢。

党的书记

德拉基什·拉普切维奇

社会党国际局代表

1. 英国

基尔·哈第（伦敦）。
哈·H. 奎尔奇（候补）（伦敦）。
拉姆齐·麦克唐纳（伦敦）。

2. 德国

奥古斯特·倍倍尔（柏林）。
胡果·哈阿兹（柏林）。
*赫·莫尔肯布尔（候补）（柏林）。
卡尔·考茨基（柏林）。

3. 卢森堡

韦尔特博士，议员（卢森堡）。
*让-皮·普罗布斯特，议员（卢森堡）。

4. A. 奥地利

维克多·阿德勒（维也纳）。
斐·斯卡雷特（通讯员）（维也纳）。

*恩·佩尔讷斯托弗（维也纳）。

4. B. 波希米亚

安东·布鲁哈（布拉格）。
弗·绍库普博博士（布拉格）。
*安东·涅梅茨（布拉格）。

5. 匈牙利—克罗地亚

雅科布·韦尔特纳（布达佩斯）。
威廉·布克塞格（候补）（萨格勒布-阿格拉姆）。
德西代勒·博卡尼（布达佩斯）。

5. B. 波斯尼亚和黑塞哥维那

布兰科·赫里萨福维奇，社会民主党书记（萨拉热窝）。
斯雷滕·亚克希奇（萨拉热窝）。

6. 法国

⎧让·饶勒斯（巴黎）。
⎩爱德华·瓦扬（巴黎）。
茹尔·盖得（巴黎）。
*马塞尔·桑巴（候补）（巴黎）。
让·龙格（沙特奈）。

安热勒·鲁塞尔（巴黎）。

7. 意大利

康斯坦丁诺·拉查理（罗马）。
安吉利卡·巴拉巴诺夫（都灵）。
*格雷戈里·阿尼尼，议员（莫德纳）。

8. 西班牙

A. 法布拉·里瓦斯（马德里）
*帕布洛·伊格列西亚斯（候补）（马德里）
埃米利奥·科拉莱斯（布鲁塞尔）

10. 俄国

伊·鲁巴诺维奇（巴黎）。
乌里扬诺夫（奥地利克拉科夫）。
格·普列汉诺夫（日内瓦）。
L. 罗森菲尔德（布鲁塞尔）。

10. F. 芬兰

爱·瓦尔帕斯（赫尔辛福斯）。
奥·威·库西宁（赫尔辛福斯）。
*瓦伊莫·坦纳（赫尔辛福斯）。

11．波兰

海·迪阿曼德（奥地利伦贝格）。
罗莎·卢森堡（柏林）。

12．挪威

雅科布·维德尼斯（克里斯蒂安尼亚）。
埃格德·尼森（克里斯蒂安尼亚）。
*马格努斯·尼尔森（克里斯蒂安尼亚）。

13．瑞典

弗雷德里克·斯特伦（斯德哥尔摩）。
恩斯特·瑟德贝里（斯德哥尔摩）。
*亚尔马·布兰亭（斯德哥尔摩）。

14．丹麦

卡尔·F.马森（哥本哈根）。
*托·斯陶宁格（哥本哈根）。

15．荷兰

彼·特鲁尔斯特拉（斯海弗宁恩）。

亨·范科尔（海牙）。
*特尔·拉恩（斯海弗宁恩）。

16．比利时

埃米尔·王德威尔得（布鲁塞尔）。
爱德华·安塞尔（根特）。

17．瑞士

弗里茨·施图特博士（温特图尔）。
卡尔·摩尔（伯尔尼）。
*海尔曼·格罗伊利希（候补）（苏黎世）。
让·西格（国民院议员）（日内瓦）。
C. 奈恩，律师（拉绍德封）

19．土耳其

S. 纳胡姆（巴黎）。
米·瓦兰蒂安（日内瓦）。

20．塞尔维亚

杜·波波维奇，社会民主工党书记（贝尔格莱德）。
帕·帕夫洛维奇，工会总委员会书记（贝尔格莱德）。
T. 卡斯莱罗维奇（贝尔格莱德）。

21．保加利亚

格奥尔吉·基尔科夫（索非亚）。
*扬·萨卡索夫（索非亚）。

22．罗马尼亚

J. C. 弗里穆（布加勒斯特）。
拉柯夫斯基（罗马尼亚曼加利亚）。

25．加拿大

加拿大社会民主党（渥太华）。

28．美国

丹尼尔·德莱昂（纽约）。
凯特·理查兹·奥黑尔（密苏里圣路易斯）。

30．阿根廷

阿希尔·康比埃（巴黎）。

各成员党的书记

1. 英国

国际社会党代表大会英国全国委员会（伦敦）：
工党：阿·韩德逊（伦敦）。
社会民主党：亨·威·李（伦敦）。
费边社：爱德华.R. 皮斯（伦敦）。
独立工党：弗朗西斯·约翰逊（伦敦）。

2. 德国

德国社会民主党：威廉·普凡库赫（柏林）。

3. 卢森堡

卢森堡社会党：让-皮·普罗布斯特（卢森堡）。

4. 奥地利

奥地利社会民主工党：斐·斯卡雷特（维也纳）。

4B. 波希米亚

捷克—斯拉沃社会民主党：安东·布鲁哈（布拉格）。

捷克集中派工人党：鲁道夫·梅尔塔（布吕恩）

5. 匈牙利—克罗地亚

匈牙利社会民主党：E. 布欣格尔（布达佩斯）。

克罗地亚和斯洛文尼亚社会民主党中央委员会：威廉·布克塞格（萨格勒布-阿格拉姆）。

5. B. 波斯尼亚和黑塞哥维那

波斯尼亚和黑塞哥维那社会民主党：布兰科·赫里萨福维奇（萨拉热窝）。

6. 法国

社会党（工人国际法国支部）：路易·迪布勒伊（巴黎）。

7. 意大利

意大利社会党：康·拉查理（罗马）。

8. 西班牙

社会主义工人党全国委员会：丹尼尔·安吉亚诺（马德里）。

10. 俄国

社会革命党：伊·鲁巴诺维奇（巴黎）。
俄国社会民主工党：弗拉基米尔·乌里扬诺夫（奥地利克拉科夫）。
立陶宛、波兰和俄罗斯犹太工人总联盟（日内瓦）。

10. F. 芬兰

芬兰社会民主党（赫尔辛福斯）。

10. L. 拉脱维亚

拉脱维亚社会民主党中央和国外委员会（布鲁塞尔）。

11. 波兰

波兰社会党：海·迪阿曼德（奥地利伦贝格）。
波兰社会党：西格蒙德·马雷克（克拉科夫）。
波兰和立陶宛社会民主党：罗莎·卢森堡（柏林）。
加利西亚和西里西亚波兰社会民主党执行委员会：K. 克日斯通博士（加利西亚克拉科夫）。

12. 挪威

挪威工党：马格努斯·尼尔森（克里斯蒂安尼亚）。

13. 瑞典

瑞典社会民主工党：弗雷德里克·斯特伦（斯德哥尔摩）。

14. 丹麦

社会民主党：托·斯陶宁格（哥本哈根）。

15. 荷兰

荷兰社会民主工党：J.-G. 万库伊杰克霍夫（阿姆斯特丹）。

16. 比利时

比利时工人党：L. 范德斯米森（布鲁塞尔）。

17. 瑞士

瑞士社会民主党：M. 芬德里希（苏黎世）。

19. 土耳其

社会主义工人联合会：优素福·哈赞（土耳其）。
亚美尼亚党（社会革命党）：米夏埃尔·瓦兰蒂安（日内瓦）。

20．塞尔维亚

塞尔维亚社会民主工党：杜·波波维奇（贝尔格莱德）。

21．保加利亚

统一社会民主工党：H. 赫里斯托夫（索非亚）。
保加利亚社会民主党：格·基尔科夫（索非亚）。

22．罗马尼亚

罗马尼亚社会民主党：J. C. 弗里穆（布加勒斯特）。

25．加拿大

加拿大社会民主党（加拿大渥太华）。

28．美国

社会党：约翰·M. 沃克（芝加哥）。
社会主义工人党：保罗·奥古斯丁（纽约）。

30．阿根廷

社会党：马里奥·布拉沃（布宜诺斯艾利斯）。

非成员党的书记

9. 葡萄牙

葡萄牙社会党：塞萨尔·诺盖拉（里斯本）。

18. 希腊

希腊工人联盟：欧弗拉西尼·基里诺普洛（雅典）。

23. 日本

片山潜（东京）。

23. Ch. 中国

中国支部（中国上海威海路15号）。

24. 南非

南非统一社会党：A. 克劳福德（约翰内斯堡）。
南非工党：D. 伯恩伯格（约翰内斯堡）。

27. 古巴

古巴社会党：圣拉斐尔（哈瓦那）。

31. 智利

民主党：路易·E. 雷卡巴伦（智利伊基克）。

32. 乌拉圭

社会党执行委员会：埃米利奥·弗鲁戈尼（蒙得维的亚）。

33. 澳大拉西亚

澳大拉西亚社会主义同盟：H. E. 霍兰（悉尼）。
维多利亚社会党（墨尔本）。
西澳大利亚社会党（西澳大利亚）。
新西兰社会党（新西兰克里斯蒂教堂）。
统一新西兰工党：A. 麦卡锡（达尼丁）。

送给国际局的出版物目录①
社会党国际局定期分析索引②

---

① 因篇幅所限，此处从略。——编者注
② 因篇幅所限，此处从略。——编者注

社会党国际局定期公报第 11 期

1913年1月1日至1913年7月1日大事记

国际事务

反对战争

1913年3月1日,

德国—法国反对军备宣言

德国和法国社会民主党共同发表宣言如下:

"在德国和法国政府准备向各自议会提出增加已经非常庞大的军费支出的新议案之际,法国和德国社会党人认为,他们有义务比以往任何时候都更加紧密地团结起来,以便共同领导反对统治阶级这一近乎疯狂的行动的运动。

法国和德国社会主义者齐声抗议无休无止的军备扩张,这种扩张耗尽了人民的财力,迫使他们忽视最珍视的文明问题,加剧相互不信任,不是保证和平而是激起冲突,而这种冲突可能导致普遍灾难,并给他们带来沉重的苦难和大规模的毁灭。

当两国社会主义者坚信德国和法国人民大众绝大多数希望和平、憎恨战争的时候,他们有权把自己视为两国人民情感的解释者。而正是边界两边的统治阶级人为地煽动而不是反对民族对立,挑起相互敌视,从而使两国人民不去为文明而努力,不去为自由而奋斗。

为了保证使两国保持和平、民族独立和民主进步,社会党人要求各国人民之间的一切冲突应当用仲裁条约来解决。在他们看来,用暴力手段来解决国际问题是野蛮的,是人类的耻辱。

他们要求用民兵取代常备军,后者按民主的原则组织起来,除了防御,没有其他目的,而前者对各国构成了持久危险。

如果尽管两国社会党人坚决反对,新的军费负担最终还是落到两国人民身上,他们将竭尽全力让有产者和富人阶级也承担这些负担。

德国和法国社会党人过去已经用他们的行动揭露了两国好战分子以及军火商背信弃义的两面派把戏,后者在法国发表所谓德国社会党人默认军费开支的声明,而在德国也发表了关于法国社会党人的类似态度声明。

必须结束这种对人民的愚弄,在边界两边共同进行反对沙文主义的斗争,共同为建立两国之间的和平友好关系而努力。

必须在两国同时共同发出反对战争的呼声,共同谴责这种'武装的'和平。

法国和德国社会党人要在以确保每个国家自由与独立为基础的国际的同一面旗帜下,更加努力地进行反对贪得无厌的军国主义、反对破坏性的战争,为争取各国之间的相互理解与持久和平而奋斗。"

1913年5月11日,**法国和德国议员代表会议**在伯尔尼举行。

决议:

"法国和德国议员代表团第一次代表会议于1913年5月11日在伯尔尼召开。会议坚决拒绝与各种可恶的运动站在一起,它们的目的是煽动好战情绪和可耻的投机活动,而这有可能误导边界两边人民的判断力和爱国精神。大会认为并宣布,两国绝大多数人民坚定地追求和平,而和平是一切进步的绝对条件。

与会者要坚持不懈地努力工作,以消除误解,防止冲突;他们还对阿尔萨斯—洛林人民表示衷心的感谢,他们以一致接受高尚的宣言使两国的友好和睦变得更加容易了。

会议要求所有与会者利用他们的影响,使各大国修改其陆海军支出,坚定地批准美国国务卿威·詹·布赖恩先生支持国际仲裁条约的建议。

会议要求,如果法国和德国之间产生了分歧,并且不能用常规的外交手段来解决,它们两国必须将分歧提交给海牙国际法庭冲裁,并朝这个方向采取坚持不懈的行动。

会议认为，法国和德国的和睦友好将促进欧洲两大政治集团的谅解，并将通过这种和睦友好为建立持久和平奠定基础。

会议宣布，其主席将组成一个常设委员会，后者将由两国指定的成员构成。它委托该委员会定期召开大会或在情况需要的时候召开紧急会议。"

从俄国社会民主党人致奥地利—匈牙利各社会民主党

俄国杜马社会民主党团已向奥地利—匈牙利各社会民主党发去以下文件：

"亲爱的同志们：

我们，帝国第四届杜马的几个社会民主党议员，向你们，向超越反动官僚集团和自由沙文主义反对派的理解能力，对斯拉夫爱国主义现象发挥抵消作用的奥地利劳动大众的代表，表示兄弟般的团结和社会民主党人的敬意。

由于国际外交、首先是奥地利和俄国外交官的阴谋活动，一场大规模的血腥冲突，首先是俄奥冲突的可怕威胁正在欧洲上空徘徊。

塞尔维亚进入亚得里亚海的问题，阿尔巴尼亚的自治问题，斯库台问题，等等，所有这一切都只不过是掩盖俄国和奥匈争夺巴尔干半岛霸权的借口。

在罗马尼亚—保加利亚冲突中，我们同样看到了奥匈和俄国的蛊惑者的身影，他们花言巧语，刺激小国的胃口，以便扩大分歧，增加敌意，推行他们的新帝国主义阴谋计划。

而负责与不负责的外交官正试图较量的这些次要问题，有可能成为欧洲历史上新的血腥耻辱一章的起点。

如果使两国人民陷入争斗的每个企图都像国际社会党巴塞尔大会所说的那样，是反人类和反理性的犯罪，那么俄国和奥地利之间的战争将是一场民族与种族的野蛮混战，它简直就是疯子的化身。

俄国人民没有动机让他们为这种犯罪提供一点点合理化的理由。

俄国农民群众在巴尔干没有什么利益可寻求的，他们需要的是在本国进行土地和税收改革。俄国农民阶级饥寒交迫,不是帝国主义的支持者,相反,他们是它的受害者。城镇小资产阶级群众也是一样的,他们被军国主义压垮了。

至于我国无产阶级,他们不可能成为帝国主义的支持者,因为在目前政治上不合法的体制下,在警察专断和民族主义狂欢的体制下,他们成了最受歧视的阶级。

正像奥匈外交官否认他们有权决定封建和资产阶级集团的利益一样,我们也宣布,在巴尔干命运的问题上,圣彼得堡外交官在巴尔干国家没有关系,巴尔干人民也不期待从圣彼得堡外交大臣们那里得到什么东西。

东方各民族必须在他们自己的领土上,以民主联邦为基础、靠他们自己的力量组织起来,这个联邦既要独立于奥匈,也要独立于俄国。

这个观点把我们同你们、还有巴尔干各国的兄弟党连在一起。我们请你们,我们亲爱的同志们不要怀疑这个事实,即俄国无产阶级已经从反动派使它陷入的麻痹状态中清醒过来,他们将实现自己的价值和义务,他们能够在适当时刻到来的时候迫使这个世界的各大国考虑它的愿望。

在我们为和平而斗争的过程中,在你们的共同行动中,我们感到有一种不可改变的义务和目标一致性把我们联系在一起,我们有共同的敌人和共同的朋友。

这种牢不可破的社会主义的团结,在沙文主义情绪猖獗施虐之际,增强了我们的勇气和我们的信心。

我们蔑视地拒绝反德反奥宣传鼓动和俄国自由主义,因为它企图在进步的伪装下掩盖俄国人反对俄国人的野蛮宣传鼓动。我们骄傲地宣布我们是德国社会主义的忠诚学生。

各民族的和平和兄弟般情谊万岁!

奥地利和匈牙利无产阶级万岁!

巴尔干各国独立民主联邦万岁!

国际社会主义万岁!

谨致以兄弟般的敬意。

第四届杜马社会民主党团"

1913年4月29日

奥地利德意志社会民主党人致俄国同志

致圣彼得堡俄国杜马社会民主党议员。

"亲爱的同志们:

数以千计的奥地利工人满怀喜悦和满意的心情阅读了你们的来信。

我们被牢不可破的关系联系在一起:不仅有共同目标的关系,还有共同历史和共同记忆的关系。

我们曾经共同经历了 1905 年和 1906 年伟大而英勇的斗争。你们的伟大斗争激发了奥地利劳动群众的激情与坚定,使他们取得了普选权斗争的胜利。当敌对力量镇压你们的时候,和你们一样,我们感到痛苦。和你们一样,我们对俄国工人阶级的复苏迹象,对大罢工,对杜马选举结果,对你们报刊的大发展感到喜悦。我们把你们的发展、你们无所畏惧地反对泛斯拉夫沙文主义的斗争看做欧洲民主和欧洲和平坚定誓言的一部分。

和你们一样,我们认为,只有实现巴尔干人民的民主自决,只有建立一个巴尔干国家民主联邦,一个摆脱维也纳和圣彼得堡统治者贪得无厌影响的民主联邦,才能解决巴尔干问题。

和你们一样,我们憎恶地拒绝任何奥地利和俄国之间爆发造成可怕灾难的战争的念头。和你们一样,我们几个月来动员一切力量开展反对战争狂热的斗争。和你们一样,我们从未开展像以战争反对战争的一样的坚定的运动。

你们的压迫者与我们有不共戴天的仇恨。但是争取自由和平的共同斗争的牢不可破的关系,把俄国人民和我们天然地连接在一起。

德国社会民主党奥地利执行委员会
斐迪南·斯卡雷特 维克多·阿德勒"
1913 年 5 月 1 日

匈牙利社会民主党致俄国同志的信

致俄国杜马社会民主党议员

"亲爱的同志们:

匈牙利社会民主党中央委员会向帝国杜马社会民主党议员,向俄国无产阶级致以兄弟般的敬意。尽管遭到沙文主义和专制主义的疯狂破坏,你们仍然骄傲地挥舞着国际团结和民族自由的旗帜。

在这个关键时刻,在我们不得不考虑由于无能的外交官的阴谋诡计、资本主义和军国主义集团的贪婪而眼见一场世界大战可能爆发的时刻,我们感到有必要告诉你们,匈牙利人民对俄国人民怀有兄弟般的感情,它竭尽全力反对战争,战争不会受到人民的欢迎而只会受到各国王室、资本家和官僚的欢迎。

匈牙利人民清楚地意识到一个事实,即他们的发展障碍不是在国外而是在他们国内。他们确信,工人阶级只有通过不断的阶级斗争而不是战争手段,才能实现其真正的利益。

匈牙利工人已经学会把讲各种语言的各国被压迫者和被剥削者视为自己的兄弟,把剥削者和压迫者,包括他们本国的剥削者和压迫者视为不共戴天的敌人。

没有一个政府,也没有一个统治阶级有权充当另一个国家的自由的保护人,在民主和自由的最基本要求在他们本国还遭到践踏的时候,尤其如此。我们在阅读你们的信的过程中注意到,在巴尔干各国热烈追求自由的幌子下,你们可能清楚地看到俄国沙皇政府的真正嘴脸。我们向你们保证,除了一小撮统治者外,匈牙利没有人承认奥匈王室有权以一个民族、尤其是阿尔巴尼亚民族的民族自决和自由的代表身份出现。没有人相信这些民族自由原则,也不相信王室、土地和神职利益集团的追求,他们把奥匈外交推入了一个对欧洲和平十分危险的死胡同。

如果匈牙利政府想为民族解放作出努力,他们就不必为阿尔巴尼亚担心。

如果那里存在一个范围广泛的行动，那就是一千万不属于匈利亚民族的公民正在运用他们所掌握的一切力量反对好战的解放愿望。如果匈牙利政府想为自由作出努力，他们不必到阿尔巴尼亚去。在他们自己国内，就有数以百万的工业和农业无产阶级，这些人不愿意忍受锁链的束缚，而在他们眼里，这些锁链就是政治权利的缺失和经济苦难。

在不到一年时间里所发生的事件，不仅消除了对来自所谓的匈牙利立宪主义的耻辱的每一个怀疑，而且打破了无产阶级与统治阶级之间最后的沟通关系。政府和统治阶级不断地诉诸武力，在南部斯拉夫人居住的国家公开实行专制主义，在匈牙利在伪装之下实行专制主义，他们不可能逃脱人民的惩罚。不仅这样一个国家的政府没有权利，而且我们也希望它没有勇气进行战争，战争的问题谁也不能预见。我们正在尽我们的一切力量反对统治者的好战欲望，用社会民主党领导的无产阶级大军对抗它们，我们的行动绝不会是毫无结果的。

我们请你们告诉俄国无产阶级和整个俄国舆论，在匈牙利，在这个占据奥匈一半广袤土地的国家，不仅社会民主党，而且全体人民，都反对同俄国或者任何一个巴尔干国家打仗。在我们反对沙文主义的斗争中，你们的来信是对我们的最大帮助，在你们的思想的帮助下，我们会成功地驳倒一个描绘整个俄国社会好战情绪的官方正式刊物所宣扬的神话。因此，我们以伟大的社会主义共同斗争的名义对你们说：

各民族兄弟般的友谊万岁！国际社会民主党万岁！

打倒帝国主义和军国主义势力！打倒专制主义和沙文主义！

致以兄弟般的敬意。

匈牙利社会民主党中央委员会
书记　E. 布欣格尔"

更正①

定期公报第 10 期第 2 页第 3 行。普列汉诺夫同志参加了一个给巴塞尔国际代表大会准备决议案的委员会,这句话是错误的。俄国参加这个委员会的是鲁巴诺维奇同志。

工会

1913 年 1 月 13—15 日,国际建筑工人代表会议在耶拿举行。

1913 年 2 月 28 日—3 月 1 日,国际矿工联合会国际委员会会议在布鲁塞尔举行。

1913 年 5 月 9—10 日,马具与行李箱制造工人组织第三次国际代表会议在维也纳举行。

1913 年 6 月 23—26 日,装订工人联合会第三次国际代表会议在布鲁塞尔举行。

合作社

批发合作社 1912 年交易情况

	法郎	法郎	与 1911 年相比增加%
C. W. S.,曼彻斯特	743303850	40025100	5.62
S. C. W. S.,格拉斯哥	209781456	13504481	6.88
G. E. G.,汉堡	169883966	32877110	23.99
F. D. B.,哥本哈根	77749400	9373325	13.71

---

① 前面的译文已经作了更正。——译者注

(续表)

	法郎	法郎	与 1911 年相比增加%
U. S. C.，巴勒	37270845	5174867	16.12
汉雅，布达佩斯	29424282	4426816	17.71
凯斯克斯昆塔，赫尔辛福斯	19524441	3382719	20.96
S. P. O.，莫斯科	16011000	6249018	64.01
K. F.，斯德哥尔摩	9484239	2329554	32.55
商会，鹿特丹	9204638	1680349	22.33
F. C. B，昂维尔①	6564996	1844425	28.09
G. w. K.，米尔海姆	6018736	2792551	86.55
I. A. W. S.，都柏林	4422500	1099275	33.07
N. K. L.，克里斯蒂安尼亚	2748226	1020846	59.09
V. D. P.，布拉格	2270317	568140	33.37
C. d. G.，巴黎	1956522	101751	5.48
C. I. C.，米兰	1256495	—	—
康科迪亚，苏黎世	1192446	412417	52.87

妇女

1913 年 3 月 9 日，世界妇女选举权同盟第七次代表大会在布达佩斯召开。

1913 年 5 月 20 日，**国际妇女代表会议**。

在 1910 年 8 月于哥本哈根召开的第二次国际社会主义妇女代表会议上，克

---

① 昂维尔，现比利时安特卫普。——译者注

拉拉·蔡特金提议，各国社会主义妇女和姑娘们应组织起来，如果可以的话，在同一天举行要求妇女选举权的示威游行。这一提议得到与会者的赞同。这一提议还以在美国召开的妇女代表会议的结果得到证明。

此后，在欧洲召开了三次妇女代表会议。今年，社会主义妇女和姑娘们在3月9日这一天在奥地利、荷兰和瑞士举行了示威游行。德国在3月2日已经举行了示威游行。连俄国也传来消息，3月2日在彼得堡举行了许多集会。

1. 英国

政党

1913年2月6日，**曼彻斯特代表会议**。

政界、社会运动和合作运动的工人领袖在曼彻斯特的霍利约克楼举行代表会议。

目的是研究拟议的合作社和工会运动联合问题。

会议通过决议如下：

"本次合作社联盟、工联代表大会议会委员会和全国工党联合大会认为，为了帮助改善人民的社会和经济状况，与会三方开展密切的教育与实践合作是明智的。"

1913年5月1日，**五一节**。

威尔士15万煤矿工人庆祝"五一节"。有2.5万人参加在梅瑟举行的游行。在基尔·哈第等人发表演讲之后，通过如下决议：

"我们，在五一举行集会的有组织的梅瑟谷工人们，向和我们一起为产业解放、推翻军国主义、资本主义和各种形式的阶级统治与特权而斗争，和我们一起为在自由、平等和博爱的基础上改造社会而奋斗的各国同志们表示敬意。"

1913年5月25日，**反军国主义示威游行**。

反军国主义示威游行在特拉法加广场举行，所有演讲人都坚决反对军备的不断增加，请求集会反对在英国实行普遍兵役制的任何企图。

1913年5月10日，英国社会党第二次年会在布莱克浦召开。
1913年7月，**关于英国各社会主义政党的统一（第8号通报）**。
致各成员党书记和代表。

"我们高兴地通知你们，社会党国际局执行委员会前一段时间就英国各社会主义政党之间实现联合所进行的谈判取得了成功。

执行委员会认为，只有当谈判把社会主义统一与劳工统一的思想结合起来，也就是说，只有在社会主义政党之间建立一个联盟的设想通过要求所有社会主义政党加入工党而实现的时候，谈判才是圆满成功，那时将形成完全统一的有机联系，并带来持久的共同行动。

现在，我们满意地注意到，这一政策得到了所有政党的赞同，如附带的决议文本所显示的那样。我们还决定，支委会和各党中央机关在伦敦召开另一次会议，会议将于社会党国际局定于今年11月下半月召开的年会前几天举行。在这次会议上，将拟定新的组织的细节。我们邀请参加国际局全体会议的成员特别是德国和法国代表莅临。

期待你们的友好支持，致以兄弟般的敬意。

社会党国际局
爱·安塞尔
埃·王德威尔得
路易·贝尔特朗
书记　卡·胡斯曼"

决议：

"在普遍表达了意见之后，一致认为，三个社会主义组织目前还不可能完全合并，但应当向三个社会主义组织的执委会发出关于英国社会主义力量联合起来的如下建议供考虑，三个社会主义组织的执行委员会和社会党国际局代表应召开一次会议，听取报告并就下一步行动作出决定：

一、应当由三个社会主义组织的代表组成一个"**统一社会党理事会**"，然后明确其权力与职责。

二、加入统一社会党理事会的所有组织必须加入工党。"

――――

1913年3月24—25日，**独立工党代表会议在曼彻斯特召开**。

投票通过的决议：

关于加入工党问题：

"会议赞成其加入工党，认为独立工党与工会组织开展活动的政策是实现党的目标的最有效最令人满意的方法。"

关于议会工党问题：

"鉴于工党的存在，就是为了在下院建立一个独立的、与自由党和托利党不同的议会工党，本次会议责成工党的独立工党党员强烈要求该组织利用其所掌握的一切手段迫使已经或可以支持或鼓励自由党或托利党的议会劳工成员遵守工党党章的文字规定与精神。如若没有做到，执委会将撤销对这个人或这些人的支持。"

关于议会程序问题：

"独立工党呼吁工党尽一切努力争取对议会程序作重大修改，用委员会取代内阁对下院事务的控制，从而确保立法的效率和速度。"

关于选举改革：

"会议对内阁失信表示强烈的谴责，它错误地收回了自己多次重申的内阁对下院已经自由投票通过二读的妇女选举权议案承担全部责任的承诺；并宣布，应对由此产生的形势的唯一令人满意的办法，就是政府自己按照广泛而民主的方针提出一个妇女选举权议案，并为做到这一点而邀请工党一起尽可能地对政府施加压力，特别是坚决反对和击败所有修改选举权或登记法的建议，除非把妇女也纳入其中。"

关于总部工作人员的工资问题：

"会议认为，全国职员工会应当接受独立工党所雇用的职员的最低工资或薪水。"

关于强迫主张选举权的囚犯进食问题：

"会议对粗暴地、令人作呕地强迫主张选举权的男女囚犯进食的做法表示愤慨和抗议，并宣布它坚信这种对待政治犯或其他犯人的野蛮做法是一个自称文明的民族不该有的行为，要求议会工党立即在下院采取必要措施结束这种残酷的虐待方法。"

关于比例代表制：

"会议宣布，没有一种选举制度能够令人满意地让所有政党都有机会按照他们的力量获得代表议席，因此强烈要求政府把比例代表制条款纳入承诺提出的议席再分配议案。"

关于军备和军国主义问题：

"会议对军国主义的发展和军备负担的不断增加表示抗议，将竭尽全力抵制正在进行的在这个国家实行义务兵役制的活动。会议对我们的法国和德国同志所表现出的值得高度赞扬的团结精神表示欢迎和支持，对德国、法国和英国结成三国同盟，作为保证欧洲和平的一个重要步骤的建议表示热烈拥护。"

1913 年 1 月 29—31 日，工党第十三次年会于 1913 年 1 月 29—31 日在伦敦举行。

关于党的纪律问题：

"1. 被指控违反这个国家宪法的案件要立即向有关议员报告，除非他的答复令人满意，否则要告知他的行动要向他所负责的组织报告。如果议员或他的组织都没有给予令人满意的答复，必须向党的执委会和议会工党联席会议报告此事，后者有权暂时或永远撤销其'党员资格'。

2. 如果议会工党认为**任何下院议员的行为违背党的大会决议所包含的原则和政策，或坚持反对党的集体决定**，必须要求这样的议员就其行为向党作出解释。如果会议大多数人认为其解释不能令人满意，则必须向该议员所负责的组织报告此事。如果党的执行委员会和议会党团认为其答复还不能令人满意，他们有权暂时或永远撤销其'党员资格'"。

关于选举改革问题：

"大会重申其以前所作的关于赋予妇女选举权的决定，并对议长的裁决所造成的状况深感遗憾，认为只有政府在即将来临的下院会议就关于妇女问题的法案进行自由投票期间提供便利，才能充分而切实地兑现首相的承诺，如果该法案获得二读机会，政府必须为它通过以后各阶段负责。

大会要求议会工党竭尽全力在即将来临的会季促进通过一项以广泛而民主为基础的赋予妇女选举权的法案。

大会进一步要求议会党反对不把妇女纳入其中的任何选举权法案。"

关于失业问题：

"大会认为，失业问题是议会必须注意的最重要的问题，并且可以在工作权原则或保障每个公民生计的基础上加以解决。因此，本次大会谴责政府没有兑现七年前做出的修改失业工人法的诺言，要求下院工党党团坚持对每个纯政治措施的优先考虑让位于这个最重要的社会问题。"

关于执照发放问题：

"鉴于向啤酒商和烈酒商发放执照造成了其他行业不愉快的条件，大会责成议会党团尽其努力保证只有遵守工会的价格和条件才发放这种执照，在没有工会的地方，必须遵守通行的价格。"

关于虐待煤矿井下用马的问题：

"工党本次大会对诺丁汉郡治安法官提出的一旦发现马夫虐待井下用马或小矮马的过错，必须予以鞭打的建议表示强烈的抗议，我们想表达整个工人阶级运动的感受，即虽然我们迫切地希望阻止虐待井下用马的行为，但是我们认为，鞭打有这种行为的马夫的办法是不可取的、不恰当的；我们认为，在大部分虐待井下用马的事件里，过错并不在马夫，逼迫马夫去做小马或马夫有的时候完成不了的工作的煤矿管理方负有责任。

我们进而对政府任命六名井下用马督查表示遗憾，因为我们认为这个数字是绝对不够的；我们要求政府尽早加强这方面的人手。"

关于贫困校童吃饭问题：

"大会认为，联合王国各地的贫困校童吃饭问题都应当是强制性的，而且在整个学校放假期间也应当坚持。此外，补助应当由国家财政部承担，应当取消二分之一便士的标准。"

关于优生问题：

"大会对构成智力缺陷法案基础的人种改良原则表示赞同，但是申明它确信，只有消灭现存资本主义制度的有害的反常现象，在我们的国家生活的所有部门实现机会平等原则之后,人种改良才能取得实质性进展。"

关于工人补偿法问题:

"要努力争取修改《工人补偿法》,使它作出如下规定:

1. 在任何情况下,雇主每周付给受伤工人的补贴都不得低于一周普通工资的50%,在这一基础上每周付给的补贴不到20先令和超过10先令的地方,不得低于20先令;如果一个工人领取的工资每周不超过20先令,在他因事故不能工作并有权按照法律接受补偿期间,一周付给他的补贴额要与其全额工资一样多。

2. 如果补偿支付协议在法院作了登记,在受伤工人完全痊愈或者作为交换获得他所要求的补偿之前,雇主未经该法院准许不得停止支付这种补偿,否则是违法的。

3. 工人拥有和雇主一样的对医疗证明提出上诉的权利,雇主现在已经依法获得了这一权利。"

关于住房改革问题:

"大会呼吁,所有工人组织尽其努力保证依据已经实施的各种住宅法律赋予的权力和赋予给地方政府的新的权力,以便实现对我们的住房条件的大改革,目标是让每个家庭都有独门独户的房子,有充足的供水、浴室、储藏室和洗涤室;并且保证在清除城市中心贫民窟的所有提议中,把留出植树空间作为第一要求。"

关于战争问题:

"大会对各种形式的军国主义表示强烈的抗议,并宣布为了全世界工人的利益,他们应当对各自国家的政府施加压力,以便通过仲裁解决国家之间的纠纷。它呼吁工人阶级的妻子和母亲帮助做这一工作,教育他们的子女理解工人国际团结的意义,以及理解把现在用于军国主义的国家资源转移到让全世界工人摆脱贫困负担的伟大工作中去的必要性。"

关于罢工权问题：

"鉴于过去一年政府对劳资纠纷的干预行为和接受强制仲裁原则的倾向，大会重申保证罢工权不受破坏的重要性，并宣布必须警惕地维护这一权利，坚决抵制破坏它的任何企图。"

关于国有化问题：

"应当责成下院工人议员抓住一切机会在该院推动联合王国煤炭与矿藏国有化法案，并规定对煤炭进行国家分配和销售。

大会宣布，为了工人的利益，现在由几个人垄断的铁路、土地、银行和航道应当成为国家财产，目的是为了人民的利益对它们进行利用和经营；责成执行委员会为实现这一目标而采取必要的议会行动。

对于联合王国铁路公司在目前公司体制下经营结果不能令人满意的问题；对于设施利用受到限制和提高公众票价的问题；对于公司不能满足其雇员合理要求的问题，大会表示了它的信念，即经营协议和合并的政策绝对容易形成托拉斯和联合企业，对公众和铁路工人的利益是有害的；大会责成议会党敦促政府为了整个社会的利益而采纳铁路和运河国有化政策。"

关于铁路雇用条件和政府调查问题：

"鉴于现在提交议会的有关英国和北爱尔兰各铁路公司雇用条件的信息不充分，公众需要了解在这个问题上的最新统计数据，大会责成议会工党强烈要求政府任命一个下院特别委员会进行全面彻底的调查，并尽早提交关于票价、工作时间和铁路业各级雇员的其他所有雇佣条件的报告；还要弄清楚铁路公司由于增加对公众的收费额外带来的收入额和火车服务及其他便利的减少所节省的支出额；还要收集关于这种收入的增加与用于改进职工条件的支出减少的部分之比例的确切信息，并与分红用掉的部分进行比较。"

关于品德证明法案问题：

"大会责成工党采取措施保证尽早再次提出品德证明法案，这个措施不仅影响到店员，而且影响到众多其他工人群体，例如铁路工作人员、制鞋制靴工人、职员和加入党的其他社团。"

关于工会标记问题：

"本次工党大会强烈建议所有工会会员只穿带有工会标记的鞋靴，因为它们保证带有标记的鞋靴是工会劳动生产的，在它们的生产过程中完全消灭了血汗劳动。而且大会认为，所有希望实现工资公平和条件公平的人，都要尽可能地帮助其他人获得同样的条件是他们的应尽义务；因此，同意把只购买带有工会标记的鞋靴的可取之处告诉他们的朋友。"

关于政府服务问题：

"本次工党大会要求农业和渔业部立即允许其皇家植物园丘园的雇员每周工作时间为 48 小时。

本次工党大会认为，政府对待位于陆海军军令部伍利奇仓库的职员极不公平，因为受雇在那里工作的人没有得到与他们所承担的职责相应的薪金，无论如何，他们的服务条件与伦敦地区其他公共机构承担同样工作的人所享受的服务条件也不一样；本次大会进一步认为，应当立即接受这些人所提出的薪酬与职衔一致的要求，并要求议会工人议员立即采取措施，实现这一目的。"

关于离婚委员会问题：

"大会对离婚委员会多数派报告表示热忱欢迎，并要求尽早立法，以消除有证据证明已经存在的不幸。"

关于铁路退休基金问题：

"大会要求对于许多铁路退休基金令人不满意的状况给予认真关注，强烈谴责商务部对调查基金运转情况的部委员会报告所提出的建议表现出的冷漠态度，并责成议会党对商务部主席施加压力,敦促他制定立法措施,实现部委员会的结论。"

关于实物工资问题:

"大会指示工党立即起草实物工资法修正案,使之可以适用于店员和受雇于销售行业的所有人员;还要采取措施,将该修正案尽可能早地提交议会。"

关于全国最低工资问题:

"大会强烈要求议会工党促使政府贯彻多次反对贫困大会所通过的决议,在下个议会会季通过立法,在工农业中实行法定最低工资,将工作时间减少到每周48小时,全面预防疾病,保证全国儿童最低营养,预防失业,为所有的人建设卫生住宅,以及废除济贫法等,从而保证每个人过上全国最低标准的文明生活。"

关于商店法案问题:

"大会责成工党起草一个新的法案,即商店营业时间法案,该法案要体现店员和所有销售行业雇员每周工作60小时包括吃饭时间的要求。"

关于地方政府问题:

"为了通过吸收比现在更多的妇女来使用公共服务,大会强烈要求议会工党支持1912年郡和自治市议会法案,该法案规定应当用居住资格取代郡和自治市议会选举资格。大会还要求党努力废除在妇女地方政府选举权方面存在的反常现象,保证联合王国实行全国统一的男人和女人、已婚和单身均为一票的地方政府选举制度。"

关于教育问题:

"大会对高等教育收费表示强烈的谴责,强烈要求工党采取措施,完全废除中等学校和技术学校收费;并要求对所有教育捐款开展全国性调查。"

关于陪审团的组成问题:

"每个陪审团都应当有相当数量的工人,并对他们付出的服务给予合理的报酬。"

关于盲人问题:

"大会认为,国家盲人救助计划的必要性极为迫切,因此指示工党议员要求政府为快速通过全国盲人同盟所创议的盲人救助法案提供便利。"

关于逐出问题:

"大会强烈要求工党立即在下院提出一个议案,以防止劳动人民在劳资纠纷期间被劳动的雇主逐出他们居住的房子。"

关于出租马车行业立法问题:

"大会责成工党帮助伦敦出租马车车夫工会实现执照发放机关从都市警察局转到伦敦郡议会,既包括有轨电车、公共马车和出租马车,也包括所有车夫和这些交通工具的乘务员;进而采取必要的措施,强制驿站马车和出租马车所有者在所有这类交通工具上安装计速器。

大会责成工党提出一个议案,规定对所有有轨电车、地下铁路、公共马车实行强制市有化,从而使私人拥有和控制这些交通工具是违法行为。

大会重申其1910年决议,该决议责成工党实现对1903年汽车法的修改,以便改变第三节第二段关于汽车司机除了交5先令给苏格兰场当局之外,还要因驾车特权再交5先令的规定;还要继续努力修改工人补偿法,以便将汽车司机也纳入该法令的规定之中。

大会责成工党要保证所有领照司机的执照发放的一切收费为5先令。"

关于出租车纠纷问题：

"大会对伦敦出租汽车司机在为生活权利而进行的斗争中所持的立场表示热诚祝贺；并且认为，汽油价格上涨的负担落到已经交纳高额税的出租汽车司机身上，因此要求工党立即将汽油托拉斯把汽油价格提高到让整个伦敦数以千计的工人家庭陷入毁灭和饥饿的程度的行动提交议会。"

关于国家保险法：

"保险法第一部分应当废除，并在非缴费的基础上重新制定。

工党要求财政大臣注意郡和区保险委员会成员每出席一次总委员会或小委员会会议发给10先令的必要性。

议会工党要立即采取措施，把有关领取事故补偿的人的待遇的整个第二条从国家保险法中删除。

大会强烈要求下院工党议员要求政府注意建立国家医疗服务制度的可取性。

由于仲裁人根据国家保险法第二部分作出的种种反常的裁决，并鉴于工资菲薄的工人被要求缴纳高昂保费，大会责成工党执行委员会尽一切努力把国家保险法第二部分变成普适的、不缴费的。"

工厂立法：

"大会在此重申迫切需要修改工厂车间法，禁止造纸、棉纺、精纺、亚麻和大麻工厂除了修理机器之外，在星期天午时和星期一六时之间从事任何工作，还禁止漂白、染色工作；并责成工党强烈要求政府毫不拖延地提出解决这一问题的议案，或者给代表布拉德福德的议员F. W. 乔伊特先生提出的修正案的通过提供特别便利。

大会谴责纺织业和其他行业中的罚款和扣款制度，敦促下院议会中的工党支持立法禁止这种制度，通过各种可能的方式支持下院议员A. 史密斯先生通过议会提出的'罚款法废除法案'的通过。"

工人补偿：

"1. 证明雇主在辩护中因未告知而受到损害的责任，应当由雇主承担而不应像现在这样由工人承担。

2. 如果雇主拒绝按照裁定中提出的同样条件提出一个备忘录，那就可以被认为会出现问题。

3. 所有总承包商，从事任何工作，都应当对分包商雇用的工人负责。

4. 在计算临时工的平均收入时，必须注意雇主雇用他们的时候他们的实际收入额。

5. 在给工人每周支付补偿之前，一揽子解决的补偿协议只有在协议备案并支付补偿款之后才能生效。

6. 提交医疗仲裁人所发生的费用应当在医疗仲裁人作出裁决之后支付。

7. 不论何种郡法院，所有属于或与工人补偿有关的申诉，都应当直接提交上诉法院。"

八小时工作日：

"大会要求工党施加压力，在从事车辆驾驶工作的所有铁路工人中实行八小时工作制。

大会认为，在所有到周末还持续工作的行业实行八小时轮班制是一个极其紧迫的事情，应当摆在劳动立法优先考虑的位置。

大会赞成八小时工作制的原则，强烈要求议会工党支持 A. H. 吉尔议员先生提交给下院的法案，以此支持纺织工人减少纺织行业的工作时间。"

工业人寿保险：

"大会认为，这个国家的工会应当承担工业人寿保险业务，以便通过每周支付的方式，使其会员能获得和私人资本掌控的其他保险公司现在给予的保险金类似的收入。"

土地改革：

"大会责成议会党提出一个法案，授权地方当局：

1. 按所有土地和物业征收土地税用于地方，土地物业估价由业主自行申报；

2. 按照业主为征税目的而申报的估价获得土地；

3. 剥夺地方政府委员会的权力，它现在运用这个权力迫使地方当局满足它在获得土地方面的要求。

要求工党执行委员会起草、提出，并且如果可能的话，在议会通过一个议案，迫使皇家所有者把他们的全部地方税贡献给他们宣称有皇家领地并且收取皇家租金的地方的地方当局。

为了这个国家人民的福利，从政治、社会和经济角度来看，工党在下院迫使政府任命一个皇家委员会对王室土地、公地和庄园权利进行调查的时刻已经到来，应当授予这个委员会司法权。"

政府对办公室的检查：

"鉴于职员中肺结核的高死亡率，大会认为，所有办公室必须执行卫生、通风、立体空间、限制工作时间、夜班等方面的法律规定，并责成议会党催促通过全国职员工会和铁路职员联合会所倡议的法案，支持工厂车间（第二号）法案，依据该法案，地下办公室将纳入其管辖范围。"

大会事务：

"工党大会要把其注意力更多地放在紧迫的政治问题上，以便对其进行充分讨论；而让工联代表大会处理劳资问题以及影响工作的其他所有非政治性的问题。"

巴尔干呼吁：

"大会对由于最近的战争而正在经受艰难的保加利亚和塞尔维亚工会会员和

社会党人表示同情，并对他们加快发展各自的运动致以良好的祝愿，授权执行委员会分别给他们的基金捐助 100 英镑，并呼吁所有成员团体帮助我们的承担艰巨任务的巴尔干工人兄弟。"

2. 德国

政党

1913 年 1 月 6—8 日，普鲁士社会民主党代表大会在柏林举行。

1913 年 5 月 23 日，社会民主党成立 50 周年纪念日。

自从斐迪南·拉萨尔创建全德工人联合会以来，50 年过去了。对于德国社会民主党来说，这是一个意味深长的值得纪念的日子，它把我们拉回到作为一个有组织的政党存在的起点。

1913 年 3 月 2 日，社会民主党妇女集会。

社会民主党为了表明对妇女选举权的支持，在帝国各大城市举行社会民主党集会。

讣告

1913 年 6 月 21 日，德累斯顿选区帝国国会议员奥古斯特·卡登去世。

工会

1913 年 1 月 3—17 日，德国建筑工人联合会第一次代表大会在耶拿举行。该组织有 348000 名会员，1200 万现金。

1913 年 3 月 9—15 日，铺路工人第九次代表大会在柏林举行。

1913年3月22—23日，制钾工人代表大会在汉诺威举行。

1913年4月22—25日，德国民间音乐家中央联合会第五次代表大会在布雷斯劳举行。

1913年4月27—30日，屠宰工人中央联合会第六次代表大会在德累斯顿举行。

1913年4月27日—5月2日，德国矿工第二十次代表大会在汉诺威举行。

1913年5月6—10日，德国建筑工人联合会代表大会在柏林举行。

1913年5月18—22日，造船工人第十三次代表大会在汉堡举行。

1913年6月16—21日，书籍装订工人第十二次代表大会在斯图加特举行。

合作社

1913年6月15—18日，德国消费合作社中央联合会第十次代表大会在德累斯顿举行。

5月1日

5月1日集会的决议：

"在5月的第一天，具有阶级觉悟的各国无产阶级再次举行示威，支持实现劳动保护的要求，即1889年7月20日工人国际巴黎代表大会所提出的要求。

因此工人首先要求通过立法，实行八小时日，所有从事工业、体力劳动、商业和运输工作的人拥有真正的结社自由。

鉴于帝国主义由于其军备政策已经变得越来越危险，不仅增加了战争危险，而且对各国造成了致命的伤害，可以说，停止了社会政策，与会者对发展陆地、水域和空中军备表示强烈的抗议。他们对已经提交国会的新的陆海军议案特别表示抗议。

与会者知道，在举行抗议活动的时候，他们要和全世界觉醒的工人阶级保持一致。他们派人参加了5月1日集会，并再次向集会致以兄弟般的敬意，承诺不断地为实现社会主义、反对资本主义和帝国主义、反对挑起战争、反对军备而斗争。"

反对战争

1913年3月16日，在阿尔萨斯：

阿尔萨斯-洛林议会社会民主党派给在巴黎举行的大规模反对军备竞争集会发去表示团结的决议。

决议表示，阿尔萨斯-洛林人民虽然对法国革命传统和共和制度怀有深深的敬爱之情，但是他们绝对反对战争。阿尔萨斯-洛林希望的不是报仇而是自治，在帝国框架内有一部共和制宪法。阿尔萨斯-洛林的特殊形势，有一部分责任在于一些法国人，他们总是千方百计地煽动反对德国人，还可能让法国埋下复仇的思想。

接着，决议指出："我们认为阿尔萨斯-洛林的敌人既包括反对我们实行自治的德国人，也包括企图让整个欧洲血流成河的方式强迫我们俯首帖耳的一些法国人。"

1913年3月28日，在斯图加特：

"集会对新的军国主义要求和新的资本家阶级征税要求表示强烈的抗议，因为军国主义违反文明，威胁和平，而且由于一个事实，即新的要求让已经不堪重负的人民背上了前所未有的新的负担。由于这些原因和我们的"不要为这个制度投入一个人，花一便士钱"的原则，会议要求社会民主党拒绝新的要求和新的征税提案，即使这些要求和提案以所谓岁入税的形式而显得很有吸引力。

集会已经准备好采取行动，全力支持社会民主党反对军国主义、反对常备军，支持国民民兵，争取社会主义的斗争。"

1913 年 3 月 30 日，在爱尔福特：举行了抗议示威。

1913 年 4 月 1 日，在美因河畔法兰克福：举行了 4 个参加者众多的抗议集会。

1913 年 4 月 1 日，在德累斯顿：举行了 9 个群众集会。有 2 万多人参加。

1913 年 3 月 30 日，在米卢斯（阿尔萨斯）：

"米卢斯及其周围居民举行的这次大规模集会，对德国业已宣布并将在法国产生影响的要求人民付出新的金钱和鲜血牺牲的军事计划强烈抗议。集会认为，这些不断扩张的军备是对和平的最大威胁，而保持和平是这个边界两边和孚日山脉另一边的国家的最高目标。

出于这个原因，与会者请求代表阿尔萨斯-洛林的国会议员为了两国的利益，也是为了阿尔萨斯-洛林的利益，完全拒绝新的军事要求，谴责一切战争煽动。

而且，集会邀请德意志帝国议会和政府与协约国各国进行限制军备的谈判。应当由一个仲裁法庭解决国际纠纷。"

1913 年 3 月 31 日，在爱尔福特：举行了抗议集会。

1913 年 4 月 1 日，在美因河畔法兰克福：举行了 4 个集会。

1913 年 4 月 4 日，在莱比锡：举行了 7 个集会。

1913 年 4 月 4 日，在汉堡－阿尔托纳和比邻地区：举行了 20 个集会。

"通过提出新的军事议案，德意志帝国政府给新的欧洲军备疯狂扩张发出了一个信号。法国和英国迅速效法德国的坏榜样，其他国家也不会落后，因此，就国防问题而言，新的扩军的意义无足轻重。把欧洲各国包裹起来的军事铠甲正在变得越来越可怕、越来越压抑，但是这些国家的力量对比仍然是一样的。和平的保障不仅没有增加，反而由于军备的不断增加而减少了，而这种增加的结果是不可避免的。

德意志民族已经被摩洛赫般的军国主义训练到如此程度，以至为了弥补开支，富人和有钱阶级可以不再逃避加于他们的税赋，但是有产阶级只是一次承担最少一部分税赋是一个骗人的面纱，这个面纱包着的是无穷无尽的前所未有的税负苦丸，而这个药丸的钱是要居民中的穷人来出的。

参加1913年4月4日集会的男人和女人们看透了这个可耻的把戏，他们对新的军事计划表示强烈的抗议。他们明确承认保卫祖国不受外国进攻的必要性，而不想要一个不能保卫自己的德国，但是这种保卫首先应当通过将常备军改造成民兵来有效地加以组织，由此可以取消不必要的阅兵，缩短现在的军事教育时间；甚至减少服役时间；从现在起同时也提供了加强军队和防御而不造成新税收的一个手段。

与会者清楚地意识到，除了社会民主党外，国会的所有政党对政府有求必应，但是对人民的愿望却无动于衷，因此，他们要求劳动人民和所有反对现行制度的人加入到社会民主党的行列，他们在各国的目标是一样的：消灭资本主义及其盟友军国主义；以自由和团结重建人民自己支配自己的权利。"

1913年4月6日，在柏林：举行了61个群众集会。

"与会者对政府按照总参谋部的命令让德国人民承受前所未有的牺牲表示震惊和义愤，它从这种荒唐可笑的军备竞争中看到的是长期战争危险的新的加剧，看到是对文明进步的犯罪，以及对各国发展可能性的阻碍。它在原则上拒绝整个军国主义制度，要求用民兵制度取代武装国家。

集会宣布，为了军事目的而浪费数以百万的金钱会损害德国政治经济，而且它最终会给工人阶级造成沉重的负担。它宣布拟议的政府税议案是完全不可以接受的，它们是对所得税的可耻篡改。它尤其谴责企图夺走国会确定税收的权力、把税收的最高权力交给享有特权的邦议会的做法。集会特别对法国社会民主党人坚决抵制军国主义计划的立场表示热烈欢迎，并保证与工人国际的所有成员团结起来,尽一切可能继续开展反对军国主义的斗争。"

1913年4月6日,在布雷斯劳:有2000人举行集会。

在埃尔伯费尔德-巴门:有12000到15000人参加集会。

在伦内普-雷姆沙伊德-梅特曼选区的费尔伯特、内维格斯、梅特曼、柯南伯格、哈恩、雷姆沙伊德、波恩斯多夫、布尔格、达布灵豪森、伦内普、多珀肖赫、克拉温科勒布吕克、德赖鲍门、吕特灵豪森、拉德弗尔姆瓦尔德和许克斯瓦根,在哈根-谢尔姆选区的盖沃尔斯贝格、米尔斯佩-哈尔德、博默恩、黑尔德克、韦特、施韦尔姆,也举行了示威活动,有的集会是在户外举行。

在埃森-韦斯特和埃森-吕腾沙伊德:举行了两个大规模集会。

在符腾堡:在各市镇举行了大规模抗议示威活动。

1913年4月6日,在德累斯顿:举行了九次集会。

1913年4月6日,美因河畔法兰克福举行示威。

1913年4月12日,马格德堡警察对付孔佩尔-莫雷尔。

马格德堡警察局长禁止法国议员孔佩尔-莫雷尔出席在马格德堡政府辖区内所举行的所有公众政治集会,而他将于次日在社会主义者组织的反对法国军事计划和沙文主义的示威集会上演讲。

4. 奥地利

政党

1913年4月5—7日,下奥地利社会民主工党代表大会举行。

工会

1913年3月23日，奥地利制帽工人中央联合会第三次全体大会在维也纳举行。

1913年3月23—24日，烟草工人工会第五次全体大会在维也纳举行。

1913年3月23—24日，保险职员联合会全体大会在格拉兹举行。

1913年3月23—24日，奥地利制革工人工会全体大会在维也纳举行。

1913年3月23—24日，手套工人工会第三次全体大会在布拉格举行。

1913年4月22日，奥地利理发师助手联合会代表大会在维也纳举行。

1913年4月21—23日，奥地利建筑工人辅工联合会代表大会在维也纳举行。

1913年5月6—7日，奥地利旅馆、饭店和咖啡馆招待联合会第一次代表大会在维也纳举行。

1913年5月11—12日，化工业工人联合会第三次代表大会举行。

1913年5月11—12日，奥地利马具工人、皮包工人和腰带工人联合会第六次代表大会在维也纳举行。

1913年5月11—14日，木工第五次代表大会在维也纳举行。

1913年6月22—25日，奥地利纺织工人代表大会在维也纳举行。

合作社

1913年6月28—30日，奥地利消费合作社第十一次例行代表大会在维也纳举行。

妇女运动

1913 年 3 月 9 日，全奥地利妇女示威游行日，散发了 30000 份《妇女报》和 27 万份传单。

市镇政策

1913 年 4 月，社会民主党市镇政策月刊第一期《市镇》出版。

国际关系

1913 年 2 月 28 日，匈牙利选举斗争大会在维也纳举行。警察驱散了与会者。

1913 年 4 月 19 日，作为团结的标志，布鲁塞尔人捐助 5000 法郎支持比利时争取普选权的斗争。

周年纪念日

1913 年 4 月 19 日，维也纳举行了 16 个纪念卡尔·马克思逝世 30 周年的活动。

1913 年 6 月 23 日，约瑟夫·哈尼施诞辰 70 周年。

讣告

1913 年 2 月 11 日，弗朗茨·舒迈尔遇刺。

社会民主党最杰出最受欢迎的议员之一，弗朗茨·舒迈尔议员在参加郊区举行的一次集会后回家途中，在维也纳西北火车站被卑鄙地暗杀。

反对战争

1913年1月，一次集会举行，主题是："有军费负担而无劳工保护"。决议：

"集会的工人阶级谴责政府由于其巴尔干政策造成了严重的经济危机，剥夺了成百上千的奥地利工人的劳动和成果。

工人阶级对这一事实表示抗议，即在目前的困境之下，还要求人民为陆海军作出新的贡献，增加葡萄酒白兰地酒酿造税，实施火柴税，使人民背上了新的沉重的负担。

工人阶级抗议社会保险进展缓慢和劳动保护立法停滞不前。他们抗议上院否决下院通过的劳动资助法。他们抗议下院多数议员抵制社会民主党议员提出的法案，也抗议支持政府提出的方案的人。他们宣布，国家的对外政策极大地加重了群众的困难，它的税收立法持续地增加对工人阶级的负担，它有义务立即解除工人的负担，支持他们反对剥削。"

1913年2月10日，社会民主党支持军人复员。德意志社会民主人俱乐部向政府提出复员的要求。这个以质疑的形式表达的要求的措辞如下：

"各大国已经宣布他们支持阿尔巴尼亚自治，他们拒绝通过亚得里亚海进入塞尔维亚。因此奥地利的最大要求得到了承认。现在剩下的不过是细微末节问题。在我们这个时代，大国不会为了决定奥地利人民连名字都不知道的这个或那个小镇属于塞尔维亚还是阿尔巴尼亚，或决定与奥地利和塞尔维亚之间悬而未决的商业或交通政策问题而宣战。因此，如果政府在解除预备役军人的担忧，让他们重回家庭，并结束我们的政治经济萎缩状态方面犹犹豫豫，那是不能原谅的。出于这个原因，我们质问政府，他们能不能立即而清晰地要求共同的政府取消巴尔干战争期间所采取的军事措施，尽快地让预备役军人和二级预备役军人自由？"

1913年5月1日，决议：

"在5月1日集会的工人阶级再次表达了政府不要拒绝参与大国的共同行动，不要自作主张，采取走向战争的步骤。

针对黑山的战争行动将使成百上千的人失去生命。它将导致俄国和塞尔维亚之间发生严重冲突的危险。它将严重伤害整个欧洲的和平。

这种牺牲和危险与对奥地利的根本利益没有影响的冲突目标相比极不相称。

但是，如果奥地利政府认为，把亚得里亚海割让给阿尔巴尼亚符合奥地利的利益——这个目标可以通过欧洲大国的耐心和坚韧不拔的共同行动来实现。因此，奥地利不一定非要靠它自己的力量采取行动。

由于这个原因，我们再次请政府不要让无耻的沙文主义者把它拖进血腥的战斗中去，我们再次表示奥地利广大工人唯一希望的就是维护和保证和平。"

1913年5月1日，决议：

"我们在世界的节日这一天集会，重申我们继续忠于各国无产阶级的世界党的诺言。我们最近所看到的军备、沙文主义和战争危险的破坏性影响强化了我们的信念，即不能通过进行残害人命的战争，而要通过把反对奴役和剥削的斗争联合起来，人民才能获得解放。

统治阶级的帝国主义政策已经将成千上万的工人从机器、车间、犁具旁拉走，然后把他们送到边界去站岗。它剥夺了数以千计的家庭的经济来源，剥夺了数以千计的工人的工作，限制了成千上万其他人果腹蔽体的资源。经济危机更是影响到工人阶级，因为资本主义的造成涨价的农业政策，工资的增加远远赶不上食品价格和房租的上涨。

我们对这个事实表示抗议，即目前，在贫困肆虐之际，人民再次被迫扛起间接税的负担，要求他们为军国主义和海军作出新的牺牲。现在社会的主要责任是努力缓解人民的贫困，而不是拿起武器同别的国家打仗。

现在，我们再次要求整个工人阶级实行法定的八小时工作制。我们要求在所有工业部门工作的妇女周六工作半天；有效地保护工人在工作过程中不受事故以及所从事工作造成的疾病对生命和健康的影响；迅速实现其管理不受投保方限制的社会保险，重视向已经年老的工人也发放养老金的原则。我们确信所有行业的工人的利益是休戚相关的，我们支持旷工关于不受兄弟会辖制的要求、面包师傅关于制定面包坊劳动保护法的要求、家庭佣工关于依法确定最低工资的要求、市政工人和雇员关于必要休息时间的要求、铁路工人和政府工人关于生活工资的要求。

我们决心坚持不懈地努力巩固政治组织、工会和合作社，坚持不懈地为劳工刊物的传播进行宣传，坚持不懈地为实现工人阶级的要求而斗争，直到工人阶级强大到足以从资本家和有产者那里夺回权力，用一个实现劳工解放的自由共同体取代资本主义的军国主义的国家。"

4. B. 波希米亚

正式报告

政党

过去，捷克斯拉夫社会民主工党的所有政治关注和力量自然地集中在国际发展上。只有现在，在事件可以说结束之时，我们才能报告党与过去六个月战争危险要求采取的行动有关的活动。我们需要请求原谅的是，我们只能报告公报过去一期已经公开的一些事情。

自从巴尔干战争爆发以来，甚至在它还未爆发之前，整个党——各成员党和组织，主要是报刊——组织了一场强大的反战运动。这场人民的行动得到议会和代表团代表的支持。捷克斯拉夫社会民主工党以他们反对战争、支持和平的鼓动行动证明，整个奥地利人民对帝国的中立状态非常关心。

1912年10月10日，在布拉格农产品交易所举行了一次示威集会。就集会人数而言，这是农产品交易所从未有过的人民集会。集会者挤满了大厅，还有数千人站在走廊里和台阶上，在大楼前形成了第二个会场。会议通过了决议，大意是，负责的国家政策领导人不会对不负责任的战争党的观点让步，后者只是追逐个人利益。与奥地利帝国主义相反，在巴尔干征服政策上，捷克斯拉夫社会民主工党希望奥地利对它所拥有的一切感到满足，应当把中立作为指导方针和奥匈王朝的义务。在理清巴尔干问题方面，会议宣布支持在巴尔干国家建立一个民主共和国，支持建立巴尔干国家联邦，而且我们认为，战争只能满足王朝的利益而不是人民的利益，各国人民只有为改变巴尔干各国的社会秩序和经济条件而斗争，为争取社会主义的胜利而斗争，才能消除不能容忍的状况。

这个决议和这次次会议对于在捷克各省城镇、市场、村庄及地方，简而言之，对于在捷克斯拉夫社会民主工党活动的整个领域举行的众多集会具有指导性作用。第一批集会在波希米亚举行，比如在施克达厂区，在比尔森、在布拉格钢铁厂区，在克拉德诺，在布德韦斯、帕尔杜比采，塔博尔；在摩拉维亚，在布吕恩，在普罗斯尼茨，在普热罗夫；在西里西亚，在摩拉维亚-奥斯特劳，在联合铁厂区，在下奥地利，在维也纳，等等。

波希米亚的反战运动最为激烈，从10月到12月举行了500多场集会。在摩拉维亚，同期举行了近150场集会。最壮观的示威游行之一是捷克斯拉夫无产阶级1912年11月17日这天与国际同时举行的示威活动，在这次活动以及11月19日在比尔森、11月20日在布吕恩举行的集会上，阿姆斯特丹的特鲁尔斯特拉同志都发表了支持和平的讲话。1912年11月17日举行的示威活动是捷克斯拉夫党中央委员会发起并主持的。会议在国际主义者的大合唱中开始，首先是阿姆斯特丹的特鲁尔斯特拉讲话，接着是维也纳的托马舍克讲话，然后是在六面红旗引导下，在布拉格街道上进行和平示威。最后，社会党国际局成员涅梅茨和绍库普同志在人民之家院子里发表讲话。11月17日在捷克省举行了20场集会。

捷克斯拉夫社会民主党工党始终捍卫和平政策。党在布拉格的中央机关报《人民权利报》，还有布吕恩第二大报纸《平等报》，维也纳第三大报纸《共享报》，以及32个政治和36个工会报纸呼吁不惜代价维护和平。《人民权利报》在巴尔干战争开始时被没收了五次，在奥地利—塞尔维亚因普罗哈斯卡事件发生冲突期间被没收了三次。巴尔干战争爆发之前，捷克斯拉夫社会民主工党报纸热切欢迎巴尔干社会党人采取反对战争的行动，特别是打仗国家联合起来的社会党人举行大规模示威。而且保加利亚的萨卡索夫在国会里的宣言，拉普切维奇在塞尔维亚国民议会的演说，捷克斯拉夫社会民主工党报纸，都对巴尔干国家社会运动作了系统的报道，并引起了捷克工人的注意。捷克斯拉夫社会民主工党报纸还忠实地报道了其他成员党的行动。

而为了客观报道，也为了达到对战争恐怖的生动叙述的目的，《人民权利报》特派记者、国际青年人运动执行委员会委员伊曼纽尔·施卡图拉同志深入战场，他于10月19日到达贝尔格莱德，10月24日到达弗拉涅，11月11日到达索非亚，在穿越库马诺沃战场后，于11月25日到达德里诺波尔，然后经康斯坦察前往君士坦丁堡，在那里对土耳其首都的状况作了报道。一个战地记者的经历被施卡图拉同志在关于巴尔干战争的插图优美的著作中生动展示出来，这本书一次出版了15000册，并被翻译为塞尔维亚语，为反战宣传服务。党的电影院把战争的残酷场面展现在观众眼前。捷克斯拉夫社会民主工党出版的新的价格低廉的晚报《维茨彻尼克》对反战鼓动作出了杰出贡献。这份报纸每天出版，六版带插图，在奥地利只卖一枚最低面值的硬币，2个海勒①。《维茨彻尼克》晚报一年的销量达到10万份。

捷克斯拉夫社会民主工党派了45名代表参加1912年11月25日在巴勒举行的国际社会党代表大会。大会辩论用一个小册子发表，每册售价10海勒，已经出版了三版。

在奥地利议会，捷克斯拉夫社会民主工党有26名议员；在代表团中，它有两位代表，即什麦拉尔和托马舍克同志（与一名德意志社会民主党议员和一名意大利社会民主党议员组成代表团）。党利用一切机会发言，反对战争，反对对外政策的帝国主义倾向，反对一切军事计划，支持和平。

我们还要提到的是，在奥地利的捷克领土是唯一一块政府不能成功地完全动员且没有任何阻碍的地方。在奥地利动员和军队运往俄国领土这件事情上，捷克人民的敌意情绪通过被动员士兵的造反表现出来。1912年12月14日，在比尔森、帕尔杜比采、克尼格雷茨和布吕恩，人民同时举行了反对战争的示威活动。在克尼格雷茨，人们封锁了通往火车站的道路，阻止被动员的士兵到达那里，当时他们正要被运往加利西亚。士兵也造反了，直到四个小时后被动员的士兵才在几个团的帮助下到达火车站。在帕尔杜比采，许多人躺在火车前面的铁轨上阻止运送士兵。在比尔森，士兵开拔时也发生了类似的情况。在布吕恩，捷克人民举行示威时，警察与示威者发生了冲突，士兵加入到示威者的队伍里。因为帕尔杜比采发生的事件，扎赫拉德卡公民被判处两年监禁，此前他在战争危险的时候曾被关进一个疯人院。比尔森也作出了类似的判决，

---

① 海勒，奥地利旧铜币，价值1/100克朗。——译者注

但是最糟糕的判决是普热米斯尔军事法庭对帕尔杜比采龙骑兵的判决。在受到审判的70名龙骑兵中，有两人，即约纳什和哈夫利切克被判处死刑。这一判决后改为8年半监禁。19名龙骑兵分别被判处7年、6年和4年监禁，但是其他人被关了几个月。审判持续了7个月，最后，所有龙骑兵被判处了总计20年的监禁。

对党产生了影响的其他政治事件，可以提一下的是摩拉维亚选举（1913年6月8日和14日）。由于实行特权投票，自然地，只有在最后一轮中影响很少席位的选举是非常重要的。在捷克选区，候选人的得票数是（括号里的数字是最近一次选举即1906年选举的得票数字）：捷克斯拉夫社会民主党人107554票；捷克斯拉夫社会民主党中央派10185票（1906年两派合计79680票）；教权主义支持者134928票（1906年100847票，在两个区没有竞选）；民族社会主义党人19011票（1906年36091票）；农民党人38901票（1906年没有推出候选人）。尽管我们党在主要选举中得票很多，但是只获得了一个席位。在支持教权主义的资产阶级分子不投票支持我们的选举中，我们获得了6个席位，因此，现在我们在摩拉维亚州议会有7名议员。（大约三分之一的捷克人住在摩拉维亚，而且捷克领土上的工业不如波希米亚捷克领土上的工业发达）。

我们还参加了帝国中央议会在克拉德诺区的一次补选。这是波希米亚工业区（矿区）中的一个地区的补选，是我们的稳固地盘。国际局成员绍库普同志当选了。他获得了8352票。而唯一一名资产阶级候选人，一个特意从黄色的民族社会主义党人中挑选出来的候选人，只得到了无足轻重的998票。即使现在，捷克党正处在争取波希米亚州议会选举改革斗争前夜，这一斗争很可能是我们秋季政治活动的最重要的目标。

工会和合作社

我们的自治的工会中央，设在布拉格的捷克工会委员会，在7月份发表了它的报告，我们的工会组织的章程可以以此为基础加以判断。在 1913 年开始时，5 所有 53 个组织的 107263 名会员均隶属于我们的工会中央机构。在这些会员中，有 103813 名会员属于自治的捷克工会。下面的数字展示了我们的自治工会的发展情况：会员等于（括号里是在德国集中工会指导下的维也纳中央会员的数字，又见 1913 年 7 月 23 日《维也纳工人报》）：

1905 年　　1278　　（323099）
1906 年　　20975　（414123）
1907 年　　40757　（463671）
1908 年　　38356　（447227）
1909 年　　40945　（415256）
1910 年　　44667　（400565）
1911 年　　74358　（421905）
1912 年　　103813　（438363）

关于我们工会的财政状况，我们可以说，就我们自治工会的每个会员而言，年平均缴纳 22 克朗 2 海勒，而中央工会则是每个会员缴纳 23 克朗 28 海勒。

合作社在 1908 年成为独立组织，此后，我们的合作运动发展也呈现出良好的势头。1908 年底建立了捷克合作社，86 个合作社共拥有 14000 名会员，年营业额达到 700 万克朗。在比较短的 4 年时间里，捷克合作运动迅速发展，具体数字如下：

	1910 年	1912 年
合作社数字	198	265
会员数字	37202	59838

（续表）

	1910 年	1912 年
货物经营	12340336	21709706
纯利润	316218	486395
会员股份	957504	1507493
储备金	390304	568403
其他支持资金	45592	109375
社员储蓄	1505667	1570491
房地产价值	4163298	7339307
雇员人数	922	1261

关于合作社的类型，我们在1912年报告：消费合作社182个，生产合作社33个，工人之家23个，住房与建筑合作社21个，金融机构6个。

设在布拉格的捷克合作社中央联合会按照强制修改法修改了239个合作社章程。中央联合会举行了199次会议和讲座。还为合作社雇员和官员出版了一份报纸《社员》，发行量2500份，为消费合作社社员出版了报纸《开路者》，发行量25000份。

1913年5月11日至13日，联盟所属合作社举行第三次代表大会。据报告，在这一年布拉格有3个面包店合并成一个企业，雇用了220人，他们的营业额超过200万克朗。

在布拉格消费合作社批发购买公司和面包工人的帮助下，租了一个面粉厂，每年加工1200货车谷物。两个金融机构合并，成立"布拉格劳动进步总基金"，而这个金融机构已经成为我们党和我们合作运动的金融力量中心。布拉格消费合作社批发购买公司由107个消费合作社和生产合作社组成，拥有20万克朗资本。批发购买公司报告的数据如下：

1911 年	1621122 克朗
1912 年	2221000 克朗
1913 年（截至 6 月）	1248000 克朗

1913 年全年营业额偶然达到 300 万克朗。合作社官员的信息刊登在月刊《市场报告》上。布拉格捷克斯拉夫合作者中央联合会是伦敦国际合作社联盟的成员。

5. 匈牙利—克罗地亚

1913 年 1 月 12 日，**争取选举权集会**。

社会民主党举行了 58 次集会，其中 16 次被阻止。其他 42 次在匈牙利各城镇拥挤的人群中举行。

1913 年 1 月 17 日，政府禁止公开销售《人民之声报》。

1913 年 1 月 23 日，**大罢工**。在社会民主党人宣布总罢工时，一个大会正在举行，党的官员和工会的官员以及值得信任的布达佩斯市人士出席了大会。他们通过了一个关于尽力保护个体产业的决议。在罢工期间，卫戍部队处于战备状态，1000 名宪兵集中在布达佩斯。商店必须在下午 6 点关门，学校停课。

1913 年 1 月 26 日，**匈牙利社会民主党非常代表大会在布达佩斯举行**。

决议：

"匈牙利社会民主党 1 月 26 日非常大会声明：

卢卡奇政府的选举改革方案并没有包含国王数次作出的庄严承诺，也没有回应现政府或它之前的政府所作的选举保证。

这项法案既不赞成普遍平等的选举权，也不赞成秘密投票，它没有结束目前法律的欺骗，根本没有满足工人的要求，无论他们属于农民还是属于产业工人，无论他是小农、农业工人、资产阶级的问题还是产业工人的问题。

大会呼吁有组织的工人阶级毫不拖延地开展反对这个选举改革方案的斗争，并坚持下去，直到政府提议实施的这类选举方案撤销为止，尽管它作出了承诺。

大会满意地注意到这场斗争已经开始，而且高兴地得知资产阶级的某些重要阶层正在考虑加入到斗争中来。

大会宣布，它不仅有权与议会里统一的反对派，一个用与选举权有关的协议联合起来的反对派进行共同斗争，而且它还呼吁整个资产阶级进行共同斗争，因为他们在这个问题上的利益受到了严重威胁。

大会呼吁匈牙利居民的所有进步阶层共同开展反对卢卡奇政府选举改革方案的斗争。

大会授权党的执行委员会运用他们认为必要的一切手段开展这场斗争，并要求他们在一定时间宣布全国总罢工。

为了使这一行动成为可能，大会要求执行委员会和劳动运动的所有机构和组织为全国总罢工作认真筹备，并在这个意义上遵守执行委员会的第一个呼吁。大会授权执行委员会对总罢工作出所有安排，直至最小的细节。

而且，大会宣布，尽管工人阶级进行了斗争，但由于在刺刀保护下进行的不对外开放的辩论，还要强制在全国实行这项法案，那时，社会民主党将不参加以这个方案为基础的选举活动，相反，党将在其最终选民的帮助下，以其全部的有组织的群众力量，再次支持议会里统一的反对派，以便修改如此制定的法律，并用其一切力量推翻政府及其政党，以便使普遍平等秘密选举尽可能快地成为法律。"

1913年3月3—4日，总罢工中止。

1913年6月3—4日，**工人阶级在布达佩斯举行大规模示威。**

由于法院指责卢卡奇首相是"欧洲最大的巴拿马分子"，卢卡奇必须立刻下台，40000到50000名工人在6月4日早晨没有经过任何鼓动就离开工厂到议会前聚集，许多全副武装的士兵也在那里集合。

没有发生冲突，示威者开始向火车站行进，并在那里举行了自发的集会。

6. 法国

政党

1913年1月14日，瓦扬成为共和国总统候选人。

社会党党团在凡尔赛代表大会上决定在第一轮投票中支持瓦扬竞选共和国总统。

1913年3月23—25日，**社会党第十次代表大会在布列斯特举行。**

反对军备和三年服役期的决议：

I

"工人国际法国支部第十次代表大会声明，军备发展和三年服役期法律的通过，被国民和世界视为国家沙文主义政策明显而典型的证据；

鉴于，通过人民的普遍武装来建立一支民兵是确保国防安全的唯一途径，减少兵役期是朝着这方向迈出的一步，而延长青年人呆在兵营里的时间则正好相反；

鉴于，只要仲裁法庭没有发展和巩固到能够解决只有在资本主义制度本身消失后才能消失的一切纠纷，武装和平所带来的负担对于人民就是危险的，对于各国经济和社会生活就是致命的；

鉴于，德国和法国这两个大国可以发出通过忠诚地公开地批准的协议同时裁减军备的信号；

本次大会极其满意地声明，德国党和法国党采取共同行动，并同阿尔萨斯-洛林的社会党人团结起来，后者是全体阿尔萨斯-洛林居民愿望的代言人，他们声称要不惜代价反对法国和德国之间的复仇战争；

授权议会社会党党团和常设行政委员会在议会和全国各地开展支持德法达成谅解、实行国际仲裁和建立国家民兵，以及反对三年兵役法的有力行动。"

Ⅱ

"大会研究了如下问题导致的严峻政治形势：

1. 提出①三年兵役法；
2. 经选举权受到限制的选举产生的参议院与普选产生的下院的分庭抗礼；
3. 组阁出现的内阁危机——内阁现在由于其领导人的种种声明而显得态度含糊，支持军国主义反动派；

要求议员在议会中公开地和秘密地表达工人阶级对方案的抗议，表达内阁对选举改革和三年兵役法的抗议；

鉴于在这些情况下，关于党的总的活动的讨论不能继续取得任何好的结果；

鉴于不拖延随后可以有效进行的辩论对党更有利；

决定推迟下届大会举行时间，开展关于党的总的行动的决定的讨论，并最晚在25日（星期二）中午之前结束讨论。"

Ⅲ

关于宣传工作的决议

"大会决定，大会代表要服从菲尼斯泰尔联合会一系列宣传会议的安排，以便各省联合会投入的大量资金至少可以用于社会主义宣传。"

工会

1913年1月5日，海员（码头工人等）联合会大会在敦刻尔克举行。

---

① 法文和英文均为"搁置"，德文为"提出"，从下文看，应为"提出"。——编者注

1913年4月11—12日，全国铁路工人联合会第二十四次代表大会在巴黎举行。

1913年4月22—27日，全国矿山和采石场联合会第二十五次代表大会在阿莱斯举行。

合作社

1913年2月9日，北方合作社代表大会在德南举行

反对军备

1913年3月7日，**社会党党团和军事议案**。

下院社会党党团决定在全体会议讨论军事议案时提出一个议程，要求政府与其他大国就逐步同时减少军备问题进行磋商。

1913年3月12日，**学术界人士举行反军国主义抗议活动**。

以阿纳托尔·弗朗斯为首的一些学术界人士、教授发表宣言，对贸然讨论军事法提出警告，并指出了普遍二年服役的严重后果。

1913年3月14日，**振奋人心的抗议集会**。

有一个反对强制三年服役法的抗议集会非常令人振奋，有几位大学教授参加了集会。有几百个"罗伊的小商贩"用脏话打断演讲者讲话，在一番扭打之后，他们被赶出了会议厅，扭打中双方都有人受伤。

在雷恩，大约有1000名社会党人在职业介绍所举行反对三年服役法的集会。突然，大约有300名民族主义者高唱《马赛曲》，举着三色旗，强行闯入会场。于是发生了一场扭打。

1913年3月16日，**无产阶级示威**。

巴黎无产阶级举行反对军事议案的示威。12位演讲人在巨大的欢呼声中发表了演说。

1913年5月1日，"五一"集会。

决议：

"在5月1日举行集会的工人们……

在聆听了同志们的讲话之后……

认为用虚伪的国防必要性绝对不能证明恢复三年兵役军事法是正当的，恢复三年服役期将使非常有限而能干的工人的数量减少，更多的沙文主义煽动将使战争冲突变得不可避免；

出于这些原因，宣布，他们随时准备采用他们可以采用的一切手段阻止这些没有用的、道德败坏的、危险的方案。

要求受到同样措施威胁的德国工人阶级加入到反对沙文主义反动活动、争取普遍裁军、争取各国和睦的斗争中，这是保卫和平的唯一手段，也是确保国际劳动事业胜利的必不可少的手段；

认为工业技术每天都在改进，因此修改工作日是必要的；减少工时是进步的前提条件；雇主组织所表达的观点是错误的有偏见的，因而全是绝对没有用的；

工人阶级认为他们有必要通过行动表明自己不断增长的力量；

教育工作需要减少工作时间，而教育是社会改造行动的前提和准备；

决定加快组织开始减少工作时间的运动，实现星期天工作半天；

宣布他们将在这一行动中展现出锲而不舍的精神和越挫越强的意志。

向全世界工人致以兄弟般的敬意；

对阿方索十三世到巴黎表示强烈的抗议，他是自由思想的扼杀者和屠杀西班牙无产阶级的刽子手；

提出口号：争取减少劳动时间，争取英国周！打倒三年兵役法！打倒统治者！国际无产阶级万岁！社会主义革命万岁！"

1913年5月17日，**士兵在图勒举行抗议活动**。

步兵156团和153团的一批士兵在图勒兵营对让一个阶级服兵役的做法表示抗议。

1913年5月18日,**法国士兵举行反对三年兵役期示威活动**。

图勒、贝尔福和巴黎同时举行了反对三年兵役期示威活动。

1913年5月25日,**反对三年兵役期大规模示威举行**。

一场规模浩大的反对三年期兵役制度的示威在巴黎附近的普雷-圣热尔韦市举行。这是巴黎历史上最大规模的示威;由25万的工人参加。饶勒斯、瓦扬以及党和工会的其他演讲者在20个讲台上发表了演讲。

1913年6月2日,社会党人在法国议会坚决反对三年期兵役法案。

7. 意大利

政治运动

1913年一开始就传来3个骇人听闻的消息:1月6日,在意大利的3个地方,资产阶级警察造成了无产阶级流血事件。在科米斯(西西里)的一次选民示威活动中,有几个人受伤;在戈莱塞(帕尔马),有1人死亡;在罗卡戈尔加(罗马)有5人死亡,大约20人受伤。满腔怒火的社会党人有充分理由表达他们的愤怒:如果这个残酷镇压的制度继续下去,他们保证要用总罢工予以回答。期间,社会党议员要求政府进行干预。

2月,那不勒斯出现了很多反对大众消费品关税出乎意料地增加的鼓动活动。那不勒斯工人在抗议活动令人钦佩地爆发之际组织了一场总罢工,但是资产阶级利益集团的联盟成功地通过了提高城市税的议案。

期间,在几次谴责之后,一则关于罗马法院建造问题的丑闻曝光,建造投资了1500万,实际支出了4000万。3名被告,金融和官僚界的重要人物锒铛入狱。问题提交到议会,有几名最反动最极端的资产阶级议员受到牵连。

虽然大资产阶级政党的人们在这个问题上被鼓动起来了——这表明了我们的统治阶级内部的分化状态，但是意大利人民继续承受着殖民战争的影响，后者两年来一直在利比亚进行着。针对反对这场征服战争的镇压活动使7人失去了生命。但是这种战争冒险活动的后果对国家经济生活太危险了，所以我们社会党议会党团继续在讲坛上谴责我们的工人在城乡各地的悲惨条件。然而，它提出的动议仅仅被看做一个小小的抗议，因为资产阶级议会的大多数继续增加陆海军经费，从而使我们国家的经济状况进一步恶化。

但是，由于今年要准备大选，实施新的法律——给文盲以选举权，这将使选民人数从300万增加到800万，因此，不同政党纷纷在舆论面前谈论他们的立场。所有资产阶级政党——保守派、民主派、共和派——聚集起来支持现在政权进行军事冒险活动；只有社会党宣布反对这种灾难性的政策，并在5月1日举行示威，对我们的统治阶级的帝国主义政策表示藐视，这次示威活动声势浩大，因为工人阶级完全停工了。

目前，我们的政治活动是进行竞选运动。我们党将在三百个选区推出候选人；我们已经建立了反对军国主义、反对保护主义的发展民众教育和社会立法的计划，而且由于非洲战争会让我们承受持续不断的意想不到的痛苦，可以预言，我们的候选人将获得大量选票，这说明我们可以期望工农业工人群众对我们的同情。

统治阶级和国家与教会的寄生虫继续拥有很大的声望，他们还能借此影响国家政治生活，但我们将完全达到我们的目的。

工会运动

在本报告所涵盖的时间里，在冶金工人中间开展大量鼓动活动。在托雷安农齐亚塔，冶金工人在举行了长达数月的反对钢铁托拉斯罢工之后，在未达到他们提出的目的的情况下返回工作岗位。几乎就在此之后，都灵汽车工人宣布罢工。罢工持续了几个月，收效甚微。但是团结精神促使米兰同一行业的工人也举行了罢工。工团主义鼓动者在一年里已经在意大利组织了一个分裂运动，现在，他们又利用这个运动把米兰冶金工人推入一个追求经济要求的浩大运动。警察和司法迫害非常严重，以至于工团主义者呼吁所有五金行业工人在6月第一天举行了一场总罢工。这一罢工的结果是改变了镇压模式。当运动几乎就要结束时，还是在工团主义者的支持下，铁路工人出手援助，为了战胜工厂主的抵制，他们和冶金工人携起手来。在这两周的抵制期间里，工团主义者又呼吁举行一次总罢工。于是，米兰几乎所有行业一起举行了为期大约十天的罢工，但是没有取得任何结果。7月中旬，工团主义者宣布在意大利全国各地举行总罢工。如预想的那样，运动失败了。这一运动导致工人运动陷入灾难性的二元性，因为国际社会党所提出的策略并未能使那些暴露了乌托邦阶级斗争观念的斗争手段发挥作用。

虽然工团主义者组织支持各大工业中心的这些冶金工人运动，但是在通过联合会和职业介绍所组织起来的埃米尔石匠中间出现了一个强大的抵制运动，在经过了艰苦的斗争之后，工人们成功地在艾米利亚雷焦和博洛尼亚实现了他们的要求。

在大农业省费拉拉，反对大农业机构的激烈抵制运动在马萨菲斯卡利亚继续。但是工团主义者试图策动的农业总罢工没有结果，各省工人在原有条件下返回了工作岗位。

在诺瓦拉省山区采石场工作的工人中间，紧张的抵制运动成功地使工人们实现了自己的期望。

总的来讲，我们参加了激烈的反对雇主阶级、促进和改善劳工利益的鼓动活动。各地政府用他们的警察和军队进行了镇压和恐吓活动。但是殖民战争给这个国家造成的损失将一直是对整个意大利工人阶级开展鼓动的一个机会，而意大利军国主义可以通过战争恢复其失去的影响，它是捍卫和保存我们的政治制度的唯一手段。

其间，由于工团主义者所造成的两重性影响以及他们对社会党的宣战，工会运动的处境非常难受。但是这个乌托邦实验将很快地使工人阶级清醒地洞察形势，目前受到干扰的组织运动将恢复它的平静。

合作运动

国家经济生活的严峻状况已经对合作运动产生了反射作用，合作运动处于停滞状态。不过，有些合作社尤其是农业合作社在继续发展。5月25日，这些合作社的代表在博洛尼亚召开会议，决定掀起一场运动，以便实现大的改善效果，从而让本省贫穷居民得到好处，由于战争，这种好处现在没有了。他们还要求对农业工作采取保护措施。这些要求在议会引起高度关注，6月9日，我们的议会党团就这个问题进行了热烈的辩论。

其间，都灵合作社联盟为展示政治团结树立了一个伟大的榜样，它向党的报纸资助了10000法郎。

因此，总的来讲，社会党人在合作社机构中的影响已经成功地使这一运动摆脱了支配它的狭隘的资产阶级精神，预期这种影响将持续下去，尽管政府竭力阻止这一转变。

党的书记

康斯坦丁诺·拉查理

10. 芬兰

政党

1913年1月1日，社会民主党拥有51798名党员，其中女党员11649名。1912年增加了3392名党员。有1552个组织，其中拥有自己活动场所的796个组织加入了党。这些组织有6256885法郎资产。党拥有202个戏剧俱乐部，46个合唱团，70个乐队，162个体育俱乐部。各组织的图书馆拥有82000册藏书，价值16.8万法郎。

1913年4月，各省举行党的代表大会。

1913年5月1日，警察干扰几个城市组织的示威集会，但是示威者保持克制，没有被激怒而作出犯罪行为。

1913年6月，国会竞选宣传开始。

1913年6月28—29日，瑞典工人组织代表大会在瓦萨举行。

工会

全国工会组织有20989名会员。1912年增加了1349名会员。最大的工会联合会工厂工人联合会拥有2680名会员，冶金工人联合会拥有2657名会员，木材工人联合会拥有2280名会员，运输工人联合会拥有2272名会员，锯工联合会拥有1874名会员。1912年各联合会收入398908法郎资本，支出377059法郎。1913年1月1日，拥有现金274632法郎，其中27317法郎属于互助会。

1913年1月1日，漆工联合会和消费合作社雇员联合会加入全国工会组织。

1913年2月，建筑师代表大会在于莱奥堡举行，大会决定，抵制在他们和雇主的斗争中特别危险的工人。

1913年4月1日，全国工会组织拥有22438名会员，比1月1日增加了1452人。

1913年4月8日，赫尔辛福斯裁缝为期8天的罢工胜利结束。

1913年3月30—31日，铁路工人代表大会在塔墨尔福斯举行。

1913年4月21—23日，凿石工代表大会在拉赫蒂举行。

1913年4月20—21日，小佃农代表大会在塔墨尔福斯举行，大会对提交国会的某些不利的法案表示强烈抗议，要求通过强制方式使小佃农获得解放。

1913年5月4日，全国工会组织理事会代表会议讨论农业工人的组织问题，以及斯堪的纳维亚国家全国性组织在大规模斗争中采取共同行动的问题。

1913年5月10—12日，造纸业工人代表大会在塔墨尔福斯举行。

1913年5月，几个城市的佣人举行大规模集会，要求星期四工作半天。

1913年6月1日，比约讷堡和邻近地区的锯木厂工人开始了一场大规模斗争。

1913年6月，纺织工人代表大会在塔墨尔福斯举行。

俄国反工人运动政策

1913年2月12日，在奥布，警察禁止雇佣工人聚集。

1913年4月，俄国杜马一个委员会通过一个法案，依据该法案，所有在芬兰犯下的政治罪都要交俄国法庭审理。

1913年4月，总督塞恩将军要求——但是是徒劳的——拥有禁止甚至用武力阻止芬兰工人组织活动的权利。

1913年5月，许多工人组织特别是赫尔辛福斯和邻近地区的工人组织对警察屡次破坏言论自由表示愤怒。

10. 俄国

五一节在俄国。

五一节这天，彼得堡15万工人停止工作。所有劳工地区都举行了示威活动，尽管警察采取了特别措施。一些人在大街上被捕。人人都充满希望。

1913年7月，**圣彼得堡法学会举行会议**。

会议通过关于社会革命党人（民粹派）的决议如下：

"法学会全体大会在听取了关于巴尔干同盟之间血腥冲突原因的叙述之后，

1. 认为昨天的盟友之间兄弟相残的战争的真正原因是巴尔干各国王室和统治阶级的贪欲，他们盲目地为了建立他们的霸权而打仗；

2. 对巴尔干各国政府对他们的人民群众的真正利益和他们的公民权利所犯下的血腥罪行表示愤慨；

3. 宣布巴尔干人民的政治经济权利只有通过建立一个包括土耳其在内的自由的巴尔干各民族的真正民主的联邦才能实现；

4. 坚信解决目前冲突的最佳办法就是宣布马其顿自治，并保证其不同民族在一个特别地区自由生活；

5. 宣布比邻大国对巴尔干同盟国之间冲突的任何武装干预都被认为是一种国际强盗行为，其显而易见的目的是利用可悲形势为自己牟利；

6. 最后，呼吁文明世界谴责俄国政府卑鄙的犯罪政策，它的唯一目的就是浑水摸鱼。"

11. 波兰

加利西亚和西里西亚波兰社会民主党（奥地利）
1913年上半年的报告

在本报告所涵盖的时间里，工会组织拥有22000会员，政治组织拥有15000名成员。

今年头几个月组织了反对战争的示威活动。

下面是工人运动主要中心组织群众集会所通过的决议：

"保加利亚、塞尔维亚、希腊和黑山对土耳其所发动的战争，不仅是争端国家民族抱负的表现，而且是沙皇政策煽动的结果，其目的就是要毁灭土耳其，并在整个巴尔干半岛确立绝对的支配地位。

几个世纪以来，沙皇专制只有靠征服和压迫外民族才能生存下来，而且它只能把它的缔约权建立在这些征服和压迫的基础上；沙皇专制用血腥暴力、用绞刑架、用"西伯利亚"流放、用强盗行径统治人民，对于后者来说，它本身就是一座庞大的监狱，但它却摆出一副南部斯拉夫民族解放者的架子。迄今为止，它一直是奥匈帝国的政治盟友，这一政策的目的就是镇压南部斯拉夫各民族的解放运动，并为了匈牙利大地主的利益对塞尔维亚和保加利亚进行边界战争。奥地利盲目的边界政策破坏了它的工业，给塞尔维亚农民带去了绝望，让军队投入沙皇的怀抱。奥地利和俄国的煽动政策是目前战争的动因，是使各国陷入严重破坏与痛苦、伤病与垂死的士兵挤满医院、在无助中死去的决定因素。

尽管满嘴谎言的外交官信誓旦旦，但巴尔干战争可能导致俄国和奥地利之间发生严重的斗争。我们已经听到俄国民族主义要求对奥地利开战的煽动叫嚣。沙皇的间谍和特务已经在东加利西亚活动，从那里向我们国家各处散布骗人的谣言和哗哗作响的大笔卢布。

如果奥地利和俄国在我们的领土上进行战争,我们的孩子将不得不加入奥地利军队的行列,我们缴纳的税收将用于战争支出。我们国家的命运将是火与剑带来的大屠杀和蹂躏,饥饿与疾病。

如果这场战争爆发,它将在波兰进行,而面对这个对整个波兰民族未来可能具有决定性意义的重大事件,有组织的波兰无产阶级决不能成为一个被动的旁观者。波兰决不是任何人乖乖的牺牲品,无产阶级不能、也不会充当一个不自觉的外交工具。

波兰领土上发生的战争将在有组织的无产阶级中间激起一场革命运动,而这场革命的目标只能是一场反对红色沙皇的斗争。波兰农民和工人的鲜血只能为摆脱外国统治、压迫和资本主义剥削而流洒。"

在这六个月里,我们在集会和示威游行的帮助下,为争取选举加利西亚和西里西亚乡绅进国会而积极战斗。

3月9日是妇女宣传日,在几个群众集会上通过了一项与妇女政治权利有关的决议。

5月1日,各工业地区举行示威活动,其议程如下:(1)各民族的国际友好;(2)工人阶级的社会保险和八小时工作制。

在1913年9月23日举行的国会补选中,我们赢得了刚被任命为总督的一个保守党人所占据的席位。这样波兰社会民主党议员团就拥有了10名议员。

12. 挪威

政党

挪威工党已经发表了它1912年年度报告。这份文件清楚地回顾了社会民主党在这个地域辽阔但人口稀少的国家所完成的工作。

该党1911年拥有36073名党员,1912年拥有43557名党员,也就是说增加了 7484 人。

年份	选区	女性	男性	总数	增/减
1907 年	499	1798	21683	23481	+4357
1908 年	602	2971	24867	27838	+3357
1909 年	640	2980	24809	27789	-49
1910 年	713	3870	29056	32926	+5137
1911 年	863	4365	31708	36073	+3143
1912 年	891	5788	37769	43557	+7484

该党有 11 个省级联合会，14 个区级联合会，32 个城市联合会和 6 个地方联合会。

报告第一次谈到立法选举及其良好结果，该党在选举中获得了 33754 票和 23 个议席。

在工会的帮助下，该党做了很多宣传工作，宣传工作已经扩大到林业和农业劳动者，以及渔工。

在这一年里，建立了向新兵家庭提供帮助的反军国主义基金。这个基金拥有 3000 克朗，已经支付了几笔钱。

该党的报刊繁荣发展。它拥有 28 份报纸，总共有 80000 个订户。已经组建了一个社会民主党报刊局。它接受来自各省的消息，并向各省发送消息。

年度报告还谈到关于 5 月 1 日示威、宣传工作、国际大会、斯堪的纳维亚劳工代表大会等情况的小册子的销量。报告最后附有关于各个组织活动的通知，以及关于党员情况的报告和统计。

这份年度报告给人留下的总的印象是，挪威工党正处在迅速发展时期，社会党的力量不仅遍及我们的国家的城镇和工业中心，而且遍及各省。

在继续通过在全国各地建设社会主义宣传中心的组织工作中,在与中央局的密切联系中,社会主义完全征服这个国家的一天将很快到来。

市镇选举

挪威工党已经为秋季城镇选举做好了准备。这些选举将于10月在全国农村地区、12月在城镇地区进行。

社会民主党目前在全国各城镇议会有1071名议员。

党在几个城市拥有多数,并控制着一大批地方的一半议席。可以预期,党将在下次选举中执行胜利的方针。

诺贝尔和平奖

当然,众所周知,议会决定诺贝尔和平奖的授予。今年,社会民主党党团提议,将该奖项授予社会党国际局或者我们的亚尔马·布兰亭同志。

工会运动

的确,对于挪威工会来说,1912年是平静的一年。不过,他们的活动是伟大的。例如,缔结了289个协议,涉及29262名工人。

在这一年得到落实的这些安排对工人有很大的好处,人们认为在这一年大部分时间里工商业呈现出繁荣状态。截至1912年底,有25个全国性联合会、8个职业地方联合会、拥有7860人的33个组织加入了全国中央组织。

最强大的联合会是拥有22237名会员的劳工联合会和拥有12000名会员的钢铁和冶金工人联合会。

1912年工会组织的全部收入为2118572.02克朗,支出为

1728032.41 克朗。

拥有现金 1688127.29 克朗，相当于每个会员 27.69 克朗。

1912 年用于支持罢工的支出为 460866.03 克朗。全国性组织为此贡献资金 311277 克朗。

缔结协议的结果：

1. 在工资增长方面：

	调解次数	工人人数	有组织工人	所得到的增加总额（克朗）	每个工人（克朗）	用于支持的总额（克朗）
没有停止工作	239	23066	17578	2641153	114.50	—
停止工作	50	6563	4254	818114	124.66	236614.55
合计	289	29629	21832	3459267	116.75	236614.55

2. 在工作时间减少方面：

	协议件数	工人人数	有组织工人	减少工作时间	每个工人
没有停止工作	93	7027	4706	15494	2.20
停止工作	30	4936	2964	10548.5	2.14
合计	123	11963	7670	26042.5	2.18

在这些协议中，有 36 个协议包含了工人在夏季假日时享受全工资的规定。

行业报刊

1892 年，有 18 个联合会和一个支部以周刊和月刊的形式出版了工会机关刊物，共计出版 67700 份。

全国组织的机关报是月刊，出版了 7000 份。

与劳资纠纷强制仲裁有关的法律

5月10日，政府提出了一个关于法律冲突的仲裁法案，即关于雇主和工人协议的解释冲突以及关于利益集团冲突的强制公共仲裁的仲裁法案。在将冲突仲裁提交仲裁之前停工被宣布为非法，鼓励停工的工会将被处以罚金。

但是政府更迭后，取代保守党政府的自由党政府撤回了这项法案，并提出了一个新法案，新法案和前一个法案实际上一样，它规定，当利益集团冲突非常严重、涉及面广的时候，冲突由政府与议会共同进行强制仲裁。

行业组织积极反对这项法案，并成功地推迟了议会对这个问题的辩论。

于是，成立了一个由工会与雇主组织代表组成的工会委员会，起草关于这个问题的立法议案。

他们是否能就这个议案达成一致，现在还无法预见。

1913年1月，青年社会民主党人联盟代表大会举行。

挪威青年社会民主党人联盟代表大会在克里斯蒂安尼亚举行，51个协会的3000名成员出席。

除了其他问题，大会还讨论了教会与国家的分离、政治总罢工和军事问题。

1913年4月，社会民主党党团在挪威议会提出裁军议案。

这个议案的内容如下：

"1. 挪威国家在原则上宣布对其他国家永远持中立立场。导致冲突且不能通过条约解决的问题要提交给常设的国际仲裁法庭仲裁。

2. 现有军队的职责取消，那些被列入承担军队职责公民名单的人撤销其军队职责。"

13. 瑞典

政党

瑞典社会民主党1912年报告于7月底发表。我们从中摘录了以下信息：

省级议会选举。

在1912年省级议会选举中，右派获得88701票（比1910年多6618票），361人当选（1910年为347人）；自由党（执政党）获得74563票（比1910年少7989票），177人当选（1910年为207人）；社会民主党获得45619票（比1910年多13473票），78人当选（1910年为59人）。

"五一"示威。

1912年，有232个地方举行"五一"示威（1911年为121个地方），有188444人参加（1911年为133975人）。

参议院选举。

1912年参议院选举，使社会民主党人议席从12个增加到13个。

宣传。

党在1912年用于宣传活动的资金为9287.50法郎。

教育工作。

党的执行委员会积极关注劳工教育工作。

在其年会上，党的理事会决定寻求工人运动主要部分之间合作的可能性，以便共同开展教育工作。

这些努力收到成效，以下组织应邀参加了关于这个问题的大会：全国联盟、青年社会党人联合会、社会民主党人戒酒会"维尔丹尼"和斯德哥尔摩工人图书馆联合会。

这次大会一致决定建议主要组织建立一个全国图书馆工人联合会和召集全国图书馆工人联合会代表会议。规定已经拟定。所有主要组织都加入了这个教育联合会。每个主要组织为它的成员每人每年缴纳3欧尔（相当于法郎的4分钱）给联合会。

联合会由一个中央局（经理：理查·桑德勒议员）和一个理事会管理，后者由每个主要组织派一名代表组成。

党的总的意见是：我们已经成功地找到了一个办法来解决代表大会和各组织大会长期讨论的一个问题。

书籍问题。

还有一个重要问题在1912年也得到了解决，这就是书籍出版问题。鉴于社会民主党的三个图书馆不可能连为一体，党的执行委员会将党的图书馆改造成一个由三个股东组成的公司，还有几家私营合作者和全国联盟加入。党的理事会持有大部分股份，因此确定了它的董事和会计长。希望党对它的改组感到欣慰。在将要出版的书籍中，有卡尔·马克思的《资本论》；恩格斯和拉萨尔最重要的著作；科拉迪的《革命》；考茨基、倍倍尔的部分著作等。

党的科学评论。

党的科学评论杂志《时代》，1912年发行2300份。这一出版物的年度赤字减少到1388法郎。

反对生活费昂贵的斗争。

党在市政管理中采取了各种措施缓解生活费昂贵。党的执行委员会甚至发表了一个宣言，向人民揭露造成高物价的原因以及所采取的缓解措施。很多地方召开了关于这个问题的会议。在这方面还提出了减少关税的要求，以及同食品巨头的涨价行为斗争的最必要的社会措施。

市政代表。

1912 年，社会民主党的市议会议员从 229 人增加到 339 人。担任各级城市官员的社会民主党人从 409 人增加到 471 人。至于农村地区，农村议员的人数从 30 人增加到 68 人，城区议员（城市）的人数从 57 人增加到 59 人，在行政管理机构任职的人数从 272 人增加到 308 人，担任其他各种官职的人数从 1754 人增加到 1910 人。

党的刊物。

社会民主党有 7 家日报，共计印刷了 88000 份。有 7 家报纸每周发行 3 到 4 次，印刷 32000 份。青年社会民主党人联合会有一家周报，印刷了 20000 份。妇女刊物是一个月刊，发行量为 5000 份。社会民主党戒酒者出版一份周报。工会报纸由工会联合会按照社会主义精神编辑出版，发行量达 153000 份。

党的实力。

1912 年伊始，党拥有 57721 名党员，分别属于 427 个地方劳工联合会。在这一年，成立了 96 个新的地方联合会，同时有 43 个地方联合会消失或解散。在 1912 年底，党拥有 61898 名党员，分属于 480 个地方联合会。

党的财政状况。

在 1909 年大罢工期间和之后，受到削弱的党的财政状况在 1912 年大大改善，党的收支出现大笔结余。

党在 1913 年的活动。

现在我们还不能准确地谈党在 1913 年的活动。不过，我们必须指出的是，党开展了大量的教育工作，这是为党的改组所做的准备工作，党扩大了它的宣传工作，而且最终为明年大选做了准备。

党与总同盟合作，为巴尔干组织、比利时大罢工以及其他类似目的筹集了 20833 法郎。

工会行动

工会组织的有效行动。

瑞典全国联盟关于 1912 年活动的报告已于 1913 年 8 月出版。

报告强调了一个事实，即自 1909 年总罢工以来，一致压抑的工作心态已经改善，工会正在焕发活力地开展活动。由于这些原因，在劳动市场状况转好的影响下，会员人数缓慢而稳定地增长。因此，截至 1912 年底，全国联盟拥有 85522 名会员，也就是说，增加了 5596 名会员。

失业与罢工。

在报告所说的时间里，发生了两起大的雇主同盟歇业事件，工人坚持抵制到最后。一个事件发生在面包制作厂，它持续了 16 周，造成 167369 个工作日损失。另一个对裁缝们造成了打击，在有些地方持续了 2 周，在有些地方持续了 3 周；它造成了 12904 个工作日损失。全国联盟所属的工会联合会参与了 345 个运动，其中 75 个是罢工，28 个是同盟歇业，242 个被解决而没有发展为公开冲突。因此，有 72% 的运动有 68% 的会员卷入，通过谈判解决了问题；还有 20% 的运动有 32% 的会员卷入，以冲突告终。共损失 272226 个工作日，其中罢工造成的工作日占 43%，为 116157 天；同盟歇业造成的工作日损失占 57%，为 156069 天。

援助。

用于援助的资金为 648113.70 法郎，其中 276396 法郎用于支持罢工，占 43%；371717 法郎用于支持抵制同盟歇业的工人，占 57%。为了筹集这些援助资金，联盟决定每个会员今年缴纳 6.25 法郎会费。联盟通过这笔会费筹集到可以支配的用于支持各种斗争的资金 97695.69 法郎。在反对同盟歇业斗争中，全国联盟提供了 247769 法郎直接援助。

冲突的性质。

在联盟开展的 345 起运动中，有 239 起是工资斗争，24 起涉及工资协议实施，17 起是失业或因为对会员起诉引起的，13 起是因为拖欠工资，18 起冲突是为了声援同志而发动的。

冲突的结果。

在所谓的工资斗争中，有 239 起是进攻性的，44 起是防御性的。第一起涉及 774 名雇主和 17849 名工人，其中 11575 人是工会会员；第二起涉及 52 名雇主和 3358 名工人。这 283 起工资斗争使 4203 名会员的工作时间每周减少了 14381 小时，相当于每人减少 3.25 小时。按照工资协议的规定，8593 名会员总共增加了 24419.81 法郎，相当于每个会员同一工作时段增加了 2.85 法郎。协议规定的合同工资表适用于 5955 名会员，4954 名会员的工资增加了，539 名会员则实行新的工资表。2609 名会员的加班工资增加，而且对 2167 名会员适用新的协议。2555 名会员的工伤事故补偿增加，在新的协议里还谈到 2174 名会员。815 名工人增加工间休息时间。工资斗争和其他运动还使 4632 名有组织的工人获得了其他好处。

集体合同。

1912 年签订了 226 个集体合同，其中 194 个是进攻性运动的结果，32 个是防御性运动的结果。有 39 个合同是在罢工前签订的，有 20 个合同是在同盟歇业前签订的，还有 167 个合同是在没有冲突的情况下签订的。

在有 12733 名会员参加的 171 个运动中，雇主是有组织的，在有

6708 名工人参加的 174 个运动中，雇主是没有组织的。

关于罢工权。

关于工会组织行动的其他方面，需要注意的是，全国同盟在致政府的一封信里坚决要求国家机构承认工人和雇员的罢工权和谈判权。

人民之家。

全国同盟拥有并管理一个特殊的基金，用于支持人民之家联合会的贷款谈判。每个缴纳全额会费的工会会员每年给这个基金交 33 分。1912 年提供的贷款是 52134.36 法郎。截至今年年底，贷款总额为 281121.53 法郎。

工人运动档案。

社会民主党和全国同盟所建立的工人运动档案，在报告所涉及的这一年里增加了 3583 份新文献。截至 1912 年底，收集肖像 2446 幅，底片 550 帧，图书馆拥有 5180 册图书。

指导与教育工作。

全国同盟还支持一般教育运动。它组织了有关社会问题的 20 次大会，参与了创建"劳工教育工作全国联合会"和一个劳工出版商组成的公司。

收入和支出。

1912 年，全国同盟的各联合会共收入 2701348.20 法郎，支出 2186766.50 法郎。截至 1912 年底，每个会员平均拥有现金 21.07 法郎。除了用于冲突的补助，各联合会用于失业的支出为 290033 法郎，旅行支出 9453.40 法郎，疾病基金 11421.50 法郎，法律事务 102488.88 法郎，宣传 68730.63 法郎，工会报纸 102490 法郎。

其他情况。

在还未加入全国同盟的两个联合会中，排字工联合会今年召开代表大会，会议宣布明年将宣布目前的全国工资表无效，并要争取实行新的工资表。另一个联合会，即铁路工人联合会目前正在进行有关私营铁路职员工资协议和其他要求的谈判。

合作运动

从1913年6月瑞典合作社联合会发表的1912年报告里，我们注意到以下情况。

支持合作社的宣传活动。

瑞典合作社联合会在这个方面花了15944法郎，这还不算在初等和高等学校、各种学习班的讲座和研究俱乐部活动上所花的钱，它举行了707次讲座，有37个人进行了讲座，有68456人参加了讲座。

此外，联合会还借助报刊（它办了报纸：《合作社员》和杂志《消费者杂志》）、书籍、小册子和一种发行量很大的日历开展宣传。

联合会的有生力量。

合作社的数字从492个增加到524个，社员人数从104511人增加到116012人。1913年7月1日，合作社的数字是543个，社员是128757人。

批发合作社。

它们的营业额从7066326法郎增加到9367149法郎。诺尔雪平建立了一个分社。1912年的纯利润为691778法郎。

合作社联合会资本。

合作社联合会资本增加到279091法郎，股本金为285805法郎。

联合会储蓄银行。

1912年，存款额为2094575法郎，提款额为1605694法郎。手头现金为1927436法郎。

瑞典合作社联合会是自治的独立的，但是它的有影响的社员都是社会民主党人。联合会与党和工会组织之间的关系非常亲密,所有的组织都是相互支持的。

14. 丹麦

1913年2月11—15日,**党的代表大会**。丹麦社会民主党从1913年2月11日至15日召开例行代表大会。

394名代表出席,其中320名是正式代表,48名党的中央委员会委员、国会议员和特邀代表。

党拥有402个社会民主政治协会,超过50000名党员。

大会处理一系列重要问题:

党的纲领;宣传;合作行动;党对土地问题的态度;社会民主党刊物;未来议会工作;组织章程和条件,其中摆在第一位的自然是关于下届议会选举的策略。

市镇选举

3月的头两周,全国各地举行市镇选举。这些选举活动的组织采用比例代表制,各政党和其他组织提出候选人名单。

全国被分为1200个选区。有610696人投票,其中社会民主党获得160818票。(城镇选民是年满25岁的所有纳税人和其丈夫有投票权的已婚妇女。)社会民主党有1083人当选城镇议员,117人当选地方议员,总共拥有1200个议席。与1909年比较,得票增加35000票,议席增加300个。

哥本哈根市议会有55名议员,其中社会民主党占27人,得票55181票,保守党占22个,虔敬派教徒1个,激进左派5个。议会主席由社会民主党人担任。

全国工会中央

集中制的工会联合会于去年4月22—26日召开年会。这个中央工会拥有52个联合会，5个独立职业工会，总共有107067名会员。另外还有25000名有组织的工会工人没有加入中央工会。

367名代表出席大会。辩论的主要问题是党的改组问题。有个委员会建议坚持在过去15年里已经形成的形式，因为它看起来对组织和党员都很适用。有条不紊地帮助支持劳工斗争是现存事物秩序的一个更高的原则，而且由于这个原则必须坚持下去，和它有关的其他规定也必须坚持下去。委员会提出的建议和一个关于工会运动的类似决议案被绝大多数代表接受，文件文本如下：

"大会同意1913年社会民主党代表大会所通过的关于工党对工会运动中的立场的决议，并补充指出，考虑到现存条件，工会组织今后像现在可以预见的那样，努力通过与雇主签订协议来解决劳动问题。

因此必须尽可能反对一切相反的努力。"

议会下院选举

5月20日举行议会下院选举。下院有114名议员。所有年满30岁的人都有选举权。丹麦选民人数（不含法罗群岛）为488087人，其中366000人投票，占75%。

社会民主党在68个选区推出了候选人。有32人当选。社会民主党候选人总共获得了107365张选票。温和左派获得了100000张选票，保守党人获得了82000张选票，激进左派获得了68000张选票。不属于特定政党的候选人获得了其余的选票。

选区的不公正划分是各党的得票数与代表数不成比例的原因。

各党的位置如下：

温和左派　　　　44 席
社会民主党　　　32 席
激进左派　　　　31 席
保守党　　　　　7 席

在 32 个社会民主党胜出的选区中，有 16 个是城市或主要是城市选区，14 个主要是农村选区，包括 1 个二级镇，有 2 个完全是农村选区。

丹麦社会民主党大会决议
关于 P. 萨布勒的决议

党的书记（托·斯陶宁格）向党的刊物和议会党团详细报告了 P. 萨布勒议员的态度，并向代表大会提出了一个决议案，该决议案被 27 名党在国会的议员通过，并也得到党的中央委员会委员（一名委员除外）的支持。

"鉴于 P. 萨布勒议员拒绝回答议会党团在上次会议上向他提出的问题：他是否服从党团规定和党的纲领？

而且，鉴于 P. 萨布勒数次向资产阶级刊物提供关于党团辩论的消息，而且还是不准确的消息，党团决定：

如果 P. 萨布勒拒绝服从党团规定和党的纲领，或者如果他给资本家报刊提供国会社会民主党党团的消息，他将被认为不再属于国会社会民主党党团。"

这个决定将提交社会民主党代表大会。

对这个决议的记名投票结果是：赞成 253 票，反对 51 票；弃权 28 票；缺席 36 票。

选举策略

大会批准了社会民主党国会党团对宪法的态度，并宣布因为今后的选举对国家的民主和社会发展极其重要，今后的选举策略必须造成这样的事实，即必须尽可能地削弱保守党对普选权胜利的抵制，并为迅速实施政府所提出并为议会所通过的宪法创造最有利的条件。如果政府坚定地实施这部宪法，大会宣布，社会民主党在所有选区以及——按照要求——在下面一系列新选区推出的国会议员候选人的人数将和1910年一样：

鲁斯韦兹比、凯隆堡、灵斯泰兹、米泽尔法特、霍鲁普、腓特烈港、阿尔斯、尼伯、斯基沃、松德维涅、勒沃尔、布拉德斯特鲁普、霍森斯、朗科兹、日乌、温讷鲁普、巴克、里伯、瓦尔德、约灵和霍尔拜克。

此外，大会决定，全国所有选区的最终策略，由各区地方组织委员会和党中央委员会在选举时的政治形势的基础上协商而定。

（记名投票以287票赞成和54票反对通过）

致丹麦人民的宣言

在上次国会选举前召开的社会民主党代表大会这样描述国会刚刚通过的军事合同：尽管它需要大笔钱，但是它不会让一个选民高兴，甚至会遭到军事专家的指责。大会向选民发出的宣言接着指出，1909年选举时被隐瞒的国家财政状况现在非常明朗了，因为1908—1911年期间出现了1亿克朗赤字。大会认为，丹麦还不能在满足社会和教育支出的同时发挥一个军事国家的作用，那么，结果只能两者选一：要么新征巨额税，与此同时搁置社会改革立法，要么大幅度削减军事用途的支出。

过去三年证明，我们的代表大会的观点是完全正确的。不幸的是，1910年5月20日国会选举并没有使军事合同搁置起来，尽管赞成和反对的人数相差并不多，在35万张票中，两者只差2万票。这个结果，即1万选民按照过时的惯例再次投票支持左派（温和的）和支持右派的事实——尽管他们的利益毫无疑问要求他们支持反军国主义的党，是新增了1800万克朗的税收，而其中六分之五间接地落到丹麦人民身上。不仅社会法律被搁置起来了，而且过去几年还出现了一股反动逆流,它严重地阻碍了已经取得的成果,强迫改变甚至完全废止了现行的社会法律,比如关于被迫失业救济的法律、关于疾病保险和互助会的法律等;还有一个事实,即他们一再试图完全取消老年救济,不是去完善它,而是要用强制保险取而代之,后者缴费很高,连最穷的人也要被迫缴费,而没有在限定性条件方面加入关于缴税的考虑。最后,最近发生的事件还说明,1909年缔结的军事合同是何等的站不住脚和不确定,而且作为曾经支持合同群体之一,右派正在试图躲避所有的让步,并掀起了一场争取建设巴罕逊舍琴要塞的荒诞斗争,这场斗争如果胜利了,将需要新增数百万克朗的税收,唤起对国家的极大不信任和邻国对丹麦的不信任,进而可能把丹麦拖进一场欧洲冲突。

这说明我们上次大会宣言的预言在多大程度上得到了实现。我们确信,由于这些事实,数百万选民,在1909年还被不需要加税的承诺所说服的选民,或者被激进社会主义多数的影响的疯狂想象吓坏了的选民,今年会转而接受反军国主义思想,几乎所有农业居民都接受这个思想,而且这一直是工人阶级明智而审慎的政策。

但是执政左派即使继续和右派联合,也可能在下次选举中失去多数,这种可能性终于使一部分左派及其内阁明白,只有回到过去的民主政策——至少在一个重要的问题上——才可能避免有灭绝危险的失败。

7年过去了,选区问题及其所带来的宪法问题,已经发展到再不解决已经不行的成熟状态。而正是社会民主党在1905年提出了选区问题,在1907年提出了妇女、佣人和青年选举权问题,最后,在1909年提出了彻底的宪法分权和废除投票特权的要求。

政府现在把选区问题和有关修改宪法问题窃为己有,尽管它的议案没有完全实现我们关于宪法的想法,但是与现状相比,它至少显示了一种真正的进步。由于社会民主党团已经对这个议案表示完全的无条件的赞同,激进派对它也给予了默认,于是造成了这样一种政治局面,在这个局面里,整个左派支持政府的方案,尽管右派强烈抵制并且暗中捣乱,试图用所谓的防御问题堵塞民主解决宪法问题的道路,但是我们说,政府如果愿意坚定有力地继续推进它的任务，如果它的党与激进派、与社会民主党联合起来维护政府方案最重要的内容，它仍然有迅速解决的最佳机会。

大会希望，政府能把这个重要问题变成一个成功的问题，而不能让那些反对这个问题的人拖延它的解决，或让问题的解决走上邪路。保守集团所提出的修宪主张，几乎排斥了整个小农人口和整个工人阶级排斥对上院的选举权，剥夺了下院对国家的影响——对持续一代人的斗争的影响，取消了普选权中批准各种税收的权利，在宪法的一个重要的问题上，希望重建国王的个人专制，所以这样的主张是对丹麦人民的侮辱，必然遭到他们的坚决反对。因此，如果保守党开始在议会竭力拖延，在这个问题上歪曲事实，大会希望政府运用它所掌握的一切宪法手段采取有力的行动。对于正以怀疑的眼光审视改变一种制度的政策的大多数人民来说，这个行动是政府开始认真工作并且毫无疑问会取得最终胜利的保障。在这个基础上，一场对议会的斗争将把大多数选民与政府方案结合起来，工人阶级甚至要为取得上院多数而作出更大的牺牲，以便通过这个议案。

如果这个目标达到了，未来将属于社会民主党，而且为了劳动人民的利益，还有其他重要的职责要履行。当最重要的政治问题找到一种暂时的解决办法的时候，所有政党将在普选权的共同舞台上开展争夺，社会问题以及军国主义问题将以不可抗拒的力量出现，而且为了使社会改革获得必要的资金，必须消灭军国主义。保守党人所掀起的歇斯底里的"防御运动"实际上只不过是上层阶级维护其政治和社会特权的阵发性的尝试。这些特权现在岌岌可危，但是在头脑简单的人听来状况很好，好像说它关系到"祖国"的未来。

社会民主党最重要的职责之一，是从爱国主义脸上撕下歇斯底里的面罩，把劳动人民团结起来开展反对现代军国主义的斗争，军国主义是资本主义的结果和捍卫者。

比较重要的是目前政治形势强加给所有社会民主党人的策略思想的那些职责，更重要的是我们必须保持和巩固我们的组织，办好我们的刊物，促进宣传工作。

大会要求全体同志们坚定地团结一致，继续奋斗，争取社会主义的胜利，从而实现政治和经济解放。

丹麦社会民主党万岁！

国际社会主义万岁！

合作运动

大会赞成国际社会党历次代表大会的决议，并且强调合作运动在争取工人阶级解放的斗争中是一个有益的辅助手段。

大会对有关委员会所完成的工作表示敬意，但是它认为，目前的条件对建立社会民主党指导的合作社并不利，因为为了要建立形式上符合要求的合作社，必须要有非常广泛的经济基础，而且因为这个事业可能会被看成是与业已存在的食品会社的竞争。

鉴于此，大会认为对现在的合作运动保持一种期望态度。

党的薪水状况

为了开展工作，委员会收集了关于支付给党的机要人员的各种薪金与工资问题的信息。如果前一个委员会为这个位置上的党员所确定的最高收入被认为是合适的，那么，从现任委员会的信息中得出的结论是，一个党员只有在哥本哈根才能得到较高的收入，而且这个收入由议会补助和他做报刊工作的报酬所组成，它是若干年前报刊委员会确定的。所以总的来讲，所收集的信息并没有为有关机要人员薪水高的传言提供依据。

因此，大部分委员不建议大会同意为在各个领域里工作的党员确定一个工资级别或最高工资，但是另一方面，他们建议，像过去那样，任命党员担任这样或那样职位的机构按照有关职位的能力、责任和重要性来确定薪金，这些机构本身要保证有关党员不能从事其他领域的活动，以免妨碍他们圆满完成他们所负责的工作。

关于这一点，委员会冒昧地向大会提出了如下建议：

"大会同意上述考虑，转入议程的下一项。"

下届议会活动

鉴于社会民主党的议会活动对党的宣传具有异乎寻常的重要性,并且直到目前结果一直明显地有利于劳动人民的事实,大会决定,向议会党团发出要求,通过提出新的议案和干预其他执政党议案的讨论,为社会民主党的主要主张进行斗争。

在目前形势下,社会民主党议员最最重要的任务,当然是为尽可能地为废除选举特权和建立城镇选民平等的选举权制度而斗争。

此外,大会支持社会民主党议员所提出的通过救济寡妇子女与学校食堂的法案的要求,现在非常需要这个法律,因为资本主义社会混乱无序、缺乏保障。最后,大会提出注意下列任务,它们很快会使自己占据突出的地位:

1. 民众教育的改进,学校管理的协调,居民对学校视察员的影响,宗教检查的废除,社会指导的推行,以及与教育有关的其他改革。
2. 对达到法定年龄的青年进行指导。
3. 对一切儿童收养与照料机构的公共控制。
4. 废除或减少间接税。
5. 对土地价值实行累进税,作为社区补贴。
6. 接管垄断行业和可以垄断的行业。
7. 修改学徒法。
8. 扩大学校在童工和少年工方面的限制。
9. 实行最长法定工作日,扩大有害于健康行业和持续劳动行业的劳动保护。
10. 包括家庭佣人在内的普遍的劳动保险。
11. 废除军队司法,改革刑法、军事和民法典。
12. 增加医院和医务室。

考虑到各委员会现在讨论的重要问题——土地、受托人指定、老年病残人状况、医疗问题和医生问题等——强烈地期望我们党的议员重视社会民主党的思想,努力按照我们的纲领解决这些问题。

大会表达了一个愿望,即我们党在国家和市镇政府的机要人员要反对实行一个规定,即某些公共职位和职务的申请人要获得任职资格,必须曾经在军队服役。

组织形式

丹麦社会民主主义工人运动在达到目前阶段之前，经历了自然的逐步发展过程，而且运动始终有机会遵循成员们所认为的最有功效的策略。对工人来说，他们的工作要得到更多的利益，他们要在国家和市镇政府拥有影响，政治与工会运动密切的共同行动具有极其重要的意义。

今后，社会民主主义工人运动必须一如既往地努力加强政治与工会运动的内聚力，为此，要运用一切手段鼓励工人阶级在社会上发挥作用，设法在经济和教育方面提高工人的地位。

由于其间还兴起了一个工会运动，它的目标是破坏工会的组织团结，削弱工会组织共同努力的效果，阻止各组织募集支持罢工与同盟歇业的资金，挫败社会民主工党纲领在参与政治行动方面的实施和在我们的组织及其机构内散布不信任情绪，大会宣布：

加入工会组织与一个社会民主党党员的尊严是势不两立的，必须用一切手段同这个运动作斗争。

由于参加社会民主主义政治组织对于工人阶级政治解放事业是极其重要的，因此，大会指望工会组织帮助，让所有工人加入社会民主主义工会，以便这个全国性政治组织执掌政权，如果与组织在工会中的会员相比，它已经胜利在望了。

1913年3月，**城市选举**。

社会民主党人在城市选举中非常成功。他们在哥本哈根的议席数量从15个增加到27个，议席总共有55个。

他们在各省也取得了进步。在下面几个城镇选举中，社会民主党取得了多数：科瑟、赫尔辛格、埃斯比约、霍森斯、锡尔克堡、尼雪平、奈特维德、阿灵厄、哈斯莱乌、纳斯肖弗、灵比。

1913年4月23日，**丹麦工会代表大会**。

丹麦工会代表大会在哥本哈根举行。460名代表出席，代表了107067名会员。

15. 荷兰

1913年3月22—24日　社会民主党代表大会。

荷兰社会民主党第十九次代表大会在乌得勒支举行。

根据年度报告，1912年支部数量增加了31个。截至1912年底，有234个支部。党员15667名，而1911年是12592名。1912年有女党员2047名，而1911年有1500名。1912年党员交纳党费总额7036盾，而1911年为5400盾。党在4个省的省议会拥有22个议席，在75个市镇议会拥有185名议员。

关于议会选举的决议

荷兰社会民主党代表大会，

对待1913年立法选举持如下态度：

鉴于，我们时代的社会现象，以及所有现代国家资产阶级使用国家权力的方式，越来越证明社会民主党纲领的正确和工人阶级开展夺取公共权力的斗争的必要性；

在工人阶级生存需要不断增加的情况下，普通食品价格的持续上涨，战争和始终存在的战争危险——这是帝国主义的结果，难以承受的军事税收的增加，把更加沉重的负担强压在工人阶级身上的税制，大众指导的绝对不足，最必要的社会改革的拖延实施——所有这一切使得资本主义和资产阶级统治制度越来越难以忍受；

认为这是有必要的，即为了工人阶级，为了在现存社会制度下不可能获得富裕的生活和充分发展自己才能的那些人的利益，现在的选举可以使荷兰社会民主党以更强大的力量重返议会，这样，他们可以焕发活力，开展反对资本主义和军国主义的斗争，争取工人的政治解放，实现有力的社会改革。

大会宣布，这些选举的首要目标必须是不折不扣的男女普选权，不要削弱第二院或加强第一院的地位；

进而，自由贸易和普通公立学校的地位必须加以保护，免受攻击，并且从1914年1月1日起，必须努力通过扩大第二院已经批准开始实施的养老金，通过紧急措施，取消其中的塔尔玛计划，为有需要的老人建立国家养老金。

此外，大会认为，在坚持我们的行动纲领，开展争取法定十小时工作日斗争的同时，由于修改宪法的问题现在还悬而未决，投票问题列入议事日程，在这个问题解决之前，政府或议会讨论重要的法律是不恰当的。因此大会决定，在投票时只支持这样一些资产阶级候选人，他们：

1. 承认将男子普选权写入宪法，废除将女子排除在投票之外的宪法规定，并规定不以最低社会福利为基础将女子排除在选举法之外是紧迫的要求；

2. 反对通过修正案或其他方式加强第一院的地位的任何做法；

3. 宣布他们绝对赞成上面提到的关于国家养老金的要求。

要求党的中央委员会为了工人阶级的利益贯彻这个决议。在必要的时候，为了实现与我们党的追求相符的结果，授权党帮助某些遵守上述条件的候选人，条件是他们的党要给我们党的某些候选人提供同样的帮助。

大会呼吁工人阶级、一切反对资本主义的人、一切捍卫普选权、国家养老金和其他社会改革的人，一切反对军国主义和食品税的人，在这场选举斗争中，把他们的力量像一个人一样在社会民主工党周围团结起来。

关于各省选举的决议

荷兰社会民主党代表大会，

对于1913年各省选举持如下态度；

鉴于：

下届各省选举具有非常重要的意义，因为选举4年之后，各省议会将有权：

1. 选择三分之一的第一院议员，第一院将讨论宪法议案，并可以在它们最终被第二院采纳之后通过简单多数通过或否决；

2. 如果在强制解散议院之后采纳这些议案，要挑选新一届第一院议员，而批准这些议案，再需三分之二投票，所以掌握第一院三分之一的投票仍有权阻止修改宪法，从而实现普选权；

珍重地呼吁党员和捍卫真正的男女普选权的人们全力支持社会民主党候选人竞选，他们的选票只投给这些人，而这些人必定会将第一院委托给那些支持将男子普选权写入宪法的人；反对将在宪法中排斥女子选举权，规定不得因社会福利少而将妇女排除在选举法之外，并反对通过修正权加强第一院的地位。

关于参加节庆活动的决议

鉴于党员由于承担党所指派的职务而应资产阶级当局邀请参加官方仪式和节庆活动，必须采取他们所代表的党的战斗性所决定的立场；

期望它的议员和其他机要人员：

1. 他们要在不会妨碍严格履行他们的官方立场所带来的职责的条件下参加他们不能回避的一切活动；

2. 在不确定的情况下，他们要按照这样一种思想行动，即一个从事无产阶级斗争的党自然只能从敌人的角度看待资产阶级政权的代表——只要他们以这个身份出现，而且反对他们是党的使命；

3. 对于资产阶级当局举行并给他们发出邀请的仪式和节庆活动，如果这些活动不在上述第一条所提到的范围之内，参加活动可能会在党的斗争和阶级觉悟方面对党造成伤害，他们应在对这些敌人表示适当礼貌和尊重的同时拒绝参加活动。

1913年4月5—6日，社会民主党第四次大会在阿姆斯特丹举行。根据年度报告，党在1913年2月15日时拥有533名党员，而1912年4月1日时拥有511名党员。

1913年2月23日，全国工人阶级在阿姆斯特丹举行反对反动政府的激烈示威。

1913年6月2日，**支持普选权示威**。

荷兰不同城镇举行示威。其中乌得勒支、莱顿、哈勒姆、赞丹等地的8000名工人参加了在阿姆斯特丹举行的示威。

鹿特丹的示威有5000人参加，阿纳姆有2000人参加，格罗宁根有1500人参加，吕伐登有2500人参加。

1913年6月25日，**立法选举**。

左翼在选举中获得决定性的胜利。左翼由37名自由党集团的成员和18名社会主义者组成。他们掌握了55个议席。

19. 土耳其

1913年5月1日，**君士坦丁堡工会联盟宣言**。

"同志们！

自从我们具有了阶级觉悟，为土耳其工人阶级的公民权而共同进行斗争以来，我们第三次利用机会举行示威游行，反对当局对劳动大家庭的剥削和压迫。

1913年五月的第一天，我们遭受了深重苦难和巨大灾难，巴尔干资产阶级和封建势力为了他们的帝国主义利益，对我们的阶级犯下了滔天罪行，给我们造成了这些困难和灾难。

现在是我们完成其他人所忽视的任务的时候了，我们有义务树立一个让其他人追随的榜样。

让我们起来抗议我们的统治者的罪行，反对对我们劳动力的剥削，反对巴尔干军队的战争和工人的敌人的反动行为。

让我们行动起来，争取我们的经济、精神和政治权利。我们要坚持五月第一天的活动，让资产阶级及其政党听到被剥削者威胁的抗议声。

土耳其工人们！醒来吧，倾听你们兄弟的呼声，他们像你一样生活在苦难和被奴役之中。

我们现在的苦难和不幸不是复仇之神造成的，它们不是对我们的罪孽的惩罚。它们是敌视我们的阶级、富有阶级、统治者造成的，他们的残酷而极端的利己主义，驱使他们把我们当成他们的奴隶，这样一来，由于我们的贫困，他们才可以过上奢侈的生活。

醒醒吧！加入我们的队伍，组织成工会，行动起来，反对我们的敌人！

巴尔干的孤儿们！记住，我们的父兄是被迫按照我们暴君的命令在战场上相互厮杀的。让我们发誓团结起来，让我们一起为了解放而奋斗。

国际的同志们，今天我们请求你们对我们反对不平等的斗争给予道义上和物质上的帮助。

用你们的书籍、你们的报纸和你们的小册子等鼓舞我们，保证此时在最沉重的奴役下呻吟的你们的东方兄弟在条件好的时候帮助其他人，就像其他人今天帮助他们一样。"

致所属各党书记和代表

亲爱的同志们，

请允许我们向你们提交下面这份关于萨洛尼卡社会主义劳动联合会所采取的反对军国主义的和平行动的报告。

谨致以兄弟般的敬礼

社会党国际局执行委员会
爱德华·安塞尔
埃米尔·王德威尔得
路易·贝尔特朗
书记 维克多·塞维

致布鲁塞尔社会党国际局

　　正如我们在前几封信里告诉你们的那样，协约国对土耳其的宣战彻底打乱了我们的经济生活，整个工人阶级完全失去了组织。成百成百的年轻人（工人）被征入伍，其他人则被迫处于无所事事的状态，因为我们城市里的工厂和作坊都关门了。

　　在宣战前已经存在的冲突，现在变得更加激烈了，对于我们最大的工会，烟草工人工会来说，尤其如此。长期的无所事事和工会资金缺乏造成几个组织完全瓦解。此外，各种不幸以及随着瓦解而来的痛苦降临到我们可怜的人民身上，使所有工人的士气受到重挫。但是所有其他还受到一个更大的灾难的影响，以至于工人阶级的一切行动完全停止了。

　　希腊人进入我们的城市如同采取一系列强制措施，使我们的运动受到严重挫折。

　　首先，宣告了最严密的围困状态：没有会议，没有集会，没有开会，没有讨论，因此一切活动中止了。这在一定程度上是我们运动的死亡。我们在那个时期只能通过联合会机关刊物发出生命的迹象，而它也受到了严格审查。希腊政府非常仁慈宽厚，甚至建立了对我们的报纸《前进报》更严厉的审查制度。我们被禁止不许写关于形势的任何文章，他们甚至禁止我们刊登有关主仆冲突或外国社会主义宣传的信息。

　　显然，希腊政府简直安定不下来，它开始害怕我们，反对我们，千方百计让我们消失。

　　证明这一点的事实举不胜举。尽管在主仆冲突中，政府歇斯底里——这也是它的特征，并且还摆出工人阶级最大保护者的样子，采取了有利于主人的明确立场，结果是冲突工人受到迫害。希腊国王的警察是非常聪明而忠实的工具。有 76 名工人被无辜逮捕，但关了一两天后被释放了，因为没法对他们提出指控。有一名工人甚至连续被逮捕了7次。有29名工会会员在警察局遭到可恶的虐待，被打的遍体鳞伤。他们中间只有3个人得到医疗证明。在我们反复抗议的时候，政府总是宣称我们应该满意了，这些事情不会再发生了，但是又总是一发再发。这是一种非官方的迫害政策。

尽管针对我们采取了措施，但我们不能因为怕死而退缩，我们不能让工人阶级陷入完全无组织的状态。于是我们开始了和平组织工作，而且我们不顾政府的限制举行集会，我们还秘密组织了一系列讲座，虽然它们都是教育性的，但是同时也有利于在工人中保持社会主义的信仰。

还有探子干扰，我们很难躲过警察的迫害。

在停战时间，我们的俱乐部的存在相当令人振奋，它成了所有保加利亚、塞尔维亚和希腊社会党同志聚会的地方，这些人都在经过我们城市的军队里当兵。我们通过他们了解到一些绝对无疑的事实——"解放者的军队"所犯下的暴行，其中有些在给社会党国际局的报告里谈到了，后者已经发表了这份报告。

但是政府针对我们的迫害活动在5月1日具有一个特殊之处：书报检查审查严格禁止我们向工人阶级发表请他们把5月1日当做一个假日而不要去工作的呼吁；他们甚至禁止我们在我们的报纸上刊登关于5月1日的任何信息。我们要求组织集会的申请被驳回了，而各种民族主义组织此前为各种其他目的举行集会的申请都被批准了。因此，我们进行了强烈抗议，我们很难得到允许，条件是我们要服从政府专门派遣的两名官员的控制。然而，这并没有阻拦住我们坚决反对所有战争罪行，抗议为了发动目前的战争所搞的各种花招。

我们的宣言也是我们受迫害的原因，最终，经过我们的一再要求，没收我们报纸的命令被撤销了。

由于这些事实，你们能理解我们为何不能采取行动，而且任何抗议活动都会立刻遭到镇压。我们关于这个问题的文章都被审查枪毙了，甚至连政府的报刊都冷嘲热讽地歪曲我们关于战争罪行的文章，以便欺骗舆论。

我们仍然很重视与赞成建立巴尔干邦联的所有巴尔干国家社会党人采取共同行动。在这个问题上，去年4月，我们给巴尔干国家的所有成员党和国际写了一封信，征求他们对采取共同行动建立巴尔干各国之间关税联盟、建立更加紧密的关系、建立一个为支持巴尔干邦联而斗争的委员会的意见。

我们只收到了保加利亚两个社会党派别的答复。他们表示赞成，但是两派都认为，在总动员结束之前，一切行动都是不可能的。

新的战争最不受那些已经对苦难感到厌倦的民族的欢迎，但是他们充满渴望，被贪得无厌的统治者煽动，而且对政府对我们国家的社会主义运动的镇压感到愤怒。

军法变得更加严厉了，暗探数量增多了，我们的一切活动都受到了监视。更糟糕的是，好像我们被怀疑支持马其顿，我们甚至受到恐怖报复的威胁。

我们的联合会很大一部分是犹太人，有一个人数很少的保加利亚人支部，另外还有极少数人是希腊人和穆斯林，因此我们经历了一场严重的危机。保加利亚人支部完全瓦解了。我们的大部分同志从战争一开始就被征入伍，其他人就像"土匪"① 一样被抓起来投入监狱。然而，面对我们的一再抗议，政府除了说"我们逮捕他们是一种预防措施"之

---

① 土匪（comitadjis）在保加利亚语、马其顿语、塞尔维亚语、罗马尼亚语、希腊语、阿尔巴尼亚语中都有，土耳其语的意思是"委员会成员"，指奥斯曼帝国后期在保加利亚活动的造反者，他们反对土耳其政权，得到周边国家政府特别是保加利亚政府的支持。这个词还被用来指1876年保加利亚四月起义期间的保加利亚革命中央委员会成员，在俄土战争期间保加利亚土匪，等等。——译者注

外,拿不出任何指控。我们的宗莫夫同志甚至被驱逐了。

希腊当局在迫害我们的时候并不想被人看成他们是在迫害社会主义。不过,他们鼓励希腊劳务公司——一个完全由希腊雇主管理的彻头彻尾的民族主义渊薮,让他们看上去像是萨洛尼卡工人阶级的唯一代表。这些公司肆意举行各种民族主义游行活动,向欧洲的各社会党发送爱国主义的决议,以来自我们城市的工人组织的代表自居。有些法国社会党报纸甚至发表了后来称作"萨洛尼卡专业劳务公司同盟"的决议。

在经历了如此众多的报复之后,我们的一切行动都是没有意义的,也是不可能的,我们只能眼睁睁地看着在这场战争中犯下的野蛮行为、破坏和灭绝活动,看着无辜的人民饱受残酷与恐怖的犯罪行为的折磨。

我们注意到保加利亚人的残忍是众所周知的,由于希腊人狡猾地操纵了欧洲报纸,希腊人和塞尔维亚人所犯下的骇人听闻的卑鄙无耻的种种暴行在文明世界从来没人讲述过。

这里只想引用一个例子,我们请你们注意下面这件事来自绝对可靠的来源:

在希腊军队进入基尔基齐的时候,希腊先头部队屠杀了一些穆斯林,目的是为了向士兵展示保加利亚人的凶残暴行,煽动他们的爱国主义情绪,同时,也是为了给他们彻底摧毁基尔基齐镇,将临近村庄的所有保加利亚人斩尽杀绝找借口。这还不是他们所犯下的唯一暴行,而且他们一再到处宣扬。

我们可以说没有一个人确切而清楚地知道在这场战争中对巴尔干和平的人民无例外地所犯下的骇人听闻的暴行。这种忽视之所以出现,是因为没有社会主义报纸的战地记者。

巴尔干各国军队中士兵的不满情绪,成为希腊政府对军队里的社会主义同志非常恼火的借口。最无辜的建议遭到最严厉的处罚。雅典青年社会民主组织原书记乔安兹同志,因为给他的一个朋友写了一封关于形势的信，而被关进阴暗的监狱囚禁了三个月。

还有一个令人厌恶的事实与沃洛的组织有关，后者遭到受政府煽动的爱国居民的石头攻击。政府甚至还强迫该组织高举起上面有一个大大的十字的希腊国旗。

如果，由于异乎寻常的措施和难以形容的形势，我们萨洛尼卡社会主义者不能采取行动反对我们统治者，制止这场新的战争，后者从任何角度看都是灾难性的。现在是社会党国际局和全世界一切有组织的社会党一起尽可能大地向我们提供道义与物质支持的时候了。我们巴尔干社会主义者的物质枯竭和士气低落已经达到最低点。但是蹂躏、破坏和屠杀仍在继续，巴尔干人民的统治者还在挥舞屠刀。巴尔干各国的各族人民毫无区别地陷入了绝望的深渊。

如果举行一次公正的、每个人都有保障的公决，我们确信，绝大多数居民会表示反对"解放者"，赞成自治。

现在需要的是一场紧迫而有力的运动，以便把不幸的马其顿从嗜血成性的巴尔干各国王室的野心使它陷入的痛苦中拯救出来。

致以兄弟般的敬意。

社会主义工人联合会

塞尔维亚

1913年5月29日，**塞尔维亚社会民主党声明**。

为了答复首相在议会的讲话，我们的塞尔维亚同志发表声明如下：

"和过去一样，现在，塞尔维亚社会民主党强烈地要求立即实现和平，全部军队复员，以便士兵可以回去工作。

塞尔维亚社会民主党坚决反对一切分歧、冲突和敌对状态，它们激起巴尔干各国相互争斗，从而导致灾难性的结局。他们宣布赞成所有民族完全的自由和独立，反对废除自治和把任何一种外来体制强加于一个民族的一切企图。

与此同时，它注意到巴尔干半岛表现出民族多样性，几个国家的领土划分，使民族统一不可能实现；相反，每个国家在民族上要从属于一个大的外民族。由于这个原因，塞尔维亚社会民主党坚决反对旨在瓜分巴尔干国家的任何政策。

它强烈地主张建立一个所有巴尔干民族都参加的联盟，并确信只有用这种方式，也就是建立一个巴尔干邦联，每个民族才能成功地自己组成一个民族，并在文化上实现经济发展。大会也将这看做抵御欧洲大国的帝国主义和殖民主义征服欲望，保全自己的强大工具。

塞尔维亚社会民主党对塞尔维亚人和保加利亚人之间自相残杀的战争表示强烈憎恶，对于那些民族，那些明显讲的是一种语言的两种方言，他们的习惯、他们对和平的渴望和工作的协作是一模一样的，他们的文化是一样的，他们的经济是相似的，他们的利益是一样的，对于这样的民族，尤其如此。塞尔维亚和保加利亚社会民主党对统治阶级任何可能导致武装冲突和民族灭绝的煽动都表示强烈的抗议。

为了反对各国王室、资本家集团、军队和雄心勃勃的官僚的危险追求，这些都是对巴尔干各国非常危险的追求，塞尔维亚社会民主党要求，与保加利亚、罗马尼亚、土耳其、希腊、波斯尼亚和黑塞哥维那、克罗地亚和斯洛文尼亚的社会民主党，以及黑山和阿尔巴尼亚社会民主党的进步群众一起，为了巴尔干各国的整个经济和文化发展而建立一个所有巴尔干国家参加的联盟。

这些社会民主党宣布他们支持各民族和平友好。他们宣布，现在，如果各国政府的政策导致冲突和战争，他们要负责任。

塞尔维亚社会民主党与巴尔干各国社会民主党团结起来，从这个讲台——议会讲台——向保加利亚和巴尔干所有其他国家的无产阶级人民大众表示兄弟般的敬意和对和平的渴望，呼吁它们与塞尔维亚和所有巴尔干国家无产阶级团结起来：

以战争对战争！各民族和平！巴尔干各民族在巴尔干共和国联邦中联合起来！"

1913年5月31日（6月13日）声明

先生们：

社会民主党去年秋天就在议会表示反对针对土耳其的战争计划——十天后对土耳其宣战了。

战争是统治阶级的一种帝国主义工具。社会民主党建议巴尔干各民族走另一条解放、统一和发展的道路。这条道路就是民主革命，它将通向一个巴尔干共和国联邦。

因此，社会民主党还证明，对土耳其的战争是以交战国瓜分那个国家的领土为目的的，它的结果是新的冲突和巨大灾难。

社会民主党的预言现在完全被应验了：巴尔干国家的民族解放和统一是没有完成的事实，外国控制被强加到各民族头上，而且因为瓜分被征服领土的问题，协约国的各国政府准备把巴尔干人民拖入一场兄弟相残的战争。这种政策是一种骇人听闻的犯罪，社会民主党反对这种政策，并再次最最强烈地抗议和控告其政策竭力主张一场新的战争的政府。

社会民主党认为，不但政府及其政党，而且一切赞成战争、帮助政府、投票赞成把人民领进屠宰场的资产阶级反对党，都是战争的煽动者。

社会民主党指责政府现在也转向了一场血腥的纷争。但是它也指责资产阶级反对党，他们渴望更多的流血，好像我们直到今天经历并付出牺牲的灾难还不够。

社会民主党在请求巴尔干各民族建立一个完全的共同体，从经济、政治和文化的角度看，一个保障各民族的民族自由和绝对自治，一个以私有财产制度为基础的社会里使它们尽可能地获得进步与发展的一切条件的巴尔干国家的联邦共和国的时候，它不但在履行其无产阶级的义务，而不是把自己限制在其纲领以内，而且在表达整个民族的情绪。

社会民主党反对对巴尔干国家的一切外来干涉,特别是来自最反动的势力的干涉,因此,它恳请巴尔干各民族自己自由地、独立地、民主地、共同地采取主动,以便实现和平和统一,并明确地请求军队复员。废弃的工厂和田地不再被闲置,抚养者回到饥饿的孩子身边,宝贵的生命不受到伤害的时候到来了!

1913年6月14日(27日)声明

我们以社会民主党的名义宣布坚持一个月前在关于帕齐齐报告的辩论时所发表的声明。

在对建议议程进行表决的时刻到来之际,我们宣布反对政府,因为它的政策不能保障巴尔干和平。但是我们也反对反对派的建议,因为后者已经使国家陷入悲惨境地,陷入流血冲突,陷入新的战争。

我们要求和平,尽可能快地实现士兵复员,实现巴尔干各民族的和谐,把他们联合在一个巴尔干国家共和联邦之中。

1913年8月,**社会民主党派给贝尔格莱德市议会的声明。**

市议会社会民主党派将投票反对拨款,因此,也不同意为了颂扬战争而拟议设立的节日,社会民主党在这些战争宣战之前就表示谴责态度,现在它依然谴责,战争虽然结束了,但看不到它不再发生的希望。

设立节日也是为了提高君主制的地位,而社会民主党是君主制的敌人,并且社会民主党认为,在这里,在巴尔干,君主制是巴尔干各民族兄弟般和谐的最有破坏性的敌人之一,是巴尔干各国和平统一的最大敌人。

再者,设立这些节日是为了颂扬作为制度的军国主义而不是作出巨大牺牲的人民。

一方面,军国主义是和平的永久危险,而另一方面,它吞噬并毁灭了人民前所未有的身体的、文化的和经济的力量。

最后,资产阶级希望,这些节日会消除无数家庭的悲痛、孩子要面包的哭喊和对死去的胜利者的等待;它们可以掩盖战争的暴行,并在大部分居民中形成沙文主义情绪，这对实现这个国家的反动计划非常有利，但对对外关系非常危险。

社会民主党反对拟议设立的节日，它请求无产阶级和群众记住倒下的受害者，清醒地看到君主制、资本主义、军国主义和官僚们正在给他们准备的灾难陷阱，为废除现存社会和私有财产而斗争，为人类最庄重的节日、为了全人类准备！

第 12 号通告——1913 年 8 月

致所有成员党的书记和代表

亲爱的同志们：

下面是塞尔维亚社会民主党关于反对军国主义的和平行动的报告。

社会党国际局执行委员会

爱德华·安塞尔

埃米尔·王德威尔得

路易·贝尔特朗

书记　维克多·塞维

致布鲁塞尔社会党国际局

亲爱的同志们：

我们党在土耳其和协约国直接缔结停战协定之前所采取的行动国际

已经知道了。

就在战争状态结束之后,我们党立即通过报刊和集会采取支持建立巴尔干邦联、防止巴尔干内部冲突的行动。

随着与土耳其缔结和平条约的时间越来越临近,协约国之间争斗的危险越来越严重。由于这个原因,我们党在2月、3月和4月组织了许多次集会,发动群众,并且成功地说服他们接受我们的观点。在防止战争的问题上,也对政治领域施加了很大的压力。

这个行动得到我们报刊的有力支持。我们党的日报《工人杂志》全力以赴支持这个行动,努力对无产阶级和人民大众施加必要的影响。此外,我们党还以此为目的,印制了散页宣传品在很多人中间散发。

我们的五一节给整个塞尔维亚留下了深刻的印象,大家都在庆祝它,我们也利用它显示了对维护和平与建立巴尔干邦联的支持。我们也在议会为这个目标不懈地努力奋斗。我们党毫不动摇、毫不怀疑地走上了我们在给你们的声明中所指出并一再重申的道路。

议会没有连续不断地开会。会季在3月、4月和5月开了10天,在6月开了5天,但不论什么议程,我们的议会党团都强烈要求:1. 和平;2. 军队无条件地复员;3. 缔结巴尔干国家联邦协议。我们的议员没有太多地考虑会议议程,不论是采矿问题还是铁路工人问题,或者是铁路交通或预算、拨款等问题,他们总是在议会慷慨陈词,用上面说的三个要求开始和结束他们的发言。

5月29日、6月13日和29日,当议会讨论政府政策和巴尔干半岛现状的时候,机会再次来临,我们党发表了直截了当的声明,其内容已经发给你们了。

我们党在众多有组织的集会上开展活动,并在议会里连续不断地采取行动,积极努力阻止新的屠杀。

尽管有沙文主义者,尽管有以王储为首的好战姿态咄咄逼人的官僚集团，我们党不但说服农村群众，而且说服城市居民甚至军队转而支持它的观点。

尽管遇到很多障碍，我们还是向所有的团和所有的部队发送了我们的《工人杂志》，它对我们士兵的思想产生了相当大的道义影响，以至于军官很快注意到士兵中流行的这种削弱他们战斗精神的思想。

下面的细节最清楚地表明了我们的影响有多大：1. 我们党收到一摞一摞赞成我们主张的来信；有几封已经在《工人杂志》上发表了；2. 在五一节那天，我们党收到军队所有师的贺信，上面有数十、数百甚至数千士兵的签名；3. 在许多团里，五一节被作为节日尽可能地保留下来。在有几个团里，士兵们举行夜间聚会，有人在会上发表关于五一节的讲话。在其他会上，演奏和唱起"马赛曲"。有几个团的很多士兵——在有的团，甚至所有士兵——挥舞着红旗。我们的重要同志，即党的中央委员会委员，和那些还在服役的积极分子自觉地、公开地、决定性地、在危险面前毫不退缩地履行了他们作为社会民主党人的义务。他们之所以这样做，是希望彻底破坏军官集团和沙文主义者煽动战争情绪的努力，目的是敦促政府与保加利亚达成和平安排。

尽管我们作出了努力，不幸的是，战争还是爆发了，而且这场战争的血腥程度是过去几个世纪的历史上难以找到可以与之比拟的。确切地说，这场战争不仅是血腥的，而且是令人憎恶的，是灭绝性战争，造成了数以千计的人死亡。之所以发生对伤员、囚犯、手无寸铁的居民以及儿童的残暴行径，绝不是因为保加利亚人民本性凶残，而是因为司令和指挥官的命令，后者的目的是过度刺激军队。这是一个分化人民的问题，他们的一致意味着王室和掠夺成性的集团的垮台，只有在巴尔干国家分裂的情况下，这种集团的存在才能起作用。

在目前状态下，我们看不到很快和平的希望，尤其是在巴尔干国家。

在我们看来，如果布加勒斯特签署和平协议，这个和平也是有名无实的。如果阶级关系没有建立起来，也就是说，如果没有建立巴尔干共和国联邦，我们将看到争斗还会继续，因为各国王室和官僚资本主义、军国主义集团渴望霸权，这些争斗和战争将彻底耗尽我们的一切，使我们毁灭，最终，我们将被欧洲大国征服并瓜分。

因此，由于对土耳其的战争和协约国之间的战争一样的原因，建立和平是不可能的。所有的国家都追求霸权，也就是对巴尔干国家无忧无虑的绝对控制。但是这种追求将导致巴尔干国家陷入争斗和战争。

只有在巴尔干各国同时革命，才能赶走各国王室和统治集团，建立一个民主政权，取消现存边界，把巴尔干各国在经济上、文化上和政治上联合起来，保障各民族的自由和他们的民族发展，结束巴尔干的流血场面，后者是文明的耻辱，是人类、也是无产阶级事业的最大危险，朝着让它消失的目标，即国际社会民主党正在奋斗的目标前进。

塞尔维亚社会民主党

21. 保加利亚

1913 年 5 月 1 日，保加利亚社会民主党（紧密派）宣言。对土耳其的战争尚未结束，而又一个新的严重危险已经威胁到巴尔干各国人民。

好像——巴尔干各国沙文主义的资产阶级报刊的态度和欧洲大国报刊的报道也证明——巴尔干各国政府渴望让他们的国家卷入一场新的战争，一场兄弟相残的战争。这些国家，也就是说，巴尔干各国资产阶级和王室，昨天还是盟友，今天却成了不共戴天的死敌，已经准备煽动人民相互对立，并把他们赶入血泊。

巴尔干同盟，也就是说，四个国家的统治者和资产阶级之间缔结的对人民有害的条约，是以各国资产阶级和王室自我利益为基础的。独立、民族团结和民族政治经济发展，是巴尔干各民族的存在所必须的。但是各国王室和资产阶级却以牺牲各族人民的核心利益来满足他们扩大支配权力的欲望。毫无疑问，巴尔干同盟和针对土耳其的战争是以征服更多的领土为目的的，并没有考虑民族统一，也没有考虑使民族独立和民族生产力发展成为可能的条件。

战争的结果证明了这一点。在保加利亚占领的国家中，虽然有一些保加利亚人，不过很少，有的根本没有。在塞尔维亚和希腊占领的其他国家领土上，既没有塞尔维亚人或希腊人，或者几乎没有这两个民族的人。锡利斯特里亚及周围地方被送给了罗马尼亚。简而言之，协约国在瓜分被征服领土方面面临严重的冲突。战争是以把基督教居民从奥斯曼帝国的统治下解放出来为借口而发动的。它的目的是巴尔干各民族的民族统一和独立，以及他们的经济力量的发展。

有人告诉我们，战争将实现"巴尔干是巴尔干各民族的"的准则。但是实际上，战争把我们抛入新的政治和经济奴役之中。它使我们面临失去独立并成为资本主义大国的牺牲品的危险。我们没有实现民族统一，反而遏制了民族生活，这个变化为欧洲外交新的阴谋诡计和巴尔干国家经济发展道路上出现新的障碍提供了可能。

巴尔干战争的影响向我们说明，民族的解放、独立和统一及其经济发展是不能通过一场战争来实现的。协约国之间的战争将是一场不同的灾难性的战争，因为它威胁到巴尔干各国的独立，并将使我们处于悬崖的边缘。

社会进步、民族独立与统一，只能通过巴尔干国家联邦实现。

但是资产阶级还根本没有接受这个思想。在征服者的极端自我思想的驱使下，在各国王室的压榨下，在以征服巴尔干国家为目的的资本主义大国的阴谋诡计作用下，巴尔干国家的资产阶级正在给巴尔干人民准备一场将导致他们毁灭的新的屠杀。

保加利亚社会民主党强烈抗议巴尔干各国资产阶级和王室所推行的瓜分和背叛政策。在这个对巴尔干人民极其危险的时刻，社会民主党宣布，它认为只有建立一个巴尔干国家联邦共和国才是安全的。在揭露各国资产阶级和王室的危险政策的同时，社会民主党要求，立即停止战争，缔结关税同盟，成立一个巴尔干各国共同的议会，实行统一的财政政策，所有加入巴尔干联邦的民族完全自由。在这个方面，巴尔干各国特别是塞尔维亚社会民主党的意见绝对是一致的。

我们确信，在经历对土耳其战争的残酷幻灭之后，在经历了这场战争所造成的所有牺牲而没有达到渴望的目的之后，我们确信，巴尔干各民族将接受巴尔干无产阶级给他们提出的政策：这就是建立联邦共和国，这是保障他们的自由、独立、民族统一和社会进步的唯一政策。

打倒战争！和平万岁！联邦共和国万岁！

中央委员会
季·布拉戈耶夫

致各成员党书记和所有代表

亲爱的同志们：

下面提供一份保加利亚社会民主工党（统一派）关于反对军国主义的和平行动的报告。

致以兄弟般的敬意，

社会党国际局执行委员会
爱德华·安塞尔
埃米尔·王德威尔得
路易·贝尔特朗
书记　卡米耶·胡斯曼

1913年7月14（27）日于索非亚

同志们：

目前，巴尔干各国人民正在再次经历一个灾难时期。一场新的战争，比第一次战争更可怕更残酷的战争，已经在昨天的协约国之间进行，战争的目的是为了瓜分马其顿，而且有可能灭绝巴尔干所有居民，并把各国都毁灭掉。这场新的战争在开始头两周受害人数已经超过十万，这还不包括被毁村镇的受害居民。大批村庄和市镇被焚毁，住在那里的大批居民被屠杀。由于罗马尼亚和土耳其军队的入侵，这场危机现在变得更加严重，他们正在保加利亚领土北部和南部大肆破坏，而保加利亚军队正在西部与昨天的盟友作战。

这场可怕的危机发生在预料之中。去年，我们在我们的报告里就说，战争，一旦在巴尔干宣布，将造成无法预料的复杂局面。这是我们请求欧洲集体干预，以便它能迫使奥斯曼帝国进行社会改革，维持其各省人民的自由和自治权利的原因。

显而易见的是，由于缺乏这种可以结束土耳其混乱无序的无政府状态，确保其人民基本安全的改革，巴尔干国家的和平一直受到威胁，邻国的沙文主义者可以找到无数的借口制造事端。

但是欧洲外交未能，或者说没有及时采取行动制止战争。而我们自己的力量则太弱小，不能有效地反对我们政府的沙文主义倾向和战争计划。我们在全国各地组织了一些以"以战争反对战争"为主题的抗议集会；我们每天都在我们的报纸《人民报》上发表坚决反对沙文主义倾向的抗议文章；我们在国会的唯一一名议员，扬科·萨卡索夫同志，在国会发表了反对战争动员和准备的讲话，遭到全体资产阶级议员的围攻。但是所有这一切努力都没有取得实质性效果，主要原因在于我们国家的社会主义运动是分裂的，保加利亚社会主义者不能采取协调一致的共同行动。

令人恐怖的战争爆发了。协约国通过几场血战打垮了土耳其。但是在胜利之后，在瓜分被征服领土的时候，危险出现了。在这个问题上，塞尔维亚和保加利亚之间有一个对瓜分条件作出安排的秘密条约，条约规定，一旦发生纠纷，由俄国皇帝来仲裁。塞尔维亚提出各种各样的理由，要求修改上面提到的条约，以便不受以前承诺的约束；而保加利亚则坚持严格遵守条约。于是，这两国之间的关系紧张起来。在塞尔维亚和保加利亚分歧之外，希腊和保加利亚在萨洛尼卡及其周边地区问题上也发生了分歧。于是，塞尔维亚和希腊缔结了一项共同防御保加利亚的军事协议，这样一来，在昨天的盟友之间形成了以塞尔维亚和希腊为一方、以保加利亚为另一方的两个对立阵营。后来，第四个盟友——黑山——加入了塞尔维亚和希腊阵营。

其间，所有巴尔干国家的沙文主义者在最近胜利的刺激下，完成了他们的肮脏工作，挑起了更大的胃口，煽起了更高的民族主义情绪。形势越来越清楚了，一场兄弟残杀的战争正在迫近。敌对双方开始在准备流血冲突的区域边界两边集结军队。

这种情况持续一个多月了。在这段时间，我们还没有处于作出平息情绪、阻止新的战争的努力状态之中。我们有四分之三的同志已经入伍数月，被迫保持缄默。整个国家处于严厉的戒严状态，禁止公共活动。严格的报刊审查每时每刻检查报刊栏目。我们的日报《人民报》几次遭到禁止，5月份还被暂停出版发行十天。

尽管发生了这些情况，我们还是设法在5月1日出版《人民报》4月13（26）日第95期上，用给各党支部通知的形式，发表了一份反对战争、支持巴尔干各民族修好和睦的呼吁书。在这份呼吁书中，我们要求我们的同志采用一切可能的方式庆祝伟大的无产阶级节日，我们说：

"在这一天，保加利亚工人必须大声疾呼，对这种不能容忍的战争状态表示抗议，战争已经打了7个月，像一块沉重的墓碑压在保加利亚人民身上。

巴尔干各国的沙文主义野心在与日俱增。征服大片领土的欲望在增加并驱使昨天的盟友走向流血冲突，或不顾一切地无限延长目前的严重局面，致使军人复员变得遥遥无期。我们要抗议这种民族主义疯狂，大声宣布我们希望看到这些民族和睦修好的愿望，那将使它们能够和平生活和进步。

结束战争，拉近巴尔干各民族的距离，巴尔干各国实现完全民主化，这是我们已经在5月1日集会上宣布的心愿。反对战争，支持和平；反对沙文主义，支持各民族兄弟友爱；反对任何形式的专制主义，支持巴尔干各国充分自治——这是我们在即将来临的节日的口号。"

但是，今年的5月1日在强制的平静中过去了。警察禁止在那一天举行公众集会和游行。除了在马斯科沃镇，我们的同志们在那里成功地组织了一场集会，甚至组织了一次游行，在其他地方，我们的努力均无效果。

因此，而且由于看到不可能采取其他做法，我们想到一个方案，即塞尔维亚和保加利亚的两个社会党用两种语言发表一份共同宣言。发表一份庄严的声明，再次申明塞尔维亚和保加利亚的工人阶级与两个国家的沙文主义者的罪恶毫无共同联系，他们憎恨战争，渴望用友好的方式解决冲突，与此同时，向两个民族指出沙文主义的野心正在把他们推向深渊，呼吁避免自相残杀的战争。——所有这些是我们在这份宣言中所建议内容的概要。

抱着这个目的，我们通过对布拉戈耶夫的个人呼吁和5月2（15）日致他们中央委员会的信，恳求"紧密派"社会党人赞同。在等待他们回复期间，我们按同样的方针于5月5（18）日致信塞尔维亚社会党中央委员会。令我们非常遗憾的是，我们的努力没有取得结果。我们收到了我们塞尔维亚同志的赞同，但是这种赞同是有条件的，即我们建议的行动必须是"紧密派"社会党人也能加入。那么后者说什么呢？他们发表了一个答复，这个答复不仅是否定性的，而且是对我们党的最大侮辱，这一次"紧密派"的党没有找到比对我们大加辱骂更好的办法。

但是，如果我们巴尔干社会党人因为力量薄弱和不团结而不能做任何事情，我们认为，社会主义国际应当通过其报刊和各国议会议员，对我们的舆论甚至对各国政府施加某种决定性的影响，以便实现欧洲对巴尔干事务的集体干预，结束这场令人憎恶的战争，确保东方的持久和平。目前冲突的最终解决可能只有通过召开一次欧洲大会来实现。巴尔干的命运将取决于这一解决的方式。巴尔干各国之间瓜分被征服领土的问题导致后者发生了当下的人类屠杀。这个问题的解决决不能在巴尔干各国人民之间留下仇恨和未来冲突的不满和种子。只有一个办法能合理地解决这个巴尔干问题：这就是效法阿尔巴尼亚方式，让马其顿成为在大国集体保护下的一个自治民主国家。一个以萨洛尼卡作为首都的自治的马其顿，因其处于半岛中部和毗邻爱琴海的地理位置，将发挥非常重要的经济作用，并将很快成为相邻各国之间的一个经济纽带。这些国家最重要的利益迫使他们不仅与马其顿，而且彼此之间紧密地团结在一起。这将是走向实现理想的巴尔干联邦的可靠的一步——而这是巴尔干所有社会党人的共同理想。

我们请求你们，亲爱的同志们，把我们报告的内容告诉社会党报刊的编辑们。

保加利亚社会民主工党
中央委员会（宽广派）

22. 罗马尼亚

致成员党的书记和代表

亲爱的同志们：

我们谨向您提供与罗马尼亚社会民主党反对军国主义的和平行动有关的下面3份文件。

致以兄弟般的敬意，

社会党国际局执行委员会
爱德华·安塞尔
埃米尔·王德威尔得
路易·贝尔特朗
书记　**卡米耶·胡斯曼**

罗马尼亚社会民主党的报告

一场巴尔干战争的危险已经存在很长时间了。罗马尼亚社会民主党已经试图与巴尔干各国的其他兄弟党组织共同的行动。这个想法在出席1907年斯图加特代表大会的巴尔干代表所举行的巴尔干代表大会上原则上通过了。保加利亚社会党的"宽广派"和"紧密派"、塞尔维亚人和罗马尼亚人都出席了这次大会，会议决定，责成塞尔维亚社会民主党在贝尔格莱德召开一次大会；这次大会于1909年底召开。

但是保加利亚的"宽广派"和"紧密派"之间的意见分歧阻碍了随后的一切联合行动。"宽广派"被排斥在贝尔格莱德大会之外，而这一举动是巴尔干各国社会党，特别是我们罗马尼亚人不承认的。我们的意见是，拥护社会党国际局的巴尔干各国所有社会党都应当允许参加大会。

1911年8月，我们试图在贝尔格莱德召开一次代表大会，但是保加利亚党"紧密派"拒绝出席。我们的塞尔维亚同志随后立即倡议在贝尔格莱德召开一次筹备会，目的是为召开第二次巴尔干国家社会党代表大会铺平道路。

塞尔维亚、克罗地亚、波斯尼亚、土耳其和罗马尼亚的代表参加了这次筹备会；但是"紧密派"和"宽广派"这两派保加利亚人都没有出席。这次大会的决议已经报告了国际。

试图让"紧密派"保加利亚人理解召开一次"宽广派"的党也出席的社会党代表大会的新努力没有取得成功。

1912年8月，塞尔维亚人提出了一个新的倡议。在国际局的介入下开始谈判，国际局提出了一个建议，如果早先提出，它可能已经收到成效了。

为了停止关于大会召开程序的所有讨论，国际局决定召开一次会议，并给我们国际局代表拉柯夫斯基同志发了组织这种大会的正式委托书。当时，正在君士坦丁堡的拉柯夫斯基开始了关于这个会议的谈判，但是仅仅是因为巴尔干各国和土耳其下达了动员令，所以才成功地安排土耳其的组织（两个社会党和萨洛尼卡社会主义联合会）发表了一个反对战争的共同宣言，宣言发表在这几个组织的机关刊物上，巴尔干各国的社会党都支持这个宣言。

去年9月初，也就是战争迫近之际，罗马尼亚社会民主党再次认为，它有义务掀起一场反对巴尔干寡头统治集团正在准备的人类屠杀活动的强大运动。我们决定领导一场专门反对罗马尼亚对正在准备的战争进行军事干涉的运动，罗马尼亚的所有资产阶级报刊都在要求干涉。我们党的机关报《罗马尼亚劳动报》发表了一系列文章，旨在让工人们理解战争对所有东方民族、对整个工人阶级的恶劣影响。与此同时，我们说明，建立巴尔干国家民主联邦是解决巴尔干民族主义者问题的办法，是保障他们独立和政治与社会进步的办法。

1912年9月30日，罗马尼亚社会民主党执行委员会散发了数千份反对土耳其—巴尔干战争的宣言，当时这场战争刚刚爆发，宣言通知这个国家所有中心城镇的工人们参加我们在10月召集的公众集会以表示抗议。按照这个要求，我们的组织在以下城镇履行了他们的职责：布加勒斯特、雅西、布勒伊拉、加拉茨、普洛耶什蒂、肯皮纳、皮亚特拉-尼亚姆茨、康斯坦察、塞维林堡、巴克乌、罗曼、卡勒拉希、久尔久、皮特什蒂、图尔恰、博托沙尼和福克沙尼。尽管警察干预，撕掉了我们在各个城镇张贴的标语，竭力阻止我们的集会成功，但是这些集会规模盛大，特别是在布加勒斯特、布勒伊拉、加拉茨和皮亚特拉-尼亚姆茨，在规模巨大的集会之后还举行了极其壮观的群众示威游行。

一周后，在布勒伊拉、雅西、加拉茨和塞维林堡，又举行了一系列集会。

在布加勒斯特，10月14日的集会在西多利剧场遗址举行。

政府和整个新闻界的战争煽动迫使我们采取了更加有力的行动。1912年11月18日在布加勒斯特举行的集会，是我们党在这个国家的首都拥有影响力的一个有力证据；由于参加集会的人数众多，集会不得不在"达契亚"院子里进行。有一万多工人和其他市民排成拥挤的队伍，挥舞着红旗，高唱着《国际歌》，高呼着"打倒战争"的口号在首都的大街上行进。

在这个盛大壮观的游行示威时刻，我们必须对社会党国际局未能像对其他国家那样派一位外国代表参加我们的活动表达深深的遗憾。解释为何要派这样一名代表出席在罗马尼亚，一个在巴尔干国家成为欧洲和平的最大威胁之后的国家的首都举行的集会是多余的。

11月18日的示威活动在这个国家产生了深刻影响，作为回应，11月25日在皮亚特拉-尼亚姆茨组织了一次大规模抗议集会。

1912年12月，我们党再次向工人阶级发出宣言，向他们说明战争所造成的复杂局势，并提醒他们警惕我们的寡头统治集团的沙文主义煽动。

除了散发小册子、宣言和我们的报纸号外之外，我们党还于10月在布加勒斯特"达契亚"厅举行的大规模集会上散发了数千份我们拉柯夫斯基同志的反战讲话。

我们必须指出，除了大规模集会，党所领导的工会也举行了一系列类似集会，并在这些会议上开展了同样的宣传。

不久前，当赞成罗马尼亚进行军事干涉的倾向再次成为威胁时，我们在6月2日、16日和20日组织了大规模集会。

最后一次集会是在动员令下达的同一天举行的。尽管我们宣布和组织这次集会的时间很短，但是集会声势最大，给人留下的印象最深。演讲者第二天就要穿上军官或士兵军服，用激情澎湃的语言描绘罗马尼亚无产阶级所处的悲剧处境，他们要为最可耻的战争和窃取一个没有自卫能力的民族的领土而流血送命。

整个集会激情回荡，人们激动地发誓，要尽一切可能在第二天在布加勒斯特举行总罢工。同一天晚上，我们发表和印制了数千份下面的宣言，我们的200名同志在拂晓时前往所有工厂和车间去散发；当动员令的战鼓在这个城市隆隆作响之际，党的宣传员在大街小巷的墙上贴满了邀请公众参加下午2点举行的大规模集会的通知。警察主动干涉，我们的很多同志被捕，受到虐待；警察还采取了其他强制措施，比如他们用武装力量包围了我们要集会的建筑物，阻止我们的集会正常举行。抗议性罢工举行了。很多工厂从早上开始停止工作。尽管警察很恼火，布勒伊拉、加拉茨、皮特什蒂等地同一天还是举行了抗议集会。

命令12个步兵连队和其他团所有连队入伍的动员令，使我们的工会和俱乐部陷入瓦解状态；执行委员会也没有幸免，我们现在处于没有力量的状态。

罗马尼亚社会民主党执行委员会

罗马尼亚社会民主党宣言

打倒战争！
和平万岁！

同志们！

我们的统治阶级已经陷入战争狂热状态。动员令已经签署，当公众看到这些文字时，我们的军队将在保加利亚边界集结，民兵分队也被迫放下有收入的劳动，被拖入血腥的战争。

当我们思考我们无意识的、盲目的、无耻的寡头统治集团给人民和国家带来的苦难的时候，我们充满了强烈的厌恶，我们难以用语言来指责这种使数以千计的人失去生命，并长期阻碍文明和进步的犯罪行为。

为什么和跟谁打仗

我们在巴尔干半岛有我们的生存所依靠的政治或社会利益吗？我们在什么问题上与卷入这场战争的各国发生纠纷了？有什么领土要求对罗马尼亚人民来说可能是至关重要的条件呢？我们有兄弟在那里遭受奴役，因此非要我们通过战争来解救他们吗？

这些严肃的动机没有一个可以证明战争是合理的，而且甚至连至关重要的利益的影子也看不到。

我们的统治阶级不是能够证明他们要求"四边"的权利的那种人。

对于我们来说，"四边"不是生活的条件，拥有它只能使我们受到保加利亚人的威胁、敌视和持续的仇恨，对于神圣的民族法律的原则，一个我们正是以其名义向罗马尼亚人居住的国家要求领土和权利的原则来说，它证明是一张支票。

马其顿的罗马尼亚人问题

一旦开战，敌视与仇恨肆意发泄，我们将使马其顿的罗马尼亚人的命运更加恶化，因为我们不希望在各民族族群自由原则的基础上，通过和平中立政策，把马其顿吸收到罗马尼亚中来，而那样我们可以确保他们在被命运抛到巴尔干各国的任何地方时都能享有自主的文化生活。

保加利亚的危险

关于"大保加利亚"的危险，谈论已经很多了。

我们采取什么措施才能阻止保加利亚膨胀呢？即使我们发动一场战争，我们能够成功地阻止保加利亚占领它所要求的领土；或者说，即使保加利亚只是占领了马其顿四分之三或二分之一的领土，也就是它所要求的全部领土，我们也不能够阻止它因为巴尔干战争而扩大。只有当保加利亚很大但平静、不憎恨我们，而且在敏感时期可能与我们结盟的时候，只有这样的保加利亚与我们比邻的时候，我们才肯定能接纳一个大保加利亚，而不是一个一有机会随时会扑向我们的敌人，一个伺机转身反对我们的利益和我们民族的追求的保加利亚。

如何同保加利亚"危险"作斗争

罗马尼亚寡头统治集团用保加利亚危险威胁一个众所周知受压迫并在其生活之地被排斥在公共生活之外的民族。但是对于一个自由的民族，一个生活在民主国家、享有一切政治和公民自由权利的民族，一个不向贪婪的寡头统治集团屈服的民族，对于这样一个民族，没有什么力量能把它摧毁。它总是能找到足够的力量来保卫其生存，对于它来说，根本不存在大保加利亚的危险。

根本不存在！大保加利亚的危险充当了傲慢无能、卑鄙可耻的罗马尼亚寡头统治集团替代其所缺乏的因素动机的借口。

罗马尼亚寡头统治集团浅薄无知，不能推行简洁明智的政策，听命于这个国家利益集团的支配，昨天投入奥地利的怀抱，今天投入俄国的怀抱，用一种像把一笔钱押在蒙特卡洛赌场的一张牌或轮盘上一样的草率态度把国家拖入战争的灾难。

盲目的或虚伪的罗马尼亚寡头统治集团的报刊，对罗马尼亚人民的"好战舆论倾向"和"爱国主义复兴"感到惊奇。实际上，它只是一小撮人的狂人，这些人没有信仰，对事物缺乏深入了解，或没有坚定意志，被"左轮枪报刊"的说法所打动，被夸夸其谈的空话所迷惑，被想象的危险所刺激。但是在这个神经紧张的、浅薄无知的、盲目的一小撮人身边的是整个民族，它对正在为其准备什么甚至根本没有怀疑，他们是体力上和精神上受剥削的城乡工人，对战争的目的、重要性甚至可能性一无所知。

在一个不可能在多瑙河另一边为自己谋取什么好处的国家，如何为这样一场战争制造狂热情绪呢？

不能！它被拖入的这场战争毫无价值，是一种荒谬，一种灾难，一种犯罪。

我们的寡头统治集团不是对盟友自相残杀的战争给他们的人民带来的苦难表示反感，而是对我们遭受同样的苦难和同样的灾难视而不见。

不幸的是，直到今天还要求"民主"之名的报刊已经站到把我们领向灾难的浅薄无知而令人憎恶的罗马尼亚寡头统治集团一边。

人民不能依靠这样一份报刊。

他们只有依靠我们，只有依靠保持了其洞察力和原则的社会民主党，因为只有我们临危而起，要求眼光雪亮的人民反对它。

社会民主党人必须把它的勇敢、诚实、民主的力量，一切真正地自觉地热爱他们国家的人团结在我们一边。虽然还有时间，但面对正在为我们准备的、大步向我们走来的灾难，我们必须挺身而起，保持坚定的立场。

以人类与和平的名义，以受到这场新的战争威胁的文明与进步的名义，以罗马尼亚人民真正的实际的利益的名义，以成千上万将失去生命的年轻人的名义，以将要失去依靠的母亲、妻子和孩子的名义，社会民主党竭尽全力反对寡头统治集团准备犯下的丑恶行径。

在我们看来，只有一种正义的战争可以存在，那就是保卫我们的领域完整性的战争。

但是一场征服战争，一场与人民的利益和我们作为一个民族的存在无关的战争，就是一种犯罪，一种丑恶行径，社会民主党和城乡无产阶级要竭尽全力反对，并谴责渴望发动战争的浅薄无知的令人憎恶的寡头统治集团。

打倒无耻的罪恶的战争。

我们要和平。

我们要一个能够保持尊严、完整性，追求其进步道路的自由民主的国家。

和平万岁！

罗马尼亚社会民主党
执行委员会

1913年6月30日（7月13日）于布加勒斯特

罗马尼亚社会民主党的来信

1913年7月11（24）日

亲爱的阿德勒同志：

我们从《工人报》和维也纳其他报纸上得知，我们的政府通过官方机构发表了令人震惊的消息：罗马尼亚社会党人已经放弃反对战争的任何行动，并宣布同政府团结起来。这是连否认也不需要的极其可耻的荒谬的诽谤。

自从10月份以来，我们在全国各个中心城镇举行了一百多次抗议集会，反对罗马尼亚可能对巴尔干战争进行干涉。而且就在动员令下达当晚，我们在我们的建筑物里举行了一次大规模集会，在集会上，那些在24小时后要按照一项我们还没有强大到能破坏的法律而穿上士兵或军官军服的人们在讲台上宣布，罗马尼亚政府对保加利亚人民的所作所为是一种可耻的犯罪行为。集会通过了按照这个意思措辞的一个议程。

同一天晚上，一份要求布加勒斯特工人们在7月4日星期五停止工作，以便对战争表示抗议的呼吁书印制出来并散发了数千份。同时下午2点在"达契亚"举行一个大规模集会。罢工进行得非常成功，将近2万名工人停止了工作。但是呼吁举行的集会和示威没有如期举行，因为警察下令封锁了会场。我们只好在我们自己的建筑物里举行集会。正是这次集会的推迟，被我们的政府利用了，它在国外宣布连罗马尼亚社会党人也宣布和他们站在一起了。这实际上是根本办不到的。

但是我们没有停止我们的抗议集会。我们的沙文主义者既不怕丢人、也不怕耻笑，他们一发出"战争"的呼吁，我们党的执行委员会就在我们的《劳动的罗马尼亚》报上发表声明，再次对战争表示抗议，并指出这个犯罪行为的责任必须完全由波雅尔①寡头统治集团来承担。

声明如下：

罗马尼亚社会民主党

在罗马尼亚—保加利亚战争爆发之际发表声明如下：

"我们认为我们有义务宣布，作为工人阶级和整个罗马尼亚民族现在和今后利益的捍卫者，我们社会民主党将一如既往地拒绝同所有把国家拖入战争的党派站在一起，并强烈地谴责政府的和自称独立但受阶级、党派或利益所左右的报刊的态度，或利用种族仇恨挑起一个民族与另一个民族争斗的庸俗的谈判。

在整个罗马尼亚寡头统治集团异口同声宣布其自私自利的阶级利益和侵略政策时，罗马尼亚社会民主党自豪地独自高举起友爱、和平和文明的旗帜。

党的执行委员会
1913年6月28日（7月11日）于布加勒斯特"

* * *

此外，根据我们后来提交给社会党国际局的报告，以及它对各国

---

① 波雅尔（Boyard）是罗马尼亚的一特权阶层成员的称呼。——译者注

社会党报刊的要求,可以看到我们尽了我们作为社会党人的全部义务。

由于反对土耳其与巴尔干前盟友的战争,所以我们更有理由对我们政府今天所发动的战争表示抗议,这场战争连一点正义的影子也没有。我们,生活在这里的人们,非常清楚我们的寡头统治集团采取行动的不可避免的动机。但是它企图把外国舆论引入歧途。确切地说,我们的政府声称,它在入侵保加利亚的时候不追求任何征服目的。占领一个国家,一个有7000到8000平方公里、有5个城市(图特拉坎、锡利斯特拉、卡瓦尔纳、纳尔奇克和多布列)、总人口300万,而其中只有**7000名罗马尼亚人**的毫无防守的国家,用我们的波雅尔成员的话来说,这是一种"公正无私的行动"。

我们的政府还声称,它干涉昨天盟友之间的战争,唯一的目的是"文明"和"和解"。那些了解罗马尼亚国内状况的人会说,对于我们的波雅尔成员来说,可能文明不是一个对内用的条件,而只是一个对外用的条件。

我们的政府在谈论其和平缔造者的作用的时候真是虚伪透顶。

我们不知道国外是否有人相信这些谎言,但是历史会证明,现在这场盟友之间的战争的责任大部分也应当由我们的政府承担。

在议会辩论关于锡利斯特拉兼并问题的时候,部长会议主席梯图斯·马约雷斯库①先生宣布,"罗马尼亚的列车尚未到达,它还在路上。"换句话说,锡利斯特拉仅仅是一个插曲,真正的盛宴还在后面。但是很容易理解的是,提出这种证据的人必定作了满足口味的努力,而且为了使我们的"列车"尽快到达,他们必须帮助推它一把。确切地

---

① 罗马尼亚保守党人,1910—1914年任外长,1913—1914年任总理。——译者注

说，我们的政府做出了其后果与俾斯麦著名的埃姆斯电报①类似的行为。

直到现在，我们的政府还有它豢养的报刊，对于外国报刊一方提出的严重指责不予只字回应，并声称在对索非亚宣战之前一周发出的威胁性照会——可能是法国和俄国授意的结果——由于鼓励塞尔维亚抵制仲裁，并迫使保加利亚人采取孤掷一注的政策，达到了预期目的，增加了战争的可能性。

这是历史事实。而且我们毫不怀疑我们以犬儒主义为特征的统治者会事后吹嘘他们自己耍花招，使战争变得不可避免，而且他们的计策成功了。再者，这既是一种愚蠢政策，也是一种犯罪政策。它造成这个国家军费开支和税赋的无限增长，并使反动政策得胜。对外，它准备一场新的战争。与此同时，它象征着我们的精神的自我毁灭。当我们的政府自己以前所未的犬儒主义态度践踏民族权利，在其南部边界建立一个巴尔干阿尔萨斯-洛林的时候，我们有什么权力要求我们在俄国和匈牙利的民族同胞自治。

罗马尼亚寡头统治集团现在的政策只不过是一种绝望行为。它企图用外部问题转移对内部困难的注意力。在保加利亚战场上，我们的波雅尔成员在对1907年要求土地的造反农民和要求普选权的城市工人进行报复。

我们借此机会在《工人报》栏目里否认意大利报纸《晚邮报》上发表的一个传说，该报声称，罗马尼亚最主要的社会党报纸已经宣布支持战争。但是在罗马尼亚，除了我们党的机关报《罗马尼亚工人报》，再没有社会主义刊物了。很有可能是，意大利报纸暗指《真相》，这份

---

① 1871年7月，德国首相俾斯麦借德法两国在西班牙王位继承问题上的矛盾，修改埃姆斯密电，促使法国宣战，发动普法战争。——译者注

报纸有时候对社会党人表现出同情,在这种做法可以扩大其发行量的时候,尤其会这样。在我们过去领导的反对前自由党政府的群众运动中,《真相》发现支持我们不费劲,因为当时它已经成为监视者和政府喉舌。长期以来,我们党对这个出名的黄色报刊代表持绝对对立的态度,它在腐蚀罗马尼亚人民的良知。

官方信息机构在国外舆论面前中伤诽谤罗马尼亚社会党人之后,现在又在中伤诽谤你们奥地利社会党人,它们声称《工人报》终于找到了通往大马士革的道路,并且承认谴责我们政府的强盗政策是错误的。

我们请求所有社会党报刊发表这封信。

谨致以社会主义的敬意!

罗马尼亚社会民主党执行委员会

28. 美国

芬兰人社会主义组织

1913年5月,该组织拥有1.3万名成员,大约拥有60万美元的资产。

芬兰最重要的社会主义日报是《工人报》,1913年7月20日它成功地庆祝了创刊十周年纪念日。

这份报纸最早是伍斯特(马萨诸塞州)的一家周报,后来迁到密歇根州的汉考克,一个铜矿城镇,那是芬兰人反动势力的一个中心。从1907年1月1日起,《工人报》成为一个三周刊。从1911年3月开始,它改成日报，拥有 13000 份发行量、一个现代印刷厂和三个分支机构。它出版和销售书籍，还出版了一份农场主月刊《土地与家庭》、一份幽默的半月刊，还打算出版一份科学月刊。

《移民报》是另一家芬兰社会主义日报，在马萨诸塞州的菲奇堡出版，拥有 8000 份发行量；《同志报》也是一家日报，在俄勒冈州的阿斯托利亚出版，拥有 5000 份发行量。

妇女周刊《女同志》发行量为 6000 份。它在俄勒冈州的阿斯托利亚出版。文学月刊《塞克尼亚》在马萨诸塞州的菲奇堡出版，发行量大约为 2500 份。

所有这些报刊都拥有强大的生命力，取得了持久的成功。《工人报》出版公司平均每月收入达到 12000 美元。《移民报》平均每个月收入大约为 8000 美元。

在整个美国，芬兰人是社会党最先进的群体之一。

美国的合作运动

迄今为止，美国还没有大规模的合作运动。虽然不时偶尔有一些努力，但是多少都流产了。

在过去 10 年里，对合作社的兴趣似乎有所恢复，出现了一些建立合作企业的努力，也建立了一些零售合作社和几个批发合作社，还有数量不小的生产合作社。

对于整个美国的合作运动还缺乏详细的研究。1904—1905 年，在威斯康星州劳动统计局的监督下，R.F. 格罗斯先生对美国的消费合作社做过一次调查。那次调查的结果显示了以下事实：

调查报告说有 343 家商店。其中 165 家的资本化为 4098932 美元。165 家的平均股本为 24642 美元。163 家社员总人数为 36286 人；平均每个店拥有 222 名社员。130 家店年销售总额为 10636949 美元。118 家店的平均支出与销售率为 12%。102 家店的股本红利为 9%；购买红利为 6%。22 家店的非社员购买分红为 4%。128 家店的雇员人数为 1386 人；平均每个雇员营业额为 7700.34 美元。

其间，出现了大量生产合作社，特别是在农场主中间，主要是乳制品和奶酪厂。

社会党在印第安纳波利斯召开的上次代表大会上，任命了一个研究整个合作社领域情况的特别委员会。这个委员会正在收集信息和材料，它有望为在合作社方面采取更加仔细而有效的努力奠定基础。

已经有一些合作社是在他们所在社区社会主义者的影响下成立的。在这方面已经迈出充满希望的开始。如果合作运动适当地考虑工人运动的政治和工会因素，它的未来几年是有希望在美国实现稳定发展的。

31. 智利

党在 1912 年的活动

智利社会党忠诚而精力充沛的书记路易·E. 雷卡巴伦同志已经给社会党国际局提交了一份有趣的报告，我们从里面摘录了以下信息：

1912 年 1 月，在塔拉帕卡，除了 1911 年成立的排字工劳动合作社，以及车夫和面包师行会之外，既不存在工人组织，也不存在社会主义组织。

1 月 16 日，《工人觉醒》周刊杂志创刊，出版了 1200 份。目前他们出版发行 3500 份。

6月份，22个民主党支部改组为社会党，并在根本政策方面持续取得稳定发展。

8月1日，成立了"各行各业工人保护协会"，有15名会员是社会党党员。该组织现在拥有200名缴费会员，每周缴纳50分①；他们有400比索盈余。它分为：车夫工会（35名缴费会员）、机械艺术工会（60名缴费社员），海员工会（150名缴费会员）。

在组建过程中，还要成立木工、鞋匠和记者组织等，它们大约在3个月内完成组建。

1912年7月，一份反对教权主义的报纸《帽子》创刊，发行2000份。

木工和面包师组织大约有400名会员。

几乎没有罢工活动。

面包师举行过一次24小时罢工，取得了胜利，有100人参加。

车夫在6月份举行了一次罢工，有20人参加，经过了10天斗争取得了胜利。

1912年举行了60次集会，有20名演讲人出席。

在各次大会上讨论了很多问题，尤其是关于社会主义理论和斗争手段的解说、工人组织、合作社、批判、反对教权主义和反对军国主义等。

在大会演讲人中有两位年轻的姑娘，她们是瑞贝卡·帕内斯和特蕾萨·弗洛雷斯，她们在解放宣传方面做得非常成功。

排字工劳动合作社出版5个小册子，总发行量达到了1800份。

简而言之，社会主义运动充满了生机活力，很快将扩大到其他省份，比如安托法加斯塔——这个省出口硝石，劳工条件极其恶劣，已经

---

① 比索的辅币，相当于1％比索。——译者注

建立了一个社会主义俱乐部——以便赢得整个国家。

比利时

1913年5月10日，社会党议员埃克托尔·丹尼斯逝世。

1913年6月15日，**比利时工会代表大会在布鲁塞尔举行**。

截至1912年底，加入工党的工会的总人数达到131405人，而1911年底为77224人。

1913年3月23—24日，**社会党复活节代表大会**。

关于总罢工的决议

鉴于1912年6月30日非常代表大会决定，一旦支持修改宪法的所有其他办法尝试之后仍未奏效，将诉诸总罢工；

由于这种情况可能发生，全国委员会在其2月12日会议上决定将总罢工的日期定在4月14日；

应王国主要城镇市镇长的请求，为了作出最后的调解努力，委员会在其3月6日会议上撤销了此前的决定；

从政府领导人的声明可以看出，他不顾这一决定，并在授权市镇长使工人党议员的期望落空之后拒绝研究修改问题；

在这种情况下，我们发现自己处在3月6日以前的立场；

然而，应当注意宪法修改运动在舆论方面所取得的进展；马里·德·布罗克维本人被迫承认，右派的某些人现在已经不反对了；

这个进展要归于工人党坚持不懈的行动，而且除非它的行动保持纪律性和坚定性，否则不可能继续下去；

目前，除了建议总罢工，没有其他行动模式，1912年6月30日和1913年2月12日的决定必须严格贯彻落实；

工人党代表大会，

庄严地宣布，如果政府作出走向和平的努力，正如它让市镇长所期望的那

样,工人党愿意批准全国委员会的决定;

但是,由于拒绝研究整个选举问题,拒绝强迫政府考虑,以少数对抗国民情绪,所以必须用有力的行动来证明工人党对普选权的忠诚;

因此,决定于4月14日举行总罢工;

庄严地宣布,为了尊重国民意愿,这次合法的示威将保持合法与和平,因此,事先对任何想使它表现出不同样子的企图表示反对;

最后决定,比利时工人党特别大会将就复工时间作出决定。

关于合作社的决议

大会表达了一个愿望,即所有合作社每年向合作社员特别是合作社雇员的社会主义教育和指导提供资金,主要是用于鼓励建立图书馆,举办会议和培训班,以及研究旅行等。

大会要求合作社对劳动教育中央和社会主义刊物提供资金支持。

关于军事问题的决议

I

鉴于社会党不能在议会强调其关于军事组织的观点;

要求其议员一条一条地讨论政府方案的条款,每次都倾向于最不利的解决办法,然后投票反对整个法律。

II

大会忠于现在的纲领,希望坚持党以前的决议,按照国际以前历次代表大会的决议,要求废除常备军,并作为临时措施组织民兵,通过了这个议程。

关于社会保险的决议

大会,

授权总委员会成立的委员会继续研究并起草一个完整的报告:

1. 关于社会保险问题;

2. 关于劳动组织的措施，以便从政府提出的新法律中获得尽可能大的好处；

这个报告将征求全国社会主义互助会联盟和工会委员会的意见，然后交新一届党的代表大会讨论。

总罢工

1912年6月2日，两院大选。违背教权主义占多数的预期由于以下情况得到加强：

（1）教权主义腐败的作用；

（2）政府对国家神职人员、政府公务员和工人的压制；

（3）神职人员因为担心社会主义力量加强而与大部分自由资产阶级团结起来。

1912年6月3日，因为选举的缘故：

社会主义者推动在全国各地举行支持总罢工的示威游行。

当局号召三个等级的民兵进入备战状态。

列日、布鲁日、韦尔维耶发生大屠杀事件。许多人被打死。

1912年6月8日，工人党总委员会恳求工人阶级保持镇静。

1912年6月30日，工人党特别代表大会举行会议，1584名代表出席。

大会在原则上决定，如果实现修宪的其他手段证明没有作用，呼吁举行总罢工。

大会委托一个委员会为举行支持普选权的总罢工做准备工作。

1912年7月17日，"支持普选权和总罢工全国委员会"草拟了一个纲领和行动计划。他们建立了四个特别委员会，负责宣传、财务、食品和儿童外撤事务。

1912年8月28日，总罢工委员会决定发行内含1至10法郎面额的票据簿，以便从运动同情者那里筹措资金；为了节省个人开支，他们发行 25 生丁至 5 法郎的议捐卷。资金集中管理。

1912 年 11 月 19 日，议会社会党党团提出一个宪法修正案（第 30 号）。

1912 年 12 月 5 日，马里·德·布罗克维尔首相在参议院宣布，政府不认为有可能组织一场总罢工。

1913 年 2 月 7 日，宪法修正案被议会多数否决。

1913 年 2 月 12 日，罢工委员会确定于 4 月 14 日开始罢工。

1913 年 2 月，大商人瓦罗克先生和博埃尔先生发出倡议，劝告制造商们支持修改宪法，并宣布他们将不会解雇罢工者，还要给儿童提供食品。

1913 年 2 月 23 日，省会市长恳请工人党放弃总罢工威胁，并决定请求首相集体会见，以争取完全独立行事的政府同意研究解决选举问题的办法。首相给予了一个模棱两可但被认为是同意修改宪法的答复。

1913 年 3 月 6 日，王德威尔得在与市长谈话后向议会党团提交一份报告，后者决定向总罢工全国委员会建议撤销定于 4 月 14 日举行罢工的 2 月 12 日决议。

全国委员会决定不在指定的日期举行总罢工。

1913 年 3 月 12 日，首相尽管向市长们表明了态度，但受极右势力干扰，在议会宣布有两个理由阻止政府接受修改宪法：总罢工的威胁和多数派在 1912 年 6 月 2 日所提出的条件。

1913 年 3 月 17 日，罢工委员会立即决定建议全国委员会坚持 1912 年 6 月 30 日和 1913 年 2 月 12 日决议。

1913 年 3 月 17 日，自由派报纸《小蓝报》将一周订报费 10 万法郎捐给罢工者。

1913 年 3 月 23 日，比利时工人党第二十八次特别代表大会在布鲁塞尔人民之家举行，会议决定于 4 月 14 日开始总罢工。

1913 年 3 月 24 日，各区罢工委员会举行会议。

1913 年 3 月 25 日，各区罢工委员会决定禁止在党和工会大厅销售烈酒。

1913 年 3 月 29 日，中央工人教育委员会在全国各地组织教育与娱乐罢工者特别集会。

1913 年 4 月，担心公用事业罢工的教权主义议员，在所有大城市议会向市长质询，以便建议下令维持这些公用事业机构的运转。

1913 年 4 月，政府通过省长向市长说明保持公用事业机构正常运转应当采用的办法。

1913 年 4 月 8 日，法国、德国和荷兰的社会党人对儿童外撤委员会发出的呼吁作出积极回应。

1913 年 4 月 11 日，基督教工会组织反对总罢工的集会。

1913 年 4 月 12 日，安特卫普金属加工厂开始罢工。

1913 年 4 月 13 日，布鲁塞尔的许多大厅被改造成提供免费汤的场所，根特、卢万、于伊、库特赖、安特卫普、布鲁日等地也出现了同样的情况。

1913 年 4 月 14 日，罢工开始。没有麻烦。

罢工人数达到 33 万。

1913 年 4 月 15 日，罢工第二天：罢工人数达 37.2 万。

拒绝在罢工威胁下讨论问题的议会中止了关于军事法的讨论，以便研究形势。

1913 年 4 月 16 日，首相发表讲话，宣布政府不可能在威胁之下考虑问题，但是他不认为一人多票制是不可改变的制度。

1913 年 4 月 17 日，罢工人数达到将近 40 万。

1913 年 4 月 17 日，报纸排字工人宣布他们将在 4 月 19 日加入到运动中。

1913年4月17日，第一批外撤儿童抵达荷兰。

1913年4月18日，自由党议员马松向议会提出一项和解决议案，其中包含了首相赞成对整个选举制度进行研究的声明。马里·德·布罗克维尔再次宣布，选举委员会可以研究整个问题。

1913年4月21日，罢工人数达到42.5万。

1913年4月21日，第二批外撤儿童抵达荷兰。

1913年4月22日，议会对M.马松提出、M.利巴尔特修正的决议案进行表决，决议案的主要内容是成立一个委员会，研究城市和省选举法，并在1914年和1916年选举接受这些政策的情况下，向议会提出一个总的方案。

1913年4月23日，罢工委员会举行会议。为了于4月24日召开党的代表大会，委员会发出了1356份电报。

1913年4月24日，党的代表大会认为，罢工已经取得了最大成功，决定复工。这一纪律全面得到遵守。

1913年4月28日，外撤儿童回国。

1913年5月，教权派作家作出以下论断：

1. 罢工的目的是政治性的；

2. 工人党的目的首先是通过建立一个官方委员会或其他机构开启走向普选权的修宪程序；

3. 工人党保持了工人的团结和信任；

4. 他们把一场禁酒大行动加进了政治运动。

1913年5月26—27日，关于建立一个由31人组成的选举委员会的敕令发布。

政府危机期间的丹麦社会民主党

由于丹麦最近出现的特殊政治形势已经结束，我认为，下面的信息即使对我们国家以外的人们也是很有意义的。

丹麦宪法规定设立两个立法机构，要通过法律必须得到两个机构的批准。下院有 114 名议员，他们由所有年满 30 岁的男性选民选举产生；上院有 66 名议员，其中 12 名由国王（政府）任命，27 名由拥有下院投票权的选民选举产生，还有 27 名由城市里纳税最多的人选举产生，如此一来，这个国家的 1100 名大地主对上院就具有决定性的影响。

各政党在上院的议员议席目前分配如下：保守党总共有 34 个议席，尽管他们只得到了 82000 张选票。左派在同样的选举中获得了 100000 张选票，拥有 24 个议席；激进派获得了 68000 张选票，拥有 4 个议席；在最近一次下院选举中获得 107000 张选票的社会民主党，也只有 4 个议席。

不言而喻，一部给予地位较高阶级如此重要政治特权的宪法，社会民主党一定认为它是非常令人不满意的，这是我们为何全力领导一场运动反对特权选举制度、支持不折不扣的男女普选权的原因。

1912 年 10 月，左派政府实现了这个屡次提出的要求，提出了一个取消特权选举制度，但坚持两院制的宪法修正案。

议案建议将选举权扩大到妇女，将选民年龄降低到 25 岁。上院由城市代表选举的议员组成，25 岁即可拥有城市议员选举权，妇女也享有选举权。（所有已婚和未婚男女的）投票权要接受选举检查，但是由于对此没有规定纳税额，几乎所有年满 25 岁的男女都可以成为选民，而且上院将是城市选举的结果。

社会民主党提出了一个建立一院制的法案，但是由于这个议案没有被通过，我们在议会的议员接受了政府提出的议案。

政府的议案得到社会民主党和激进左派的支持，成为 1913 年 5 月议会选举的纲领。社会民主党的选票增加了 1 万张，赢得 8 个选区。左派获得 11 个新议席。这两个党分别获得下院 32 个议席和 31 个议席，而温和左翼为 44 席，保守党为 7 席。

面对这个结果，执政的温和左翼党宣布，本届政府将不再继续执政，因为为了削弱政府，社会民主党和激进派已经同意建立联盟，尽管在选举之前，保守党认为只有后者拥有有影响的绝对多数，但是在选举之后，这一点不再可能了。左派希望社会民主党和激进派掌权，并宣布他们将支持一个主张修改宪法的政府。

选举结果确凿无疑地说明，选民已经决定支持普选权，正如我们上面所说的那样，从得票情况可以分析如下：社会民主党获得 10.7 万张选票，左派获得 10 万张选票，激进左派获得 6.8 万张选票。总共有 27.5 万张选票是支持修改宪法方案的，而执政三党已经有 107 人进入议会。反对修改宪法方案的人获得了 8.5 万张选票（保守党获得 8.2 万张，还有 3000 个选民不属于某个特定的政党），获得了 7 个议席。

社会民主党依据这些结果强调，最大一派（左派）的责任是继续执政，在社会民主党和激进派的帮助下，可能贯彻其修改宪法方案；但是政府没有照这个路子行事，政府辞职了，接着，国会在非常会季的 6 月 12 日开会，把政府危机变成了事实。随后，国王按照各党在议会中的地位，依次召见各党领导人，就内政危机问题咨询他们的意见。

左派领导人让国王求助于对立的两党；这些党的领导人表示，考虑到选举结果，按照议会惯例，政府应当留任，直到议会形成反对它的多数。但是左派坚持其观点，因此造成了一种特殊局面。

社会民主党派建议议会告知国王，他们希望政府留任，条件是他们保证在现行法律的基础上支持政府，直到它成功地实施修改宪法方案。

但是执政党拒绝了提出同意政府辞职的议程的建议。这个议程于是被否决了，但是由于政府成员因为党的考虑投了赞成票，我们党指出的道路被堵死了。

于是，国王再次询问我们党的主席：他或他的党是否可以和其他党派合作接管政权。尽管只要社会民主党还没有获得人民多数的支持，党理所当然地在原则上反对参政，但是主席以党的名义宣布，如果指出的道路通向期望的目标，他们将向党的代表大会建议，由在修改宪法问题上意见一致的三党合作组成一个政府。

国王宣布，左派事先已经拒绝了这种联合政府方案，由于这个原因，这个方案被放弃了。

然后，国王询问激进左派领导人：他们是否同意组建政府。他们请求给时间考虑。

随后，激进左派向社会民主党提出了如下请求：

"社会民主党是否像激进左派一样认为，在支持即将下台的政府的修改宪法方案的三党由于左派的拒绝而不可能组成内阁之后，如果第三个党不愿意加入，未来的内阁不能由两党组成吗？

如果社会民主党也持这个看法，问题就出来了：由于左派不能组成一个内阁，社会民主党是否打算承担这个任务呢？在这种情况下，激进左派会对国王说：他们不想组成一个内阁，但是他们愿意支持一个由社会民主党组成的最终内阁，以便解决宪法问题。

如果社会民主党不想承担这个任务，而激进左派愿意承担，那么，后者可以期望得到社会民主党和它在辩论内阁讲话时向伯恩斯滕内阁作出的承诺一样的支持。"

在和党的两位主席进行了讨论之后，社会民主党议会党团给予了如下答复：

"社会民主党也认为，在目前形势下，如果第三个党不加入，不可能由支持修改宪法的两党组成一个内阁，而且由于它不想承担组织内阁的任务，因此，它宣布，它准备支持激进左派政府，以便解决宪法问题，就像它在辩论伯恩斯滕内阁讲话时所作的承诺一样。"

于是，激进左派组建了由激进人士组成的内阁，并得到了社会民主党的支持。政府领导人在其关于政纲的讲话中将解决宪法问题作为他在议会下个会季的任务。如果他们不能成功地让议会上院接受这个建议——正如我们说过保守党多数反对这个建议，政府可能要求解散上院，包括国王任命的议员，以便获得另一个多数并明确地解决这个问题。

斯陶宁格

赠送给国际局的出版物目录①
社会党国际局代表

1. 英国

基尔·哈第（伦敦）。
丹·欧文（伯恩利）。
*拉姆齐·麦克唐纳（伦敦）。

---

① 由于篇幅所限，此处从略。——编者注

2. 德国

弗里德里希·倍倍尔（柏林）。
胡果·哈阿兹（柏林）。
*赫·莫尔肯布尔（柏林）。
候补：
卡尔·考茨基（柏林—夏洛滕堡）。

3. 卢森堡

韦尔特博士，议员（卢森堡）。
*J.-B. 普罗布斯特（卢森堡）。

4. A. 奥地利

维克多·阿德勒博士（维也纳）。
斐·斯卡雷特（维也纳）。
*恩·佩尔讷斯托弗（维也纳）。

4. B. 波希米亚

弗·绍库普（布拉格）。
埃德蒙·布里安（布吕恩）。
*安东·涅梅茨（布拉格）。

5. 匈牙利—克罗地亚

雅科布·韦尔特纳（布达佩斯）。
威廉·布克塞格（萨格勒布-阿格拉姆）
候补：
德西代勒·博卡尼（布达佩斯）。

5. B. 波斯尼亚-黑塞哥维那

布兰科·赫里萨福维奇（萨拉热窝）。
斯雷滕·亚克希奇（萨拉热窝）。

6. 法国

让·饶勒斯（巴黎）。
爱德华·瓦扬（巴黎）。
茹尔·盖得（巴黎）。
*马塞尔·桑巴（巴黎）。
候补：
让·龙格（塞纳省沙特奈）。
安热勒·鲁塞尔（巴黎）

7. 意大利

康斯坦丁诺·拉查理（罗马）。

安吉利卡·巴拉巴诺夫（特尔尼）。
*格雷戈里·阿尼尼，议员（摩德纳）。

8. 西班牙

A. 法布拉·里瓦斯（巴黎）。
弗朗西斯科·莫拉（马德里）。
*帕布洛·伊格列西亚斯（马德里）。

9. 葡萄牙

塞萨尔·诺盖拉（里斯本）。
迪亚斯·达席尔瓦（波尔图）。
*曼努埃尔·何塞·达席尔瓦（波尔图）。

10. 俄国

伊·鲁巴诺维奇（巴黎）。
加米涅夫（巴黎）。
帕维尔·阿克雪里罗得（日内瓦）。
*契恒凯里（圣彼得堡）。

10. F. 芬兰

爱·瓦尔帕斯（赫尔辛福斯）。
奥·威·库西宁（赫尔辛福斯）。

*韦伊内·坦纳（赫尔辛福斯）。

11. 波兰

海尔曼·迪阿曼德（奥地利）。
罗莎·卢森堡（柏林）。

12. 挪威

雅各·维德内斯（克里斯蒂安尼亚）。
埃格德·尼森（克里斯蒂安尼亚）。
马格努斯·尼尔森（克里斯蒂安尼亚）。

13. 瑞典

弗雷德里克·斯特伦（斯德哥尔摩）。
恩斯特·瑟德贝里（斯德哥尔摩）。
亚尔马·布兰亭（斯德哥尔摩）。

14. 丹麦

卡尔·F. 马森（哥本哈根）。
托·斯陶宁格（哥本哈根）。

15. 荷兰

彼得·特鲁尔斯特拉（斯海弗宁恩）。
亨·范科尔（海牙）。
特尔·拉恩（斯海弗宁恩）。

16. 比利时

埃米尔·王德威尔得（布鲁塞尔）。
爱德华·安塞尔（根特）。
*路易·贝尔特朗（布鲁塞尔）。

17. 瑞士

弗里茨·施图特（温特图尔）。
卡尔·莫尔（伯尔尼）。
*海尔曼·格罗伊利希（苏黎世）。
候补：
让·西格（日内瓦）。
C. 奈恩（拉绍德封）。

19. 土耳其

S. 纳胡姆（巴黎）。
米·瓦兰蒂安（日内瓦）。

20. 塞尔维亚

德·拉普切维奇
D. 图措维奇
*特·卡斯莱罗维奇（贝尔格莱德）。

21. 保加利亚

格奥尔吉·基尔科夫（索非亚）。
*扬科·萨卡索夫（索非亚）。

22. 罗马尼亚

J. C. 弗里穆（布加勒斯特）。
拉柯夫斯基（罗马尼亚）。

25. 加拿大

加拿大社会民主党（加拿大安大略）（柏林东部韦伯街61号）。

28. 美国

丹尼尔·德莱昂（纽约）。
凯特·理查兹·奥黑尔（密苏里州圣路易斯）

30. 阿根廷

×××①
×××
*胡安·B. 胡斯托博士（布宜诺斯艾利斯）。

32. 澳大利亚

澳大拉西亚社会党：多拉·B. 蒙蒂菲奥里（伦敦）。

成员党的书记

1. 英国

国际社会党代表大会英国全国委员会（伦敦）。
[（1）工党：阿瑟·韩德逊（伦敦）。
（2）英国社会党：阿尔伯特·英克平（伦敦）。
（3）费边社：爱·R. 皮斯（伦敦）。
（4）独立工党：弗朗西斯·约翰逊（伦敦）。]

2. 德国

德国社会民主党：威廉·普凡库赫（柏林）。

---

① 匿名。——译者注

3. 卢森堡

卢森堡社会党：J. P. 普罗布斯特（卢森堡）。

4. A. 奥地利

奥地利社会民主工党：斐·斯卡雷特（维也纳）。

4. B. 波希米亚

捷克-斯洛伐克社会民主党：安东·布鲁哈（布拉格）。
捷克中央派工人党：鲁道夫·梅尔塔（摩拉维亚布吕恩）

5. 匈牙利—克罗地亚

匈牙利社会民主党：E. 布欣格尔（布达佩斯）。
克罗地亚-斯拉沃尼亚社会民主党：维·科拉奇（克罗地亚阿格拉姆）。

5. B. 波斯尼亚和黑塞哥维那

波斯尼亚和黑塞哥维那社会民主党党的理事会：布兰科·赫里萨福维奇（萨拉热窝）。

6. 法国

社会党（工人国际法国支部）：路易·迪布勒伊（巴黎）。

7. 意大利

意大利社会党：康·拉查理（罗马）。

8. 西班牙

社会主义工人党：丹尼尔·安吉亚诺（马德里）。

9. 葡萄牙

葡萄牙社会党：塞萨尔·诺盖拉（里斯本）。

10. 俄国

社会革命党：伊·鲁巴诺维奇（巴黎）。

俄国社会民主工党（中央委员会）巴黎办事处：库兹涅佐夫（转加米涅夫）（巴黎）。

俄国社会民主工党（组织委员会）：S. 谢姆柯夫斯基（维也纳）。

锡安工人党：M. 拉特纳博士（转鲍里索夫）（维也纳）。

立陶宛、波兰和俄罗斯犹太工人总联盟（日内瓦）

11. 芬兰

芬兰社会民主党党的委员会（赫尔辛福斯）。

10. L. 拉脱维亚

拉脱维亚社会民主党中央和国外委员会（布鲁塞尔）。
拉脱维亚社会革命党：A. 勒迈尔（布鲁塞尔）。

11. 波兰

波兰社会党：海·迪阿曼德（奥地利伦贝格）。
波兰社会党：西格蒙德·马雷克博士（克拉科夫）。
波兰和拉脱维亚社会党：罗莎·卢森堡（柏林）。
加利西亚和西里西亚波兰社会民主党执行委员会：克日斯通博士（克拉科夫）。

12. 挪威

挪威工人党：马格努斯·尼尔森（克里斯蒂安尼亚）。

13. 瑞典

瑞典社会民主工党：弗雷德里克·斯特伦（斯德哥尔摩）。

14. 丹麦

社会民主党：托·斯陶宁格（哥本哈根）。

15. 荷兰

荷兰社会民主工党：J.-C. 万库伊杰克霍夫（阿姆斯特丹）。

16. 比利时

比利时工人党：L. 范德米森（约瑟夫·斯蒂文斯路人民之家）。

17. 瑞士

瑞士社会民主党：M. 芬德里希（苏黎世）。

19. 土耳其

亚美尼亚党"达什纳克楚纯"：米夏埃尔·瓦兰蒂安（瑞士日内瓦）。

社会主义工人联合会：优素福·哈赞（萨洛尼卡）。

20. 塞尔维亚

塞尔维亚社会民主工党：杜·波波维奇（贝尔格莱德）。

21. 保加利亚

社会民主工党统一派：康斯坦丁·博兹维利耶夫（索非亚）。
保加利亚社会民主工党：格·基尔科夫（索非亚）。

22. 罗马尼亚

罗马尼亚社会民主党：J. C. 弗里穆（布加勒斯特）。

25. 加拿大

加拿大社会民主党：H. 马丁（柏林，加拿大安大略）。

28. 美国

社会党：瓦尔特·兰菲尔谢科（芝加哥）。
社会主义工人党：阿尔诺德·彼得逊（纽约）。

30. 阿根廷

社会党：安东尼奥·德托马索（布宜诺斯艾利斯）。

32. 澳大利亚

澳大拉西亚社会党：约翰·W. 罗什（悉尼）。

非成员党的书记

18. 希腊

希腊工人同盟：欧弗拉西尼·基里诺普洛（雅典）。

23. 日本

片山潜（东京）。

23. Ch. 中国

中国支部（中国上海威海路 15 号）。

24. 南非

南非统一社会党：A. 克劳福德（约翰内斯堡）。
南非工党：D. 伯恩伯格（约翰内斯堡）。

27. 古巴

古巴社会党：圣拉斐尔（哈瓦那）。

31. 智利

民主党：路易·E. 雷卡巴伦（伊基克）。

32. 乌拉圭

社会党执行委员会：埃米利奥·弗鲁戈尼（蒙得维的亚）。

32. 澳大利亚

社会主义工人党：J. -O. 莫罗尼（西悉尼）。
维多利亚澳大利亚社会党（墨尔本）。
西澳大利亚社会党（西澳大利亚东珀斯）。
新西兰社会党（新西兰克赖斯特彻奇）。
新西兰统一工党：A. 麦卡锡（达尼丁）。

图书在版编目（CIP）数据

社会党国际局文献：1909—1913 / 晏荣主编. —北京：中央编译出版社，2018.1
（国际共产主义运动历史文献 / 王学东主编；28）
ISBN 978-7-5117-3544-7

Ⅰ.①社… Ⅱ.①晏… Ⅲ.①国际社会党执行局（第二国际）-文献-汇编-1909—1913 Ⅳ.①D142

中国版本图书馆 CIP 数据核字（2018）第 008443 号

社会党国际局文献：1909—1913

出 版 人	葛海彦
出版统筹	贾宇琰
责任编辑	王　琳
执行编辑	景淑娥
责任印制	刘　慧
出版发行	中央编译出版社
地　　址	北京西城区车公庄大街乙 5 号鸿儒大厦 B 座（100044）
电　　话	（010）52612345（总编室）　　（010）52612336（编辑室）
	（010）52612316（发行部）　　（010）52612346（馆配部）
传　　真	（010）66515838
经　　销	全国新华书店
印　　刷	北京印刷一厂
开　　本	787 毫米 ×1092 毫米　1/16
字　　数	812 千字
印　　张	63
版　　次	2018 年 1 月第 1 版
印　　次	2018 年 1 月第 1 次印刷
定　　价	350.00 元

网　　址	www.cctphome.com　　邮　箱：cctp@cctphome.com
新浪微博	@中央编译出版社　　　　微　信：中央编译出版社(ID: cctphome)
淘宝店铺	中央编译出版社直销店(http://shop108367160.taobao.com)
	(010)55626985

本社常年法律顾问：北京市吴栾赵阎律师事务所律师　闫军　梁勤
凡有印装质量问题，本社负责调换，电话：(010) 55626985